高校毕业生就业创业课题成果汇编

（2012 年）

主　　编　张凤有
副 主 编　张继栋
执行主编　余　舰

中国财政经济出版社

图书在版编目（CIP）数据

高校毕业生就业创业课题成果汇编.2012年/张凤有主编.—北京：中国财政经济出版社，2014.8

ISBN 978-7-5095-5390-9

Ⅰ.①高… Ⅱ.①张… Ⅲ.①高等学校-毕业生-就业-研究成果-中国 Ⅳ.①G647.38

中国版本图书馆CIP数据核字（2014）第082864号

责任编辑：孙 琛　　　　责任校对：胡永立

封面设计：汪俊宇

中国财政经济出版社出版

URL：http：//www.cfeph.cn

E-mail：cfeph@cfeph.cn

社址：北京市海淀区阜成路甲28号　邮政编码：100142

营销中心电话：88190406　北京财经书店电话：64033436　84041336

北京富生印刷厂印刷　各地新华书店经销

787×1092毫米　16开　31印张　564 000字

2014年8月第1版　2014年8月北京第1次印刷

定价：56.00元

ISBN 978-7-5095-5390-9/G·0139

（图书出现印装问题，本社负责调换）

质量投诉电话：010-88190744

打击盗版举报热线：010-88190492、QQ：634579818

编委会名单

编者说明

从本世纪初开始，由于高校毕业生规模的迅速扩大和经济社会发展变化的影响，高校毕业生就业难的问题日益突出。近年来，在新的就业机制下我国高校毕业生就业政策体系和就业指导服务工作体系已基本建立，对推动我国高校毕业生就业工作的良好发展与改革起到了重要作用，连续十余年初次就业率保持在70%以上，维护了高校和社会的稳定。但总的来说，就业的总体压力和结构性的矛盾将会延续一定时期，高校毕业生就业工作形势复杂严峻。

党中央、国务院高度重视高校毕业生就业创业工作。十八大报告首次提出“推动实现更高质量的就业”的新目标和新要求。十八届三中全会明确提出，要健全促进就业创业体制机制，对促进以高校毕业生为重点的青年就业作出专门部署。习近平总书记、李克强总理等中央领导同志在不同场合多次强调，要强化就业创业服务体系建设，不断深化高等教育综合改革，建立健全适应经济社会发展需求、符合高校毕业生特点的就业长效机制，力争使高校毕业生就业创业比例双提高。

随着高校毕业生就业创业工作的不断深入，各种新问题、新矛盾不断出现，高校毕业生就业的发展趋势与规模、新形势新要求及各种深层次问题等还有待进一步研究把握。在这样的形势下，开展预见性、规律性的就业研究工作势在必行。教育部副部长、党组副书记杜玉波同志在2011年全国毕业生就业典型经验高校经验交流会上强调：“要加强大学生就业趋势规律的研究，密切关注、准确把握国际国内高校毕业生就业动态、面临的问题及发展趋势，不断增强高校毕业生就业工作的前瞻性和预见性。”对于就业工作中存在的问题和社会关切的热点难点问题，必须做好预先研究，加强对实际问题的分析和判断，加强对业务工作的规律性研究，及时形成思路和对策。

为贯彻落实国务院及教育部领导有关指示精神，在教育部学生司的指导下，全国高校学生信息咨询与就业指导中心联合中国下一代基金会，于2012年2月向就业战线首次规模化发布13个课题项目，正式启动了2012年度高校毕业生就业创业课题研究工作。以课题项目为抓手，调动各方力量加强对解决实际问题和探索就业创业工作规律等的研究，为各级部门和高校的科学管理与决策以及就业工作的长远发展提供理论支持和思路参考。

此次课题申报工作期间，各省市就业主管部门、高校积极报名申请，共收到课题申报136项。经过初选及专家立项评审等环节，最终确立了15家课题承接单位，各课题承接单位于2012年4月开始了课题研究工作。10月中旬，我们召开了课题中期报告会，由课题组交流汇报课题研究进展情况、阶段性成果以及下一阶段研究思路，专家组对课题组汇报情况进行了评议并予以指导。会后，各课题组根据专家意见进行修改和深入研究，于2013年3月底正式提交课题结题报告。2013年4月，高校毕业生就业创业课题结题鉴定会在北京召开，其中，有14家课题承接单位顺利通过结题鉴定，1个课题承接单位申请延期。

本着交流成果、相互促进的目的，我们对2012年度准予结题的13个课题的研究成果进行了整理汇编。这本汇编从就业率统计及监测预警、未就业毕业生就业信息和服务衔接、毕业生就业质量研究、就业市场与信息化建设研究、职业发展教育体系建设、就业指导课程建设、创业政策及创业指导服务、就业困难学生帮扶长效机制建设、高校学科专业设置与就业状况互动、“十二五”规划与大学生就业创业引导工作、大学生电子档案建设、校企合作等13个方面对进一步做好高校毕业生就业创业工作提出了有益参考，凝聚了就业战线资深专家及一线工作者的智慧和心血，理论和实践相结合，具有较强的理论性、针对性和实用性，是一部兼具较高理论价值和现实指导意义的课题成果汇编。真诚希望它能为就业战线的同志们进一步做好就业创业工作提供有益的帮助和参考，并推动大家在学习、借鉴的基础上，结合自身实际、以创新精神，深入探索高校毕业生就业创业工作新模式，做出自己的特色。

本书的出版，凝聚了来自方方面面同志们的心血和劳动。在此向对2012年度就业创业课题工作给予大力支持的有关方面的各位领导和同志们表示衷心感谢！感谢教育部各级领导对此项工作的高度重视；感谢中国下一代教育基金会的大力支持，特别是时代英杰国际教育科技（北京）有限公司给予的资金支持，为这项工作的顺利开展提供了有力的保障；感谢全体专家同志们的辛勤工作、无私奉献及各省市就业部门和高校的全力配合。此外，邱佳娜、冯明、刘瑞萍、李新等工作小组的同志们在工作过程中做了大量艰苦细致的编辑工作，在此也一并表示感谢。

编委会

2014年7月

目录

课题编号：12jycy001

高校毕业生就业状况统计及监测预警研究

课题承接单位：江西省高等院校毕业生就业工作办公室

摘　要

高校毕业生就业状况统计及监测预警研究是一项复杂的系统工程，对就业状况进行统计、预警监测分析有助于保持高校的可持续发展、促进高等教育良性发展与和谐社会的构建。本课题重新构建了一套具有现实指导意义的高校毕业生就业状况统计体系；在此基础上，设计开发了一套联系教育部、省级高校就业管理部门和高校就业部门等纵向三级单位、并具有学籍审核、签约报到管理、数据上报、档案管理、就业调查系统和分析预警等功能的省级就业管理与监测计算机系统；然后相应地构建了一套可应用的高校毕业生就业监测预警运行机制；同时问卷调查了7个省不同层次的就业部门，发现本课题构建的高校毕业生就业状况统计指标体系和开发的就业状况统计及监测预警系统获得了多数调查单位的较高评价。

研究结果表明：本课题所设计的高校毕业生就业状况统计指标体系，可有效规避现有“单位性质代码”部分指标及代码的重叠现象，能根据各管理部门所掌握数据的规模在设定的系统中自动生成，有利于更科学地进行各项指标统计。此外，本课题开发的高校毕业生就业状况统计及监测预警系统能更客观地反映毕业生的就业状况，呈现就业进度，及时预测就业形势，并根据动态的监测，设定就业形势的危机预警线，在危机状态出现前及时进行干预。

第一部分　导　　论

一、高校毕业生就业状况统计及监测预警研究的意义和目的

高校毕业生就业状况统计及监测预警研究是一项复杂的系统工程，对就业状况进行统计、预警监测分析有助于减少社会活动的波动，降低政府宏观调控成本，它关系到政府、高校、社会和家庭等多方面能否掌握高校毕业生就业状况并作出科学决策，“有助于保持高校的可持续发展，从而促进高等教育良性发展与和谐社会的构建”[①]。教育部在 2007 年 1 号文件中也指出要“研究建立人才需求的监测预报制度，定期发布高等教育人才培养与经济社会需求状况，引导高等学校及时设置、调整专业和专业方向，密切与社会用人单位的联系，培养满足国家经济社会需要的各种专门人才”[②]。

现行高校毕业生就业状况统计体系在我国已经实行了十几年，但现行的就业统计体系中的就业率只说明了某地区、某高校、某个专业有多少毕业生在统计节点时已就业等数量的概念，还存在统计指标单一、统计数据的失真、公布的就业状况缺乏社会公信力、重要就业当事人毕业生未参与数据校正、缺乏对就业过程的跟踪等问题，因而完善和修订现行统计体系，研究和实行更为科学、更具操作性的高校毕业生就业状况统计体系符合社会各界的要求。

科学、系统、规范地构建符合我国国情的高校毕业生就业监测预警机制，监测毕业生就业的相关数据，从政府行政管理角度有助于及时预防和控制高校毕业生就业中可能出现的问题，降低宏观调控成本；从高校人才培养角度有助于高校进行教育教学改革，实现高素质人才培养目标，保持高校的可持续发展；从经济发展角度看，高校毕业生就业状况能够客观反映区域经济发展。因此，对我国高校毕业生就业状况统计和监测预警的研究有着十分重要的意义。

为此，本课题基于政府宏观层面来构建高校毕业生就业状况统计及监测预警体系，在对高校毕业生就业状况统计及监测预警进行分专题分析和系统开发的基础上，找出并解决高校毕业生就业状况统计和监测过程中存在的一些问题，给社会各界提供更科学、更具公信力和可操作性的高校毕业生就业状况数据。

二、高校毕业生就业状况统计及监测预警研究的基本原则

1. 目标导向性原则

课题研究方向要突出“高校毕业生就业率统计及监测预警”目标的实现、突出高校教育教学改革的主要方向、突出不同区域经济发展对高校毕业生的重点需求领域、突出影响高校毕业生就业率统计监测的关键指标、突出影响高校毕业生就业状况事前预警的核心问题。

2. 科学性和可操作性原则

只有落实科学性才能监测和正确把握高校毕业生就业水平和质量的客观运行趋势，才能做到事前预警，使得经济社会稳定发展。同时，鉴于数据处理效率和预警精度的考虑，本研究在遵循科学性的前提下，对就业统计指标体系和监测系统进行了计算机实现和数据库构建，力求使得就业状况统计和预警具有现实可操作性。

3. 系统性和重点性原则

高校毕业生就业状况统计和监测系统是一个涉及多层面的大系统，在对其统计监测过程中一定要坚持系统性的原则，既要能够概括其就业状况的总体态势，又要反映其与宏观经济发展和微观行业企业经营之间的关联问题，使得统计监测研究尽可能全面。

4. 现实适宜性和前瞻性相结合的原则

在高校毕业生就业状况统计和监测时既要考虑当前毕业生就业形势的现实适宜性，

也就是是否与当前宏观经济环境相适应、是否与高校教育改革的整体要求相适应、是否与毕业生的就业需求相适宜、是否与就业单位岗位设置要求相适宜。但是，仅仅考虑当前的需求是不够的，还要从国民经济和社会长远发展的需要和人力资源可持续发展的需要来考察。

三、高校毕业生就业状况统计及监测预警研究的主要方法

1. 定性分析方法

在综述国外高校毕业生就业状况统计和监测体系时，在归纳和探析现行高校毕业生就业状况统计体系存在的主要问题时，在列举和陈述高校毕业生就业监测预警研究及应用现状时，在阐述监测预警的主要范围、内容、形式、工作机制时，本课题均是选用定性和演绎归纳研究方法，得出建立高校毕业生就业状况统计和监测预警体系的可行性结论，并开展进一步的研究工作。

2. 定量分析方法

本课题初步设计了大学生就业形式类别和代码、构建了高校毕业生就业状况统计体系和就业监测指标体系，界定了非失业率、区域就业流向率、行业就业分布率、自主创业率、学科就业分布率等一系列指标含义，给出了就业率、非失业率等指标的计算公式，对监测指标进行了代码设置和数据库架构设立，定量揭示了高校大学生就业质量等级及比例分布，定量描述了大学生就业人员比例特征，定量研究了高校毕业生在国民经济各部门、各产业、各行业、各地区、各领域的分布、构成等区域就业结构特征。

3. 规范和实证分析相结合

为深入分析高校毕业生就业状况统计和监测预警体系的现状和功效，本课题在规范分析高校毕业生就业状况统计监测指标体系的构建过程时，结合了东、中、西部地区的部分省级就业管理部门和高校就业部门进行实例检验系统的可靠性，为进一步完善高校毕业生就业状况统计和监测预警体系提供更多有益的经验。

四、高校毕业生就业状况统计及监测预警研究的主要特色

1. 建立了更为科学合理的高校毕业生就业状况统计体系

为了更利于反映高校的教学质量、分析高校毕业生流向和提高高校毕业生就业状况的准确性，本研究将现行的高校毕业生就业率（简称：就业率）更名为高校毕业生非失业率（简称：非失业率），它包含就业率、升学率、出国率；另外，提出了区域就业流向率 REFR、行业就业分布率 IEDR、国家导向就业率 NOER、自主创业率 SER、学科就业分布率 SEDR 等指标。这些指标共同构建了本研究的高校毕业生就业状况统计体系，这是本研究的第一个特色。

2. 设计了一套高效的高校毕业生就业监测预警体系运行机制

根据高校就业监测预警主体的需求、特性和监测内容，本研究从组织机构设置、实施主体及分工设计、保障机制和监管机制等方面，建立一套科学的高校毕业生就业监测预警体系运行机制。

3. 调查和分析的结论确认了高校毕业生就业率统计与监测预警的实践基础

课题组通过对本研究的典型性调研结果进行分析；确认了建立基于信息化的全国性标准化的高校毕业生就业监测平台及监测模式的可行性和必要性，确认了就业统计监测的实施主体、监测内容、数据来源、数据规范、监测指标和工作模式，继承和肯定了我国一直实行的高校毕业生就业状况统计方式中优秀的成果；一些在学术和研究上更加科学合理的概念得到了积极响应，如就业状况统计、非失业率等；相关监测理论研究成果也在实际工作中得到初步的应用和推广。

4. 研究设计了一套高校毕业生就业状况统计及监测预警的系统

本研究设计了一套建立在教育部、省级高校毕业生就业管理职能部门和高校毕业

生就业部门的三级监测管理架构系统，具有学籍审核、签约管理（协议书审核、审核数据上报）、报到证管理（数据审核、发放）、就业数据上报、档案管理（涉及到省级用户管理部分）、改派管理、就业调查系统和就业状况分析预警等功能的省级就业管理与监测系统。这是体现本研究服务价值和指导意义的一大特色。

五、高校毕业生就业状况统计及监测预警研究的学术价值和社会影响

1. 学术价值

（1）科学、系统、规范地构建符合我国国情的高校毕业生就业监测预警机制，监测毕业生就业的相关数据，可以拓展危机管理领域的研究范畴。

（2）从经济发展角度看，高校毕业生就业状况能够客观反映区域经济发展，预防和控制高校毕业生就业中可能出现的问题，降低政府行政管理成本，也是高等教育经济学探讨的一个新视角。

（3）掌握高校毕业生就业状况，及时调整高校人才培养方向和思路，有助于高校进行教育教学改革，实现高素质人才培养目标，保持高校的可持续发展，是高等教育管理学的研究内容。

2. 社会影响

本课题构建的高校毕业生就业状况统计指标体系和开发的高校毕业生就业状况统计及监测预警系统获得多数调查单位就业主管部门的高度评价，并对做好高校毕业生就业状况统计和监测的各项工作内容表示了浓厚兴趣，纷纷发表了看法，提出了许多符合实际的改善意见。同时本课题相关监测理论研究成果也在江西省毕业生就业指导实际工作中得到初步的应用和推广，广西教育厅高校毕业生就业信息网络监测系统也从 2013 年 3 月开始全面使用，进一步体现了本课题贴合实际工作需求的服务价值和指导意义。

第二部分　课题研究内容

一、高校毕业生就业状况统计与监测预警项目论证与可行性分析

在对我国高校毕业生就业状况统计与监测预警进行分析前，我们想先研究和归纳一下国外一些有代表性的国家对相关问题的解决方案，然后我们将高校毕业生就业状况统计体系与监测预警体系分两个部分来进行认证分析。

（一）国外高校毕业生就业状况统计和监测综述

1. 美国高校毕业生就业状况的公布体系[③]

就业状况的统计机构：美国高校毕业生就业状况的统计主体由政府专职部门、第三方机构和高等院校自身三方共同承担。在政府方面，政府专职机构主要有国家教育统计中心、美国劳动统计局等。统计的就业状况数据主要通过对一些高校毕业生的取样调查得出。主要特点：阶段性统计、针对全职就业情况和兼职就业情况、按照各个专业对毕业生的就业状况进行统计，另外还统计人口指标、收入水平等。

就业状况的统计指标：美国高校毕业生就业状况评估机构一般将高校毕业生分为就业、失业、失业但正在找工作、未找工作、参军以及继续接受教育等几种类型。在统计时，将就业状况这一主要指标分为全职就业状况、兼职就业状况、经济原因就业状况、非经济原因就业状况、毕业初次就业状况以及毕业后3个月、6个月、9个月就业状况等二级评估指标。

就业状况的统计时间：统计时间确定为毕业即时就业状况，毕业后3个月、6个月、9个月、1年乃至4年的就业情况。其中，比较普遍采用的是计算毕业后6个月和9个月的就业状况。

2. 英国高校毕业生就业状况的公布体系[③]

就业状况统计机构：英国高校毕业生就业状况的调查，一般由高等教育统计局和高校共同完成，媒体也积极参与。高等教育统计局设计统一的调查问卷发给高校，通过电子邮件、电话及书面问卷等方式组织学生填写和回收。

就业状况的统计指标：对全国范围内的高校进行调查。通过就业指标、升学指标，未就业指标和正在找工作指标等四项数据收集大学生资料，其他情况排除在统计调查之外。

就业状况统计时间：一般在学生毕业后的第 6 个月（即毕业后次年的 1 月）对其就业情况进行调查。针对不同目的，采取跟踪调查的方式。统计初次就业和毕业 1 年或 4 年的就业情况。

3. 新加坡的大学生就业情况[④]

新加坡的大学生就业状况指标、统计方法和统计实施过程基本都是由高校自身完成的，由高校直接向社会公布，接受社会各方监督。

4. 比较研究综述

由于国情不同，各国毕业生就业状况统计各具特点，如美国健全完善的评估体系、英国的法律保障等。但这些国家对高校毕业生就业状况统计和监测还是有一些共性的。

有一些优点是值得我们借鉴的：一是大部分由政府的教育和统计部门主导；二是有些国家将调查信息与公民个人信用体系联系在一起，用人单位和毕业生三人均不会自毁信用，信息的准确度高；三是定期向社会公布，毕业生与第三方参与，并接受社会监督，使其具有公信力；四是我们注意到不管各国采用何种办法，有一种是各国都坚持的，即将毕业生放在主动地位，再辅之统计规则、法律和数据分析进行补充。在统计时都采用了问卷等调查方式，毕业生参与程度高，这在某种程度上就使结果接近于就业的实际状况；五是毕业生毕业后，在制度保障下持续跟踪。

但是它们也有一些共同的缺点：一是统计和监测时间跨度较大。从问卷的制作、发放、回收、分析到结果的公布有一个时间差，这一时间差极易造成统计结果的失真；二是我国每年高校毕业生的数量为全球之首，基数很大，如果完全按发达国家的模式进行应用，这种统计模式由于涉及相关的法律法规的建立和修改、政府职能的重新界定、政府每年的定期投入等要素，短期内在我国还无法实行；三是主要的统计和监测数据来源于抽样调查数据，数据质量只能依调查对象的理解和素质而定，其统计和监测的数据准确度应该不如我国的全数据统计和监测的方式高。

（二）关于建立科学合理的高校毕业生就业状况统计体系的认证和可行性分析

1. 我国高校毕业生就业状况统计的发展沿革

1980年以来，高等教育出现了一次全球化的改革，世界各国的高等教育都经历了程度不一的“市场化”，这是经济全球化、教育国际化、高等教育大众化的客观要求。自20世纪90年代以来，随着我国市场经济的逐步确立，高等教育规模也不断扩大，我国高等教育规模的空前发展带来了整个社会对高校毕业生就业状况的关注，社会和政府的重视逐步提高。因此，如何来对高校的毕业生就业状况进行科学的统计和评价成为各级高校毕业生就业工作部门的一个重要任务。

政府层面开始通过立法、行政等法律和政策手段来规范就业市场和促进高校毕业生的就业。在立法方面，前后出台了《劳动法》和《劳动合同法》；在行政方面，国务院出台了一系列促进高校毕业生就业的政策文件。自1999年起，在教育部的统一规划下，各省开始对高校毕业生就业状况进行统计和公布。教育部还逐年制定了一些新的文件来规范对高校毕业生就业状况的统计，统计体系也渐趋成型。教育部提出把毕业生就业率作为确定高等教育事业发展规模的重要依据，把毕业生就业率与年度招生计划、高校设置与评估、学位工作等适度挂钩等18条措施。

2. 我国现行高校毕业生就业状况统计体系的积极作用

我国目前现行的高校毕业生就业状况统计体系对促进我国高校毕业生就业起到了巨大的积极作用，体现在：

首先，我国的高校毕业生就业状况统计体系从无到有本身就是一个极大的开拓性的进步。它创立了适应当时经济社会发展的高校毕业生就业状况的统计模式。它标志着建国以来直至改革开放前期，我国高校毕业生以“统招统分”模式为主的高校毕业生就业工作改革的进一步深化；标志着高校毕业生就业工作在适应我国经济和社会发展方面所做的努力；也标志着高校毕业生就业工作在适应市场对人才培养、人才配置方面的探索；还标志着我国高校毕业生就业统计体系的逐步成形。

其次，极大地促进了高校人才培养模式的转变，有利于学科设置及专业结构的调整，有助于高校办学水平的进一步提高。改革20多年来，我国的高等教育虽已完成了一系列成功的调整和改革，但在人才培养模式、学科设置、专业结构、课程安排、教学内容及方式等方面，还存在着许多有待进一步改革和完善的地方。尤其是高校目前的学科设置、专业结构和人才培养模式与社会所需人才的素质、能力、规格、类型等与市场要求存在较大差距，不同程度地制约着高校毕业生的就业。因此，近年来社会上对改革高校学科设置、专业结构和人才培养模式的呼声越来越高。把提高就业状况同深化高校的内部改革紧密地联系起来，加快了对人才培养模式、学科设置、专业结构、课程安排、教学内容及方式等方面改革的进程，逐步建立起了适应社会发展需要的人才培养模式和专业结构。

第三，促使高校领导层对毕业生就业问题的高度重视。高等教育的主要功能之一就是为社会培养高素质的专门人才。高校毕业生能否转化为现实的生产力，关键在于毕业生能否得到充分就业，能否得到科学、合理的配置和使用。因此，毕业生就业工作不仅是高校的一项重要工作内容，而且还关系到高等教育功能的实现与否，关系到高校的生存与发展。

第四，有利于高校毕业生就业指导和服务工作水平的全面提升。随着高校毕业生就业市场化配置程度的不断提高，高校毕业生就业工作正在由计划分配工作模式向指导和服务的工作模式转变。面对全新的工作模式和就业形势，各高校为了不断提高自身的就业状况，除了不断提升办学质量和提高毕业生的竞争实力之外，还进一步加大了对毕业生就业指导和服务方面的工作力度，对毕业生就业指导和服务的工作水平得到了全面提升。

第五，有利于毕业生的充分就业和人力资源市场化配置体系的进一步完善。在刺激和全面推动高等教育深化改革的同时，也带动了政府及社会相关单位工作的改革。为配合此项改革措施的有效实施，最大限度地将毕业生转化为现实的生产力，国家及各级政府还在人事管理制度、户籍管理制度、毕业生档案管理与转接、大学生自主创业、毕业生异地就业安置程序、城市人口增容手续、就业手续办理等方面进行了大范围的调整和改革。

3. 现行高校毕业生就业状况统计体系存在的主要问题

改革均是对以往事物的进一步补充和发展，公平地说，任何改革的先行者都不可能对将来发生的一切有一个充分的预计。现行的高校毕业生就业统计体系已经使用了十余年，虽然在期间进行过补充和修改使之更加符合经济社会发展的要求，但是总体的结构和思路并未经重新设计。作为一项政策工具，在就业方式多样化的今天，已经不能解释目前高校毕业生多样化的就业状况。是到了对其进行深入研究和改革的时候了。

我们将高校、毕业生、社会和政府层面对于现行统计体系的意见进行集中收集和整理，从这些主要的意见中来研究问题存在哪些地方：

（1）高校对就业状况统计体系的主要意见是认为统计指标单一。统计学理论告诉我们“统计是一种认识活动，有一个对客观事物的认识过程：从定性认识到定量认识，再到定量认识与定性认识相结合”。用数据来客观地反映一件事物的状况，不仅要有反映量的标准，还要有反映质的标准。就现行的就业统计体系来看，就业率只说明了某地区、某高校、某个专业有多少毕业生在我们统计节点时已就业，也就是说只有量的标准而没有质的标准是无法反映不同高校间培养质量的差异。在目前的就业状况统计考核体系下，促使“只要就业的学生就是合格的大学生”已经成为约定俗成的观点，一些高校由此认为这是现行就业统计体系中不合理的方面之一。

（2）社会对就业状况统计体系的主要意见是认为数据缺乏公信力。目前就业状况统计的可信度主要依据各高校上报就业数据的可靠性。在就业方式单一的时代，其数据的可靠性是非常高的。而在目前毕业生就业方式已发生巨大变化的情况下，有多种原因导致了其数据可靠性的下降；高校既是运动员又是裁判员，统计数据由其提供，并以此衡量本校的就业情况，这在程序上就极其不合理，整个统计过程基本上没有监督和评估；少数高校在上报的就业数据中有虚假行为。以上多种因素的集合导致了统计数据的失真，进而导致了公布的就业状况缺乏社会公信力。

（3）毕业生对就业状况统计体系的主要意见是认为缺乏就业当事人的信息校正。我们各级就业部门采集就业状况信息数据的来源均为高校就业部门，有些就业管理部门还会请第三方进行就业状况数据的审核和校正。但是我们注意到在整个统计过程中最重要的当事人毕业生没有参与数据的校正，毕业生和用人单位是就业市场中的两个主体，二者之间博弈和互动的结果，他们最清楚，最有发言权。因而对于这一结果的统计，他们应该处于主体地位，统计中他们的缺失应该是统计程序上的缺失，在某种程度上弱化了他们的主体作用，从而导致了定量分析结果的失真和低效。

（4）政府部门对就业状况统计体系的主要意见是认为统计方法有待改进。在统计学中，“人们对统计数据的要求是：客观性，即它能反映客观事实而不受任何偏见的影响或任何势力的干扰；准确性，即统计数据的偏差不能超过根据统计研究目的而事先确定的允许误差范围；及时性，即统计数据应及时搜集，及时加工，及时公布。”而目前实际情况是：在客观性上，就业的当事人没有参与校正的机会；在准确性上，由于我们原有的体系存在结构上的缺陷，质和量没有统一起来评价；在及时性上，我们只是对毕业生就业结果的描述，还不是对就业过程的跟踪。只是事后的结论，而不是主动对事物规律的把握，因此，政府不能及时得到客观、准确的统计数据来对影响高校毕业生就业的各种因素进行决策。

我们针对以上各方面对高校毕业生状况统计体系意见的综合分析，可以得出以下结论，一个政府、社会、高校及毕业生均希望的高校毕业生就业状况统计体系应该是：

①它应该是一个客观、准确和及时的，能描述高校毕业生就业过程和最终结果的统计体系；

②它应该是能清楚地说明高校毕业生就业状况的数量和质量，以及变化情况的统计体系；

③它应该是一个能够使就业当事人有机会参与就业状况信息校正，从而减少信息失真的统计体系；

④它应该是能够以简单的数值使全社会成员中的大多数人明白和接受，并且有一定社会公信力的统计体系。

我们认为如果研究结果符合以上要求，这应该就是教育部要求我们研究的适合目前社会发展的、科学的高校毕业生就业状况统计体系。

4. 关于统计体系研究的可行性

现行高校毕业生就业状况统计体系在我国已经实行了十几年，虽然在执行过程中有过一些不同的争论和看法，但我们也注意到所有的争论和看法中，主流的、严肃的意见是完善和修订现行统计体系，而不是取消对高校毕业生就业状况的统计。说明了社会各层次在是否要进行针对高校毕业生就业状况的统计本身并不存在很大的争议，这是我们完善和修订统计体系的强大社会基础和社会共识，也是研究和实行更为科学的高校毕业生就业状况统计的强大动力。因此，只要研究的结果尊重社会的要求，符合经济社会发展的需要，具有可操作性，它是可以被社会所接受的。

（三）关于建立高校毕业生就业状况监测预警的论证与可行性分析

1. 高校毕业生就业监测预警研究的目的

随我国高等教育规模稳步发展，目前，全国共有高等学校 2358 所，各种形式高等教育在学总规模达3105万人，高等教育毛入学率达26.5%[⑤]，而《国家中长期教育改革和发展规划纲要（2010—2020年）》的“战略目标和战略主题”中提出“高等教育大众化水平进一步提高，2020年毛入学率将达到40%”[⑥]。按照国际口径，我国现阶段已经进入高等教育大众化阶段，大学不再是精英教育的象牙塔。

教育部在《关于做好2011年全国普通高等院校毕业生就业工作的通知》（教学［2010］11号）指出：做好高校毕业生就业工作，对建设人力资源强国和创新型国家，着力保障和改善民生，促进教育与经济社会协调发展具有重要意义。就业是民生之本，高校毕业生是就业群体的重要组成部分，是国家宝贵的人力资源，但随着高等教育的快速发展，高校毕业生随之大量增加。在整个“十二五”期间，高校毕业生仍将处于一个就业人数的高峰期，年均达700万左右[⑦]。

为及时掌握高校毕业生就业状况，早在2004年，国家相关部委先后出台了《国务院办公厅关于进一步做好2004年普通高等学校毕业生就业工作的通知》（国办发【2004】35号文）、《教育部办公厅关于进一步加强和完善高校毕业生就业状况统计报告工作的通知》（教学厅【2004】7号文）等文件。

2. 高校毕业生就业监测预警研究的意义

高校毕业生就业问题是社会关注的重要问题，关系到社会的和谐及稳定，关系到我国高等教育的健康发展，关系到国民经济的持续发展，关系到千家万户的幸福。因此，政府、高校重视高校毕业生就业问题，更是重视民生问题，重视社会和谐问题。通过科学、系统、规范地构建符合我国国情的高校毕业生就业监测预警机制，通过对毕业生就业相关数据的监测，从政府行政管理角度，有助于及时预防和控制高校毕业生就业中可能出现的问题，降低宏观调控成本；从高校人才培养角度，有助于高校进行教育教学改革，实现高素质人才培养目标，保持高校的可持续发展；从经济发展角度看，高校毕业生就业状况也有助于客观反映区域经济发展。

3. 高校毕业生就业监测预警研究及应用的现状

（1）在国家政策层面：我国对高校毕业生就业状况统计监测相关政策，经历了二次历程。第一次是1999年教育部向社会公布了部属高校毕业生就业率，这是我国高校毕业生就业状况统计和监测工作的开始；第二次是2004年教育部修订了就业状况统计方法，体现在四个方面：一是将灵活就业纳入就业统计范畴；二是确定了毕业生就业的七种形式；三是对待就业毕业生进行登计和统计；四是完善毕业生就业状况定期报告制度。特别是毕业生就业状况定期报告制度已标志着就业状况监测工作的正式进行。

（2）在理论研究层面：相关专家学者就高校毕业生就业监测预警提出各自的观点。

杨晓慧提出目前无论是统计指标还是操作方法，都存在明显的缺陷。第一，监测指标数量维度部分健全，质量维度是空白。一是“考取研究生和出国”两类学生不计入应该计入“已就业人数”，原因是和“就业”的概念不相吻合；二是“定向、委托培养”学生毕业后回原单位工作，不应该在就业率统计中体现。第二，监测实施操作有漏洞。一是统计主体不可信；二是统计时间节点设计不合理[8]。

朱春楠认为“高校毕业生就业状况监测”是对高校毕业生就业进行全面、动态、定量、定期和多次测定。我们认为，高校毕业生就业状况监测需监测不同时间、不同区域、不同类型、不同专业、不同学历、不同性别等多维动态的高校毕业生状况数据。要坚持全面性、独立性、可评性、可测性的原则[9]。

钱强认为高校毕业生的“初次就业率”目前对其作为就业指标的争议比较大，因为其本身的内涵与标准存在诸多不符合客观实际的地方，不能真实反映市场配置毕业生就业的特点，不能客观反映就业率的质与量，不能涵盖毕业生就业形式的多样化，可能存在人为注水的情况等等，笔者认为，用“二次就业率”作为预警指标较为可行[10]。

谢爱国认为大学生就业预警系统的构成从宏观层面看，大学生就业预警系统由政策法规、组织机构和信息系统组成。组织机构主要包括政府机构、高校和就业服务机构。从微观层面看，大学生就业预警系统是一套以数据库和预警模型为核心的信息系统[11]。

（3）在实际应用层面：目前全国范围内对高校毕业生就业监测预警的应用，少部分以省（市）为单位进行，或以研究课题组的方式进行，个别民间机构也进行相关调研，而大部分则是各高校以毕业生就业后调研方式的进行。

如：江苏省高校招生与就业指导服务中心通过麦可思数据有限公司 2011 年对江苏省高校毕业生就业状况进行了调研并发表了《江苏省高校毕业生就业、预警和重点产业人才供应 2011 年度报告》，研究目标主要是了解 2010 届江苏高校毕业生半年后的就业状况、毕业生对高等教育的满意度及对母校的推荐度、了解毕业生自主创业、升学、了解江苏省各地区重点发展的产业对应专业的供需关系；

江西省教育厅高校毕业生就业工作办公室于 2010 年在全省高校运用计算机技术建设了“江西省高校就业信息管理与监测系统”对全省高校毕业生就业状况进行实时监测；

北京大学教育经济研究所、高等教育研究所“高等教育与劳动力市场”课题组

2003年对京、粤、桂、湘、陕、云、鲁七省市的47所高校展开调查，发表全国高校毕业生就业状况调查报告；

麦可思数据有限公司近几年对高校毕业生就业状况进行了调研并发表了《就业白皮书》。

从现有的研究及应用中可以看出，无论是从国家政策层面、学者研究层面，还是各省（区）各高校的应用层面，对高校毕业生就业状况非常关注，并采取了许多的相关措施对就业状况进行监测，努力促进高校毕业生就业，在一定时期内也取得积极的成效。但从国家发展战略的高度看，目前的高校毕业生就业监测预警研究缺乏系统性、科学性与可操作性。根据现有的高校毕业生就业监测预警相关研究进行分析，主要还存在以下几个方面的问题：

第一，工作机制不健全。目前各单位开展的高校毕业生就业监测预警工作，没有统一的架构和体系，没有形成明确的责权，没有数据进行监管，没有形成从上至下的约束机制，导致随意性较强。

第二，监测主体及指标不统一。目前对高校毕业生就业监测预警的主体往往以个别省市、高校或第三方机构为主体。不同层面的监测主体，关注的角度不一样，导致不能形成全国统一、标准的、可操作的指标体系，这样的监测预警分析数据导致呈现结果多样化。

第三，监测时间节点设计不合理。高校毕业生就业监测预警要进行全面、动态、定量、定期和多次测定[12]，而实际应用过程中，大部分监测主体较少对高校毕业生就业状况的数据进行实时的采集和分析，大多数的监测时间安排在毕业生毕业后或毕业生半年之后进行，这样的结果不能及时发现高校毕业生就业的趋势及就业过程中出现的问题，对当届高校毕业生就业的监测和预警的意义不大。

第四，监测数据不完整。现阶段进行的无论是省一级教育部门、高校或第三方机构进行的高校毕业生就业监测预警的数据，一方面监测数据是通过抽样的方式进行，而不是全数据方式进行（江西省、广西除外）；另一方面监测方式大多数通过调查问卷、电子邮件、电话回访等方式进行，而不是通过获取有说服力的凭证进行；因此，现阶段进行的监测预警的结果也容易导致监测数据的片面性和失真性。

第五，监测实践性较弱。虽然目前很多研究理论提出了许多很好、很全面的观点，如通过监测预警指标不仅能反映高校毕业生就业状况，还能反映出毕业生的就业满意度、用人单位的满意度、毕业生需求分析、毕业生求职分析、毕业生工作能力、高校就业力指数等等。但从现实可操作角度，高校毕业生就业监测预警的指标体系监测指标的维度过于繁复，涉及到的数据采集、时间跨度、毕业生及用人单位配合度、数据统计等方面则难以实现。

4. 从理论和实践上对高校毕业生就业状况监测预警可行性分析

(1) 对高校毕业生就业状况监测预警应该遵循的一些要求。我们在分析现行的就业状况监测研究的基础之上，结合近年来学者们出版和发表的有关就业状况、统计、分析的相关理论著作、文章进行了整理、归纳和借鉴。我们较认同英国高校毕业生就业状况监测体系的理论，认为理想、合理、完善的高校毕业生就业状况监测需分析不同时间、不同区域、不同类型、不同专业、不同学历、不同性别等多维动态的高校毕业生状况数据。应“坚持全面性、独立性、可评性、可测性的原则”[13]来实施多元统计的分析模式，建立一套完整的就业状况监测预警机制，在监测主体方面包括各级教育部门、高校、学生等；在监测内容方面包括就业率和就业结构、客观状况和主观状况等多方面要素；在监测独立性方面通过一定的分类规则使得各个因素和内容相对独立；在监测可评性方面要让评价人员建立合理的评价指标避免模棱两可的评价和选择；在监测可测性方面要每项指标具有明确的物理内涵和一定范围的外延在精确数据的前提下便于采集、计算和分析。

(2) 对高校毕业生就业状况监测预警的可行性分析。在完善高校毕业生就业状况监测的可行性分析方面，我们主要通过以下几个方面来实施，以确保本研究的可行性。第一，建立完备的监测指标体系。一是设置完善的工作机制，增强监测的实践性。改变当前高校毕业生就业监测预警工作在一定程度上存在的没有统一的架构和体系、责权不明、监管不力、随意性强的现状；二是要完善就业状况统计方法中关于“量”的界定。在数量统计这个层面上，首先要解决的就是明确就业的定义，将参加就业与不参加就业两类毕业生分开。第二，变更就业状况监测的主体。改变目前单纯依靠学校自主统计就业状况的做法，建立由各级教育主管部门、高校、毕业生等共同组成的多层次就业状况监测主体系统，相关主体各司其职。第三，创新就业状况监测方式。要利用科技进步成果不断创新监测方式，最大限度地消除监测盲点。

在毕业生就业状况监测研究方法方面，在多元统计分析上主要通过理论分析法和调查研究法，在总结中西方即有高校毕业生就业状况监测的特点，特别是借鉴英国关于实施高校毕业生就业状况监测的组织机构、监测内容、实际操作流程的基础上。按照组织体系完善、制度框架鲜明的总体逻辑出发，运用教育学、数理统计和经济学的理论和方法，在大量的就业数据中挖掘潜在的规律，实施详细的流程和科学的评价方法。在现实的就业数据统计和监测情境下，充分利用科学性、客观性、导向性和可操作性的原则，突出就业结构和就业状况两个方面的主题，以确保本研究的路径实现可行性。

在毕业生就业状况监测模型方面，主要采用层次分析法确定各级指标的权重集，对高校的毕业生就业状况进行评估。首先，力争完善就业监测的理论组织机制，为教育部、省市区教育部主管部门和高校在毕业生状况统计和监测的职责提供一定的理论支撑；其次，将扩大监测预警的应用，设置明确的预警数据库和公示体系；再次，将细化监测指标体系的微功能，充分利用各级教育主管部门和学校的就业统计指标、学生创新创业指标、学生就业分布指标、社会需求和满意度指标，对高校毕业生就业的各宏观、微观因素进行科学分析，为统计和预警监测系统的建立打下基础，从而形成综合多个维度的指标体系。

二、科学的高校毕业生就业状况统计体系研究

（一）我国现行的就业率统计方式

我国目前实行的高校毕业生就业率统计办法是宽口径地统计毕业生就业状况。

1. 就业状况统计的计算公式

其计算公式为：就业率 =（毕业生总数 - 未就业人数）÷毕业生总数×100%

因统计基数中对升学、出国人数未作剔除，实际上是就业和升学率（包含了到国外就业和升学的情况）。

2. 认定形式

认定就业的形式主要有以下七种：

（1）毕业生通过与用人单位签订就业协议书，领取就业报到证，到用人单位就业；

（2）毕业生不通过报到证，直接到用人单位就业后，再签订劳动合同；

（3）定向、委培毕业生回原单位就业；

（4）少数按照国家特殊政策招生的毕业生回生源地区，由地方政府部门安排就业；

（5）毕业生自主创业；

（6）毕业生考取研究生或专升本；

（7）毕业生出国学习及工作。

认定未就业的形式主要以下两种：

（1）未落实具体就业单位；

（2）申请不参加就业。

3. 统计时间节点、公布方式和时间

目前各省高校毕业生就业状况公布时间、渠道、统计时间节点和统计方法均不一致。一是有对外公布的，也有对高校内部公布的，有每年九月份，在就业数据上报教育部后，第一时间公布的，也有年底或第二年公布的；二是由于教育部目前实行的是宽口径统计，各地公布的内容均不一样，有总体数据的，也有详细分类的；三是统计时间节点不一致。大部分省按教育部要求公布的是初次就业率，也就是毕业生离校时的就业率，也有的省公布的是经过半年信息补充的年终就业率。

（二）构建科学的高校毕业生就业状况统计指标体系

1. 明确就业与未就业概念

关于就业，目前大部分学者认可的概念是：就业是指具有劳动能力的公民在法定的劳动年龄内，依法从事某种有报酬或劳动收入的社会职业。因此高校毕业生在离校时出国留学、升学等情况应该不属于就业的范畴，本不应统计在就业状况里。但为了统计的便利同时与现行的统计习惯相承接，我们认为可列入，但必须说明其比例，这样既可以使就业状况统计结果更准确，又可以更容易被关注群体接受。例如：在江西省，南昌大学本科生的升学比例每年都近20%，全省本科毕业生平均在12%左右。如果按一些专家的说法从分母中减除，不纳入统计的范畴，全省高校毕业生总数都要少一大块，不可能为社会所接受。

因此在我们的研究中，为了解决这种现状，我们参照目前国内外一些专家学者的研究成果，将现行的高校毕业生就业率（简称：就业率）更名为高校毕业生非失业率（简称：非失业率），其包含就业率、升学率、出国率。这样做的好处是：一是有利于反映高校的教学质量。社会普遍认为升学率指标是反映教学质量的正指标，其数值的

高低反映了高校教学质量的高低；二是便于分析高校毕业生流向的总体状况，以利于更加有针对性地做好毕业生就业工作；三是从概念上保证了高校毕业生就业状况的准确性，确保社会对高校毕业生就业状况真实客观的理解，提高其社会公信力。

2. 高校毕业生就业状况统计体系的构建

（1）就业状况统计的计算公式。根据以上的研究和分析，我们认为将一组数据，而不是单一数据来描述高校毕业生离校时的状况比较合适，但这组数据不能过多，否则在操作和推广中会面临较大问题。因此，我们将在这组数据分为两个：一个是高校毕业生离校时的非失业率及其构成情况；另一为不同就业质量等级的比例分布。

按照这个思路，高校毕业生就业状况应该为：

A. 非失业率% = 就业率% + 升学率% + 出国率%

就业率 = 就业毕业人数/毕业生总人数 ×100%

升学率 = 升学毕业生人数/毕业生总人数 ×100%

出国率 = 出国毕业生人数/毕业生总人数 ×100%

B. 就业质量等级的比例分布：就业质量较高（一级）比例为 A%，就业质量一般（二级）比例为 B%，就业质量较差（三级）比例为 C%。

在本课题中，由于我们还承担了就业状况统计及监测预警的系统开发与推广应用框架的研究任务，而且教育部在总体研究中也规划了就业质量方面的研究，由北京市教委承担。因此我们在本研究中不对高校毕业生的就业质量进行深度研究，为使系统能够对就业质量采集数据进行数字化应用，我们按系统开发的需要提出一些数字化建议。

就业质量采集数据建议使用代码的形式，质量区分标准建议简单、可操作性强。为适合高校推广和使用，可增加就业质量等级代码，按组合条件设定就业质量的等级。比如：我们设想了“专业与岗位的相关性”、“薪资与当地政府最低保障工资的倍数比”、“参加国家和地方就业项目”、“劳动关系的稳定性（劳动合同期在 3 年以上）”和“职业发展的前景”等几个指标，当然这几个指标是否合理，还需要北京市教委的专家们进一步研究。按达到 3 个为一级，达到 2 个为二级，2 个以下为三级。指标的设定建议要硬性，容易掌握和分类，这样高校毕业生就业部门在数据工作中的操作性较强，在分类和统计中不易出现问题。因此，《普通高校毕业生就业协议书》中的一些内容可能也需要按劳动合同法的要求和相关统计标准重新设定职业岗位的基础信息表格，以便采集统计信息。

（2）就业与未就业的认定。我们认为现行统计体系中对就业和未就业的认定仍然适合目前经济社会发展现状的需要，基本上没有什么争议，不需要更改。

(3) 统一就业状况统计时间和公布程序。

①统一就业状况的统计时间。由于用于统计就业状况指标的数据均为时间节点指标，因此，必须要统一明确就业状况的统计数据的节点时间。按照国务院的职责分工，教育部承担高校毕业生离校前的工作，也就是承担高校毕业生离校前的就业状况统计工作。现行教育部要求各省上报就业状况数据的时间节点是截至每年毕业离校前的 8 月 31 日。我们认为不需要更改，这个时间节点也是各级教育部门能掌握的最后时间节点。

②统一毕业生就业状况的公布程序。我们认为对于教育部属院校可由教育部统一向全国公布，地方院校可由各省、市、自治区的教育厅来公布，以增强就业状况的权威性和公正性。所公布的就业状况应包括各高校的综合就业状况和所有普通高校各专业的就业状况。公布的渠道，建议通过媒体，尤其是教育主管部门的各级网站向社会公布上一年的毕业生就业状况，以作为有关管理部门进行下一年度的高校专业结构调整和高中毕业生填报高考志愿的参考。目前各省高校毕业生就业状况公布时间、渠道、统计时间节点和统计方法均不一致，在一定程度上也影响了就业状况统计的社会公信力。

(三) 建立高校毕业生就业状况统计数据的检测与监督机制

为了保证统计数据的准确和完整，必须要对高校毕业生就业状况统计数据进行检测与监督，这也是统计程序上的必然要求。目前我国这方面的工作主要是由高校自己来进行的，依靠的是人的自觉性。有少部分省，如江西、浙江等聘请了各省统计部门进行检测。但在国家层面，主管部门由于人力等各方面的制约，只能对地方教育主管部门和部分高校上报的就业状况统计信息进行抽样的核查和评价，一方面由于涵盖面小，无法全面地发现问题。另一方面即使发现个别问题，目前也没有一整套较为成形的纠错机制，从而无法对以后就业状况统计工作中出现的问题产生有效的杜绝防范作用。为此，有必要采取有效的监督手段，实现监督手段的多样化，以确保统计数据的准确和完整。

美国等西方国家在就业状况统计除了政府部门主导外，还有大量第三方的民间组织进行协助和研究，政府根据他们得出的数据进行政策参考，取得了很好的效果。但我国有自己的国情，民间统计组织发育还不够完善，有些第三方民间组织自身的信誉度也不是太高。因此我们不赞成某些专家提出的完全由第三方来进行统计和发布的方式，取消教育部门统计毕业生就业状况数据实施者的角色。而是应该采取循序渐进的方法，由政府高等教育的组织和管理者主导、毕业生参与、社会第三方组织补充，客观、科学地统计就业状况，弱化高校因自身利益而影响就业统计数据的真实性。在这个问题上的关键并不在于谁来主导统计，而是可靠的机制和程序是否建立。

在现阶段，几种切实可行的监督手段是：

（1）建立就业状况信息评估审查制度。在高校毕业生就业状况统计的各类数据上报之后，国家及地方教育主管部门建立专项制度，对上报数据信息进行系统的评估审查。评估审查的主体可以是主管部门人员，最好是由主管部门委托的社会第三方组织；评估审查的依据主要是搜集到的各种已有的相关信息；评估审查的方式主要是对各类上报的就业状况统计信息进行科学、全面、系统的分析，发现其中可能存在的问题，找出可能严重失真的数据信息。

（2）建立申诉与举报制度。国家及地方教育主管部门设立专门机构，负责受理社会各方面提出的关于就业状况统计的申诉，在每年就业状况统计工作的主要时段，开通举报热线电话，向社会公布，接受群众的广泛监督。通过此项监督手段，可以比较及时和全面地发现就业状况统计工作中的各项问题。

（3）建立毕业生网络校正机制。在当前互联网的利用日益普及的情况下，应确立毕业生的主体地位，进行网络化、动态化的就业信息的当事人信息校正。可由各省级毕业生就业主管部门可在自己的网站上将各高校毕业生的就业最终数据上网，有选择性地发布每位毕业生的基本就业状况数据。毕业生可以依据学校、专业、姓名，采用身份证的后6位作为密码进行本人就业信息的校正。毕业生一旦发现就业状况信息与实际不符，可以随时在网上提出并修改，便于就业主管部门及时掌握各种情况并对就业数据进行修正。互联网在信息交流方面具有快速、准确、便捷和低成本的优点，建立就业状况的网络校正平台，是统计数据最直接的一种补充校正。随着信息化的不断深入，网上监督将越来越体现出其不可替代的重要性，成为一种发展趋势。

三、高校毕业生监测预警的范围、内容与工作机制

（一）高校毕业生就业监测预警体系的构建

1. 高校毕业生就业监测预警体系构建的原则

高校毕业生就业监测构建的原则要遵循科学性原则、客观性原则、可操作性原则、

导向性原则。科学性原则，指对高校毕业生就业的认定、就业统计口径、监测时间节点等应更科学合理；客观性原则指对监测指标的设计、监测时间的安排、统计数据的应用、统计方法的选择等能客观准确；可操作性原则指设计、建设的监测预警体系从政策、技术、数据、维护、应用等方面保证可操作性强、简便易行、成本适度；导向性原则指获取的监测预警数据能服务于政府、高校的战略发展目标、政策制定等，能起到相应导向作用。

2. 高校毕业生就业监测预警体系的功能

监测的意思是指对装备、系统或其一部分的工作正常性进行实时监视而采取的任何在线测试手段。预警是指在灾害或灾难以及其他需要提防的危险发生之前，根据以往的总结的规律或观测得到的可能性前兆，向相关部门发出紧急信号，报告危险情况，以避免危害在不知情或准备不足的情况下发生，从而最大程度的减低危害所造成的损失的行为。高校毕业生就业监测预警体系建设是指通过运用统计学、计算机科学等学科，对高校毕业生就业状况进行全面、动态的测定，并根据所监测的情况进行的趋势预测及危机预警。

高校毕业生就业监测预警体系是系统工程，为全面了解高校毕业生的就业状况，实施主体应以政府、高校为主。通过构建高校毕业生就业监测预警体系，全面客观反映毕业生就业的实际情况，不仅仅是就业率的呈现，还需要对不同学历层次的高校毕业生就业的区域、行业、去向等指标进行分析。因此，通过建立全国统一的监测指标、数据库系统及工作流程所建设的高校毕业生就业预警体系，实现反映现状、进行评价、显现趋势、实施预警的功能。因此，高校毕业生就业监测预警体系的构建应涵盖以下几个方面的功能：

（1）能客观反映毕业生的就业状况。对全国高校各层次的毕业生就业所选择的区域、行业、去向能及时呈现。

（2）能动态呈现毕业生的就业进度。通过计算机科学技术，建立数据库，对就业过程进行连续的呈现，了解高校毕业生就业过程中的动态。

（3）能及时预测就业形势。通过对高校毕业生就业状况的及时监测，为高校毕业生一定时期内的就业趋势进行预测，为政府、高校等的决策提供有力的数据支撑。

（4）能及时进行危机干预。根据动态的监测，设定就业形势的危机预警线，在危机状态出现前及时进行干预。

（二）高校毕业生就业监测预警的内容

构建高校毕业生就业预警机制可以从国家层面、地区（省、区）层面以及高校层面立体构建，立足于以国家级（教育部）、省级（教育厅）、高校三级为主体，对不同层次、不同类型的高校毕业生就业进行监测和预警。不同的监测主体，监测重点也有所不同。

对于政府而言，主要体现在高校毕业生是否符合国家经济建设的需求和是否有助于人力资源的优化配置，是否促进社会的稳定和谐。

对于高校而言，主要表现在反映人才培养目标与毕业生就业去向的匹配程度。根据监测主体的需求，从客观层面看，高校毕业生就业监测主体的内容应涵盖两方面的内容；一是毕业生就业结构；二是毕业生就业率。

1. 就业结构

就业结构主要是通过高校毕业生的自然属性和就业去向对高校毕业生就业状况进行结构性描述。一方面，是对高校已就业的毕业生年龄、性别、政治面貌、生源地、文化程度的技能水平等方面的人员比例进行数量描述；另一方面，是指高校毕业生在国民经济各部门、各产业、各行业、各地区、各领域的分布、构成和联系。因此，会出现高校毕业生就业的所有制结构、产业结构、城乡结构、地区结构等。另外，就业结构要以通过高校所在区域就业比率、国家导向区域就业比率、经济发达地区就业比率三方面反映高校毕业生在区域结构的特征[14]。

2. 非失业率

非失业率主要反映高校毕业生个体就业的状况。

（三）高校毕业生就业监测预警的指标体系

高校毕业生就业监测预警体系通过对毕业生离校时去向数据的分析及数据组合，形成监测指标，可以对高校毕业生就业情况进行实时监测，并判断出高校毕业生就业的趋向及形势，有利于及时进行调控。而毕业生去向数据是由高校毕业生全数据组成的。具体如下：

毕业去向 = 非失业情况（就业 + 升学 + 留学 + 创业 + 其他） + 失业情况

1. 监测预警体系数据来源与构成

从目前我国高校毕业生就业工作管理职能划分来看，最可靠和完整的统计数据仍来源于毕业生就业方案数据。从社会习惯、工作体系、工作范围等方面，来源于教育部门的高校毕业生就业报到证的数据仍然是目前社会中我们唯一能取得的比较规范和完整的高校毕业生就业信息数据。高校毕业生就业报到证本身就是一种毕业生就业管理规范系统，在没有找到更好的办法前，它仍然是最好的和最实用的管理毕业生就业和获取毕业生就业信息的重要途径和手段。

2. 指标体系

高校毕业生就业监测体系的科学性及准确性至关重要，关系到监测主体是否能准确掌握高校毕业生就业状况并及时作出相关的决策。监测预警就涉及到指标及统计代码，根据监测主体的需求，我们按照宏观经济学统计模式，类似于国家统计局每月发布的 GDP，CPI 和 PPI 等数据模型，提出以下就业监测预警数据模型：

（1）非失业率 NUR（Non－Unemployment Rate）。非失业率指的是就业率、升学率、出国率之和，其中的就业率涵盖了与用人单位签有正式就业协议或劳动合同、参加国家导向就业项目及自主创业几种情况。它的计算方式如下：

非失业率（NUR）＝（就业总人数＋升学总人数＋出国总人数）/毕业生总人数×100%

注：非失业率（NUR）体现了高校毕业生离校时就业状况的最终结果。但是在高校毕业生就业过程中，升学和出国的结果还未产生，它直接体现的是高校毕业生的签约状况。因此，在每年的 11 月至第二年的 7 月，这个数据模型可称为：高校毕业生适时签约率，可按周或月为单位进行统计。

（2）区域就业流向率 REFR（Regional Employment Flow Rate）。区域就业流向率指的是高校毕业生在各区域（按国务院发展研究中心所发布的《地区协调发展的战略和政策》中提出的八大综合经济区域）就业的比例。

现阶段，高校毕业生“就业难”问题更多的结构性就业难，体现在毕业生就业区域流向的不均衡。一方面，在经济发达地区，涌入大量的高校毕业生，导致人才过剩问题严重，大批毕业生找不到合适的工作，无法发挥所长；另一方面，中西部经济欠发达区域，又难以吸收受过高等教育的优质人才，导致当地经济及社会发展较缓慢。因此，高校毕业生就业区域流向问题，不仅关系到国家人力资源配置问题，还关系到区域经济持续发展问题及毕业生个人未来发展问题。本指标通过对各地高校毕业生在各区域就业流向的监测，可反映我国高校毕业生就业区域流向的特征及趋势，便于政府、高校对高校毕业生就业区域流向平衡进行干预和引导。

区域就业流向率 REFR 计算公式如下：

区域就业流向率（各区域代码）REFR = 各区域就业人数/就业总人数 × 100%

（3）行业就业分布率 IEDR（Industry Employment Distribution Rate）。行业就业分布率指的是对高校毕业生就业情况根据国家统计局《国民经济行业分类统计标准》划分产业、行业分类中的统计比例。

高校毕业生就业与国民经济发展速度、各（产）行业发展规模等密切相关。现阶段，高校毕业生就业的行业、企业选择倾向存在结构性矛盾。大多数大学生就业时倾向于选择垄断行业、政府主导型部门及大企业，希望从这些单位获得较高的收益与满足，而其他行业、部门、小企业或产业聚集程度比较差的地区，毕业生则无人问津[15]。本指标通过对高校毕业生就业的行业分布率指标，可及时反映高校毕业生在各行业就业的分布情况。

行业就业分布率 IEDR 计算公式如下：

行业就业分布率（各行业码）IEDR = 各行业就业分布人数/就业总人数 × 100%

（4）国家导向就业率 NOER（National Orientation Employment Rate）。国家导向就业率[16]，是指高校毕业生积极响应国家号召，参加“西部计划”、“三支一扶”、“农村特岗教师计划”、“大学生村官计划”等项目的比率。

本指标反映高校毕业生参加国家导向项目响应程度及对相关地区的贡献度。

国家导向就业率 NOER 计算公式如下：

国家导向就业率 NOER = 参加国家导向项目就业总人数/就业总人数 × 100%

（5）自主创业率 SER（Self - Employment Rate）。自主创业率是指高校大学生毕业时成功创业的比例。

自主创业率 SER 计算公式如下：

自主创业率 SER = 创业成功毕业生人数/就业总人数 × 100%

（6）学科就业分布率 SEDR（Subject Employment Distribution Rate）。学科就业分布率 SEDR 指高校各学科毕业生在各行业就业的分布情况。通过本指标，反映高校各学科所培养的毕业生就业时是否能够为行业服务。

学科就业分布率 SEDR 计算公式：

学科就业分布率（学科代码）SEDR = （某）学科在（某）行业就业毕业生人数/（某）学科就业总人数 × 100%

这些数据模型可以根据各管理部门所掌握数据的规模在设定的系统中自动生成。

可以依据其历史数值的变化情况发布国家级的学科监测预警。

3. 监测指标的代码设置

从教育部现有的高校毕业生就业统计分析中，所使用的只有高校毕业生就业“单位性质代码”，它在很长一段时期内发挥了重要作用，统计分析了高校毕业生在各行业就业的分布情况，但随社会分工的细化，应从更广更多的角度分析高校毕业生就业状况，而现有“单位性质代码”部分指标及代码出现重叠。为更科学、方便合理地进行各项指标统计，按照精简、统一、准确的原则，对本课题部分指标体系代码进行进一步完善，对其中大部分代码采取引用国家标准代码，小部分根据实际情况进行设计，具体如下：

（1）区域就业流向率指标中的“区域代码”，设计原则是根据国务院发展研究中心所发布的《地区协调发展的战略和政策》提出的“八大综合经济区域”基础上编制了代码（附件一）。（或引用国家统计局《行政区划代码》标准代码。）

（2）行业就业分布率指标中的“行业分类代码”，引用了国家统计局《国民经济行业分类统计标准》的代码（详见附件二）。

（3）国家导向就业率指标中的“国家导向项目”（“西部计划”、“三支一扶”、“农村特岗教师计划”、“大学生村官计划”）代码，引用现行就业状况统计相关代码或另行制定。

（4）学科就业分布率指标中的“学科分类代码”，引用现行就业状况统计相关代码。

（四）高校毕业生就业监测预警体系的应用

1. 建设专门网络数据库

在教育部主导下，各省市区教育部主管部门和各高校应建立基于互联网的专项数据库，建设专门的就业工作监测系统，从部、省、校三级角度进行对毕业生就业状况进行监测和预警。

2. 监测预警的实施

各级高校毕业生就业管理部门，教育部、省、市、高校等可依据各自所掌握的数据范围，根据自身的特点划定预警线，同时按以上数据模型和规范对本部门、本地和本单位的就业状况进行分析，也可利用所掌握的数据进行更加个性化的、更符合本地方（或高校）特点的数据分析。当然更高一层次的是建立这些数据模型与国家及本地宏观经济数据的联系，从宏观经济运行的中长期趋势来进行各专业就业的中长期监测和预警。

3. 确定监测预警时间点

监测预警时间区间根据教育部相关文件的要求，从高校毕业生就业工作启动开始，即每年 11 月份至次年 8 月 31 日截止。实行实时监测预警的方式进行，这既做到了对高校毕业生就业过程的监测，也实现了对高校毕业生就业工作的结果监测。

4. 监测预警状况公布

根据各监测主体的特性与需求，对高校毕业生就业监测预警的数据进行定期公布，促使国家相关部委制定更有利于大学生就业的相关政策，促使各省（区）加大对高校毕业生就业工作的扶持力度，促使各高校根据毕业生就业状况加强教育教学改革。

（五）高校毕业生就业监测预警体系运行机制建设

高校毕业生就业监测预警体系通过对高校毕业生就业情况进行及时监测，分析发展趋势，探测异常，发布相关预警信息，及时提出有利于促进高校毕业生就业的政策及措施。根据高校就业监测预警主体的需求、特性和监测内容，建立一套科学的运行机制，确保监测预警体系能顺利运转。

1. 组织机构

高校毕业生就业监测预警工作是长期性、全局性工作，根据各监测主体的需求，在全国现有的就业工作机构下建设相对独立的专门单位来执行，通过整合资源、统筹管理、建章立制，形成一个部、省、校协调一致、完整结合的运行机构。

2. 实施主体及分工

实施高校毕业生就业监测预警由教育部、省市区教育部主管部门和高校为主。

(1) 教育部业务主管负责对实施全国高校毕业生就业监测预警系统建设的政策和数据标准的制定、软件开发、设计确认就业监测预警相关的指标、确定监测预警数据使用方式、发布、使用监测预警相关数据等。

(2) 各省（区）教育主管部门负责对本区域高校毕业生生源数据的审核、生成、上报（教育部），及对各高校上传的毕业生就业状况数据核查工作等。

(3) 各高校负责对毕业生数据审核及就业情况上报（省、区教育主管部门）、负责对毕业生就业状况数据的审核、录入等工作。

3. 保障机制

通过计算机科学，运用网络技术，建设全国统一的高校毕业生就业监测预警体系，为保障正常运行，人、财、物及技术支持等到位是基础。成立的专门机构通过申请国家专项经费、地方政府财政拨款、高校自筹（部分经费）等办法解决经费问题。

4. 监管机制

为确保监测预警数据的真实有效，需建立和完善对监测数据真实性的监管约束机制。各高校在录入毕业生就业状态信息时，严格按教育部要求的计算有效就业率的七项要求，并对回收的毕业生签约材料进行自查；各省（区市）对本地区高校上传的毕业生就业信息通过第三方进行核实；教育部可根据各高校毕业生就业状况进行实时抽查的办法，进行一步核实数据的真实性。

四、高校毕业生就业率统计与监测预警的典型性调查分析

江西省高校毕业生就业工作办公室在本研究课题经过中期认证后，按专家意见进行了部分修改。为深入了解各省（市）、各高校在实际工作中对本课题所涉及内容的意见和建议，进一步为本课题的研究提供实证依据，课题组于2012年12月面向全国省级高校毕业生就业管理部门和不同类型的高校毕业生就业部门进行了问卷调查。相关情况如下：

（一）典型性调研的设计思路

为了更深入地了解各省（市）、各高校在实际工作过程中对高校毕业生就业状况

统计的形式、就业监测预警机制建设的思路和建议等方面的第一手资料，进一步为本课题的研究提供实证依据，确保课题的研究具有典型性和针对性。课题组于2012年12月向北京、上海、江苏、广东、广西、湖北、湖南、安徽、黑龙江及重庆共10个省（区、直辖市），发放了《关于请求协助对教育部〈高校毕业生就业状况统计及检监预警研究〉课题进行问卷的函》（赣教就办函［2012］2号），课题调研问卷40份，截至2012年2月底，共回收到29份问卷，回收率为72.5%，有效问卷29份，有效率为100%。

1. 典型性调查对象的设计

从调查对象上：问卷对象分为省级就业主管部门、985或211高校、省属普通本科高校及高职院校就业部门四个层次，主要目的是要了解不同类型的高校和省级就业部门对本课题主要内容的实际看法。

从地域分布上：问卷对象分为东部（江苏、上海）、南部（广东、广西）、北部（北京、黑龙江）、中部（湖北、湖南、安徽）、西部（重庆）。主要目的是要了解不同地域的高校和省级就业部门对本课题主要内容的实际看法。

从经济发展水平上：问卷对象分为经济发达区域（北京、上海、江苏、广东）、经济欠发达区域（广西）、经济发展中等水平区域（重庆、黑龙江、湖北、湖南、安徽）。主要目的是要了解处于不同经济发展水平区域中的高校和省级就业部门对本课题主要内容的实际看法。

截至本次课题调研结束，除上海、湖南和安徽三个地区由于高校寒假等因素未能回复问卷，其他省市均将问卷回复本课题组。由于课题组调研设计中考虑到了多种情况，这三个未能回复问卷的地区均未影响到课题组对典型调查分析设计分类，不影响对课题调查内容的分析和判断，因此，本次典型问卷调查结果仍然有效，只是调查取样数据少了一些，调研的精确度会受到一些影响，不能不说是这次调研中的一个小小遗憾。

2. 典型性调查问卷内容的设计

本课题调研问卷共设计了20题。其中：按课题主要观点和内容分配的选择题有16题，每题中均有多个选择，基本涵盖了目前国内对同一问题的不同意见，主要目的是要了解本课题观点和内容的适应和接受程度；在课题内容基础上自由回答的主观题4题，主要目的是要了解各类就业部门对课题主要观点和内容更深入的意见和建议。

（二）典型性调查问卷的统计和分析

1. 在确保高校毕业生数据完整的情况下，高校毕业生就业状况统计的对象

从图 1 可以看出，73% 的高校或省级就业主管部门认为，在确保高校毕业生数据完整的情况下，高校毕业生就业状况统计应是“对高校所有毕业生毕业状况的描述”。17% 的受访单位认为应是对“已就业毕业生状况的描述”。

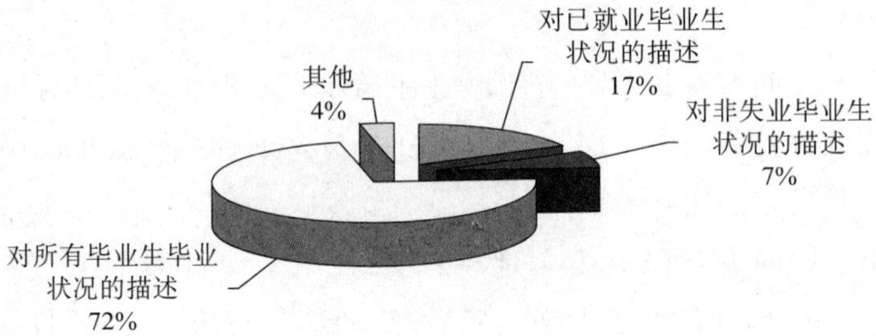

图 1

2. 实施高校毕业生就业统计、监测预警的主体

从图 2 可以看出，大部分高校或省级就业主管部门认为实施高校毕业生就业统计、监测预警的主体应由教育部、各省高校毕业生就业主管部门及高校三方组成，而不仅仅是其中一方。其中北京高校毕业生就业指导中心和重庆理工大学都认为实施统计及监测的主体除了这三方外，还应该加入人力资源及社会保障部门；而清华大学则认为实施就业统计、监测预警的主体应当是国家统计局。

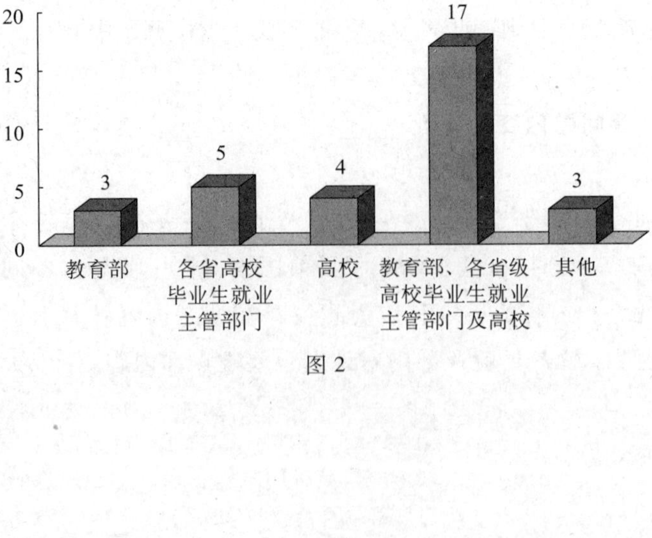

图 2

3. 对高校毕业生就业状况统计、监测预警的时间节点

从图 3 可以看出，近 80% 的高校或省级就业主管部门认为，对高校毕业生的就业状况统计、监测预警应设立几个关键时间点。此外，北京工业职业技术学院和江苏师范大学建议对高校毕业生就业状况统计、监测预警的时间节点应设在毕业生毕业后半年。

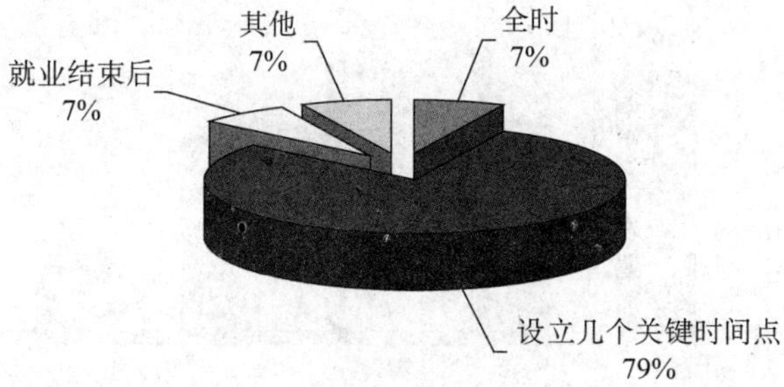

图 3

4. 现行的就业状况统计中，将升学、出国等一并纳入就业范围是否合理

约有 58% 的高校或省级就业主管部门认为将升学、出国等一并纳入就业范围是合理的，21% 的认为是不合理的，也有 21% 的受访单位则提出了自己的建议。如江苏师范大学认为“在国际化办学背景下，应该分开统计”；广东轻工职业技术学院认为“可单列统计，形成参与就业、开学出国、未就业三个基础数据”；首都师范大学和桂林理工大学建议“可将就业、开学等纳入，但应单独分析”；湖北省高校毕业生就业指导服务中心则认为应当“将升学、出国纳入非失业状况的统计范围”；广州大学提出“不将升学、出国等列入就业率统计范畴”。

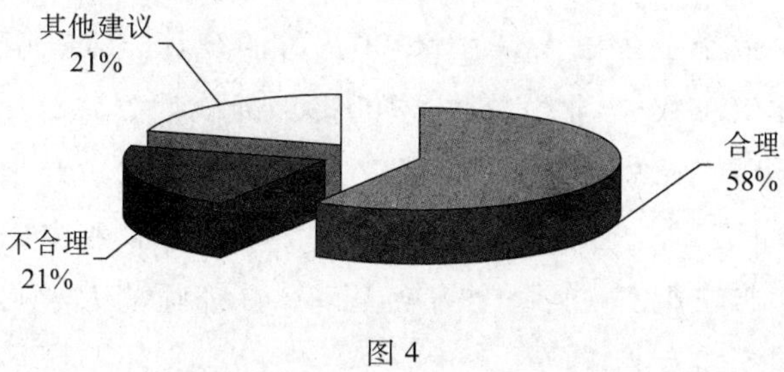

图 4

5. 关注高校毕业生就业状况的角度

根据图5所示，“毕业生就业区域流向”、“就业行业分布”及“就业单位性质”这三项是大多数高校和省级就业主管部门关注的角度，此外，“职业发展空间”、“离职率”、“职业分布”、“岗位”、“学生的起薪率”、“就业稳定性”、“就业满意度”、“薪资福利”、“发展状况”以及“培训学习”等也是大家关注的焦点。

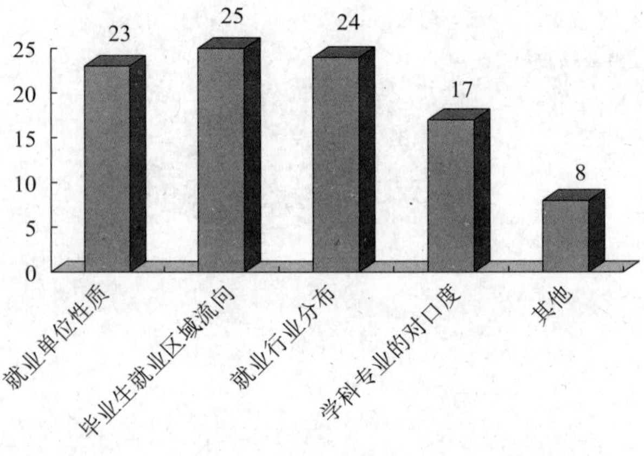

图5

6. 毕业生就业状况统计方式

根据图6所示，59%的高校和省级就业主管部门更倾向于用“（已就业毕业生总数+升学总人数+出国总人数）/毕业生总人数×100%”进行就业状况统计，24%的选择用“已就业毕业生总数/（毕业生总数-不参加就业的毕业生数）×100%”进行统计。此外，也有17%的提出了自己的统计方式，如广西大学提出“（已就业毕业生总数+升学总人数+出国总人数+自主创业人数+灵活就业人数）/（毕业生总数-不参加就业的毕业生数毕业生总人数）×100%”的统计方式；南京工业职业技术学院提出“已就业毕业生总数/毕业生总数×100%”的统计方式；黑龙江大中专学校毕业生就业指导中心提出“已就业毕业生总数/（毕业生总数-升学总人数-出国总人数）×100%”的统计方式；湖北省高校毕业生就业指导服务中心则认为应将两个选项结合起来，一个为非失业率，另一个为就业率；首都师范大学则建议用多个比率体现就业状况，体现学校和专业特色。

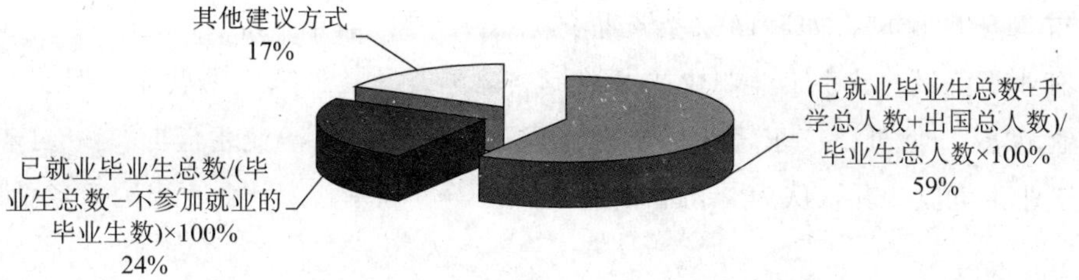

图 6

7. 为确保就业状况统计数据的真实性，建立有效的监督机制的方式

在回答建立有效的监督机制的问题上，大部分高校和省级就业主管部门认为应当采取“建立毕业生网络信息校正机制”、“委托第三方机构进行核查”以及“由省级高校毕业生就业主管部门核查”等三种方式。此外，黑龙江大中专学校毕业生就业指导中心建议“由学校初查，省级高校毕业生就业主管部门主查，第三方机构协查，共同建立有效机制。”

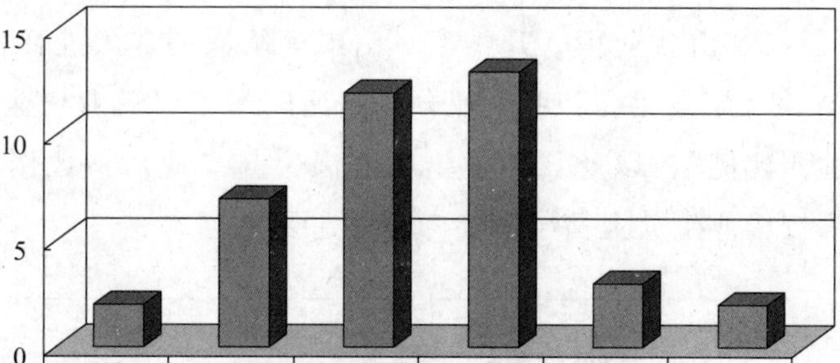

	高校毕业生就业部门自行核查	省级高校毕业生就业主管部门核查	委托第三方机构进行核查	建立毕业生网络信息校正机制	建立申诉和举报机制	其他
■数量	2	7	12	13	3	2

图 7

8. 目前能够较准反映高校毕业生就业状况的词

根据数据统计，42%的高校或省级就业主管部门认为“非失业率”一词能够较准确反映高校毕业生的就业状况，如西南大学认为“非失业率范围更广，既包含以就业，也包含升学、留学等非就业”；广西高校毕业生就业指导中心认为“毕业生就业稳定性不强，岗位流动性较大”；桂林理工大学则提出“学生就业方式多样化，以劳务部门登记的失业率为准”。选择用“就业去向落实率”一词来反映高校毕业生的就业状况

的高校占21%的比例，如广西大学选择的理由是“目前毕业生‘无业可就’的较少，多为‘有业不就’”；北京工业职业技术学院“出国、升学虽未实际就业，但反映了毕业生的就业诉求”。此外，广东轻工职业技术学院提出应由“毕业生流向”一词来准确反映高校毕业生就业状况，认为“可涵括就业、升学、参军、未就业、出国等各种情况”。

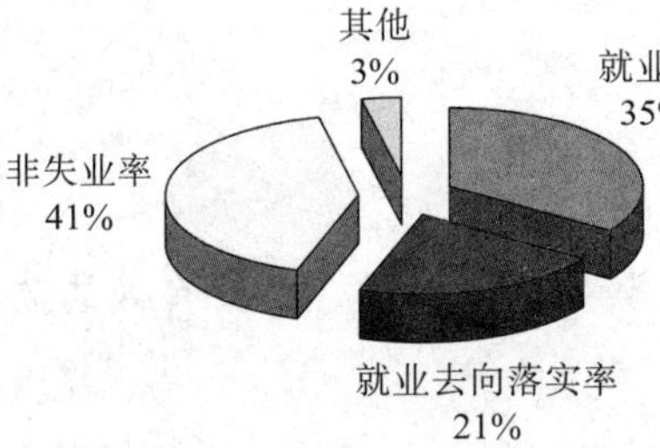

图 8

9. 高校毕业生就业统计监测的主要指标

根据图9所示，“由就业率、升学率、出国率组成的非失业比例”、“毕业生就业的区域流向比例”、“毕业生在行业就业分布的比例”、“已就业毕业生情况”、“毕业生就业的各单位性质比例”，以及“毕业生就业岗位与专业对口比例”等是调查单位认为在统计监测高校毕业生就业情况时要考虑的主要指标。

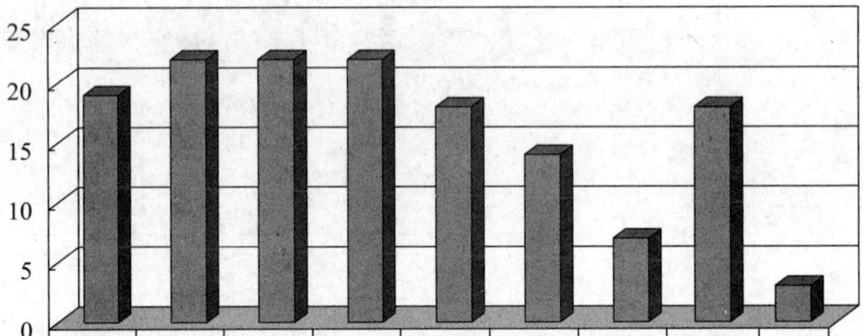

	已就业毕业生情况	非失业比例	区域流向比例	行业就业分布比例	单位性质比例	自主创业比例	基层就业比例	岗位与专业对口比例	其他
数量	19	22	22	22	18	14	7	18	3

图 9

10. 对高校毕业生就业统计监测要包含的主要内容

根据图10所示，多数受调查单位认为，高校毕业生就业统计监测应包含“毕业生就业状况的结构分布”及“毕业生就业质量的描述”等主要内容。

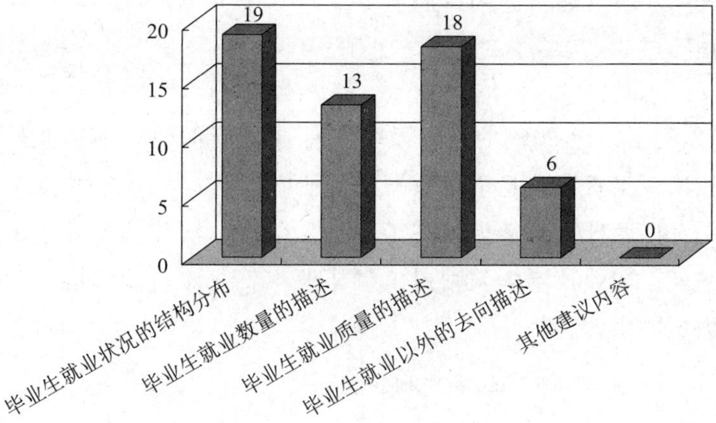

图 10

11. 高校毕业生就业质量如何从就业监测数据中体现

不同单位对高校毕业生就业质量的衡量标准是不一样的，根据调查显示，“就业稳定性”和“专业与岗位相关性”是许多受调查单位认为可以在一定程度上体现毕业生的就业质量。此外，还有部分单位提出了其他可行的参数，如武汉科技大学、重庆大学、哈尔滨工程大学及湖北省高校毕业生就业指导服务中心都提出“毕业生就业满意度”；江苏师范大学认为“毕业生自身对岗位的期望和认可程度”可作为体现毕业生就业质量的参数之一；北京工业职业技术学院则提出“升职率”一词。

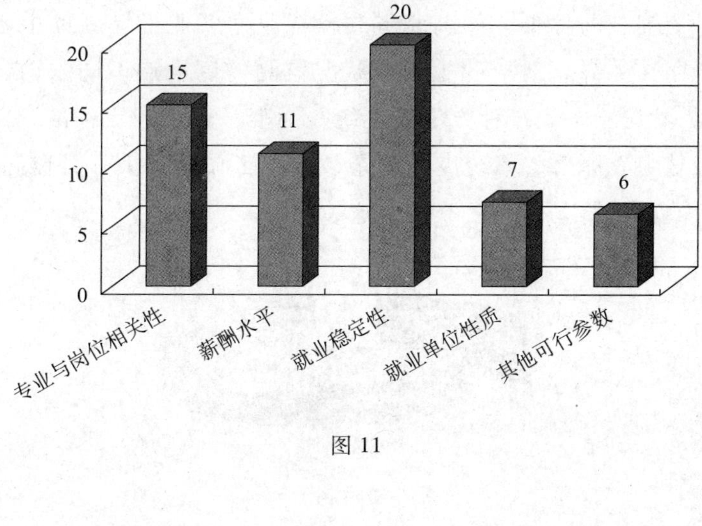

图 11

12. 高校毕业生就业统计监测数据来源于高校毕业生资源信息审核数据及就业方案数据是否合理

由图 12 可以看出，近 80% 的高校及省级就业主管部门认为毕业生就业统计监测数据来源于高校毕业生资源信息审核数据及就业方案数据是合理的，仅有 14% 的高校认为是不合理的。广西桂林大学提出“劳动社保部门”可作为毕业生就业统计监测数据的来源，广东轻工职业技术学院则提出“毕业生就业流向动态信息”可作为毕业生就业统计监测数据的来源。

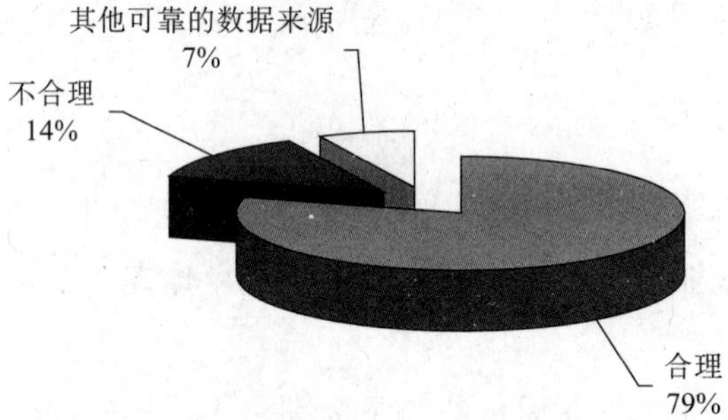

图 12

13. 建立基于信息化的全国标准毕业生就业监测平台是否可行

如图 13 所示，72% 的受访单位认为建立基于信息化的全国标准毕业生就业监测平台是可行的，28% 的受访单位则认为不可行，主要原因在于由于各省、各高校存在差异，难以界定一个统一的标准。如湖北省高校毕业生就业指导服务中心提出“各省、各校毕业生就业存在差异，对毕业生就业状况监测的侧重点不同”；常州大学则认为“各省层次不一，状况不一，统计方法就无统一标准，较难制定标准”。此外，北京高校毕业生就业指导中心提出“系统庞大复杂，维护工作量巨大；且监测平台无法监测毕业生离校之后的变化情况，意义不大”这一理由。

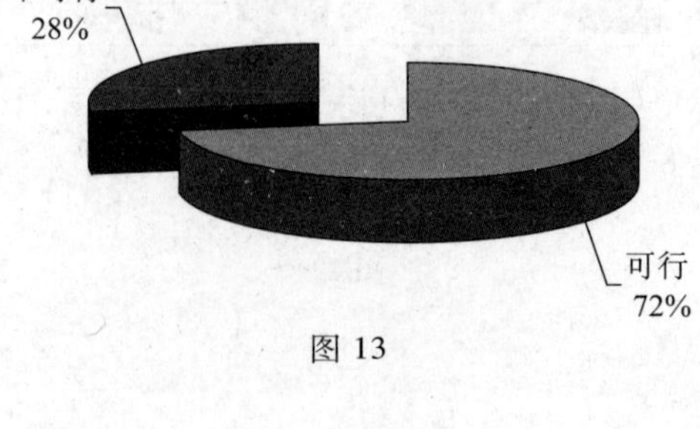

图 13

14. 对高校毕业生进行就业状况监测的数据范围

根据图 14 所示，选择“全数据范围监测”与“抽样数据范围监测”的受访单位数量相近，但有两个省级就业主管部门提出了自己的建议。广东省高校毕业生就业指导中心提出“省内用全数据，省以上用抽样”这一建议；黑龙江大中专学校毕业生就业指导中心则提出“就业报到证已明确就业去向的采取抽样监测，未明确去向的采取全数据监测”的建议。

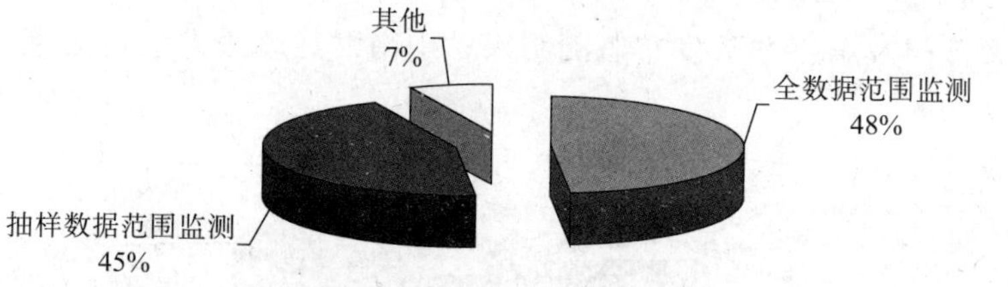

图 14

15. 建设标准化、信息化的就业统计监测系统的模式

对于建立标准化、信息化的就业统计监测系统，大部分高校都赞同由“省级高校毕业生就业主管部门及高校采用教育部统一标准一体化实施，监测结果按教育部规定定期上报”或“教育部、省级就业主管部门及高校一体化实施”两种模式更为合理。也有其他高校提出不同意见，如江苏师范大学提出“毕业半年后，由人事部门组织第三方实施监测”，而桂林理工大学则提出由“由劳动保障部门统一”的模式。

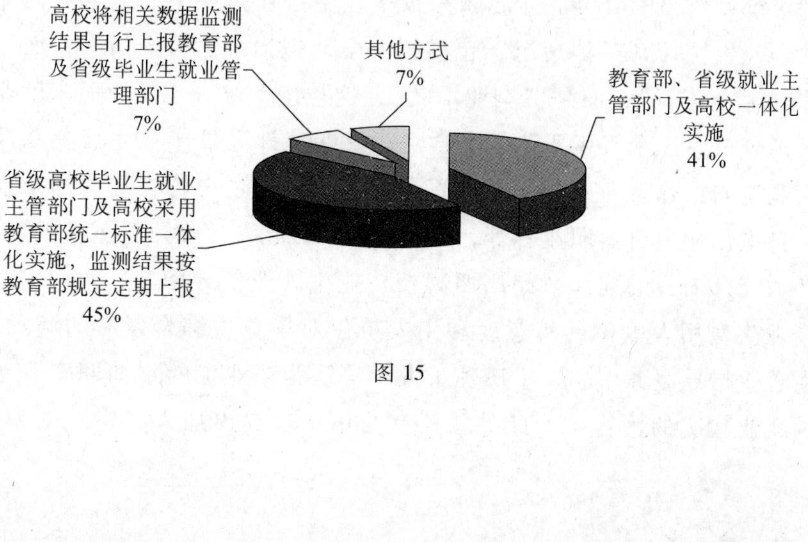

图 15

16. 就业统计监测结果的发布主体

根据图 16 所示，52%的受访单位认为就业统计监测结果的发布主体应该是“省级就业主管部门”；24%的受访单位认为应由“教育部”担任发布主体；7%的认为应当由“高校”担任就业统计监测结果的发布主体。此外，还有17%的受访单位有其他建议，如黑龙江大中专学校毕业生就业指导中心认为应当“由教育部发布宏观监测结果，由省级就业主管部门根据省情发布具体指向性监测结果”；北京工业职业技术学院建议“教育部和省级就业主管部门联合发布，但要考虑时间节点”；广东轻工职业技术学院提议由“教育部门及第三方”发布监测结果；中南财经政法大学则认为“三者均可”。

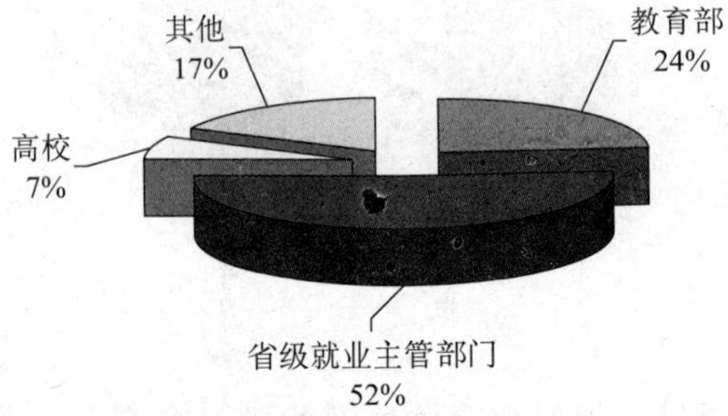

图 16

17. 要合理地统计高校毕业生就业状况，还应该加入的内容

在对这个问题的回答上，各高校和省级就业主管部门的角度是不同的，大致可分为三类。

一是针对统计对象的分类。如北京高校毕业生就业指导中心认为应当对暂未落实就业去向的毕业生统计其具体情况，包括拟升学、拟出国、拟入伍等，而且目前很多毕业生并非“无业可就”，而是“有业不就”，这与待就业（想就业而未就业）是不同的，应当区别分析。广东轻工职业技术学院建议在统计高校毕业生就业状况时，应规范和细化就业流向：除就业、升学、参军、出国等外，可考虑在加入国家鼓励大学生就业项目，自主创业、自由职业者等，从流向看可以初步了解学生就业状况。

二是针对统计内容的建议。如广西高校毕业生就业指导中心、西南大学等认为应当加入“毕业生对用人单位的满意度和用人单位对毕业生综合素质的满意度”；江苏省高校招生就业指导服务中心、重庆理工大学等认为毕业生的“离职率”也应当加入统计毕业生就业状况的内容中。此外，还有受访单位提出加入“专业对口率”、“月薪”、“职业分类”、“职位提升情况”以及“就业意愿与实际就业情况匹配度”等内容。

三是针对统计方法的建议。如：

江苏师范大学认为“一是按照人事部门对就业状况的分类统计，二是灵活就业与创业比例通过独立渠道予以保护，三是第三方独立机构必须设立，并定期配合人事部门统计。”

黑龙江大中专学校毕业生就业指导中心认为应当“加入行业就业统计，分析行业对人才需求，以及加入国家及地方就业导向就业比例统计、更加详细的创业统计和供需比例统计”。

首都师范大学建议应“分阶段调查，重点研究指标体系的确立，调研应确立相对具体的研究目标及结果应用范围和效果”。

武汉科技大学也提出了在统计高校毕业生就业状况时，既要注重毕业生就业数量的统计与监测，更要加强毕业生就业质量的统计与监测，将毕业生就业的稳定度与满意度作为衡量毕业生就业状况的重要指标。

18. 做好高校毕业生就业状况统计和监测工作，还应考虑的内容

一是监测的主体。如湖北省高校毕业生就业指导服务中心认为毕业生就业状况统计和监测的主体应是省级毕业生就业主管部门和高校；江苏省高校招生就业指导服务中心、广州大学及北京工业职业技术学院等受访单位则提出可适当引入第三方监测机制；黑龙江大中专学校毕业生就业指导中心则建议“高校建立监测机构，保障数据准确性及真实性，省级就业主管部门建立统计和监测服务团队”；哈尔滨工程学院建议要求相关部门积极参与，密切配合就业统计监测工作，且各自从相应角度提供有效的数据信息。

二是监测的内容。桂林理工大学提出高校毕业生就业状况统计和监测的内容还应当包括“就业质量、专业对口程度、初始薪酬与当地最低保障工资的差值、岗位性质、就业单位性质与品牌、工作稳定性、生源地”等；西南大学提出“调查应有周期性，应包括毕业生的初次就业状况，年终就业状况，毕业两年、五年及五年以上”；重庆理工大学还强调要注意“数据来源真实、可靠，样本采集科学、合理，关键时间节点统计及对比分析情况”等。

三是相关机制及制度的建设问题。如广西高校毕业生就业指导中心提出建立“毕业生就业状况跟踪机制、毕业生就业状况反馈机制、未就业毕业生的就业援助机制”等三个机制；湖北省高校毕业生就业指导服务中心建议建立“信息定期发布制度”；黑

龙江大学则建议建立“毕业生就业状态的长效机制，需要跟踪2—3年内毕业生就业的变化情况”。

部分高校及省级就业主管部门还提出其他一些建议，如广西大学提出统计及检测的时间节点问题：“考虑到目前毕业生报考国家公务员、事业单位及基层就业的时间晚于现行的毕业生数据统计时间，可延后数据统计的时间点，这样统计的数据才有参考价值与指导意义。”武汉科技大学提出：“一方面是以高校上报、并经各省高校毕业生就业工作办公室核查的数据为依据，另一方面参考各地人力资源和社会保障部门就业失业登记数据。”

19. 建立和实施全国统一标准的高校毕业生就业监测预警体系要特别考虑哪些重要因素

对于建立和实施全国统一标准的高校毕业生就业监测预警体系，大部分的受访单位都认为是可行的，但在具体实施中，要考虑到一些重要因素。

不同地域之间的差异、不同层次高校之间的差异等是多数高校提出需要考虑的重要因素。如南京航空航天大学提出，要考虑到地区性差异指标的平衡，不同地区不同高校，因层次及区域经济发展不等，适当在一些标准因素上加上权值，以达到通用性。武汉工业职业技术学院建议要注意“不同经济区域高校就业的特殊性以及同一经济区域，重点本科和普通高职高专就业的不同层面性”。湖北省高校毕业生就业指导服务中心也提出了类似的建议，认为建立和实施全国统一的就业监测预警体系，要考虑到各地政策对于大学毕业生就业的支持和经济发展的状况，要考虑不同类型、不同层次、不同行业特点院校的需求及毕业生就业状况的不同，此外，因已有部分地区和高校已投入大量人力、物力及财力建设有符合本地、本校需求和特点的就业监测预警系统，故建立和实施全国的预警体系要考虑到地方的实际情况。首都师范大学认为：统一标准的情况下容易出现的问题是难以考虑到学校的具体情况，建议全国统一一部分共性的内容和要求，也尝试加入学校需求的具体内容，解决共性和个性的需要。

同时还应注意该系统的合理性、普及性及针对性，要考虑系统的安全性、适用性及稳定性，考虑数据的准确性，数据更新的及时性等（黑龙江大中专学校毕业生就业指导中心）。广西高校毕业生就业指导中心还提出“要根据西部地区和其所在高校的区域情况及学校自身发展状况，充分考虑高校自身的就业监测预警管理和调节作用。”江苏省高校招生就业指导服务中心提出，系统要标准明确清晰、便于操作，样本的采集要有代表性、较均衡。

20. 监测的结果应用应该在哪些方面？要注意什么？

根据调查显示，大部分高校和各省高校毕业生就业主管部门认为监测的结果最主要应用在高校，其次为国家和地方政府相关部门。

广西高校毕业生就业指导中心提出，高校可针对监测结果，便于及时调整自身的人才培养结构和模式，也可及时掌握市场对本校学生的吸纳能力及满意度。用于人才培养单位（高校）在人才培养模式及专业设置等方面。南京航空航天大学认为“正确的反馈不仅可以用于毕业生就业部门，更重要的是用于人才培养部门，实时调整人才培养的模式及专业设置，以便更好的适应整个社会人才的需求”，与此观点类似的还有西南大学、广州大学、广西大学，以及常州大学、武汉科技大学等。

监测的结果还可以应用在国家和地方政府相关部门，如应用于国家和地方相关部门制定就业政策；全面地反映出高校的人才培养质量和大学生整体的就业状况，可以为教育教学改革提供有力的支持，为进一步制定相关大学生就业政策提供依据；应用于教育主管部门对高校的管理和指导，人社部门对社会就业的总体规划等。

在监测结果的应用上，广西高校毕业生就业指导中心建议监测结果应避免发布扩大化和指标的单一性。一方面高校毕业生就业指标一直以来是社会关注的热点，要合理利用发布监测结果，避免造成社会的不稳定因素。另一方面要考虑监测指标的多元化和标准化，避免只用单一的就业率来评价高校的就业质量。要建立科学化的指标体系，促使高校把就业工作重点放在提高就业服务和人才培养质量上，而非一味地盲目追求高就业率。

江苏师范大学认为，监测结果的应用要注意三个方面：一是合适的时机和范围公布结果；二是第三方的主客观反映不能随意调整；三是明确监测结果公布、使用的主管部门。北京高校毕业生就业指导中心则认为，目前的统计时点和口径，难以反映毕业生离校后的动态变化，而毕业生毕业后的半年到一年时间里是变化比较大的一个时间段，因此在运用监测结果时，要充分考虑这一因素，防止以偏概全。与这一观点类似的是湖北省高校毕业生就业指导服务中心，认为一年的监测结果不能真实反映毕业生的就业状况，要对多年的数据进行比较分析，才能全面、准确、科学地为有关决策提供参考依据。

（三）课题典型性调研的结论

通过对本课题典型性调研结果进行分析，从中我们可以确认下几个结论：

结论一：确认了建立基于信息化的全国性标准化的高校毕业生就业监测平台是可行的，也是必要的。有72%的受访单位是完全赞同的，在认为不可行的受访单位中，其主要担心也只是认为：各地毕业生的就业有差异、是否能实行统一的数据标准，以及数据维护工作量的庞大会导致其不可行。

结论二：确认了有必要建立全国性标准化的就业统计监测系统以及数据监测的模式和范围。有86%的受访单位赞同有必要建立全国性标准化的就业统计监测系统，但在监测模式上，有45%的受访单位赞同“省级高校毕业生就业主管部门及高校采用教育部统一标准一体化实施，监测结果按教育部规定定期上报”的模式，主要是省级就业管理单位和985或211高校。41%的受访单位赞同“教育部、省级就业主管部门及高校一体化实施”的模式，主要是地方本科高校和高职院校；对高校毕业生进行就业状况监测的数据范围分别有48%支持“全数据范围监测”和45%支持“抽样数据范围监测”，广东省高校毕业生就业指导中心提出的“省内用全数据，省以上用抽样数据”的建议有较强的现实意义，与本课题研究结论高度重合。

结论三：确认了就业统计监测结果的发布主体应该是“省级就业主管部门”，并肯定了我国一直实行的高校毕业生就业状况统计方式。52%的受访单位认为就业统计监测结果的发布主体应该是“省级就业主管部门”。有24%的受访单位认为应由“教育部”担任发布主体；在毕业生就业状况统计方式上，59%的高校和省级就业主管部门更倾向于用“（已就业毕业生总数+升学总人数+出国总人数）/毕业生总人数×100%”的公式进行就业状况的统计；有58%的高校或省级就业主管部门认为将升学、出国等一并纳入就业统计的范围是符合国情的，也是合理的。

结论四：确认了高校毕业生就业统计监测数据应来源于高校毕业生资源信息审核数据及就业方案数据，并且它应该是对高校所有毕业生毕业状况的描述。73%的高校或省级就业主管部门认为，在确保高校毕业生数据完整的情况下，高校毕业生就业状况统计应是“对高校所有毕业生毕业状况的描述”而不是“毕业生就业状况的描述”；有79%的高校及省级就业主管部门认为毕业生就业统计监测数据来源于高校毕业生资源信息审核数据及就业方案数据是合理的，只有部分高校认为是不合理，占总受访单位的14%，其中无省级就业管理部门。

结论五：在本课题研究过程和中期报告中有一定争议的反映高校毕业生就业状况的名词——“非失业率”得到了多数受访单位的确认。42%的高校或省级就业主管部门认为“非失业率”一词能够较准确反映高校毕业生的就业状况，如西南大学等认为“非失业率范围更广，既包含了就业，也包含升学、留学等非就业现象，较准确”；广西高校毕业生就业指导中心等单位认为“毕业生就业稳定性不强，岗位流动性较大，就业的稳定需要较长的时间，非失业率更准确”等；还有21%的受访单位接受“就业去向落实率”，实际上其内涵本质上与“非失业率”是一致的，只是更加具象而已，“非失业率”有些抽象，但在学术研究描述中更加准确和科学。这两块相加就有了63%的确认。

结论六：在本课题研究中提出的建立毕业生网络信息校正机制以及就业监测的主要内容均得到了较大范围的认同。为确保就业状况统计数据的真实性，建立有效的监督机制的方式，大部分高校和省级就业主管部门主要认为应当采取“建立毕业生网络信息校正机制”（占33.3%），“委托第三方机构进行核查”（占30.7%）以及“由省级高校毕业生就业主管部门核查”（占17.9%）等三种方式；多数受调查单位认为，高校毕业生就业统计监测应包含“就业结构描述”、“就业区域描述”、“就业行业描述”及“就业质量描述”等主要内容，与本课题相关监测指标的设定高度相符。

五、毕业生就业状况统计及监测预警的系统开发与应用框架

（一）系统三级架构四级用户的形式

1. 一级架构的模式和功能

一级架构建立在教育部；

一级用户为：教育部（学生司、就业中心）。

主要功能：在教育部建立部级管理与监测系统，其中包含学籍审核管理、上报数据审核、改派管理、就业调查系统和就业状况分析预警系统等。

具体工作模式如下：

（1）在监测和预警功能模式上，在一级架构中建立全国高校毕业生就业监测数据库，平时定期（按周或月）自动接收自各二级架构中传输来的定期统计数据。数据在教育部就业中心进行汇总和重新统计，并在系统中按已确定的数据模型生成监测自动结果和数据报表（报表格式按教育部要求在系统中定制）。

每年8月31日（时间由学生司决定）向学生司传输经省级验证的各省当年高校毕业生全部就业状况数据，数据主要以代码方式传输，自动生成当年最终就业状况统计数据和各类最终监测数据。

（2）在就业调查模式上，除了对当年高校毕业生就业总体情况、心态和状况的网络调查内容以外。由于高校毕业生就业状况的最终数据的核定目前是由省级就业部门与高校共同开展，或由省级就业部门聘请第三方进行的，具体的一对一信息数据核减工作量较大。因此，在教育部的就业调查系统中是否要纳入高校毕业生就业状况信息当事人核定的方式还有待商榷，如教育部直接核查一对一的单一信息数据，是否可能会导致省级及学校对该项工作的放松。

（3）在网上改派模式上，设计全国统一的网上改派系统，各省市就业主管部门通过数字签名 KEY 的方式在网上办理改派手续（生成具有法律效力的电子印章）。

（4）在学籍审核模式上，依据教育部全国高校学籍数据库开发统一的学籍数据审核功能对应届高校毕业生资源进行审核。

从系统运行、管理效率等方面考虑，我们认为该系统的主要数据库应建立在省级就业部门为宜。

2. 二级架构的模式和功能

二级架构建立在省级高校毕业生就业管理职能部门（以下简称：省级就业部门）。

二级用户为：省级就业部门。

（1）主要功能。在省级就业部门建立省级管理与监测系统，其中包含学籍审核、签约管理（协议书审核、审核数据上报）、报到证管理（数据审核、发放）、就业数据上报、档案管理（涉及省级用户管理部分）、改派管理、就业调查系统和就业状况分析预警系统。

具体工作模式如下：

①在数据管理模式上，二级用户承担对三级用户（学校）的数据管理工作，三级用户承担对四级用户（院系）的数据管理工作。也就是院系对学校负责，学校对省厅负责。

②在毕业生基础信息的导入和校验模式上，基础数据来源于教育部就业中心学生学籍注册数据，由教育部就业中心分发到省，由省导入至高校，高校进行核对和修正，省级进行最后校正后，将信息报教育部。

③在签约管理模式上，就业状况信息由院系输入，学校根据就业协议书进行校验，学校校验后进行批准，批准后自动上报省厅就业部门。在毕业生派遣前，在学校生成上报省厅就业方案数据库时，系统自动进行数据规则检测（字段、代码使用的合法性、信息条中各种就业条件的逻辑性等检测），省级通过就业状况校验后报教育部。

④在就业状况监测模式上，分级实现就业状况适时监测。省级可以以周或月为单

位进行统计，学校可以以天或周为单位进行统计。

⑤在就业调查模式上。采用网络进行跟踪调查。在各省级毕业生就业信息网导入经审核后的毕业生就业方案信息，让毕业生按毕业学校、专业、姓名和身份证后6位（为信息安全，不使用毕业生身份证全部信息）进行登入，并对自己上报国家的就业信息进行较正并回复其他内容的调查问卷。问题在于毕业生在与之无利害关系时，一般不愿进行网络就业信息的较正，高校也没有这种动力。如果将最终就业方案数据与毕业生的某些切身利益联系起来，而要求毕业生进行网络较正，效果就会完全不一样，同时实际的就业状况也就出来了。

（2）有关其他就业工作功能和实施。

①就业协议书网络发放功能：各省就业部门将通过学籍信息审核后的毕业生数据库导入省级就业信息网（为保证系统数据安全、运行顺畅，减少系统运行时的访问和运算压力，减少面向社会运行易发生的网络攻击行为，本课题的工程研发中将该系统设置成全国就业工作系统专用网络，对用人单位及毕业生服务的网络服务拟设置在各省级毕业生就业信息网上运行）。在省级就业信息网上毕业生按毕业学校、专业、姓名和身份证后6位（为信息安全，不使用毕业生身份证全部信息）进行实名制的就业协议书网络发放，就业协议书设置为A4格式（如方便打印应设置为单面打印），协议书中经审核后的毕业生基本信息不能修改，并设置水印和打印次数。这样既提高了工作效率，也根治了毕业生就业协议书的“倒卖”现象。

②网络签约功能：教育部原来有一个考虑，即设计一个全国统一的网上签约模式和流程；单位通过使用数字签名KEY的方式认证其身份，学校也可以通过数字签名KEY的方式鉴证，毕业生（通过账号授权管理）履行网上签约程序。因全国使用网上数字认证的用人单位极少，还没有形成一定的规模，用人单位的响应度可能较差。同时，由于网络签订的就业协议在法律上的权益如果保障，目前还是一个问题，如果以网络数据为基础签发的就业报到证在毕业生面临劳动合同争议时，毕业生是否有法律依据，目前还是一个空白。各省级就业管理部门将承担巨大的法律风险，因此我们不建议在当期开发该项功能。

3. 三级架构的模式和功能

三级架构建立在学校就业管理部门。

三级用户为：学校就业部门、院系就业工作人员或班主任。

主要功能：在省级就业管理服务器中建立学校管理与监测系统，其中包含了学籍审核、推荐表管理（推荐表信息审核、发放）、未就业毕业生推荐、特殊群体毕业生就业帮扶跟踪管理（就业困难、家庭困难、少数民族等群体）、协议书管理（发放、网上签订、签约数据管理、数据审核上报）、报到证管理（数据审核上报、发放）、档案管理、改派管理和就业状况分析预警等。

具体工作模式中，大部分与省级就业部门类似，另一些功能不在本研究范围中，故略。

（二）系统的数据及代码标准体系的建立

我们拟将全部信息数据分为：学校基本信息数据、毕业生基本信息数据、毕业生就业信息数据、毕业生扩展信息数据、用人单位信息数据和代码管理数据六大类。建议教育部制定和规范全国高校毕业生就业信息数据接入标准，具体数据字段的性质、长度以及代码等标准由教育部相关部门确定。国内各省市、高校接入教育部高校毕业生就业状况监测系统的信息数据必须按教育部规定的数据标准执行，否则各地数据在教育部无法进行合并和统计，省与省之间也无法共享，全国高校毕业生就业状况的统计和监测也无法实现。

1. 数据字段标准及分类

（1）学校基本数据，包括：学校名称、学校代码、学校所在地代码（行政区划代码，到市一级）、学校隶属代码、学校性质代码等。

（2）毕业生基本信息数据，包括：学籍注册信息中的考生号（教育部就业中心按年提供，仅在管理部门系统中显示、不在就业协议或其他地方显示）、身份证号（只在系统中显示）、姓名（少数民族学生姓名较长，拟增加到20字符）、性别代码、政治面貌代码、民族代码、生源地代码（行政区划代码，到市一级）、专业代码、学历代码、所在二级学院、所在系、培养方式代码、定向培养单位名称等（毕业生资源审核后的信息学校不能改动，可凭证明材料在省级改动）。

（3）毕业生就业信息数据，包括：就业去向代码（可能要增加一些分类）、是否派遣代码（新增，出国、升学等有部分不需要就业报到证）、报到证签至单位名称（目前字段长度不够用，拟增加到60字符）、报到证签至单位所在地代码（行政区划代码，到县、区一级）、聘用就业单位名称（60字符）、聘用单位所在地代码（行政区划代码，到县、区一级）、单位性质代码（按具体工作单位填写）、岗位、是否就业代码（逻辑性代码：是或否，按就业状况统计要求填写）、备注、档案号、档案管理信息等。

(4) 毕业生扩展信息数据，包括：特殊群体毕业生代码（就业困难、家庭困难、心理困难）、获奖学金代码（国家级、省级、学校分别为1、2、3级）、职业资格证书情况、联系电话、QQ或E－mail地址等。

(5) 用人单位信息数据，包括：用人单位名称、用人单位地址、用人单位联系部门及电话、用人单位工商执照注册号、用人单位法人代码注册号、用人单位需求专业及学历、用人单位评价、用人单位信用等级等。

(6) 代码管理数据。所有数据标准和代码均采用国家统计标准和代码、教育部今年3月发布的教育行业标准和代码，没有标准和代码的暂时自编，试用后由教育部职能部门认可。

2. 标准代码管理

代码除现行就业状况统计体系中已使用的代码外，本研究对新增的代码及可能还需要增加的代码等，建议教育部相关职能部门修改或认定后正式发布。

六、系统设计开发和使用的原则

1. 系统软件的使用

可采取两种方式，一是教育部开发和设计一套标准的三级管理系统，提供给自己无力开发系统的省市和高校使用，系统和数据可以安装存放在教育部的服务器上，也可以放在省市或高校的服务器上；二是有条件的省可自行或联合开发符合教育部高校毕业生就业状况信息数据标准的管理系统，并按统计和监测要求定期提供标准数据。教育部开发一套数据接口开放给省市和高校进行数据的接收和传输。

2. 数据“云”系统的建立

各省可将统计和监测系统数据设置在互联网上，建立省级“云”数据系统，并在高校就业信息工作中使用，进行毕业生就业信息数据的增加、修改和统计等维护和处理工作。教育部将各省的“云”数据系统联合起来，形成遍布全国省、市和高校的毕业生就业状况信息数据管理和维护的大“云”数据系统。

3. 个性化服务的应用

为了保持各省、各高校毕业生就业信息工作的特色，保护就业服务工作中的不同特点。建议教育部设计开发一套标准接口开放给省市和高校进行个性化开发应用，省市和高校以插件的方式应用。

4. 教育部需要数据的报送

7 月份前的动态的就业数据、截至 8 月 31 日的就业数据、离校前的毕业生调查数据。各级数据上报的原则：逐级审核后上报。数据上报方式：通过直接使用系统上报、通过接口上报、通过数据导入的方式上报。

第三部分　结论与建议

一、高校毕业生就业状况统计及监测预警研究的主要结论

1. 当前高校对就业状况统计体系的存在统计指标单一、统计数据缺乏公信力、缺乏就业当事人的信息校正、统计手段不够准确及时等缺点，因此，非常有必要完善和修订现有高校毕业生就业状况统计体系。本研究通过设计高校毕业生非失业率，它包含就业率、升学率、出国率，以及区域就业流向率 REFR、行业就业分布率 IEDR、国家导向就业率 NOER、自主创业率 SER、学科就业分布率 SEDR 等指标，构建了高校毕业生就业状况统计体系，这套指标体系恰可有效弥补现行高校毕业生就业状况统计体系的不足。

2. 针对现有的高校毕业生就业监测预警系统存在的工作机制不健全、监测主体及指标不统一、监测时间节点不合理、监测数据不完整、监测实践性较弱等问题，本研究设计了一套建立在省级高校毕业生就业管理职能部门二级架构系统，具有学籍审核、签约管理（协议书审核、审核数据上报）、报到证管理（数据审核、发放）、就业数据

上报、档案管理（涉及省级用户管理部分）、改派管理、就业调查系统和就业状况分析预警等功能的省级就业管理与监测系统。

3. 本研究所建立的就业管理与监测系统分为两大模块建立：一个是就业数据工作模式，主要用户是教育部、省市和高校就业工作部门人员，主要功能是进行数据的采集、处理、维护和运算等，使用 C/S 结构较为安全和高效；另一个是就业服务模式，主要用户是毕业生、用人单位及社会人员，主要功能是进行信息传播、信息调查、专项服务等，使用 B/S 结构较为高效。该系统的实际运行效果显示：系统可在二、三级架构中采用，且非就业系统工作人员无法进入到核心数据库中，数据的传输和运算也不影响就业服务的开展，可在网络上有效对毕业生进行跟踪调查，方便于省级统计和高校调用数据，数据的安全性较好、预警功效较高。

4. 通过对不同地域、不同类型、不同经济发展水平区域中的的高校和省级就业部门关于高校毕业生就业状况统计及监测预警方面的典型性调研结果进行分析，得出了以下几个重要结论：确认了建立基于信息化的全国性标准化的高校毕业生就业监测平台及监测模式的可行性和必要性，但在具体的监测模式和数据监测范围方面存在较大争议，其中调研的“省内用全数据，省以上用抽样数据”的监测方案与本研究不谋而合；调研的各高校认可了现行的就业统计监测的实施主体、监测内容、数据来源、数据规范、监测指标和工作模式，是对我国一直实行的高校毕业生就业状况统计方式中优秀成果的肯定和继承，并对“高校毕业生就业统计监测数据应来源于高校毕业生资源信息审核数据及就业方案数据”达成了共识；一些在学术和研究上更加科学合理概念得到了积极响应，如就业状况统计、非失业率等；相关毕业生网络信息校正机制以及就业监测理论研究成果也在实际工作中得到初步的应用和推广。

二、高校毕业生就业状况统计及监测预警研究存在的不足

1. 本课题在高校毕业生就业状况统计及监测预警系统的数据及代码标准体系方面，仍有许多值得商榷和改进之处，如：全国高校毕业生就业信息数据接入标准如何建立？是否还存在游离于现行就业状况统计体系之外的指标和代码？

2. 由于各个地区对于大学毕业生就业支持政策和经济发展的状况存在较大差异，且不同类型、不同层次、不同行业特点院校的需求及毕业生就业状况也极为不同，甚至部分地区和高校已投入大量人力、物力及财力建设有符合本地、本校需求和特点的就业监测预警系统，很难用统一标准建立和实施全国统一的就业监测预警体系，故探

讨如何建立和实施符合地方实际和高校具体情况的全国高校毕业生就业监测预警体系，成为本课题后续研究尚待跟进的主要问题。

三、高校毕业生就业状况统计及监测预警研究的几点建议

1. 关于高校毕业生就业状况统计及监测预警系统的数据及代码标准体系方面，建议教育部制定和规范全国高校毕业生就业信息数据接入标准，具体数据字段的性质、长度以及代码等标准由教育部相关部门确定。国内各省市、高校接入教育部高校毕业生就业状况监测系统的信息数据必须按教育部规定的数据标准执行，否则各地数据在教育部无法进行合并和统计，省与省之间也无法共享，全国高校毕业生就业状况的统计和监测也无法实现。此外，除现行就业状况统计体系中已使用的代码外，建议新增的代码及可能还需要增加的代码等，由教育部相关职能部门修改或认定后正式发布。

2. 关于数据“云”系统的建立方面，各省可将统计和监测系统数据设置在互联网上，建立省级“云”数据系统，并在高校就业信息工作中使用，进行毕业生就业信息数据的增加、修改和统计等维护和处理工作。教育部将各省的“云”数据系统联合起来，形成遍布全国省、市和高校的毕业生就业状况信息数据管理和维护的大“云”数据系统。同时教育部设计开发一套标准接口开放给省市和高校进行个性化开发应用，省市和高校以插件的方式应用。

3. 由于各个地区对于大学毕业生就业支持政策和经济发展的状况存在较大差异，且不同类型、不同层次、不同行业特点院校的需求及毕业生就业状况也极为不同，甚至部分地区和高校已投入大量人力、物力及财力建设有符合本地、本校需求和特点的就业监测预警系统，故建立和实施全国的预警体系要考虑到地方的实际和学校的具体情况，很难用统一标准建立和实施全国统一的就业监测预警体系。因此本研究建议全国各地的就业监测预警平台在统一一部分共性的内容和要求的基础上，尝试加入学校需求的具体内容，解决共性和个性的需要。同时还应注意该系统的合理性、普及性及针对性，要考虑系统的安全性、适用性、可操作性及稳定性，考虑数据的准确性，数据更新的及时性等突出问题，重视数据维护和分析工作，合理利用发布监测结果，为有关决策提供全面、准确、科学的参考依据。

课题组主要成员：张爱萍、王为民、闵伸、郭寒宇、肖教燎

附件一

八大综合经济区域划分表

经济区域划分表代码（按国务院发展研究中心所发布的《地区协调发展的战略和政策》中提出的八大综合经济区域）

序号	代码	地区	涵盖省份和城市
1	01	东北地区	21 辽宁、22 吉林、23 黑龙江
2	02	北部沿海城市	11 北京、12 天津、13 河北、37 山东
3	03	东部沿海城市	31 上海、32 江苏、33 浙江
4	04	南部沿海城市	35 福建、44 广东、46 海南
5	05	黄河中游地区	14 山西、15 内蒙古、41 河南、61 陕西
6	06	长江中游地区	34 安徽、36 江西、42 湖北、43 湖南
7	07	西南地区	45 广西、50 重庆、51 四川、52 贵州、53 云南
8	08	西北地区	54 西藏、62 甘肃、63 青海、64 宁夏、65 新疆

附件二

国民经济行业分类表

依据国家统计局《国民经济行业分类代码（GB/T 4754－2012)》确定高校毕业生就业的行业分类编制的代码，主要用于区别高校毕业生离校时的就业行业流向。

国民经济行业分类（国家统计局 GB/T 4754－2012）

<table>
<tr><td>三次产业分类</td><td colspan="3">类别、名称及代码</td></tr>
<tr><td>类别</td><td>门类</td><td>大类</td><td>类别、名称</td></tr>
<tr><td rowspan="6">第一产业</td><td rowspan="6">A</td><td></td><td>农、林、牧、渔业</td></tr>
<tr><td>01</td><td>农业（指谷物、豆类、烟草、蔬菜、水果、中药材等农作物种植）</td></tr>
<tr><td>02</td><td>林业（指林木育种、育苗、森林经营和管护等）</td></tr>
<tr><td>03</td><td>畜牧业（指牲畜和家禽饲养）</td></tr>
<tr><td>04</td><td>渔业（指水产养殖和捕捞）</td></tr>
<tr><td>05</td><td>农、林、牧、渔服务业</td></tr>
<tr><td rowspan="10">第二产业</td><td rowspan="7">B</td><td></td><td>采矿业</td></tr>
<tr><td>06</td><td>煤炭开采和洗选业</td></tr>
<tr><td>07</td><td>石油和天然气开采业</td></tr>
<tr><td>08</td><td>黑色金属矿采选业</td></tr>
<tr><td>09</td><td>有色金属矿采选业</td></tr>
<tr><td>10</td><td>非金属矿采选业</td></tr>
<tr><td>11</td><td>其他采矿业</td></tr>
<tr><td rowspan="3">C</td><td></td><td>制造业</td></tr>
<tr><td>13</td><td>农副食品加工业（指谷物磨制、饲料加工、植物油加工、制糖、屠宰及肉类加工、水产品加工和蔬菜、水果和坚果加工等）</td></tr>
<tr><td>14</td><td>食品制造业（指焙烤食品、糖果巧克力及蜜饯、方便食品、乳制品、罐头食品、调味品、发酵制品的制造）</td></tr>
</table>

续表

三次产业分类	类别、名称及代码		
类别	门类	大类	类别、名称
第二产业	C	15	饮料制造业
		16	烟草制品业
		17	纺织业（指棉、毛、麻、丝、绢、化纤、针织纺织及印染精加工，家用纺织制成品制造等）
		18	纺织服装、鞋、帽制造业（指机织、针织或钩针编织服装制造，服饰制造）
		19	皮革、毛皮、羽毛（绒）及其制品业
		20	木材加工及木、竹、藤、棕、草制品业（指木材加工、人造板、木制品制造，竹、藤、棕、草等制品制造）
		21	家具制造业（指木、竹、藤、金属、塑料家具制造）
		22	造纸及纸制品业
		23	印刷业和记录媒介的复制
		24	文教体育用品制造业（指文教办公用品、乐器、工艺美术品、体育用品、玩具制造、游艺器材及娱乐用品制造）
		25	石油加工、炼焦及核燃料加工业
		26	化学原料及化学制品制造业（指基础化学原料、肥料、农药、涂料、油墨、颜料及类似产品制造，合成材料、专用化学产品、炸药、火工及焰火产品、日用化学产品制造）
		27	医药制造业（指化学药品原料药、化学药品制剂、中药饮片加工、中成药生产，兽用药品、生物药品制造，卫生材料及医药用品制造）
		28	化学纤维制造业（纤维素纤维原料及纤维制造，合成纤维制造）
		29	橡胶制品业
		30	塑料制品业
		31	非金属矿物制品业（指水泥、石灰和石膏、石膏、水泥制品及类似制品、砖瓦、石材等建筑材料、玻璃、玻璃制品、玻璃纤维和玻璃纤维增强塑料制品、陶瓷制品、耐火材料制品、石墨及其他非金属矿物制品制造）

续表

三次产业分类	类别、名称及代码		
类别	门类	大类	类别、名称
第二产业	C	32	黑色金属冶炼及压延加工业（指炼铁、炼钢、黑色金属铸造、钢压延加工、铁合金冶炼）
		33	有色金属冶炼及压延加工业（指常用有色金属、贵金属、稀有稀土金属冶炼，有色金属合金制造、铸造和压延加工）
		34	金属制品业（指结构性金属制品、金属工具、集装箱及金属包装容器、金属丝绳及其制品、建筑安全用金属制品制造，金属表面处理及热处理加工、搪瓷制品、金属制日用品制造）
		35	通用设备制造业（指锅炉及原动设备、金属加工机械、物料搬运设备制造，泵、阀门、压缩机及类似机械制造，轴承、齿轮和传动部件制造，烘炉、风机、衡器、包装等设备制造，文化、办公用机械制造，通用零部件制造）
		36	专用设备制造业（采矿、冶金、建筑专用设备，化工、木材、非金属加工专用设备，食品、饮料、烟草及饲料生产专用设备，印刷、制药、日化及日用品生产专用设备，纺织、服装和皮革加工专用设备，电子和电工机械专用设备，农、林、牧、渔专用机械，医疗仪器设备及器械、环保、社会公共服务及其他专用设备的制造）
		37	交通运输设备制造业
		39	电气机械及器材制造业
第三产业		40	通信设备、计算机及其他电子设备制造业（指计算机、通信设备、广播电视设备、雷达及配套设备、视听设备、电子元器件制造）
		41	仪器仪表及文化、办公用机械制造业（指通用仪器仪表、专用仪器仪表、钟表与计时仪器、光学仪器及眼镜制造）
		42	工艺品及其他制造业
		43	废弃资源和废旧材料回收加工业（指金属废料和碎屑、非金属废料和碎屑加工处理）

续表

三次产业分类	类别、名称及代码		
类别	门类	大类	类别、名称
第三产业	D		电力、燃气及水的生产和供应业
		44	电力、热力的生产和供应业（指电力生产和供应，热力生产和供应）
		45	燃气生产和供应业
		46	水的生产和供应业（自来水生产和供应，污水处理及其再生利用）
	E		建筑业
		47	房屋和土木工程建筑业
		48	建筑安装业（指电气、管道和设备安装，其他建筑安装业）
		49	建筑装饰业
		50	其他建筑业
第三产业	F		交通运输、仓储和邮政业
		51	铁路运输业（指铁路旅客、货物运输，铁路运输辅助活动）
		52	道路运输业（指城市公共交通、公路旅客、道路货物运输，道路运输辅助活动）
		53	城市公共交通业
		54	水上运输业（指水上旅客、水上货物运输，水上运输辅助活动）
		55	航空运输业（指航空客货运输、通用航空服务、航空运输辅助活动）
		56	管道运输业
		57	装卸搬运和其他运输服务业
		58	仓储业
		59	邮政业（指邮政基本服务、快递服务）
	G		信息传输、计算机服务和软件业
		60	电信和其他信息传输服务业
		61	计算机服务业
		62	软件业（指软件开发、信息系统集成、信息技术咨询、数据处理和存储、集成电路设计及其他信息技术服务业）

续表

<table>
<tr><th>三次产业分类</th><th colspan="3">类别、名称及代码</th></tr>
<tr><th>类别</th><th>门类</th><th>大类</th><th>类别、名称</th></tr>
<tr><td rowspan="27">第三产业</td><td rowspan="3">H</td><td colspan="2">批发和零售业</td></tr>
<tr><td>63</td><td>批发业（各类产品的批发，贸易经纪与代理）</td></tr>
<tr><td>65</td><td>零售业（各类产品的零售，含货摊和无店铺及其他零售业）</td></tr>
<tr><td rowspan="3">I</td><td colspan="2">住宿和餐饮业</td></tr>
<tr><td>66</td><td>住宿业</td></tr>
<tr><td>67</td><td>餐饮业</td></tr>
<tr><td rowspan="5">J</td><td colspan="2">金融业</td></tr>
<tr><td>68</td><td>银行业</td></tr>
<tr><td>69</td><td>证券业</td></tr>
<tr><td>70</td><td>保险业（指人身、财产保险，再保险、养老金，保险经纪与代理、保险监管服务）</td></tr>
<tr><td>71</td><td>其他金融活动（指金融信托与管理、控股公司、非金融机构支付和金融信息服务）</td></tr>
<tr><td rowspan="2">K</td><td colspan="2">房地产业</td></tr>
<tr><td>72</td><td>房地产业（指房地产开发经营、物业管理、房地产中介服务等）</td></tr>
<tr><td rowspan="3">L</td><td colspan="2">租赁和商务服务业</td></tr>
<tr><td>73</td><td>租赁业（指机械设备、文化及日用品出租）</td></tr>
<tr><td>74</td><td>商务服务业（指企业管理、法律、知识产权、人力资源、安全保护咨询与调查服务，广告业，旅行社及相关服务）</td></tr>
<tr><td rowspan="5">M</td><td colspan="2">科学研究、技术服务和地质勘查业</td></tr>
<tr><td>75</td><td>研究与试验发展（指自然科学、工程和技术、农业科学、医学、社会人文科学研究和发展）</td></tr>
<tr><td>76</td><td>专业技术服务业（指气象、地震、海洋、测绘、质检服务，环境与生态监测、地质勘查、工程技术服务）</td></tr>
<tr><td>77</td><td>科技交流和推广服务业</td></tr>
<tr><td>78</td><td>地质勘查业</td></tr>
</table>

续表

三次产业分类	类别、名称及代码		
类别	门类	大类	类别、名称
第三产业	N		水利、环境和公共设施管理业
		79	水利管理业（指防洪除涝设施、水资源管理，天然水收集与分配、水文服务）
		80	环境管理业
		81	公共设施管理业（指市政设施、环境卫生、城乡市容、绿化、公园和游览景区管理）
	O		居民服务和其他服务业
		82	居民服务业（指家庭、托儿所、洗染、理发及美容、洗浴、保健、婚姻和殡葬服务）
		83	其他服务业（指清洁服务及其他未列明服务业）
	P		教育
		84	教育（在使用三级代码时可不用。教育类如要细分，就需使用三级代码。821 学前教育　822 初等教育　823 中等教育　824 高等教育，代码数位扩充为三位数，其他二级代码需在后面加 0）
	Q		卫生、社会保障和社会福利业
		85	卫生（指医院、社区医疗与卫生院、各类医疗服务机构）
		86	社会保障业
		87	社会福利业
	R		文化、体育和娱乐业
		88	新闻出版业
		89	广播、电视、电影和音像业（指广播、电视，电影影视节目制作和发行，电影放映、录音制作）
		90	文化艺术业（指文艺创作与表演，图书馆与档案馆、文物及非物质文化遗产保护，博物馆、烈士陵园、纪念馆，群众文化活动等）
		91	体育（指体育组织、体育场馆和休闲健身活动）
		92	娱乐业（指室内娱乐活动、游乐园、彩票和文化、娱乐、体育经纪代理）

续表

三次产业分类	类别、名称及代码		
类别	门类	大类	类别、名称
第三产业	S		公共管理和社会组织
		93	中国共产党机关
		94	国家机构（指国家权力机构，即人大；国家行政机构，即政府及其部门；各级法院和检察院）
		95	人民政协和民主党派
		96	群众团体、社会团体和宗教组织（指工会、妇联、共青团等群众团体，依法在社会团体登记管理机关登记的社会团体，利用自然人、法人或者其他组织捐赠的财产，以从事公益事业为目的，按照国务院颁布的《基金会管理条例》的规定成立的非营利性法人基金会，在民政部门登记的宗教团体的活动和在政府宗教事务部门登记的宗教组织）
		97	基层群众自治组织（指社区和村民自治组织）
	T		国际组织
		98	国际组织（指联合国和其他国际组织驻我国境内机构等）

以下为国家统计局国民经济行业分类代码中所没有，但是按我国高校毕业生离校时的流向所唯一增加的代码：

U 军队。

99 军队（指毕业生在毕业生时到部队工作，包含国防生、直招士官生、预征入伍及其他到部队工作的情况）。

实际上，一般高校在这100个代码中常用到的只有30—40个，与现行30多个的“单位性质代码”相比，工作量没有增加，但统计和监测精度却大加强了。

参考文献

[1] 谢爱国、任志涛：“大学生就业预警系统及其指标体系研究”，《现代教育管理》，2009（2）。

[2] 教育部：“教育部门将建立人才需求监测预报制度”，《人民网》，2007年3月

1 日。

［3］孙宝王、程文涪："中外高校毕业生就业状况公布体系初探"，《中国大学生就业》，2009 年第 6 期，P61—62。

［4］宋华明、庄娱乐："新加坡高校毕业生就业状况评估及启示"，《比较教育研究》，2004 年第 4 期，P64—69。

［5］中国教育部网站："中国教育概况——2010 年全国教育事业发展情况"。

［6］国家中长期教育改革和发展规划纲要（2010—2020 年）。

［7］人力资源和社会保障部部长尹蔚民就"当前我国的就业形势和社会保障事业发展"的相关问题回答中外记者的提问。

［8］杨晓慧："我国高校毕业生就业状况监测的问题与对策"，《社会科学战线》，2011. 5，208—209。

［9］朱春楠、范军、邹云龙："基于多元统计分析的高校毕业生就业状况监测应用"，《东北师大学学报》，2012. 1，165。

［10］钱强、周芸、王瑾："高校毕业生就业预警模型研究"，《现代教育管理》，2009. 3，113。

［11］谢爱国、任志涛、踪程："大学生就业预警系统及其指标体系研究"，《现代教育管理》，2009. 2，111。

［12］朱春楠、范军、邹云龙："基于多元统计分析的高校毕业生就业状况监测应用"，《东北师大学学报》，2012. 1，165。

［13］朱春楠、范军、邹云龙："基于多元统计分析的高校毕业生就业状况监测应用"，《东北师范大学学报（哲学社会科学版）》，2012（1）。

［14］、［16］杨晓慧："高校毕业生就业状况监测研究"，2011. 12，31。

［15］边俊杰、李心婳："论大学生就业偏好分布及其优化"，《科技情报开发与经济》，2006. 19，261。

课题编号：12jycy002

离校时未就业毕业生就业信息和服务衔接的研究

课题承接单位：山东省人力资源和社会保障厅

摘　　要

高校毕业生是国家的宝贵财富，是我国社会主义现代化建设的重要生力军。近年来，我国高校毕业生数量持续增长，高校毕业生就业问题日益成为党和政府民生工作的重点，社会关注的焦点。十八大报告提出要推动实现更高质量的就业。促进高校毕业生就业更高质量的就业是政府的义不容辞的职责。改善高校毕业生就业难问题，重点在离校前，而难点在离校后，关键在准确摸清离校后未就业高校毕业生的实名数据，以准确的数据开展有针对性的就业指导和服务。本课题主要从高校毕业生实名信息登记、在校期间就业管理、离校后未就业毕业生信息获取以及离校后的就业跟踪服务和管理等方面进行研究，分析存在的问题，提出解决问题的思路和措施，探索具体实践办法，为制定促进高校毕业生就业的政策，强化管理服务提供依据。该课题属于应用型课题研究。

第一部分　导　　论

一、课题来源及研究的目的和意义

（一）课题来源

本课题主要来源于实践。目前我国实行“市场导向、政府调控、学校推荐、毕业生与用人单位双向选择”的高校毕业生就业工作机制。政府作为就业市场的宏观调控者，在政策引导、规范人力资源市场、提供公共就业服务和就业援助方面发挥着市场无法替代的作用。近年来，为促进高校毕业生就业，各级政府坚持把高校毕业生就业摆在就业工作的首位，及时出台了一系列政策，制定了发展经济拉动就业、帮扶企业稳定就业、政策扶持鼓励创业、重点人群统筹就业、特别培训提高技能、加强服务促进就业的举措，形成了更加积极的就业政策体系。但是，在实践中，很多毕业生还不能很好地享受到政府政策的优惠，一些政策内涵和外延与实践需求仍有一定的差距，其重要原因之一是离校后未就业高校毕业生信息掌握不够准确，毕业生报到办法不够科学有效，对离校后未就业毕业生的管理不够规范化和标准化。从目前国内国外的研究成果来看，大多数是对离校前毕业生就业问题的分析和研究，对离校后未就业毕业生信息管理的研究缺少有价值的理论成果。

（二）课题研究的目的和意义

准确掌握离校后未就业毕业生信息是政府应有的责任，是做好高校毕业生就业工作的前提和基础。摸清未就业毕业生底数有利于政府加强对就业工作的科学宏观调控，有利于制定积极的就业政策，推动更高质量的就业，有利于提供有针对性地就业服务和帮扶，切实解决就业困难高校毕业生的就业问题，对于充分开发高校毕业生人才资源，促进经济社会健康发展，保持社会和谐稳定有十分重要的现实意义。

二、课题背景、研究基础及理论依据

（一）课题背景

我国实名登记失业率统计从20世纪80年代初建立以来，为国家相关决策提供了重要依据，发挥了重要作用。但是，由于长期以来社会大就业和离校后未就业高校毕业生分别属于劳动和人事两个部门管理，高校毕业生就业游离于社会大就业之外，高校毕业生离校后由于种种原因不回生源地报到现象十分普遍，他们一直未纳入到实名制登记范围内，无法享受社会大就业的优惠政策。政府毕业生就业主管部门无法准确了解他们的就业状况，给就业服务工作带来很大影响。2011年5月，国务院下发《关于进一步做好普通高等学校毕业生就业工作的通知》（国发［2011］16号）要求：进一步完善以实名制为基础的高校毕业生就业统计制度，做好高校毕业生毕业前后的信息衔接和服务接续。开展离校后未就业毕业生实名登记工作迫在眉睫。

（二）课题的研究基础

早在2006年，原山东省人事厅开发了集毕业生就业工作管理、业务处理和毕业生求职择业、用人单位招聘人才于一体的“山东高校毕业生就业信息网”，主要功能是：发布与就业相关的法律法规；发布高校毕业生求职信息；发布各类用人单位招聘信息；开展毕业生和用人单位需求信息查询、检索；网上签订就业协议；举办毕业生就业网上招聘、远程面试；进行毕业生就业工作网上办公等。在全省17市、140个县（市、区）和144所高校设有二级网站，采用分工协作的信息收集、发布机制，在全省范围内为广大毕业生和用人单位提供准确、全面、快捷的服务。由于全省144所高校的全部毕业生信息都在山东高校毕业生就业信息网内，毕业生信息经过学校审核上报，就业主管部门审核通过，然后加载到山东高校毕业生就业信息网内。用人单位信息和发布的招聘需求信息经过三级就业主管部门的审核，确保信息真实可靠，这为开展离校后未就业毕业生信息的对接奠定了坚实的基础。

（三）课题理论依据

课题研究主要基于两个方面的理论：一是公共管理学中的政府职责理论。美国著名公共管理学专家格罗夫·斯塔林认为“政府责任是政府能积极地对民众需求作出回应，并采取积极的措施，公正、高效地实现公众的需求和利益。”通过劳动获得报酬、实现就业，是民众最基本的需求，是民生之本、安国之策。而高校毕业生是国家宝贵的人力资源财富，是我国现代化建设中一支高素质的生力军。同时，高校毕业生能否顺利就业，是每个家庭最关心的现实问题，也是当前最大的民生问题。通过离校未就业信息对接推进高校毕业生就业，关系人才战略实施，关系人民群众切身利益，关系经济发展，关乎社会稳定，是政府责无旁贷的责任和义务。二是经济学中的信息不对称理论。该理论是指在市场经济活动中，各类人员对有关信息的了解是有差异的；掌握信息比较充分的人员，往往处于比较有利的地位，而信息贫乏的人员，则处于比较不利的地位。掌握更多信息的一方可以通过向信息贫乏的一方传递可靠信息而在市场中获益。信息不对称现象的存在使人们在决策时面临着许多不确定性，而这种不确定性的减少必须花费经济成本。因此，这种经济成本的减少也就是增加了收益，这也是信息就是财富的又一有力证据。政府在促进高校毕业生就业方面必须全面、准确掌握离校未就业高校毕业生就业信息，才能制定出更加符合实际、具有可操作性的政策措施，才能更加贴心服务毕业生，以积极的行动赢得群众的支持和信赖。

三、课题研究思路及原则

（一）课题研究思路

充分发挥“山东高校毕业生就业信息网”毕业生信息真实、准确的重要作用，积极构建省、市、县、街镇和社区五级毕业生就业网络体系，全面加强毕业生就业的监测统计、跟踪服务和实名管理。对山东省内院校毕业生，通过“山东省高校毕业生就业信息网”，将离校未就业毕业生信息全部导入生源地市级毕业生就业数据库，直接纳入市级未就业毕业生登记管理范围，然后层层传递到县（市、区）人力资源社会保障部门以及所在街道和社区基层服务平台；对省外院校山东生源毕业生，通过档案转递和毕业生网上报到两种方式，可基本摸清离校后未就业毕业生基本信息。然后通过逐人登记、进村入户、现场了解、电话沟通等方式，准确掌握每名未就业毕业生的基本情况，确保所有回生源地未就业高校毕业生登记管理的无缝覆盖。同时将该信息库与目前各级就业部门正在运行的“劳动 99 三版”系统进行对接，建立未就业毕业生台账和数据信息库。各级毕业生就业主管部门以此为依据，有针对性地为未就业毕业生提供岗位推介、就业见习、技能培训、创业援助等系列服务，有效提高其就业成功率。

（二）课题研究原则

一是应用性原则。本课题来源于实践，研究的成果应用于实践。应用是课题最终目的，也是课题研究过程中遵循的最大原则。课题组成员来自高校和地方政府毕业生就业主管部门从事多年毕业生就业工作的专家、领导。课题研究中，课题组成员多次深入高校和市、县（市、区）、街道、村居毕业生就业工作一线，与毕业生和具体工作人员召开座谈会，深入了解实践中存在的问题，积极征求解决问题的思路和办法。研究的初步成果也及时向基层一线征求意见，确保研究成果应用于实践。二是准确性原则。数据的全面、真实、准确是课题的生命线，也是课题研究取得成效的关键。课题研究中始终围绕确保离校后回到生源地未就业毕业生信息全覆盖、资料全真实、数据全准确、对接全无缝的“四全”要求作为调查研究的出发点和落脚点，最大限度发挥电子信息技术的作用，尽量减少人工统计工作，最大限度防止差错、谬误、大范围遗落情况的发生。三是实事求是原则。由于该课题研究内容在全国尚属少数，基本上没有可参考和依据的资料，课题研究只能以事实为依据，以实践中的经验和做法为基础，以国家确定的离校后未就业实名登记的基本要求为原则，以外省市零星的先进做法为参考。对于研究中出现的新思路和新办法，坚持实事求是地应用实践，不单纯地追求新颖，不鼓励无适用性的所谓“创新”。

四、课题研究成果的作用和价值

课题研究的作用和价值主要体现在以下几个方面：一是做好离校未就业毕业生就业信息登记工作，能够全面准确摸清未就业毕业生底数和基本情况，准确掌握易就业和不易就业毕业生两种类型，进一步明确工作对象和工作重点，便于制定有针对性的政策和措施，切实提高工作的实效性，更好地帮助他们尽快实现就业。二是做好离校未就业毕业生就业信息和服务衔接，有利于整合社会就业资源。高校毕业生就业问题是一个社会问题，需要动员社会各方面的力量。做好离校未就业毕业生的就业信息和服务衔接，有利于充分整合社会就业优势资源，逐步实现毕业生信息互相沟通传递，就业岗位信息同步共享，公共就业服务全面覆盖。三是实行未就业高校毕业生实名制登记，有利于更好地开展公共就业服务。未就业高校毕业生实名登记是建立毕业生与人力资源社会保障部门毕业生管理服务机构（有的地方是人才服务机构）联系并得到就业服务的重要基础和前提，是毕业生享受各项就业扶持政策的信息凭据。登记求职毕业生在参加就业见习、创业培训及创业扶持资金的申请、小额担保贷款的发放等方面可予以优先安排考虑。

第二部分　课题研究内容

一、课题主要研究成果

（一）就业的基本概念和对就业的统计

开展离校后未就业毕业生信息和服务衔接研究，前提是准确把握就业的基本概念和就业的统计方法。原国家劳动和社会保障部《关于〈劳动法〉若干条文的说明》（劳办发［1994］289号）第十条第四款指出："就业"是指具有劳动能力的公民在法定劳动年龄内，依法从事某种有报酬或劳动收入的社会活动。依据此概念，按照教育部要求，我们在高校毕业生就业方面的统计口径包括：一是总体就业率统计范围。主要包括：（1）毕业生与用人单位签订《就业协议书》，并由就业主管部门将其就业报到证签发到用人单位；（2）毕业生考取研究生或本科生；（3）毕业生出国学习、工作；（4）毕业生参加国家、地方基层项目就业；（5）毕业生与用人单位签订《劳动合同》；（6）毕业生自主创业；（7）毕业生以非派遣形式与省外用人单位签约就业；（8）应征入伍；（9）预征入伍；（10）毕业生以灵活方式就业，并按要求出具《毕业生灵活方式就业证明》。二是就业率计算公式。主要有：（1）总体就业率 = 总体就业人数/毕业生总人数×100%；（2）协议就业率=签订就业协议人数/毕业生总人数×100%；（3）合同就业率=签订劳动合同人数/毕业生总人数×100%；（4）非派遣省外签约比例=非派遣省外签约人数/毕业生总人数×100%；（5）灵活就业率=灵活就业人数/毕业生总人数×100%；（6）升学率=升学人数/毕业生总人数×100%；（7）出国率=出国人数/毕业生总人数×100%；（8）自主创业比例=自主创业人数/毕业生总人数×100%；（9）应征入伍率=应征入伍人数/毕业生总人数×100%；（10）服务西部比率=参加“大学生志愿服务西部计划”人数/毕业生总人数×100%；（11）三支一扶比率=参加“三支一扶”项目人数/毕业生总人数×100%。根据上述概念，本课题研究的服务对象是离校后回生源地报到的未就业高校毕业生。

（二）毕业生生源信息采集

依托“山东高校毕业生就业信息网”开发了“生源信息管理系统V2.0”，用于实现学校生源数据信息的采集、分级审核、上报。这是课题研究的前提和基础。

1. 对于省内高校毕业生生源信息采集

学校使用软件录入、导入、查询合并数据的方式完成基本数据的采集工作，收集毕业生生源资格信息并上报给毕业生就业主管部门。学校上报的生源信息经省级毕业生就业主管部门审核之后，形成毕业生生源资格数据库。毕业生登陆信息网注册之后，完善个人基本信息及生成个人简历。具体步骤包括：一是生源信息录入。各学校根据信息网数据库提供各年度招生数据信息，使用“生源信息采集系统”，将本校的招生信息自动下载到本地服务器，通过录入考生号直接调用毕业生的生源信息，也可采用“生源信息采集系统”提供的其他方式录入毕业生的生源信息。录入的生源信息以《录取新生简明登记表》为蓝本，内容有：学校名称、学号、考生号、姓名、性别、民族、身份证号、学历、专业、培养方式、生源所在地、学制、入学年份、出生日期、委培定向单位、委培定向单位所在地、备注、主修外语语种、扩展项一、扩展项六、“户籍性质”、“户籍地址”、“户籍登记日期”、“常住地址”、“职业资格或专业技术职务”、家庭困难情况，等等。二是生源信息比对。各学校生源信息录入后，利用“生源管理”栏目中“审核/上报”功能对录入的生源信息数据进行初审；初审未通过的，利用“比对通过原因”功能为该生选择注明相应的系统未自动比对通过原因。三是生源信息上报。各学校须使用“生源信息采集系统”一级菜单“数据处理”栏目下“上报就业信息网”功能报送毕业生生源信息。经“数据比对”未通过的毕业生生源信息，由学校按规定的时间报送有关证明材料。四是生源信息的审核。省级毕业生就业主管部门依据非师范类大中专毕业生的当年招生计划、姓名、性别、生源地变动以及外省生源毕业生的有关证明材料、学籍变动的有关证明材料等，对生源信息进行审核。五是生源信息的补报。因特殊情况确需补报的，须以学校正式文件形式，详细说明情况，连同有关证明材料一并报省级毕业生就业主管部门审批。

2. 对省外院校毕业生生源信息采集

省外院校毕业生（山东生源）在注册界面按照提示输入真实、有效的生源信息，预注册成功后持有效证件到生源市级毕业生就业主管部门审核。毕业前生源资格审核需提供材料：身份证原件及复印件、加盖学校公章的“就业推荐表”原件；毕业后生源资格审核需提供的资料：身份证原件及复印件、毕业证原件、报到证原件。通过上述多种形式，确保了所有山东生源高校毕业生生源信息的真实、准确和无缝隙对接。

（三）毕业生生源信息的维护

毕业生基本信息采集后，为保证信息的准确性和全面性，在毕业生离校前，学校和毕业生本人可在“山东高校毕业生就业信息网”上维护相关信息。如：毕业生联系方式、职业资格或专业技术职务等。同时，毕业生基本信息将进入“个人简历”中“个人资料”部分。各学校先使用“生源信息采集系统”，在“成绩推荐表管理”栏目中填写和维护毕业生“就业推荐表”、“学习成绩单”，再使用“数据处理”栏目下“上报就业信息网”的“上报电子简历”功能发布到“山东高校毕业生就业信息网”，并告知毕业生登陆“信息网”完善“个人简历”中的其他信息。毕业生与用人单位在信息网上通过求职信息与招聘信息的交互实现网上双向选择，达成签约意向，进入签约流程。签约之后，就业主管部门在网上办理鉴证手续，相关就业信息进入就业方案数据库。毕业生与用人单位任何一方提出解约之后，经双方同意，进入解约流程。

（四）上报就业方案

毕业生在生源审核确定后一直到离校前夕，属于毕业生在校期间就业工作时间。离校前夕，根据毕业生就业情况编制就业方案，明确离校前已就业毕业生和离校后未就业毕业生。这是该课题研究的关键。各高校登陆“信息网”的“学校管理专区”，在经省级毕业生就业主管部门审核的生源资格库基础上，使用“毕业生就业信息管理”、“协议书审核（系统生成）”、“协议书审核（学生录入）”、“省外协议书审核”、“灵活就业信息管理”、“劳动合同信息管理”、“自主创业信息管理”等栏目，录入与毕业生就业信息相关的字段内容。

1. 就业协议书的审核录入

毕业生与用人单位签约的，其就业协议书未经学校在网上审核存档，不能进入就业方案库。其中，毕业生在省内就业且已在网上签约的（含毕业生使用网上“录入省内就业协议书”功能签约的就业协议书），其就业信息由网上自动生成，学校负责审核并存档协议书；毕业生使用《全国普通高等学校毕业生就业协议书》签约到省外就业的，可由其本人录入就业信息，学校负责审核（主要审核是否符合该省接收毕业生要求），也可由学校使用“录入省外就业协议书”功能，审核后直接录入。

2. 多形式就业材料的审核录入

毕业生多形式就业且不具备签约条件的，按以下方式办理：毕业生与接收单位签订劳动合同的，须提供劳动合同首、尾页复印件（含劳动合同起止日期，双方签字盖章信息），加盖学校就业主管部门公章。劳动合同终止日期在当年度12月31日之前的视为灵活就业；毕业生自主创业的，须提供营业执照复印件（加盖学校就业主管部门公章）；毕业生应征入伍的，须提供入伍通知书复印件（加盖学校就业主管部门公章）；毕业生与外省接收单位签订就业协议但不办理户口迁移的，须提供已签订的就业协议书（不再填写毕业生灵活方式就业证明）；毕业生申请出国学习的，由毕业学校教务部门出具证明，出国工作的由接收单位出具证明（加盖学校就业主管部门公章）；毕业生灵活就业的，须填写毕业生灵活方式就业证明；毕业生暂不就业的，须写出暂不就业申请。毕业生根据本人实际，登录“信息网”的“毕业生管理专区”，使用“劳动合同信息录入”、“自主创业信息录入”、“灵活就业信息录入”等栏目，将劳动合同信息、自主创业信息、灵活就业信息或暂不就业信息等录入“信息网”，学校负责审核；也可由学校登陆“学校管理专区”，使用“劳动合同信息管理”、“自主创业信息管理”、“灵活就业信息管理”等栏目，审核后直接录入。毕业生与外省接收单位签订就业协议但不办理户口迁移的，通过“灵活就业信息录入”栏目录入协议书信息，“申请类型”选择“非派遣省外签约”。毕业生申请出国、应征入伍的，报到证将直接签发回生源地人力资源和社会保障部门。学校使用“毕业生就业信息管理”栏目中“修改就业信息”功能修改“毕业去向”字段。修改后，“山东高校毕业生就业信息网”将自动锁定其网上账号，终止签约功能。

3. 升学、户档留校、录取为服务西部志愿者的材料的审核录入

毕业生升学、户档留校、录取为服务西部志愿者的，由学校负责审核，并使用“毕业生就业信息管理”栏目中“修改就业信息”功能修改“毕业去向”字段。其中服务西部的，在“是否服务西部”字段选“是”；已参加研究生复试并调档的，按升学对待；申请户档留校、服务西部的，按缓派对待，暂不签发报到证。

4. 暂不毕业材料的审核录入

毕业生已经确定为暂不毕业的，凭学校教务部门出具的材料，由学校使用“毕业生就业信息管理”栏目，将“毕业去向”字段改为“不毕业”。

5. 未落实就业单位材料的审核录入

未落实就业单位的普通高校毕业生和高职毕业生，其就业去向为生源所在市人力资源和社会保障部门。以上就业信息均由网上自动生成。

6. 预征入伍材料的审核录入

报名参加当年高校毕业生预征入伍的毕业生，凭学校教务部门（或武装部）出具的预征入伍名单，由学校使用“信息网”的“毕业生就业信息管理”栏目修改相应字段。就业方案上报后，省级毕业生就业主管部门厅负责签发高校毕业生报到证；各市人力资源和社会保障局负责签发市属中专学校的报到证。此项工作结束后，可分清离校前已就业毕业生和离校后未就业毕业生两个数据库。

（五）离校后未就业毕业生实名登记

依托“山东高校毕业生就业信息网”，开发了“离校后未就业毕业生实名登记系统”，利用毕业生离校时的数据作为系统的基础数据来源，构建以省、市、县（市、区）、乡镇（街道）、社区五级主管部门为主，省内高校为辅的离校未就业毕业生实名制登记管理服务体系。这是课题研究的重点。主要内容有：

1. “离校后未就业毕业生实名登记系统”主要功能

一是离校时未就业毕业生通过该系统向生源地市或县（市、区）人社部门进行实名登记。除本人的基本信息（省内院校毕业生的基本信息由该系统自动生成）外，还应填写家庭状况、就业意向、就业服务需求和联系电话等相关内容，以便当地人社部门有针对性地提供就业服务。二是各高校结合开展毕业生离校后就业状况跟踪服务工作，在规定时间内将收集到的未就业毕业生信息录入到该系统中，并告知毕业生通过该系统向生源地进行实名登记，接受就业援助。三是各市就业主管部门通过该系统了解掌握本地未就业毕业生登记情况，开展就业服务，并及时将跟踪情况录入到该系统中。四是分别设计不同的登录专区，满足上述就业主管部门和高校的信息采集与管理。对已登记信息实现逐级汇总上报，按照要求定期生成各种报表。省级可根据上报数据，定期进行情况分析。

2. “离校后未就业毕业生实名登记系统”主要模块

（1）离校未就业毕业生实名登记模块。在“信息网”提供的毕业生离校时就业方案数据库基础上，对离校后未就业毕业生进行实名制登记信息采集。信息采集来源有三种渠道，第一种是毕业生本人录入的实名登记信息；第二种是各高校录入的未就业毕业生跟踪信息；第三种是各级人社部门录入的对未就业毕业生跟踪信息。“实名登记系统”记录通过上述三种渠道采集的毕业生的每一次就业跟踪信息，以最后一次采集的信息为毕业生当前的就业状态，完善毕业生整个派遣期内的就业失业经历过程。（2）数据交换模块。主要完成“信息网”和“实名登记系统”的基础数据和业务数据的实时交换，形成“业务各级办理、数据省级集中”的管理模式。（3）离校未就业毕业生就业情况监测模块。主要是根据实名制登记模块的登记情况，省级主管部门对离校后未就业毕业生的就业情况进行实时监测，充分了解各高校及各市就业主管部门对离校未就业毕业生各项就业工作的落实，作为考核各高校与各市就业工作的一个参考依据。（4）离校未就业毕业生就业情况统计模块。根据实名制登记模块的登记情况以及省级就业主管部门的统计需求，对离校未就业毕业生的就业情况进行统计分析。（5）就业市场管理系统模块。由各级人社部门为回生源地登记的未就业毕业生提供就业市场信息、单位招聘信息，并与山东省高校毕业生就业信息网共享。各市高校毕业生就业主管部门汇总本辖区招聘信息后，同步到离校未就业毕业生就业情况统计模块。同时，依据离校后未就业毕业生登记的需求情况进行职位信息提供。（6）档案流向管理模块。各市接收到省内、外院校寄送回生源地的毕业生档案后，利用信息网提供的数据，进行接收登记。其中，省外院校的毕业生档案登记后，可作为外省院校离校时未就业毕业生的基础信息；市级对登记后的档案按生源地或就业单位分发到各县（市、区）和各单位，并做好档案转递登记；各县（市、区）接收档案后，进行单位提档登记。毕业生从山东高校毕业生就业信息网可以根据关键字段查询档案流转情况。(7) 报到落户管理模块。在原就业信息网功能基础上进行改造，实现各市、县（市）区对回生源地报到和落户的毕业生进行手续办理和就业信息采集。(8) 就业见习管理模块。为就业见习单位和未就业毕业生搭建双向选择的平台，各见习单位在平台上发布招聘信息，见习单位和毕业生达成意向后，形成就业见习协议，见习上岗后，单位及时维护毕业生的离岗情况，见习期满后，单位登记毕业生留用情况，最后系统根据上岗、离岗和留用情况，生成见习补贴申请表，据此发放补贴。(9) 公益性岗位管理模块。各市组织的公益性岗位，可以对外发布信息，进行公开招聘。符合条件的毕业生报名后，就业主管部门审核。对审核通过的毕业生进行上岗登记，毕业生上岗后进行跟踪管理，登记离岗情况和去向信息采集。(10) 困难家庭毕业生帮扶管理模块。各市对回生源的省内外院校特困生进行信息登记和就业情况跟踪，对需要帮扶的群体实施就业援助和兜底就业。(11) 职业和创业培训管理模块。根据离校后毕业生回生源的就业政策信息，毕业生登记后应该享受培训优惠政策。地市把培训的信息登记系统，跟回生源地毕业生信息进行关联，方便各级掌握未就业毕业生的接受培训情况。主要包括培训项目信息发布，登记培训组织情况，并把培训结果登记入库。(12) “三支一扶”跟踪管理模块。实现“三支一扶”的招考报名、管理、考核等，实现“三支一扶”全过程跟踪管理。(13) 创业孵化基地管理模块，主要实现对本地创业孵化基地、创业项目、创业资金使用以及参加创业的毕业生进行管理，等等。

二、课题研究成果的应用

课题研究成果主要应用于各级政府根据数据库情况，对离校后未就业毕业生开展有针对性地就业服务和帮扶。主要有：

（一）开展跟踪服务

人力资源社会保障部门基层服务平台工作人员根据上级毕业生就业主管部门提供

的未就业毕业生信息库，采取电话调查、进村入户、现场报到等多种形式逐一核实未就业毕业生情况，丰富完善离校未就业毕业生的个性化信息。全面征集离校未就业高校毕业生就业和服务意向，其中就业意向主要包括：准备考公务员、准备考事业单位、准备到企业就业、准备创业 、准备参加基层项目、准备应征入伍 、准备升学、准备出国、自愿暂时不就业等内容。服务意向主要包括：政策咨询、职业介绍、职业指导、就业见习、职业培训、职业技能鉴定、创业培训、创业指导、公益性岗位等内容。及时对就业信息进行动态更新，保持全省范围内数据的动态一致。各高校综合利用手机、QQ、邮箱、博客、微博、微信等手段，了解离校后未就业毕业生就业状况以及求职和服务意向，积极探索以校友会为平台建立毕业生就业情况追踪调查长效机制。高校和地方毕业生就业主管部门建立定期沟通机制，统一汇总到省高校毕业生就业主管部门，实现全省离校后未就业毕业生信息系统的互联互动，整体统一。

（二）开展就业推介服务

各级毕业生就业主管部门根据未就业毕业生意愿，积极举办分行业、地域的专业性招聘活动，用人信誉好、需求量大的用人单位可举办专门招聘活动。充分发挥各级公共就业（人才）网络招聘平台作用，实现人力资源市场供求信息全部上网。充分应用手机短信、新型互联网交流平台等手段，努力让公共就业服务信息覆盖到所有离校未就业的毕业生。

（三）开展就业见习、职业培训和技能鉴定服务

地方政府积极拓展一批社会责任感强、管理规范的用人单位作为高校毕业生见习基地，认真落实见习补贴政策，组织有见习意愿的未就业高校毕业生参加见习。通过见习提高就业能力实现就业。结合离校未就业毕业生实名制登记，集中征集培训需求，推荐和引导有需求的毕业生到政府认定的培训机构参加培训。通过各级公共就业（人才）服务网站、办事窗口、基层就业服务平台向社会公布本地区政府补贴培训职业（工种）目录、政府认定培训机构名单、培训补贴报销的经办主体和办理流程等信息，引导毕业生通过培训参加职业技能鉴定，按规定取得相应职业资格证书或专项职业能力证书，提高就业能力。培训和鉴定名单以市为单位集中汇总，统一报省级高校毕业生就业工作主管部门进行实名制核实，按规定和程序落实职业培训和职业技能鉴定补贴政策。

（四）开展鼓励高校毕业生自主创业工作

以离校后未就业毕业生为重点深入推动实施“大学生创业引领计划”，进一步简化创业手续，落实好小额担保贷款、税费减免和落户等创业扶持政策，重点解决好创业启动资金制约因素，不断扩大小额担保贷款总量，降低反担保门槛为有创业意愿的高校毕业生提供创业培训和创业实训。鼓励各级政府加快创业载体建设，采取政府出资、合作投资、利用现有资源改造等多种方式，积极推进大学生创业孵化基地和创业园区建设，对经过评估认定符合省级大学生孵化基地和创业园区标准的，采取以奖代补的方式给予补贴。力争三年内，全省建成50家大学生创业孵化基地、创业园区，其中30家达到省级大学生创业孵化示范基地、创业示范园区的认定标准，全省大学生创业载体总面积力争达到50万平方米。组建专业化高校毕业生创业服务团队，能够提供政策咨询、信息服务、项目开发、风险评估、开业指导、融资服务、跟踪扶持等服务，不断优化毕业生创业软环境。

（五）开展困难家庭毕业生和就业困难毕业生的就业帮扶工作

依据离校未就业高校毕业生实名制数据台账登记的困难家庭毕业生和历年累计的就业困难毕业生情况，通过实施“一对一”定向服务等措施进一步加大帮扶力度，包括优先安排参加就业见习、优先安排参加就业技能培训、优先提供就业信息等，确保有就业意愿的毕业生全部就业。同时，根据各地实际，开发一批适合高校毕业生的公益性就业岗位，对困难家庭毕业生和就业困难毕业生进行过渡性安置。

（六）推进高校调整专业设置

各级毕业生就业主管部门综合对离校后未就业毕业生就业状况的跟踪调查和就业失业状况分析以及人力资源市场用人单位用工需求的分析，出具分析报告，为高校调整教学内容、调整专业设置提供依据，也为高职院校“订单式”教育提供依据，一定程度上推进高校深化以就业为导向的教育体制改革。

第三部分　结　　论

我国高校毕业生资源丰富，如何把人口压力转化为人力资源优势，开发好、利用好丰富的人力资源，是促进经济社会持续健康发展必须解决的一个重大课题。通过公共就业服务机构对失业人员进行实名登记，作为提供公共服务依据的同时，通过劳动力抽样调查获得调查失业率，用以评估失业和就业状况是大多数国家促进就业的做法。十八大报告提出要加强和创新社会管理，推动社会主义和谐社会建设。开展未就业高校毕业生实名制管理就是社会管理模式的一种创新。当前，国家也已逐步认识到开展离校未就业高校毕业生实名登记的重要意义，以登记失业率作为政府绩效考核指标和开展公共服务的依据。我们开展的未就业高校毕业生信息和服务衔接研究顺应了社会发展和国家要求，特别是研究成果在前期的运用和实践中，取得了明显的成效，为各级毕业生就业主管部门制定就业政策，开展就业服务奠定了坚实的基础，得到了社会、毕业生、高校、毕业生就业主管部门的一致称赞，也坚定了我们继续研究的决心和信心。相信这一课题的深入研究和内容的不断完善，必将对全国建立离校未就业高校毕业生实名登记制度，有针对性开展就业服务提供有意义的参考价值。

本课题在研究和实践中也发现一些问题：一是高校毕业生户籍、社保、就业信息尚不共享。由于种种原因，各地在未就业毕业生信息与社会就业信息、参加社保人员信息、户籍信息尚不能实现完全共享，一定程度上阻碍了统一规范的人力资源信息库的建设。二是高校毕业生就业观念亟待改进。很多毕业生眼里盯着“大地方、大机关、大企业”，渴望着高工资，不愿意到基层、到中小企业、到艰苦的地方去。很多地区，特别是贫困地区的毕业生不愿意回当地接受毕业生就业主管部门的帮扶和援助。还有一部分家庭条件较好的毕业生，主动不愿意就业，而是在家学习准备考机关事业单位或者升学。这些都一定程度上影响到信息的共享。三是由于该系统属于试运行阶段，很多地方需要随着实践继续完善。同时，因为开展离校后未就业高校毕业生信息共享和衔接，大量的工作需要在基层服务平台开展，基层高校毕业生就业平台工作人手相对不足，一定程度上影响了开展实名制登记工作的效果。

下一步，我们将围绕课题研究成果的更好的应用，针对上述问题继续开展调查研究，继续深入研究全省就业人员户籍、就业、社保信息的共享问题。进一步开展高校毕业生就业观念教育，加大典型宣传力度，鼓励毕业生到基层去、到中小企业去锻炼成长。进一步加大政府对公共就业服务的投入，保障公共就业服务机构特别是基层公共就业服务平台的经费来源，更好地落实免费公共就业服务。根据实践要求，继续深入研究离校后未就业高校毕业生信息和服务衔接的后续内容，继续完善“山东省高校毕业生就业信息网”。同时，要健全公共就业服务制度，培养专业化的服务队伍，特别是要大力提升公共就业服务的信息化水平，努力构建一个比较完整的公共就业创业服务体系，为促进高校毕业生就业作出应有的贡献！

课题组主要成员：李伯平、高德敬、杨志晖、王　萌、王奇伟、朱卫华、张　健、韩　宁

参考文献

［1］胡锦涛：《在中国共产党第十八次全国代表大会上的报告》。

［2］莫荣、蔡昉：《实施更加积极的就业政策》，中央政治局讲课稿件。

［3］《国务院关于进一步做好普通高等学校毕业生就业工作的通知》（国发［2011］16号）。

［4］人力资源和社会保障部办公厅《关于做好2012届离校未就业高校毕业生实名制登记和就业服务工作的通知》（人社厅发［2011］69号）。

［5］《山东省人民政府办公厅关于转发省级毕业生就业主管部门等部门关于进一步做好离校未就业高校毕业生就业工作的意见的通知》（鲁政办发［2012］71号）。

［6］刘志峰：《促进高校毕业生就业的政府责任研究》，吉林大学2010年硕士论文。

课题编号：12jycy003

高校毕业生就业质量研究（以北京地区高校为例）[①]

课题承接单位：北京市教育委员会、北京高校毕业生就业指导中心

摘　要

面对高校毕业生就业数量逐年增加和整体就业形势严峻等情况，高校毕业生就业问题已成为社会各界关注的焦点。为深入做好高校毕业生就业工作，特别是进一步提高毕业生就业质量，本课题在查阅大量国内外相关研究文献的基础上，归纳了在界定和统计毕业生就业质量方面的相关做法和经验，并从全局性、综合性，评价主体以及相互关系等角度，对毕业生就业质量进行了再阐释，提出了新形势下高校毕业生就业质量的概念及内涵。同时，通过影响因素研究，结合北京开展的工作实际，建立了包含4个一级指标，9个二级指标的高校毕业生就业质量评价指标体系，对各项指标作出了释义，进行了权重赋值，并明确了测算方法。

本研究从制定就业政策，提高人才培养质量，提高毕业生就业指导服务水平，推

① 此课题结题鉴定等级为“优秀”。

动经济、科学、技术发展和营造良好社会舆论氛围等方面，总结了有效提升高校毕业生就业质量的途径和方法，以期更好地为政府决策部门、各高校和社会各界提供科学的、有价值的信息和数据支撑，为解决我国高校毕业生就业问题提供有力帮助。

第一部分　导　论

当前，高校毕业生就业面临毕业生数量逐年增加，劳动力市场供求比例失衡，整体就业形势严峻的形势，高校毕业生就业问题已经成为社会各界关注的焦点。党的十八大明确指出，努力实现就业更加充分，推动实现更高质量的就业，做好以高校毕业生为重点的青年就业工作。这充分表明，全社会不但从数量上关注毕业生的充分就业，而且也把注意力投向高校毕业生就业质量问题。

一、研究背景

1. 高校毕业生数量大幅增加，高等教育大众化时代到来

自1999年我国高等教育扩招以来，高等教育毛入学率不断提高，特别是2002年我国的高等教育毛入学率达到15%，标志着我国进入高等教育大众化教育阶段，截至2011年高等教育毛入学率已达26.9%；从数量上看，全国普通高校毕业生数量逐年攀升，近十年来总数增长4倍以上（从2002年的145万到2012年的680万）；从供求关系看，以毕业生人数与社会新增就业岗位数相比较，2007年起，我国普通高校毕业生数已占社会新增就业岗位数50%以上，普通高校毕业生的就业已完成了从“精英就业”到“大众化就业”的转换。

2. 衡量高校毕业生就业情况的指标过于单一，存在诸多弊病

在毕业生数量不断增长的背景下，为实现毕业生充分就业，我国政府实施更加积极的就业政策，通过多渠道开发就业岗位、实施创业带动就业、完善公共就业服务体

系等措施，确保高校毕业生初次就业保持相对稳定。总体而言，把保持高校毕业生较高初次就业率和当年就业率作为做好高校毕业生就业工作的主要目标和重要“指挥棒”。

就业率作为主要的评价指标，在过去的多年间，对促进毕业生就业发挥了积极作用，但其指标的单一性和局限性也是显而易见，单纯从数量上来考察高校毕业生的就业情况，只能反映出毕业生就业的“量”，不能反映出就业的“质”。

3. 当前高校毕业生就业主要面临结构性矛盾，解决结构性矛盾本质上是提升就业质量的问题

高校毕业生就业问题一方面是毕业生总量增加带来的就业压力增大，但另一方面更主要的是结构性矛盾问题。一方面，毕业生就业难与用人单位招人难两难并存，从统计看，毕业生毕业后对工作单位和工作岗位的满意度偏低，违约跳槽比率偏高，而用人单位对毕业生的满意度也偏低。《2011 年中国大学生就业报告》显示，2010 届毕业生中，毕业半年内就有离职经历的占 34%，有 60% 的毕业生认为目前的工作与自己的职业期待不吻合。另一方面，由于区域、行业等发展的不平衡，致使毕业生在择业上高度聚集，在亟需人才的基层、西部和欠发达地区，在支撑国家发展战略的部分重要领域、重要行业人才严重不足。解决人才培养和社会需求之间的结构性矛盾，既是有效促进毕业生充分就业，提高就业率的手段，也是提升就业质量的要义。

二、研究意义及目标

1. 研究意义

一是提高高校毕业生就业质量，有助于提高高校毕业生就业工作水平。多年来，各高校不断建立和完善毕业生就业指导服务体系，确保了高校毕业生就业的基本稳定。立足未来，高校必须立足提高质量，把目标从提高就业率转向推进就业工作的内涵式发展上来，从而不断提高毕业生就业指导服务水平。

二是提高高校毕业生就业质量，是提升高等教育质量的必然选择。胡锦涛在清华大学百年校庆的重要讲话中指出，不断提高质量，是高等教育的生命线，必须坚持走

内涵式发展道路，全面提高高等教育质量，不断为社会主义现代化建设提供强有力的人才保证和智力支撑。从某种程度上看，抓就业质量就是在抓高等教育质量。

三是提升高校毕业生就业质量，对建设社会主义人力资源强国有重要意义。党中央、国务院始终坚持“把高校毕业生就业摆在当前就业工作首位”的重要决策，做好高校毕业生就业工作是教育为社会主义现代化建设服务、建设人力资源强国的迫切需要。提高就业质量，就是要求高等教育战线紧紧围绕科学发展的主题和加快转变经济发展方式的主线，将大批高素质专门人才培养输送到现代化建设的岗位上去，为经济社会发展奠定坚实的人力资源基础。

总之，我国是一个有中国特色的社会主义国家，有自己的特殊国情，高校毕业生就业质量问题是我国在发展建设中的一个重要问题。在高等教育由精英化向大众化转变初期这样一个特殊的历史时期，该问题对国家和社会的影响极其深刻。解决好这一问题，对于有效提高高校毕业生就业指导服务工作水平和进一步推动高等教育改革，从而实现高等教育为国家发展服好务具有现实的指导意义。

2. 研究目标

一是在对国内外在高校毕业生就业质量方面研究基础上，阐述其内涵；二是总结北京地区提升毕业生就业质量的探索与成效；三是在对影响毕业生就业质量评价的因素加以归类、分析基础上，建立起高校毕业生就业质量评价指标体系；四是将高校毕业生就业质量评价指标体系应用于毕业生就业工作的实践之中。以期更好地为政府决策部门、各高校和社会各界提供科学的、有价值的信息和数据支撑，为解决我国高校毕业生就业问题提供有力帮助。

三、国内外对高校毕业生就业质量的相关研究

1. 国内对高校毕业生就业质量的相关研究

有关就业质量的内涵、衡量指标和评价体系，自 2000 年后受到国内学者的关注。在如何评价就业质量问题上，李全林（2005）指出就业质量应包括就业层次（客观性指标）和毕业生的主体指标（如满意程度等）两大方面的内容。周平（2005）指出就

业质量应从3个方面的指标加以体现，即就业人员的质量、就业岗位的质量和就业工作的质量等方面。秦建国（2007）提出就业质量指标体系的构建应当从4个角度入手：就业前的主客观前提指标；就业岗位质量指标；就业满意度指标；就业宏观表现指标。刘素华（2005）提出了建立我国就业质量量化评价体系的步骤与方法，并给出了企业层面的就业质量评价标准。柯羽（2007）详细阐述了就业质量评价指标的权重确定方法——层次分析法。杨何清（2007）、程惠娜（2007）、史淑姚（2006）、于任财（2007）等则专门针对高校毕业生群体，对毕业生就业质量的衡量指标和评价体系进行了初步研究。

列举典型的研究成果如下：

重庆大学颜军采取模糊综合评价方法提出大学生就业质量的评价指标由4个一级因素和19个二级因素构成。一级因素包括工作环境、雇佣条件、劳动关系、社会保障，二级因素则包括物理环境、安全环境、企业文化、晋升空间（归属工作环境）；就业地域、工作时间、劳动报酬、工作稳定性、职工培训（归属雇用条件），劳动合同、民主管理、工会组织、社会对话（归属劳动关系）；养老保险、医疗保险、工伤保险、失业保险、生育保险、住房公积金（归属劳动保障）。并按照专家评分法对各指标进行权重赋值。

厦门大学戴蓥则提出了大学生就业质量评价指标由3个一级指标（标则层）、7个二级指标（指标层）构成，一级指标为工作特征、待遇水平、人职匹配度，二级指标为就业性质、就业地区（归属工作特征），工资水平、社会保险待遇、企业其他福利（归属待遇水平），专业对口情况、个人满意度（归属入职匹配度）。不同的是采取了层次分析法结合专家访谈法对各指标进行了权重赋值，从而构建就业质量模型。

广东工业大学陈韶等则提出了高校毕业生就业质量评价体系的10个指标，包括发展空间、薪酬水平、专业对口、事业成就感、行业、工作氛围、职位升迁、个人幸福感、区域、人居环境，并提出优良中差四个等级，由高校、用人单位、毕业生、政府部门和社会组织五个评价主体对各项指标进行打分，再按评价主体的平均分进行加权计算，最后得出质量评价的综合评分；陈韶、何绍彬还对构建高校毕业生就业质量评价系统进行了研究。

2. 国外对高校毕业生就业质量的相关研究

国外对于就业质量的研究早在20世纪70年代就已初露端倪，从美国的“工作生活质量”、国际劳工组织的“体面劳动”和欧盟的“工作质量”，再到近期的“就业质量指数”研究，就业质量的概念得到了逐步完善和丰富，也蕴涵了更多方面内容。很多国家逐渐意识到就业质量的重要性，对于就业质量评价的研究也随之展开。

在美国，高校毕业生就业质量的统计和评价通常是由政府专职部门、职业界和高等院校自身三者承担，其中，社会组织和高等院校自身的调查统计相对较为普遍。美国高校毕业生就业质量评价机构一般采取问卷调查的方式来收集毕业生就业的相关信息，对于就业质量衡量维度的研究也相对较多，“职业与就业安全”、“健康与福利”、“技术质量”、“工作与生活和谐”等四个基本就业质量评价维度在业界得到了最为广泛的认可。

英国对高校毕业生就业质量的统计和评价早在20世纪80年代就已经开展，政府并不直接参与高校毕业生就业工作，而是由劳工部牵头，高等教育部门参与高校毕业生就业质量的监测、统计与数据发布。其显著的特点为：一是政府不直接参与，由政府委托第三方机构即高教统计局承担，既有效保证政府对就业情况的严格监测，又确保了统计结果的客观、公正、准确；二是统计不区分初次就业率和年终就业率，而是统一开展毕业半年后的就业情况统计，保证了统计标准的一致；三是不仅着眼于就业数量，而且在兼顾数量与质量的基础上，更加关注就业质量。

澳大利亚政府非常重视高校毕业生就业质量问题，为提高就业质量，在政府、学校以及企业之间设立了良好的合作和沟通渠道。高校毕业生就业质量的评价由政府统计部门（而非教育部门）组织统计和实施。国家统计局的年度报告是官方发布的具有权威性的高校毕业生就业质量评价报告，一些第三方教育机构和高校也会参与毕业生就业质量的评价工作。在就业质量指标选择上，一般将高校毕业生分为就业、失业以及无劳动力能力等几种类型，建立细化的二级指标，就业分为全职就业和兼职就业，失业分为正在找全职工作和正在找兼职工作，在统计就业率时也相应地计算出各自比率。

3. 对国内外关于就业质量研究状况的简要评价

国内外理论界虽有一些关于高校毕业生就业质量标准和毕业生质量评价的研究，也确有一些文章涉及毕业生就业质量评价指标体系，但研究也存在诸多局限。一是没有形成符合我国实际的统一概念；二是指标体系主要立足毕业生个人对于就业维度状况进行考察，对于一所高校、一个区域、一个行业或者全体毕业生的就业质量状况，仍然缺乏针对性和统合性；三是有的研究建立的评价标准和评价体系仍然过于复杂，不便于操作。

第二部分　课题研究内容

一、高校毕业生就业质量的内涵和影响因素

（一）国际通行的就业质量观点

一般意义而言，就业质量的概念产生于1998年，为应对全球化带来的失业加剧、社会保障不足、劳动条件恶化等问题，明确和保障劳工权益，国际劳工组织（ILO）在第87届国际劳工大会上最早提出了以就业质量为主要内容的“体面劳动”的概念，并把它定义为“促进男女在自由、公平、安全和具备人格尊严的条件下获得体面的、生产性的可持续工作机会”。国际劳工组织所指的“体面劳动”同时包含了就业数量与就业质量两方面的内容，而且以就业质量为主，因而被普遍认为是就业质量概念的基础。其特征主要包括11个属性：（1）就业机会；（2）足够的收入；（3）合理的工作时间；（4）工作的稳定性；（5）工作与家庭生活的平衡；（6）安全的工作环境；（7）社会保障；（8）社会对话和劳动关系；（9）就业公平；（10）不可接受的工作；（11）经济和社会因素。

（二）从劳动生产关系角度看毕业生就业质量

美国著名的质量管理专家朱兰博士指出，质量就是适用性，即产品满足用户需要的程度。就业是指在一定的物质条件下，从事有一定劳动报酬或经营收入的社会经济活动，因此从商品学角度看，就业是劳动力与生产资料相结合的过程。可见，就业质量就是反映就业过程中劳动者与生产资料结合获得收入与发展的优化程度以及工作固有特征满足人们要求的程度的综合性范畴。推而广之，高校毕业生就业质量的定义可以概括为在符合高等教育基本规律的前提下，教育产品（高校毕业生）满足社会潜在需要的特征和特性要求的总和。

（三）毕业生就业质量内涵的再阐释

本课题研究表明，无论是国际通行的毕业生就业质量观还是从商品学角度阐释毕业生就业质量都是不够全面的。一方面，国际通行的就业质量概念，较好地体现了个体就业的优劣状况，却不能全面反应就业的结构特征和整体状况；另一方面，从劳动生产关系角度分析就业质量的内涵，较好地反映了就业过程劳动者获得的收入与发展的优化程度，但是对于劳动者就业岗位优化程度如何考量、满足哪些社会层面的要求语焉不详，缺乏层次性。

本课题对就业质量内涵进行再阐释，就是要进一步明晰就业质量的内涵，进而提出符合我国实际的高校毕业生就业质量的概念。

第一，就业质量是个全局性、综合性问题。从我国的实际国情看，就业质量是关系到国家现代化建设、社会政治稳定和涉及到人民群众根本利益的一个重大的全局性问题。就业质量是由社会综合因素的合力形成的，它不仅是高等教育供给规模、专业构成与人才培养质量的产物，也是国民经济发展水平、产业结构、区域经济状况与市场需求的结果。

第二，就业质量从评价主体看，有宏观、中观、微观三个层面，也就是从国家、高校、毕业生三方面考察就业质量的内涵。从国家（政府）层面看，高校毕业生作为国家经济社会发展重要的战略性人力资源，要考察其就业质量的高低，就是要判断高校毕业生就业为国家发展的各行各业、各个领域提供人才保证和智力支撑的优劣状况。从高校层面看，高校毕业生就业质量包括了高校毕业生的就业能力、就业单位层次和就业竞争力以及社会认可度等多个方面，是高等教育质量的重要指标，要通过高校人才培养质量水平、就业与办学定位和服务面向的关系、就业指导服务水平的高低来对毕业生就业质量进行判断。从毕业生层面看：高校毕业生就业质量反映了毕业生在就业机会的可得性、工作稳定性、工作场所的尊严和安全、机会平等、收入、个人发展等有关方面的满意程度。

在三个评价主体之间，其导向总体呈现出辩证统一的关系。一方面在国家层面就业体现出结构流向的合理，就要求高校层面的就业结构流向符合学校的服务面向和办学定位，以及符合学校的办学目标，毕业生在就业选择上符合整体流向的导向，也将为毕业生个人的发展预期奠定基础；另一方面，国家层面的就业状况要体现出对社会更高的整体贡献度，就要求高校在人才培养质量、就业指导服务水平相应提高，这也对毕业生个人能力提出了更高要求。当然，在毕业生追求薪酬福利和社会保障的更大化过程中，也必将出现对整体就业结构流向的负面影响，但从长远看，可以在我国实施更加积极就业政策的进程中，在不断提高就业指导服务水平的条件下，在我国经济转型、产业升级和科学发展的背景下，多管齐下地逐步解决这个问题。总体来看，三个评价主体对于就业质量的考察有矛盾性也有统一性，提高就业质量的理想状态是实现三者统一性的最大化和矛盾性的最小化，从而达到有机统一。

第三，从供需双向看，有主体和客体两个层面，即要从毕业生与用人单位（雇主）两个方面考察就业质量。从毕业生对于用人单位（雇主）的就业诉求看，其就业质量的高低主要取决于两个方面，一是考察通过就业毕业生收获的物质和精神层面回报的优劣状况，二是考察通过就业毕业生赢得的未来发展前景和预期优劣状况。从用人单位（雇主）对于毕业生的就业诉求看，其就业质量的高低则取决于三个方面，一是考察通过就业毕业生能为用人单位（雇主）创造多大的价值，二是考察毕业生各方面能力与用人单位（雇主）要求的契合程度，三是考察毕业生对于用人单位（雇主）在文化上的认同程度（通常可以用稳定度来表达）。

（四）高校毕业生就业质量的概念

通过以上关于毕业生就业质量内涵的阐述，本课题作出高校毕业生就业质量新的定义。即：

高校毕业生就业质量即高校毕业生就业的质量状况，它是一个重要的全局性、综合性问题。它通过高校毕业生就业的流向、布局、结构和供需契合度，从整体上反映高校为经济社会建设提供人才保障和智力支撑的状况。它是高等教育质量的重要体现，集中反映出高校人才培养质量状况，同时是高校体现办学定位和实现办学目标的重要内容。它一方面是毕业生通过就业获得生存发展的物质条件、社会条件和精神条件状况的整合，另一方面也是用人单位（雇主）对于聘用毕业生就业满意程度的评价总和。

（五）影响高校毕业生就业质量的主要因素

1. 社会公共政策对就业质量存在影响

国家对于高校毕业生就业问题所出台的各种政策，其利益倾向性实际上体现出政府对于高校毕业生就业质量评价。如近几年来，国家出台政策引导广大毕业生面向基层就业，实施了“选聘高校毕业生到村任职”、“三支一扶”（支教、支农、支医和扶贫）、“大学生志愿服务西部计划”、“农村义务教育阶段学校教师特设岗位计划”等多个项目。可见，政府政策的制定和政策评价对于大学生就业引导、就业质量的评价具有指向性作用。

2. 经济形势对就业质量存在影响

从经济学角度看，就业与经济增长存在着正向关系，就业是经济发展的重要指数，因此，国际国内经济形势对就业影响十分显著。如近年来由于受美国次贷危机影响，世界实体经济增长明显放缓，国际经济形势对我国经济产生了重大影响，影响了我国一批专业毕业生就业。在国内，由于区域性、行业性经济发展的不平衡，使毕业生就业出现了严重的结构性问题。

3. 社会因素对就业质量存在影响

一是社会舆论对于毕业生就业质量存在影响，高等教育已进入大众化时代，而社会舆论并没有随之建立起“行行立业、处处建功”的主流声音。二是家庭导向对毕业生就业质量存在影响，受传统影响家庭对高校毕业生就业满怀精英期望，影响了毕业生的择业观；三是市场经济与不良社会思潮对毕业生就业质量存在负面影响。总之在多种社会因素影响下，大学生们在职业选择过程中更加注重经济效益、地域选择和社会地位，强调自我发展，而忽视才智发挥、事业成就、社会需求，出现了“考研热”、“公务员热”、“大城市热”。

4. 高校教育状况对毕业生就业质量存在影响

一是高校教育培养人才的质量对毕业生就业质量有显著影响，人才培养质量决定了高校毕业生的综合素质和就业能力，毕业生的综合素质和就业能力直接影响到高校毕业生就业质量。二是高校就业教育和指导服务水平对高校毕业生就业质量有显著影响。高校就业教育和指导服务工作肩负着促使毕业生合理对学业生活、职业生涯进行规划，提早认识职场和工作世界的要求，做好前职业化准备的使命，对毕业生就业质量的影响显而易见。

5. 毕业生个人因素对就业质量存在影响

一是毕业生的择业观直接决定了其就业选择的方向和领域，对毕业生就业质量影响较大；二是毕业生的专业技能对就业质量存在影响，因为专业技能的高低不但影响着毕业生就业机会的获取，也影响到毕业生的工作适应力和雇主评价；三是毕业生的综合素质（就业能力）对毕业生就业质量存在影响，就业能力是毕业生综合素质的外在体现，它集中表达了毕业生的竞争能力和发展空间。

二、北京地区关于提升高校毕业生就业质量的工作探索

（一）北京市教委已开展的相关工作

多年来，在党中央、国务院及教育部、市委市政府的高度重视和正确领导下，市教委坚持以质量建设为主线，创新工作思路，完善工作举措。率先提出了“提高就业工作质量”目标，将就业工作纳入高等教育“质量工程”，不断加大建设投入力度，先后开展了北京地区高校毕业生就业工作检查、“北京地区高校示范性就业中心”、北京高校毕业生就业工作特色项目、北京地区高等教育专业预警体系等建设项目，同时，逐步实行分段公布高校毕业生就业率的做法，引导高校淡化就业率，更加注重就业质量，推动毕业生就业内涵式发展。

1. 率先提出“提高就业工作质量”的工作目标

早在2005年，市教委领导就认识到提高就业工作质量对于推进北京高校毕业生就业工作的突出重要性，在《北京市教育委员会关于做好2005年北京地区高等学校科研单位毕业生就业工作的通知》（京教学［2005］1号）中就明确提出“要在保持较高全员初次就业率的同时提高就业工作质量，实现毕业生的充分就业。”在高校教育教学方面明确要求各高校坚持正确的办学指导思想，树立新的人才观、发展观和质量观，根据经济社会发展的需要，改革人才培养模式、教学内容及教学方法，提高学生的综合素质和就业能力；在毕业生就业工作方面要求各高校加强就业工作人员队伍建设，在保证数量的前提下，不断提高政策水平和业务能力，逐步实现专业化、专家化。进一步加大服务力度，提升就业指导水平和针对性；拓展就业市场，满足毕业生择业需要；鼓励毕业生到基层、到西部就业等。“就业工作质量”目标的提出，为今后提高北京高校毕业生就业质量奠定了基础。

2. 全面开展高校毕业生就业工作检查

2006年初，北京市教委印发了对北京地区高校开展毕业生就业工作检查的通知，提出了《检查内容及标准》，主要包括组织领导（含领导重视、“全员化”建设、措施办法）、工作条件（含机构、人员、经费、场所、信息化）、指导服务（含就业指导、就业服务）、工作效果（含就业率、就业质量、满意度、文明离校）、加分项（含西部就业、基层就业、签约率、调查研究）等内容，通过检查，达到了以查促建、以查促学、以查促改、以查促进的目的，使北京地区各高校毕业生就业工作水平进一步提高。

3. 将毕业生就业工作纳入高等教育“质量工程”，开展“北京地区高校示范性就业中心”建设

2007年，北京市教委在全国率先开展了“示范性就业中心”建设工作，提出了建设要求和目标。将就业工作作为高校人才培养质量的重要领域、重点环节加以关注，将提升就业质量作为高等教育质量的重要组成部分全力推进。经过两年的建设，共评选了北京大学等学校的36个示范性就业中心，每个中心给予100万元的经费支持。《北京地区高校示范性就业中心建设情况调研报告》显示，各示范性就业中心高校就业制度建设和组织机构完善，就业投入有保障，人员数量和专业素质不断提高，就业指导全覆盖并有针对性，推进市场深度拓展，就业工作整体水平明显提高。各示范性就业中心高校的就业率均保持在97%以上。通过“示范性就业中心”建设，形成了毕业生就业工作的指导性标准，为构建北京地区高校毕业生就业质量体系奠定了基础。

4. 开展“就业特色工作项目建设”，进一步引导高校强化就业质量目标

2012年，在全面总结、凝练已取得阶段性成果的示范性就业指导中心建设工作项目基础上，北京市教委推出了北京高校就业特色工作项目评审和建设工作，从北京地区高校中遴选出32个基础好、有特色、可推广的就业工作项目，继续将其作为提升人才培养质量组成部分，纳入“本科教学工程”予以重点建设（每个项目给予50万元经费支持），旨在打造具有特色的典型示范就业工作品牌，发挥引领作用，进一步提升北京高校毕业生就业工作质量。在评审中，北京市教委提出了关系就业质量和就业工作全局的十大重点领域，包括：就业队伍建设、就业调查研究、就业课程建设、就业咨询指导、就业引导、创业教育、就业市场建设、信息化建设、就业帮扶和其他具有

典型意义的就业工作项目。通过就业特色工作项目建设，进一步带动北京高校毕业生就业工作提升质量，为探索构建北京地区高校毕业生就业质量体系做了很好的铺垫。

5. 采取分段公布就业率的方式，引导高校不要盲目追求高就业率

随着高校毕业生就业工作逐步向提升就业质量发展，多数高校结合本校办学特点制订了毕业生高质量就业的工作目标，并采取有效措施加以落实，但是也有的高校还是单纯注重就业率，学校的就业工作任务仍是“就业率不能低于去年水平”，这是不符合科学发展观要求的，也是不可持续的。针对这一情况，市教委于2010年改革了就业率公布方式，不再公布各高校的就业率数字，而是实行分段公布，即分95%以上、90%—95%、90%以下三段公布学校名单，引导高校不刻意追求过高就业率，同时也减轻了高校就业部门的压力，把工作目标和任务转移到提高就业质量上来。

（二）北京地区高校在提高毕业生就业质量方面的尝试

按照北京市教委的工作导向和要求，北京地区各高校结合本校办学实际和特色，对提高毕业生就业质量也进行了诸多有益尝试。

1. 引导高校毕业生到国家重点行业就业

早在2006年，北京大学就明确提出以提高毕业生就业质量为核心，提出良好的毕业生就业质量体现在“学以致用，人尽其才”，促使毕业生就业流向在行业与地域分布上要相对合理与均衡，到基层、西部、国家重点行业就业的毕业生要保持相当的数量与比例；2009年，北京大学有70%以上的毕业生奔赴中央国家机关、地方政府部门、国有大中型企业、国家重点事业单位、高新技术企业等国民经济主战场。北京航空航天大学、北京理工大学突出国防特色，始终把向国防系统以及相关的国家重点企事业单位长期、稳定地输送优秀毕业生作为学校就业工作的重要任务。2012年，北京航空航天大学毕业生到国防系统就业人数占参加就业人数的40%，主流行业就业率超过60%。北京理工大学到国家重点建设行业、重点部门、重点单位就业的毕业生超过参加就业人数的70%以上。中国石油大学毕业生中到石油石化行业人数占可分毕业生人数的比例逐年上升，2008年以来一直保持在65%以上；对外经济贸易大学毕业生到金融系统、大型国企和知名外企人数保持在50%左右，这其中有1/3的毕业生到四大国有银行就业。

2. 鼓励高校毕业生到西部、到基层、到国家最需要的地方就业

清华大学把毕业生高质量就业作为学校育人任务的根本要求和建设一流大学的内在需要，千方百计引导毕业生到国家重点行业和地区去建功立业。2012 年，清华大学有近八成的毕业生赴国家重点企事业单位工作，赴北京以外地区就业的毕业生比例达到 48.3%。有 187 名毕业生通过定向选调赴基层公共部门工作，488 名毕业生前往西部、东北地区就业，占就业毕业生总人数的 16.3%。北京化工大学坚持“依托行业特色，服务国民经济主战场”的工作思想，唱响“赴基层、入主流、让青春在祖国最需要的地方闪光”教育主旋律，开拓工作思路，创新工作模式，扎实做好学生就业工作。

3. 推动毕业生到与学校专业紧密联系的主流行业就业

专业对口是毕业生就业稳定的前提和重要保证，越来越多的高校更加注重和促进毕业生到与学校专业培养对口的主流行业就业，既为行业发展提供了所需的专业人才，又为毕业生成长成才奠定了基础。如北京林业大学发起成立林业院校就业协作组，构建林业高校和林业行业的合作沟通平台。建立就业组长分省责任制，拓展行业主流市场。参与“林业基层场站大学生”计划政策制定，为毕业生去到林业基层一线就业开辟新途径。中国传媒大学在 2006 年就提出在全国重点媒体、省市电视广播台等重点阵地推进毕业生就业布点，不断提高毕业生就业质量。首都医科大学等医学院校高度重视引导毕业生在医疗卫生系统就业，每年都有超过 80% 以上的毕业生在主渠道就业，2012 年达到了 90%，为首都和全国的医疗卫生系统输送了大量优秀医学人才。

4. 提高毕业生的就业能力，从根本上提升就业质量

北京工业大学紧密围绕人才培养质量，深化教育教学改革，建立并完善招生计划根据就业情况动态调整长效联动机制。积极与用人单位建立联系（已与北京汽车集团、中软总公司等近百家单位建立了就业见习基地），为学生提供就业实习实践机会。学校在北京地区金融、计算机、信息、建筑、汽车、材料和航空等领域建立了良好稳定的毕业生输送主渠道，毕业生就业比例超过 80%。北京交通大学、北京农学院、首都医科大学、首都师范大学、第二外国语学院等多数高校都建立人才培养质量反馈机制，将用人单位对学校人才培养的意见建议及时提供给人才培养的各个环节，促进教育教学改革，提升毕业生就业能力。

5. 高职院校坚持以就业为导向，根据社会需求培养人才

北京信息职业技术学院、北京电子科技职业学院、北京工业职业技术学院、北京农业职业学院等高职院校始终坚持以就业为导向，把提高毕业生就业能力作为改革的方向，把毕业生高质量的就业作为推动学校发展的根本力量。大力加强实训基地建设，为学生提供工厂化实训环境；另一方面结合专业与相关企业建立了实习基地，突出学生动手能力和职业技能，增强就业竞争能力。大力开展订单式培养，将学校专业教学内容最大限度地与企业岗位需求相吻合，使培养的学生更加符合企业的需要。在受金融危机影响，社会就业形势较为严峻的情况下，许多高职院校毕业生就业依然良好。

6. 将毕业生对就业工作满意率作为就业质量评价的依据

越来越多的高校开展毕业生就业满意度调查。中国人民大学、首都经济贸易大学、北京城市学院等许多高校均开展了毕业生就业调查和分析工作，对学校各专业就业率、签约率、对口率、满意度、就业流向、薪金待遇、人才培养反馈统计等做横向比对分析，并辅以一线就业工作人员针对专业就业的总结性分析，并将有关数据和信息反馈招生及教育教学等部门，促进招生—培养—就业的良性循环，提升人才培养的质量和毕业生就业质量等。

三、高校毕业生就业质量评价指标体系

（一）关于本指标体系的几个说明

1. 指标体系的提出结合北京实际

本课题提出高校毕业生就业质量评价指标体系，是在广泛分析国内外关于高校毕业生就业质量成果基础上，针对北京高校毕业生初次就业状况，并结合北京市实际提出的。

2. 确定指标体系的基本原则

课题组认为，在实际的综合评价活动中，并非是评价指标越多越好，但也不是越少越好，关键在于指标在评价中所起作用大小。因此，本课题以尽量少的“主要”指标用于实际评价。同时，本课题研究认为，要从国家层面、高校层面、毕业生层面以及用人单位层面对高校毕业生就业质量进行评价，本指标体系在选取指标时将兼顾到各层面的重点进行体系构建，但是不要求各个评价主体对所有的指标进行打分，而是让各个评价主体在表达其评价核心的相关指标上打分，使评价体系更加便捷实用。

3. 指标体系应用范围

本指标体系主要用于对高校的评价，即本课题试图构建对于一所高校的毕业生就业质量评价体系。在实际使用中，所有指标进行赋值都取决于被评价高校与其所处省区所有高校的平均值进行判断，这是因为本课题研究认为，区域社会经济发展状况对就业质量有显著影响，所以就高校所处区域毕业生就业的整体状况来判断某一高校的毕业生就业质量在理论上是成立的。以此为依据，这个指标体系可以为其他省市所借鉴应用。此外，为体现出就业质量更加客观的特点，从国家对高校的评价看，希望不同高校在不同层次、不同领域办出特色、办出水平，这一指标体系也可用于同层次、同类型院校（如综合性大学、985 大学、同行业院校、教育部直属院校、地方高校、高职院校）之间进行横向比较。当然，如果从推广角度看，本课题的研究也可以为教育部评价各地方高校毕业生就业质量状况提供方法上的依据。

（二）评价指标体系

1. 评价指标构成

一级指标有四个，分别是就业率、就业结构、职业发展、社会评价，这四个一级指标可以较全面地衡量一所高校就业的数量、结构、层次、性质、优劣等。二级指标有9个，分别是落实率、项目就业率、专业对口率、行业分布、平均起薪、稳定度、发展预期、用人单位满意度、学生（家庭）满意度。

2. 评价指标体系和权重设置

按照专家评分法，我们对一二级指标进行权重赋值，具体如表1：

表1

一级指标	权重	二级指标	权重
就业率	0.3	落实率	0.25
		项目就业率	0.05
就业结构	0.2	专业对口率	0.1
		行业分布	0.1
职业发展	0.2	平均起薪	0.06
		稳定度	0.04
		发展预期	0.1
社会评价	0.3	用人单位满意度	0.15
		学生（家庭）满意度	0.15

（三）在赋予权重后，指标体系的测算

二级指标作为计算的基本因素，根据每个高校在二级指标上的实际情况，对照北京市所有普通高校毕业生的整体状况（平均值，除“行业分布”指标由学校提交报告，专家打分外），得出每个二级指标的基本结论，分为特别明显低于平均值、明显低于平均值、基本达到平均值（可能较平均值略低或略高，也可能等于平均值）、明显高于平均值、特别明显高于平均值五档，对以上各档分别记2分、4分、6分、8分、10分。最后，采取加权平均方法，计算出一所高校的毕业生就业质量指数。

根据统计学中正态分布的概率分析法，我们以落实率的指标数据为例测算如下：

假设北京市N所高校的落实率共同构成序列$x_i, i=1,\cdots,N$,以落实率为横坐标,对应频率为纵坐标,作图可知,北京市高校的落实率基本满足正态分布。因此,我们可计算整个北京市高校的平均落实率为$\overline{X}=E(X)=\frac{1}{N}\sum_{i=1}^{n}X_i$,方差为$\sigma^2=Var(X)=\frac{1}{N-1}\sum_{i=1}^{N}(X_i-\overline{X})$。根据统计学中正态分布的概率分析法,我们定义当某一高校的落实率值:

(1) 在区间$(0,\overline{X}-2\sigma]$时,称该高校落实率特别明显低于平均值;

(2) 在区间$(\overline{X}-2\sigma,\overline{X}-\sigma]$时,称该高校落实率明显低于平均值;

(3) 在区间$(\overline{X}-\sigma,\overline{X}]$时,称该高校落实率基本达到平均值;

(4) 在区间$(\overline{X},\overline{X}+\sigma]$时,称该高校落实率明显高于平均值;

(5) 在区间$(\overline{X}+\sigma,+\infty]$时,称该高校落实率特别明显高于平均值。

例如:2012 年北京地区 89 所高校的落实率如表 2 所示:

表 2

学校	落实率	学校	落实率	学校	落实率	学校	落实率
学校 1	73.82%	学校 24	80.76%	学校 47	85.39%	学校 70	37.84%
学校 2	88.36%	学校 25	76.62%	学校 48	86.05%	学校 71	87.58%
学校 3	80.18%	学校 26	67.15%	学校 49	98.34%	学校 72	77.04%
学校 4	87.00%	学校 27	77.24%	学校 50	96.51%	学校 73	21.81%
学校 5	80.25%	学校 28	69.38%	学校 51	77.04%	学校 74	56.76%
学校 6	86.04%	学校 29	55.01%	学校 52	92.75%	学校 75	68.55%
学校 7	92.02%	学校 30	57.66%	学校 53	81.58%	学校 76	64.10%
学校 8	88.37%	学校 31	78.29%	学校 54	91.90%	学校 77	66.60%
学校 9	77.30%	学校 32	66.63%	学校 55	87.37%	学校 78	72.15%
学校 10	81.54%	学校 33	87.67%	学校 56	39.12%	学校 79	72.09%
学校 11	89.49%	学校 34	93.04%	学校 57	83.76%	学校 80	81.46%
学校 12	66.58%	学校 35	73.29%	学校 58	85.67%	学校 81	99.71%
学校 13	43.77%	学校 36	83.31%	学校 59	98.07%	学校 82	65.09%
学校 14	87.80%	学校 37	41.27%	学校 60	78.93%	学校 83	87.40%
学校 15	64.12%	学校 38	33.83%	学校 61	89.98%	学校 84	83.29%
学校 16	92.41%	学校 39	38.62%	学校 62	91.53%	学校 85	29.70%
学校 17	84.25%	学校 40	32.34%	学校 63	58.93%	学校 86	70.02%
学校 18	70.69%	学校 41	42.10%	学校 64	81.66%	学校 87	82.68%
学校 19	91.94%	学校 42	24.86%	学校 65	91.02%	学校 88	69.81%
学校 20	66.23%	学校 43	34.52%	学校 66	80.23%	学校 89	73.00%
学校 21	88.63%	学校 44	34.49%	学校 67	93.93%		
学校 22	86.28%	学校 45	59.94%	学校 68	71.45%		
学校 23	68.96%	学校 46	74.70%	学校 69	91.22%		

作图：

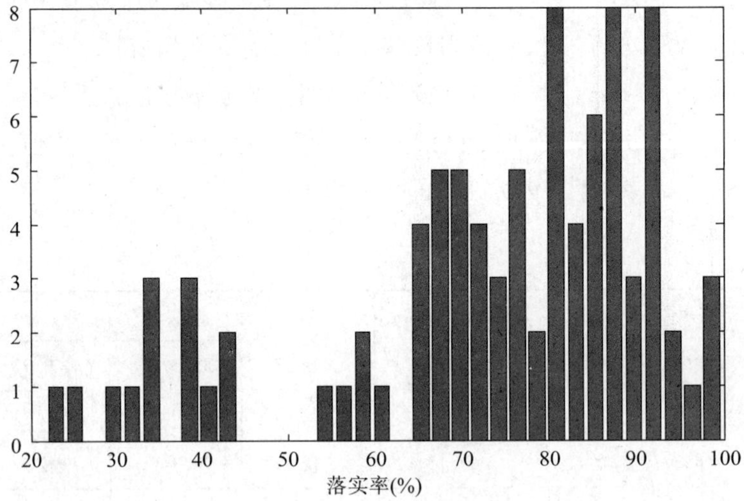

图 1　北京地区高校落实率的频数直方图

初步观测北京市高校落实率，我们以按照正态分布计算的分位点作为横坐标，以相应的样本分位数作为纵坐标，把样本表现为直角坐标系的散点，作 Q－Q 图（图 2），如果落实率值服从正态分布，则样本点应该呈一条围绕第一象限对角线的直线。通过观察可知，北京市高校落实率基本服从正态分布。因此，我们对数据进行正态分布拟合，得到图 3。

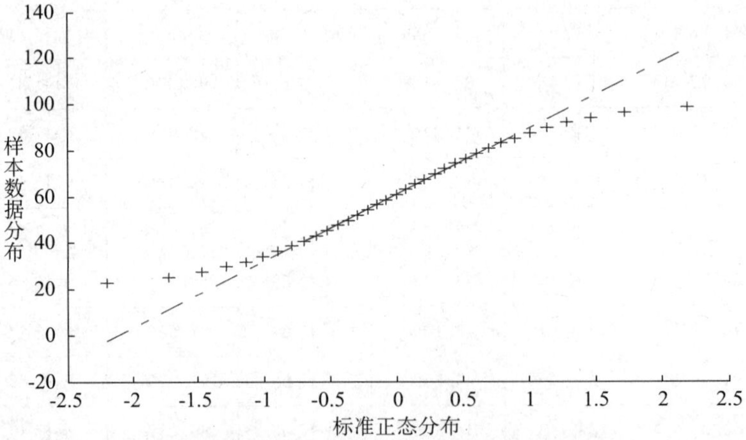

图 2　落实率值与标准正态分布 Q－Q 图

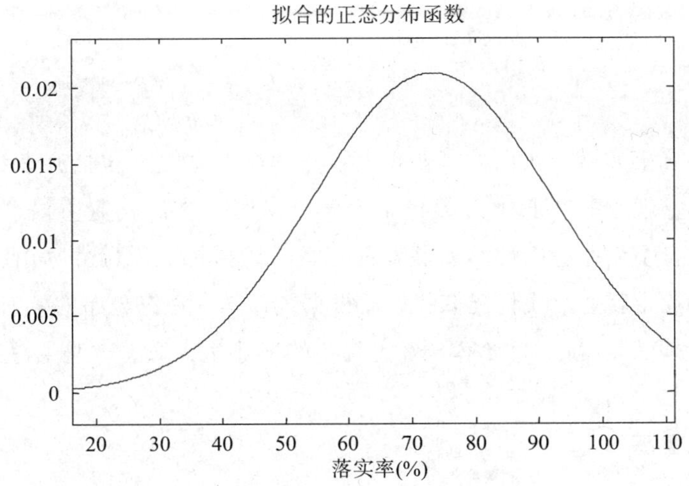

图 3　数据拟合后的正态分布图

由上述公式可知，这一年高校的：

平均落实率：$\overline{X}=73.23\%$，标准差：$\sigma=19.02\%$

因此有：$\overline{X}-2\sigma=0.723-2*0.1902=0.3520\approx35.20\%$

同理：$\overline{X}-\sigma\approx54.22\%$，$\overline{X}+\sigma\approx92.25\%$

根据定义，代入数据可知，当落实率值：

（1）在区间（0，35.20%］时，称该校落实率特别明显低于平均值；

（2）在区间（35.20%，54.22%］时，称该校落实率明显低于平均值；

（3）在区间（54.22%，73.23%］时，称该校落实率基本达到平均值；

（4）在区间（73.23%，92.25%］时，称该校落实率明显高于平均值；

（5）在区间（92.25%，100%］时，称该校落实率特别明显高于平均值。

因此，根据表 1 的落实率数值可知，这一年北京市高校落实率特别明显低于平均值的有 7 所；明显低于平均值的有 6 所；基本达到平均值的有 23 所；明显高于平均值的有 45 所，特别明显高于平均值的有 8 所。或者已知这一年中某所高校的落实率为 87.80%，我们可以推断该高校就业水平明显高于平均值。

（四）指标释意

以下对纳入算法的二级指标进行解释，本课题提出的一级指标通过二级指标即可说明，不再做解释。

1. 落实率

是指当年明确落实就业去向的毕业生人数与毕业生总数（包括升学和出国人数）的比率。这里的落实就业的毕业生人数包括升学、出国、签订就业协议、签订劳动合同、参加项目就业、自主创业等明确落实就业的人数。该指标的原始数据由教育行政部门或高等学校统计毕业生就业落实情况获得，后根据统计学中正态分布的概率分析法计算。

落实率的计算方法为：落实率 = 落实就业的毕业生人数/ 毕业生总人数

2. 项目就业率

是指通过参与“大学生村官、社区工作者、西部计划、农村义务教育教师特设岗位计划、三支一扶、参军、科研项目、自主创业”等国家和地方项目就业的人数与参加就业毕业生数的比率。项目就业率高意味着该校有更多的毕业生愿意到国家需要建设的边穷地区和国家紧缺的艰苦岗位上工作，反映着高校毕业生就业的“质”。该指标的原始数据由教育行政部门或高等学校统计毕业生就业落实情况获得，后根据统计学中正态分布的概率分析法计算。

3. 专业对口率

是指毕业生所学专业与就业岗位之间的关联度。专业对口率越高，意味着人力资本投资效率高，即国家、高校、家庭和大学生投入的大量资金和人力成本能够更好地得到应用。该指标的原始数据由抽样调查获得，后根据统计学中正态分布的概率分析法计算。

4. 行业分布

是对高校毕业生的就业行业进行分析，确定高校就业面向的重点行业和领域，考察该校学生在此行业或领域就业率的高低。主要体现出高等学校按照各自的办学特色、办学定位和办学目标，在不同层次、不同专业方面培养高层次人才的同时，能否根据国家经济、社会发展对人才的需求，将本校更多的毕业生输送到国家不同地区和不同行业发展所需要的岗位上。该指标由教育行政部门提出社会整体行业分布，学校在其中选择符合本校办学特色和毕业生就业的重点行业或领域（每个学校选择不超过5个），教育行政部门根据毕业生派遣数据库统计毕业生在这些领域就业的比率获得，后根据统计学中正态分布的概率分析法计算。

5. 平均起薪

是指各个专业毕业生刚开始工作时薪酬的平均值。平均起薪凸显了高校毕业生在劳动力市场上的地位和竞争力，显示了高校的教育回报率。平均起薪越高，则代表该校毕业生在劳动力市场上的地位越高，竞争力越强，高校教育回报率越高。该指标的原始数据由抽样调查获得，后根据统计学中正态分布的概率分析法计算。

6. 稳定度

是指毕业生工作转换的情况。在一定程度上反映了毕业生与用人单位之间的“人—职—环境”匹配情况，该指标的计算周期为入职后一年内毕业生的职业稳定度。该指标通过定性分析与定量计算相结合的方式确定，原始数据由抽样调查获得，后根据统计学中正态分布的概率分析法计算。

7. 发展预期

是指毕业生对现任岗位在职业发展方面的预测或期望指数。在一定程度上反映了毕业生的求职意向，将该指标与稳定度和个人满意度结合起来综合进行分析有助于推测出毕业生在就业选择方面的倾向和就业的难易程度。该指标通过定性分析与定量计算相结合的方式确定，通过调查问卷由学生自行评价，从而获得统计数据，后根据统计学正态分布的概率分析法计算。

8. 用人单位满意度

是指用人单位对高校毕业生综合表现的满意程度。该指标需通过定性分析与定量计算相结合的方式确定，原始数据由抽样调查获得，后根据统计学中正态分布的概率分析法计算。

9. 学生（家庭）满意度

是指毕业生个人包括家庭对学校教学培养、就业指导服务，特别是对毕业生本人落实的就业单位的满意程度。该指标通过定性分析与定量计算相结合的方式确定，原始数据由抽样调查获得，后根据统计学中正态分布的概率分析法计算。

高校毕业生就业质量指数为各项的分数乘以权重的和，分数越高代表就业质量越好。具体计算公式为：

高校毕业生就业质量指数 =Σ（二级指标得分 ×二级指标权重）

第三部分　结　　论

1. 通过本课题的系统研究，课题组将高校毕业生就业质量作为评价高校毕业生就业状况的综合性指标，在此基础上建立起了以质量为导向的高校毕业生就业状况评价新体系。一方面，对高校毕业生就业质量进行全面综合把握，把就业质量作为以国家和社会发展需求为导向、以高校人才培养为依据、与毕业生个人发展相契合、符合用人单位需求的综合性指标加以系统把握；另一方面，通过构建高校毕业生就业质量评价体系，打破了当前唯就业率的单一性评价体系，使评价趋于合理，更加符合当前高校毕业生就业的实际状况，符合党和政府对高校毕业生就业工作的要求；再一方面，通过构建高校毕业生就业质量评价体系，引导高校不断提升人才培养质量，同时引导高校毕业生就业工作的内涵式发展。总之，本课题关于高校毕业生就业质量的研究意义深远而重要。

2. 本课题以高校毕业生就业质量内涵和外延的研究作为重点，形成了丰富的成果。集中体现在，在广泛借鉴国内外对于高校毕业生就业质量的研究成果基础上，提出了有中国特色的高校毕业生就业质量体系的概念，并在进一步研究中，对影响高校毕业生就业质量的因素进行了详细分析。课题研究具有一定的创新性，同时对于如何提高高校毕业生就业质量有一定的指导意义。课题研究认为，要提高高校毕业生就业质量，一是要实施更加积极的就业政策，发挥政策的导向作用，进一步引导广大毕业生实现更好的就业流向，形成广大毕业生就业更好的布局；二是要进一步提高高等教育人才培养质量，为毕业生高质量就业打下坚实基础；大力提高高校毕业生就业指导服务水平，提升毕业生就业竞争力；三是要大力发展经济，进一步加大产业转型升级，加大科学发展力度，降低产业和区域的不平衡状态，为提高就业质量奠定基础；四是要在全社会形成更好的舆论氛围，同时发挥好家庭作用，积极引导广大毕业生树立科学的择业观、就业观。

3. 课题组系统总结了北京地区围绕提高高校毕业生就业质量进行的探索和取得的

成果，为全国各省区提高高校毕业生就业质量提供了可资借鉴的经验。一方面，要明确工作导向，北京市通过完善评价机制，实行就业率分段公布机制，引导高校避免单纯追求高就业率，转而将工作目标确定为提高就业质量，并关注毕业生就业满意度。同时，引导高校把提高毕业生就业工作水平，即提高毕业生就业工作质量作为高校毕业生就业工作的方向，通过推进高校毕业生就业工作专项检查，评比先进等措施，鼓励高校毕业生就业工作走内涵式发展道路。另一方面，要做好顶层设计，北京市通过优化毕业生就业工作机制，将毕业生就业工作纳入到高等教育质量工程中，从而推进高校人才培养和毕业生就业工作的一体化，从源头和过程入手，不断提升毕业生就业能力，从根本上提升高校毕业生就业质量和工作水平，创造性地走出了一条科学发展之路。特别是利用质量工程的建设资金，开展北京地区示范性就业指导中心建设，全面提升了北京地区高校毕业生就业工作水平。还开展了示范性就业指导中心建设项目的后续建设，使对高校的经费支持实现了全覆盖。再一方面，要推动高校创新。特别是利用高等教育本科教学工程，投入专项经费开展高校毕业生就业特色工作项目，鼓励高校围绕各自办学定位、办学目标和办学特色，走有特色的毕业生就业工作之路，为构建北京地区高校毕业生就业质量指标体系奠定了基础。通过北京市教委的积极引导，各高校不断将毕业生就业工作引向深入，在不同的工作领域形成了鲜明的特色。特别是在鼓励和引导毕业生到国家重点行业，到与学校专业特色紧密联系的主流行业就业，鼓励和引导毕业生到基层、到西部、到祖国最需要的地方建功立业，推动高校按照社会需求培养人才等方面都取得了突出成效。

4. 课题组把构建高校毕业生就业质量指标体系作为本研究的重点和难点，也作为课题研究的核心，形成了重要的研究成果。主要是，课题组通过系统研究，借鉴当前国内外关于就业质量评价体系的研究成果，在充分考虑高校的地域性、层次性和办学特色基础上，形成了有指导意义和有操作性的指标体系。课题提出的高校毕业生就业质量指标体系，包括四个一级指标：就业率、就业结构、职业发展、社会评价；九个二级指标：落实率、项目就业率、专业对口率、行业分布、平均起薪、稳定度、发展预期、用人单位满意度、学生（家庭）满意度。这些指标既涵盖了毕业生就业数量，又包括就业结构、社会评价等质量内容；既符合教育行政部门评价高校的要求，又可以满足高校自我评价的需要；既考虑了数据获得的客观性，又兼顾了毕业生培养主体高校对于本校毕业生在就业行业方面的选择权。本课题在各指标的赋值、数据的获得、统计与计算方面充分考虑与当前工作相结合，减少投入和人力成本，使这一指标体系操作性较强。课题研究成果为上级教育主管部门评价地方政府，为教育主管部门评价高校的毕业生就业质量提供了评价依据，意义重大。

课题组主要成员：沈聪伟、张　辉、王化深、解廷民、张宪国、程　武、林　林、李　涛

参考文献

［1］麦可思研究院："2011年中国大学生就业报告"，2001年6月9日。

［2］国福丽："国外就业质量评价指标研究概述"，　《国际劳动》，2009（10）：28－30。

［3］程霞："我国高校毕业生就业评估问题研究"，中南民族大学，2008。

［4］史淑桃："大学生就业质量评价指标体系及其测算"，《郑州航空工业管理学院学报》，2008（26）：139—141。

［5］王占仁、董超："英国高校毕业生就业状况监测运行机制研究"，《外国教育研究》，2012（3）：75—79。

［6］陈曦："大学生初次就业质量评价及影响因素研究"，华中农业大学，2011。

［7］何丹、于晓庆、孟祥龙："国外高校毕业生就业率统计方法及借鉴"，《高等农业教育》，2010（12）：93—95。

［8］张晓琳："大学生就业力评价与提升研究"，山东经济学院，2010。

［9］张爱民、李春亭："中外高校毕业生就业统计体系比较研究"，《生产力研究》，2005（4）：105—106。

［10］国福丽："国外劳动领域的质量探讨：就业质量的相关范畴"，《北京行政学院学报》，2009（1）：86—89。

课题编号：12jycy004

高校毕业生就业市场与信息化建设研究

课题承接单位：中国政法大学

摘　　要

高校毕业生就业市场是毕业生求职就业的重要平台和主要渠道，对促进高校毕业生就业发挥了积极作用。就业市场信息化建设是新时期高校毕业生就业市场得以开展的基础和保障，是全面提升高校就业工作水平和服务质量的重要手段。经过多年来的建设发展，高校毕业生就业市场与信息化建设渐趋规范与成熟，但在工作中仍存在出一些问题与不足。本研究立足高校毕业生就业工作实际，从分析高校毕业生就业市场建设内涵及影响因素入手，进而从加强高校毕业生就业市场与信息化建设、毕业生就业签约管理创新、高校毕业生就业权益保护机制构建等角度深入分析，提出针对性较强的应对策略和工作建议，对高校毕业生就业市场建设具有一定的参考价值和借鉴意义。

第一部分 导 论

近年来，全国高校毕业生校园招聘活动蓬勃开展，毕业生就业市场建设取得很大发展，渐趋规范与完善，业已成为高校毕业生就业的主渠道。2013 年，全国普通高校毕业生规模达到 699 万人的历史新高，同时高校毕业生全员初次就业率连续 9 年保持在 70% 以上，充分反映出高校毕业生就业市场对毕业生就业的重要地位和积极作用。由于诸多方面因素的影响，高校毕业生就业市场与信息化建设中仍反映出一些问题与不足，诸如投入不足、运行机制不完善、市场信息不畅通、市场配置水平低等诸多问题亟待人们加以研究和解决。因此，分析研究高校毕业生就业市场与信息化建设的形势与任务、发展现状、主要成绩及存在问题，有针对性地提出高校毕业生就业市场的规范化建设和科学管理的对策，具有重要的现实意义和参考价值。

依据《2012 年度高校毕业生就业创业课题立项通知书》（教毕指［2012］23 号）的有关要求，本课题将从分析高校毕业生就业市场与信息化建设的形势与任务、发展现状、主要成绩及存在问题入手，力争有针对性地提出高校毕业生就业市场的规范化建设和科学管理的对策，对就业信息化建设的指导思想、基本方略及中长期发展规划，全国统一的就业信息化系统的推广应用等问题提出相应对策和建议。

一、研究背景

近年来，全国高校毕业生校园招聘活动蓬勃开展，高校毕业生就业市场与信息化建设取得很大发展，对高校毕业生就业发挥了积极的作用。2012 年，全国普通高校毕业生 680 万人，高校毕业生初次就业率连续 9 年保持在 70% 以上，充分反映出高校毕业生就业市场对毕业生就业的重要地位和积极作用。我国高校毕业生就业市场与信息化建设也同时经历一个渐趋规范与成熟的过程。由于诸多方面因素的影响，高校毕业生就业市场与信息化建设中仍存在投入经费不足、运行机制不完善、市场信息不畅通、市场配置水平低等诸多问题亟待人们加以研究和解决。

全国第四次教育工作会议以及《国家中长期教育改革和发展规划纲要（2010—2020 年）》对高校毕业生就业工作进行了新的战略部署，要求“建立和完善高校毕业生就业服务体系”。分析研究高校毕业生就业市场与信息化建设的形势与任务、发展现状、主要成绩及存在问题，有针对性地提出高校毕业生就业市场的规范化建设和科学管理的对策，对就业信息化建设的指导思想、基本方略及中长期发展规划，全国统一的就业信息化系统的推广应用等问题提出合理化建议，具有重要的现实意义和参考价值。

二、研究目的及研究方法

1. 研究目的

党的十八大强调要着力实现就业更加充分，推动实现更高质量的就业，为当前及今后高校毕业生就业工作提出了总体目标和工作要求。在新的形势下，如何进一步加强高校毕业生就业市场与信息化建设是摆在政府和高校就业工作者面前的一个重要课题。

加强高校毕业生就业市场建设对加强大学生就业服务、完善高校毕业生就业服务体系、促进高校毕业生就业具有重要的意义。通过研究，力求对进一步完善高校毕业生就业市场与信息化建设发挥积极的促进作用；对高校毕业生就业市场与信息化建设提供工作参考和借鉴；为教育行政主管部门和高校在指导和开展高校毕业生就业工作是提供决策和工作参考。

2. 研究方法

高校毕业生就业市场与信息化建设中无疑存在许多不足和矛盾。我们以市场需求为导向，着眼建设，从抓主要环节和主要矛盾入手，力求在高校毕业生就业市场与信息化建设中有所突破，有所创新，从而有效推动高校毕业生就业市场与信息化建设，推动实现高校毕业生更加充分、更高质量的就业。本课题组从分析高校毕业生就业市场与信息化建设的形势与任务、发展现状、主要成绩及存在问题入手，力争有针对性地提出高校毕业生就业市场的规范化建设和科学管理的对策，对就业信息化建设等问题提出相应对策和建议。

实证分析法：选择全国有代表性的地区，对高校毕业生就业市场与信息化建设展开调查，分析高校毕业生就业市场与信息化建设的形势与任务、发展现状、主要成绩及存在问题、今后开展工作的思路。

文献研究法：查阅中外关于高校毕业生就业市场与信息化建设问题相关文献资料。

比较分析法：比较各国高校毕业生就业市场建设的做法，评析其优势与不足，为我国高校毕业生就业市场与信息化建设提供有益借鉴。

三、高校毕业生就业市场建设相关研究及借鉴

1. 国内对高校毕业生就业市场建设的相关研究

近十年来，国内高校毕业生就业工作和相关学者、专家纷纷关注高校毕业生就业市场建设问题。在中国知网上以“高校毕业生就业市场”为关键词检索，2000 年以来迄今有相关文献 211 篇，以“就业信息化”为关键词检索也有 78 篇相关文献。

关于毕业生就业市场概念的界定，一般认为“毕业生就业市场是指在国家宏观政策指导下，以高校为基础，有计划、有组织、有目的培育和建立起来的对毕业生资源进行合理配置的人才市场”。[1]“高校毕业生就业市场作为劳动力市场的一个重要组成部分，它在毕业生求职就业过程中发挥着资源配置、交换载体、价值评价、信息传递及优胜劣汰的重要作用”。[2]

关于毕业生就业市场运行的主体，宋志海、李鹏（2008）提出，高校毕业生就业市场主要由校园市场、公益市场、社会市场和网络市场四种基本模式组成。每一种模式都有各自的特点、优势和不足，校园市场、公益市场和社会市场属于有形市场模式，而网络市场属于无形市场模式。[3]目前，对高校毕业生就业市场的含义尚不统一，但基本上有广义和狭义两种。李勇、胡春华等人（2010）认为，广义上高校毕业生就业市场是以为学校、毕业生和用人单位服务为宗旨，以建设公益性、示范性、专业性常设市场为目标，主要包括校园市场、公益市场、社会市场和网络市场，狭义的仅指校园市场。[4]

对于高校毕业生就业市场的地位与作用，刘铸、范龙等人（2011）认为高校毕业生就业市场是高校毕业生就业的主渠道，是在国家宏观调控下，以高校为基础，以政府为主导，运用市场机制，配置高校毕业生资源，为毕业生和用人单位提供政策咨询、就业指导、供需见面等综合服务的专业化市场。明确指出建立以省级公益性市场为龙

头，校园就业市场为主体，网络就业市场为支撑和平台，区域和行业协作市场为补充的高校毕业生就业市场体系，在促进高校毕业生就业工作中具有至关重要的意义。[5] 杨晓慧（2007）认为，中国高校毕业生就业市场建设经历了三次重大转变，目前呈现出全新的特点。当前高校毕业生就业市场建设的基本战略包括准确定位、精炼品牌、竞合联动、路径整合四个方面。高校毕业生就业市场建设的策略与保障包括五个方面：研究先行、科学决策是高校毕业生就业市场健康发展的前提；内外同动、两线并举是毕业生就业市场建设的内容主体；突破“时空瓶颈”，一流的信息服务是毕业生就业市场的保障和补充；搭桥、联动是毕业生就业市场建设的重要途径；机构、编制和经费实现“三定”是高校毕业生就业市场建设的基本条件。[6]

在解决高校毕业生就业困难的问题上，李强（2009）认为，政府必须承担起相应的责任，对高校毕业生就业市场进行培育与调控，将各种社会资源合理整合，统一协调人力资源市场，消除日趋突出的供需矛盾，增强就业服务功能，取消阻碍毕业生就业的政策性障碍，维护毕业生的合法权益，促进人才的合理流动。[7]

2. 国外促进大学生就业工作的主要做法

在西方国家，高校毕业生是劳动力市场上的优势群体，但随着经济形势变化，也正在经历着巨大的波动，就业也是人们关注的重大社会经济现象，毕业生在从学校到就业的角色转换中面临着越来越多的问题。加拿大大学与学院协会认为，大学生就业的根本问题是就业能力不足，大学应在教学领域对市场需求作出反应，为学生获得综合技能提供一种良好的学习环境。而大学生就业的主要问题在于就业信息不对称，缺乏针对性的职业指导体系和专业的职业顾问等，就业服务是解决大学生就业问题的关键。因此，国外大学生就业促进措施可以归纳为三大类：需求促进措施，供给促进措施与供求匹配促进措施。需求促进措施关键在于创造新的岗位，鼓励创业；供给促进措施的核心在于进行政策和市场激励，改进教育培训体系，提升大学生就业能力，鼓励大学生从事特定的职业；而供求匹配促进措施重点在于关注职业指导体系的完善。

在比较成熟的西方市场经济体制国家，大学生就业一般实行自由择业的就业制度，单位招聘员工、毕业生寻找工作都是市场行为，完全由劳动力市场的供需调节。在有关促进就业理论的指导下，各国实施了一系列促进高校毕业生就业的政策和措施，包括加强劳动力市场就业信息的流通，通过各种相关的培训措施提升和改善高校毕业生群体的素质，同时对在本国具体运行的宏观经济措施加以改善，完善和制定有关促进高校毕业生就业的相关法律法规的建设与实施，这些措施从一定程度上改善了高校毕业生就业困难的状况。就业公共服务也主要体现在“一站式服务”管理模式上，这种服务模式将职业介绍、职业培训、职业指导、失业保险管理与发放等在工作内容、机制、场地等整合在一起，提供一整套的解决方案，为求职者和用人单位提供方便、快捷、高效的服务。这在英国、美国等很多国家被广泛采用。

在美国，高校毕业生作为社会人力资源的一个有机组成部分，其就业问题被纳入整个社会就业保障体系当中。政府对高校毕业生采取和其他社会群体同等的政策，完全由劳动力市场的供需调节。国家并没有专门针对大学生的就业政策，这与我国有很大的不同。在促进大学生就业过程中，政府、非政府组织和行业协会、企业和高校之间通过相互支持和有效的沟通合作，发挥着非常积极重要的作用。从有关考察情况看，非政府组织在美国高等教育发展中发挥着相当重要的作用。这里所说的非政府组织，亦称教育社会组织、第三部门、非营利组织等。在美国，非政府组织包括各种教育咨询服务机构、各种教育学会、教育协会、教育评估事务所、教育基金会以及各种各样的代理机构等，体现出数量繁多、形式多样、功能发达、覆盖面广、渗透性强的特点，已经成为美国高等教育的重要组成部分。教育社会组织不属于教育行政部门，但却处于教育行政部门与学校或学生之间，进行沟通协调，承上启下，是教育行政功能效应的放大，促使教育行政部门的宏观管理措施在微观层面得以贯彻。美国多样化的高等教育体制背景，为教育社会组织充分发挥桥梁作用、行业公共管理作用和行业公共服务作用提供了广阔舞台。有关资料表明，美国有近4000所大学，但全国并没有一个专门的机构统一主管全美高校毕业生就业工作。美国政府只是把高校毕业生作为人力资源的一个组成部分，把高校毕业生就业纳入整个社会保障体系。对高校毕业生的就业问题，政府采取和其他群体的就业问题同等对待的政策，并不直接干预和限制，而是完全依照市场规律由市场来调节，实行毕业生自主择业制度，形成了“学生自主、市场调控、学校辅助、雇主参与”的良性运行机制。[8]

特别要提的是，非营利组织全方位参与高校毕业生就业工作，提供立体化的就业服务。具体来说，包括通过全国性就业工作协会、组织或联盟，推动就业队伍、服务标准和工作专业化建设；通过院校和雇主的紧密联合，构建毕业生就业全方位服务平台（美国大学与雇主协会NACE）；小型企业创立顾问委员会（SCORE）在小企业创业中发挥的积极作用。如美国大学与雇主协会（NACE）为高校的职业生涯辅导员提供一套工作标准，也为雇主提供一系列招聘标准，完善其招聘流程。另一方面，NACE通过年会等制度，为各地的大学和雇主提供交流研讨平台。此外，美国高校高度重视大学生就业工作，几乎所有的高等院校均设有为大学生就业提供专门服务的组织机构。而大部分美国高校将就业指导服务机构设在学校学生事务处下，由一名教学或学生事务副校长分管这一项工作。总体上看，美国高校就业工作从20世纪60年代初期到现在走过了几十年的历程，已形成了一套完善的体系制度。在促进大学生就业过程中，政府、非政府组织和行业协会、企业和高校之间通过相互支持和有效的沟通合作，形成了良好的氛围。

值得高度关注的是美国高校就业指导教师队伍建设沿着专业型方向发展，确保了队伍建设的高水平。美国大学生就业人员分为三个级别，第一个级别为职业顾问（CDF）；第二个级别是职业教练（COACH），第三个级别为辅导员（CONSELOR）。要想成为职业辅导员，从业者必须有心理学专业背景，社会学、管理学、社会工作等有关专业硕士学位，两年以上工作经验。如威斯康辛州要求从业人员具有3000个从业小时，其中面对面的咨询辅导达到1000个小时，同时需要在专家督导下完成，方可执业。而在工作特点和运行模式上，美国高校实现就业指导和服务由就业安置向生涯辅导转变，强调以学生为中心的以人为本理念；全面推动服务的专业化建设，强调服务的科学性和高水平；推动职业辅导和学业辅导的结合，强调服务的系统性；开发就业指导服务的资源，强调拓展化的就业服务过程；积极开展职前体验式教育，实习实践在就业指导中地位显著。值得国内高校进一步探索和学习。

美国高校毕业生就业市场具有法制化的特点，美国政府通过制定相关法律法规来规范和管理就业，以保障高校毕业生的就业权利和用人单位的合法利益。政府还会通过相关的政策引导，努力实现用人单位于学生能力之间的匹配，通过政策鼓励创造新的工作岗位，并积极鼓励和奖励大学生从事特定的职业。此外，美国联邦政府劳工部还通过相关就业信息的发布，克服就业市场的信息不对称和不充分，让大学生掌握充分的就业信息，并以此对其进行就业指导，从而为他们进行有效的职业决策提供帮助。同时，各学校也非常重视就业市场工作，均设有专门机构负责此项就业工作，并尽力使自己的毕业生找到好的职业，提高毕业生的就业率，以此来提高学校的地位、知名度和影响力，从而更多地获得社会各界的认可和各方面的支持，吸引更多的优秀学生报考。[9]

美国促进大学生就业的手段。美国大学毕业生就业模式可概括为“国家不包分配，学校指导服务，毕业生自主择业”在美国联邦政府的组成部门中，并没有一个专门的机构主管全美高校毕业生就业工作，对高校毕业生的就业问题，政府采取和其他群体的就业问题同等对待的政策，不进行直接干预和限制，而是由劳工部、学校、中介机构和用人单位协同进行。劳工部主要负责制定宏观政策和做好就业调查等基础性工作。劳工部设有劳工统计局，主要职能是收集美国就业市场的职业需求状况，不同职业对知识和技能的要求等数据。重点预测经济发展对未来就业需求的影响。统计结果通过上网和发行出版物向全社会公布，作为政府决策和个人择业的参考依据。劳工统计局根据这些数据编撰的“岗位需求手册”，很受美国大学生的欢迎，成为美国大学生人手一册的就业圣经。美国政府还投资，由劳工部建立了统一网站为雇佣双方提供媒介，面向公众。这也是大学生除学校提供以外获取信息的最重要途径。[10]

德国高校毕业生就业工作由劳动局来操作，通过特设大学生职业指导处的方式，在全国建立一个通用的网络平台，高校毕业生和用人单位可通过电脑登录，免费共享相关就业及求职资源。并形成了德国大学教育和就业市场相连接的特有就业服务模式。其主要特点：一是政府相关部门、学校和用人单位之间的全方合作；二是学校针对学生的相关能力设立就业市场学院，专门培训学生专业能力以外的其他就业能力；三是通过校企合作，为大学毕业生提供足够多的实习基地，并对实习生加以培训和考核。[11]

在英国，国家并没有立法要求大学为学生提供职业信息、建议与指导，但大多数高校都设有毕业生就业指导服务部，负责大学生的就业指导与服务，主要包括就业信息和相关就业指导。其工作人员常年与用人单位保持密切联络，积极寻求高校与用人单位之间的联系。在加拿大，高校多通过设立专门的就业机构负责学生就业工作，并配备专门工作人员与用人单位进行联系，聘请企业顾问帮助同学解决就业方面的问题。[12]

在日本，大学毕业生的就业制度比较自由，政府、学校和社会都非常重视高校毕业生就业和就业指导工作。政府通过强化立法和政策引导的方式指导就业，学校则通过指导学生就业、提高毕业生求职技巧及求职心理训练。日本的就业指导是一种以就业信息为中心内容的模式，这种模式的出发点是通过各种方式向学生提供用人信息，着眼点是直接帮助学生找到一个用人单位，其效果主要通过就业率来衡量。[13]尽管各国相关促进高校毕业生就业制度有所差别，但基本上都看重就业信息的收集与发布，通过一定制度和措施保持学校与用人单位之间的联系，尽最大可能地指导学生求职和就业。

3. 启示与借鉴

首先，要充分发挥政府职能，进一步完善就业公共服务平台。美国大学与雇主协会（NACE）搭建的高校与雇主的信息平台，以及美国劳工部组织开发的职业信息系统 OINET（Occupational Information Network），十分值得我们学习借鉴。目前我们基于高校和雇主（用人单位）之间的公共服务平台尚未形成，特别是对于中国的职业信息、劳动力市场状况，高校就业指导教师更多的是建立在感性层面，对于科学指导和服务学生就业，存在一定缺陷和不足。人社劳动保障部门、教育主管部门应当通力协作。在平台建设完善之前，从政府层面统筹各方力量，推动高校就业工作队伍与劳动力市场之间进行深度合作，创造条件开展高校就业指导教师到重点企业和单位人力资源部门挂职交流。另外，美国等西方高校在网络开发利用方面明显要强于国内高校。他们不仅充分利用网络资源，节省了许多的人力，同时也减轻了就业指导工作人员的压力，同样值得我们学习和借鉴。

其次，不断完善高校就业服务体系，进一步提高高校就业指导服务水平。一是强化人才培养的核心地位，完善高校专业建设的质量监控体系，基于社会需求的专业预警体系。二是拓展高校就业服务对象，丰富就业指导服务内容，延伸就业和实习地域。三是把就业指导作为一门学科加以建设。使就业指导逐步由“方法指导”转变为“职业生涯规划指导”，进而使就业指导工作逐步向系统化、科学化、规范化发展。

再次，强化非政府组织的服务功能，壮大其发展，提高其服务水平。要充分发挥非政府组织作用，注重院校办学自主性和社会组织约束性的有机结合；积极推动教育社会组织建设，特别是全面加强与就业有关的中介机构和行业协会建设，为毕业生就业服务；在运行机制上，完善促进非政府组织发展的优惠政策。

第二部分　课题研究内容

一、毕业生就业市场的形成与发展

（一）高校毕业生就业市场的界定及分类

1. 高校毕业生就业市场的界定

近十年来，国内高校毕业生就业工作者纷纷关注高校毕业生就业市场建设问题，有关文献研究中对高校毕业生就业市场的地位和定性尚不统一。结合高校毕业生就业工作的实践，对于高校毕业生就业市场的定位和认识，我们同意如前所述有关专家学者的观点，高校毕业生就业市场是高校毕业生就业的主渠道，是在国家宏观调控下，以高校为基础，以政府为主导，运用市场机制，配置高校毕业生资源，为毕业生和用人单位提供政策咨询、就业指导、供需见面等综合服务的专业化市场，是社会人力资源与劳动力市场的重要组成部分。通过市场调节，在特定的时间内，使毕业生这一人力资源群体得到合理配置。

从广义上看，高校毕业生就业市场包括校园市场、公益市场、社会市场和网络市场等诸多与高校毕业生就业求职相关的人才市场。从狭义上看，高校毕业生就业市场仅指高校校园内毕业生就业"双选"招聘市场。基于当前高校毕业生就业工作开展的现状以及政府机构职能的划分，在内涵的界定上，高校毕业生就业市场不仅应包括普通高等学校为离校前毕业生就业求职、用人单位招用应届毕业生而举办的各种校园"双选"招聘活动，也应将其延伸涵盖到各级、各地教育行政主管部门和政府所属的就业服务服务机构面向高校应届毕业生举办的就业"双选"招聘活动。高校毕业生就业市场体系的构建，应当本着以省级公益性市场为龙头、校园就业市场为主体、网络就业市场为支撑和平台、区域和行业协作市场为补充的原则，以求在促进高校毕业生就业工作中发挥其重要的作用。

2. 高校毕业生就业市场的分类

有关文献中关于高校毕业生就业市场的形态和种类的描述和划分并不鲜见，但往往是大同小异。通常意义上，人们将高校毕业生就业市场分为有形市场、无形市场两大类。对于有形市场，我们认为不仅包括高校校内毕业生就业市场，也应包括社会公益类毕业生就业市场。校内毕业生就业市场一般是指高校通过独自或院校协作等方式，举办校园毕业生就业"双选"洽谈会、专场招聘会、开展网络就业招聘等活动，为高校毕业生就业求职和用人单位招聘毕业生提供的就业服务。社会公益毕业生就业市场一般是指各地区、各有关部门以及公共就业服务机构面向高校应届毕业生举办的、具有公益性质的就业"双选"招聘活动。无形市场人们也往往称为网络市场，一般是指是各地、各有关部门以及高校通过建设网络就业信息平台，或采用其他新兴传媒技术发布就业招聘信息、开展网上就业"双选"、远程视频面试等招聘活动。

3. 对高校毕业生就业市场建设的认识

高校毕业生就业市场，一般而言由学校就业部门负责建设运行，也有与地方人社部门合作，在校园内设立人力资源大学生分市场。高校毕业生就业市场的服务内容，主要是举办校园招聘会，接受委托代理招聘，为毕业生提供就业培训，开展就业指导和就业推荐等活动。高校毕业生就业市场的经费来源，主要为学校就业工作专项经费，或是社会捐助。

高校毕业生就业市场建设涉及到政府、用人单位、高校与高校毕业生四方面的行为主体，其中关键主体是用人单位和高校毕业生。用人单位应当泛指招聘应届毕业生的国家机关、事业单位、社会团体，企业、个体经济组织、民办非企业单位等组织。高校毕业生就业市场应以高校、毕业生和用人单位服务为服务宗旨，以公益性、示范性、专业性为市场建设目标。政府和高校通过高校毕业生就业市场与信息化建设，在高校与用人单位间进行有效地资源配置和信息交流，良性互动、共同发展，从而为毕业生顺利到用人单位就业发挥重要的平台和桥梁作用。

基于新时期高校毕业生就业工作的工作要求，高校毕业生就业市场建设的主要内容，不应局限在狭义的有形市场建设上，还应着眼于无形市场的建设方面，将视野覆盖到规章制度建设、人员队伍建设、经费投入保障、就业工作信息化建设、工作模式与运行机制完善等诸多方面内容。其中，在人员投入保障方面、用人单位招聘资质与信息核查、毕业生就业签约管理手段和理念上、就业信息化建设等方面存在一些问题和不尽，亟待有关方面加强完善和解决。

信息化建设应当成为当前以及今后一个时期高校毕业生就业市场建设的重要组成部分。就业信息化建设的内涵同样可分为广义和狭义两种，广义上的就业信息化建设是指使用先进的信息技术和成熟的系统开发方法，建设符合高校实际，贯穿就业工作的全过程的信息化系统。包括就业市场信息化、就业指导信息化、就业管理信息化等就业工作的各项内容。狭义上的就业信息化建设是传统的信息化建设概念，是指用信息化手段为毕业生提供就业信息服务和网络招聘服务。目前高校就业市场建设中信息化程度由于学校重视程度的不同、学科背景的不同、软硬件投入的差异等原因而千差万别，在学校就业工作中发挥的作用也不尽相同。在本课题中，研究的视角在于从狭义的角度，探讨如何用信息化手段为毕业生提供就业信息服务和网络招聘服务，促进毕业生就业市场的建设和完善。

（二）高校毕业生就业市场形成与发展

1. 高校毕业生就业市场的逐步形成

在改革开放初期，高校毕业生完全是由政府和学校根据国家需要进行有步骤地安排和分配工作。20 世纪 80 年代中期，随着改革开放的开展和推进，国家在教育方面也出台了一系列改革文件，逐步开展高校毕业生分配制度的改革。1989 年国务院批转了国家教委《关于改革高等学校毕业生分配制度的报告》和《高等学校毕业生分配制度改革方案》（中期改革方案）提出：在国家就业方针、政策指导下，逐步实行毕业生自主择业，用人单位择优录用的“双向选择”制度。毕业生就业市场的概念开始引入就业领域。1993 年 2 月 13 日中共中央、国务院颁布了《中国教育改革和发展纲要》，提出高校毕业生就业改革的长远目标是，改革高等学校毕业生“统包统分”和“包当干部”的就业制度，实行少数毕业生由国家安排就业，多数学生“自主择业”的就业制度，进一步推动了毕业生就业的市场化。1994 年国家教委《关于进一步改革普通高等学校招生和毕业生就业制度的试点意见》提出建立“学生上学自己缴纳部分培养费用，毕业后多数学生自主择业”的机制。自此“双向选择”开始在全国高校中普遍推广实行，多种形式的高校毕业生就业市场开始逐步形成。

2. 高校毕业生就业市场建设发展的显著特征

伴随着我国社会主义市场经济体制的逐步建立完善，近二十年来我国高等教育蓬勃发展，尤其是 1999 年我国开始了第一次高校扩招，客观上促进了大学生就业市场供需关系的根本变化，进一步加深了我国高校毕业生就业的市场化程度，在高校毕业生就业市场建设中也相应呈现出一些显著变化。一是高校毕业生由计划分配向市场配置的转变。从 20 世纪 80 年代以来，我国高校毕业生就业由“统包统分、包当干部”逐渐转向“供需见面、自主择业”，毕业生资源的配置方式发生了革命性变化。二是高校毕业生由卖方市场向买方市场的转变。伴随着我国教育事业飞速发展，十多年来我国高校毕业生数量骤增，一定程度上导致了高校毕业生就业市场供求关系的变化，由供不应求变为供大于求。三是高校毕业生就业市场由单一的有形市场向有形市场与无形市场并存的转变。近年来随着科技进步和信息时代的到来，高校毕业生就业市场有形市场逐渐萎缩，无形市场迅速成长。

3. 高校毕业生就业市场的发展现状

近年来，许多省市高校毕业生就业部门加大资金、场地和人员等方面的投入，充分发挥政府职能作用，举办不同行业、不同类型和公益性双选活动，发挥了良好的示范带头和公益作用。高校毕业生校园就业市场，是高校结合学校办学特色和人才培养定位，所开展的不同类型的供需见面和双选活动。据全国范围统计数据显示，2010 年全国普通高等学校举办供需见面双选活动超过 10 万场，其中大型招聘会 3700 余场，约占全国双选活动总数的 3% ~4%。进校招聘活动用人单位约 50 余万家，提供需求岗位近600万人次，全国约460万高校毕业生通过校园双选活动落实就业单位，达到全国毕业生总数的70%以上。[14]

“东北五校就业工作协作体”由吉林大学倡导，于2004年组建，由大连理工大学、东北大学、吉林大学、哈尔滨工业大学、哈尔滨工程大学东北地区的五所知名大学就业部门组成，每年联合开展毕业生推介会，足迹遍布长三角、珠三角、京津唐、中南、西南等重点地区，每年春季和冬季组织两次“五校共同邀请、四地联动”的大型招聘会，用人单位可以按照地域从南到北、或从北到南顺序参加五校的大型招聘会，极大方便了用人单位到东北地区的招聘。近年来“东北五校”的品牌在全国用人单位中赢得了极高的知名度和美誉度。

“大连高校毕业生就业工作协作会”由大连理工大学牵头任会长单位，于2003年底组建，以“市场共建、资源共享、品牌共创、合作共赢”为宗旨，由15家大连高校就业部门自愿联合组成，协作会高校毕业生每年6万左右生源，覆盖全部学科门类、学历层次。2008年11月，结合辽宁五点一线发展战略的提出（后称辽宁沿海经济带，成为国家发展战略），大连协作会走访沿海经济带上的五点经济区、八个城市的人才机构和重点单位，得到教育部和省市领导的高度评价。大连协作会每年联合开展就业市场走访、就业工作交流、师资队伍培训等活动，配合辽宁省大学生就业指导局完成行业调研、就业队伍建设等工作，互相开放就业网、宣讲会、招聘会等，各校发布招聘会邀请函时，将协作会高校的招聘会时间、联系方式等一同发布，方便用人单位选聘各类人才，提供大连的一站式服务。大连协作会在辽宁享有盛誉，在全国也小有名气。

大连理工大学毕业生校园就业市场的建设，采取“内合外联”的形式进行建设。“内合”即将按照行业专业领域相近的原则，将全校院系整合成8个协作板块，校系结合建设行业性就业市场。“外联”即紧密依托“东北五校就业工作协作体”和“大连高校毕业生就业工作协作会”两个平台，联合走访地区人才机构、重点发展地区、产业集群，组织毕业生推介会、邀请用人单位组团到校招聘等活动。

“教育部13所工科高校就业工作协作会”有关成员单位积极协作，共同研讨就业市场建设、就业指导服务、就业信息化建设等工作中的热点和难点问题。通过“卓越人才培养合作高校”就业协作平台，共同发布毕业生生源信息，主动向高端企业推介毕业生信息，向毕业生推送企业需求，开展就业指导教育质量评价调查等工作。

在加强合作方面，2006年，武汉大学与武汉市人事局在校内共同建立全国第一家校园大学生就业市场，依托政府的市场调控职能，深度整合社会资源，提升市场服务质量，来校招聘用人单位数量连续三年每年增长约20%，世界500强、国内知名企事业单位比例由2006年的不到1%提高至现在的20%以上。

中国地质大学（武汉）完善就业指导和服务体系促进充分就业。坚持校园招聘会的“三个一”服务，“见一次面，聊一次天，换一张名片”，用真情和服务留住用人单位，形成了“以地矿、石油、建筑工程类行业为核心层，以500强企业中的能源、设备制造、电子通信类企业为紧密层，以中小企业、自主创业为拓展层”的圈层就业市场体系。学校做细面向毕业生的各项服务支持工作。学校就业中心设立24小时值班，公布值班电话，随时接收学生的咨询。通过到学生宿舍谈心、毕委会例会、待业学生座谈、就业经验交流会，网络、QQ、短信等方式向全校学生发布温馨提示等形式。

西安交通大学率先实行毕业生网上签约。从2011届毕业生开始，西安交大的学子与用人单位签约可不受地域、时间的限制，随时随地在学校就业服务网上完成。毕业生只需在学校就业服务网上注册完善个人信息，就意味着拥有了空白数字协议书，可以随时签约。用人单位也需在同一平台上注册，录入基本信息并通过就业中心审核后即可与学生在网上完成就业协议书在线打印和签约。毕业生网上直接签约，全部信息处理实现标准化，不仅可实现与教育部派遣信息系统接轨，且签约过程也变得更加快捷、方便、准确。网上签约的便利性更体现在异地签约方面，无论距离多远，所有信息均可在网上快速完成，大大节约了毕业生的应聘成本。

（三）影响高校毕业生就业市场建设的因素

1. 供需数量与结构的矛盾

由于高校毕业生人数的增加以及市场需求接近饱和等原因，从整体上看供需矛盾主要表现为毕业生供大于求，然而在一些行业领域，用人单位通常一人难求。“在我国高校毕业生就业市场发育还不充分的情况下，毕业生求职和用人单位招聘都带有一定的盲目性和偶然性。一方面可能在全国范围内有不少用人单位正好急需某专业毕业生，另一方面却有不少该专业毕业生不知到哪里去寻找接收单位”。[15]

供需矛盾的区域差异，各地经济发展水平的差距，导致了就业市场在地区间也存在较大的差异。在经济比较发达的东南沿海地区和较大的城市，就业市场已初具规模，软硬件设施比较完备，就业信息通畅，供需两旺，就业机会比较多，对人才的需求比较大，收入也比较高，毕业生倾向于选择这些地区就业。而在经济不发达的中部、西部地区，很多方面都无法满足大学毕业生对良好的发展前景、生活高质量的要求，出现人才紧缺的现象。“由于长期受到城乡差异、区域差异和分配制度的影响，人才越来越向发达地区聚集。如果任由其发展，将会进一步加剧地域间的经济发展不平衡和人才结构不合理的状况，会对全面建设小康社会带来不利的影响”。[16]

2. 用人单位用人机制和竞争机制的不健全

“用人单位对人才‘质量’的要求越来越高，趋向高学历、高层次、高素质”。[17] 从对现状的调查数据中可以看出，仍然有一些用人单位盲目追求名牌大学和高学历，一味提高就业条件，这种不合理的用人观导致了硕士供职于本科岗位、博士供职于硕士岗位的人才“高消费”现象。“对用人单位的调查结果显示，用人单位认为大学生就业难的主要原因是缺乏社会工作和实践经验是最为主要的原因。他们选人最为关注的是毕业生的专业素养和综合素质，此外，也非常看重毕业生的敬业精神、社会实践经历和工作经验。用人单位感到学校的专业设置、课程安排与社会需求不太适应”。[18] 毕业生在求职过程中，用人单位对性别、出身、相貌、毕业学校、户籍等因素的过分关注也成为了制约毕业生竞争力的因素。

3. 信息不对称现象依然存在，供求信息不够顺畅

虽然中介机构和高校都有自己的信息收集和发布系统，但是仍然很大程度上不够规范化和科学化，而且由于各自为战，缺乏全国性、区域性的就业信息收集发布系统，毕业生和用人单位无法获得及时、全面、准确的信息，高校毕业生和招聘单位在互动过程中有很大的盲目性和偶然性，从而造成了就业机会的大量浪费。

4. 缺乏统一科学的市场指导理论

构成高校毕业生就业市场的主要四个市场——校园市场、公益市场、社会市场、网络市场在促进毕业生就业上或者各自为政或者交叉混乱，毕业生自己在选择就业途径时往往缺乏明确的目标，在四个市场上游移，容易错失各个市场上的最新消息，求职精力被分散，最后往往错失理想的工作或找不到工作。

5. 就业市场法律法规和管理制度不健全

我国毕业生就业市场的建立还处于初级水平，市场运行机制很不完善，毕业生就业市场涉及到的主体：毕业生、用人单位、高校和政府的权利义务不明确；就业市场中合同的签订、违约责任的认定等问题仍没有具体细致的规定；就业市场中的收费项目及标准的不明确等，这些都加大了毕业生求职的成本和难度，影响毕业生就业市场的建设。

二、高校毕业生就业市场的建设与完善

（一）高校毕业生就业市场建设存在的问题与不足

为进一步加强高校毕业生就业市场建设，规范高校毕业生校园就业市场招聘秩序，保证高校正常的教学秩序和毕业生就业工作的正常开展，经高校学生司同意，全国高等学校学生信息咨询与就业指导中心就业网络处于2012年上半年对广州市、西安市、北京市等部分省（市）及高校毕业生就业市场建设和开展情况进行调研。调研主要采取座谈会、实地考察等形式。有关省级毕业生就业主管部门、部属高等学校、省属高等学校的有关负责同志累计近七十余人参加了座谈会。通过调研，反映出高校毕业生就业市场与信息化建设中主要存在以下几个方面的不足。

1. 对开展毕业生就业市场建设工作重视、投入不够

主要表现在学校相关部门职责不清，分工不明，在经费投入、场地保障、校园双选招聘活动管理等方面存在不到位的情况。校园就业市场在运行中诸如专职人员有限、经费不足、运行机制不完善、市场信息交流不够畅通以及市场配置水平低等问题亟待研究和解决。

2. 高校毕业生就业市场亟需进一步加强管理和规范

迫于就业形势和市场竞争的压力，许多高校过早允许用人单位进校举办毕业生就业双选招聘活动，一定程度上影响了学校正常的教学秩序。而对毕业生就业网站安全管理以及用人单位资质审核机制的缺乏，导致非法传销、境外组织或宗教组织假借招聘为名在校园内非法开展宣传活动、用人单位侵害毕业生就业权益现象的时有发生。

3. 高校毕业生就业市场服务体系尚须进一步完善

高校在毕业生就业签约管理手段和理念上、就业信息化建设等方面存在一些不尽

完善、亟待加强完善的地方。各地政府和高校可以结合地区优势，通过举办不同行业、不同层次、不同类型的公益性毕业生就业“双选”活动，加强高校毕业生就业市场的区域协作、校际协作、行业协作，充分挖掘校园与社会毕业生就业信息资源，丰富和完善具有地区特色的高校毕业生就业市场服务体系和工作内容。

4. 高校毕业生就业市场与社会公共就业服务体系融合互通不够

一定程度上高校毕业生就业市场局限在教育系统和高校内部进行建设和发展，在经费投入、物质保障、信息服务等方面存在许多自身难以解决的困难，与国家公共就业服务体系融合互通不够。与之相对应，国家有关主管部门进一步加大投入力度，加强公共就业服务体系建设，健全公共就业服务经费保障机制，建设公共就业服务信息系统，教育系统不应予以忽视。

（二）高校毕业生就业市场建设的措施

1. 提高认识，加大投入，高度重视高校毕业生就业市场建设

高校毕业生就业市场是毕业生求职就业、与用人单位“双向选择”的重要平台和主要渠道。加强高校毕业生就业市场建设，需要我们以市场需求为导向，着眼建设，从抓主要环节和主要矛盾入手，力求在高校毕业生就业市场建设中有所突破，有所创新。一方面，需要各级部门和高校要明确各自职责、加大投入，进一步推动高校毕业生就业市场的建设。另一方面，也应以重点建设、示范带动、分类实施、合作共赢为原则，与国家公共就业服务体系、公共就业服务信息系统适度互通，合作共赢。

——加大投入，继续推进高校毕业生就业市场的建设。

高等学校要进一步明确校内各有关部门在毕业生就业市场建设中的职责分工和地位，优化资源配置，切实保证将教育主管部门对高校毕业生就业工作在人员编制、专项经费、专用场地等方面的要求落到实处。针对高校毕业生就业市场建设大多局限在教育系统内部，在经费投入、物质保障、信息服务等方面存在自身难以解决的困难的现状，有关部门和高校要拓宽视野，与国家各级公共就业服务体系适度融合互通，合作共赢。

——加强引导，充分发挥高校毕业生就业市场的引领保证作用。

高等学校要以社会需求和毕业生就业为导向，重点保证国家重点行业、重点单位

和国家建设急需的行业的人才需要。结合高等教育改革和人才培养模式的改善，高校要主动联系对高校毕业生需求较大的新兴行业、中小型企业、科研单位等用人单位，深化与基层县（市）有关部门的合作。

——加强协作，打造地域性、行业性、特色鲜明的高校毕业生就业市场。

各地政府和高校要结合地区和高校自身优势，通过举办不同行业、不同层次、不同类型的公益性毕业生就业“双选”活动，加强高校毕业生就业市场的区域协作、校际协作、行业协作。通过挖掘校园与社会毕业生就业信息资源，逐步实现高校间、区域间的信息资源兼容和共享。针对部分一线或中心城市形成的以部分“985、211”院校为中心、相对固定的毕业生就业市场，应当重点扶持，突出特色，发挥示范辐射和带头作用。对于特色鲜明、规模较小的学校，在就业市场建设上可侧重信息收集、就业咨询、职业辅导等方面工作，辅助以不定期校园招聘活动。

——积极推进高校毕业生就业市场的信息化建设。

高等学校和有关部门要以服务为宗旨，通过建设完善网络信息平台，推广使用“全国大学生就业信息服务一体化系统”，探索使用手机信息报等新兴媒体服务，开展网上就业“双选”、远程视频面试等招聘活动，逐步建立功能完善的高校毕业生就业信息网络和全国大学生就业供求信息共享机制，为毕业生就业求职提供有效的信息服务。

2. 严格审查、加强管理，进一步规范高校毕业生就业市场

高校毕业生就业市场在提供就业服务时，要自觉遵守国家法律、法规及有关政策，坚持诚实信用和公开、公平、公正的原则。省级教育主管部门要加强辖区内高校毕业生就业市场规范管理，禁止举办以赢利为目的或者面向毕业生收费的高校毕业生招聘活动。各地有关部门设立的就业服务机构应当为高校毕业生提供免费职业介绍服务。

高校及有关单位举办校园毕业生就业双选招聘活动，必须以保证高等学校正常的教育教学秩序为前提，不得影响学校教学活动和人才培养工作。高校及有关部门举办校园招聘活动均应严格审查用人单位资质，逐步建立实施用人单位进校招聘登记审核制度。任何招聘单位或人才中介机构到高校举办校园招聘活动均须征得学校毕业生就业主管部门同意后，方可在一定范围、时间和指定地点内进行。

实际上，针对近年来高校毕业生就业市场建设中存在的问题，一些高校已经纷纷采取措施，加强校园招聘活动管理，以保证校园招聘活动的规范化、制度化，保证学校正常的教学、管理秩序，为用人单位提供满意的服务，促进毕业生顺利充分就业。如华中科技大学2010年11月再次重申《华中科技大学校园招聘管理办法》，武汉理工

大学专门下发文件要求校属有关单位进一步做好学生就业招聘活动等。

各级毕业生就业主管部门和高校要加强毕业生就业网站的安全管理，确保网络招聘活动的安全与稳定。省（市）毕业生就业主管部门应统一协调、规划，妥善组织好面向高校毕业生开展的网络双选活动；高校和省级毕业生就业主管部门均应指定专人严格把关，加强就业信息的审核、维护和管理，规范互联网求职招聘行为，确保就业信息的及时、有效、真实和准确。要采取有效措施，避免非法传销、境外组织或宗教组织假借招聘为名在校园内非法开展宣传活动情况的发生。

3. 坚持以学生为本，为毕业生提供良好的就业服务

各地、各高校要坚持以学生为本，创新管理和服务模式，积极探索开展毕业生和用人单位远程面试、网上签约、网上办理就业手续和改派手续等，细致负责地做好毕业生档案投递、户口迁移等工作，简化程序，提高效率，为毕业生提供良好的就业服务。要坚持以学生为本，创新管理和服务模式，为毕业生提供良好的就业服务尤其是信息服务。要重点关注，将就业困难的高校毕业生纳入就业援助体系。

各地主管部门、各高校应加强对毕业生的政策法规和诚信教育，做好毕业生资格审查和就业推荐等就业管理工作。高校毕业生在毕业前与用人单位就应聘录用事宜达成一致的，应当签订毕业生就业协议书。就业协议书一经签订，签约各方均应诚信履约。任何一方如需更变或解除须经签约各方协商一致。因履行就业协议书发生争议的，当事各方可以通过协商、调解或者诉讼等方式予以解决。

4. 加强工作监管，确保高校毕业生就业市场健康发展

各教育行政主管部门和高等学校要进一步加强对高校毕业生就业双选活动的监管，加强对用人单位资质、招聘信息的核查，切实营造公平就业环境。坚决反对任何形式的就业歧视。各级政府应当落实将高校毕业生就业市场建设纳入到政府就业工作评估体系。各省级毕业生就业主管部门应当建立本地区就业市场管理的目标责任制度，对所属有关部门和下一级毕业生就业主管部门进行考核和监督，对高校毕业生就业市场也要定期进行检查评估。

（三）加强就业管理，实现管理创新

在高校毕业生就业市场建设中，对于高校而言，绝非仅局限于发布信息和对毕业

生进行就业推荐等内容，加强毕业生就业管理也是其重要环节和组成部分。毕业生就业管理也涉及许多内容。在高校毕业生就业市场建设和管理中，毕业生“违约”现象屡禁不止，虽然比例不大，总量有限，但由于涉及到学生诚信履约以及学校声誉等方面，许多学校就业管理部门做法不一，尺度把握各不相同，并牵扯了相当多的时间和精力。为此，需要我们进一步加强研究、探索，实现管理创新。

1. 毕业生再次签约的主要情形及影响因素

在高校毕业生就业实际工作中，毕业生签订就业协议后因故需要解除协议而再次签约的情形时有发生。一方面，许多学校想方设法、全力以赴把促进毕业生充分就业作为工作的主要方面，对类似现象存在着一定的轻视和忽略，由此带来毕业生再次择业签约现象一直无法杜绝；另一方面，出于维护学校声誉等种种考虑，也有部分高校对毕业生签约管理一律从严，不论各种情况、不分青红皂白一律不准毕业生“违约”。在毕业生就业协议签订过程中，学校无论是作为签约一方，还是作为鉴证一方，直接认定毕业生是否“违约”并由此确定毕业生是否要承担违约责任值得商榷。

毕业生再次签约主要包括以下情形：毕业生在与用人单位签订就业协议后，由于升学（或出国）而解除就业协议或放弃公务员（或大学生“村官”）录用资格的；虽然已经考取（或保送）研究生、由于考取公务员或落实其他就业单位而放弃攻读研究生的；虽与用人单位签订就业协议、又取得其他用人单位录取通知而再次签约的（由于后者一般承诺解决户口、或存在就业单位所在地更为理想、工作单位层次更高、收入更好等情况，有关毕业生往往想方设法，不惜缴纳违约金与原签约单位解除协议）；虽签订就业协议，由于用人单位方面原因（如招聘计划调整导致无法履约接收毕业生等情况）致使解除就业协议、需要再次签约就业。在毕业生就业管理工作实践中，就北京地区而言相当部分毕业生就业协议的解除为毕业生个人原因所致；由于用人单位原因导致就业协议无法正常履行的情况极少，即使这种情况也是个别毕业生为规避学校再次签约的有关规定而采取的变通做法。而在其他地区，高校毕业生就业部门反映更多的则是用人单位随意解除协议的情况。

毕业生再次签约人数虽然比例不大，但仍然会对学校就业工作以及用人单位招录工作乃至毕业生个人产生不利影响。作为大学生就业求职的主体，毕业生个人因素对再次签约显然发挥举足轻重的影响和作用。同样也难免会受到外界因素的干扰与影响。

2. 毕业生再次签约的管理与实践[19]

（1）理性对待毕业生再次签约现象。长期以来，少数高校毕业生在就业过程中再次签约现象屡禁不止。尽管比例不高、人数有限，但一定程度上干扰了学校毕业生就业工作的正常秩序，也对学校声誉造成了不良影响。毕业生再次签约是个社会现象，一方面需要社会大环境的不断改善，同时也需要有关各方尤其学校内部教育引导、加强沟通、协作配合、综合治理。仅仅简单将毕业生再次签约归纳为毕业生诚信问题是片面的，听之任之、放任自流或是简单一刀切、不准违约也是非理性、不应有的思维方式和工作方法。

因此，需要高校就业管理部门在就业工作中理性分析、客观对待，坚持政策性与灵活性相统一的原则，采取教育引导的方式加强毕业生思想教育和就业管理，最大限度地减少再次签约情况的发生，不断提高工作效率和工作水平。

（2）教育引导，完善制度与规范管理。结合有关高校的做法，在就业管理中，学校就业管理部门可加强教育引导，要求毕业生慎重签约，诚信履约。对于确实有特殊原因需解除就业协议的，在符合国家及有关省市毕业生就业政策导向前提下自行与原签约单位妥善解除就业协议后，由本人提交书面申请，经所在学院同意后，报学校就业中心审核办理再次签约手续。对违反就业协议的毕业生，除应承担相应违约责任外，学校可以取消其“优秀毕业生”评选资格。

对于毕业生再次签约涉及到的学校有关部门、招录单位等有关部门，学校就业管理部门要及时做好各方沟通协调工作，尤其要设法取得导师和所在学院的理解和支持，不断改进就业管理工作，尽量减少和避免类似情况的发生。

（四）高校毕业生就业权益保护机制的构建

1. 大学生就业权益保护意识亟待加强

北京高校毕业生就业指导中心于 2011 年 10 月至 2012 年 3 月间，对求职初期和中期的 2012 届毕业生开展了就业权益保障状况调查。[20] 调查过程共发放问卷 642 份，回收有效问卷 505 份，有效回收率为 78.7%。调查结果表明：毕业生遭遇就业陷阱问题不容忽视。虽然北京高校毕业生求职环境总体良好，但虚假招聘广告、骗取智力成果、招聘收费等陷阱在毕业生就业市场中也客观存在。毕业生就业歧视特别是对女生就业歧视的现象值得特别关注。大学生对劳动法律法规相关内容的了解和掌握程度还较低，毕业生劳动法制观念和维权意识仍需提高。在本课题组面向北京地区 2013 届毕业生就业权益保护的调查中，也同样反映出了上述问题（问卷调查涵盖北京地区 13 所高校，其中包括 985 院校、211 院校、普通本科院校和高职类院校。共发放调查问卷 1360 份，回收有效问卷 1293 份，有效回收率为 95.07%）。

近年来，大学生就业求职过程中遭遇来自不同方面用人单位的招聘欺诈和传销陷阱、就业歧视等现象屡禁不止，侵害毕业生就业权益的现象时有发生。在就业求职中大学生是弱势群体，理应得到社会各界和高校的关注和帮助。类似情况的发生，固然有大学生自身法律知识匮乏、维权意识淡薄、社会经验欠缺等原因，从中也反映出了学校毕业生就业工作中的薄弱环节和亟待加强的方面。

为增强大学生就业权益保护意识、提升大学生就业权益保护能力，避免侵害大学生就业权益现象的发生，开展大学生就业权益保护工作，尤其是探索符合学校工作实际、行之有效的大学生就业权益保护工作模式和运行机制具有重要的现实意义。

2. 高校毕业生就业权益保护机制的构建

高校毕业生就业权益保护机制的构建，应以保障毕业生就业权益为己任，以“意识为先、能力为重、防范为主、重点援助”为工作方针，以“事前预防（为主）、事中咨询、事后援助（为辅）”为工作开展思路，重点从“健全工作机制，创新工作载体，加大宣传力度，注重调研总结”四个方面开展工作，力求在学校构建毕业生就业权益保护的有效工作模式，以增强大学生就业权益保护和风险防范意识、提升大学生就业权益保护能力，切实保护毕业生就业权益。

——意识为先，是指针对大学生自身法律知识匮乏、维权意识淡薄的现状，通过课程讲授、讲座宣讲、资料发放等渠道，宣传相关就业政策、劳动法律常识，着力开展大学生就业法律指导，增强毕业生风险防范意识和就业权益保护意识。

——能力为重，是指通过就业辅导、培训等形式，着力提升大学生就业权益保护能力。针对不同年级、不同专业学生，工作内容有所区别、有所侧重。如对大二、大三学生，侧重做好就业风险防范能力的培养，针对毕业生，主要做好辨别识别能力的培养、避免侵权现象发生。

——防范为主，是指在工作经验及时总结基础上，结合学校就业指导课程的开设，教育学生树立风险防范意识，学会识别就业市场中的招聘欺诈和传销陷阱、就业歧视等情况。

——重点援助，是指针对毕业生在求职中出现的就业权益受到侵犯的情况，学校通过组织法学专家、就业工作专职队伍、专业律师等社会公益人士予以重点关注，积极援助。

3. 需要重点开展的四方面工作

——健全工作机制：可以学校法学等相关学科为依托，构建学校“全过程、多渠道、分层次”的工作机制、打造专兼结合的工作队伍，充分发挥学校法学专家、就业工作专职队伍、专业律师等社会公益人士的积极作用。

——创新工作载体：积极参与新生入学教育、专业学习、社会实践、就业求职等环节，学生典型示范、学校正面教育与学生自我教育相结合。在对原有咨询服务热线、法律咨询频道升级维护基础上，开通“法大毕业生就业权益保护”微博。

——加大宣传力度：继续依托就业课程、辅导讲座、编发宣传资料、及时更新网络信息、一对一咨询服务等形式，多方面、多渠道、立体化，营造学校大学生依法就业、权益保护的良好氛围。

——注重调研总结：结合工作开展情况深入总结研究，学校可组织成立法律援助类学生社团，面向在校大学生开展法律援助活动。

三、高校毕业生就业市场的信息化建设

（一）高校毕业生就业市场信息化建设的内涵及发展

1. 高校毕业生就业市场信息化建设的内涵

从狭义的角度看，学生就业信息化建设是指用信息化手段为毕业生提供就业信息服务和网络招聘服务。其重要表现是许多高校纷纷建立自己的毕业生就业信息网或就业网络信息平台，在客观上为高校就业工作提供基础支撑，其内容和理念涉及到了就业工作的方方面面。具体应用有：就业网站、签约派遣管理系统、就业指导网络课件、就业数据统计分析软件，甚至就业办公自动化系统都是就业信息化建设的内容。

从广义上来说，高校学生就业信息化建设是指使用先进的信息技术和成熟的系统开发方法，建设符合高校实际，贯穿就业工作的全过程的信息化系统。包括就业市场信息化、就业指导信息化、就业管理信息化等就业工作的各项内容。需要指出的是，就业网站建设不等同于学生就业信息化建设。就业网站的学生就业信息化系统的外部载体，是就业信息化系统的主要入口，是就业服务提供的主要阵地。在本课题中，仅从高校毕业生就业市场建设角度研究信息化建设问题。

2. 高校毕业生就业信息化建设的发展

高校毕业生就业工作的信息化建设是随着我国高校毕业生就业制度的改革和计算机及网络技术的发展而开始的，其起点在 20 世纪 90 年代末，少部分高校为了提高毕业生派遣工作的效率和加快对就业信息的收集、整理、流转而开始建立就业工作网站。从 2001 年起，教育部在每年的就业工作文件中对高校的毕业生就业工作信息化都作了要求，高校毕业生就业工作信息化建设开始在高校中逐步进行。从其历程来看可以将高校毕业生就业工作的信息化建设分为以下四个阶段。[21]

——初始阶段：2003 年以前，根据就业工作的需要，在教育部有关文件的指导下，教育部直属高校基本建成本校的就业信息网，部分地方高校开始建设自己的就业网站。但是由于缺乏经验和良好的技术、网络支持，该阶段的信息化建设很不完善。

——快速发展阶段：2003—2005 年。2003 年，由于“非典”的原因，高校毕业生就业工作受到前所未有的影响，如果依靠传统的工作方式，我国的高校毕业生就业工作目标不可能完成，在此情况下，2003 年 6 月 13 日，“中国高校毕业生就业信息网”正式开通。同年 9 月 5 日，国务院办公厅下发了国办发【2003】9 号文件《国务院办公厅关于做好 2003 年普通高校毕业生就业工作的通知》，文件中明确要求“要在充分利用现有资源基础上，建立健全高校毕业生就业服务信息网络，为用人单位和高校毕业生提供网上沟通的平台，并加强对用人信息发布的管理。”由于国家对高校毕业生就业工作信息化建设的大力推行，使我国高校的毕业生就业信息化建设的速度加快，全国大部分高校建立了就业网站等信息化设施，信息化建设得以快速发展。

——推广建设阶段：2005—2006 年，由于全国高校在毕业生就业信息化建设方面的步伐不一致，高校毕业生就业信息化建设滞后，已不能适应毕业生和用人单位的需求，教育部在《教育部办公厅在关于做好 2005 年普通高校毕业生就业工作的通知》文件中要求“要大力开展网上招聘活动，2005 年所有普通高校都要开通就业服务信息网。教育部将按季度公布开通就业网的高校名单。”由此开始了高校毕业生就业信息化的强制建设阶段，直到 2006 年全国高校基本全部建立就业信息网。

——主动建设与统筹发展阶段：2007 年至 2010 年，随着全国高校就业信息网的建立，毕业生对信息化服务的刚性需求不断增加，各高校开始关注就业信息化服务的内容、功能、效果等，信息化建设的内涵不断丰富，高校毕业生就业信息化建设进入主动发展阶段。

2010 年至今，就业服务信息化已经成为整个就业工作的主要方式、方法和途径，信息化在高校的就业工作中起到了基础支撑作用，其理念和手段已经渗透到就业工作的方方面面。教育部于2010年9月16日正式启用全新升级的全国大学生就业公共服务立体化平台和“全国大学生就业信息服务一体化系统”。对高校就业信息化系统进行了全面的实质性整合，其角色由松散型指导者向紧密型服务提供者转变，高校毕业生就业信息化建设进入了统筹发展阶段。

（二）高校毕业生就业市场信息化建设的现实意义

信息化是新时期高校就业工作得以开展的基础和保障，能够全面提升高校就业工作的效率、质量和水平。近年来，当前，云计算、物联网、3G等IT新技术，SNS、微博等互联网新应用不断涌现，迫使就业信息化系统要持续推陈出新，保持先进的技术水平，以适应时代发展的客观需要。2010年底，全国大学生就业“一体化”系统发布，实现了全国省市、高校就业网站互联、互通，翻开了大学生就业市场信息化建设的新一页。认清学生就业市场信息化建设在就业工作中的重要地位，持续推进该项工作向纵深发展具有重要的现实意义。

1. 就业信息化建设保证了就业信息的时效性、准确性特征

时效性与准确性是就业信息的根本属性，失去了它们，就业信息将毫无价值。信息化建设利用新技术与新服务，创新就业信息的传播机制，将就业信息实时、有效地传递给学生，不仅能够满足用人单位与学生的需要，而且保证了就业信息的时效性与准确性。

2. 就业信息化建设突破了传统就业市场的局限

依托就业信息化建设形成的“无形就业市场”，突破了传统“有形就业市场”时间与空间的限制，优化了“有形就业市场”的运行环境，提高了市场的运行效率，形成“有形”与“无形”并重的就业市场新格局。

3. 就业信息化建设提升了就业指导的广度和深度

信息化建设为就业指导工作赋予新内涵。依托信息技术，针对不同种类毕业生开展不同形式、不同内容的就业指导活动，如网上课程、测评系统等，拓宽了就业指导的方式和途径，提升了就业指导工作的广度和深度。

4. 就业市场信息化建设能够促进了就业数据统计分析的快捷、准确和详尽，提升就业工作效率

就业市场信息化建设能够实现就业数据计算机自动化管理和就业工作的无纸化办公，提高了就业工作的效率。就业数据统计分析在就业过程中起着决策参考和支撑作用。传统的手动数据统计方式效率低、准确性差、结果单一，其工作模式往往是“领导要个数据底下忙乎三天”。就业信息化建设为就业工作的数据统计分析提供基础数据与平台支撑，确保数据统计分析快捷、准确、详尽，改变了落后工作模式，更好地为高校的就业管理与决策服务。

（三）高校毕业生就业市场信息化建设存在的问题和不足

近年来，我国高等教育已实现了从精英化教育向大众化教育的转变，高校毕业生人数逐年大幅增长，社会人力资源的市场化建设和完善及高校毕业生就业压力、就业工作量的增加，社会用人单位、高校和毕业生对高校毕业生就业工作的信息化要求不断提高，使高校毕业生就业工作的信息化建设逐渐被各级政府和高校重视，高校毕业生就业工作的信息化既是高校毕业生就业工作的目标也是重要工作手段，是实现大学生充分就业的有力措施和重要保障。但是，由于种种原因，在高校毕业生就业市场信息化建设方面仍存在一些问题和不足，主要表现在以下方面：

1. 认识不足，重视不到位。由于认识上的差异、高校办学体制的不同、对信息化投入的不一样、就业工作队伍中信息化人才的不足等原因，导致高校就业市场信息化建设的程度不尽相同。进一步加强高校毕业生就业工作的信息化建设作为今后高校毕业生就业工作的重点之一势在必行，其中加深对高校毕业生就业工作信息化建设的认识和理解是做好高校毕业生就业市场信息化建设的重点。

2. 人力、物力、财力的投入不足。目前学校虽然就业指导人员有所增加，但网络就业专业人员缺乏，但多数学校再难配备专职网管，更不用说配备信息化就业推广员和专业的信息化就业指导教师；在硬件建设上持续投入不够，加上缺少就业信息网络建设和运营的系统规划，导致在就业信息网的推广宣传和运营维护的持续中显得力不从心；常规工作和信息化平台难以有效整合。

3. 就业信息化资源整合不够。当前，就业信息化资源的不断增多，就业信息化资源呈现出海量、散列、混杂的状态，标准不统一，共享程度不足、利用率仍相对较低等问题，客观上对信息化资源再管理提出了更高的要求。需要高校及有关部门尽快建立新标准、创造新模式，进一步实现对相关资源进行科学有效、系统的规划与整合。

4. 全国大学生就业一站式服务系统还需进一步完善和推广。2010 年 12 月，教育部向社会发布全国大学生就业一站式服务系统并要求全国所有省市、高校部署使用。系统发布后显示了其强大的生命力，全国共计 2000 多所高校完成“一体化系统”的嵌入，大量的学生、高校和用人单位在使用该系统。该系统的发布改变了就业信息化服务模式，成为全国大学生就业服务信息化建设的里程碑。经一段时间使用，“一体化”系统仍存在一些不足：与省市、高校现有信息化系统缺乏深度整合，其作用没有完全发挥；部分功能与用人单位、毕业生实际所需仍存在差距，有待进一步完善；系统的人性化、便利化与个性化不足，不能满足各类用户的的需要。

（四）高校毕业生就业市场信息化建设的工作思路

1. 贯彻三个建设理念

高校毕业生就业市场信息化建设中要贯彻三个“相结合”的建设理念。一是要与国家及各省市高校毕业生就业工作发展战略相结合。截至今年，全国共计 2000 多所高校完成教育部“一体化系统”的嵌入，教育部最终要求高校将自身信息化系统与该系统深度整合，构建全国统一的毕业生就业信息化服务体系。二是要与学校数字校园建设相结合。各高校网络信息中心都在进行数字校园建设，二者相结合可为毕业生提供更加便利、更加高质量的信息化服务。三是要与学生的根本需要相结合。信息化建设的根本是服务学生，要充分了解学生对就业信息化的要求，不断改进信息系统的功能和性能。

2. 找准四种角色定位

全国大学生就业服务信息化体系的传统角色定位为“政府主导、社会参与、高校自主建设”。新时期下参与者由三种变为四种：教育部、省市毕业生就业主管部门、高校及大学生就业信息化服务提供商（应届生、过来人等）。找准这四种参与者的角色定位，对于高校毕业生就业工作信息化建设的开展有着重要推动作用。四种角色分别定位如下：教育行政主管部门角色的转化：由单纯指导角色向服务提供者角色转化，不仅仅作用于政策制定和建立数据标准，也开始提供具体的信息化服务；省市角色：除建设政务系统外，还应加强其他功能建设，真正整合省内毕业生就业资源；大学生就业信息化服务提供商：由于他们提供的信息化服务贴近学生，受大学生欢迎，服务使用活跃度高，政府和高校应进一步接纳、引导和利用他们为大学生提供更加丰富的就业信息化服务；高校角色的定位问题：不仅定位于资源的接受者，还应作为资源的发布者，为其他高校学生提供服务。

3. 把握五项建设内容

（1）规划建设：信息系统的开发是迭代的过程，因为开发者对信息化需求的认识是不断深入的，信息化需求也是不断变化完善的，因此要重视对软件系统的整体规划，减少重复开发；（2）队伍建设：要建立一支开发团队，团队既要有就业工作人员，又要有软件设计开发人员，还要有稳定的维护人员。（3）机制建设：要因地制宜地建立一种稳定的开发维护机制，可采取校内科研合作开发形式，可采取项目外包形式。（4）硬件建设：要加大投入，购买较为先进稳定的服务器，安全的备份设备，同时注重网络基础建设。（5）软件建设：要采用较为先进的软件开发技术和科学的软件开发方法，注重八项功能建设，分别是：信息发布（就业网站）、职业生涯发展、学生与用人单位双选、就业市场运行管理、就业数据调查、学生签约派遣管理平台、数据统计分析、手机短信平台。

4. 坚持六项建设原则

（1）性能原则：系统要求保证较高的处理速度，等待时间要使得操作人员能够接受；（2）先进性原则：采用先进成熟且目前国际上流行的技术架构、技术路线和方法，具有先进的理念，能支撑现在与未来一段时期内的各种主流技术应用；（3）实用性原则：设计要与业务紧密结合，具有严格的业务针对性，最大限度地满足实际工作需要，界面力求美观大方，操作力求简便实用。（4）可靠性原则：从系统结构、网络结构、技术措施、设备选型等方面进行综合考虑，以确保系统长期稳定运行，实现7×24小时的不间断服务；（5）开放性原则：设计采用的各项软、硬件设备均应符合国际、国内通用标准，符合开放性原则，要与技术发展的潮流吻合，保证系统的开放性、技术延展性；（6）安全性原则：能够充分保证数据的安全，提供用户身份认证、加密验证、授权验证、权限设置、防火墙等。[22]

5. 进一步完善全国大学生就业一站式服务系统

完善的全国大学生就业一站式服务系统，应具备如下特征：（1）“一体化”系统的就业服务功能应完全替代各高校、省市的单位需求信息发布功能。即实现高校、省市完全通过“一体化”系统发布学生就业需求信息（非招聘会信息）；（2）具有灵活、可扩展的机制，相对完善的系统功能，满足各类用户的需要；（3）具有高可操作性，人机界面友好，界面更加美观，适合各类用户的使用；（4）应该运用了较为先进的信息化技术及互联网服务模式。

结合当前高校毕业生就业市场信息化建设的实际情况，建议从如下四个方面进行研究：（1）如何在高校深入部署一站式服务系统，使其与高校自身信息系统实现无缝对接，在高校就业工作中发挥更大作用；（2）如何进一步在用人单位、高校学生中推广使用一站式服务系统；（3）如何进一步完善全国高校毕业生就业数据统计分析平台及监测预警机制，更好地为高等教育发展服务；（4）提出系统下一步的研发构想，并研究如何在系统中运用新技术、新手段，为提供更加优质就业信息化服务，如“国家云就业平台”——基于云计算的全国大学生就业服务一体化平台；“就业服务的智能手机客户端”——实现手机就业；“智能就业信息检索引擎”——使用检索技术为毕业生提供信息检索服务。

第三部分　结　　论

1. 高校毕业生就业市场是毕业生求职就业、与用人单位“双向选择”的重要平台和主要渠道。就业市场信息化建设是新时期高校就业工作得以开展的基础和保障，是全面提升高校就业工作水平和服务质量的重要手段。各级部门和高校都要明确职责、加大投入，进一步推动高校毕业生就业市场与信息化建设。

2. 高校毕业生就业市场建设，应当以重点建设、示范带动、分类实施、合作共赢为原则，与国家公共就业服务体系、公共就业服务信息系统适度互通，合作共赢。

——要继续推进省（市）高校毕业生就业市场的建设，举办不同行业、不同类型和公益性双选活动，充分发挥政府职能、示范带头和公益作用。

——针对部分一线城市初步形成的以部分“985、211”院校为中心、相对固定的毕业生就业市场，应当重点扶持，突出特色，打造地域性、行业性、特色鲜明的高校毕业生就业市场。

——基于高校办学定位、办学层次和类型千差万别的现状，对于特色鲜明、规模较小的学校，在校园就业市场建设时可侧重信息收集、就业咨询、职业辅导等方面工作，加强行业、区域、校际合作，辅助以不定期的校园招聘活动。

——针对高校毕业生就业市场大多局限在教育系统内部建设和发展，在经费投入、物质保障、信息服务等方面存在许多自身难以解决的困难的现状，有关部门和高校要拓宽视野，与国家各级公共就业服务体系适度融合互通，合作共赢。

3. 加强校园招聘活动监管，规范高校毕业生就业市场秩序。建立实施用人单位资质、招聘信息发布登记审核制度，健全完善高校毕业生校园招聘活动管理、毕业生就业推荐与签约管理、就业工作信息化建设等方面规章制度，实施高校毕业生就业市场建设工作责任制。

4. 高度重视和不断加强高校就业工作信息化建设。高校毕业生就业工作信息化建设，既要与国家及各省（市）高校毕业生就业工作发展战略相结合，也要与学校数字校园建设相结合，更要与大学生的根本需要相结合，从而为毕业生就业求职提供更加便利、高质量的信息化服务。

5. 积极探索，构建高校毕业生就业权益保护有效工作模式与运行机制。以“意识为先、能力为重、防范为主、重点援助”为工作方针，以“事前预防（为主）、事中咨询、事后援助（为辅）”为工作思路，不断增强大学生依法就业意识、风险防范意识和权益保护意识、切实保护毕业生就业合法权益。

课题组主要成员：解廷民、薛　童、于海晨、黄坤华、郑旭红、张西峰

参考文献

[1] 汪国强:“毕业生就业市场建设:问题与对策”,《管理观察》，2009（6）：119。

[2] 张杰：“高校毕业生就业市场监测指标体系构建原则和建议”，《中国大学生就业》，2010（S2）：12。

[3] 宋志海、李鹏：“高校毕业生就业市场基本模式概述及特点分析”，《辽宁教育研究》，2008（2）：106—108。

[4] 李勇、胡春华、胥俊：“对高校毕业生就业市场建设的思考与实践”，《出国与就业（就业版）》，2010（15）：36—37。

[5] 刘铸、范龙、赵沈英等：“高校毕业生就业市场体系建设研究”，《中国大学生就业》，2011（0）：4—7。

[6] 杨晓慧：“高校毕业生就业市场建设的探索与思考”，《思想教育研究》，2007（8）：22—24。

[7] 李强：“浅议政府对高校毕业生就业市场的培育与调控”，《教育与职业》，

2009（36）：148—149。

［8］张继栋、朱慧等："高校毕业生就业指导培训团赴美学习总结报告"，《中国大学生就业》，2010（S3）：2—6。

［9］王晓阳、方军："美国联邦政府对高校毕业生就业市场的培育与引导"，《世界教育信息》，2009（1）：78—83。

［10］刘广明："美国高校毕业生就业指导服务体系研究的新进展"，《河南工业大学学报（社会科学版）》，2010（1）：114—118。

［11］王晓三："国外高校学生就业指导工作概况与启示"，《教育与职业》，2005（7）：39—41。

［12］靳海燕："国外大学生就业指导工作对我国的启示"，《黑龙江高教研究》，2005（2）：112—114。

［13］管红："国外大学生就业指导及启示"，《中国大学生就业》，2006（24）：63—64。

［14］刘铸、范龙、赵沈英等："高校毕业生就业市场体系建设研究"，《中国大学生就业》，2011（0）：4—7。

［15］常万里："高校毕业生就业市场建设模式初探"，《中国大学生就业》，2008（8）：56。

［16］张玉新："关于高校毕业生就业市场建设的思考"，《滁州学院学报》，2007（4）：126。

［17］王丹、陈田养："高校毕业生就业市场建设的探索与思考"，《中国大学生就业》，2008（20）：11。

［18］陈涛、王贤芳："就业市场双重主体对大学生就业问题的认知比较"，《中国大学生就业》，2012（20）：8。

［19］解廷民："毕业生再次签约管理的思考与实践——以北京地区某高校2010—2012届毕业研究生为例"，《国家教育行政学院学报》，2013（1）：79—83。

［20］张辉、苏秀丽、韩春光："北京高校毕业生就业权益保障状况调查分析"，《北京教育（高教）》，2012（0）：158—159。

［21］祝治国："高校就业信息化建设的现状及发展模式研究"，《北方经济》，2010（8）：29－30。

［22］薛童："新时期高校毕业生就业工作信息化建设的问题及对策研究"，《知识经济》，2012（22）：58—59。

附件

新时期加强高校毕业生就业市场建设的思考与建议[①]

解廷民[②]

摘要：高校毕业生就业市场是毕业生求职就业、与用人单位“双向选择”的重要平台和主要渠道。高校毕业生就业市场经过多年来的建设发展渐趋规范与成熟，对促进高校毕业生就业发挥了积极作用。党的十八大对高校毕业生就业工作提出了新的总体目标和工作要求。针对工作中反映出的问题与不足，高等学校和有关部门应当认真思考，加强研究，进一步加强高校毕业生就业市场建设，推动实现毕业生更高质量的就业。

关键词：大学生就业　就业市场建设

一、新时期加强高校毕业生就业市场建设的现实意义

（一）高校毕业生就业市场对实现就业目标意义重大、不可替代

党的十八大强调要着力实现就业更加充分，推动实现更高质量的就业，为当前及今后高校毕业生就业工作提出了总体目标和工作要求。全国第四次教育工作会议以及《国家中长期教育改革和发展规划纲要（2010—2020年）》也对高校毕业生就业工作进行了战略部署，要求“建立和完善高校毕业生就业服务体系”。据有关统计数据显示，2010年全国普通高等学校举办供需见面双选活动超过10万场，其中大型招聘会3700余场，约占全国双选活动总数的3%—4%。进校招聘活动用人单位约50余万家，提

① 此文刊登在《北京教育（高教版）》，2013（07－08）：134－136。

② 解廷民（1965—　），男，中国政法大学学生就业创业指导服务中心主任，教授，研究方向为大学生职业发展与就业指导。

供需求岗位近600万人次，全国约460万高校毕业生通过校园双选活动落实就业单位，达到全国毕业生总数的70%以上。[1]2012年，全国普通高校毕业生680万人，高校毕业生初次就业率连续9年保持在70%以上，也充分反映出高校毕业生就业市场对保证高校毕业生充分就业的重要地位和积极作用。

近年来，人们对高校毕业生就业工作的评价已经由十多年前的单一指标就业率逐步转移到毕业生就业质量等综合指标上来。在对就业质量评价中，尽管业内不同专家学者相关评价指标体系不尽相同，但无疑都会将毕业生就业状况作为一个重要的考量内容。在高校毕业生就业工作中，毕业生就业市场建设程度如何将毕业生整体就业状况所产生的直接影响不容忽视。

（二）当前高校毕业生就业市场建设中存在的问题与不足

与此同时，我国高校毕业生就业市场建设实际上也处在一个渐趋规范与成熟的过程。由于诸多方面因素的影响，高校毕业生就业市场与信息化建设中仍存在投入经费不足、运行机制不完善、市场信息不畅通等诸多问题亟待人们加以研究和解决。如何进一步加强高校毕业生就业市场建设是摆在政府和高等学校面前的一个重要课题。

为进一步加强高校毕业生就业市场（含高校校园招聘、网络招聘等）建设，规范高校毕业生校园就业市场招聘秩序，保证高校正常的教学秩序和毕业生就业工作的正常开展，笔者曾于2011年12月至2012年上半年参加了对上海、广州、西安、北京、武汉等部分地区高校毕业生就业市场建设情况进行的调研，有关高等学校毕业生就业职能负责同志累计七十余人参加了座谈会。通过调研，反映出高校毕业生就业市场与信息化建设中主要存在以下几个方面的不足。

1. 对开展毕业生就业市场建设工作重视、投入不够。主要表现在学校相关部门职责不清，分工不明，在经费投入、场地保障、校园双选招聘活动管理等方面存在不到位的情况。校园就业市场在运行中诸如专职人员有限、经费不足、运行机制不完善、市场信息交流不够畅通以及市场配置水平低等问题亟待研究和解决。

2. 高校毕业生就业市场亟需进一步加强管理和规范。迫于就业形势和市场竞争的压力，许多高校过早允许用人单位进校举办毕业生就业双选招聘活动，一定程度上影响了学校正常的教学秩序。而对毕业生就业网站安全管理以及用人单位资质审核机制的缺乏，导致非法传销、境外组织或宗教组织假借招聘为名在校园内非法开展宣传活动、用人单位侵害毕业生就业权益现象的时有发生。

3. 高校毕业生就业市场服务体系尚须进一步完善。高校在毕业生就业推荐、签约管理、权益保护、就业信息化建设等方面存在一些不尽完善、亟待加强的地方。

4. 高校毕业生就业市场与社会公共就业服务体系融合互通不够。一定程度上高校毕业生就业市场局限在教育系统和高校内部进行建设和发展，在经费投入、物质保障、信息服务等方面存在许多自身难以解决的困难，与国家公共就业服务体系融合互通不够。

二、对高校毕业生就业市场内涵的认识与思考

（一）高校毕业生就业市场内涵及分类

近十年来，国内高校毕业生就业工作者纷纷关注高校毕业生就业市场建设问题，有关文献研究中对高校毕业生就业市场的界定尚不统一。刘铸、范龙等（2011）认为高校毕业生就业市场是高校毕业生就业的主渠道，是在国家宏观调控下，以高校为基础，以政府为主导，运用市场机制，配置高校毕业生资源，为毕业生和用人单位提供政策咨询、就业指导、供需见面等综合服务的专业化市场。明确指出建立以省级公益性市场为龙头，校园就业市场为主体，网络就业市场为支撑和平台，区域和行业协作市场为补充的高校毕业生就业市场体系，在促进高校毕业生就业工作中具有至关重要的意义。[2]李勇、胡春华等（2010）认为，广义上，高校毕业生就业市场是以为学校、毕业生和用人单位服务为宗旨，以建设公益性、示范性、专业性常设市场为目标，主要包括校园市场、公益市场、社会市场和网络市场。狭义的仅指校园市场。[3]

一般而言，广义上的高校毕业生就业市场包括校园市场、公益市场、社会市场和网络市场等诸多与高校毕业生就业求职相关的人才市场。狭义上的高校毕业生就业市场仅指高校校园内毕业生就业“双选”招聘市场。在对高校毕业生就业市场内涵的理解上，不应仅仅局限在普通高等学校为离校前毕业生就业与求职、用人单位招用应届毕业生而举办的各种校园“双选”招聘活动，也应将其延伸涵盖到各级、各地教育行政主管部门和政府所属的就业服务服务机构面向高校应届毕业生举办的就业“双选”招聘活动。

通常意义上，人们还根据毕业生就业市场的不同形态，将高校毕业生就业市场分为有形市场、无形市场两大类。对于有形市场，如前所述，不仅应包括高校校内毕业生就业市场，也应包括社会公益类毕业生就业市场。校内毕业生就业市场一般是指高校通过独自或院校协作等方式，举办校园毕业生就业“双选”洽谈会、专场招聘会、开展网络就业招聘等活动，为高校毕业生就业求职和用人单位招聘毕业生提供的就业服务。社会公益毕业生就业市场一般是指各地区、各有关部门以及公共就业服务机构面向高校应届毕业生举办的、具有公益性质的就业“双选”招聘活动。无形市场人们也往往称为网络市场，一般是指是各地、各有关部门以及高校通过建设网络就业信息平台，或采用其他新兴传媒技术发布就业招聘信息、开展网上就业“双选”、远程视频面试等招聘活动。

（二）高校毕业生就业市场建设的主体及内涵

高校毕业生就业市场建设涉及政府、用人单位、高校与高校毕业生四方面的行为主体，其中关键主体是用人单位和高校毕业生。用人单位应当泛指招聘应届毕业生的国家机关、事业单位、社会团体，企业、个体经济组织、民办非企业单位等组织。高校毕业生就业市场应以高校、毕业生和用人单位服务为服务宗旨，以公益性、示范性、专业性为市场建设目标。政府和高校通过高校毕业生就业市场与信息化建设，在高校与用人单位间进行有效地资源配置和信息交流，良性互动、共同发展，从而为毕业生顺利到用人单位就业发挥重要的平台和桥梁作用。

信息化建设应当成为当前以及今后一个时期高校毕业生就业市场建设的重要组成部分。就业信息化建设的内涵同样可分为广义和狭义两种，广义上的就业信息化建设是指使用先进的信息技术和成熟的系统开发方法，建设符合高校实际，贯穿就业工作的全过程的信息化系统。包括就业市场信息化、就业指导信息化、就业管理信息化等就业工作的各项内容。狭义上的就业信息化建设是传统的信息化建设概念，是指用信息化手段为毕业生提供就业信息服务和网络招聘服务。[4] 目前高校就业市场建设中信息化程度由于学校重视程度的不同、学科背景的不同、软硬件投入的差异等原因而千差万别，在学校就业工作中发挥的作用也不尽相同。

基于新时期高校毕业生就业工作的工作要求，高校毕业生就业市场建设的主要内容，不应局限在狭义的有形市场建设上，还应着眼于无形市场的建设方面，将视野覆盖到规章制度建设、人员队伍建设、经费投入保障、就业工作信息化建设、工作模式与运行机制完善等诸多方面内容。其中，在人员投入保障方面、用人单位招聘资质与信息核查、毕业生就业签约管理手段和理念上、就业信息化建设等方面存在一些问题和不足，亟待有关方面加强完善和解决。

三、高校毕业生就业市场建设的思考与建议

（一）提高认识，加大投入，高度重视高校毕业生就业市场建设

高校毕业生就业市场是毕业生求职就业、与用人单位“双向选择”的重要平台和主要渠道。加强高校毕业生就业市场建设，需要我们以市场需求为导向，着眼建设，从抓主要环节和主要矛盾入手，力求在高校毕业生就业市场建设中有所突破，有所创新。一方面，需要各级部门和高校要明确各自职责、加大投入，进一步推动高校毕业生就业市场的建设。同时，也应以重点建设、示范带动、分类实施、合作共赢为原则，与国家公共就业服务体系、公共就业服务信息系统适度互通，合作共赢。

——要继续推进省（市）高校毕业生就业市场的建设，举办不同行业、不同类型

和公益性双选活动，充分发挥政府职能、示范带头和公益作用。

——针对部分一线城市初步形成的以部分“985、211”院校为中心、相对固定的毕业生就业市场，应当重点扶持，突出特色，打造地域性、行业性、特色鲜明的高校毕业生就业市场。

——基于高校办学定位、办学层次和类型千差万别的现状，对于特色鲜明、规模较小的学校，在校园就业市场建设时可侧重信息收集、就业咨询、职业辅导等方面工作，加强行业、区域、校际合作，辅助以不定期的校园招聘活动。

——针对高校毕业生就业市场大多局限在教育系统内部建设和发展，在经费投入、物质保障、信息服务等方面存在许多自身难以解决的困难的现状，有关部门和高校要拓宽视野，与国家各级公共就业服务体系适度融合互通，合作共赢。

（二）严格审查、加强管理，进一步规范高校毕业生就业市场

加强校园招聘活动审核，规范高校毕业生就业市场秩序。建立实施用人单位资质、招聘信息发布登记审核制度，健全完善高校毕业生校园招聘活动管理、毕业生就业推荐与签约管理、就业工作信息化建设等方面规章制度，实施高校毕业生就业市场建设工作责任制。

高校毕业生就业市场在提供就业服务时，要自觉遵守国家法律、法规及有关政策，坚持诚实信用和公开、公平、公正的原则。高校及有关单位举办校园毕业生就业双选招聘活动，不得影响学校教学活动和人才培养工作。高校及有关部门举办校园招聘活动均应严格审查用人单位资质，逐步建立实施用人单位进校招聘登记审核制度。任何招聘单位或人才中介机构到高校举办校园招聘活动均须征得学校毕业生就业主管部门同意后，方可在一定范围、时间和指定地点内进行。

实际上，针对近年来高校毕业生就业市场建设中存在的问题，一些高校已经纷纷采取措施，加强校园招聘活动管理，以保证校园招聘活动的规范化、制度化，保证学校正常的教学、管理秩序，为用人单位提供满意的服务，促进毕业生顺利充分就业。如华中科技大学2010年11月再次重申《华中科技大学校园招聘管理办法》，武汉理工大学专门下发文件要求校属有关单位进一步做好学生就业招聘活动等。

（三）以学生为本，为毕业生提供良好的就业信息服务

针对高校毕业生在就业双选活动中存在的一些困难和问题，各地主管部门、各高校要坚持以学生为本，创新管理和服务模式，为毕业生提供良好的就业服务，尤其是要重点关注就业困难群体毕业生，将他们纳入高校就业援助体系。要高度重视和不断加强高校就业工作信息化建设。高校毕业生就业工作信息化建设，既要与国家及各省

(市)高校毕业生就业工作发展战略相结合，也要与学校数字校园建设相结合，更要与大学生的根本需要相结合，从而为毕业生就业求职提供更加便利、高质量的信息化服务。要切实加强毕业生就业网站的安全管理，确保网络招聘活动的安全与稳定。

（四）加强就业市场监管，切实保护毕业生就业权益

一方面，各高校要进一步加强对高校毕业生就业双选活动的监管，加强对用人单位资质、招聘信息的核查，切实营造公平就业环境。坚决反对任何形式的就业歧视[5]。另一方面，要积极探索，不断完善高校毕业生就业权益保护有效工作模式与运行机制。以“意识为先、能力为重、防范为主、重点援助”为工作方针，以“事前预防（为主）、事中咨询、事后援助（为辅）”为工作思路，不断增强大学生依法就业意识、风险防范意识和权益保护意识，主动为毕业生提供求职、签约等方面的就业权益保障服务，防止侵害毕业生就业权益现象的发生，切实维护毕业生的合法权益。

参考文献

[1][2] 刘铸、范龙、赵沈英等：“高校毕业生就业市场体系建设研究”，《中国大学生就业》，2011（0）：4—7。

[3] 李勇、胡春华、胥俊：“对高校毕业生就业市场建设的思考与实践”，《出国与就业（就业版）》，2010（15）：36—37。

[4] 薛童：“新时期高校毕业生就业工作信息化建设的问题及对策研究”，《知识经济》，2012（22）：58—59。

[5]《教育部办公厅关于加强高校毕业生就业信息服务工作的通知》（教学厅[2013] 5号）。

课题编号：12jycyw005

基于需求导向的中国特色大学生职业发展教育体系建构①

课题承接单位：上海市学生事务中心

摘　　要

作为促进大学生充分就业和全面发展的一项重要举措，在高校开展大学生职业发展教育日益成为政府和高校的重要抓手，但是我国大学生职业发展教育发展也面临着多方面的挑战：大学生职业发展教育体系建设未能充分体现各方主体需求；高校开展大学生职业发展教育缺乏特色和层次性；大学生职业发展教育内容方法手段比较单一，等等。因此，立足中国特色，从需求导向的理论视角构建大学生职业发展教育体系成为本课题研究的主题。本课题立足国际、国内比较研究，以上海为例开展深入的调研，通过缜密的思考，全面总结开展大学生职业发展教育实践，分析当前大学生职业发展教育中的一些复杂问题，在科学分析大量实证研究数据的基础上，提出基于需求导向的中国特色大学生职业发展教育体系建构的举措，具体包括五个方面：第一，建立政

① 此课题结题鉴定等级为“优秀”。

府、社会和高校密切的联动机制；第二，开展多种形式具有中国特色大学生职业发展教育；第三，打造大学生职业发展教育的专业化师资队伍；第四，加强对于大学生职业生涯教育的需求引导；第五，健全大学生职业发展教育的评价体系。对开展大学生职业发展教育实践提供了一定的借鉴和参考价值，也为未来高校的大学生职业发展教育研究提供了一种新的思维方式和实践途径。

第一部分　导　　论

一、研究的问题与背景

1. 研究的问题

当我国高校毕业生人数从 2003 年的 212 万到 2012 年的 680 万，在高等教育大众化和大学生就业市场化的浪潮冲击下，高校毕业生就业难作为问题日益成为全社会关注的焦点。作为促进大学生充分就业和全面发展的一项重要举措，在高校开展大学生职业发展教育日益成为政府和高校的重要抓手。从 1995 年原国家教委的《关于在高等学校开设就业指导选修课的通知》到 2007 年 12 月教育部的《大学生职业发展与就业指导课程教学要求》，以及 2012 年 5 月在清华大学召开的“2012 年大学生职业发展教育国际学术研讨会”，充分显示大学生职业发展教育从起步到全面展开已经进入了一个快速发展的阶段，它从最初的职业辅导到职业生涯规划，再到职业发展教育概念的提出经历了一个逐步演化的历史过程。

为此，许多学者不断在开展职业发展教育的实际工作中采用了不同的理论框架，运用不同的研究方法，从不同的角度开展研究和实践，取得不少成果，归纳已有的研究成果往往呈现出三种趋向：一是从心理学的角度关注个人与职业的匹配，主要强调个人的特质、类型、需要、动机等心理学因素是决定今后个人职业选择的决定因素；二是强调个人发展和所处外在环境因素交互作用的社会学习理论模式，突出社会变量对人类行为的制约作用，有较强的环境决定论色彩。三是立足于意识形态领域里的泛政治化的国家主义，过分强调国家利益的需求，而忽略了个人价值的能动性。仅仅建立在以上三种思路上，各高校所开展的大学生职业发展教育活动实践呈现出了不同的内容和形式，这使我们的认识和观察是不完善的，难免会造成多年来大学生职业发展教育存在一定的理论误区和现实问题。

为此，本课题在深入的观察思考与大量的实践分析基础上，试图以一种新的理论视角来解读当前大学生职业发展教育中的一些复杂问题，为此，本课题研究逐步衍生了一种新的问题意识和提问取向，具体可以表达为几个紧密相联的问题：大学生职业发展教育的内涵是什么？它与我国高等教育改革的关系是怎样的？如何在大学生职业发展教育中处理好国家、社会和个人需求的问题？中国特色的大学生职业发展教育体系如何构建？在本研究看来，只有建立在对这些问题作出深刻思考和缜密地调查研究的基础上，我们才能构建出促就业和学生全面发展的具有中国特色的大学生职业发展教育体系。

2. 研究背景

职业发展教育通过开展职业生涯规划设计指导，引导学生树立正确的人生目标，使学生具备正确的职业规划意识和理念，提升全面素质。2002 年以来，根据教育部和上海市教卫党委、市教委的有关文件，上海全面开展了大学生职业发展教育工作。

“十二五”期间，大学生职业发展教育面临着新的要求：一方面，《国家中长期教育改革和发展规划纲要》明确指出高等教育要提高人才培养质量，加强就业创业教育和就业指导服务。另一方面，经过十多年的探索和积累，学生职业发展教育的理论体系建设，与高等教育改革的内在联系需要系统的提炼和总结。

上海市学生事务中心（上海市高校毕业生就业指导中心，以下简称中心）作为长期从事高校毕业生就业工作的专业机构，在“十二五”期间，将在原有基础上进一步突破，创新研究视角，并力争通过该课题的研究，从大学生自身对职业发展教育需求、高校人才培养需求和用人单位等社会人才需求等多维度进行相互联系，多角度探讨中国特色的大学生职业发展教育体系的构建。

二、研究意义

1. 理论意义

第一，本研究对大学生职业发展教育进行了概念的演变与界定进行了梳理，阐述了大学生职业发展教育的背景和内容，这有助于人们加深对大学生职业发展教育的理解。

第二，引入经济学中的需求导向理论，并赋予新的内涵，丰富了大学生职业发展教育研究的理论。

第三，通过大量的实践调研和系统思考，分析大学生职业发展教育存在的问题及原因，使中国特色的大学生职业发展教育体系建构建立在事实的基础上。

第四，对中国特色大学生职业发展教育体系进行深入研究，提出建构的具体措施，具有一定的针对性和可操作性。

2. 实践意义

第一，从社会角度而言，大学生职业发展教育的研究对促进大学生就业，充分开发大学生的人力资源，保持社会的稳定、经济的可持续发展有极大的促进作用。对引起社会对大学生职业发展教育工作的重视，推动社会各相关方面的密切合作，以切实有效地解决大学生职业教育中的问题具有现实意义。

第二，从高校角度而言，本研究可以使其提高对大学生职业发展教育的认识，并通过本课题研究所提供的可操作性的、较为系统的方法来实现对学生的职业发展教育，使大学生职业发展教育既能够符合高校育人使命以及国家战略需要，又能够实现学生个人的职业理想和个人价值等。

第三，从大学生角度而言，可以从本研究的阐述中较全面了解大学生职业发展教育的历史和现状，并从调研结果中了解大学生群体对职业生涯规划中的一些认识，为制定适合个人职业生涯发展规划提供有益的借鉴参考。

三、研究思路与方法

1. 研究思路

本研究认为，大学生职业发展教育是大学人才培养的重要内容，与中国高等教育改革具有内在统一关系，两者的终极价值都在于提高人才培养质量，满足促进大学生全面发展和社会需求，培养社会主义建设者和接班人。为此，本研究主要思路是在全面总结上海开展大学生职业发展教育实践的基础上，系统调研当前作为教育对象的大学生群体、实施大学生职业发展教育的教师以及雇佣高校毕业生的用人单位对改进和加强大学生职业发展教育的需求及相关建议，以期探讨基于需求导向的中国特色大学生职业发展教育的可行性、要求和构建策略，使中国特色大学生职业发展教育成为当下提高人才培养质量，推进中国高等教育改革的一个重要突破口。

2. 研究方法

（1）文献分析法。收集国内外有关研究职业、职业发展、职业指导、大学生职业发展教育等相关的文献和成果，以求对职业发展教育的脉络体系和相关理论进行全面梳理了解，同时掌握这一研究领域的最新动态和不足。收集上海各类高校职业发展教育工作开展的相关资料，包括既把握整体情况，也对目前各高校职业发展教育工作开展的情况有全面的掌握。

（2）比较法。本课题通过比较国内外高校在职业发展教育研究与实践的异同、借鉴国内外在此领域的研究经验、成果，用以解决我国大学生职业发展教育中的问题，为构建我国具有中国特色的大学生职业发展教育工作提供借鉴。

（3）问卷调查法。根据研究内容，依据不同调查对象，设计大学生、用人单位和高校工作人员问卷，进行针对性调查，发现当前大学生职业发展教育存在的问题，以寻求基于需求导向理论的中国特色职业发展教育体系构建的影响因素。

（4）访谈法。用于了解用人单位对大学生职业发展教育的意见和评价。也用于调研高校从事职业发展教育的一线教师的工作开展情况。

（5）专家法。邀请专家就课题方案及研究进展听取意见和建议，对调查问卷设计、调查方法等方面给予意见和指导，并就结论观点和过程中部分疑难问题进行咨询。

四、本课题的框架结构

本课题包括导论、正文部分和结语。

第一部分导论开宗明义的道出了本课题研究的问题以及时代背景，阐明了研究我国大学生职业发展教育体系的理论价值和实践意义，对本课题的研究思路和采用的研究方法加以说明。

第二部分课题研究内容共分四块。

首先对大学生职业发展教育概念的演变进行了历史性的回顾，对本课题所使用的大学生职业发展教育进行了概念界定，重点梳理了国内外分析大学生职业发展教育所使用的理论解释视角，在分析现有理论解释不完善之处后，提出一种新分析理论视角——需求导向理论。

分析比较国内外大学生职业发展教育的历史沿革和经验启示，在分析经验得失基础上，提出需要构建基于需求导向理论的中国特色大学生职业发展教育体系。

以我国较早、较全面开展大学生职业生涯发展教育的上海地区为例，通过问卷、访谈等实地调研方式对当前大学生职业发展教育现状进行调研，分析大学生职业发展教育存在的问题并重点分析原因。

从国家需求、社会需求和个人需求三个角度重点研究需求导向理论视野下的大学生职业发展教育体系，从而分析中国特色大学生职业发展教育体系的可行性和要求，提出构建的具体措施。

第三部分结论由两部分组成。一是总结本课题的研究局限，二是对今后研究的展望。

第二部分　课题研究内容

一、相关概念界定与理论视角

如何开展“大学生职业发展教育”已经成为教育界一个不容忽视的热点话题，中外学者基于不同的理论视角，运用不同的研究方法，从不同的角度开展了相关的研究和实践，取得了不少成果，为本课题的研究提供了多种理论视角和丰富的实证材料。

（一）大学生职业发展教育概念的演变与界定

研究表明，从最初的职业辅导到职业生涯规划，再到职业发展教育概念的提出经历了一个逐步演化的历史过程。

职业指导、职业发展产生于西方的理论和实践，职业发展理论从职业指导的概念和理论发展而来。职业指导自20世纪初诞生以来，经历了指导式咨询、非指导式咨询和生涯辅导的发展过程，产生了特质因素理论、发展性理论、类型学理论以及社会学习理论等诸多理论。全人发展和终生发展理论在西方已被广泛地接受。

改革开放后，我国高校开始对毕业生进行就业指导，一般使用职业指导、就业指导概念，近年来又出现职业生涯概念，提出职业生涯规划和管理。从职业辅导到职业发展教育，名称发生变化，其内涵也发生巨大变化：职业辅导容易被误解为仅对毕业生就业前的择业技巧与就业进行辅导，而“大学生职业发展教育”则涵盖整个大学生学习生活，以及对大学生今后的职业、人生产生重要的影响，不仅在时限上延长，而且在内涵上拓展。

本研究中的职业发展是随着时间的推移和社会的发展，无论从事何种职业的人，其职业生涯不断向前发展，既有横向的迁移和变化，又有纵向的晋升化；职业发展也包含了人们对职业需求和期望，职业态度、择业观和价值观。

大学生职业发展教育概念近年来已经出现在政府的文件中。《中共上海市科技教育工作委员会、上海市教育委员会印发关于加强上海大学生职业发展教育的实施意见（试行）的通知》（沪教委德〔2005〕22号）把这一概念作为文件标题。文件虽然没有对大学生职业发展教育概念作界定，却明确指出“职业发展教育是大学生人生教育的重要内容，也是思想政治教育的重要渠道。职业发展教育通过职业生涯规划设计指导，引导学生树立正确的人生目标，使学生具备正确的职业规划意识和理念，提升全面素质。”

本研究认为，大学生职业发展是指大学生对职业的需求、期望，职业态度、择业观和价值观；大学毕业后的职业选择、职业变化晋升等，以及其今后整个人生的职业生涯发展。大学生职业发展教育是有目的有计划地对大学生进行职业意识、职业知识、职业能力培养的实践活动，既包括教育教学活动，也包括咨询、指导、技能训练、社会实践和服务等活动。

中国特色的大学生职业发展教育是以培养具有健全人格、独立生存能力、全面素质的社会主义建设者和接班人，有目的、有计划、有组织地培养职业生涯意识与技能，发展个体综合职业能力，促进个体职业发展的活动，更是以引导个体实施职业生涯规划并落实规划为主线的综合性、过程性、实践性教育活动。

（二）国内外已有的理论视角

许多学者在开展职业发展教育的实际工作中采用了不同的理论框架，运用不同的研究方法，从不同的角度开展研究和实践，取得不少成果，归纳已有的研究成果，往往呈现出三种趋向：

1. 从心理学的角度关注个人与职业匹配的理论

这类职业发展教育理论主要强调个人的特质、类型、需要、动机等心理学因素是决定今后个人职业选择的决定因素，典型如霍兰德的类型学理论和萨帕的发展性理论。

（1）类型学理论。霍兰德（John Holland）创建的类型学理论是目前应用最广、最为简便的生涯发展理论之一。霍兰德认为生涯选择是个人人格在工作世界中的表露。遗传因素和长期的生活经验形成了个体独特的个人导向。类型学理论的中心概念是：个体所选择的职业生涯，须符合这种个人导向，只有那些能满足个人需求的职业角色才对个体有吸引力。如果个人导向已经形成，那么在对应的职业环境中就会得到满足，如果个人导向摇摆未定或者拥有互相冲突的职业目标，就很难寻找到适合的职业环境。因此，个人导向是否明确，是个人选择职业生涯的关键因素。霍兰德提出六种典型的职业环境和典型个人导向，分别是：R（实际型）、I（研究型）、A（艺术型）、S（社会型）、E（企业型）、C（传统型）。他认为，多数人的典型个人导向都属于这六种，多数职业环境都可以归入这六类环境中。

霍兰德理论产生后，大量的实证研究支持其理论构成。类型学理论在高校有着广阔的应用前景，它能为大学生选择职业方向提供非常全面丰富的信息。

（2）发展性理论。如果说霍兰德理论侧重于从人格和气质类型这个相对静态的角度来论述生涯发展的话，那么发展性理论是用动态的观点来看待一个人进行生涯选择的历程。其基本假设为：生涯发展是一个终生的过程，生涯发展乃至生涯辅导方案应该依据个人在一生中各阶段的需求而设计。萨帕认为，生涯发展可分为5个阶段：成长（出生到十四五岁）、探索（15—24岁）、建立（25—44岁）、维持（45—64岁）和衰退（65岁以上）。成长阶段的特征是能力、态度、兴趣和自我概念的发展；探索阶段的特征是职业选择的范围缩小，但尚未确定；在建立阶段，通过工作尝试与经验积累而达到稳定；维持阶段的特点是为了改善工作职位和状况而不断调整；衰退则是退休后，逐渐减少工作时间。萨帕在1990年修正了他的发展阶段理论，引入了循环（cycling）和微循环（mini-cycle）概念。他认为，从成长到衰退的5个阶段，是一般性的规律，而具体到某个个人，他在成人的每一个发展阶段内都可能存在从成长到衰退的微循环。另外，发展性理论认为在人生历程中，随着发展阶段的不同，人们会扮演不同的角色，各个角色的消长除了与年龄相关外，更是互相影响的关系。因此，发展性理论不仅关注职业类型的选择，还关注人一生的发展，包括工作角色和生活角色的统合。

发展性理论强调职业发展的成熟度。职业成熟度高的人比职业成熟度低的人更容易成功。萨帕认为职业成熟度可以通过有效的教育和生涯辅导来提高。

发展性理论区别于特质——因素理论与类型学理论的最大特色在于，它强调职业类型的选择和生涯形态的建立是一个发展的、动态变化的过程，是终生发展的任务。发展性理论为我们在个体成长的各个阶段进行教育和咨询提供了理论上的支持，同时也指出了明确的努力方向。因此，高校的职业辅导应根据此特点，强化学生的职业自我概念，通过各种活动促进大学生的职业成熟。

2. 强调个人发展和外在环境因素交互作用的理论

这类职业法制教育理论突出社会变量对人类行为的制约作用，有较强的环境决定论色彩，如社会学习理论。

如果说前两种理论是从生涯发展的个人主体出发来谈生涯发展的话，那么社会学习理论则从个体的外环境出发，来阐述影响生涯发展的因素。该理论认为影响就业决策的因素有四个方面：

（1）天赋和特别能力。天赋由遗传所决定，特别能力是指智力、运动能力或音乐能力等。

（2）环境条件与事件。环境条件与事件，这类因素一般不在个人控制之内，涉及较为广泛的社会文化、政治、经济的力量。例如，政府的财政贷款资助可以增加个人接受高等教育的机会。

（3）学习经验。学习经验，包括工具式学习和联结式学习经验。工具式学习经验通过个人对行为的直接观察或他人反应的观察学习得到，联结式学习经验发生于中性刺激与正面刺激或者负面刺激同时出现的时候。

（4）任务取向技能。任务方法技能包括个人所发展出的一组技能，诸如决策、问题解决、目的确立、信息收集、工作习惯、价值澄清等内容。大学生通过参加时间管理、重点管理、访谈等训练方法，能够提高任务方法技能。

社会学习理论认为，职业经历中的学习是非常必要的，应该让学生接触各种职业角色，通过接触各种工作环境的培训项目来构建学习经历。社会学习理论强调为学生提供学习经历，帮助学生改正错误假设、学习新技能和形成新兴趣、确定有效战略以应对日益变化的工作环境。强调“知己知彼，百战不殆”，了解自己的专业能力，了解环境，了解工作性质，是做好职业选择的根本，这一理论实践证明了这一点。

在大学生职业发展教育中，可以社会学习理论为依据，为大学生提供帮助和指导，开发职业发展方案。它能使大学生获得更准确的自我观察和环境观察，学习新的任务方法技能，开展和职业相关的活动。

3. 立足于意识形态领域里的泛政治化的国家主义理论

这类职业发展教育理论强调国家利益的需求，而忽略了个人价值的能动性，在一些社会主义国家早期的职业发展教育中有所体现。

我国的职业发展教育理论，经历了一个向国外学习、直接的“拿来主义”，到进行“曲折的本土化”，再到现在的“不断探索创新”的过程。期间，由于历史、文化和体制等原因，我们往往把就业指导与思想政治教育结合起来，从而形成一定时期的职业教育理论指导思想出现泛政治化的社会本位主义价值取向。

我国自古以来一直有“以德治国”的传统，教育往往成为统治阶级进行社会动员的工具和手段。研究我国高校思想政治教育发展历史，就会发现思想政治教育、思想道德教育一直偏重于其社会性价值，突出表现为泛政治化，以社会本位主义价值取向彰显政治教导功能。这种价值导向反映在早期的就业指导工作中，直接表现为：教育内容以宣传国家政策为主，帮助毕业生了解国家就业方针政策并完成就业派遣工作，教育取向以社会为本位，呼吁毕业生自觉服从国家需要，到基层及最艰苦的地方去。

4. 理论述评

但是，现有职业发展教育理论，在现实的大学生职业发展教育中依然有一些无法解决的问题，表现在以下几个方面：

首先，从心理学的角度关注个人与职业的匹配，职业指导的技巧，主要强调个人的特质、类型、需要、动机等心理学因素是决定今后个人职业选择的决定因素，有一定的先天决定论。

其次，社会学习理论模式强调个人发展和所处外在环境因素交互作用的社会学习理论模式，突出社会变量对人类行为的制约作用，有较强的环境决定论色彩。

第三，立足于意识形态领域里的泛政治化的国家主义，过分强调国家利益的需求，而忽略了个人价格的能动性。这种导向虽然有利于发挥教育的社会、政治功能，较好地满足国家和社会的需要，但是客观上却造成对个人主体价值的遮蔽，无法最大限度地激发个体的积极性和人才使用的效率性，最终实际上没有很好地满足国家和社会的需求。

第四，现有职业发展教育理论主要注重于从微观的具体的角度，特别是从心理学的角度关注个人与职业的匹配，职业指导的技巧，但对于我们如何在宏观上进行大学生职业发展教育制度和策略的设置上没有研究，对于职业发展教育体系的整理构建的理论较少探讨。现实是职业生涯发展教育，有着全程性，全员性，那么其体系的构建就要从整体上去考虑，即从宏观上对职业发展教育体系构建的理论还有待发展。

第五，现有职业发展教育理论都是从企业、社会现有需求的角度来要求个人去适配职业，但是国家和高校作为行政机构和学术机构，对社会需求应有引导作用，如何发挥主动性去引导社会需求，这也是我们需要思考的地方。

（三）需求导向理论——一种新分析理论视角

何谓需求？需，需要、要求；求，求索、索取。需求多用于人的主观愿望，也常用于经济学领域，表达市场需求，即市场、企业等的客观需要，购买商品或劳务的愿望和能力。

在心理学中，需求是指人体内部一种不平衡的状态，对维持发展生命所必须的客观条件的反应。人通过内部的不平衡产生需求，引起满足需求的一系列活动，最后使个体达到了成长和发展，形成一种动态的平衡和发展。

导向即引导的方向。明确导向既是为办学明确了指导思想，更是确定了人才培养的定位。不同的导向决定了人才培养的目标、规格、途径和实现方式，它从根本上规定了人才的特征，集中体现了我们职业发展教育的教育思想和教育观念。有中国特色的大学生职业发展教育体系该以什么为导向呢？

大学生职业发展教育是一种以培养具有健全人格、独立生存能力、全面素质的人才为目的，有目的、有计划、有组织地培养职业生涯意识与技能，发展个体综合职业能力，促进个体职业发展的活动，更是以引导个体实施职业生涯规划并落实规划为主线的综合性、过程性、实践性教育活动。而职业规划的最终落实在市场中的企业和单位。因此，市场经济体制下的大学生就业，是通过市场化的双向选择达成的，这里面同样有供和需的现实，供和需的矛盾。职业发展教育就是要把学生推向市场中的用人单位，从而满足社会的需要，为国家的建设作出贡献，为个人的全面发展搭建平台。

因此，经济学和心理学上的需求导向理论可以创造性地应用于大学生职业发展教育体系中。因此，我们提出一种大学生职业发展教育体系构建的新的理论视野——需求导向理论。

所谓需求导向理论，是指根据社会和市场发展的需要，有意识地引导并创造条件使大学生紧密结合国家人才战略需求、社会需求和市场需要而进行学习和技能培养，调整自己的知识结构和提高各种技能水平，这样在满足外在需求的过程中，发挥自己的聪明才智、创造需求，成为适合现代社会发展的实用性人才，为国家和社会创造更大的效益，实现个人的全面发展。

二、国内外大学生职业发展教育的经验与启示

（一）国外大学生职业发展教育实践

本部分重点介绍美国职业发展教育的历史沿革，并且分析了美国、德国、英国和韩国等发达国家大学生职业生涯发展教育体系。

1. 美国的大学生职业发展教育体系

美国是职业发展教育的引领者，美国的高校是以职业生涯规划指导为中心，形成了比较完备的就业指导体系。美国大学生生涯辅导特色之处体现在就业指导机构、硬件设施、就业政策、指导人员要求等方面：

职业指导早期性。美国高校的就业指导工作是从学生一入学就开始的，贯穿整个大学生涯。通过一系列的职业教育活动，增强毕业生择业的能力和技巧。

完备的就业指导硬件设施。美国高校就业指导机构的规模都比较大，一般都有十几个到几十个专门办公室，有的甚至占有整栋大楼。各级学院也设立职业指导中心，例如哈佛大学共有 12 个学院，均设有职业指导中心。就业指导中心的重要地位使得美国高校对该机构的经费投入较多，经费来源主要是学校按学生的学费的 5% 拨给和社会捐赠，在这些经费中，除去工作人员工资，直接用于毕业生就业指导工作的年经费约为 50% 左右，充足的经费保证了指导中心的正常运作和采用先进的办公手段。

个性化的职业辅导。高校就业指导机构除以讲座方式对全体学生进行职业辅导外，

还着重进行有针对性的个别咨询和辅导。学生可以预约与辅导教师见面，或通过网络把自己的求职信、履历表等资料上传给辅导老师以获得具体细致的指导。

优惠的就业政策。美国联邦政府为了鼓励大学毕业生到特定的地区或从事特定的职业，采取了许多激励措施，其中最为常见的做法是免除学生的贷款义务。如联邦帕金斯贷款，在以下领域工作：指定的小学或中学作为全职教师从事低收入家庭学生的教学服务工作；全职特殊教育教师；从事残疾人早期干预服务的全职注册专业职业；在教师短缺地区全职从事数学；科学、外语、双语教育或其他领域的全职教师；作为全职雇员在公共或非盈利的儿童/家庭服务机构为来自低收入社区的高风险儿童及其家庭提供服务；全职护士或医疗技术人员；全职的法律执行官员或教养官员；在 HSP 项下的教育机构作为全职成员。大学生最高可以免除100%的贷款。

专业化的师资队伍。学校的就业指导人员一般都是本科毕业的心理专家，再接受相当于硕士学位的咨询专业训练，美国平均每 50 位学生就配有一个心理学专家，为毕业生填报专业、选择职业提供指导。美国还通过法律手段促进职业指导的发展：美国各州都公布了专门的法律，规定职业指导、咨询工作者的条件。

2. 德国的慕尼黑就业模式

“慕尼黑就业模式”是德国大学教育和就业市场相连接的一种就业服务模式，主要是解决大学教育如何与快速变化的就业市场需求相适应的问题。这一模式已在 2001 年正式向欧洲其他大学推广，目前德国有 60 所大学采用“慕尼黑就业模式”。该模式主要的特点：

分工明确，政府系统为主渠道，企业和学生为主体，学校为中介，私人咨询介绍所为竞争补充。政府系统的功能与运作方式主要是信息统计、网络服务、职业培训；私人咨询介绍所主要面向企业，同时为求职者个人介绍职业，搭起企业与求职者之间的桥梁；企业发挥择优用人的主体作用，普遍重视人才选聘的战略与策略；各高校提供对学生就业的咨询服务，每个学校都设置了形式不同的专门机构，保证必要人员编制和经费投入，主要运作方式是针对专业教育缺陷和学生素质的不适应，进行系统的课程培训；学生则既是就业服务体系面向的客体，又是求职的主体。

全方位的合作。德国建立一个全国通行的网络平台，用人单位和学生都可用任何一台电脑登录，免费共享资源。大学、企业界、劳动局全方位合作，他们通过在组织上和经济上的相互支持以及信息上的有效沟通，真正把学生就业准备作为共同的任务来完成。企业界常年为大学毕业生提供实习基地，并且负责实习生的培训与考核。连接的一种就业服务模式，主要是解决大学教育如何与快速变化的就业市场需求相适应的问题。

另外，在大学里设立就业市场学院，专门负责学生专业能力以外的其他能力的培训，包括社交能力、独立工作能力、计算机操作能力和市场营销能力等全方位的基本素质和职业能力培训。

3. 英国高校职业发展教育体系

英国高校的职业发展教育体系关注可雇用性能力的培养。可雇佣性能力这一概念最早出现在20世纪的英国。可雇佣性能力是被雇佣者具有在劳动力市场上展示的、雇主所需和被认为有吸引力的技能总和。高校赋予可雇佣性能力较为丰富的定义。可雇佣性能力的强弱是毕业生能否被雇佣的关键。学校关注毕业生终身就业能力的促进，研究用人单位所需要的毕业生的素养：才智、变通、自我意识、终身学习，以及沟通、互动和团队工作技能等给企业带来价值和发展变革的才能。

其职业发展体系非常关注雇佣性能力的植入。英国高校以“就业能力框架”为方针，设定了所有专业的细则，包括课程设置、考核方式、入学要求等。学校把一系列连贯的基于可雇佣性能力提升的教学大纲特征融合植入所有专业，继而实现专业知识与职业技能的“融合”、“转化”与“转移”。“植入”指的是相关的学习与教学方法和评估，促成学习成果；“融合”指把所有特征融合到一起，便于学生将特征关联；“转化”指理论课程在授予学生专业知识的同时转化学生理念，培养企业所需要的特征；“转移”是指将技能的理论状态转移到实际情景下的应用状态。

英国高校注重雇主参与课程设计与实施。英国高校在编制教学大纲时充分听取了企业对毕业生可雇佣性技能的需求与意见。学校每年开办1期为期1周的暑期学校，将企业家请进学校，培养学生对真实商业的了解，提高学生从事商业活动的能力以及建立人际关系网的社交能力。

4. 韩国大学生的职业发展教育体系

韩国政府在职业发展教育方面提出了多项教育激励政策，其职业发展教育体系主要特点有：

高校大学生职业发展教育中非常关注创业，韩国的创业支援中心建设是个成功运作的案例。政府提供租金很低甚至免费的办公室，以及办公桌椅、电脑、上网线路等各种条件。中心还帮助大学生联系各专业的指导教授，协助进行可行性调查和分析，向经验不足的大学生提供法律、税务、谈判等咨询服务，还帮助大学生进行筹资。对大学生要求进入创业中心的申请，韩国政府和学校进行严格筛选。寻求创业的大学生需要提供详细的创业计划书，然后由大学教授和创业投资专业委员会组成的评审团来评价其创业项目可行性。实施创业支援政策，其中包括创业组织支援和 Venture 企业创业学校支援两部分。政策的目的在于挖掘大学中优秀的创业团体；培养一批具备创造性、挑战性的优秀大学生，并且培养他们的创业才能以及企业家的领导才能；同时，在各地方轮流举办招聘会，给雇用者和求职者创造条件、提供机会。

职业人力开发政策的制定。职业人力开发政策包括工厂专门教育、对收入较低家庭的青少年进行的软件基础教育以及给待业青年提供信息通讯工作、前景较好的工作的相关培训等。其中，由韩国情报通讯部负责的信息通讯专门教育，提供了每年 360 亿韩元的资助。

对于大学毕业未找到工作的学生，设立个人就业活动计划专门机构。首先与其进行必要的交流和谈话，由此对学生的基本情况进行必要的了解，并在此基础上对学生的优缺点进行深入地分析和归纳，并且按照其专业特长给予其相应的培训，开发其优点和特长，克服其自身的缺点和不足，提高学生的自信。该机构还负责帮助学生介绍相应的就业和实习场所，这样一方面可以给学生提供实习的机会，积累必要的工作经验；另一方面，可以开发学生的职业能力和工作能力，为其正式参加工作打好基础。经过以上几个阶段的锻炼和培训后，该机构工作人员会根据就业者个人的情况和市场的需要给其介绍合适的工作单位，并且，在应聘过程中，该机构人员会跟随应聘者一起参加面试，这样既可以传授给他们必要的应聘技巧，又可以减轻应聘者的心理负担，从而增加了应聘成功的几率。但应聘成功并不代表能够适应此时的工作，因此，该机构在学生就业适应阶段，仍然给予必要的监督和引导，从而保障就业的成功。

（二）我国职业发展教育的发展

1. 我国职业发展教育的历程

（1）最早萌芽阶段（20 世纪初至新中国成立前）。20 世纪初，我国的职业指导受到美国等西方国家的影响开始萌芽。1916 年，清华大学校长周寄梅先生首次将心理测试的手段应用在学生选择职业中，并实施“生涯规划”相关的课程辅导，这是中国生涯教育的开山之作。1925 年，清华学校庄泽宣教授编写了《职业指导实验》一书，使用职业指导概念。这一时期的代表人物还有邹韬奋先生，他在此项工作中倾注了大量的心血。1922 年至 1926 年，他研究和编译了《职业教育研究》、《职业智能测验法》、

《职业指导》、《职业指导实验》第二辑、《职业心理学》等著作，发表了《中国职业指导现况》等文章。他认为职业指导绝不只是引导如何获得职业，是涉及到教育哲学、心理学、统计学、社会学等众多学科的工作，要以种种方法助人怎样选择职业，怎样预备职业，怎样加入职业，并能在职业上求进步。

（2）新中国成立后国家统一分配的阶段（1949 年至 1990 年）。新中国成立后，由于实行计划经济和就业的统包统配等政策，在相当长的一段时间里，职业发展教育问题一直是高等学校教育的空白。职业发展教育基本上被国家统一分配、个人服从所取代，在绝大多数青年学生的头脑中都没有自己自由选择职业的概念，更没有对职业发展的设想，人不需要思考自身的体质、能力、爱好、兴趣等等，需要做的只能是接受着国家计划的安排。

1977 年恢复高考，直到 1990 年，大学毕业生实行的仍然是“统招统分”的计划分配制度，主要是由政府解决大学生的就业问题，大学生的择业和创业问题尚未浮出水面。

（3）酝酿探索阶段（1990 年至 1999 年）。1989 年国家教委印发了《高等学校毕业生分配制度改革方案》，高校毕业生由国家统包统配的就业制度终于被改革的利剑击破。1992 年党的十四大提出建立社会主义市场经济体制。1993 年，中共中央、国务院颁布《中国教育改革和发展纲要》，提出改革高等学校毕业生“统包统分”和“包当干部”的就业制度，实行少数毕业生由国家安排就业，多数学生“自主择业”的就业制度。与此相配套，建立人才需求信息、就业咨询指导、职业介绍等社会中介组织，为毕业生就业提供服务。1994 年，国家教委在《关于进一步改革普通高等学校招生和毕业生就业制度的试点意见》中指出高等学校应加强学生思想政治工作，把这项工作同对学生的毕业教育和就业指导结合起来，鼓励学生积极考虑到国家需要的、有利于发挥个人业务专长的地方就业。1997 年，国家教委颁发了《普通高等学校毕业生就业工作暂行规定》，对高校就业指导工作作出了明确规定，各高校纷纷建立了相应的机构。1999 年，劳动保障部制定颁布了《职业指导人员国家职业标准（试行）》，编辑出版了相应的培训教材。2000 年 6 月，职业指导人员职业资格鉴定工作在全国范围内展开，标志着我国职业指导和职业介绍队伍建设进步走向规范化，是对职业指导工作的一次有力推进。

1999 年以前的就业指导工作主要是在学生开始择业时进行政策法规、手续办理流程等指导，没有系统性，还没有上升到学生职业生涯发展方面科学教育的层面。但是这些探索为职业生涯规划教育奠定了初步基础。

（4）起步实施阶段（2000 年至今）。我国现代意义上的大学生职业发展教育的提出和受到关注应该是从 21 世纪开始的。1999 年中共中央国务院出台《深化教育改革全面推进素质教育的决定》，教育部颁布《面向21世纪教育振兴行动计划》。高校毕业生就业指导工作逐步由就业指导为主向就业指导和创业指导并重转变，并明确高校必须建立并健全毕业生就业指导服务机构，在办公条件、人员、经费等方面给予充分保证。2000年10月由北京市学联等单位发起在中国人民大学、北京大学、清华大学等8所首都高校组织开展“2000年大学生生涯规划”活动，受到首都大学生的普遍欢迎。教育部办公厅颁布的《大学生职业发展与就业指导课程教学要求的通知》（教高厅［2007］7号），第一次明确提出了职业发展教育的概念，并提出从2008年起提倡所有普通高校开设职业发展与就业指导课程，并作为公共课纳入教学计划，贯穿学生从入学到毕业的整个培养过程，建设一支相对稳定、专兼结合、高素质、专业化、职业化的师资队伍，是保证大学生职业发展与就业指导课程教学质量的关键。可以说这一时期，是大学生职业发展教育快速发展时期，上海地区的大学生职业发展教育政策则走在了全国各地的前列。随后，各地纷纷掀起了对大学生职业发展教育研究的热潮。值得一提的是，2012年，上海市教育委员会颁布的《上海市学生职业（生涯）发展教育“十二五”行动计划》（沪教委学〔2012〕67号）是专门针对大学生职业（生涯）发展教育的政策性文件，明确了高等学校开展职业（生涯）发展教育的现实意义和战略意义，以及各级教育行政部门和高校开展职业（生涯）发展教育的责任、目标和工作重点，较为完整系统全面的规定了职业（生涯）发展教育的内容。

纵观我国大学生职业生涯规划和就业指导曲折的发展历程，突出特点是，初期起步早，中断时间长，目前呈现出快速发展的势头。大致可以将职业发展教育走过的历程归纳为三个阶段：即“拿来主义”、“国外经验本土化探索”和“借鉴国外经验的基础上创建中国特色”三个阶段，但是各阶段之间并没有明显的时间分水岭而是相互交错的。

2. 我国大学生职业发展教育的政策梳理

政府是我国开展大学生职业发展教育政策的制定者，是职业发展教育的管理者，是资金的主要提供者。如果以1993年中共中央、国务院颁布《中国教育改革和发展纲要》作为我国高校开展职业发展教育的开端，至今已有20年的历史。在这期间，我国政府相继出台了一系列政策措施，推动了职业发展教育的持续发展，发挥了重要作用。

关于我国大学生职业发展教育政策的查找，时间范围锁定从1993年颁布的《中国教育改革和发展纲要》至2012年。本课题以“就业”、“就业指导”、“职业指导”、“职业发展教育”、“生涯发展教育”为关键词，在中华人民共和国国务院办公厅政府信息公开专栏、教育部网站的政策法规库、全国高等学校学生信息咨询与就业指导中心网站、上海市教委网站、中国知网、上海市政府信息公开中，对历年颁布的涉及大学生就业指导、职业指导、职业发展教育有关的政策文件进行搜索。其中，全国性的政策文件共有29份，上海地方性的政策文件共有21份。从颁布政策的部门来看，以教育部、上海市教委为主，国务院办公厅、中共宣传部、财政部、上海市发展和改革委员会、上海市人力资源和社会保障局也有涉及（见表3－1）。

表3－1　2002—2012年国家和上海市颁布的与职业生涯发展教育相关的政策文件

编号	国家政策文本	发文号	发布单位	发布时间
1	教育部关于做好2013年全国普通高等学校毕业生就业工作的通知	教学［2012］11号	教育部	2012.11.18
2	教育部关于全面提高高等教育质量的若干意见	教高［2012］4号	教育部	2012.3.16
3	教育部办公厅关于推荐全国重点建设职业教育师资培养培训基地和全国职业教育师资专业技能培训示范单位的通知	教职成厅函［2012］6号	教育部	2012.2.14
4	教育部关于开展“本科教学工程”大学生校外实践教育基地建设工作的通知	教高函［2012］7号	教育部	2012.3.2
5	教育部关于批准实施“十二五”期间“高等学校本科教学质量与教学改革工程”2012年建设项目的通知	教高函［2012］2号	教育部	2012.1.20
6	教育部等部门关于进一步加强高校实践育人工作的若干意见	教思政［2012］1号	教育部 中宣部 财政部	2012.1.10
7	教育部关于印发《教育部2012年工作要点》的通知	教政法［2012］2号	教育部	2012.1.20
8	教育部关于做好2012年全国普通高等学校毕业生就业工作的通知	教学［2011］12号	教育部	2011.11.10
9	国务院关于进一步做好普通高等学校毕业生就业工作的通知	国发［2011］16号	国务院	2011.5.31
10	教育部高等教育司2011年工作要点	教高司函［2011］34号	教育部	2011.2.17
11	教育部关于做好2011年全国普通高等学校毕业生就业工作的通知	教学［2010］11号	教育部	2010.11.15
12	国务院关于加强职业培训促进就业的意见	国发［2010］36号	国务院	2010.10.20
13	国家中长期教育改革和发展规划纲要（2010—2020年）			2010.7.29
14	教育部关于印发《教育部2010年工作要点》的通知	教政法［2010］2号	教育部	2010.1.29

续表

编号	国家政策文本	发文号	发布单位	发布时间
15	关于举办“大学生就业·创业群英会——全国大学生职业生涯规划大赛”的通知	教学司函［2009］21号	教育部	2009.4.20
16	国务院办公厅关于加强普通高等学校毕业生就业工作的通知	国办发〔2009〕3号	国务院办公厅	2009.1.19
17	教育部办公厅关于加强普通高等学校学生就业思想政治教育的通知	教思政厅［2009］1号	教育部	2009.3.25
18	教育部办公厅关于做好2008年招收高校辅导员在职攻读思想政治教育专业博士学位研究生工作的通知	教学厅［2008］3号	教育部	2008.3.28
19	关于印发《教育部社会科学司2008年工作要点》的通知	教社科司函［2008］17号	教育部	2008.2.18
20	教育部关于印发《教育部2008年工作要点》和周济部长在教育部2008年度工作会议上的讲话的通知	教政法〔2008〕1号	教育部	2008.1.4
21	教育部办公厅关于印发《大学生职业发展与就业指导课程教学要求》的通知	教高厅［2007］7号	教育部办公厅	2007.12.28
22	国务院办公厅关于切实做好2007年普通高等学校毕业生就业工作的通知	国办发［2007］26号	国务院办公厅	2007.4.22
23	国务院办公厅关于进一步做好2004年普通高等学校毕业生就业工作的通知	国办发〔2004〕35号	国务院办公厅	2004.4.17
24	中共中央国务院关于进一步加强和改进大学生思想政治教育的意见	中发［2004］16号	中共中央办公厅	2004.4.14
25	教育部关于进一步加强普遍高等学校毕业生就业指导服务机构及队伍建设的几点意见	教学［2002］18号	教育部	2002.12.31
26	中共中央国务院关于深化教育改革全面推进素质教育的决定	中发［1999］9号	中共中央办公厅	1999.6.13
27	教育部《面向21世纪教育振兴行动计划》		教育部制定，国务院批转	1999.1.13
28	国务院关于做好1998年普通高等学校毕业生就业工作的通知	国发〔1998〕16号	国务院	1998.5.17
29	中共中央、国务院颁布《中国教育改革和发展纲要》	中发［1993］3号	中共中央办公厅	1993.2.13

续表

编号	上海政策文本	发文号	发布单位	发布时间
1	上海市教育委员会关于印发《上海市学生职业（生涯）发展教育“十二五”行动计划》的通知	沪教委学〔2012〕67号	上海市教育委员会	2012.11.23
2	上海市人民政府办公厅转发市教委等十六部门关于加强校企合作 提高高等教育、职业教育质量意见的通知	沪府办发〔2012〕56号	上海市人民政府办公厅	2012.8.31
3	上海市教育委员会关于开展上海高校职业（生涯）发展教育优秀案例征集活动的通知	沪教委学〔2012〕72号	上海市教育委员会	2012.12.31
4	上海市教育委员会、上海市人力和社会保障局关于做好2012年上海高校毕业生就业工作的通知	沪教委学〔2012〕4号	上海市教育委员会、上海市人力资源和社会保障局	2012.2.7
5	上海市教育委员会关于开展2012年“上海高校毕业生就业工作创新基地”建设工作的通知	沪教委学〔2012〕41号	上海市教育委员会	2012.7.3
6	上海市教育委员会、上海市人力和社会保障局关于做好2011年上海高校毕业生就业工作的通知	沪教委学〔2011〕22号	上海市教育委员会、上海市人力资源和社会保障局	2011.3.10
7	上海市教育委员会关于开展2011年“上海高校毕业生就业工作创新基地”建设工作的通知	沪教委学〔2011〕83号	上海市教育委员会	2011.7.18
8	上海市教育委员会关于开展“上海高校毕业生就业工作创新基地”建设工作的通知	沪教委学〔2010〕100号	上海市教育委员会	2010.11.4
9	上海市中长期教育改革和发展规划纲要（2010—2020年）			2010.9.10
10	上海市教育委员会、上海市人力资源和社会保障局关于做好2010年上海高校毕业生就业工作的通知	沪教委学〔2010〕8号	上海市教育委员会、上海市人力资源和社会保障局	2010.1.21
11	上海市人民政府关于进一步做好本市促进创业带动就业工作的若干意见	沪府发〔2009〕1号	上海市人民政府	2009.1.14
12	上海市教育委员会、上海市人力资源和社会保障局关于做好2009年上海高校毕业生就业工作的通知	沪教委学〔2009〕2号	上海市教育委员会、上海市人力资源和社会保障局	2009.1.8

续表

编号	上海政策文本	发文号	发布单位	发布时间
13	上海市教育委员会、上海市发展和改革委员会、上海市人事局、上海市劳动和社会保障局关于做好2008年上海高校毕业生就业工作的通知	沪教委学〔2007〕106号	上海市教育委员会、上海市发展和改革委员会、上海市人事局、上海市劳动和社会保障局	2008.1.4
14	中共上海市科技教育工作委员会 上海市教育委员会关于做好大学生职业发展教育启始阶段工作的通知	沪教委德〔2007〕38号	中共上海市科技教育工作委员会 上海市教育委员会	2007.7.20
15	上海市教育委员会、上海市发展和改革委员会、上海市人事局、上海市劳动和社会保障局关于做好2007年上海高校毕业生就业工作的通知	沪教委学〔2007〕3号	上海市教育委员会、上海市发展和改革委员会、上海市人事局、上海市劳动和社会保障局	2007.3.12
16	上海市教育委员会关于建立上海市大学生职业发展教育教学实训基地的通知	沪教委学〔2007〕7号	上海市教育委员会	2007.2.2
17	关于加强上海大学生职业生涯发展教育的实施意见（试行）	沪教委德〔2005〕22号	上海市教育委员会	2005.7.8
18	中共上海市委 上海市人民政府关于贯彻《中共中央国务院关于进一步加强和改进大学生思想政治教育的意见》的实施意见	沪委〔2005〕6号		
19	关于做好2001年上海市高等学校毕业生和毕业研究生就业工作的通知	沪计社〔2000〕37号	上海市计划委员会、上海市教育委员会、上海市人事局	
20	关于做好1998年上海市普通高等学校毕业生和毕业研究生就业工作的通知		上海市计划委员会、上海市教育委员会、上海市人事局	
21	《一九九四年上海市普通高等学校毕业生就业工作的若干意见》	沪计社〔1994〕08号	上海市计划委员会、上海市高等教育局、上海市人事局	

（三）国内外大学生职业发展教育的启示

1. 自下而上和自上而下——中外大学生职业发展教育的动因差异

西方的大学生职业发展教育发展至今有百年的历史，在其演变过程中，产生了众多的理论流派和成熟的操作方法。西方高校的职业发展教育是与西方的社会经济发展密切相关的。20 世纪 60、70 年代，西方国家出现“高通货膨胀率和高失业率并存”这个事实，客观上刺激了大学生职业生涯教育理论的发展，因此，西方大学生职业发展教育是自下而上不断完善的过程，更为偏重市场需求的变化。

我国从 1977 年高考恢复到 1990 年，一直采取统包统配的原则，就业市场完全由国家计划统筹。随着社会主义市场经济的提出，1993 年中共中央、国务院颁布了《中国教育改革和发展纲要》，明确提出了大学生“自主择业”要求。1994 年，劳动部颁发了《职业指导办法》，明确规定职业介绍机构应开展职业指导工作。1997 年，国家教委颁发了《普通高等学校毕业生就业工作暂行规定》，对高校就业指导工作作出了明确规定。高校纷纷建立了相应的机构。到 2001 年，国内许多高校普遍开始增设就业指导课程或讲座，就业指导教材也相继出版，就业指导服务水平有了不同程度的提升。可见，我国大学生职业发展教育，是政府主导推动从上而下的高等教育改革的一项重要内容，从“制度化”到“社会化”。

中西方有不同的社会制度和文化背景，在大学生职业发展教育中有不同的推进方式。90 年代开始，我国开始学习西方职业生涯发展理论，并且政府主导出台了一系列政策文本，经历了“拿来主义”、“国外经验本土化探索”和“借鉴国外经验的基础上创建中国特色”三个阶段，在从上而下的推进过程中，也出现了很多亮点，武汉理工大学出版了职业生涯规划系列丛书，清华大学开设了“职前教育网络课堂”。因此，我国高校明确了政府对于大学生职业发展教育重要性的政策话语体系中，接下来需要进一步完善大学生职业发展教育，增强高校作为职业发展教育的主体意识，结合自身的办学特色和行业需求动态，包括要妥善处理好与政府部门、用人单位、专业机构、社会中介等关系，在国家支持的基础上，充分利用社会资源。

2. 单向灌输与综合服务——中外大学生职业发展教育的方式差异

西方大学生职业发展教育采取多种形式，大学生职业能力测试，个性化的职业咨询，职场技能培训，模拟面试，企业实践等内容，形式多样，基本包括了大学生从校园人到职场人的全部环节。这也与西方职业发展教育理论历史悠久相关，在高校大学生职业发展教育近百年的实践中，产生了众多成熟的做法，其落脚点在于注重大学生职场实务，让大学生在实践中体验职场情境。西方的高校职业发展教育部门承担着与大学生就业有关的服务、咨询和研究功能，贯穿于大学教育的始终，已经内化为大学教育的一门重要课程。

我国的职业发展教育主要以灌输式教育为主。随着扩招带来的就业压力，高校加大了就业指导课程的力度，内容主要包括就业政策宣传与解释、就业信息发布、就业技巧指导三方面。就业指导课程并没有真正解决大学生的就业困惑，更没有对低年级学生的职业发展提供有效帮助。从 2002 年开始，我国高校陆续开设了职业生涯规划课程，要以就业指导课为基础，增设 4—8 学时的职业生涯规划课程，一些学校把职业生涯规划课程作为选修和必修课程开设。

相比西方高校就业部门的定位，我国大学生职业发展教育实施方式相对单一，就业指导部门的服务，咨询功能有待于进一步加强。我国高校的职业发展教育停留在单向灌输就业相关政策等理论层面，教育形式基本停留在课堂教学和讲座等的结合，企业实践比较少，对学生的吸引力不足，不利于解决求职就业中的现实问题。因此，在大学生职业发展教育的开展方式上，高校职业发展教育相关部门需要更为注重职业理论和企业实践的结合，注重个性化咨询和全方位教育的结合，为学生职业选择、职场心理等提供更加务实的建议，不断丰富大学生职业发展教育体系的范畴。

3. 专业化建设——中外大学生职业发展教育的师资差异

西方高校的职业发展教育倡导个性化的就业咨询，这对于大学生职业发展教育的师资提出了要求：高质量且相应数量的高校职业咨询师专业队伍是开展职业发展教育的前提。在西方，学校的就业指导人员一般都是本科毕业的心理专家，再接受相当于硕士学位的咨询专业训练，美国平均每 50 位学生就配有一个心理学专家，为毕业生填报专业、选择职业提供指导。美国还通过法律手段促进职业指导的发展：美国各州都公布了专门的法律，规定职业指导、咨询工作者的条件。

近年来，我国的大学生职业发展教育获得了长足的进步，例如在上海地区，上海学生职业发展教育研究所落户上师大，但总体来说，我国的大学生职业发展教育的师资构成较为薄弱，从事大学生职业发展教育的从业者以行政人员和政工干部，大学生辅导员居多，专业人士较少。目前，全国已经取得职业指导师职业资格的只有 1 万人，高级职业指导师不足 400 人。同时，在就业指导时只能停留在泛泛而谈的层面，对学生的职业发展辅导和咨询等服务还没有得到全面展开。师资队伍的薄弱，大大影响了大学生职业发展教育的质量。

因此，我国大学生职业发展教育的基础在于师资力量的专业化，《上海市学生职业生涯教育规划》指出："努力培养具有较高理论素养、专业技能、科研能力和国际交流能力的学生职业（生涯）发展教育专家群体。"除了在入职前所具备的专业背景和职业资格证书认证外，还应加强已经入职教师的在职培训。尤其是加强大学生职业发展教育在职师资的培训，积极走进企业，加强职业实践认知，才能在教学和活动中拓展大学生的职业素养。

4. 过程评价和结果评价——中外大学生职业发展教育的评价差异

西方高校从学生一入校就开始进行职业发展教育，并且不同的年级设定不同的教育评价标准。一般来说，大一新生一入校就进行职业教育，帮助学生对就业市场的状况进行接触和了解；第二年要帮助学生发现和了解自己的特性、兴趣和专长，参加相关活动，最终选择好专业；第三年要帮助学生收集雇主资料和市场需求，参加社会实践，使学生对选择职业有直接感受；第四年指导学生进行如何写求职信、参加面试等专题训练，帮助学生收集需求信息，举办各种规模就业市场活动。

在我国，对于高校职业发展教育的评估，毕业班就业率是最直观和量化的评价标准，就业率间接地影响了高校的招生等其他工作。所谓就业率，指的是就业学生占毕业生的比例，就业率是大学生职业发展教育的阶段性成果，但与高校职业发展教育的开展并不存在必然相关，这种评估的标准忽视了各主体的需求，进而导致大学生就业指导代替大学生职业发展教育的情况。

因此，我国的大学生职业发展教育的评价，除了结果评价之外，也要注重过程评价。大学生职业发展教育是一项全程化的工作，不只是在"大四"进行，也不仅仅是大学生就业一个部门的责任，而是整个学校的责任，应该贯穿于整个高等教育过程，按不同阶段系统的开展，分层次建立不同的评价体系，才能以此为导向，真正有效开展大学生职业发展教育。

三、大学生职业发展教育现状调研——以上海高校为例

面对国内高校职业发展教育的崭新阶段，多角度了解目前的现状及需求，从而发

现现状与需求之间的不适应性，进而对“基于需求导向的中国特色大学生职业发展教育体系建构”提出建议，成为本课题研究的重要内容之一。基于此背景，本课题力图通过问卷调查、访谈、座谈等形式，从职业发展教育的开始时间、主要内容、开展方式及主要途径、师资队伍培养、总体评价等五个方面进行调查。受限于研究周期、研究经费等客观条件，在选择问卷调查样本时，主要考虑了两个因素：第一，设定了“需求主体”，分别是：一是高校学生，他们是职业发展教育的主体；二是从事于职业发展教育相关的教师，他们是职业发展教育的实施者；三是高校教务职能部门负责人，他们是对本校人才培养质量及教育教学改革感触较全面的人员；四是用人单位，他们是社会对人才需求方的具体体现。第二，区域代表性，以上海为例——首先，上海地区高校在职业发展教育方面的尝试可以说走在了全国的前头，特别是2012年上海市教育委员会《上海市学生职业发展教育“十二五”行动计划》的出台，对职业发展教育模式、课程设计、实践活动、师资建设和成效评价，做出了前瞻性指引；其次，从高等教育培养人才的类型和层次上来讲，上海高校覆盖了全部学历层次，有研究生、本科生、专科生，而学校类型也包含了985、211、老本科、新本科、高职高专、民办高校等全面的高校类型，其人才培养的学术型、应用性和技能型定位也有全面涵盖；再次，上海地区经济社会发展在全国一直具有排头兵的示范效应。因此，从提高人才培养质量促进高等教育改革内涵视角来看，以高校办学层次和办学类型加之已有的经验基础和前瞻性角度来讲，以上海为例的样本选择具有科学性和代表性。

（一）上海大学生职业发展教育现状调研背景说明

1. 研究对象

本次调查研究将定性研究与定量研究相结合，对上海市不同类型高校，不同学历层次的学生以及上海市不同行业、不同性质的用人单位进行问卷调查，以了解上海市高校学生、用人单位目前对于职业发展教育的满意度情况。

调研中选取上海不同类型高校11所，其中985院校2所，211院校2所，老本科2所，新本科2所，非民办高职高专院校2所，民办高职高专院校1所；同时，根据理论研究锁定的三个需求主体（个体需求主体、社会需求主体、国家需求主体）确立了本次调查对象，即高校学生，简称学生：从学历层次分，包括专科生、本科生、研究生；从所处教育阶段分，包括新生阶段、非毕业生阶段和毕业生阶段；高校从事于职业发展教育相关工作教师，简称就业：包括校级就业部门负责人、工作人员，从事职业发展教育的专职教师，院系就业工作负责人，辅导员等；高校教务职能部门负责人，简称教务：主要是高校教务处处长；用人单位，简称单位：主要是用人单位人力资源部门人员，特别是招聘工作负责人。

2. 调研方式

调查问卷通过网络平台、书面邮寄、座谈会等形式发放，调查周期为12月3日至12月30日。截至12月30日，共回收大学生有效问卷4516份，高校从事生涯发展教育相关工作教师有效问卷67份，教务部门有效问卷78份，用人单位有效问卷47份。

数据回收完成后，课题组运用spss、excel等数据分析软件对数据进行了详细分析，以下为数据分析结果。

（二）大学生职业发展教育现状描述

1. 大学职业发展教育开始的时间

（1）高校学生调研。通过调查数据显示，大学生进入高校后开始接受学校组织的职业发展教育的时间主要集中在“大学新生阶段”。（见图1）

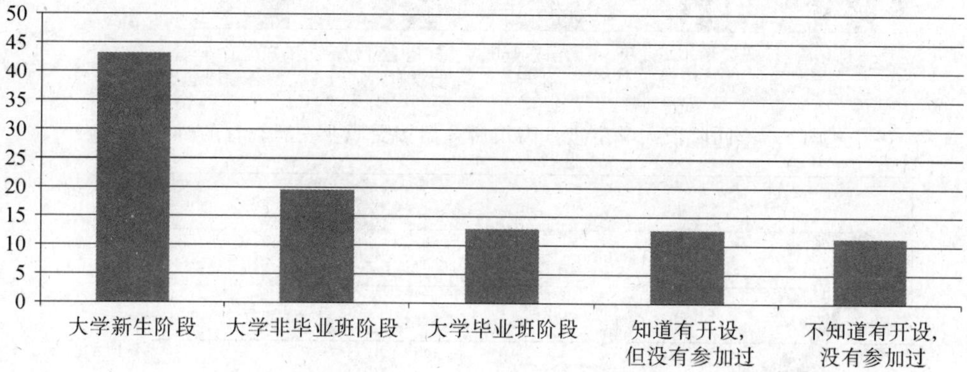

图1 大学生进入高校后开始接受学校组织的职业发展教育的时间

不同类型院校之间的大学生存在差异，985院校的大学生主要集中在“知道有开设但是没有参加过”，其他五种类型院校大学生则集中在“大学新生阶段”。（见图2）

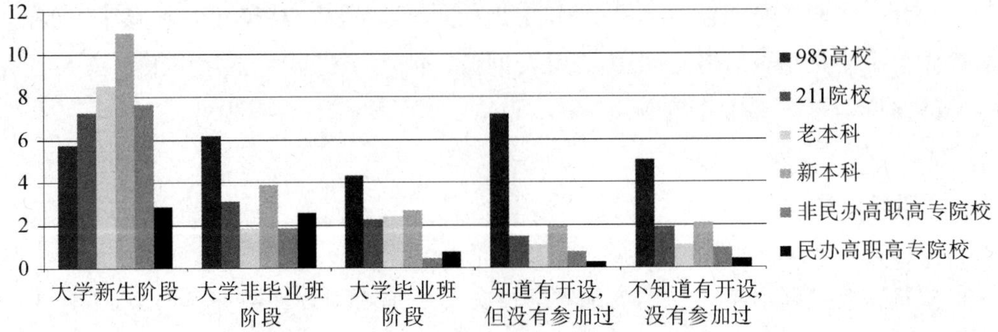

图 2　不同类型院校大学生进入高校后开始接受职业发展教育的时间

对于所处不同阶段的大学生来说，普遍认为学校在大学新生阶段开设了职业发展教育。（见图 3）不同学历层次大学生中，博士研究生集中在“知道高校有开设职业发展教育但没有参加过”；硕士研究生集中在“大学非毕业班阶段”；本科和高职高专集中在“大学新生阶段”。（见图 4）

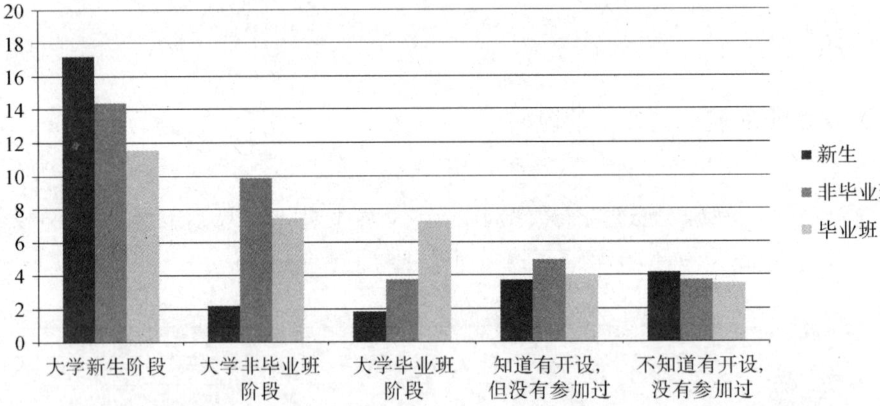

图 3　不同阶段大学生进入高校后开始接受职业发展教育的时间

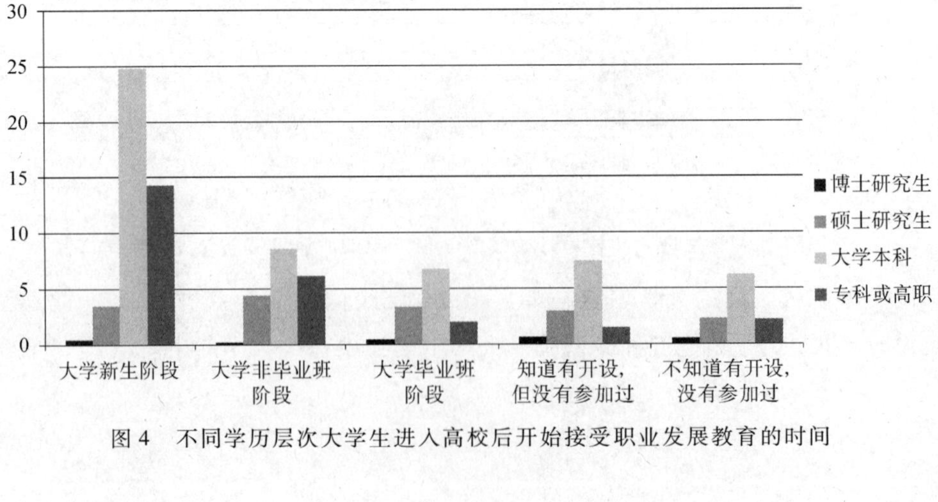

图 4　不同学历层次大学生进入高校后开始接受职业发展教育的时间

2. 教务和就业部门教师调研

从对学校教务部门和从事职业发展教育相关工作教师的调查来看，绝大多数调查对象认为学校在大学新生阶段就已开始职业发展教育。(见图5)

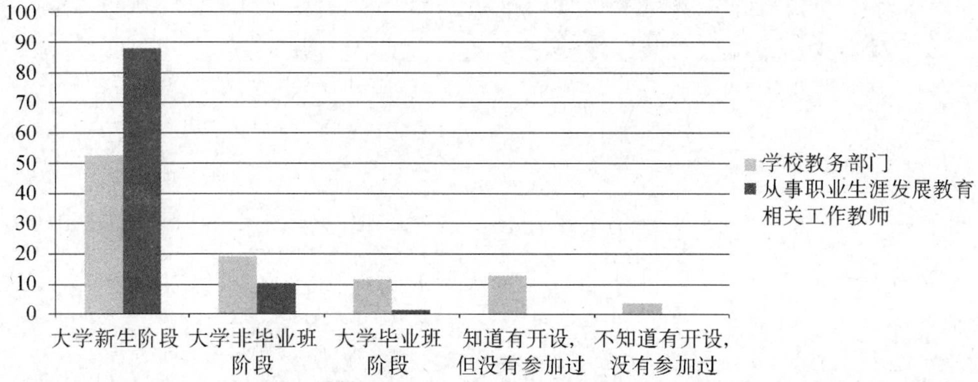

图5　学校教务部门和从事职业生涯发展教育相关工作教师认为本校开始职业发展教育的时间

在认为应该何时开展职业发展教育时，大学生选择最多的是“大学新生阶段”；用人单位选择最多的是“高中阶段”；学校教务部门选择最多的是“大学新生阶段”；从事职业发展教育相关工作老师选择最多的是“高中阶段”。(见图6)

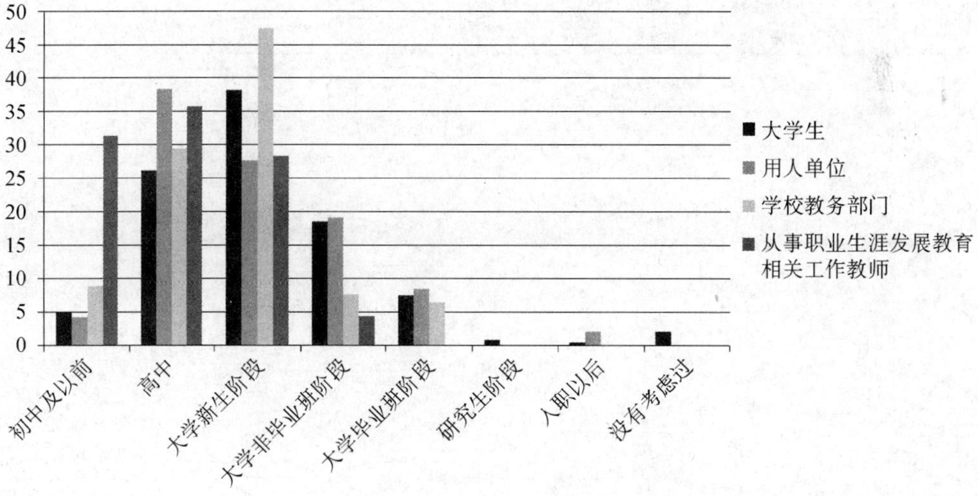

图6　您认为应该从何时开始职业发展教育

不同类型院校的大学生中，985院校大学生选择最多的是“高中阶段”，其他五种类型院校大学生选择最多的均为“大学新生阶段”。(见图7)

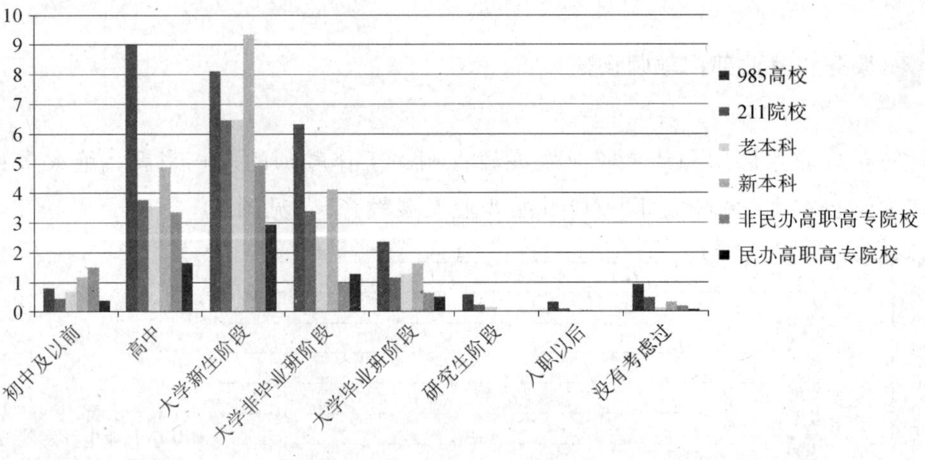

图 7　不同类型院校大学生认为应该开始职业发展教育的时间

不同阶段大学生（新生、非毕业班学生及毕业班学生）和不同学历层次大学生中，认为职业发展教育应该开始的时间选择最多的都集中在“大学新生阶段”。（见图 8、9）

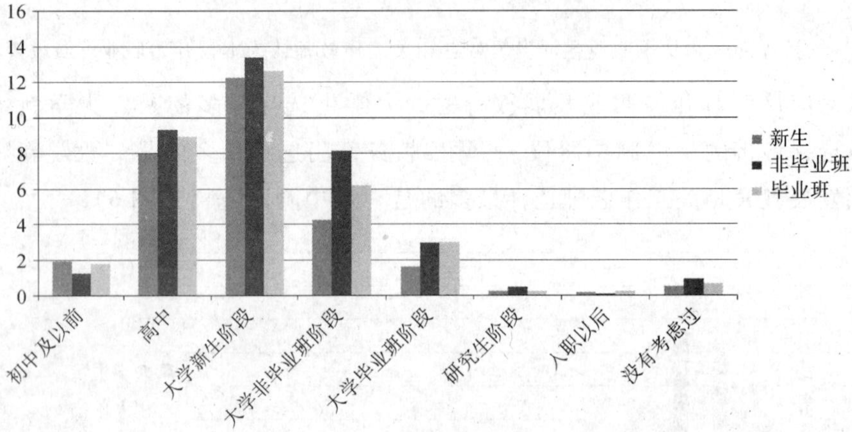

图 8　不同阶段大学生认为职业发展教育应该开始的时间

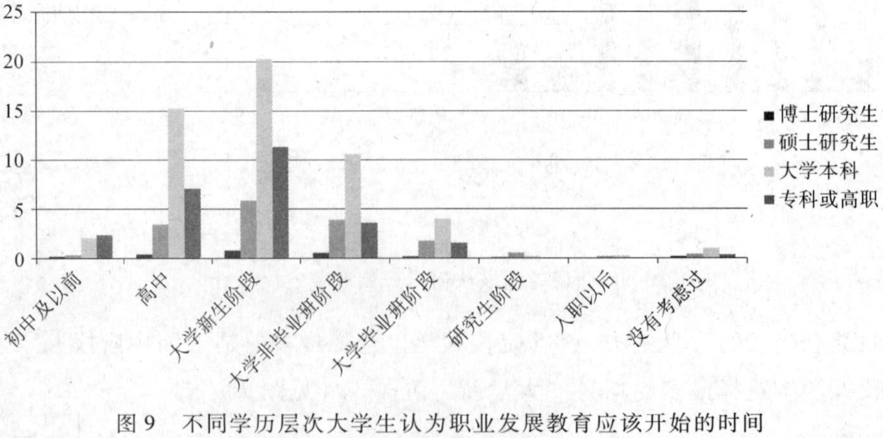

图 9　不同学历层次大学生认为职业发展教育应该开始的时间

比较不同学校类型、不同性别、不同生源、不同状态和不同学历学生在对何时开展职业发展教育问题上是否存在差异，采用卡方检验。不同学校类型 $\chi^2=261.477$，$p=0.000<0.05$，表明是存在显著差异的（见表2）；不同性别学生 $\chi^2=8.743$，$p=0.272>0.05$，表明不存在显著差异（见表3）；不同生源学生 $\chi^2=41.207$，$p=0.000<0.05$，表明存在显著差异（见表4）；不同状态学生 $\chi^2=59.410$，$p=0.000<0.05$，表明存在显著差异（见表5）；不同学历学生 $\chi^2=243.004$，$p=0.000<0.05$，表明存在显著差异（见表6）。不同机构人员 $\chi^2=37.241$，$p=0.000<0.05$，表明存在显著差异（见表7）。

表2　　不同学校类型学生对何时开展职业发展教育问题上的比较（人数）

	初中及以前	高中	大学新生阶段	大学非毕业班阶段	大学毕业班阶段	研究生阶段	入职以后	没有考虑过
985高校	37	399	360	281	107	27	15	42
211高校	20	167	283	148	52	10	5	23
老本科	29	159	287	113	58	7	1	6
新本科	54	215	41	183	74	0	3	18
非民办高职高专	67	149	218	44	29	0	1	10
民办高职高专	17	73	129	58	23	1	1	3
	χ^2		261.477		Sig.		0.000	

表3　　不同性别学生对何时开展职业发展教育问题上的比较（人数）

	初中及以前	高中	大学新生阶段	大学非毕业班阶段	大学毕业班阶段	研究生阶段	入职以后	没有考虑过
女	119	646	923	442	189	24	18	44
男	105	516	769	385	154	21	8	58
	χ^2		8.743		Sig.		0.272	

表4　　不同生源学生对何时开展职业发展教育问题上的比较（人数）

	初中及以前	高中	大学新生阶段	大学非毕业班阶段	大学毕业班阶段	研究生阶段	入职以后	没有考虑过
上海生源	109	525	638	356	140	10	4	31
非上海生源	115	637	1054	471	203	35	22	71
	χ^2		41.207		Sig.		0.000	

表 5　　不同状态学生对何时开展职业发展教育问题上的比较（人数）

	初中及以前	高中	大学新生阶段	大学非毕业班阶段	大学毕业班阶段	研究生阶段	入职以后	没有考虑过
新生	86	355	542	191	74	11	8	25
非毕业班	58	412	593	360	133	21	6	44
毕业班	80	395	557	276	136	13	12	33
	χ^2		59. 410		Sig.		0. 000	

表 6　　不同学历学生对何时开展职业发展教育问题上的比较（人数）

	初中及以前	高中	大学新生阶段	大学非毕业班阶段	大学毕业班阶段	研究生阶段	入职以后	没有考虑过
博士研究生	8	19	35	28	10	5	0	10
硕士研究生	15	155	262	173	81	28	10	20
大学本科	94	677	895	467	179	11	12	52
专科或职高	107	311	500	159	73	1	4	20
	χ^2		243. 004		Sig.		0. 000	

表 7　　不同机构人员对何时开展职业发展教育问题上的比较（人数）

	初中及以前	高中	大学新生阶段	大学非毕业班阶段	大学毕业班阶段	研究生阶段	入职以后	没有考虑过
用人单位	2	18	13	9	4	1	2	18
教务职能部门	7	23	37	6	5	0	7	23
高校专职教师	21	24	19	3	0	0	21	24
	χ^2		37. 241		Sig.		0. 000	

3. 大学职业发展教育最重要的内容

四类调查对象中，大学生、用人单位、学校教务部门认为大学职业发展教育最重要的内容选择最多的均是“让毕业生了解自己的性格、能力、职业倾向等，进行准确的职业定位”；从事职业发展教育相关工作教师则认为是“学会职业生涯设计规划”。总体来看，四种调查对象对大学职业发展教育的理解集中在“让毕业生了解自己的性格、能力、职业倾向等，进行准确的职业定位”，“学会职业生涯设计规划”，“提升职业综合素质能力（沟通、协调等）”这几个选项上，只是排序有所不同。(见图 10)

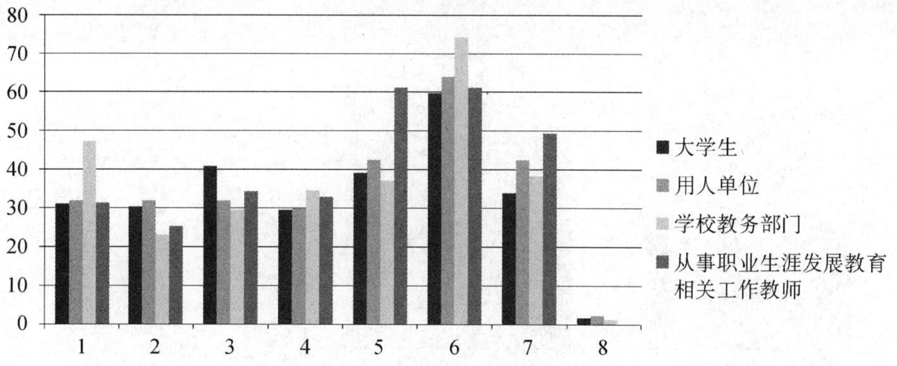

（1）了解职业社会和有关就业政策、法律法规（2）获取、辨别、筛选及选择决策就业信息的方法（3）掌握求职的技巧和方法（4）培养职业理想和职业道德（5）学会职业生涯设计规划和设计（6）让毕业生了解自己的性格、能力、职业倾向等，进行准确的职业定位（7）提升职业综合素质能力（沟通、协调等）（8）没有接触过、不了解

图 10　您认为职业发展教育中最重要的内容是什么？

不同类型院校的大学生中，985 院校、211 院校、老本科院校、新本科院校、民办高职高专院校大学生认为职业发展教育最重要的内容选择最多的均是“让毕业生了解自己的性格、能力、职业倾向等，进行准确的职业定位”；非民办高职高专院校大学生认为是“掌握求职的技巧和方法”。(见图 11)

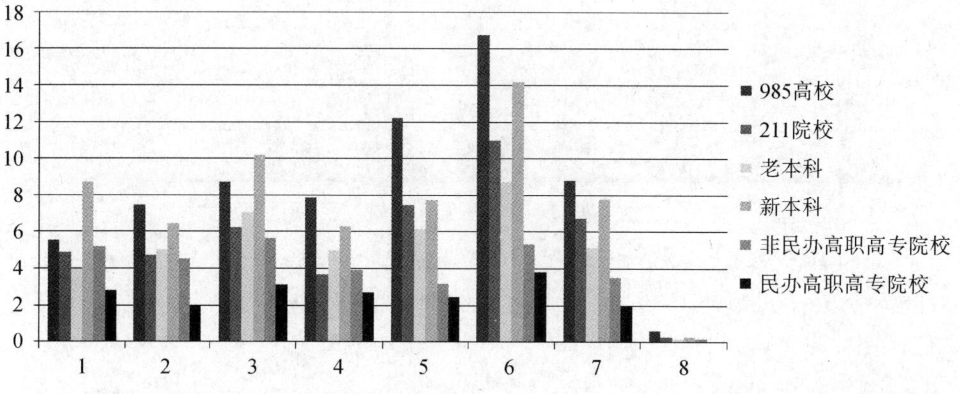

（1）了解职业社会和有关就业政策、法律法规（2）获取、辨别、筛选及选择决策就业信息的方法（3）掌握求职的技巧和方法（4）培养职业理想和职业道德（5）学会职业生涯设计规划和设计（6）让毕业生了解自己的性格、能力、职业倾向等，进行准确的职业定位（7）提升职业综合素质能力（沟通、协调等）（8）没有接触过、不了解

图 11　不同类型院校大学生认为职业发展教育最重要的内容

不同阶段的大学生和不同学历层次的大学生，认为职业发展教育最重要的内容选择最多的均为“让毕业生了解自己的性格、能力、职业倾向等，进行准确的职业定位”。(见图 12、13)

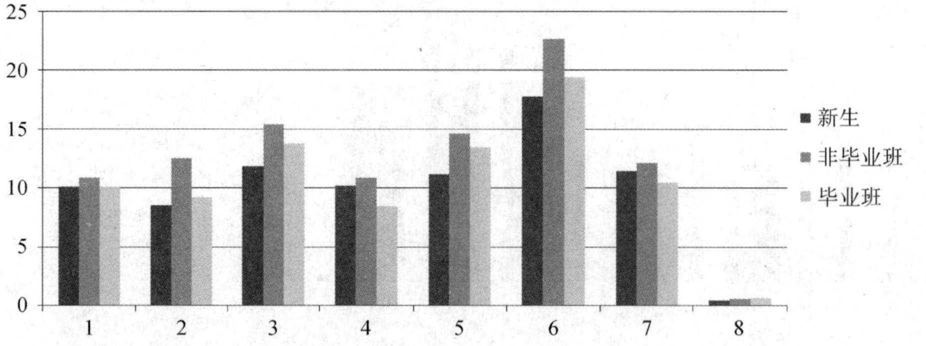

（1）了解职业社会和有关就业政策、法律法规（2）获取、辨别、筛选及选择决策就业信息的方法（3）掌握求职的技巧和方法（4）培养职业理想和职业道德（5）学会职业生涯设计规划和设计（6）让毕业生了解自己的性格、能力、职业倾向等，进行准确的职业定位（7）提升职业综合素质能力（沟通、协调等）（8）没有接触过、不了解

图 12　不同阶段大学生认为的职业发展教育最重要的内容

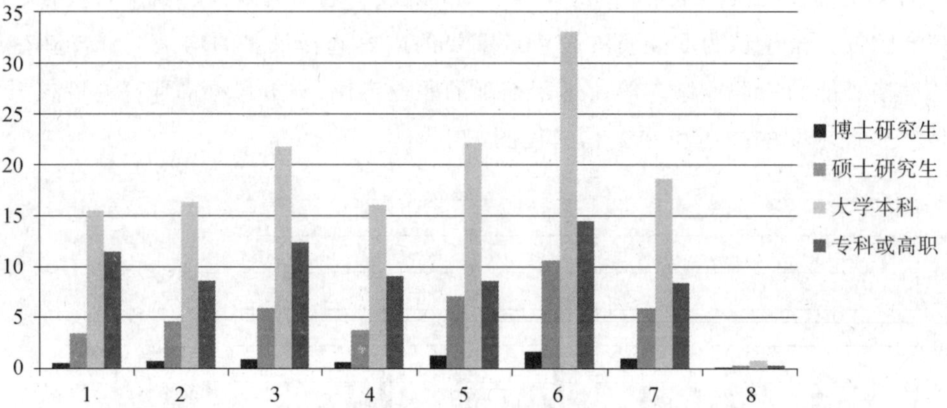

（1）了解职业社会和有关就业政策、法律法规（2）获取、辨别、筛选及选择决策就业信息的方法（3）掌握求职的技巧和方法（4）培养职业理想和职业道德（5）学会职业生涯设计规划和设计（6）让毕业生了解自己的性格、能力、职业倾向等，进行准确的职业定位（7）提升职业综合素质能力（沟通、协调等）（8）、没有接触过、不了解

图 13　不同学历层次大学生认为职业发展教育最重要的内容

从上述数据分析中可以看出，四类调查对象对职业发展教育最重要的内容认识上比较一致，均为“让毕业生了解自己的性格、能力、职业倾向等，进行准确的职业定位”。然而，我们通过 spss 分析发现，四类调查对象虽然在数量上保持一致，但是在不同选项上还是存在显著的差异。

关于对“了解职业社会和有关就业政策、法律法规”是否是职业发展教育最重要内容的认识，不同学校类型学生态度上存在显著差异（见表8），$\chi2=179.725$，$p=0.000<0.05$。不同机构人员态度上的差异存在边缘显著（见表9），$\chi2=4.945$，$p=0.084$。

表8　　不同学校类型学生对“了解职业社会和有关就业政策、法律法规”是否是职业发展教育最重要内容的差异分析

		了解法规	
		否	是
学校性质	985高校	1022	246
	211高校	493	215
	老本科	486	174
	新本科	578	384
	非民办高职高专	288	230
	民办高职高专	180	125
χ^2	179.725	Sig.	0.000

表9　　不同机构人员对“了解职业社会和有关就业政策、法律法规”是否是职业发展教育最重要内容的差异分析

		了解法规	
		否	是
不同机构人员	用人单位	32	15
	教务职能部门	41	37
	高校专职教师	46	21
χ^2	4.945	Sig.	0.084

关于对“获取、辨认、筛选及选择决策就业信息的方法”是否是职业发展教育最重要内容的认识，不同学校类型学生态度上存在显著差异（见表10），$\chi2=31.963$，$p=0.000<0.05$。不同机构人员态度上不存在显著差异（见表11），$\chi2=1.213$，$p=0.545>0.05$。

表10　　不同学校类型学生对“获取、辨认、筛选及选择决策就业信息的方法”是否是职业发展教育最重要内容的差异分析

		获取信息	
		否	是
学校性质	985高校	937	331
	211高校	499	209
	老本科	436	224
	新本科	674	288
	非民办高职高专	318	200
	民办高职高专	215	90
χ^2	31.963	Sig.	0.000

表 11　　不同机构人员对“获取、辨认、筛选及选择决策就业信息的方法”是否是职业发展教育最重要内容的差异分析

		获取信息	
		否	是
不同机构人员	用人单位	32	15
	教务职能部门	60	18
	高校专职教师	50	17
χ^2	1.213	Sig.	0.545

关于对“掌握求职的技巧”是否是职业发展教育最重要内容的态度，不同学校类型学生态度上存在显著差异（见表 12），$\chi2=99.353$，$p=0.000<0.05$。不同机构人员态度上不存在显著差异（见表 13），$\chi2=0.390$，$p=0.823>0.05$。

表 12　　不同学校类型学生对“掌握求职的技巧”是否是职业发展教育最重要内容的差异分析

		求职技巧	
		否	是
学校性质	985 高校	881	387
	211 高校	434	274
	老本科	347	313
	新本科	509	453
	非民办高职高专	268	250
	民办高职高专	165	140
χ^2	99.353	Sig.	0.000

表 13　　不同机构人员对“掌握求职的技巧”是否是职业发展教育最重要内容的差异分析

		求职技巧	
		否	是
不同机构人员	用人单位	32	15
	教务职能部门	55	23
	高校专职教师	44	23
χ^2	0.390	Sig.	0.823

关于“培养职业理想和职业道德”是否是职业发展教育最重要内容的态度，不同学校类型学生存在显著差异（见表 14），$\chi2=40.453$，$p=0.000<0.05$。不同机构人员不存在显著差异（见表 15），$\chi2=0.310$，$p=0.856>0.05$。

表 14　　不同学校类型学生对“培养职业理想和职业道德”是否是职业发展教育最重要内容的差异分析

		培养道德	
		否	是
学校性质	985 高校	918	350
	211 高校	545	163
	老本科	441	219
	新本科	681	281
	非民办高职高专	343	175
	民办高职高专	184	121
χ^2	40.453	Sig.	0.000

表 15　　不同机构人员对“培养职业理想和职业道德”是否是职业发展教育最重要内容的差异分析

		培养道德	
		否	是
不同机构人员	用人单位	33	14
	教务职能部门	51	27
	高校专职教师	45	22
χ^2	0.310	Sig.	0.856

关于对“学会职业生涯设计规划和设计”是否是职业发展教育最重要内容的态度，不同学校类型学生存在显著差异（见表 16），$\chi2 = 62.609$，$p = 0.000 < 0.05$。不同机构人员存在显著差异（见表 17），$\chi2 = 8.813$，$p = 0.012 < 0.05$。

表 16　　不同学校类型学生对“学会职业生涯设计规划和设计”是否是职业发展教育最重要内容的差异分析

		生涯规划	
		否	是
学校性质	985 高校	726	542
	211 高校	377	331
	老本科	387	273
	新本科	619	343
	非民办高职高专	377	141
	民办高职高专	196	109
χ^2	62.609	Sig.	0.000

表 17　　不同机构人员对“学会职业生涯设计规划和设计”是否是职业发展教育最重要内容的差异分析

		生涯规划	
		否	是
不同机构人员	用人单位	27	20
	教务职能部门	49	29
	高校专职教师	26	41
χ^2	8.813	Sig.	0.012

关于对“让毕业生了解自己的性格、能力、职业倾向等，进行准确的职业定位”是否是职业发展教育最重要内容的态度，不同学校类型学生上存在显著差异（见表 18），$\chi2 = 81.989$，$p = 0.000 < 0.05$。不同机构人员不存在显著差异（见表 19），$\chi2 = 3.152$，$p = 0.207 > 0.05$。

表 18　不同学校类型学生对“让毕业生了解自己的性格、能力、职业倾向等，进行准确的职业定位”是否是职业发展教育最重要内容的差异分析

		了解自己	
		否	是
学校性质	985 高校	525	743
	211 高校	222	486
	老本科	273	387
	新本科	334	628
	非民办高职高专	281	237
	民办高职高专	138	167
χ^2	81.989	Sig.	0.000

表 19　　不同机构人员对“让毕业生了解自己的性格、能力、职业倾向等，进行准确的职业定位”是否是职业发展教育最重要内容的差异分析

		了解自己	
		否	是
不同机构人员	用人单位	17	30
	教务职能部门	20	58
	高校专职教师	26	41
χ^2	3.152	Sig.	0.207

关于对“提升职业综合素质能力（沟通、协调等）”是否是职业发展教育最重要内容的态度，不同学校类型学生上存在显著差异（见表 20），$\chi2 = 35.181$，$p = 0.000$

<0.05。不同机构人员不存在显著差异（见表21），$\chi2=1.722$，$p=0.423>0.05$。

表20　　不同学校类型学生对“提升职业综合素质能力（沟通、协调等）”是否是职业发展教育最重要内容的差异分析

		综合素质	
		否	是
学校性质	985高校	877	391
	211高校	411	297
	老本科	430	230
	新本科	617	345
	非民办高职高专	363	155
	民办高职高专	218	87
χ^2	35.181	Sig.	0.000

表21　　不同机构人员对“提升职业综合素质能力（沟通、协调等）”是否是职业发展教育最重要内容的差异分析

		综合素质	
		否	是
不同机构人员	用人单位	27	20
	教务职能部门	48	30
	高校专职教师	34	33
χ^2	1.722	Sig.	0.423

关于对于职业发展教育的内容“没有接触过，不了解”的态度，不同类型学生不存在显著差异（见表22），$\chi2=5.391$，$p=0.370>0.05$，不同机构人员类似（见表23），$\chi2=1.287$，$p=0.526>0.05$，都有接触和了解过职业发展教育的内容。

表22　　不同学校类型学生对职业发展教育的内容“没有接触过，不了解”的差异分析

		不了解	
		否	是
学校性质	985高校	1237	31
	211高校	696	12
	老本科	650	10
	新本科	948	14
	非民办高职高专	510	8
	民办高职高专	302	3
χ^2	5.391	Sig.	0.370

表 23　　不同机构人员对职业发展教育的内容“没有接触过，不了解”的差异分析

		不了解	
		否	是
不同机构人员	用人单位	46	1
	教务职能部门	77	1
	高校专职教师	67	0
χ^2	1. 287	Sig.	0. 526

4. 大学生与用人单位在就业时所看重的因素

大学生认为用人单位在招聘时最看重的因素选择最多的是“团队协作能力”；而用人单位在大学生应聘时最看重的因素选择最多的是“教育背景条件（学校类型、学历、所学专业）”。（见图 14）

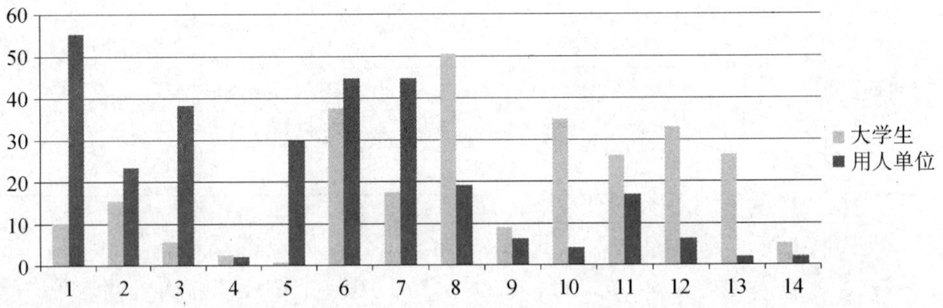

（1）教育背景条件（学校类型、学历、所学专业）（2）有明确的工作目标和职业发展规划（3）社会实践、项目经验或以往工作经历（4）担任学生干部（5）沟通协调能力（6）专业知识技能（7）学习能力、创新意识与能力（8）团队协作能力（9）自我管理能力（10）吃苦耐劳精神（11）个人的品德和修养（12）环境适应能力（13）稳定（14）其他

图 14　大学生（用人单位）在应聘（招聘）中看重哪些方面？

大学生在应聘过程中认为自己还欠缺的能力选择最多的是“专业知识和技能有待加强”；而用人单位在招聘过程中则认为大学生存在的主要问题选择最多的是“工作目标不明确，没有职业理想和事业追求”。（见图 15）

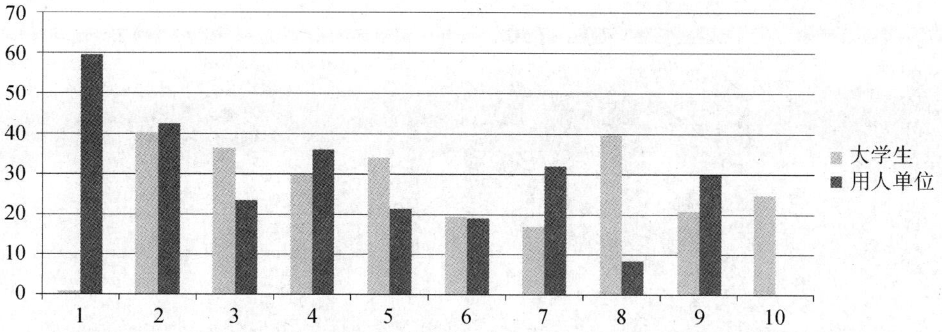

（1）工作目标不明确，没有职业理想和事业追求（2）专业知识和技能有待加强（3）创新意识与能力有待加强（4）职业稳定性差，忠诚度不够（5）职业道德、个人诚信有待提高（6）情商有待提高（7）缺乏吃苦耐劳及敬业精神（8）团队协作能力差（9）片面追求待遇（10）其他，如：____________

图 15　大学生（用人单位）认为在应聘（招聘）过程中存在的主要问题

5. 大学职业发展教育的方式与途径

通过调查发现，大学生参加过的职业发展教育活动选择最多的是“专题讲座”；大学生感兴趣的职业发展教育活动选择最多的是“社会实践与职业实践”。（见图 16）

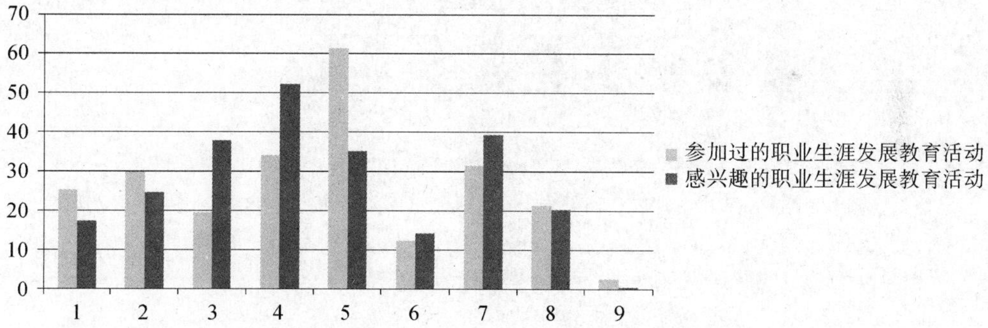

（1）职业指导必修课（2）职业指导选修课（3）个体指导与职业咨询（4）社会实践与职业实践（5）专题讲座（6）固定的教育场所、人员及时间安排（7）校友经验介绍交流（8）校园文化活动（9）其他

图 16　大学生参加过（感兴趣）的职业发展教育活动

大学生认为高校已有的职业发展教育途径选择最多的是“就业法律及安全知识培训”；学校教务部门认为高校已有的职业发展教育途径选择最多的是“就业思想指导服务”；从事职业发展教育相关工作教师选择最多的是“就业信息指导服务”。（图 17）

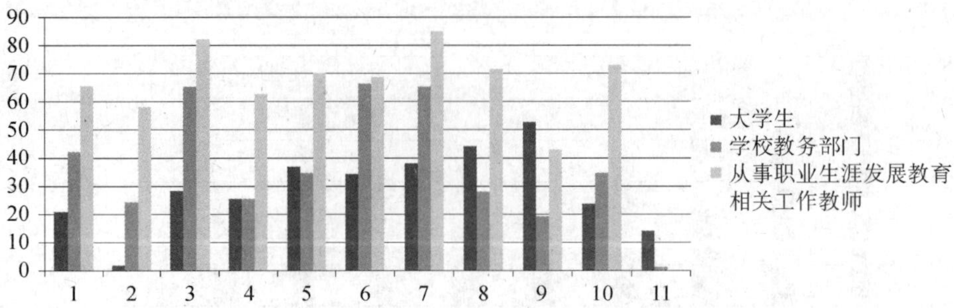

（1）渗透于思想政治教育活动中（2）文明礼仪及社交礼仪教育（3）职业能力训练（4）职业能力（倾向）测评（5）心理咨询与辅导（6）就业思想指导服务（7）就业信息指导服务（8）求职技术培训服务（9）就业法律及安全知识培训（10）创业精神和指导（11）其他

图 17　不同调查对象反映的学校开展职业发展教育的途径

大学生认为有效的职业发展教育途径选择最多的是“就业法律及安全知识培训”；学校教务部门认为最有效的途径选择最多的是“职业能力训练”；从事职业发展教育相关工作教师选择最多的是“职业能力训练”。（见图 18）

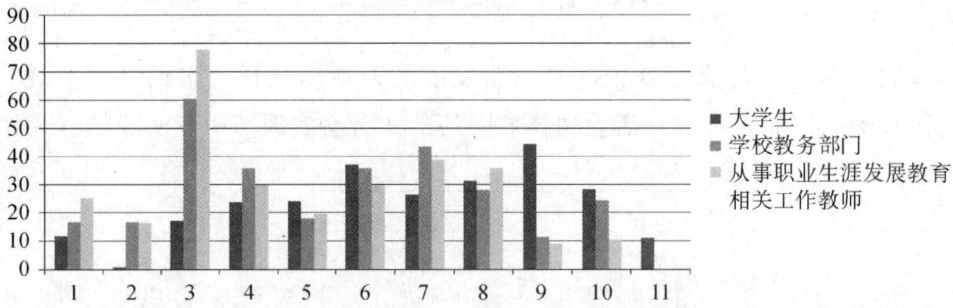

（1）渗透于思想政治教育活动中（2）文明礼仪及社交礼仪教育（3）职业能力训练（4）职业能力（倾向）测评（5）心理咨询与辅导（6）就业思想指导服务（7）就业信息指导服务（8）求职技术培训服务（9）就业法律及安全知识培训（10）创业精神和指导（11）其他

图 18　不同调查对象认为最有效的职业发展教育途径

6. 目前大学职业发展教育的教材与师资

通过调查发现，大学生、学校教务部门对职业发展教育使用教材选项选择最多的是“有教材，但不清楚来源”；从事就业相关工作教师选择最多的是“学校自编教材”。（见图 19）

大学生、学校教务部门、从事职业发展教育相关工作教师认为高校从事职业发展教育的老师选择最多的均是“辅导员”。（见图 20）

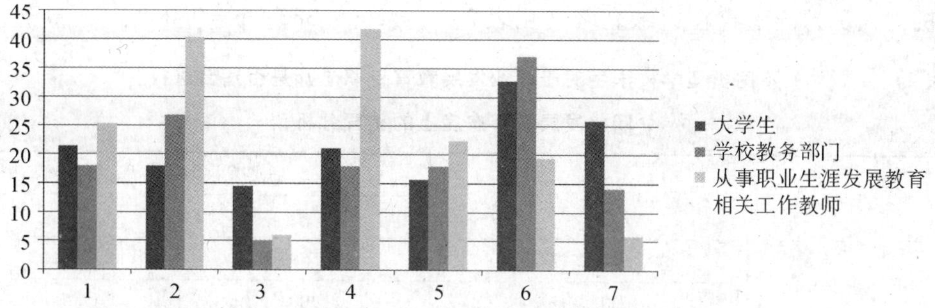

（1）国家级教材（2）省市级教材（3）使用其他学校编写的教材（4）学校自编教材（5）授课老师自编教材（6）有教材，但不太清楚来源（7）没有教材

图 19　目前贵校职业发展教育使用的教材

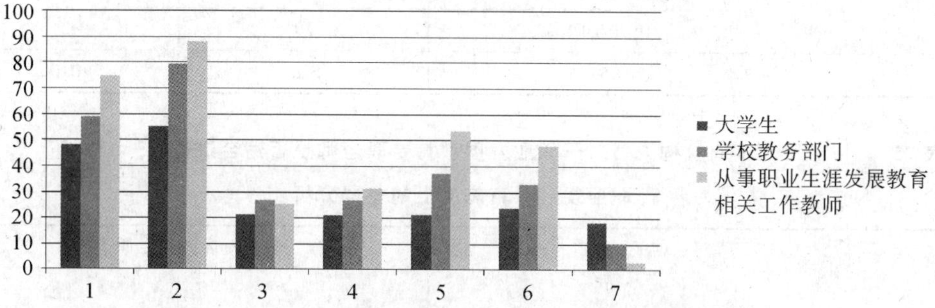

（1）职业（生涯）发展教育专职老师（2）辅导员（3）其他学科专业老师（4）行政工作人员（5）用人单位专家和社会专业人士（6）校友、学长（7）不清楚

图 20　贵校从事职业发展教育的老师

大学生、用人单位、学校教务部门、从事职业发展教育相关工作教师认为职业发展教育老师应该包括选择最多的均是“职业发展教育专职老师”。（见图 21）

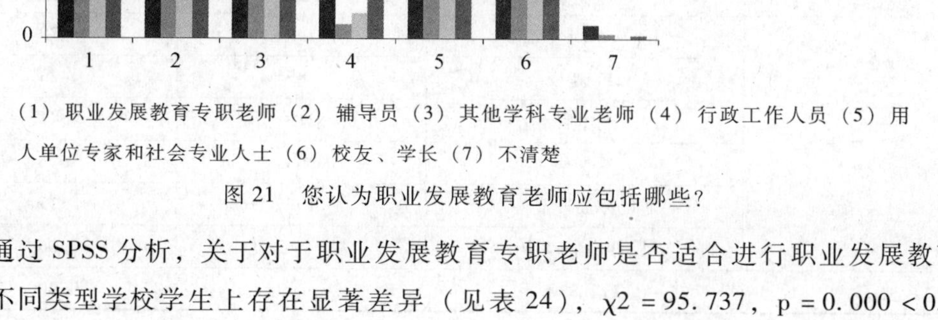

（1）职业发展教育专职老师（2）辅导员（3）其他学科专业老师（4）行政工作人员（5）用人单位专家和社会专业人士（6）校友、学长（7）不清楚

图 21　您认为职业发展教育老师应包括哪些？

通过 SPSS 分析，关于对于职业发展教育专职老师是否适合进行职业发展教育态度，不同类型学校学生上存在显著差异（见表 24），$\chi2 = 95.737$，$p = 0.000 < 0.05$。

不同机构人员差异上存在边缘显著（见表25），$\chi2=5.383$，$p=0.068$。

表 24　　不同类型学校学生对于职业发展教育专职老师是否适合进行职业发展教育态度上的差异分析

		职业发展教育专职老师	
		否	是
学校性质	985 高校	556	712
	211 高校	200	508
	老本科	249	411
	新本科	268	694
	非民办高职高专	147	371
	民办高职高专	89	216
χ^2	95.737	Sig.	0.000

表 25　　不同机构人员对于职业发展教育专职老师是否适合进行职业发展教育态度上的差异分析

		职业发展教育专职老师	
		否	是
不同机构人员	用人单位	6	41
	教务职能部门	13	65
	高校专职教师	3	64
χ^2	5.383	Sig.	0.068

关于对于辅导员是否适合进行职业发展教育态度，不同类型学校学生上存在显著差异（见表26），不同机构人员也存在显著差异（见表27）。

表 26　　不同类型学校学生对于辅导员是否适合进行职业发展教育态度上的差异分析

		辅导员	
		否	是
学校性质	985 高校	798	470
	211 高校	285	423
	老本科	319	341
	新本科	366	596
	非民办高职高专	199	319
	民办高职高专	99	206
χ^2	214.830	Sig.	0.000

表 27　不同机构人员对于辅导员是否适合进行职业发展教育态度上的差异分析

		辅导员	
		否	是
不同机构人员	用人单位	19	28
	教务职能部门	29	49
	高校专职教师	14	53
χ^2	6.254	Sig.	0.044

关于对于其他学科专业教师是否适合进行职业发展教育态度，不同类型学校学生上存在显著差异（见表 28），$\chi2=128.464$，$p=0.000<0.05$。不同机构人员也存在显著差异（见表 29），$\chi2=11.061$，$p=0.004<0.05$。

表 28　不同类型学校学生对于其他学科专业教师是否适合进行职业发展教育态度上的差异分析

		其他学科专业教师	
		否	是
学校性质	985 高校	1011	257
	211 高校	508	200
	老本科	416	244
	新本科	677	285
	非民办高职高专	287	231
	民办高职高专	202	103
χ^2	128.464	Sig.	0.000

表 29　不同机构人员对于其他学科专业教师是否适合进行职业发展教育态度上的差异分析

		其他学科专业教师	
		否	是
不同机构人员	用人单位	36	11
	教务职能部门	57	21
	高校专职教师	34	33
χ^2	11.061	Sig.	0.004

关于对于行政工作人员是否适合进行职业发展教育态度，不同类型学校学生存在显著差异（见表 30），$\chi2=62.324$，$p=0.000<0.05$。不同机构人员也存在显著差异（见表 31），$\chi2=11.912$，$p=0.003<0.05$。

表 30　　不同类型学校学生对于行政工作人员是否适合进行职业发展教育态度上的差异分析

		行政工作人员	
		否	是
学校性质	985 高校	1027	241
	211 高校	547	161
	老本科	433	227
	新本科	716	246
	非民办高职高专	369	149
	民办高职高专	235	70
χ^2	62.324	Sig.	0.000

表 31　　不同机构人员对于行政工作人员是否适合进行职业发展教育态度上的差异分析

		行政工作人员	
		否	是
不同机构人员	用人单位	44	3
	教务职能部门	69	9
	高校专职教师	48	19
χ^2	11.912	Sig.	0.003

关于对于用人单位专家和社会专业人士是否适合进行职业发展教育态度，不同类型学校学生上存在显著差异（见表 32），$\chi^2=84.087$，$p=0.000<0.05$。不同机构人员不存在显著差异（见表 33），$\chi^2=1.794$，$p=0.408>0.05$。

表 32　　不同类型学校学生对于用人单位专家和社会专业人士是否适合进行职业发展教育态度上的差异分析

		用人单位专家和社会专业人士	
		否	是
学校性质	985 高校	643	625
	211 高校	242	466
	老本科	261	399
	新本科	377	585
	非民办高职高专	277	241
	民办高职高专	134	171
χ^2	84.087	Sig.	0.000

表 33 不同机构人员对于用人单位专家和社会专业人士是否适合进行职业发展教育态度上的差异分析

		用人单位专家和社会专业人士	
		否	是
不同机构人员	用人单位	15	32
	教务职能部门	21	57
	高校专职教师	14	53
χ^2	1.794	Sig.	0.408

关于对于校友、学长是否适合进行职业发展教育态度，不同类型学校学生存在显著差异（见表 34），$\chi^2=231.972$，$p=0.000<0.05$。不同机构人员存在显著差异（见表 35），$\chi^2=10.862$，$p=0.004<0.05$。

表 34 不同类型学校学生对于校友、学长是否适合进行职业发展教育态度上的差异分析

		校友、学长	
		否	是
学校性质	985 高校	565	703
	211 高校	355	353
	老本科	430	230
	新本科	640	322
	非民办高职高专	393	125
	民办高职高专	203	102
χ^2	231.972	Sig.	0.000

表 35 不同机构人员对于校友、学长是否适合进行职业发展教育态度上的差异分析

		校友、学长	
		否	是
不同机构人员	用人单位	26	21
	教务职能部门	46	32
	高校专职教师	22	45
χ^2	10.862	Sig.	0.004

关于是否清楚哪些人适合进行职业发展教育态度上，不同类型学校学生上存在显著差异（见表 36），$\chi^2=191.898$，$p=0.000<0.05$。不同机构人员不存在显著差异（见表 37），$\chi^2=1.491$，$p=0.475>0.05$。

表 36　不同类型学校学生是否清楚哪些人适合进行职业发展教育态度上的差异分析

		不清楚	
		否	是
学校性质	985 高校	1092	176
	211 高校	691	17
	老本科	642	18
	新本科	928	34
	非民办高职高专	504	14
	民办高职高专	296	9
χ^2	191.898	Sig.	0.000

表 37　不同机构人员是否清楚哪些人适合进行职业发展教育态度上的差异分析

		不清楚	
		否	是
不同机构人员	用人单位	46	1
	教务职能部门	78	0
	高校专职教师	66	1
χ^2	1.491	Sig.	0.475

7. 不同调查对象对职业发展教育的评价

在对目前职业发展教育的效果调查中，大学生、用人单位学校教务部门、选择最多的是“比较满意”；从事就业相关工作教师选择最多的是“满意”。(见图 22)

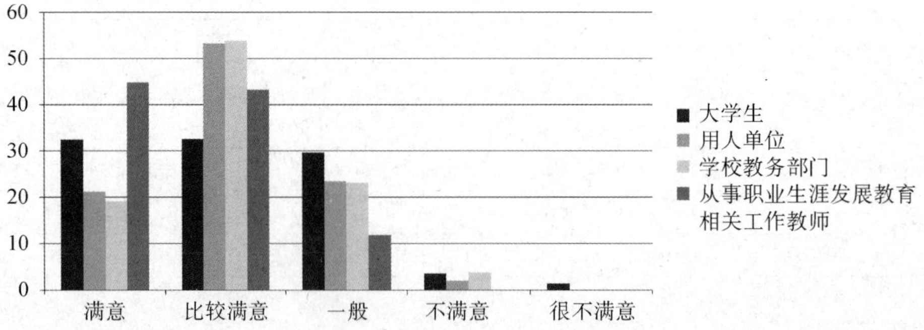

图 22　不同调查对象对职业发展教育效果的评价

通过 SPSS 分析发现，总体而言，学生对学校的职业发展教育比较满意，平均得分为 2.09（见表 38）。

表 38　　总体满意度情况分析表

	平均数	标准差	t	Sig.
满意度	2.09	0.947	-62.793	0.000

不同类型学校的学生对所在学校的职业发展教育的满意度存在显著差异（见表 39），$F=32.931$，$p=0.000<0.05$。其中，新本科学校的学生满意度最高，之后依次是 211 高校、985 高校、老本科和非民办高职高专学校，满意度最低的学校是民办高职高专。

表 39　　不同类型学校学生对学校的职业发展教育的满意度比较

	985 高校	211 高校	老本科	新本科	非民办高职高专	民办高职高专	F	Sig.
平均数	2.07	2.14	1.98	2.38	1.87	1.78	32.931	0.000
标准差	0.957	0.926	0.907	0.926	0.943	0.875		

不同生源学生对学校的职业发展教育的满意度存在显著差异（见表 40），$t=-4.505$，$p=0.000<0.05$。其中，非上海生源学生的满意度显著高于上海生源学生的满意度。

表 40　　不同生源学生对学校的职业发展教育的满意度比较

	上海生源	非上海生源	t	Sig.
平均数	2.01	2.14	-4.505	0.000
标准差	0.962	0.933		

男女生对学校的职业发展教育的满意度不存在显著差异（见表 41），$t=-1.346$，$p=0.178>0.05$，都比较满意学校的职业发展教育。

表 41　　不同性别学生对学校的职业发展教育的满意度比较

	女	男	t	Sig.
平均数	2.07	2.11	-1.346	0.178
标准差	0.919	0.979		

不同状态学生对学校的职业发展教育的满意度存在显著差异（见表 42），$F=24.580$，$p=0.000<0.05$，非毕业班学生的满意度相对较低，而新生和毕业班学生的

满意度都比较高。

表 42　　不同状态学生对学校的职业发展教育的满意度比较

	新生	非毕业班	毕业班	F	Sig.
平均数	1.99	2.22	2.04	24.580	0.000
标准差	0.897	0.927	0.995		

不同学历学生对学校的职业发展教育的满意度存在显著差异（见表 43），F = 10.344，p = 0.000 < 0.05，其中，专科或高职学生的满意度最低。

表 43　　不同学历学生对学校的职业发展教育的满意度比较

	博士研究生	硕士研究生	大学本科	专科或高职	F	Sig.
平均数	2.21	2.22	2.10	1.98	10.344	0.000
标准差	0.913	0.976	0.931	0.953		

不同机构人员对学校的职业发展教育的评价是：比较有效的提升学生就业质量（见表 44），平均得分为 1.95，显著低于 3 分（t = -55.377，p = 0.000 < 0.05）。

表 44　　总体有效性评价情况分析表

	平均数	标准差	t	Sig.
有效性	1.95	0.750	-55.377	0.000

考察不同机构对学校职业发展教育提升学生就业质量有效性问题，采用方差分析，结果发现，不同机构对学校职业发展教育提升学生就业质量是否有效存在显著差异（见表 45），F = 7.53，p = 0.001 < 0.05 其中高校相关工作教师的得分最低，其次是用人单位，最后是教务职能部分，说明教师最为肯定学校职业发展教育的有效性，其次是用人单位，最后是教务职能部门。

表 45　　不同机构对学校职业发展教育提升学生就业质量有效性的比较

	用人单位	教务职能部门	高校相关工作教师	F	Sig.
平均数	2.06	2.12	1.67	7.53	0.001
标准差	0.734	0.756	0.683		

（三）大学生职业发展教育存在的问题分析

实证研究表明，上海市大学生职业发展教育经过多年的探索和发展，积累了较为丰富的实践经验，大学生职业发展教育体系建设取得了巨大成绩，但由于观念滞后、原有模式的延续以及前沿理念的输入，我国大学生职业发展教育体系建设面临着实践形式和实施路径的不同和分立，面临着社会理解和公众认同的差异和疏离，面临着服务理念和管理目标的碰撞与隔离等因素存在，大学生职业发展教育体系建设存在一定的漏洞和不足，需要在以后的建设过程中不断解决问题。

1. 大学生职业发展教育体系建设未能充分体现各方主体需求

大学生职业发展教育的主体包括政府、社会和大学生个体。从目前情况看，大学生职业发展教育中政府主导有余而社会企业参与相对不足，政府主要通过高校实施教育过程，还没有建立起政府、社会和个人需求的制度化联动机制，职业发展教育对政府的依赖性还较大。从大学生职业发展教育的起步到专业化和制度化，从大学生职业发展教育组织化到全程化和全员化，无不得益于政府的重视和推动。可以说，我国大学生职业发展教育从一开始就打上了政府强力推进的深刻印记，反映了中国执政党和政府主动建构的鲜明特色。虽然对政府的依赖是促进高校开展大学生职业发展教育的必经阶段，对我国大学生职业发展教育具有中国特色有积极的拉动作用，但是这种由政府组织主导、相对单一的大学生职业发展教育模式，将大大消解社会需求的主动性和社会参与的活力。实际上，这种相对单一、政府主导的大学生职业发展教育模式与发达国家通过多元主体来完善大学生职业发展教育体系建设的总体形势和发展现实是背道而驰的。因此，如何平衡好国家需求、社会需求和个人需求，直接关系到大学生职业发展教育的持续发展和有效运作，是当前中国特色大学生职业发展教育发展中需要慎重对待的重大问题。

2. 高校开展大学生职业发展教育缺乏特色和层次性

调研发现，受我国传统教育模式影响，各高校的人才培养模式主要是依据我国教育部制订的统一的专业培养目标和体系来制订的，各校基本一致。大学生职业发展教育是高校实施素质教育的重要内容，因各大学不同的历史背景与制度而有不同的方法、重点和目标，但由于我国高校的人才培养体系的构成基本相似，相似的人才培养体系使高校开展大学生职业发展教育缺乏特色和层次性，体现不出不同类型学校人才培养的差异性，这既不能适应社会对人才的多元化需要，也不能满足人才成长多样性的需要，对学生未来的择业是极为不利的。

传统的、计划性的、单一的人才培养模式使得很多学校在开展大学生职业发展教育上没有考虑自己的办学特色，没有考虑到当地经济发展和社会发展的需要，人才培养体系缺乏灵活性和适应性，由此导致培养出来的人才缺乏个性和特色。由于学校办学方向、目标定位不清晰及传统办学思维定势等方向的惯性影响，我国不同层次学校之间在开展大学生职业发展教育上的差异性还没有体现出来。

3. 大学生职业发展教育内容方法手段比较单一

由于高校开展大学生职业发展教育缺乏长远的打算，缺乏系统性和全面性的认识，教育实践中缺乏分层次教育和连续培养的过程，因此当前大学生职业发展教育缺乏针对性和有效性，“一统化”的现象较明显；从教育内容上看，不能很好融合国家、社会和大学生成长、成才的需要，存在着与高校人才培养目标和学生成长成才实际脱节的现象；从教育方法上看，没有完全贴近大学生的实际，教育方法呆板；从师资队伍的素质上看，大学生职业发展教育专业教师的数量与质量、能力和素质与新形势下大学生职业发展教育工作的要求有较大的差距，使得教育效果不佳，工作落实不够到位；从机制确定的有效性上看，规范性和可操作性不强，考核评价机制与实际工作完成情况结合不够紧密，不能有效地调动大家工作的积极性和主动性；从理论研究上看，大学生职业发展教育的理论研究与教育载体、工作机制创新结合不够，使得理论研究成果不能够有效的指导实际工作；从教育环境上看，还没有真正形成“全员化、全程化、专业化”的氛围。

4. 大学生职业发展教育师资队伍良莠不齐、专业化水平有待提高

调研发现，我国高校的大学生职业发展教育师资来源比较广，大多数是由主管学生工作的书记、辅导员等兼任，还有的是行政干部转行等，由于缺乏规范的职业准入制度，从事教育的师资队伍可谓是“八仙过海，各显神通”，专业化程度不高，具有心理学、人力资源、社会科学、职业指导理论专业背景的教师少之又少，因此难以保证师资的专业质量，在教学实践中，往往仅限于就业政策讲解，而忽视了引导学生去认识自己、认识职业、进一步对自身的职业生涯作出合理科学的规划。而西方发达国家有专业的、稳定的职业发展教育师资队伍，对他们有比较严格的专业规定，完善的学科支撑，较高的完备的职业准入制度和一套比较完整培养培训体系。而我国从事大学生职业发展教育的人员来源混杂，缺乏职业发展教育的学科支撑，流动性高，人员素质参差不齐，师资队伍能力与素质的欠缺是目前制约我国大学生职业发展教育最关键因素。

四、基于需求导向的中国特色大学生职业发展教育体系建构

（一）构建需求导向理论的中国特色大学生职业发展教育体系的可行性

1. 需求导向理论是大学生职业发展教育的内在要求

大学生职业发展教育的实质是通过一个教育体系，培养指导大学生去适应社会，实现自我。这中间包含两层意思：第一层意思，它是大学生单向去适应社会（国家、用人单位），而不是社会（国家、用人单位）来适应大学生；大学生必须要走向社会，参与社会分工，为自己实现谋生；第二层意思，大学生走向社会，找到了自己的位置，实现了谋生，如何更进一步，让自己在一个更为理想的状态，最大限度地发挥他的聪明才智，并乐在其中，不仅为国家社会创造了巨大的财富，也实现了自己的全面发展。

在这样一个单向的推进中，大学生必须首先了解社会需求，按照社会需求培养锻炼自己，从而让社会接纳自己；对社会需求越了解得透彻，并且自身素质越能满足这种需求，就越能实现自己的需求。大学生职业发展教育越能帮助大学生实现这一过程，那么这种职业发展教育体系就越科学，越成功。所以，以需求为导向的职业发展教育理念是中国特色大学生职业发展教育内涵的必然要求。

2. 需求导向理论为中国特色的大学生职业发展教育体系构建指明了方向

大学生职业发展教育应该以什么为导向？从我国人才培养的导向理论发展演变过程看，主要有“供给导向”、“经济导向”、“就业导向”、“能力导向”和“实践导向”等观点。这些观点是从不同角度阐释了人才培养的导向理论，但都存在一定的局限性。供给导向的计划经济时代，人才的供给往往考虑不到社会的实际需要，人才与社会需求脱节，无法胜任显示需求；以经济发展或就业为导向的职业发展教育能较好地解决现实需求，却也往往会抹杀个人的感受和愿望。如何才能兼顾国家、社会（用人单位）和个人的需求呢？为了实现社会的和谐和人的全面发展，以“需求为导向”作为理论视角来安排职业发展教育体系，首先考虑满足企业行业的需求，其次要满足学生

的需求，还要满足政府和社会经济发展的需求来设计教育体系的思路，将是必然的要求。

事实上，在西方国家，诸如英国、德国、澳大利亚等国家都提出“以需求为导向”构建应用型人才培养模式。英国的高等教育倡导“以市场需求为导向，满足相关利益者的需要”，德国的应用技术大学（FH）非常重视“行业的人才需求”与“受训者的学习需求”，以这两个最大利益群体的“需求”为基点，行业充分参与到职业教育的人才培养工作中来。澳大利亚的职业教育将功能定位为“满足企业、个人和社区的需要”，取得了较好的效果。因此，以需求为导向来设计职业发展教育体系，培养以需求为导向的应用型本科教育的发展必须致力于满足经济社会发展的需要，满足行业、企业发展的需要，满足受教育者就业和终身发展的需要，更有利于实现人的自我价值和社会价值，达到全面发展。

（二）需求导向视野下的大学生职业发展教育体系建构的基本要求

职业发展教育是大学生人生教育的重要内容，也是思想政治教育的重要渠道。职业发展教育通过职业生涯规划设计指导，引导学生树立正确的人生目标，使学生具备正确的职业规划意识和理念，提升全面素质。我国有着深厚的群体本位价值传统。自古以来，就强调个人服从集体、集体服从国家的观念。改革开放以来，特别是近些年，我国加强了人力资源开发的步伐，认识到发挥个人主观能动性对构建和谐社会的重要意义，鼓励个人在为国家、为社会做贡献的同时实现自身的价值。因此，需求导向视野下的大学生职业发展教育要充分满足好国家、社会和个人的需求，找准切入点和平衡点。

1. 大学生职业发展教育应满足国家需求

青年是祖国的希望和未来，青年大学生更是建设有中国特色社会主义的重要建设者，大学生职业发展教育的最终目的是为中国特色社会主义实业培养接班人。所以，大学生职业发展教育首先要满足国家发展的需求。

另一方面，对于青年大学生来说，个人理想只有同国家的前途、民族的命运相结合，个人的向往和事业追求只有同社会的需要和人民的利益相一致，才是有意义的。如果一个人不顾自身所处时代的召唤，脱离自己所归属的国家和民族繁荣发展的需要，把个人理想等同于个人奋斗，一切以自我为中心，天马行空，独来独往，那么，不仅他的人生价值取向是错误的，而且这种事业追求因为脱离了国家、民族和时代的需要，往往也是难以实现的。

2. 大学生职业发展教育应满足社会（用人单位）需求

应该说，大学生开始重视个人职业规划是社会进步的表现，但同时我们也留意到一种新的苗头的滋长，那就是太过于关注个人发展而忽视了社会和用人单位的需求，以用人单位是否符合自己的职业规划来作为选择用人单位和继续服务用人单位的标准。这种以个人为中心、追求自我价值最大化的“职业规划”，不是社会发展所倡导的真正的职业规划。真正的职业规划，应是将个人职业目标和社会用人单位需求相结合的规划，是在满足社会用人单位需求的前提下实现个人职业目标的规划。人选择职业，职业也选择人，这是一个双向选择的过程，在目前中国就业形势严峻的情况下，很多大学生还处于谋生的状态，还甚至没有达到职业发展的阶段，所以，如何让大学生满足用人单位需求被用人单位接受，得到一个岗位是首先要考虑的问题。大学生职业发展教育要调查了解社会（用人单位）对人才的需求，尽量培养出社会需要的人才，这是职业教育的最重要最基本的一环。

3. 大学生职业发展教育应满足个人需要

强调个人理想和职业追求要符合社会理想，并不是要排斥和抹杀个人理想，而是要摆正个人理想同社会理想的关系。在满足国家和集体利益的前提下，大学生职业发展教育要尽可能地实现帮助大学生了解和发现自己的需求，对学生进行了解自我，发现自我，发展自我的引导和教育，激发培养学生的潜能，规划并实施自己的生涯规划，从而在国家需要、社会需求的大背景下进行更加人性化的选择和安排，尽量考虑到个人的兴趣、气质性格、能力和意愿，从而做到人尽其用，发挥出大学生最大的积极性和创造性，这也是职业发展教育体系是否完备和理想的检验标准。

（三）基于需求导向的中国特色大学生职业发展教育体系建构的举措

中国特色大学生职业发展教育体系建构是一个长期的实践过程，需要在着眼长远、明确方向与思路的同时，立足当前，以贯彻落实《国家中长期教育改革和发展规划纲要（2010—2020 年）》为主线，借鉴《上海市中长期教育改革和发展规划纲要》、《上海市学校德育“十二五”规划》和《上海市学生职业（生涯）发展教育“十二五”行动计划》等指导性文件，以需求为导向，以体系建设为核心，以研究、宣传与合作为抓手，全面推进中国特色大学生职业发展教育体系建设步伐。主要从以下几个方面着手：

1. 建立起高校与政府、社会的协作关系，形成良好的联动机制

大学生职业发展教育是一个复杂的系统教育工程，由于大学生职业发展教育涉及到国家、社会和个人等需求主体，要实现高校人才培养目标，需要推进政府、社会的参与与协作，多管齐下，形成合力，建立起政府、社会和高校密切协作的大学生职业发展教育联动机制。所谓联动机制，就是以政府、社会和高校以共同利益与制度约束为基础，以提升大学生就业竞争力、实现大学生全面发展为导向，共同承担责任，加强优势整合，实现互利共赢的合作和行动制度。

我国大学生职业发展教育从起步到专业化和制度化，从大学生职业发展教育组织化到全程化和全员化，主要是由政府推动实现，这是由具有中国特色社会主义的政体决定的。但是仅仅依靠政府的力量，大学生职业发展教育表现低效、缺乏活力、反映迟缓等问题，因此，在强调政府部门主导的同时，也必须强调大学生职业发展教育体系中参与主体的多元性，特别是吸纳社会的力量，调动各种社会资源共同协作，形成良好的联动机制。

因此，在社会主义市场经济的大环境下，大学生职业发展教育在某种程度上需要鼓励社会用人单位——大学生职业发展教育对象的积极加入，同时更需要高校大学生职业发展教育主体和大学生的配合。例如大学生实习基地建设工作，在行政命令之下，实习基地挂牌等进展很快，上海杨浦区从 2007 年率先试行大学生实习基地，在 2011 年，其实习基地数量由 40 家缩减为 35 家。杨浦区大学生实习基地每年都要接受严格的考核评估，如考评结果为“不合格”，督促整改后复评结果还是“不合格”，那就会撤销其实习基地资格。因此，增加社会（用人单位）对于大学生职业发展教育内容的参与度，在政府话语主导的基础上，增进社会组织（用人单位）话语反馈机制，形成自上而下和自下而上畅通的双向畅通的话语传播路径，才能更好地执行国家关于大学生职业发展教育的政策措施，才能真正体现不同主体的需求。比如，德国就建立一个全国通行的网络平台，用人单位和学生都可用任何一台电脑登录，免费共享资源。大学、社会、政府相关部门的全方位合作，在组织上和经济上的相互支持以及信息上的有效沟通，真正把学生就业准备作为共同的任务来完成。

2. **顺应高等教育改革，建构具有中国特色、结构优化、开放的大学生职业发展教育体系**

中西方社会文化背景与制度基础的差异决定了我国开展大学生职业发展教育不同于西方。西方走的是一条由社会内生到政府与社会合作的“自下而上”的路径，即先“社会化”后“制度化”；中国走的是一条由政府主导到社会参与的“自上而下”的路径，即先“制度化”后“社会化”。大学生职业发展教育作为一种最早起源于西方的教育实践，要在中国“落地生根”，就必须在观念契合、人才整合与功能融合中实现本土化；必须将职业发展教育的基本理念、制度文化与本土实际相结合，形成反映中国国情、切合中国实际、指导中国实践、推动中国发展的大学生职业发展教育体系，形成具有中国特色、中国风格、中国气派的大学生职业发展教育体系，形成能够融合中华民族价值取向与思维方式、具有中华民族文化特质、突出中华民族文化特性的大学生职业发展教育体系。因此，建构具有中国特色的学生职业发展教育体系，是目前完善我国大学生职业发展教育体系主要任务和关键问题。

《国家中长期教育改革和发展规划纲要》针对当前高等教育发展中存在的同质化倾向，提出要优化结构，办出特色。这就要求各高校在开展大学生职业发展教育的目标定位和课程结构的安排上要扬长避短，制定适应当地经济和社会发展需要、符合学生自身特点的新的内容体系与教学模式，促进每一个大学生的职业发展，提升学生整体素质和能力，培养适应社会需要的有特色的新型人才。

另外，大学生职业发展教育体系不是封闭的，而是面向社会开放的，因此，在外部体系建设方面也是需要注意加强的，包括要妥善处理好与政府部门、用人单位、专业机构、社会中介等关系，争取获得最大限度的政府与社会资源的支持。

3. **创新内容与形式，形成中国特色的大学生职业发展教育新模式**

职业发展教育是学校素质教育的重要组成部分，其实质不是仅仅为了培养大学生的职业意识和职业能力，而是以大学生职业规划为主线的综合性教育过程，是不断获得其知识、能力、素质结构的综合提高，更是一种对各类人才综合素质的递进性养成教育。而我国还没有真正意义上将职业发展教育纳入高校人才培养体系。

因此，需要我们在实际操作中，应构建中国特色的大学生职业发展教育的内容体系，使大学生职业发展教育符合中国的教育实际和学生的成长需求，仅照搬西方的教育理念来指导大学生是不适合的，我国大学生职业发展教育必须结合思想政治教育与中国传统文化，融入中国本土化元素，形成适合中国高校大学生职业发展教育思想理论。同时大学生职业发展教育必须与专业教育和学生日常管理平台紧密的结合起来。要充分利用校内外资源，积极发挥现有各种教育载体的作用，形成职业发展教育的课程体系、校园文化活动体系、社会实践体系和个别辅导体系。注意多种形式互相配合，根据学生的特点和实际情况，有针对性地选择不同形式开展职业发展教育活动。

4. 职业准入制度和教育培训制度相结合，打造专业化师资队伍

坚持专业化发展，才能吸引优秀人才进入职业发展教育师资队伍，为体现和保证教师的专业水准和专业地位，需要规定大学生职业发展教育教师的任职标准和要求，提高职业准入门槛，确保具备较高素质的专业人员进入这支队伍。除了在入职前所具备的专业背景和职业资格证书认证外，还应加强已经入职教师的在职培训，促进教师的专业成长。从事大学生职业发展教育的教师也应该制定适合自己发展的职业生涯规划，确定每个阶段职业发展的目标，并通过持续不断的学习努力实现。坚持培训与教育教学、科研活动紧密结合起来的一种持续教育，从而促进教师改进教学、提高能力。使教师走上自觉、自立、自控的专业化发展道路。《上海市学生职业（生涯）发展教育“十二五”行动计划》中提出了加强大学生职业发展师资建设的主要举措有：首先探索职业发展的研究生教育，依托上海师范大学教育学一级学科博士点，创设职业生涯教育专业硕士点和博士点，培养学生职业（生涯）发展教育的高学历人才。这能够为上海学生职业（生涯）发展教育培养研究、咨询专业人才以及各级各类学校的学生职业（生涯）发展教育专职教师和辅导员。另外在上海高校职业发展教育中推行职业咨询师认证体系，凡从事学生职业（生涯）发展教育的专业人员，必须获得职业咨询师资格证书。同时加强职业咨询师的岗位培训，“十二五”期间，每年对在岗职业咨询师进行20课时的专业培训，更新在岗职业咨询师的知识、技能。此外设立教育名师工作室。选拔学生职业（生涯）发展教育优秀教师，在这些教师所在学校设立学生职业（生涯）发展教育名师工作室，传播学生职业（生涯）发展教育实践经验，带动专业师资队伍建设。这些措施不失为重要有益的尝试。

5. 由量的追求转向质的提高，健全大学生职业发展教育的评价体系

当前的大学生职业发展教育的评价体系以结果评价为基础，注重就业率的考核，即大学生就业就完成了职业发展教育的目标。大学生职业发展教育的评价体系对整个教育教学活动具有一种导向或指导作用，它提供了衡量大学生职业发展教育过程或结

果好坏的标准，如果忽视了各主体的需求，就会导致大学生就业指导代替大学生职业发展教育的情况。

大学生职业发展教育评价体系也具有反馈的功能，对于从事职业发展教育的教师而言，评价可以帮助教师发现问题，不断改进教育教学工作，促进教师在专业上不断成长与进步。所以，健全大学生职业发展教育评价体系是一项重要任务，评价体系应以学生职业发展为本。就业率数据只是结果评价，但基础是建立健全学生职业发展教育统计制度，确保学生职业发展教育数据权威准确、科学合理。对大学生职业发展教育发展目标进行任务分解，对各责任单位的年度目标、指标和任务等实施情况，探索开展年度评估。创新大学生职业发展教育的评估方式，引入社会机构评估等第三方评估制度，这些措施都将增强职业发展教育评价的科学性和客观性。采取过程的多维度评价，能够更为立体地评价高校大学生职业发展教育开展情况。另外根据第四代教育评估方式，评价结果并不依赖于其客观实际情况相同程度如何，而在很大程度上取决于所有参与评价者意见一致性的程度如何。这样评估结果就会更切合实际。这也给大学生职业发展教育带来了新的思路，也进一步明确了社会（用人单位），高校学生和国家需求之间的统一，才能最大限度发挥大学生职业发展教育的作用。

第三部分　结　　论

一、研究局限

围绕基于需求导向的中国特色大学生职业发展教育体系建构核心问题，通过对上海部分高校大学生职业发展教育现状的调查分析，本研究取得了一些初步的研究结论，尤其是需求导向理论这一新的理论视角，让人耳目一新。

然而正如任何一项研究一样，每一项研究都有着自身的局限性，这些局限性或许缘自资料本身，或许缘自分析框架，或许缘自研究者的自身学术素养等主、客观方面的因素。但也正是因为这些局限性的存在，它为今后进一步的研究提供了可能空间。对于本研究而言，局限性主要表现在：

1. 由于本研究主要是通过分层抽样进行问卷调查和访谈的方式获得第一手资料，

这两种调查方式真实性是有限的。另外，本研究虽然是以需求导向为视角，考察大学生职业发展教育历程和体系的构建，但是教育自身的发展规律以及大学生自身特点和社会政治经济大背景是分不开的，本研究对此给予的关注不够。

2. 本研究调查点选定为上海市的部分高校，这种调查点自身就存在类别差异，同时又不同于内地省市高校。那么在这里的大学生职业发展教育开展情况与其他类别或内地省份高校的大学生职业发展教育是否存在差异，在本研究中也没有得到关注。

3. 在研究思路上，本研究根据需求主体分成国家、社会、个人三方面，来分析当前大学生职业发展教育存在的问题以及中国特色大学生职业发展教育体系构建的措施。但这几种分类是否妥当，是否能充分说明不同需求主体的客观存在，是否有更好的分类标准存在，值得进一步研究。

4. 需求导向和中国特色是本研究的核心概念，尽管我们从这些概念的界定、现状等方面都进行了系统地分析研究，但是对职业发展教育自身内环境的关注不多。

二、研究展望

正是基于上述局限性，本研究为今后的研究开辟了这样的一些可能性空间：

1. 本研究以需求导向为理论视角来构建中国特色大学生职业发展教育体系，那么职业发展教育自身的规律以及大学生自身特点和社会政治经济大背景等之间的关系是怎样的，值得进一步研究。

2. 虽然本研究中需求导向作为新的理论分析视角，而且也得到系统的分析与阐述，在分析当前大学生职业发展教育存在的问题和中国特色大学生职业发展教育体系构建具有一定的解释力，但是其解释效力以及认可度有待进一步提高，其妥当性还需要进一步增强，这需要今后有更多的相关研究予以检验与支撑。

后　　记

《国家中长期教育改革和发展规划纲要（2010—2020 年）》和《上海市学生职业（生涯）发展教育“十二五”行动计划》将职业生涯发展教育提到了一个新的高度与崭新的视角。近年来，职业生涯发展教育，无论是从理论上还是在实践中都是我国高等教育关注的热点。或许正因如此，我们申报的“中国特色大学生职业发展教育体系与高等教育改革研究——基于需求导向的中国特色大学生职业发展教育体系建构”被批准为“2012 年度高校毕业生就业创业委托课题”。本报告即是该课题的研究成果。

课题组负责人由上海市学生事务中心主任、副教授董晓峰担任，成员有中心副主任、博士田磊，中心研究室负责人周华，上海海事大学副教授崔小璐，海事大学讲师郑巧和李伟红及中心研究室汪璐瑶。其中周华、崔小璐负责报告的整体框架并统稿，各章执笔有崔小璐、周华、郑巧、李伟红和汪璐瑶。

我们希望通过本研究，对职业发展教育方面的理论、政策、认识误区进行全面系统的梳理、解析和匡正，并希望在此基础上通过深入的观察思考与大量的实践分析，试图以一种新的理论视角来解读当前大学生职业发展教育中的一些复杂问题，并为今后我国大学生职业发展教育体系的建立和完善提供理论上的指导。

当然，美好愿景的实现与高期待目标的达成并非易事。尽管研究团队充满激情与活力，日夜奋战，但由于在理论修养等方面的局限，本研究报告难免存在不当之处，在此恳请学界前辈、同行不吝赐教。

本课题在研究过程中得到了中心网络信息部、就业服务部和公共服务部以及上海各高校和众多用人单位的积极配合。此外，本研究报告在写作过程中也引用了一些学者的观点，在此一并表示感谢。

本课题组

2013 年 3 月

课题组主要成员： 董晓峰、田　磊、周　华、崔小璐、郑　巧、李伟红、汪璐瑶

参考文献

[1] 中共中央、国务院近日印发了《国家中长期教育改革和发展规划纲要（2010—2020 年）》2010. 7. 30。

[2] 上海市政府发布《上海市中长期教育改革和发展规划纲要（2010—2020 年）》，2010. 3. 30。

[3] 上海市教育委员会《上海市学生职业（生涯）发展教育“十二五”行动计划》2012 年 11 月 19 日。

[4] 张再生:《职业生涯开发与管理》,天津大学出版社 2003 年版。

[5] 夏光:《大学生职业生涯规划指南》,机械工业出版社 2009 年版。

[6] 施恩(美)、仇海清译:《职业的有效管理》,新知·三联书店 1992 年版。

[7] 孟万金:《职业规划:自我实现的教育生涯》,华东师范大学出版社 2004 年版。

[8] 刘俊彦:《大学生职业生涯规划》,中国言实出版社 2001 年版。

[9] 潘娟:"大学生职业生涯规划的理念与模式",《湖南工程学院学报》,2008 年 9 月,第 8 卷,第 3 期:95—97。

[10] 柳君芳:"我国职业指导的历史沿革与发展",《北京成人教育》,2000(2):12—13。

[11] 吴秀霞:"我国大学生职业生涯规划教育发展历程与趋向",《理工高教研究》,2008(4):86—89。

[12] 郑琼梅:"生涯辅导:高等教育的新功能",《武汉科技大学学报(社会科学版)》,2002(9):76—79。

[13] Vemon G. Zunker、吴芝仪译:《生涯发展的理论与实务》,扬智文化事业股份有限公司 1996 年版。

[14] 吴志功、乔志宏:"美国大学生生涯发展与就业指导理论评述",《比较教育研究》,2004(6):52—55。

[15]《职业生涯发展与规划》、《职业生涯发展与规划学生手册》,高等教育出版社 2005 年 5 月第 1 版。

[16] 全力:"国外大学生就业模式及对我国就业工作的启示",《比较教育》,2007,(3):63—65。

[17] 郑玉美、李运庆:"韩国大学毕业生的就业问题及对策研究",《江苏高教》,2006,(3):97—100。

[18] 刘志坚:"英国大学生就业工作及对我国的启示",《江苏高教》,2006(4):111—113。

[19] 王乐鹏、施全盛、费敏:"英国大学生就业服务体系及其对中国的启示",《科技广场》,2009,(2):229—231。

[20] 王霆、唐代盛:"国外就业能力框架和模型研究发展综述",《求是》,2006(3):211—215。

[21] 朱辉荣:"本土化大学生职业生涯规划教育研究",西南大学,2010:12—13。

[22] 仲雯雯:"大学生职业生涯规划研究",青岛大学,2008:12—14。

[23] 孙皎皎："当前我国大学生职业发展教育研究"，东北大学，2008：19—20。

[24] 张兴瑜："对国外生涯辅导理论的研究和评述"，《高等职业教育—天津职业教育学报》，2009（8）：90—91。

[25] 王莉："国外高校促进大学生就业的方法对我国高等教育的启示"，《大连大学学报》，2011，(6)：126—128。

[26] 杨迎春 ："美国高校职业生涯辅导研究"，华东师范大学，2006：25—27。

[27] 朱红 ： "慕尼黑就业模式的启示"， 《中国大学生就业》，2002（9）：75—76。

[28] 邹蕾："英国大学生可雇用性培养研究及其启示"，《浙江教育学院学报》，2011（1）：31—35。

[29] 叶晓倩："大学生就业能力培养：英国的经验和启示"，《教育科学》，2011（4）：90—92。

[30] 罗汉书："职业生涯教育的国际经验剖析"，《教育发展研究》，2005（7）：41—43。

[31] 井海明、王淑玉、何大年："国外大学生就业模式及其对我国的借鉴意义"，《中国青年政治学院学报》，2006（6）：31—33。

[32] 胡尊利、刘朔、程爱霞："国外大学生就业能力研究及其启示"，《比较教育研究》，2008（8）：24—26。

[33] 苏敏："英国大学生提高大学生就业力的策略研究"，东北师范大学，2008：20—25。

[34] 赵立新："国外高校大学生就业指导工作及启示"，福建师范大学，2006：11—17。

[35] 龚朴、王珍美："德国双元制培训就业模式"，《四川劳动保障》，2009，(3)：27。

[36] 刘宝铭、孙建广、檀润华："需求理论和需求进化定律"，《科技管理研究》，2011，(18)：193。

[37] 宋惠昌："论集体主义的历史特征及其生命力"，《伦理学研究》，2007（7）：31—32。

[38] 孟祥龙、昌盛、赵振伟等："关于大学生职业发展体系的探索"，《教育探索》，2010（4）：12—14。

[39] 劳晓云："大学生职业生涯发展工作研究"，《思想理论教育》，2006（6）：61—65。

[40] 柳君芳："我国职业指睁的历史沿革与发展"，《北京成人教育》，2000，

(2)。

[41] 吴秀霞："我国大学生职业生涯规划教育发展历程趋向"，《理工高教研究》，2008 年 8 月，第四卷，第 4 期。

[42] 王沛、鲁春晓："重视大学生的职业生涯规划教育"，《教书育人》，2007 (8)：73。

[43] 赵晓芳："浅谈大学生职业生涯规划"，《党史博采（理论)》，2007 (8)：46—50。

[44] 张正武："大学生全程化职业生涯规划研究"，山东大学，2009：13—14。

附件

国内外大学生职业发展教育经验比较与启示[①]

崔小璐[②]　郑巧[③]　董晓峰[④]　周华[⑤]　汪璐瑶[⑥]

摘要：在高等教育大众化和大学生就业市场化的大背景下，开展大学生职业发展教育成为我国高等教育改革的一项重要议程。西方发达国家的大学生职业发展教育为我国提供了很多有益经验和理论基础。通过分析比较，找出适合我国国情的有益经验，为构建我国具有中国特色的大学生职业发展教育体系提供一些建议。

关键词：大学生职业发展教育　经验比较　中国特色

职业发展教育主要起源于20世纪初的欧美发达国家。它是因经济发展、职业分化、技术进步、经济周期波动引起失业并带来一系列社会矛盾后，社会为解决就业问题而做出努力的产物。最早的职业生涯教育产生于美国，经历了职业指导，职业生涯辅导和生涯辅导三个大的发展阶段，同时产生了特制因素论，发展性理论，类型学理论及其社会学系理论等诸多学派。

加强对国内外大学生职业发展教育的比较研究，借鉴国外欧美发达国家大学生职业发展教育的有益经验和成功做法，是构建具有中国特色的大学生职业发展教育体系、促进大学生充分就业和学生全面发展的重要途径之一。本文拟分析国内外大学生职业发展教育特点的基础上，对国内外大学生职业发展教育实践进行初步比较，并从异同

---

① 本文为全国高校学生信息咨询与就业指导中心2012年度高校毕业生就业创业委托课题（课题编号：12jycyw005）部分成果，论文发表在《思想理论教育》2013第7期。

② 崔小璐：上海海事大学，副教授。

③ 郑巧：上海海事大学，讲师。

④ 董晓峰：上海市学生事务中心主任，副教授。

⑤ 周华：上海市学生事务中心，研究室负责人。

⑥ 汪璐瑶：上海市学生事务中心，研究室科员。

点得出构建具有中国特色的大学生职业发展教育体系的具体措施经验启示。

一、我国大学生职业发展教育的特点

我国大学生职业发展教育走过的历程大致划分为“拿来主义”、“国外经验本土化探索”和“借鉴国外经验的基础上创建中国特色”三个阶段，但是各阶段之间并没有明显的时间分水岭而是相互交错的。从目前来看，我国大学生职业发展教育呈现以下特点：

1. 大多数高校纷纷开设职业生涯规划课程

清华大学模式。主张开发课程模块，模块中包括若干门“短、平、快”的课程，缺什么补什么。按照职业生涯发展过程中可能出现的问题设立课程，属于问题式教学，如《沟通训练》、《自我探索》、《留学指南》等。

复旦大学模式。开设一门课程，各年级学生均可以选修，课程名称为《生涯规划与就业指导》。课程主要内容包括：生涯规划的基本理论，自我探索，职业社会认知，生涯决策，大学生涯发展规划的制订与实施，职业素养与职业发展，素质拓展训练，就业形势与政策，就业中的心态管理等。

分段指导模式。国内较多高校结合社会需求和大学生成长阶段开设两门课，分别叫《大学生涯规划与职业发展》、《大学生求职技巧》，前者针对大一学生，后者针对大三下、大四上的学生，条件成熟时再针对研究生开设《职业生涯管理与开发》。

2. 经验总结和理论研究方面取得较大进展

大学生职业发展教育作为职业指导教育的延伸和发展，经过探索进入快速发展的新阶段，这一领域受到前所未有的重视。一些学者逐渐认识到大学生职业生涯规划指导的重要意义，开始将国外优秀的职业生涯规划理论引入到我国大学生职业生涯规划的研究中并加以发展，形成了我国大学生职业生涯指导的理论雏形。学术论文对此话题的关注也逐渐增多，相关研究也不断涌现，通过检索、公开发表的论文达到几百篇。在这一领域中，较为有影响力的代表人物是人事部人事科学研究所副研究员罗双平，他对职业生涯这一课题进行了比较系统的研究，如《职业生涯规划的含义及其形态》、《职业生涯规划理论》、《职业生涯阶段划分》等。

3. 职业生涯规划培训交流范围不断扩大

2007 年 11 月，首届中国职业生涯规划国际论坛暨 GCDF 全球峰会在北京隆重召开。参加这次论坛共有来自中国、美国、德国、韩国、日本、新西兰等 16 个国家的专业人士以及数十位国内外最具影响力的职业规划专家。这是我国在职业生涯规划领域举办的第一次全球性大会，论坛以“职业生涯规划的国际前沿技术与实践”为主题，围绕职业生涯规划的全球化发展、其他国家职业规划发展体系的现状、职业生涯规划的创新前沿技术、基于组织的生涯发展应用、高校职业规划服务体系的建立、职业测评在生涯发展中的创新等内容开展讨论，致力于通过与世界各地的职业规划领域研究成果的分享，将中国的职业发展教育以及职业咨询服务行业推向更高的实践与应用层面。

二、国外大学生职业发展教育的特点

国外发达国家大学生职业发展教育起步早，经过近百年的发展，形成了一套比较成熟的、系统性的教育模式，其特点主要有以下几个方面：

1. 就业指导机构专门化

发达国家高校都有专门的就业部分负责就业工作。例如日本公立和私立大学都设有就业科或就业部，专门负责学生的就业指导工作。就业指导机构的专业化还体现在从事就业工作人员的专业化。以日本京都外国语大学为例，在校生4000多人，仅专职从事就业指导的工作人员就有10名，还有一个由28人组成的就业委员会进行辅助工作。大学生就业指导的专业人员比较高的专业化程度，对职业发展活动开展的深度、广度和效果起到至关重要的作用。

另外，发达国家重视高校就业部门的地位。高校对机构设置、人员配备、办公条件、经费保障等方面都给予重点扶持。以美国为例，毕业生就业指导机构在大学内处于中心地位，一般由一名副校长直接负责，并有充足的经费投入。

2. 就业指导理念全程化

发达国家大学生从入学初始就被有意识地灌输与就业相关的知识，在大学生的成长过程中牢固地树立了符合社会实际的就业观念。从实施结果来看，发达国家高校的大学生通过全程化的就业指导，能够很客观地评价自己，从社会需求的实际出发择业，不会盲目地选择高薪职业。发达国家的就业机构已经不再是简单意义上的行政机构，而是承担着与大学生就业有关的服务、咨询和研究功能，贯穿于大学教育的始终，已经内化为大学教育的一门重要课程，从大学一年级直至学生毕业以后都在持续进行着。因为职业生涯包括了人的一生当中职业角色，是一个整体的发展过程。

德、法两国的大学生职业发展教育不仅注重将就业指导贯穿于学生教育的全过程，把就业指导和咨询作为一种高层次的职业和岗位予以肯定，以提升大学生的生存能力和职业素质，许多高校还将就业指导工作前移至高校招生的宣传和指导环节中，引导学生兴趣爱好和社会需求为学生进行职业生涯的设计咨询。

3. 强调个性化的就业指导技术

发达国家高校中个性化的就业指导能够使大学生更加具有就业的主动性和市场的承受力。美国是开展大学生个性化指导最早的国家。美国的大学坚持以培养学生“准备从事任何一种职业”为指导思想，倡导文理兼容，给学生以宽广的基础教育，又注意培养学生的个性特长，指导学生按其职业意愿要求发展，培养务实、竞争、冒险意识，增强学生能够应对各类社会压力和挑战的能力。

4. 强化职业技巧培训

职业技巧培训不是浅层面的技术性问题，更大程度地体现为一种引导和服务。提供咨询，开展就业心理、技术训练，在毕业生与就业部门间牵线搭桥是高校就业指导机构的主要工作。大学生择业的过程，其实质是就业心理转变的过程，这有助于大大提高就业的成功率。

美国的“心理测试与训练”，澳大利亚和加拿大的模拟招聘面试训练等是比较典型的做法。德、法高校也非常重视对即将走上工作岗位的毕业生和已毕业尚未就业的毕业生实施职业技能培训和选择职业的能力培训，并列为高校教育培训的常规内容，有效地提升了毕业生就业的比例。另外，英国等国家企业培训课程纳入高校职业发展教育课程中，对于学生了解行业起着重要的作用。

三、国内外大学生职业生涯发展教育比较与启示

1. 自下而上和自上而下——中外大学生职业发展教育的动因差异

西方的大学生职业发展教育源自20世纪初，发展至今有百年的历史，在其演变过程中，产生了众多的理论流派和成熟的操作方法。西方高校的职业发展教育，是与西方的社会经济发展密切相关的。20世纪60、70年代，西方国家出现“高通货膨胀率和高失业率并存”这个事实，客观上刺激了大学生职业生涯教育理论的发展，因此，西方大学生职业发展教育是自下而上不断完善的过程，更为偏重市场需求的变化。

我国从1977年高考恢复到1990年，一直采取统包统配的原则，就业市场完全由国家计划统筹。随着社会主义市场经济的提出，1993年中共中央、国务院颁布了《中国教育改革和发展纲要》，明确提出了大学生“自主择业”要求。1994年，劳动部颁发了《职业指导办法》，明确规定职业介绍机构应开展职业指导工作。1997年，国家教委颁发了《普通高等学校毕业生就业工作暂行规定》，对高校就业指导工作作出了明确规定。高校纷纷建立了相应的机构。到2001年，国内许多高校普遍开始增设就业指导课程或讲座，就业指导教材也相继出版，就业指导服务水平有了不同程度的提升。可见，我国大学生职业发展教育，是政府主导推动从上而下的高等教育改革的一项重要内容，从“制度化”到“社会化”。

中西方有不同的社会制度和文化背景，在大学生职业发展教育中有不同的推进方式，从下而上的市场主导型的大学生职业发展教育有之生存的原生态土壤。20世纪90年代开始，我国开始学习西方职业生涯发展理论，并且政府主导出台了一系列政策文

本，经历了“拿来主义”、“国外经验本土化探索”和“借鉴国外经验的基础上创建中国特色”三个阶段，在从上而下的推进过程中，也出现了很多亮点，武汉理工大学出版了职业生涯规划系列丛书，清华大学开设了“职前教育网络课堂”。因此，我国高校明确了政府对于大学生职业发展教育重要性的政策话语体系中，接下来需要进一步完善大学生职业发展教育，增强高校作为职业发展教育的主体意识，结合自身的办学特色和行业需求动态，包括要妥善处理好与政府部门、用人单位、专业机构、社会中介等关系，在国家支持的基础上，充分利用社会资源。

2. 单向灌输与综合服务——中外大学生职业发展教育的方式差异

西方大学生职业发展教育采取多种形式，大学生职业能力测试，个性化的职业咨询，职场技能培训，模拟面试，企业实践等内容，形式多样，基本包括了大学生从校园人到职场人的全部环节。此外，日本等国家还注重对于入职后的大学生后期就业跟踪。这也与西方职业发展教育理论历史悠久相关，在高校大学生职业发展教育近百年的实践中，产生了众多成熟的做法，其落脚点在于注重大学生职场实务，让大学生在实践中体验职场情境。总之，西方的高校职业发展教育部门承担着与大学生就业有关的服务、咨询和研究功能，贯穿于大学教育的始终，已经内化为大学教育的一门重要课程。

我国的职业发展教育主要以灌输式教育为主。随着扩招带来的就业压力，高校加大了就业指导课程的力度，内容主要包括就业政策宣传与解释、就业信息发布、就业技巧指导三方面。就业指导课程并没有真正解决大学生的就业困惑，更没有对低年级学生的职业发展提供有效帮助。从 2002 年开始，我国高校陆续开设了职业生涯规划课程，要以就业指导课为基础，增设 4—8 学时的职业生涯规划课程，一些学校把职业生涯规划课程作为选修和必修课程开设。

相比西方高校就业部门的定位，我国大学生职业发展教育实施方式相对单一，就业指导部门的服务，咨询功能有待于进一步加强。我国高校的职业发展教育停留在单向灌输就业相关政策等理论层面，教育形式基本停留在是课堂教学和讲座等的结合，企业实践比较少，对学生的吸引力不足，不利于解决求职就业中的现实问题。因此，在大学生职业发展教育的开展方式上，高校职业发展教育相关部门需要更为注重职业理论和企业实践的结合，注重个性化咨询和全方位教育的结合，为学生职业选择，职场心理等提供更加务实的建议，不断丰富大学生职业发展教育体系的范畴。

3. 缺乏职业准入制度与师资的专业化——中外大学生职业发展教育的师资差异

西方高校的职业发展教育倡导个性化的就业咨询，这对于大学生职业发展教育的师资提出了要求：高质量且具有相应数量的高校职业咨询师专业队伍是开展职业发展教育的前提。在西方，学校的就业指导人员一般都是本科毕业的心理专家，再接受相当于硕士学位的咨询专业训练，美国平均每50位学生就配有一个心理学专家，为毕业生填报专业、选择职业提供指导。美国还通过法律手段促进职业指导的发展：美国各州都公布了专门的法律，规定职业指导、咨询工作者的条件。

近年来，我国的大学生职业发展教育获得了长足的进步，例如在上海地区，上海学生职业发展教育研究所落户上师大，但总体来说，我国的大学生职业发展教育的师资构成较为薄弱，从事大学生职业发展教育的从业者以行政人员和政工干部，大学生辅导员居多，专业人士较少。目前，全国已经取得职业指导师职业资格的只有1万人，高级职业指导师不足400人。同时，在就业指导时只能停留在泛泛而谈的层面，对学生的职业发展辅导和咨询等服务还没有得到全面展开。师资队伍的薄弱，大大影响了大学生职业发展教育的质量。

因此，我国大学生职业发展教育的基础在于师资力量的专业化，《上海市学生职业生涯教育规划》指出："努力培养具有较高理论素养、专业技能、科研能力和国际交流能力的学生职业（生涯）发展教育专家群体。"除了在入职前所具备的专业背景和职业资格证书认证外，还应加强已经入职教师的在职培训。尤其是加强大学生职业发展教育在职师资的培训，积极走进企业，加强职业实践认知，才能在教学和活动中拓展大学生的职业素养。

4. 过程评价和结果评价——中外大学生职业发展教育的评价差异

西方高校从学生一入校就开始进行职业发展教育，并且不同的年级设定不同的教育评价标准。一般来说，大一新生一入校就进行职业教育，帮助学生对就业市场的状况进行接触和了解；第二年要帮助学生发现和了解自己的特性、兴趣和专长，参加相关活动，最终选择好专业；第三年要帮助学生收集雇主资料和市场需求，参加社会实践，使学生对选择职业有直接感受；第四年指导学生进行如何写求职信、参加面试等专题训练，帮助学生收集需求信息，举办各种规模就业市场活动。

在我国，对于高校职业发展教育的评估，毕业班就业率是最直观和量化的评价标准，就业率间接地影响了高校的招生等其他工作。所谓就业率，指的是就业学生占毕业生的比例，就业率是大学生职业发展教育的阶段性成果，但与高校职业发展教育的开展并不存在必然相关，这种评估的标准忽视了各主体的需求，进而导致大学生就业指导代替大学生职业发展教育的情况。

因此，我国的大学生职业发展教育的评价，除了结果评价之外，也要注重过程评价。大学生职业发展教育是一项全程化的工作，不只是在“大四”进行，也不仅仅是大学生就业一个部门的责任，而是整个学校的责任，应该贯穿于整个高等教育过程，按不同阶段系统的开展，分层次建立不同的评价体系，才能以此为导向，真正有效开展大学生职业发展教育。

比较的意义还在于借鉴和运用，学习和综合借鉴国外大学生职业发展教育成熟经验的基础上，从中国国情出发，进一步深化、细化、完善和创新，将有利于形成具有鲜明中国特色的大学生职业发展教育体系。

参考文献

[1] 吴秀霞："我国大学生职业发展教育发展历程趋向"，《理工高教研究》，2008年8月，第四卷，第4期。

[2] 全力："国外大学生就业模式及对我国就业工作的启示"，《比较教育》，2007(3)。

[3] 郑玉美、李运庆："韩国大学毕业生的就业问题及对策研究"，江苏高教，2006(3)。

[4] 刘志坚："英国大学生就业工作及对我国的启示"，江苏高教，2006(4)。

[5] 王乐鹏、施全盛、费敏："英国大学生就业服务体系及其对中国的启示"，科技广场，2009(2)。

[6] 王霆、唐代盛："国外就业能力框架和模型研究发展综述"，《求是》，2006(3)。

[7] 朱辉荣："本土化大学生职业生涯规划教育研究"，西南大学，2010。

[8] 仲雯雯："大学生职业生涯规划研究"，青岛大学，2008。

[9] 孙皎皎："当前我国大学生职业发展教育研究"，东北大学，2008。

[10] 张兴瑜："对国外生涯辅导理论的研究和评述"，《高等职业教育—天津职业教育学报》，2009(8)。

[11] 王莉："国外高校促进大学生就业的方法对我国高等教育的启示"，《大连大学学报》，2011(6)。

[12] 杨迎春："美国高校职业生涯辅导研究"，华东师范大学，2006。

[13] 朱红："慕尼黑就业模式的启示"，《中国大学生就业》，2002(9)。

[14] 邹蕾："英国大学生可雇用性培养研究及其启示"，《浙江教育学院学报》，2011(1)。

[15] 叶晓倩："大学生就业能力培养：英国的经验和启示"，《教育科学》，2011(4)。

[16] 罗汉书："职业生涯教育的国际经验剖析"，《教育发展研究》，2005(7)。

[17] 井海明、王淑玉、何大年："国外大学生就业模式及其对我国的借鉴意义"，

《中国青年政治学院学报》，2006（6）。

[18] 胡尊利、刘朔、程爱霞："国外大学生就业能力研究及其启示"，《比较教育研究》，2008（8）。

[19] 苏敏："英国大学生提高大学生就业力的策略研究"，东北师范大学，2008。

[20] 赵立新："国外高校大学生就业指导工作及启示"，福建师范大学，2006。

[21] 龚朴、王珍美："德国双元制培训就业模式"，《四川劳动保障》，2009（3）。

[22] 刘宝铭、孙建广、檀润华："需求理论和需求进化定律"，《科技管理研究》，2011，（18）。

[23] 宋惠昌："论集体主义的历史特征及其生命力"，《伦理学研究》，2007（7）。

[24] 孟祥龙、吕盛、赵振伟等："关于大学生职业发展体系的探索"，《教育探索》，2010（4）。

[25] 劳晓云："大学生职业生涯发展工作研究"，《思想理论教育》，2006（6）。

[26] 吴冰：《高校毕业生首份工作生存纵向研究》，光明日报出版社 2011。

课题编号：12jycy006

高校职业发展与就业指导课程建设研究

课题承接单位：北京师范大学

摘　要

我国的大学生“职业发展与就业指导”课程发展较晚，但近年来取得了长足的进步。通过对近十年来在公开刊物上发表的有关职业发展与就业指导课程建设的文章的梳理，我们发现，研究主要集中在课程的教学管理与支持、课程的教学内容与评估和师资队伍建设这三个方面。通过对高校职业发展与就业指导课程建设的调查，从重视度、满意度、课程比重、教师队伍、教学内容、教学管理等方面反映了现状，同时也从政策、评估体系、教学形式、师资队伍和培训等方面反映了现存问题。课题组进一步针对这些问题调研了课程建设中形成特色的高校，对其经验进行了梳理，提出了课程未来的发展方向。最后，就当前教学内容中普遍存在的问题进行了分析，提出了改进方向。

第一部分　导　　论

一、研究背景与主要思路

职业发展与就业指导课程伴随着我国高校就业制度的不断变革而不断发展，从教学内容、教学管理、教学队伍以及评估体系都发生了巨大的改变，在取得巨大成就的同时，也不断面临新的问题。从以上几个方面对课程的发展作出梳理，是当下课程建设的基础。

当前，就业指导师资队伍正呈现出一种多元化的发展趋势，数量激增的同时，素质的欠缺表现得较为明显。目前的教育环境迫切需要通过建立稳定清晰的条件保障制度以及较为完整的培训方案，才能保持教学队伍的稳定和发展。

相对来说，每一门课程都有其理论基础，但职业发展与就业指导课程因其涉及内容广泛而显得理论根基不牢，导致同一门课在不同高校甚至不同老师的教学中表现出很大的内容差异。

职业发展与就业指导课开设以来，发展迅速，但同时也出现了一些“叫好不叫座”的现象，这说明课程的教学质量、教学状况并不让人足够满意。

为了对职业发展与就业指导课程的建设现状进行较为全面、深入的了解，分析存在的问题，为未来的发展提出建议，我们开展了以下研究：

研究一尝试分析近十年来有关职业发展与就业指导课程建设的相关文献，掌握就业课程发展的背景以及可能存在的问题，目的是为了全面准确地调研现状而设计合理的问卷；

研究二是在全国范围内进行问卷调查，全面分析课程建设的现状及存在的问题；

研究三是面对这些问题，从典型高校的优秀经验中寻找出路，给出意见与参考；

研究四是为了提高教学质量，从微观课堂教学中发现问题，通过分析全国优秀教师的授课内容来提出改进意见。

二、研究内容的前沿性和创新性

1. 我国的大学生就业指导课程发展较晚，但近年来取得了长足的进步，对于就业指导课程建设的研究已经刻不容缓。

2. 教育部办公厅要求各高校开设就业指导课程，并逐步建设成为必修课，面对课程建设中的问题，很少有研究进行讨论分析。

3. 就业指导课程的在开设时间、开设规模等方面与世界上发达国家还存在着一定的差距。对于这些差距，尚且没有研究系统地分析查找原因。

4. 对于就业指导课程的研究，很多研究者都是停留在表面的现状观察上，并没有深入政策层面究其原因，调研教师群体探讨其需求。在此研究中，将从政策、教师群体、师资等方面进行不同的调查，并将研究结果和其间的问题进行整合。

5. 在对就业指导课程现状的调查上，首次从学校和教师两个角度分别进行调查，将现状和问题更加细分、明确，从而使得相关的意见和建议更加具有针对性和适用性，不再是泛泛而谈。

6. 在课程内容存在的主要问题上，详细列举实例，针对性地进行批评，对近年来在就业指导课程中出现的问题进行了例举和概括，有着重要的参考和借鉴价值。

7. 成功组织并举办了“高校职业发展与就业指导课程建设研讨会”，邀请了国内各大高校对就业指导课程有着深入认识和有着多年就业指导辅导经验的教师参与，从而见识和分享了课程建设过程中特色高校的成功案例。

8. 对就业指导课程未来的发展提出了针对性、建设性的意见，对未来的方向和规划有这重要的指导和借鉴作用。

三、研究方法

1. 文献梳理。通过对文献的梳理，整合国内外就业指导课程的现状、建设的方式方法、对课程教师的要求等，为国内就业指导课程的发展提供理论指导。

2. 问卷编制。利用科学方法编制相应问卷，为现状的调查和问题的发现提供有科学价值的测量工具，使得研究更加有意义和价值。

3. 数据分析。对问卷调查的数据进行科学的分析，从数据中发现事实和问题，从中有针对性地进行分析，为结论的提出提供数据支持。

4. 借鉴国外先进的教育教学管理方法和课程设置模式，结合国内国情和相关政策，对国内现状进行调查分析，研究国内特色高校的成功就业指导课程建设和教学案例，为课程在国内的发展和未来的方向提供建设性意见和有实质意义的规划。

四、学术价值和应用价值

1. 完成就业指导课程相关文献梳理，为课程建设提供了总结性的意见和建议。

2. 了解了全国各高校就业指导课程开设情况现状，为课程开设的下一步行动提供了方向和目标。

3. 了解了全国各高校从事就业指导课程的教师的现状，为解决教师相关的问题和师资队伍建设提供了有价值的数据参考。

4. 通过对特色高校成功案例的分析，可以将其中的共同点进行进一步的剖析，将课程中有涉及到的内容变成重点难点，将尚未涉及的内容添加到课程教学中。

5. 通过对就业指导课程教学中的错误实例的分析，促进教师进行改进，通过各种真实、正面的案例来激发学生思考自己的人生定位，激发学生发现自己的梦想和人生意义。

6. 对课程设计的几个重要部分进行了进一步梳理，使得教学过程中存在着的概念不清、内容设计脱离学生实际、活动过于表面的问题得以暴露，日后能更加有针对性的解决。

7. 该研究可为高校就业指导课程建设提供一个可预期的目标，为教师队伍的创建和发展提供相关建议，为课程内容和教材编写的正规性提供一定保障，为就业指导课程所能达到的效果提供一个可实现的方向。

五、成绩与问题

1. 取得的成绩

（1）深入分析和梳理了近年来对就业指导课程建设的文献研究，总结发现了该课程这些年来的发展变化规律。

(2) 编制了“就业指导课程建设问卷”学校版和教师版，为以后类似的研究提供了可借鉴的研究工具。

(3) 对“就业指导课程建设问卷”的数据进行分析，对课程建设现状和现存问题有了更加直观深入的认识和更加针对性的建议。

(4) 针对课程内容存在的主要问题及改进方向，分别从“生涯与职业意识的建立”部分、“职业生涯规划”部分、就业能力提升部分等方面进行了讨论，并给出了建设性的意见。

(5) 对课程建设中，特色高校的案例进行了深入的分析，为以后规范就业指导课程及推行精品课程提供了素材和参照对象。

2. 存在的问题

(1) 国内关于就业指导课程建设的研究文献不多，有建设性意见的研究偏少，从而使得文献的梳理和建议的提出还不够完善。

(2)“就业指导课程建设问卷”的编制虽有借鉴意义和参考价值，但是随着就业指导课程在各大高校的开展，问卷应随着课程及教学进行相应的修订，而非一用到底。

(3) 未来问卷施测的范围可以更广、数据可以更大，从而能更好地反映课程建设的现状及存在的问题。

(4) 对于课程内容存在的问题，相关意见和建议可能并不全面和完善，对于特定高校特定专业特定学生应当有针对性的调整和改变。

(5) 特色高校的案例数量还不够大，如果能收集分析更多高校的课程建设经验，将对就业指导课程的建设有更大的帮助。

第二部分　课题研究内容

一、就业指导课程建设的文献研究

就业指导课程最初发源于美国，在 20 世纪初美国工业化迅速发展的背景下诞生，其目的是满足骤增的社会分工对不同类别劳动力的需要。经过了近百年的发展，作为高校就业指导服务的有效方式之一，就业指导课在美国乃至全球多个地区、国家都得到了很大范围的普及。

我国的大学生就业指导课程发展较晚，但近年来取得了长足的进步。2003 年，教育部发布《关于进一步深化教育改革促进高校毕业生就业工作的若干意见》，要求高校加强就业指导工作，为学生开设就业指导课程，将其作为学生思想政治教育的重要组成部分，并纳入日常教学。2007 年 12 月，教育部办公厅印发了《大学生职业发展与就业指导课程教学要求》，同时在文件中要求各高校开设“职业发展与就业指导课程”，并用三到五年的时间逐步建设，使之成为必修课。在教育部的要求下，许多高校相继开设了就业指导相关的课程，但是在开设时间、开设规模等方面与世界上发达国家还存在着一定的差距。在研究一中，我们梳理了近十年来在公开刊物上发表的有关职业发展与就业指导课程建设的文章，包括管理与支持、课程内容与评估、教师资源与培训等方面，试图从中了解我国高校大学生就业指导课程的现状与不足。

（一）课程的教学管理与支持

2007 年 12 月，教育部办公厅印发的《大学生职业发展与就业指导课程教学要求》中作出以下要求：大学生职业发展与就业指导课程应当纳入到高校的教学计划中，遵守教学管理部门对课程设置与讲授的管理规定，健全教学文档和管理文档；学校应积极创造条件，努力为本课程的教学提供相应的设备，比如职业生涯测评系统、计算机化的生涯辅导工具等；还应当争取社会各方面的支持，与用人单位建立广泛稳定的联系，为学生提供职业实践的环境，开展多种形式的职业发展规划辅导相关活动；学校应当结合就业指导机构的建设，建立职业发展规划资料室，搜集各种教学资源和学习资源，例如与职业生涯发展相关的书籍、报刊、影视资料、网络资料等。

高校通过开设就业指导课帮助学生获得相关的就业知识、技能和经验，提高毕业生综合素质和就业竞争力，促进学生及时选择、获得并做好充分的准备从事一项适合自己的职业。但是目前，各高校在课程管理方面仍存在以下问题：在就业指导课程教学管理方面，部分高校将就业指导课作为选修课开设，有些甚至安排为讲座，未将其列入教学计划中。即使纳入教学计划中的高校在大纲制定、教学计划实施等方面也缺乏严谨科学的态度。高校对课程设置的目的和意义认识不足，难以规范化、系统化地进行课程建设。另外，许多高校也未形成完备的教学质量监督考评和保障体系。有一些研究者指出，为了更好地开展就业指导课教学，各高校首先应建立明确的教学目标、教学方针，将就业指导课列入教学计划，严格按照高校必修课的基本要求和规范进行设置和管理[1]。第二，应建立和完善教学质量监控和保障体系，制定严格的教学检查制度，定期检查教学秩序和教学效果，不断提高教学质量[2]。第三，应积极开展各项教学管理活动，提高教学水平。最后，应加强学校统一管理与各院系具体办学部门管理相结合，从而丰富和完善对该门课程的管理体系[3]。

为了保障就业指导课程的开设，高校要不断完善就业指导课学科建设的机制，为就业指导课教学的正常开展提供充分的保障和有力的支持。首先是资金保障[4][5]，不能以各种理由削弱对学科建设的资金投入，更不能为了节省资金而将就业指导课的实践教学等环节删除。其次，高校应提供课程教学改革的配套服务，摒弃以往仅以就业率为教学目标的就业服务，实现就业指导贯穿始终的全方位和全过程服务，为学生创造平台，通过组织如“模拟招聘”、“生涯规划大赛”和“校企产学合作”等活动，使学生对职业选择和职业发展有真正的认识，能够较早给自己定制职业生涯规划[6]。另外，应加强教学资源的建设，包括教学案例库建设、见习平台建设、教案活动设计库建设以及教学工具库建设等几大方面，并且建立完善的教学资源平台[7]，将指导网站、电子教材、点评视频、案例教学、测评工具等有机地融为一体，提高学生的感性认识，加大课程信息量，使得教学资源得到充分利用，从而提高教学质量和教学效果[8]。最后，应注重对社会资源的利用，与政府、企事业单位、其他院校、媒体等广泛合作，充分利用社会各界提供的物质、信息、情感等方面支持，如邀请就业指导专家、优秀校友、用人单位的代表与学生直接见面，共同促进大学生就业指导课程的开展[3][9][10]。

除了教学管理机制难以为这方面的教学提供有力的保障之外，就业指导课程研究方面的缺乏也是现今许多高校开设就业类课程中存在的问题。在目前的高等教育过程中，学校更多地关注于招生和教学等方面的工作，而轻视就业问题的解决，尽管很多高校开设了就业指导课，但还没有学校将“大学生就业指导”作为一门学科来研究[2]，教研室建设严重滞后，仍旧靠就业指导中心完成对学生的职业发展课教育。各高校应切实提高对就业指导课程的重视，设立就业指导教研室，有目的、有计划、有组织地开设就业指导课程[11]。教研室应定期开展教研活动，组织经验交流活动，推广先进经验和做法，鼓励任课教师开展科学研究工作，提高教师的科研水平，促进高校就业指导课建设整体水平提高[12]。

（二）课程的教学内容与评估

《大学生职业发展与就业指导课程教学要求》中对于教学内容与形式提出以下要求：教学内容应力求实践性、科学性和系统性，突出强调理论联系实际，切实增强针对性，注重实效。要在遵循课程体系和课堂教学规律的前提下，引入多种教学方法，有效激发学生学习的主动性和参与性，提高教学效果；要从学生对知识的理解和掌握程度以及实际形成的职业发展规划能力两大方面进行评价；以过程评价和结果评价相结合的形式为评价重点；采用定量和定性评价相结合的评价方式。

以往的文献中，研究者主要从以下几点对就业指导类课程的内容和形式的不足提出了切实可行的建议：第一，由于缺乏明确的教学目标和正确的教学指导，指导思想存在偏差，开设就业指导课程的目的只是为了提高就业率而不是为了给大学生的职业发展提供必要的指导和帮助，许多高校课程内容空泛，多以国家政策、求职技巧、就业信息为主，指导性和科学性不强，学生无法从中学习生涯规划的相关知识和技巧[13]；第二，课程多为全校选修课，学生不分年级、不分专业，所以授课内容无法和学生的心理发展同步，缺乏阶段性和系统性；第三，课程实施多以课堂教学为主。实践环节缺乏；课程注重共性化指导，缺乏个性化的指导和帮助[14]。对此，研究者主要从以下几点对就业指导类课程的内容和形式提出了自己的建议：首先，各高校需要明确教学目标和教学任务，从而以此为指导来设计课程内容和形式。就业指导课程应该是渐进、长期、漫长的过程，完整有效的职业生涯规划至少应包括评估自我、分析环境、确定目标、实施计划、反馈调整5个环节[15]，一个科学性的就业类课程应该结合大学生生涯发展的相关理论进行内容的设计。其次，大学生就业指导课程的设置应偏向全程化，从大一到大四（探索期、定位期、实践期、实现期）根据学生身心特点和发展任务建立不同课程内容模块，以纵向、整体的课程设置模式进行生涯教育[16][17]。最后，就业指导课程要注重课程内容的整合性和主体性，实现教育手段的立体化，采用课堂教学、职业能力测试和职业实践训练的结合[18]，将课堂理论教学、职业测评与辅导、个别咨询与辅导、职业生涯工作坊、学科渗透等多种形式并行实施[19]。

就业指导课程的评价是课程实施过程中必不可少的一个环节，它对课程内容和形式起着导向和监督的作用。目前许多高校依然把考试作为检验教师教学与学生学习效果的主要评价方式，就业指导课程也不例外。对于就业指导课程这样一门传递职业知识、培养学生正确职业价值观、提升学生就业能力的综合课程，这样单一的考核方式只能评价学生在就业知识、技能方面的收获，但对学生的心理方面的发展变化却没有办法考核[32]。所以，建立一套科学合理、行之有效的课程评估体系，对加强课程建设、提高教学治质量，乃至提高整体办学水平有十分重要的意义。首先，各高校应坚持评价过程的立体性原则，及时收集动态评价，并形成推理的证据，最终得出由动态结论与综合结论构成的完整结论。课程评价方式要多元化，把诊断性评价（开课前）、形成性评价（学习过程中）和终结性评价（课程结束后）有机结合起来，这样可以做到纵向与横向的结合对比[20]。其次，应该将学生的自我评价与他人（授课教师、班主任、实践负责人、用人单位等）评价结合，更加全面、系统地评价课程质量和学生的发展，高校管理者应该高度重视就业指导课程教师素质以及课程教学效果的评价，而不能把目光仅盯在就业率上；作为课堂教学的主体，教师需要评价课程内容、教学方法的适恰性，以及学生对于课程的掌控度；而学生是就业指导课程的直接作用对象，是课程的直接受益者，学生应该以合理的方式对教师素质、教学内容、教学方法等教学要素进行合理评价；用人单位对毕业生的评价也能从侧面反映出就业指导课程的教学效果[21]。最后，评价形式和评价内容应当更加多元化，既要评价学生对知识、技能的掌握，也要对学生的学习兴趣、职业素养等方面的发展程度进行评估[20]。

（三）教师资源与培训

对任何课程而言，教学队伍的建设都是教学质量保障的最重要因素，这门课尤甚。《大学生职业发展与就业指导课程教学要求》中对于教师资源与培训提出以下要求：建设一支相对稳定、专兼结合、高素质、专业化、职业化的师资队伍，是保证大学生职业发展与就业指导课程教学质量的关键。要加强就业指导教师培训，加强实践锻炼，提升他们的能力和素质，提高就业指导的水平。就业指导课的专任教师应享受学校教学人员的相应待遇。可以用三句话来概括：建设队伍、提高质量、保障发展。

首先是建设队伍。当前，全国各高校都面临着就业指导人员严重缺乏的问题，若要开必修课，师资队伍的问题就更为严峻。高校扩招以后，大学生数量的急剧增加使得就业指导队伍人员的压力越来越大。人员的不足，严重制约了高校就业指导工作的顺利开展。而且国内高校里从事就业指导教育工作的教师大多是兼职教师，就业指导队伍主要以就业办公室的行政人员、心理咨询人员、学生辅导员、班主任、专业课教师为主，既负责就业指导工作，又负责其他日常事务工作，根本没有时间顾及深入研究、全面指导，也很难主动联系、开拓就业市场，更谈不上开展个性化就业指导服务[22]。一些研究者认为，配备就业指导的专职队伍（包括专门负责就业工作的领导、专职的就业指导教师和工作人员等）是高校发展就业指导课程和服务体系的关键，要注重专职队伍知识结构、学历结构和年龄结构的建设，依据就业指导专职人员不同的教育背景和他们的工作意愿进行明确的岗位分工，使他们能最大限度地发挥自己的专业优势，做好本岗工作[23]。其次，就业指导除了需要专职队伍外，兼职队伍（辅导员、专业教师等）也是必不可少的，他们长期与学生接触，能够结合日常教学、生活，对学生提出建设性的意见和建议，也能从事收集信息、发布信息、反馈信息等各种事务性的服务工作[23]。

其次是通过构建胜任标准、培训、督导等手段提高队伍质量。制订规范且明确的就业指导教师标准是急需解决的问题。目前，大部分高校对从事就业指导工作的人员并无统一的规定和标准。学校在聘任的标准上，最注重的是就业指导人员是否熟悉学生工作[31]。因此，不少学生辅导员、班主任和专业课教师加入到了就业指导队伍中来。但是就业指导工作是一项专业性很强的工作，从事此项工作的教师需要掌握就业政策、就业指导、职业生涯规划、心理学、教育学、人力资源开发与管理、法律等多方面的知识[24]。而高校目前选拔的就业指导人员大多只掌握了某一些方面的知识，不论是知识、技能还是经验，都无法为学生提供良好的就业指导与服务[33]。因此，制订规范、明确的就业指导教师胜任标准是提高就业指导科学化、专业化的重要途径。综合国内外的研究，有研究者提出就业指导教师的胜任标准应包括[25]：（1）思想道德和职业品格素质。各国都很重视就业指导教师的高尚道德品质和良好行为修养，英国提出就业指导人员要具有良好的个人素质，法国强调要增强职业责任，美国要求具有良好的品德等。就业指导教师应具有开拓创新精神、较强的事业心和责任感、高尚的思想品质和职业道德[24]，同时，对待工作应有热情。（2）科学文化素质，包括科学、哲学的理论修养，精深的专业知识，广博的相关科学知识等。在美国、加拿大、日本等国家，学校要求就业指导人员的知识背景要具有心理学、教育学、社会学或社会工作、经济学、咨询学等人文社会科学的硕士学位或以上层次。有些发达国家要求新从事就业指导的人员不仅要先接受职前培训，而且必须通过考试取得合格证书[26]。我国的就业指导教师应具备包括国家就业形势、方针政策、求职技巧礼仪礼貌、就业指导、职业生涯规划、心理学、社会学、教育学、人力资源开发与管理、法律等诸多方面的知识[34]。（3）能力素质。日本强调就业指导人员要有五种能力，即富有成效的教学和学习指导能力，对学生强有力的生活、就业指导能力，理解和把握学生心理的能力，教育管理的能力，独立的自修能力。（4）身心素质。国外均要求就业指导人员要具备良好的心理素质以缓冲各种压力与突如其来的变化，同时要具备健全的体魄与旺盛的精力、坚毅的耐力以应付艰苦的、长时间高强度的脑力劳动和体力劳动。就业指导人员要指导学生进行就业活动，工作复杂，也承受着来自各方面的压力。只有具备健全的体魄和积极健康的心态，才能提供更好的指导。

就业指导人员的水平，决定了一所学校就业指导实践水平的高低。要促进就业指导的专业化，除了要完善人员聘任制度以外，还应加强已有成员进行培训，不断提高他们的职业指导水平。我国高校对就业指导人员的培训刚刚起步，各方面发展还不成熟。目前，培训机制的不完善，培训内容的贫乏，培训形式的单一，缺乏对培训成效的考核等问题，都亟待解决。以北京地区为例，目前北京高校对就业指导人员进行培训的内容多集中于就业指导理论的学习，就业指导方法和职业测评方面的培训相对薄弱；培训方式以定期业务培训和学术交流为主。加强对就业指导人员的培训，首先应扩展培训内容，增加实践环节，保证培训形式的多样化。对就业指导人员的培训不应局限在理论的学习，要对其进行系统的职业生涯规划、职业素质测评、企业用人标准、就业指导技巧等业务培训[27]。此外，就业指导工作人员基本上都是从实践中来的，培训过程中的实践环节不能少。可利用毕业生招聘会、学生离校前后反映、咨询的问题现场参与了解和解决，培训教师再予以透彻的分析和讲解，使实践环节丰富提高，尤其是岗前培训人员必需要有此环节[28]。也可定期组织深入企事业单位的人力资源部门进行实践。使他们了解企业选拔大学生的标准和要求，了解就业工作的基本程序，处理就业过程各类问题的基本方法[30]。其次，培训应分层次，例如：每期班有相同类型人员，若是面向高校的，最好都由学校就业部门参加，如果再详细分层的话，学校学生处开一个班，辅导员、班主任一个班，都以学校为主，这样有共性的东西可以研究，否则精力不集中，讨论起来不能充分发挥他们的专长。学校、省市用人单位或者按照岗位规范的要求分初级、中级、高级三层次。另外，针对不同类型的就业指导人员，也可以开展不同类型的培训，例如对专家型职业指导人员进行脱产培养，对操作型职业指导人员进行在职培训，对管理型职业指导人员进行短期培训[29]。此外，要有规范化的教材和固定的培训基地。目前开课所用的教材大多为自编自写的讲稿，其分散和凌乱是显而易见的，所以加强理论研究，拿出一套高质量的教材是十分迫切的。要使培训走上规范化轨道，建立相对稳定的培训基地是不可或缺的。培训主管部门要想抓好培训工作，使每期学员都能有所提高，基地建设必须抓好。学习需要相对安静的环境，需要配备相应的设备，为此，要争取地方政府的支持[29]。最后，针对培训要有严格的考核制度。考核是检验培训学习质量的尺子，严格考核制度，提高学习时效是培训工作必不可少的。考核的内容和方式以学习期满学员理论知识与业务实践为主要内容。学员学满培训计划规定的内容，由专业课教师、实习指导教师、业务主管部门和用人单位，共同组成考核小组。一方面，考核他们的理论知识，另一方面，到学员学习单位实地考核工作质量、工作态度等方面的问题。这对于这支队伍的考核评估大有益处[35]。

最后，队伍的保障和长远发展。课程建设要求人员相对稳定，学生工作队伍相比教学科研队伍来说，比较不稳定。教师的专业成长、职称晋升都没有制度化的保障。构成队伍的上述三类人员都存在这个问题，学生工作人员流动性很大，专业教师的变动性也很大，企业人士就更难以固定了。师资队伍的建设离不开专门的就业指导教研室，因为有利于从事就业指导的教师积极开展科研、拓宽专业视野的同时，能够很好地处理就业指导人员的编制问题，改善福利，解决就业指导队伍流动性大的问题[30]。

如何解决师资队伍的问题，各高校要根据自己的情况加以创造性地解决。在此提出一个思路，那就是引进各学科的专业教师参与开设这门课程。本专业的老师对于本专业学生的职业发展要比学校就业指导中心的老师更有发言权，如果学校能够要求各院系在大一或大二时开设本专业的职业发展课程，将此列为专业必修课，以此为主，学校就业指导中心和学生辅导员开设专题讲座为辅，那么师资队伍的问题就能够迎刃而解。

二、高校职业发展与就业指导课程建设现状调查

为了更准确地把握全国高校职业发展与就业指导课程建设的现状，在看到成绩的同时也能看到存在的问题，对未来的发展有更清晰地设计与把握，在文献研究的基础上，我们在全国高校范围内进行了问卷调查，从学校和教师两个视角了解课程建设的各个方面，以期对课程建设五年来所取得的成绩、存在的问题和未来的趋势有更为准确全面地了解。

（一）研究方法

本次调查以全国14个省市共106所学校的就业指导工作人员为调查对象，他们多就职于高校就业指导中心、各院系学生工作部门，少数在院系从事教学科研工作。本研究采用问卷调查的方法，问卷分为学校版问卷和教师版问卷，学校版问卷调查分为学校整体课程建设情况、职业咨询开展情况及参加培训情况三部分，调查内容包括教学内容、教学管理、教学队伍、教师胜任力、教师培训、课程评估体系、课程开设条件保证及组织与管理的方面。教师版问卷从教师角度对上述除了学校整体部分情况外的其他方面进行调查。共发放学校版问卷106份，回收有效问卷105份，问卷有效率99.06%；教师版问卷共发放537份，回收有效问卷527份，问卷有效率为98.14%。

（二）调查结果与分析比较

1. 学校版问卷调查结果

（1）课程开设情况。

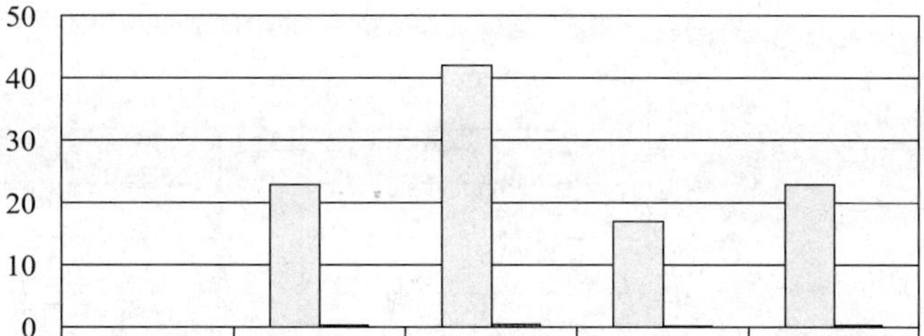

	未开设	1门	2门	3门	3门以上
人数(105人作答)	0	23	42	17	23
百分比	0%	21.90%	40%	16.19%	21.90%

在关于课程开设情况的调查中，所有学校均开设了 1 门或 1 门以上“职业发展与就业指导”类课程，其中 42 所学校开设“2 门”课程，占总数的 40%。选择“1 门”和“3 门以上“的学校均为 23 所，占总数的 22%。有 17 所学校开设了“3 门”课程，占总数的 16%。

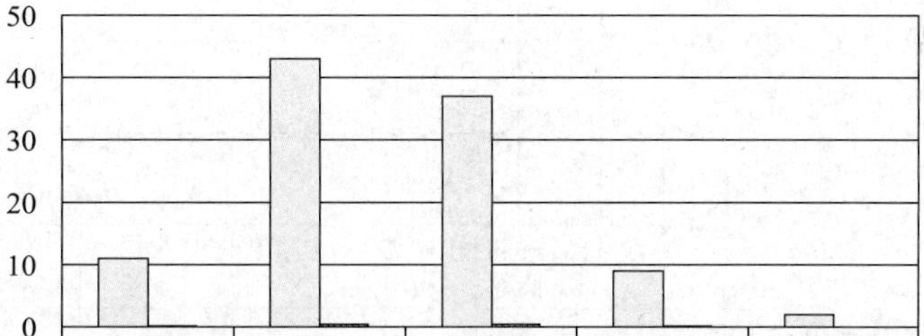

	未开设	1门	2门	3门	3门以上
人数(102人作答)	11	43	37	9	2
百分比	10.78%	42.16%	36.27%	8.82%	1.96%

在“职业发展与就业指导”类课程中，将“1 门”和“2 门”设置为必修课的学校占大多数，分别为 43 所和 37 所，占总数的 42% 和 36%，有 9 所学校将 3 门课程设置为必修课，占总数的 9%，另有 2 所学校开设了“3 门以上”必修课，占 2%。虽然大多数学校都开设了“职业发展与就业指导”类必修课，但仍有 11 所学校未开设，占到了总数的 11%。

由此看来，课程开设情况已经完全改观。未开设相关课程的高校已不存在，所有学校均开设了 1 门或 1 门以上课程，而且大部分高校现已开设 2 门及 2 门以上课程。除此之外，未开设必修课的学校比例不到 11%，开设 2 门及 2 门以上必修课的学校比例均有所上升。尽管如此，按照《大学生职业发展与就业指导课程教学要求》，在 2012 年之前全国各高校职业发展与就业指导课程应全部过渡到必修课的要求并未完全达到，因此需要我们继续以此要求为课程建设目标和指标，加快课程过渡速度，从而保证高校职业发展与就业指导课程的顺利开展。

（2）课程内容。

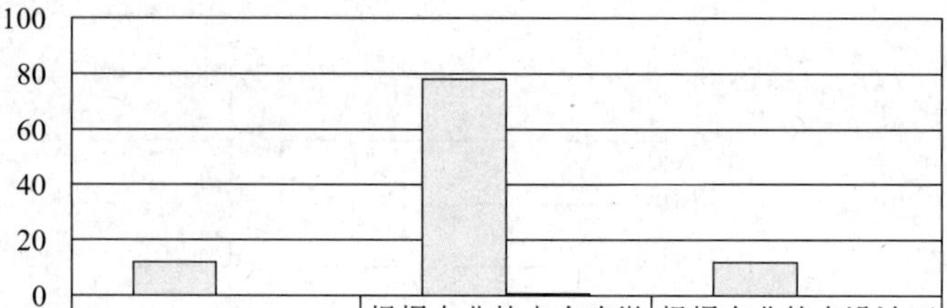

	完全相同	根据专业特点有略微调整	根据专业特点设计不同的课程内容
人数(102人作答)	12	78	12
百分比	11.76%	76.47%	11.76%

在对教学内容的调查中，有78所学校针对不同专业学生会“根据专业特点有略微调整”，占到总数的76%，远多于“完全相同”和“根据专业特点设计不同的课程内容”，后两者均有12所学校选择，占总数的12%。

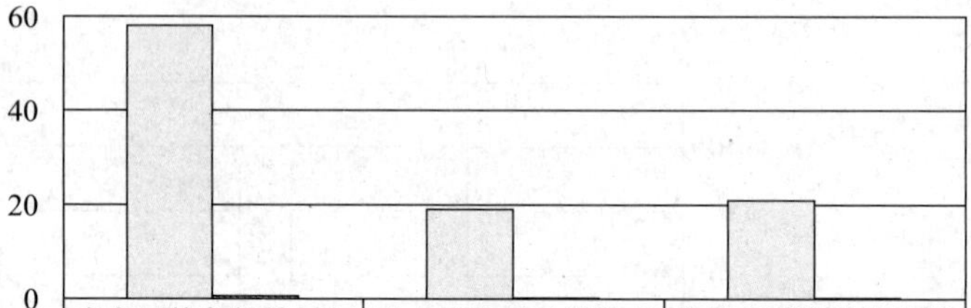

	有自己特色的教材与课程	无本校教材但课程有特色	教材与课程均按照教育部要求
人数(98人作答)	58	19	21
百分比	59.18%	19.39%	21.43%

而对于教材编写和课程开发，共有58所学校针对本校学科和学生特点“有自己特色的教材与课程”，占总数的59%，而“无本校教材但课程有特色”和“教材与课程均按照教育部要求”的学校则分别有19所和21所，占总数的19%和21%。

（3）教学队伍。

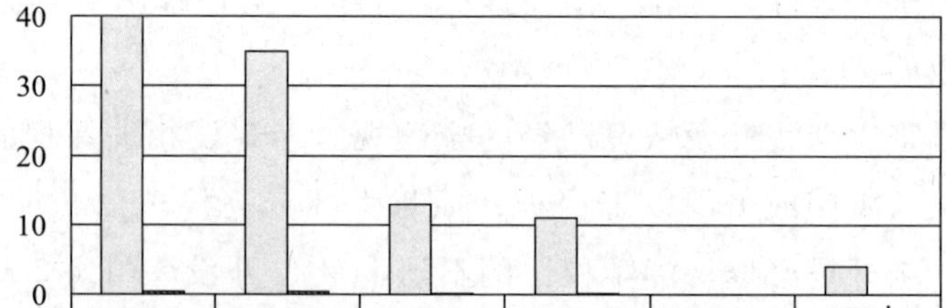

	20人以下	20—39人	40—59人	60—79人	80—99人	100人以上
人数(103人作答)	40	35	13	11	0	4
百分比	38.83%	33.98%	12.61%	10.68%	0%	3.88%

在题目“您所在的学校共有多少位老师从事这类课程的教学”中，回答主要集中在“20人以下”和“20—39人”，分别有40所和35所学校，占总数的39%和34%，

而有“40—59 人”和“60—79 人”的学校分别有 13 所和 11 所，占总数的 13% 和 11% 。“100 人以上”的学校仅有 4 所，占总数的 4% 。

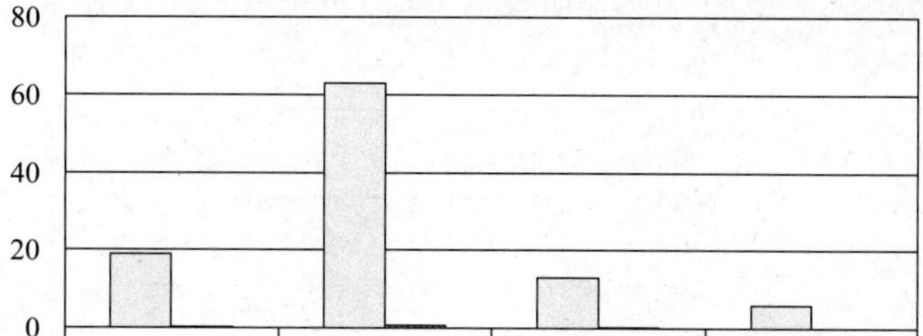

	0人	1—9人	10—19人	20人以上
人数(101人作答)	19	63	13	6
百分比	18.81%	62.38%	12.87%	5.94%

而其中有 19 所学校没有专职教师从事这类课程教学，63 所学校有“1—9 人”从事，占总数的 62% ，而选择“10—19 人”和“20 人以上”的仅有 13 所和 6 所学校，分别占总数的 13% 和 6% 。而兼职从事这类课程的教学老师中从事学生工作的副书记、辅导员平均占到总人数的 67% ，院系的专业课教师平均约占 17% ，校外兼职人员平均占到 5% 。

（4）条件保障。

	有	没有
人数(104人作答)	89	15
百分比	85.58%	14.42%

在调查中，共 89 所学校有教研室（组），占总数的 86% ，但没有教研室（组）的学校仍有 15 所，占总数的 14% 。

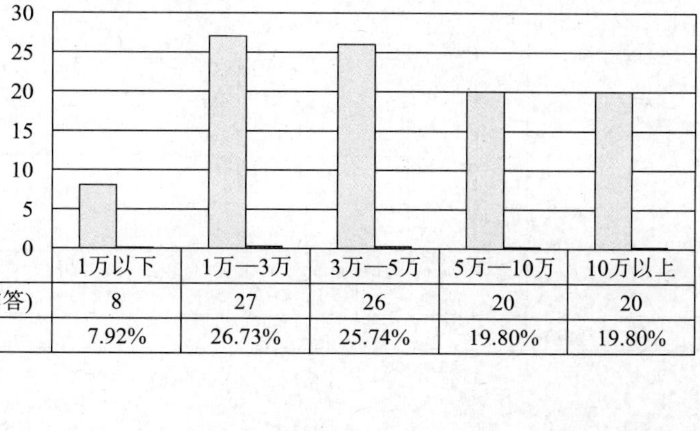

	1万以下	1万—3万	3万—5万	5万—10万	10万以上
人数(101人作答)	8	27	26	20	20
百分比	7.92%	26.73%	25.74%	19.80%	19.80%

在对学校为课程投入经费的调查中，投入“1 万—3 万”和“3 万—5 万”的学校分别有 27 所和 26 所，占总数的 27% 和 26%，投入“5 万—10 万”和“10 万以上”的学校均有 20 所，占总数的 20%，而投入“1 万以下”的学校有 8 所，占总数的 8%。

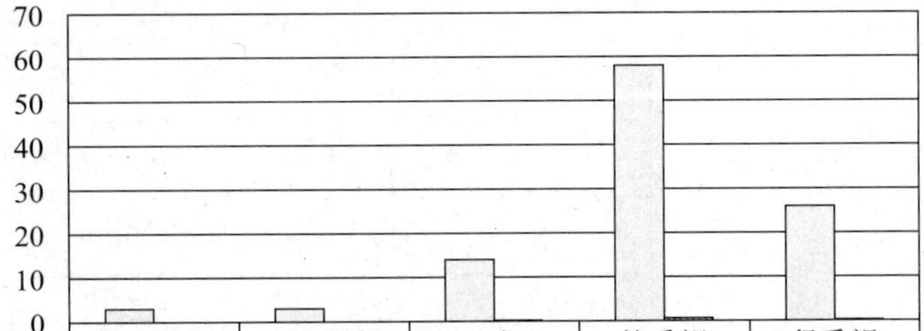

	很不重视	不太重视	一般	较重视	很重视
人数(104人作答)	3	3	14	58	26
百分比	2.88%	2.88%	13.46%	55.77%	25%

关于学校对这类课程重视程度的调查中，58 所学校“较重视”，占总数的 56%，26 所学校“很重视”，占总数的 25%，远高于“很不重视”和“不太重视”的学校数量，均为 3 所，占总数的 3%，也高于选择“一般”的学校数量，共有 14 所，占总数的 13%。

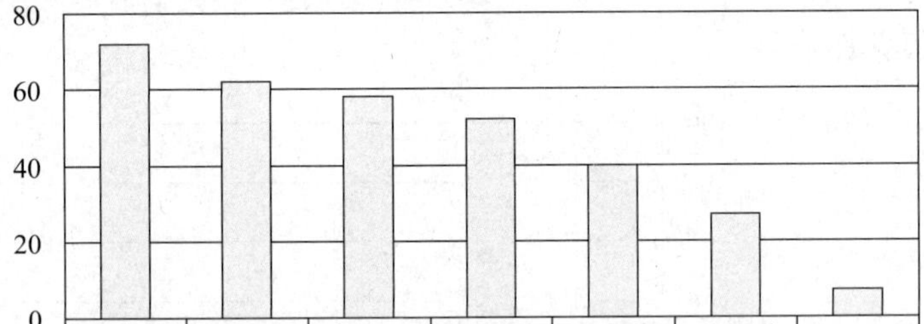

	师资队伍不稳定	师资力量不够	教师职业发展前景模糊	政策保障不足	教师能力不足	学校重视不足	其他
人数(多选题)	72	62	58	52	40	27	7

在题目“您认为开展就业指导类课程，面临最主要的问题是什么”中，“师资队伍不稳定”成为首选的问题，按照选择数量排序剩下的选项依次为“师资力量不够”、“教师职业发展前景模糊”、“政策保障不足”、“教师能力不足”及“学校重视不足”等。

（5）教学管理和教师培训。

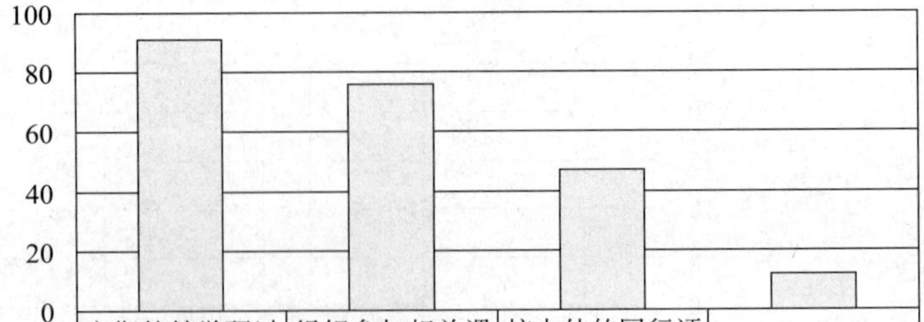

	定期的教学研讨活动	组织参加相关课程的教学比赛	校内外的同行评课	其他
人数(多选题)	91	76	47	12

在学校已实施的教学管理中，最多为“定期的教学研讨活动”，其次是“组织参加相关课程的教学比赛”及“校内外的同行评课”等。

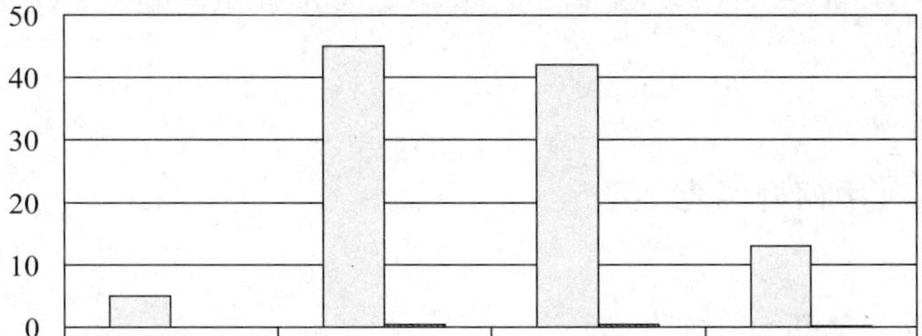

	没有	1—2次	3—5次	5次以上
人数(105人作答)	5	45	42	13
百分比	4.76%	42.86%	40%	12.38%

而对于每年学校提供的针对课程教学的培训，选择“1—2 次”和“3—5 次”的为大多数，分别有 45 所和 42 所学校，占总数的 43% 和 40%，另外有 13 所学校提供“5 次以上”的教学培训，占总数的 12%，但仍有 5 所学校不提供培训，占总数的 5%。

（6）课程评估。

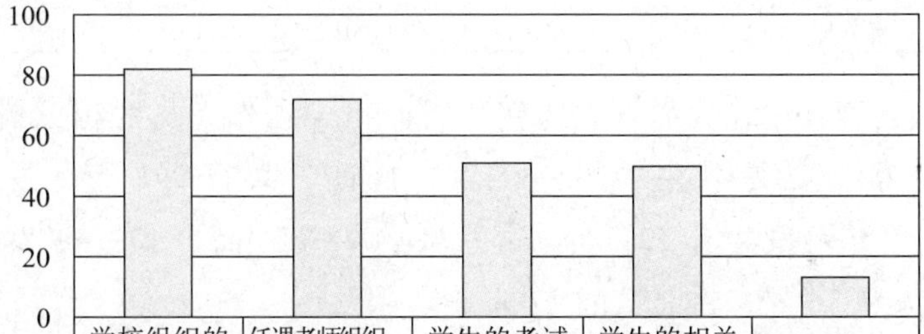

	学校组织的学生课程评价	任课老师组织的学生教学反馈	学生的考试成绩	学生的相关作业完成情况	其他
人数(多选题)	82	72	51	50	13

在题目“您所在学校如何评价相关课程效果”中，选择“学校组织的学生课程评价”的学校最多，余下依次为“任课老师组织的学生教学反馈”、“学生的考试成绩”和“学生的相关作业完成情况”等。

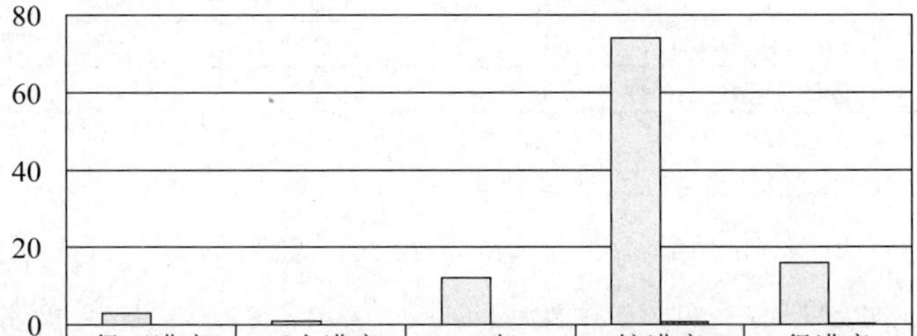

	很不满意	不太满意	一般	较满意	很满意
人数(106人作答)	3	1	12	74	16
百分比	2.83%	0.94%	11.32%	69.81%	15.09%

共有74所学校认为学生对这些课程“较满意”，占总数的70%，远高于选择“很不满意”、“不太满意”和“一般”的学校数量，分别为3所、1所和12所，占总数的3%、1%和11%，另有16所学校认为学生对这些课程“很满意”，占总数的15%。

2. 教师版问卷调查结果

（1）教学队伍。

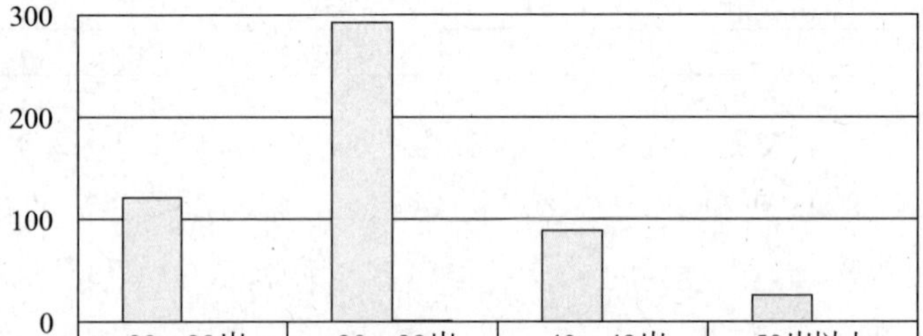

	20—29岁	30—39岁	40—49岁	50岁以上
人数(528人作答)	121	292	89	26
百分比	22.92%	55.30%	16.86%	4.92%

在教师版调查中，我们首先考察了就业指导工作人员的相关信息。首先，工作人员的年龄分布主要集中在“30—39岁”区间，共有292人，占到了总数的55%，“20—29岁”年龄段共有121人，占总数的23%，而“40—49岁”和“50岁以上”分别有89人和26人，占总数的17%和5%。

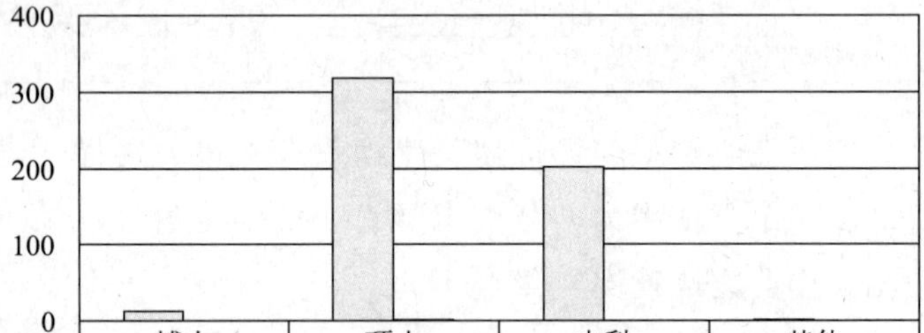

	博士	硕士	本科	其他
人数(534人作答)	13	318	202	1
百分比	2.43%	59.55%	37.83%	0.19%

其次，工作人员的学历主要以“硕士”和“本科”居多，分别为318人和202人，占总数的60%和38%，博士有13人，占总数的2%。在我们的调查对象中，各专业背景分布比较广泛，其中专业为心理学、教育学、思政或管理学的工作人员仅为159人，占总人数的30%。

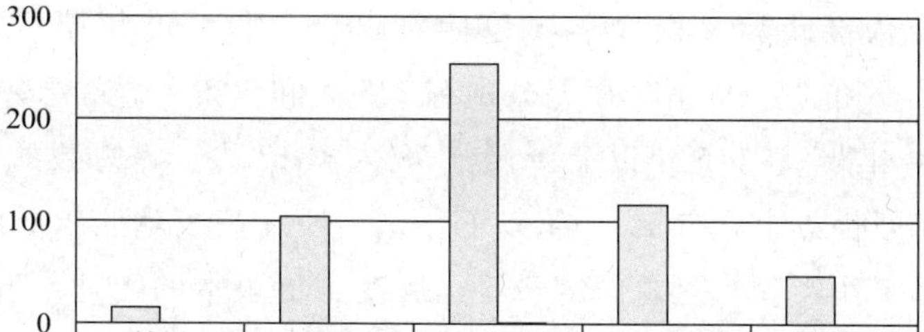

	教授	副教授	讲师	助教	其他
人数(536人作答)	15	104	254	116	47
百分比	2.80%	19.40%	47.39%	21.64%	8.77%

另外，这些工作人员的职称以“讲师”为主，共254人，占总数的47%，其次分别为“助教”、“副教授”及“其他”，分别为116、104和47，占总数的22%、19%和9%，获得“教授”职称的工作人员仅有15人，占总数的3%。

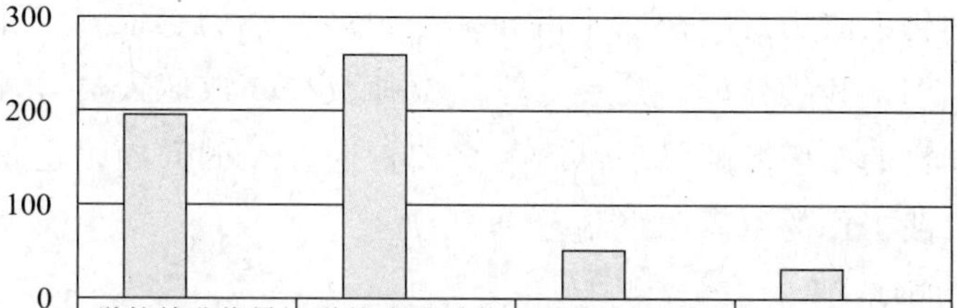

	学校就业指导中心	学校或院系学生工作	院系教学科研工作	其他
人数(537人作答)	195	259	51	32
百分比	36.31%	48.23%	9.50%	5.96%

在“您从事的工作（性质）”一题中，选择“学校或院系学生工作”和“学校就业指导中心”的教师占大多数，分别为259人和195人，占总数的48%和36%，选择“院系教学科研工作”的共有51人，占总数的10%，此外，32人选择“其他”，占总数的6%。在这些工作人员中，共298人为专职教师，占总数的56%，非专职教师为235人，占总数的44%。

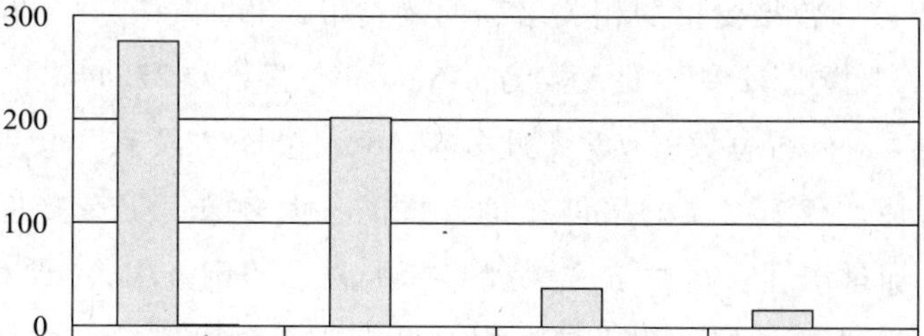

	0—4年	5—9年	10—14年	15年以上
人数(532人作答)	275	202	38	17
百分比	51.69%	37.97%	7.14%	3.20%

在关于从事此类课程教学（包括兼职和专职）的年限调查中，大部分人选择“0—4 年”段和“5—9 年”段，分别有 275 人和 202 人，占总数的 52% 和 38%，而达到“10—14 年”及“15 年以上”仅有 38 人和 17 人，占总数的 7% 和 3%。绝大部分人员工作年限仍集中分布于 10 年以下，这说明在高校就业指导的教学和实践工作中，缺乏足够的工作经验的问题仍然严峻，反映了更根本的问题：就业队伍尤其是就业指导队伍的稳定性很低，这需要引起各高校足够的重视，并在未来的工作中，落实针对就业指导人员的职称、职务管理等政策，注重对就业指导工作人员一致性、连贯性的系统培训和科学管理，保障这一具有高度专业性的工作能够保持一定的稳定性，能够长期积累，保障未来高校就业指导工作的可持续发展。

整体来看，在教师队伍方面，从事职业发展与就业指导课程类课程教学的教师数量有所增长，专职教师人数也有小范围增长，无专职教师的高校比例有所降低。但现有专职教师仍无法满足高校就业指导课程的需要，仍然依赖于兼职教师，包括从事学生工作的副书记和辅导员、院系专业课教师及校外兼职人员等提供人员支持。这说明缺乏经验丰富的专职教师仍是目前各高校普遍存在的问题，也是我国大力开展就业指导教学与实践工作的阻碍和限制。

（2）教师培训。

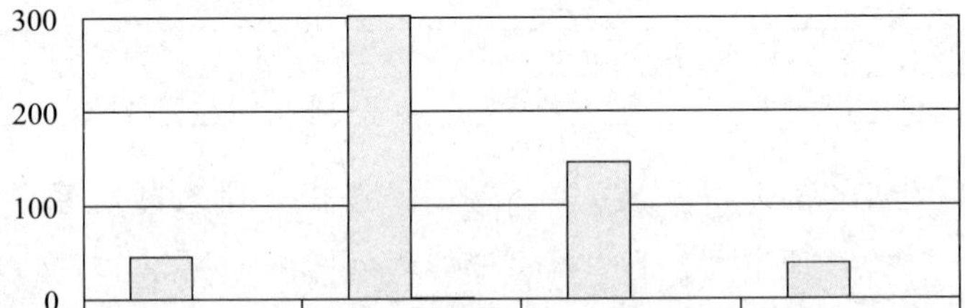

	没有	仅有必要的培训	较多	层次数量丰富
人数(532人作答)	46	302	146	38
百分比	8.65%	56.77%	27.44%	7.14%

在关于教师曾接受过的相关培训的调查中，302 人认为“仅有必要的培训”，占总数的 57%，选择“较多”的人数为 146 人，占总数的 27.44%，有 38 人认为培训“层次数量丰富”，仅占总数的 7%，此外有 46 人选择“没有”接受过培训，占到总人数的 9%。选择“仅有必要的培训”的人数仍占大多数，仍有接近 10% 的工作人员选择“没有”参加过培训。在关于“课程支持所需”的调查中，“课程培训”仍然是就业指导工作人员认为要教好就业指导课程，最需要得到的支持。由此可见目前各高校就业指导工作人员对专业培训的需求量之大，需求程度之强，是教育主管部门和高校要高度重视的。

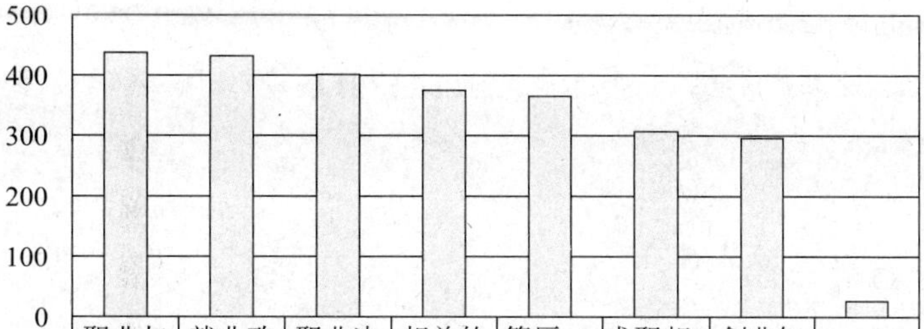

	职业与行业知识	就业政策与形势	职业决策理论与技能	相关的心理学知识	简历、笔试与面试技巧	求职相关法律与权益维护	创业知识技能	其他
人数(多选题)	437	432	402	375	365	307	296	27

在就业指导工作人员看来，要教好这类课程，最应掌握的内容是“职业与行业知识”和“就业政策与形势”，余下选项按选择人数依次为“职业决策理论与技能”、“相关的心理学知识”、“简历、笔试与面试技巧”、“求职相关法律与权益维护”及“创业知识技能”等。

（3）条件保障。

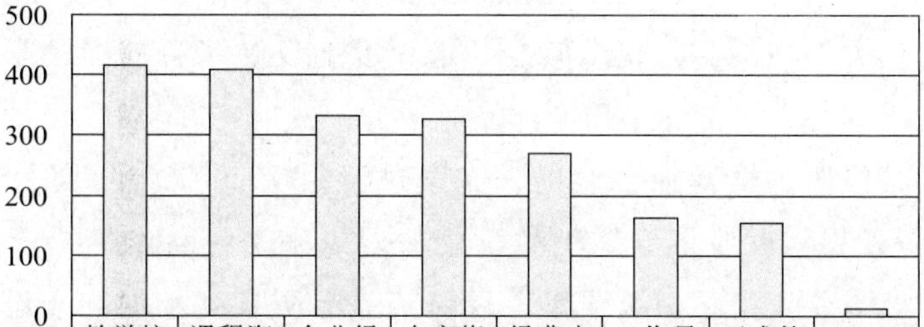

	教学培训	课程资源	企业经验	专家指导	经费支持	工作量与课时费	正式的教研室	其他
人数(多选题)	415	409	333	327	270	164	155	13

在“对您来说要教好这门课程，最需要的支持”一题中，选择“教学培训”的人数最多，按照选择数量排序剩下的选项依次为“课程资源”、“企业经验”、“专家指导”、“经费支持”、“工作量与课时费”及“正式的教研室”等。

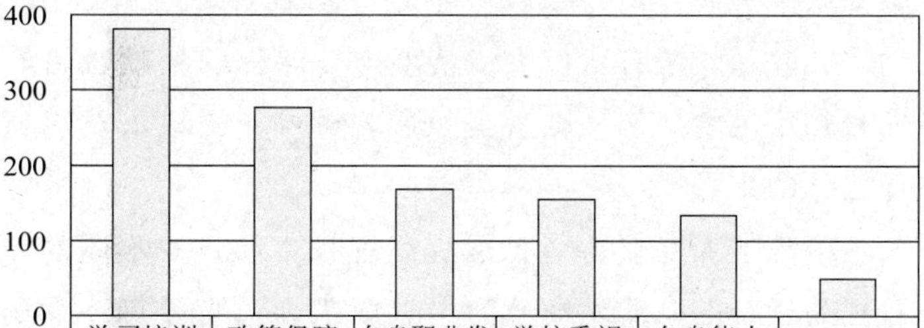

	学习培训机会不足	政策保障不足	自身职业发展前景模糊	学校重视不足	自身能力不足	其他
人数(多选题)	381	277	168	155	134	50

而就业指导工作人员在教学中面临的问题最主要的是“学习培训机会不足”，其次依次为“政策保障不足”、“自身职业发展前景模糊”、“学校重视不足”及“自身能力不足”等。

（三）调查结论

1. 课程建设现状

首先，学校重视程度增强，学生满意度较高。各高校目前已经充分认识到职业咨询与就业指导类课程对学生就业数量与质量的重要性，因此提高了对其的重视程度，反映在学校为课程投入的经费上，可以看到投入10万元以上的学校几乎占到了学校总数的1/4，但依然存在投入经费不足的学校，需要进一步加大经费投入以保障课程建设的顺利开展。而在学生满意度方面，大部分学校认为本校学生对这些课程比较满意，虽然本题为校方作答不够客观，但在一定程度上反映了目前高校学生对就业课程的满意度较高。

其次，必修课比重增加，但仍未完全过渡。从2007年年底教育部办公厅印发了《大学生职业发展与就业指导课程教学要求》以来，各高校陆续依照《要求》开设大学生职业发展与就业指导相关课程，目前基本上所有高校均已开设1门或1门以上课程，而开设3门以上课程的学校也占到了1/5，这些课程包括职业生涯探索、职业生涯规划、就业指导及创业指导等等，给学生提供了选择的空间。同时以《要求》中在2012年之前全国各高校职业发展与就业指导课程全部过渡到必修课的要求为目标，各高校也积极开展必修课的设置工作，与两年前相比必修课数目以有所增加，但仍为达到全面过渡的标准。

第三，教师队伍扩大，但专职教师不足。随着各高校就业指导工作需求的增大，此类课程的增多，教师队伍有所扩大，从事这类课程的教师数目有一定增加，但仍不足以弥补专职教师不足的硬伤，在各类兼职教师中，行政人员仍然是我国高校生涯辅导和就业指导工作的主力军。

第四，教学内容加入专业特色，课程重视校本特点。不同的专业和学校类型，可能会有不同且更为适合的职业生涯轨迹，这就需要避免千篇一律的课本教学，发挥学校和教师的创造力，针对不同对象采取不同的教学形式和内容。通过调查结果可见，大多数高校已经认识到多样化的重要性，根据不同的专业特点对教学内容有略微的调整，并且开发了有自己特色的教材和课程，这促进了课程建设的人性化与生机活力。

最后，教学管理活动得到重视，开展形式多样。组织进行教学管理活动是教学目标的基本保障，目前比较普遍的教学管理活动包括定期教学研讨、组织参加相关课程教学比赛、校内外同行评课及观摩教学等，这些形式多样活动的开展为教师提供了学习他人、反观自身、互取所长从而提高教学能力的平台，有助于职业发展与就业指导课程的进一步建设。

2. 现存问题

（1）政策不完善，教师发展没有保障。教师职业发展前景模糊与政策保障不足是目前开展就业指导类课程面临的两个主要问题，由于我国高校就业指导起步较晚，课程建设仍在初始阶段，与其他较成熟的专业不同，从事就业指导工作的人员目前仍缺乏职业资格较权威的认证，以及相应的独立职称评定，目前大部分工作人员的职称以讲师为主，没有明确的晋升机会，发展路径不清晰，而导致教师队伍不稳定，不能充分发挥主动性和创造性，授课效果不佳。

（2）课程评估体系不完善。目前学校对相关课程效果的评价方式主要为学校组织的学生课程评价和任课老师组织的学生教学反馈为主，此外还有学生的考试成绩及相关作业完成情况等。这些评估方式缺乏统一明确的标准，容易使评估过程流于形式，此外仅有考试成绩和作业完成情况的评估，缺少对实践部分的考评，不能够客观全面地反映一门课程的教学效果，课程之间、教师之间没有完善的评估体系，会导致良莠不齐，不利于课程建设的长期发展。

（3）教学形式单一，课程设置不完善。目前各高校开设的各类必修与选修的职业发展与就业指导类课程中，主要以职业生涯探索、职业生涯规划、就业指导及创业指导等方面为主，但课程之间缺乏连贯性和系统性，不能保障相同的理论知识不会反复重复，也不能保障为学生从大一入学到大四毕业的职业成长轨迹提供有效的系统服务，此外也缺乏实践性的课程，单一的讲授式教学不能够增强学生的参与热情。

（4）师资队伍不稳定，能力不足。师资队伍不稳定和师资力量不够是当前各高校在开展就业指导类课程时，普遍面临的最主要两个问题。各高校的就业指导工作人员中，年轻教师较多，工作年限较短，很多教师是本科或硕士毕业后直接进入学校工作，缺乏在现实社会环境中的职业经验和锻炼，在对学生的辅导中会表现得较为空洞。另外，当前的就业指导工作人员虽然学历较高，但专业背景复杂，分布非常广泛，而真正学习过专业知识和接受过专业训练的教师比例较低。而当前师资队伍中兼职教师比例过大，这些教师临时观念强，且受限于自己的本职工作，流动性强，增加了就业指导课的管理难度，也降低了课程教学的效果。

(5) 培训不能满足教师需求。当前高校每年提供的针对课程教学的培训大多数为1至5次，大多数教师认为这仅仅是必要的培训，对他们来说，教好这门课程最需要的支持是教学培训，而在教学中面临的最主要问题也是学习培训机会不足。这体现了就业指导工作人员提高自身知识与能力的积极性，也体现了目前各高校对高质量全方位，能够切实提高业务能力、教学素养的培训需求量之大，需求度之强。尽管目前有着大量对就业指导工作人员的培训，但仍存在着权威性、科学性、系统性不足的问题，另外较高的收费标准也会成为参加培训的障碍。

三、职业发展与就业指导优秀课程经验总结

研究二从全国整体的层面对课程建设的现状进行了描述，发现了普遍存在的一些重要问题。然而并非所有高校都存在类似的问题，有不少高校根据自身的特点，积极整合资源，调动多方面力量，在师资队伍建设、课程设置、教学内容改善等方面有很多创新与突破，形成了很多宝贵的经验，对其他院校存在的问题有很大的启发作用。

为了挖掘这些宝贵经验，我们通过焦点小组和资料分析的形式对一些课程建设优秀的院校进行了研究，分别从师资队伍建设、课程设置、课程评估、教学实践与信息化等环节加以梳理。

(一) 条件保障与师资队伍建设

师资队伍建设是目前课程建设最亟待解决的问题，而师资队伍建设的瓶颈是条件保障，包括职称评审问题、课时保障与课时费、工作稳定性等。在这方面，有几所高校的经验值得重视。

1. 建设由专任教师组成的教研室

武汉理工大学于2005年组建“职业发展教育教研室”，配备四名专职教师，承担包括《大学生涯规划与职业发展》在内的系列课程的授课工作。同时，建立有效的激励机制，将课程建设纳入到对学生发展教育中心的教学工作考核目标，每年予以检查、评比和奖励；学校还设立“自主创新研究基金”和“学生素质教育基金”专项经费，为教学团队的建设与师资培养提供政策与资金的支持与保障。学校将该课程纳入学校

核心学科教学计划，加大对取得教学成果教师的奖励力度，对于有突出成绩的团队成员在职称评聘、评优评先等给予政策倾斜，任课教师纳入学校专业技术职务评聘，从而为教学团队的健康发展营造具有竞争性的政策环境；另外，学校给予教学团队充分的授权，如教学改革的自主权，允许教学团队根据课程的需要在课程设置、教学方法、教学手段、课程考核等方面进行大胆改革。

2. 高度重视教师培训，做好条件保障

兰州大学每年拿出就业经费的1/4用于教师培训，每年都有超过十名的任课教师、辅导员到全国各地参加培训。培训既有内部培训（如游戏、理论培训），也有外部培训。武汉理工大学每年从就业经费中拨款30万元用于教师培训，为鼓励和吸引更多的优秀教师承担教学工作，进一步提高教学水平，学校对教学工作实行优质优酬管理，对排名前10%—30%的，给予不同数额的课酬奖励，对教师教学工作予以肯定。

除培训外，教师还进行集体备课，即授课教师集体完成备课和PPT制作。每位教师擅长的主题和方向不同，他们结合自己的经验，各自探索自己擅长的主题，完成该主题的备课和PPT制作，最后集体共享PPT。集体备课既能吸取到对相应主题研究较深的教师的经验，也能减轻教师的负担。

3. 师资队伍建设逐渐规范、专业

上海交通大学对于任课教师的资格培养有一系列步骤要求，第一步要先取得认证，之后要向学校申请，找一位现在开课的教师做其助教，跟课一年之后进行试讲，试讲的模块通过抽签决定，试讲通过后可以在学校的暑假小学期开设工作坊，中心会对工作坊的开设情况进行评估，评估结果通过后才能够进入开课的环节，之后就业中心和教务处会对开课过程进行跟踪和评价。教务处规定选课学生需要达到20人以上才能开课，因此对教师也是一种压力。成为任课教师之后，每两周会有一个集体备课，针对该环节要讲的课程，一位教师主讲，其他教师根据当前情况进行修正和补充。另外，大部分教师比较年轻，在课程中通过一种情景互动的模式来对学生进行唤醒。而由于缺少教育学、管理学和心理学支持，因此会邀请在该领域内做得较好的专家来给学生上课，教师在旁听课，课后与专家沟通请教。近两年来进行培训的人员比较多，包括上海市中级职业咨询师、全球职业咨询师、生涯教练、认证培训、团体辅导培训、教学培训、香港高校同行全程开课—事业策划训练营和港台高校同行面向学生公开示范课等。

（二）课程体系建设实现分类、分层

厦门大学根据大学生不同阶段的需求进行了课程分类：生涯类课程在大一作为必修课，名为学科入门指导，主要内容是学科前沿、就业前景、学涯规划等；在其他年级则为选修课，大致可分为三类：生涯规划类、就业指导类、创业教育类。其中的创业教育类课程没有纳入学分体系，是作为培训开展的，厦大是福建省创业教育培训基地，教育部门按照每个学生定额补助的方式给学校提供培训资金。由开课质量最高的管院和 MBA 学院分批派老师去进行创业教育的学习，然后回来给学生开课。学校开设了创业精英班 48 学时的课程，在 2011 年有两千多学生选修了这个课程。

上海交大也建立了相对完整的课程体系：在总的课程体系中，首先第一个部分是职业生涯发展与规划，设置为 32 学时，放入导论及自我探索、职业世界认识和生涯决策与规划，第二个部分是职业素养与求职训练，同样设置为 32 学时，包括绪论、提升职业素养和求职训练，两个部分在阶段上相对来讲有一个衔接的过程。另外学校还开设了大量的工作坊、团体咨询，并提供相关的职场信息。以上这些内容是通过对学生进行的调研，认为学生需要，因此而开设的课程。

（三）课程的考核与评估多样、动态

兰州大学在课程考核方面有很多创新，形成了立体的方式多样的课程评估考核体系：除了期末的考核，课程中间还布置了作业。兰州大学要求所有老师必须批改学生作业，并且在课程结束前必须布置 3 次作业，老师要对学生作业提供反馈。课程作业包括成长故事、生命线、生涯人物访谈、成就事件、生涯彩虹图等。课程的期末考核一般方式有职业测评、生涯规划书、生涯人物访谈。除此之外，还有心得、学科综述、企业实习等独特考核方式。学生自由选择考核方式，不同的考核方式因难度不同而有不同的评分标准，起到间接鼓励学生参与生涯探索的活动。教学评估采取动态化模式：每个教学班在每次授课后都会随机抽选 10 名同学填写课程效果调查问卷。调查问卷内容包括总体分析、讲师测评结果分析、同学对课程的反馈、课程与上学期对比。每轮课程评估结束，都会根据评估结果撰写总结。教学评估为课程争得了稳定的发展平台。

（四）课程实践逐渐体系化

实践性是职业发展与就业指导课程的重要特色。

上海交大生涯实践的内容很多样。针对大一学生，学校会派出一千个学生去访问五百位校友，对接好进行生涯访谈。针对大二学生，主要靠职业发展协会进行推动相关活动。针对大三学生，中心会举办职业展。而大四学生主要进行实习及相关的生涯实践。

湖南大学“四位一体”的生涯发展教育教学模式：“四位一体”的生涯发展教育教学模式不仅仅局限为一门课程，而是包含以课程为主的理论教学，此外还有实践训练，有些实践训练安排在课程开设期间，更多的是在大二结束以后，在大三大四开展实践训练。在整个教学模式中，最薄弱的是实践训练，在做的过程中才能有能力提升和一些领悟，因此目前的目标是要使实践教学计划更具有实操性。在咨询辅导方面，建立了一个以个别咨询、朋辈辅导和班团辅导相结合的三位一体模式。个别咨询中包括专家咨询、网络咨询和辅导员的谈心交心。在学生的组织中，借鉴了台湾经验，建立了一个生涯家族，6 至 8 人为一组，采取自愿原则，但必须有异性同学在组内，各组选一个家族族长，四年内人员不更换，定期组织讨论会和小组活动，中心提供活动室和量表。另外，将同一个专业，四个年级学号相同的学生编成一颗生涯树，新入校的学生可以通过与学长学姐沟通学业、专业方面的问题。班团辅导中主要包括拓展训练和主题式团体辅导。另外在这个过程中，如何评估对学生的教育效果或生涯规划的管理，在评估跟踪方面必须要有效地保障，如果在这方面没有保障，可能会没有达到教学和训练的效果。总的来说，课程教学解决“知”的问题，实践训练解决“行”的问题，咨询辅导解决生涯困惑问题，而评估跟踪解决动态跟进问题。

（五）生涯辅导的手段逐渐信息化

湖南大学建设的生涯发展信息管理系统：在评估跟踪方面，中心用将近三年时间自己研发了一个生涯发展信息管理系统。希望能有更多的人，包括老师、家长和每一个学生都参与进来，使其生涯发展的每一个环节都能得到体现和展示。该系统实现两个最主要的功能，其一是记录一个学生大学四年所有参加的活动、参与制订的方案、自己的心路历程以及四年后毕业结果的检验，展现四年来整体的成长历程。系统架构分为三个步骤，第一是生涯探索，包括自我探索和环境探索，第二个是生涯规划，包括决策过程及制订行动计划，第三个是生涯行动。在每个步骤中，生涯导师、家长可以全程参与。学生的简历、测试报告、生涯计划书以及家长、导师给予的反馈都可以涵盖在里面。其二是学生在每一个环节里面所能获得的帮助，例如通过在系统的导师库中选择导师来得到帮助，导师库分为几级，其中学业导师主要由学院的专业导师担任，生涯导师主要由校外职场人士担任，学生可以在系统中上传问题，系统与导师的联系方式联通，导师可以进入系统回答问题，此外该系统也与学籍系统联通。另外辅导员主要起到管理、评估、监控、提醒学生的作用。

上海交大还有一个生涯发展的网络推送系统，根据学生所处阶段的不同，推送不同的信息。从学生进校时推送生涯故事开始，之后使用工具进行测评，并给学生提供职场地图的概念，此外还有一些网络实训和信息服务。这些生涯实践和网络伴随主要是以课程体系为主干开设的配套内容。

（六）课程研究逐渐职业化

南京师范大学顾雪英教授在南京师范大学和南京航空航天大学开展了高校职业发展与就业指导教师课程教学能力提升模式的理论建构相关研究。基于前期调查研究、实验研究，从职规课程教学的特定需求与我国社会的实际状况两方面考虑，较为系统地提出改善高校职规教师课程教学能力提升模式的整体方案，提出高校职规教师课程教学能力提升模式应当具备的总体架构、可以推行的运行策略及评价指标。

四、课程内容存在的主要问题及改进方向

前三个研究都聚焦在课程建设的宏观层面，由整体的调研我们也可以看出，目前课程建设已经从“从无到有”阶段向“从有到优”阶段转型，从努力让课先开起来到把课程内容、方法都建设好，真正让学生受益。因此，发现目前教学中存在的问题、提高教学质量就成了这一阶段迫切要解决的问题。

2011 年全国就业指导中心举办了全国第一届“职业发展与就业指导课程教学大赛”，这代表了全国课程教学的领先水平，对这些教师选手们课程的理论基础、素材选择、活动设计等环节进行分析，能看到当下课程建设的内容方面存在的主要问题以及发展方向。

课程要求明确了本课程的教学内容主要有六个部分：建立生涯与职业意识、职业生涯规划、提高就业能力、求职过程指导、职业适应与发展、创业教育。这六部分教学内容，后三部分的问题较小，而前三部分一方面是课程的重点所在，但同时又存在较大的模糊空间，在课程内容的设计上还有很多的争议和问题。

(一)“生涯与职业意识的建立”部分

生涯自主意识、职业规划意识的建立是本课程的核心目标之一。很多研究都发现，生涯自主意识强的学生、职业规划做得早和做得实的学生其就业状况要好于那些意识不强的学生。但在现实生活中，依然有很多大学生不重视、不认可、不相信职业规划的意义。为了让学生重视职业生涯规划，老师们运用了多种观点、手段来教学，但其中存在一些问题，常见的有：

1. 就业形势给学生压力

很多老师会给大一、大二的学生讲解当前毕业生的就业形势，展示招聘会人山人海的图片来刺激学生重视职业规划，其理论基础是心理学里面的态度改变原理：恐惧会改变人们的态度，这就好比用肺癌来劝阻人们吸烟一样。但是对于职业规划这个发展性的问题来说，利用可怕的场景来激发恐惧，并非上策。我们还是要尽量从正面来引导而不是负面去刺激。因此，在展示这些带来压力感受的图片、文字材料时更需要给一些及早考虑职业问题而发展顺利、成功的正面案例。

2. 展示所谓的“正面案例”

为了让学生相信规划是有用的，老师们搜集了很多激励人心的案例，但很可惜，有些案例并非真实的，而是为了讲规划有用刻意编造出来的。最常见的就是：

“施瓦辛格的职业生涯规划”

四十多年前，一个十多岁的穷小子，自小生长在贫民窟里，身体非常瘦弱，却在日记里立志长大后要做美国总统。如何能实现这样宏伟的抱负呢？年纪轻轻的他，经过几天几夜的思索，他做出计划：

做美国总统首先要做美国州长——要竞选州长必须得到雄厚的财力后盾的支持——要获得财团的支持就一定得融入财团——要融入财团最好要娶一位豪门千金——要娶一位豪门千金必须成为名人——成为名人的快速方法就是做电影明星——做电影明星前得练好身体练出阳刚之气。

这个案例是假的，因为真实的情况是：施瓦辛格 1947 年 7 月 30 日出生在奥地利格拉茨的偏远小镇特尔，因此根据美国宪法关于总统必须是在美国本土出生的规定，他根本没有竞选总统的资格，更不可能在奥地利的幼年时立下此愿望。他幼年体弱多病，偶然的机会迷上了健身，18岁在欧洲“体格最健美男人”比赛中夺冠，为了在健身领域取得更大成就，他决心到“世界健身圣地”南加州发展，在美国健身节崭露头角后被好莱坞看中，从跑龙套做起逐渐成为巨星；除了演员、健身外，他还是一位成功的酒店老板，一位影响广泛的社会活动家，积极地投身于慈善事业，这成为他进军政坛的基础。

假案例在被人识破前可能会有一定的作用，但被人发现后其负面作用完全超过它曾起到的作用。在这个案例里面，还有一层更糟糕的隐含价值观就是：家庭婚姻也可以作为事业的跳板。这个价值观是非常封建非常功利的，令人反感和厌恶。如果老师不假考虑就使用类似案例，将会破坏教学的效果，让学生对所讲的内容不仅不接受反而更排斥。

另一个常见的案例是所谓的“哈佛调查”：

“哈佛大学曾经进行了一个关于人生目标对人生影响的跟踪调查。他们在一群智力、年龄、学历、环境等客观条件都差不多的年轻人中调查发现：3%的人，有清晰而长远的目标；10%的人，有清晰但比较短期的目标；60%的人，目标模糊；27%的人，根本没有目标。

25年后，哈佛再次对这群学生进行了跟踪调查。结果发现：3%的人，25年间他们朝着一个方向不懈努力，几乎都成为社会各界的成功人士，其中不乏行业领袖、社会精英；10%的人，他们的短期目标不断地实现，成为各个领域中的专业人士，大都生活在社会的中上层；60%的人，他们安稳地生活与工作，但都没有什么特别成绩，几乎都生活在社会的中下层，事业平平；剩下27%的人，他们的生活没有目标，过得很不如意，并且常常在抱怨他人、抱怨社会、抱怨这个社会“不肯给他们机会”的世界。其实，他们之间的差别仅仅在25年前，他们中的一些人知道自己的目标是什么，而另一些人则不清楚或不很清楚。除去先天的社会背景差别，也许人与人最大的差别就在于是否有清晰而长远的目标。”

很多教材很多老师都引用这个调查，但没有一个人能给出这个调查的原始出处。没有数据来源的调查时没有说服力的，其方法和结果都被强烈质疑。事实上，上个案例中施瓦辛格的真实成长经历正说明了没有20多年的长远目标一样也能成功，过程中的应变、努力、追随内心等特性对于结果一样重要。另外这个案例里面也隐含了很强烈的功利价值观，即成为社会的上层才算成功，这必然意味着更多人不能成功——这与职业生涯规划的基本理念不符。

以上两种问题在当前的教学中比较常见，改进的方向是老师通过各种真实、正面的案例来激发学生思考自己的人生定位，激发学生发生发现自己的梦想和人生意义，对某些工作的乐趣，勇于承担自己的责任；激发学生思考影响自己职业发展的内部问题，比如做事没有动力，对生活缺乏热情等，并鼓励他们加以解决。

（二）“职业生涯规划”部分

这部分是整个课程的最重要的内容，但在教学过程中也存在着概念不清、内容设计脱离学生实际、活动过于表面的问题。

1. 自我探索部分形式大于内容，脱离学生实际

自我探索是职业生涯规划的起点，了解自己的兴趣、能力、性格、价值观是进一步探索职业的基础，是整个课程中最重要的内容之一。这部分主要以心理学为基础，从理论到应用都比较成熟，可讲的内容也很丰富。但是，由于很多老师缺少心理学的基础，也没有认真学习，所以在讲课的时候没有认真思考课程的教学目标而是照搬了一些流行的活动，导致课堂的形式大于内容，与学生的实际生活联系薄弱，最典型的例子有：

兴趣岛活动。

这是探索兴趣的课程内容，很多老师将此活动作为课堂教学的主体，具体教学设计是：

老师首先会给出一段指导语：“免费度假游！恭喜大家！每人都获得一个免费度假游的大奖！有机会去下列六座岛屿中其中一座欢度假期！唯一的要求是，你必须要在这个岛上呆满至少半年的时间。请不要考虑其他因素，仅凭自己的兴趣按一、二、三的顺序挑出你最想前往的3个岛屿。

然后呈现六个岛屿的特征。

让全班同学按自己的第一选择的岛屿分组就座。

同一岛屿的人交流一下：自己为什么选择这个岛屿，看看大家有什么共同的兴趣爱好，归纳出几个关键词。然后每个小组为这座岛屿设计宣传画一副，并向大家展示说明。

然后开始介绍霍兰德兴趣类型理论，说明六个岛和六个类型的关系。然后让学生在此选择：如果要住在岛上一生的话，你会选择哪个岛。重新分组，小组内说明为什么。

最后老师总结本节课的主要内容，结束。”

如此设计的这节课从课堂气氛上来说是很不错的，学生有乐趣，互动很多，也有动手制作的过程，但最大的问题是偏离了原本的教学目标。这节课的教学目标在于让学生有意识地探索自己的兴趣类型，掌握探索兴趣类型所需要的知识和技能及霍兰德理论。而这个活动为主体的设计存在几个问题：

首先，六个岛的描述是否能贴切地反映霍兰德六个类型的特征？从对岛的描述来看，这些特征与霍兰德六个类型的典型特征有一定距离，选择某个岛与他是否是这类型并不一致；

其次，学生是依据兴趣来选的吗？什么是兴趣的核心特征？“度假”这个引导主题词很轻易地把学生的注意力放在了休闲、放松上面，这和兴趣的本质——乐意从事的活动有一定距离；

第三，教学的目标能否达到？学生对六个类型特征是更清楚还是更混乱了？由于学生花了很多时间在自我分享、设计绘画上，学生真正理解、思考自己兴趣类型的时间很少，深入探索自己特征类型的时间不足；

第四，与学生的实际生活是否有联系？能否在实际中运用霍兰德理论来分析自己、课程、专业和职业活动？这个虚拟的活动和学生的现实生活相去太远，课后不能指导学生进一步了解自我的兴趣。

事实上，这个活动作为霍兰德理论讲授的补充或附加活动还是可以用的，但当时间有限时将其作为教学的主要内容就成问题了。

改进的方向是用简介准确的语言讲授霍兰德理论六个类型的特征，同时举出现实生活中六个类型的典型职业和代表人物，以本校、本院的工作岗位和教师为例最好；分析本专业对应的最主要几种职业活动是什么类型的；分组列举校内外的各类型典型活动并相互挑战，如党支部组织委员的类型等；组内介绍自己或熟人的类型并举例证明，组内讨论；这样理论联系实际，学生在课后就能有有意识地探索自己的兴趣类型了。

类似的活动还有生涯幻游和价值观拍卖等。生涯幻游主要用在个体生涯咨询中，虽然也有用在团体咨询中，但应用的难度就增加很多，对老师的要求也很高。但有些老师并未学习过带领幻游，只是照猫画虎地执行流程，结果放松过程效果不佳，指导语也很生硬，导致很多人并未真正进入幻游状态，后续的讨论分享也很难进行。价值观拍卖活动也有类似问题，活动的形式大于内容，对于学生思考价值观有时反而会带来一些阻碍。

以上这些教学中常见的案例活动最大的问题就是与学生的实际生活太远，不能做到理论联系实际，为了活动而活动，导致知识目标、能力目标和态度目标的完成都受到影响。

2. 职业探索和自我探索两张皮，未能有效结合

在目前很多高校的课堂上，自我探索的讲授方法用各种活动介绍有关心理学理论

外加各种量表测试，职业探索等于职业分类介绍加上人物访谈。这种教学安排的结果将自我探索与职业探索割裂开来，并不利于学生深入地认识自我和了解职业。为了避免自我探索和职业探索“两张皮”的情况，应当把自我探索和职业探索有效地结合起来进行。在职业探索中完成真实的自我探索，在自我探索中重点了解自己的职业特性。这样的探索过程会比机械地完成教学任务更有说服力。另外，在指导学生进行自我探索时，要高度重视校园生活中的、基于现实的自我认识。强调在从事各种校园活动时，学生能有探索自我职业特性的意识，注意发现与未来职业发展有关的个人特质。

职业探索部分另一个问题是学校能给学生提供的职业信息太少，职业探索过于依赖学生自身的信息搜集，课堂的效果严重受制于学生自身的工作，如果学生没能完成先前布置的任务，教学过程就会显得空洞。因此，对于这一部分的教学，教师应该事先根据所授课班级学生的职业发展特点，有针对性地准备一些重点职业、行业，包括相关的文字、视频材料，保证课程达到基本的效果。

3. 生涯决策部分使用的知识点有误

在生涯决策部分教学中最常用的两个理论工具是认知信息加工（CIP）理论和SWOT分析方法。在使用SWOT分析法时，有些老师对于这种常用于企业战略选择的方法不太了解而直接照搬，在没有明确选择目标时就开始分析自身的优劣势、环境中的机会与威胁。其实自身的优劣势和环境中的机会威胁都是相对于某个目标而言的，对于A目标自身的优势可能对于B目标来说就是劣势。相应地选择各种实现目标的策略也会随之而变。

认知信息加工理论（CIP）中的决策模型也是很多老师上课时常用的，但对于这理论中的元认知部分则未能很好讲解，其实这是此理论的核心部分。另外，对于这理论在学生实际生活中的应用也未能很好地举例说明。

（三）就业能力提升部分

这一部分的内容安排与教学效果是整个课程中各地各校差异最大的部分。有的高校基本上忽略了这部分内容或者一带而过，有的高校把它作为课程的重点，也有的高校将它独立开设为一门课，甚至几门课。

就业能力提升确实应当成为专门课程的重点之一，但是对于就业能力，更重要的是对本课程希望提升的就业能力有一个明确的界定。不是所有有利于学生就业的能力都需要在这门课程中加以培养，也没有这个可能。

根据有关的研究成果，提高学生的职业认同就是提高就业能力，提高学生对所选择职业目标能力要求的认识就是提高就业能力，因此，本门课程对就业能力的提升应当聚焦在学生对所选择职业目标所要求能力的认识上。大学生树立了目标，明确了要求，也有发展的动机，自然会抓住各种机会锻炼和提升自己。

另外，影响大学生就业的另一项能力限制是自我管理能力不足，自我管理能力包括有效地自我激励，树立积极的就业观念，理性分析自己的优势与不足等。教学过程中要有意识地提升学生的这方面能力。

总体来看，由于教育部下发的教学要求对于课程内容作出了基本的界定，开课的高校基本按照此要求的内容开展教学，但由于师资队伍的水平所限，涉及的知识掌握不够，在具体的教学内容上部分存在着教学目标不清晰、教学设计不当、案例或活动选择不合适甚至教学内容的科学性不能保证等问题，全国大学生就业指导中心和各省主管部门在未来的培训中应关注到此类问题，开展有针对性的培训，真正提高教学水平。

第三部分　结　　论

经过五年多来快速的建设，大学生职业发展与就业指导课程呈现出令人欣喜的态势，课程建设的重点已经从五年前的“从无到有”升级为现在的“提高质量创建优秀”。对于未来的发展，要从以下几点着手，让我们这门新兴的课程再上一个台阶。

一、构建合理的专职教师职称聘任机制，保障队伍的稳定性

要认识到专职教师在课程建设中所发挥的不可替代作用，教育主管部门和高校要高度重视，根据本地、本校的情况制定、落实、完善职称评聘机制，构建就业创业指导教师未来的职业发展通道和发展前景，使专职就业指导教师有职称评定，为其提供更好的自身职业发展的机会和平台，使其能够享受正常专职教师的待遇，有足够的时间进行教学研究和相关的科学研究，吸引更多有基础、有能力有热情的教师专职投入到课程建设和教学当中；使得教师有更强的归属感和使命感，从而促使教师充分发挥主观能动性和创造力，积极提升个人教学教研水平，更好地开展职业发展与就业指导

课程建设。

二、明确考核标准，完善课程评估体系

评估系统应分为课程效果评估和教学评估两部分，课程效果评估应包括学生对知识的理解掌握程度和职业探索与规划能力的实际提高，可采用考试、作业、实践三者相结合的模式进行评价，实践部分可以包括简历制作、人物访谈、实习报告等内容。而教学评估要完善和切实执行领导听课、教师互相听课、教学督导评价与反馈等制度，加大对教师的监督与指导，各高校应根据本校实际情况，制定和明确具体的考核标准，增强课程的考核力度和对教师的考评力度，从而提高教学质量。

三、完善课程体系，提供多样丰富课程

各高校要从实际出发重视就业指导课程和职业生涯辅导课程的建设，在今后工作中尽快落实《大学生职业发展与就业指导课程教学要求》。各高校要进一步根据学生需求增加选修课程的数量和类别，增加课程的课时量，针对不同专业不同需求的学生，提高课程的多样性，让学生有课想选，有课可选，针对大学一年级新生到大四毕业生的职业发展阶段的不同特点，开设具有连贯性、相辅相成相互连接的课程，从而构建全程化、系统化的就业指导课程体系。

四、加强师资队伍建设与教材建设

要培养一支具有一定理论基础，又有丰富实践经验的师资队伍，各高校应积极探索和实践职业发展与就业指导教师团队建设，积极组织教学团队、教学研究室和指导教师定期开展教学研讨会，加强教学教法研究，并开展各种集体说课、教学比赛等教学管理活动。为解决当前师资队伍不稳定和师资力量不够的紧迫问题，各高校应组建一支专门从事学生职业指导的高素质的精干队伍。为弥补专任教师对各专业认识的不

足，帮助学生入校后就能了解自己所学专业及发展前景，以及为学生今后制定职业规划打好基础或弥补职业指导师资数量不足，聘请部分专业教师或辅导员作为兼职教师来开展职业指导。此外，为应对职业市场的不断变化，还要聘请社会招聘专家、企业人事部经理作为兼职教师来强化学生职业指导工作，以专职教师为主兼职教师为辅，组成较稳定的教学团队，并努力逐步走向专业化、职业化、专家化。另外，针对目前各高校就业指导课程无统一教材的情况，在教育部从国家层面统一编印就业指导教材的基础上，各高校应根据不同学校不同专业学生特点，编写具有针对性、实用性、科学性、创新性和本土化的教材。

五、开展丰富多样化的教师培训

在就业指导工作人员看来，要教好职业发展与就业指导类课程，仍需要职业与行业知识、就业政策与形势、职业决策理论与此相关的心理学知识等方面的内容，针对目前培训远远不能满足教师实际需求的问题，各高校应加强对就业工作的认识和重视，联系教师需求加大对培训力度，多组织校内校外关于职业生涯课程教学培训和专题培训，多给就业指导课教师提供学习与交流的机会，聘请企业相关人力资源专业专家，提供结合企业、用人单位需求的培训。各高校也应为学校就业指导工作人员提供培训的经费补助，保障所有工作人员都能够从理论、具体工作上拔高水平、提高层次。此外在培训后要及时开展研讨活动，从而使接受培训的人员深入吸取和真正掌握培训的精髓，继而用到实际的工作中去，落实培训的实际效用。

六、重视专业实践，在实践中探索

由于生涯决策是动态发展的，单一的课本教学不足以提高学生的就业能力，只有在实践中学生才能够不断地认识自身、认识工作世界。当前高校学生渴望尽快与社会接轨，直接接受企业人员的意见和建议，从而提高自己对社会就业现况的认识及自身就业能力。因此各高校应调动社会资源，采取与外聘专家、成功校友、职场人物专题讲座和座谈相结合的方法进行授课。此外，就业指导课应以行业专家和企业需求为主导，以增强学生的实践能力和职业能力为目标，全面加强校企合作，组织学生到各类企业中观摩、进行短期实习等，增加学生的社会实践环节，从而提高学生对自身和工作世界的探索，完善对未来的规划，增强就业能力。

课题主要成员：乔志宏、刘艳华、向丹阳、张建英、刘　喆、苏　迪、郭晓宇、肖　遥

参考文献

[1] 王晓丽："对当前高校就业指导课教学改革的思考和研究"，《出国与就业（就业版）》，2012（02）。

[2] 张存贵、武志强："高等学校就业指导课程体系构建中的问题与思考"，《吉林工程技术师范学院学报》，2010，26（5）。

[3] 文锦枢："高校就业指导课存在问题及对策探析"，《大众文艺（理论）》，2009（18）。

[4] 胡玉东："大学生职业发展与就业指导课程建设现状调查"，《职业时空》，2011（11）。

[5] 黄峰："高校就业指导课教学改革研究"，《中国电力教育》，2009（12）。

[6] 魏茜、曹璐璐："大学生职业生涯规划课程教学改革初探"，《文学教育》，2012（07）。

[7] 乔志宏："职业发展与就业指导"课程建设中的若干问题，《二十年"心"之探索——高校心理健康教育理论与方法研究》，2010。

[8] 颜中玉、罗元："高校'职业发展与就业指导'课面临的困境与改革"，《湖南师范大学教育科学学报》，2012，11（1）。

[9] 崔智涛："大学生生涯发展课程设计研究"，华东师范大学，2009。

[10] 陈刚："《大学生就业指导》课程教学改革与实践"，《延边党校学报》，2009，24（4）。

[11] 刘顺："加强就业指导课建设的对策与建议"，《知识经济》，2009（01）。

[12] 徐雪燕："论高校就业指导课教学现状与改进措施"，《辽宁教育行政学院学报》，2008，25（12）。

[13] 高海生：《对大学生就业指导课程的几点思考》。

[14] 黎梅："谈当前高职就业指导课程设置"，《出国与就业（就业版）》，2011（9）。

[15] 杨静、李翔海："大学生职业生涯规划教育课程内容设计及教学方法探讨"，

《佳木斯教育学院学报》，2010（4）。

［16］孟聚才："大学生全程化职业生涯规划教育内容研究"，《河南教育（中旬）》，2012（6）。

［17］陈晓："关于高校生涯发展系列课程建设的思考"，《产业与科技论坛》，2011，10（12）。

［18］陈海娟、周祥龙："大学生职业生涯规划教育课程模块化及其操作构想"，《思想理论教育》，2011（2）。

［19］张义秋、李升兴："论高校就业指导课程的内容及实施途径"，《职业圈》，2007（12）。

［20］陈静、柯玲："'立体多面'——职业发展与就业指导课程效果评价体系的构建"，《教育导刊》，2011（9）。

［21］郭素萍：《大学生就业指导课程目标达成度研究》，西南大学硕士论文，2010。

［22］梁鹏、易玉梅："关于大学生就业指导队伍建设的几点思考"，《科教导刊》，2010（3）：177—178。

［23］赵宇："浅谈我国高校就业指导师资队伍建设"，《黑龙江教育》，2009（1）：52—53。

［24］白剑波："高校就业指导工作的现状及就业指导队伍建设的对策"，《教育与职业》，2008（5）：62—63。

［25］张雪梅："高校毕业生就业指导队伍现状及思考"，《淮南师范学院学报》，2011，13（2）：113—115。

［26］崔智涛："大学生生涯发展课程设计研究"，华东师范大学，2009。

［27］林辉："高校学生职业生涯规划系统研究"，《黑龙江高教研究》，2007（8）：63—65。

［28］李昌建："浅谈高校就业指导专业化队伍建设"，《河北能源职业技术学院学报》，2005（3）：24—26。

［29］王适英："高校就业指导队伍的专业化"，《中国大学生就业》，2004（2）：54—55。

［30］钱丹："地方高校大学生就业指导工作探析"，苏州大学，2011。

［31］徐东浩："大学生就业指导课程存在的问题与对策"，《经济师》，2012。

［32］胡建平、王华："高校就业指导课程改革浅析"，《中国大学生就业》，2012。

［33］王正斌、李春雷："新时期大学生就业指导课程创新与发展探析"，《湖北大学成人教育学院学报》，2012。

[34] 白冰、唐珺、孔晓妮："高职院校《职业生涯规划与就业指导》课程教学实务探索"，《中国西部科技》，2013。

[35] 布俊峰："提高当前高校就业指导课程教学实效性的思考"，《南昌教育学院学报》，2013。

课题编号：12jycy007

大学生创业政策与孵化体系建设研究

课题承接单位：辽宁省大学生就业指导局

摘　要

本课题研究内容分为两个部分：第一部分是大学生创业政策的分析研究。一是开展大学生创业政策研究具有的重要意义，二是国家及我省鼓励大学生创业的政策，三是存在的问题，四是对策和建议；第二部分是大学生创业孵化体系的研究。一是大学生创业孵化基地的建设问题，包括建设主体、投资渠道、主要特征、产业定位等问题。二是大学生创业孵化基地主要功能。三是创业孵化基地管理和运营模式。

第一部分　导　论

一、研究背景

党的十七大提出了“实施扩大就业的发展战略，促进以创业带动就业”的发展方向，要求通过“完善支持自主创业、自谋职业政策，加强就业观念教育，使更多劳动者成为创业者”。党的十八大提出了“做好以高校毕业生为重点的青年就业工作”、“鼓励青年创业”、“推动实现更高质量的就业”等一系列的新任务、新要求。其中，大学生创业更具典型意义，已经成为当前政府、高校、大学生和社会各方面共同关注的热点。

大学生是国家宝贵的人才资源，是建设创新型社会的主力军和人才保障。大学生就业与创业工作事关建设创新型社会；事关产业结构的升级和经济增长方式的转变；事关高校人才培养模式改革和高层次人才资源的合理配置。如何充分发挥政策在创业工作中的作用，构建起必要的大学生创业体系，是当前各级政府所面临的一项重大并且紧迫的课题。围绕这一课题，我们系统地分析大学生创业政策的现状和特点，不断研究出台相关政策促进大学生创业，为大学生创业创造有利条件。同时，通过对各类大学生创业基地的建设、运行和管理现状等情况进行分析研究，探索适合各地实际的大学生创业基地建设和运营模式，实现更多大学生成功创业。

二、研究意义及价值

本课题研究方法包括文献调研与对比分析、实地调查与统计分析、理论创新与路径探索等，研究的创新点在于通过实证研究，实地调研了我国大学生创业政策和孵化体系的实际运行效果，本课题研究将为众多高校提供有益的借鉴和示范，为增强创业政策和孵化体系建立的实效性提供了具体参照。

探索大学生创业政策问题，可以让即将步入社会的大学生对目前的创业政策有更加深入和全面的了解。政府能够从以往制定政策的过程以及政策实施的效果中，对有关方面的情况有更加深入的了解，从而有利于政府调整大学生创业政策，制定出更加切合实际的和更加系统的政策。同时，随着诸多政策、措施的全面推进，大学生创新创业教育的开展已经成为高等教育改革发展的一种必然选择。进行创业教育是我国由应试教育向素质教育转变的必要手段。只有注意培养学生的专业技能、务实精神、钻研精神、创新能力和创新精神，才能够让学生在创业的过程中更加的理性。自2003年起，辽宁省把大学生创业工作作为大学生就业工作的重点加以推进，形成了较完善的政策扶持体系，在全省高校普遍开展创新创业教育，建立了切实有效的指导服务机制，搭建了创业企业孵化体系，营造了较好的创新创业环境和舆论氛围。特别是在创新创业教育方面，从普遍创业教育理念的提出、创业指导课程的设置、创业指导教研室的建设、创业教育师资队伍的培养、省级创业孵化基地的建设和运行等方面进行了有益尝试，许多工作走在全国的前列，得到了教育部的充分肯定和大力支持。基于此，本课题的研究具有重要的学术价值与应用价值。对于推进创业政策的完善与发展，引导高等院校大力开展创新创业教育，培养创新创业型人才，促进社会的繁荣昌盛与长治久安具有基础性的重要意义和深远的社会影响。

三、成绩和问题

本课题首先通过系统地分析开展大学生创业政策研究具有的重要意义，以及国家及我省鼓励大学生创业的政策，指出了存在的问题，并提出了对策和建议；其次，分析了大学生创业孵化体系的建设问题，包括建设主体、投资渠道、主要特征、产业定位等。对大学生创业基地主要功能、创业基地管理和运营模式等方面提出了独到的看法。以辽宁为例，自2003年起，辽宁省把大学生创业工作作为大学生就业工作的重点加以推进，形成了较完善的政策扶持体系，在全省高校普遍开展创新创业教育，建立了切实有效的指导服务机制，搭建了创业孵化体系，营造了较好的创新创业环境和舆论氛围。在全省各部门的统筹协调下，教育、发改、财政、人劳、工商、地税、银行等部门密切配合，在完善大学生创业政策体系和创业孵化基地建设方面作了积极探索，取得初步成果。本论文的创新点在于通过实证研究，实地调研了我国大学生创业政策和孵化体系的实际运行效果，但缺乏对国内外成果的比较研究，我国对大学生创业的研究相较欧美发达国家起步较晚，希望在未来的研究中能借鉴国外的研究成果，更加深入地指导我国的大学生创业政策和孵化体系研究。

第二部分　课题研究内容

一、大学生创业政策研究

（一）开展大学生创业政策研究具有重要的意义

20世纪末，国际教育界的专家曾经预测，进入21世纪，世界经济发达国家将有50%以上的大学生走上自主创业之路，这是国际核心竞争力强的标志。而我国，大学生有创业意愿或想创业的人相加还不到总数的30%，能够真正投入创业的人数不足10%，创业成功者只有2‰—3‰。我国经济与社会发展中的诸多难点，大都由此引发。因此，加强大学生创业政策研究，鼓励和支持更多的大学生走上自主创业之路，应该成为当前和今后相当长一个时期各级党委和政府人才工作的头等大事和加快经济发展方式转变，继而实现科教兴国与人才强国战略目标的迫切任务。

（二）鼓励大学生自主创业政策

1. 国家鼓励大学生自主创业政策

（1）放宽市场准入条件。

①初创企业时，允许按行业特点放宽资金、人员准入条件，注册资金可分期到位。

②按照相关规定可将家庭住所、租借房、临时商业用房等作为注册地点及创业经营场所。

（2）享受资金扶持政策。

①对符合条件的高校毕业生自主创业的，可在创业地按规定申请小额担保贷款；

从事微利项目的，可享受不超过10万元贷款额度的财政贴息扶持；合伙经营和组织起来就业的，可根据实际需要适当提高贷款额度。

②视当地情况，可申请“大学生创业资金”。

（3）实行税费减免优惠。

①毕业2年以内从事个体经营时，自在工商部门首次注册登记之日起3年内，可免交管理类、登记类和证照等有关行政事业性收费。

②持《就业失业登记证》（注明“自主创业税收政策”或附着《大学生自主创业证》）的高校毕业生在毕业年度内（指毕业所在自然年，即1月1日至12月31日）从事个体经营的（除建筑业、娱乐业以及销售不动产、转让土地使用权、广告业、房屋中介、桑拿、按摩、网吧、氧吧外），3年内按每户每年8000元为限额依次扣减其当年实际应缴纳的营业税、城市维护建设税、教育费附加和个人所得税。

③从事农、林、牧、渔、环境保护、节能节水等行业，开办高新技术企业、软件企业、动漫企业或小型微利企业等，均可依法享受国家现行规定的税费减免政策。

（4）提供培训指导服务。

①对高校毕业生在毕业年度内参加创业培训的，根据其获得创业培训合格证书或就业、创业情况，按规定给与培训补贴。

②进入“高校学生科技创业实习基地”创办企业，可以享受减免12个月的房租、专业技术服务与咨询、相应的公共设施以及公共信息平台服务等。

③在办理自主创业行政审批事项时，可以通过“绿色通道”享受联合审批、一站式服务、限时办结和承诺服务等。

④各城市应取消高校毕业生落户限制，允许高校毕业生在创业地办理落户手续（直辖市按有关规定执行）。

⑤自主创业申报灵活就业的高校毕业生，各级公共就业和人才服务机构按规定提供人事、劳动保障代理服务，做好社会保险关系接续工作。

2. 辽宁省鼓励大学生自主创业政策

（1）设立专项创业资金。

《辽宁省促进普通高等学校毕业生就业规定》中规定：省、市人民政府设立的大学生创业资金和小额贷款担保基金，按规定为大学生自主创业提供资金扶持。有关部门应当建立大学生创业资金的规范管理和运作机制，通过网络和媒体及时向社会公布资金申请程序、要求和管理办法。省政府设立“辽宁省大学生创业资金”5000万元，专项用于对大学生创业的资金扶持。各市政府也设立不低于500万元的大学生创业资金。大学生可向各级资金管理部门提出申请。此外，高校层面围绕大学生创新创业也积极提供配套经费支持，以大连东软信息学院为例：依托东软集团、亿达集团、东软创投等知名企业、社会组织和各级政府等多渠道募集设立创业扶持基金，扩大创业扶持基金规模；学校对大学生创新创业训练计划给予创新专项经费和创新专项经费，用于学校开展创新创业教学改革与项目研发，创新创业基地建设，支持、扶持、资助学生开展创新创业活动；参照国家和省教育厅创新创业项目经费支持标准，提供适当项目经费资助，由学校教务部、财务资产管理部和项目所在系部共同管理，确保专款专用，合理高效使用。为符合条件的创业学生提供“免息免担保免抵押”贷款作为创业启动资金。创业启动金资助金额一般不高于人民币 3 万元，三年内分期偿还，获得创业资金贷款的创业者，将从发放资金后的第三个月开始每月偿还贷款。

（2）建立创业孵化基地。

省教育厅建立了辽宁省大学生创业教育实训基地，为大学生创业搭建系统平台、提供指导和服务。大学生有创业项目可申请进入省大学生创业教育实训基地和各级创业基地进行项目孵化，并享受其提供的相关政策和服务。各市地和各高校也都相应地启动或已经建立了创业孵化基地，为创业大学生的孵化企业提供创业培训、开业指导、项目推介、经营咨询等服务。具有代表性的是大连东软信息学院大学生创业中心，作为辽宁省大学生创业孵化示范基地，在辽宁省大学生就业指导局的科学指导下，已全国高校中具有突破意义的 IT 人才培养实践教学基地和创业实践基地。与专业相结合，面向专业设立虚拟公司，办公场地 6800 平米，结合 TOPCARES – CDIO 这一具有东软特色的一体化人才培养模式，各公司均匹配 1 个系部专业教育团队和 1 个专业社团，并配备专业导师和创业导师提供指导与服务。运行 10 年来，学院实现了在创业中心参加过实践的学生就业率 100%，其中专业对口就业率达 93% 以上，创业成功率达到 30%，6000 多名曾在 SOVO 公司中担任管理职位的学生毕业后即成为企业的管理人员，越来越多的学生通过 SOVO 实现了优质就业和顺利创业，已成功孵化了多家在社会上运营良好的企业。SOVO 作为学院应用型人才培养的特色平台，是理论与实践的纽带，是校园与企业的桥梁，成为大学生就业与创业的起点。受到了李克强、王岐山、李长春、刘延东、吴仪等党和国家领导人的亲切关怀，及国内外专家学者、知名企业的一致好评。

（3）税费减免政策。

《辽宁省人民政府办公厅转发省劳动保障厅等部门关于做好促进创业带动就业工作实施意见的通知》（辽政办发［2008］83 号）中规定：毕业 2 年以内的普通高校毕业生从事个体经营的，要按有关规定，自其在工商部门首次注册登记之日起 3 年内，免收管理类、登记类和证照类等有关行政事业性收费，并对符合条件的高校毕业生优先给予科技专项资金支持。

《辽宁省人民政府关于支持小微型企业发展的若干意见》（辽政发［2012］19号）中规定：贯彻落实国家提高增值税和营业税起征点政策。自2011年11月1日起，将增值税和营业税起征点提高到2万元；延长税收政策优惠期限。对年应纳税所得额低于6万元（含6万元）的小型微利企业，自2012年1月1日至2015年12月31日，其所得减按50%计入应纳税所得额，按20%的税率缴纳企业所得税。对确有困难的小微型企业，在2015年底前减半征收城镇土地使用税和房产税；清理涉小微型企业行政事业性收费。落实《财政部 国家发展改革委关于免征小型微型企业部分行政事业性收费的通知》（财综［2011］104号），自2012年1月1日至2014年12月31日，免征小微型企业部分行政事业性收费。降低过高的收费标准，严禁超范围、超标准收费或变相收费。坚决取缔省以下各级政府、部门制定的行政事业性收费项目。

《辽宁省人民政府办公厅关于转发省人力资源和社会保障厅辽宁省全民创业援助行动三年计划实施方案的通知》（辽政办发［2012］62号）要求：执行国家和省有关管理类、登记类和证照类等有关行政事业性收费减免政策，积极落实鼓励自主创业税收优惠政策，对符合条件的自主创业人员从事个体经营（除建筑业、娱乐业以及销售不动产、转让土地使用权、广告业、房屋中介、桑拿、按摩、网吧、氧吧外），对商贸企业、服务型企业（除广告业、房屋中介、典当、桑拿、按摩、氧吧外）、劳动就业服务企业中的加工型企业和街道社区具有加工性质的小型企业实体，在新增加的岗位中，当年新招用持《就业失业登记证》（注明"企业吸纳税收政策"）人员，与其签订1年以上期限劳动合同并依法缴纳社会保险费的，要按国家规定给予税收减免。

（4）小额贷款担保政策。

《辽宁省人民政府关于进一步做好普通高等学校毕业生就业工作的通知》（辽政发［2012］25号）规定：发挥小额担保贷款政策促进大学生就业的积极作用。对符合条件的高校毕业生自主创业的，可在创业地按规定申请小额担保贷款；从事微利项目的，可享受不超过10万元贷款额度的财政贴息扶持。对合伙经营和组织起来就业的，可根据实际需要适当提高贷款额度，总额不超过50万元。要进一步改进和完善"小额担保贷款+信用社区建设+创业培训"联动工作机制，对经信用社区推荐、参加创业培训取得合格证书、完成创业计划书并经专家论证通过、符合小额担保贷款条件的创业大学生，积极推进降低反担保门槛并逐步取消反担保。

（5）放宽准入条件。

《关于印发〈辽宁省大学生创业引领计划实施方案〉的通知》（辽人社发［2010］12号）规定对大学生初次创办企业，可按照行业特点，合理设置资金、人员等准入条件，并允许注册资金分期到位。允许大学生按照法律、法规规定的条件、程序和合同约定，将家庭住所、租借房、临时商业用房等作为创业经营场所。登记求职的大学生从事个体经营，自筹资金不足的，可按规定申请小额担保贷款，从事微利项目的，可按规定享受贴息扶持；对合伙经营和组织起来就业的，贷款规模可适当扩大。创业的大学生申报就业的，提供免费劳动保障和人事代理服务，做好社会保险关系等地接续。落实符合就业困难人员条件大学生灵活就业的社会保险补贴政策，逐步实现稳定就业。税收优惠政策按国家有关政策文件执行。

（三）目前存在的问题

1. 政策落实不到位

虽然国家鼓励和支持大学生创业的政策颁布的比较多，但是“上有政策，下有对策”，一些地方政府或政策执行机构并未制定配套的政策实施办法，甚至以种种理由推诿、扯皮，或是为某些优惠政策设置较高的条件，涉及多个部门合作时，手续要求的条件不同，也给申请优惠条件带来巨大的障碍。

2. 资金扶持力度不强

一是小额贷款担保的金额不大，且办理的手续比较复杂、周期长、要求高，因而真正贷出去的数量不多。以辽宁省为例，筹集1.55亿大学生创业资金，真正发下去扶持的资金连1/6都不到。二是偿还期较短。最长的不超过2年，短期一年就要还清。这对初次创业的刚毕业的大学生来说，是一个很大的压力；三是资助资金过小。

3. 可供挑选项目不多

一是不少市、县（区）还没建立起可供大学生创业选择的项目库；二是少数已建立起来的项目库也很不健全，可为大学生提供的创业项目种类少、数量不多，可供大学生创业挑选的余地不大；三是建立配套的专家库的更是不多，缺乏对大学生创业项目选择的专家引导。

4. 化解风险力度不大

要想促进大学生创业，必须把其创业的风险降到最小，就现时的政策法规而言，创业损失大多由创业者自己及其家庭承担，使很多大学生对创业失败造成的损失严重担忧，进而“望而生畏”。

5. 实训帮带时间有限

由于大学生创业的项目不同，其发展的期限也不同。至今，还没有一个实训帮带期限及“成功双赢”的模式或办法。刚毕业并限定在二年择业期内，无论如何不会对大学生形成激励，更多的可能是恐惧。如何确定合适的实训帮带期限并实现创业中的政府、服务机构、专家和大学生多赢，需要加强研究。

6. 缺少相应的监督检查机制

政府在制定了大学生创业政策后，其执行政策的能力、落实政策水平的高低都直接影响到创业政策的效果，这就需要设立与创业政策相对应的监督考核机制，定期开展监督检查。

7. 大学生创业过程中权益需要保护

目前，大学生属于弱势群体，创业的环境极其复杂，由于大学生社会经验少，很容易遭受到不公平的待遇，导致创业失败。

8. 缺乏系统的创新创业教育体系

美国的创业教育起步较早，在创业教育理论研究和实践方面积累了丰富的经验。2004 年，美国创业教育联盟（the Consortium for Entrepreneurship Education）发布了《创业教育国家内容标准》，简称《CEE 国家标准》，分为创业技能标准、基本商业知识和技能标准、商业技能三大部分，共 15 项子指标。中国的创业教育起步较晚，在借鉴国外先进经验的基础上，应按照我国的经济结构和经济增长方式以及国家中长期发展目标，建立适合我国经济发展的创业教育国家内容标准，以便指导高效深入、广泛地开展创新创业教育。同时，鼓励地方教育主管部门从区域经济建设角度出发，在国家标准的指引下从事创新创业教育相关资源开发和配套政策的制定，包括课程建设、教材建设、师资队伍建设等，使高校的创新创业教育能够真正为地方经济发展作出贡献。

（四）对策与建议

大学生创业政策的制定、执行、反馈等各个环节还有许多亟待完善之处。在大学生创业政策制定方面，既要借鉴相关领域、国外经验，又要树立问题意识，从大学生创业工作瓶颈问题入手，遵循政策制定原则，出台新政策；在大学生创业执行环节，明确执行主体，理顺主客体关系，加强督促检查；在反馈环节，要加强调查研究，获取第一手数据，为政策调整优化提供数据支撑。

1. 建立保障机制，抓好政策落实

各级政府、各高校、各有关部门要高度重视大学生创业工作，把大学生创业工作作为民生工程的重要内容，摆在工作中的突出位置。构建政府、高校、社会三位一体的创业工作支撑与服务体系，努力形成政府推动、学校主动、社会互动的创业工作新局面。必须依托社会、瞄准社会、面向社会、服务社会，善于利用一切可以利用的资源、调动一切可以调动的力量服务于创业工作，抓好政策的落实工作。

2. 从实际出发，不断完善政策，提供全方面指导和服务

（1）从高校层面要深入推进创新创业教育体系。一是加强创新创业教育课程体系建设。高校应把创新创业教育有效纳入专业教育和文化素质教育教学计划和学分体系，建立创业就业指导教研室。突出专业特色，把创新创业教育与专业课程体系有机融合，创新创业实践活动应与专业实践教学有效衔接，积极推进人才培养模式、教学内容和课程体系改革。二是加强创新创业师资队伍建设。高校应积极从社会各界聘请企业家、创业成功人士、专家学者等作为兼职教师，承担教学任务和开设讲座。引导各专业教师、就业指导教师积极开展创新创业教育方面的理论和案例研究，不断提高在专业教育、就业指导课中进行创新创业教育的意识和能力。支持教师到企业挂职锻炼，鼓励教师参与社会行业的创新创业实践。积极从社会各界聘请企业家、创业成功人士、专家学者等作为兼职教师，建立一支专兼结合的高素质创新创业教育教师队伍。从教学考核、职称评定、培训培养、经费支持等方面给予倾斜支持。三是开展创新创业实践活动。高校应把创新创业实践作为创新创业教育的重要延伸，通过举办创新创业大赛、讲座、论坛、模拟实践等方式，丰富学生的创新创业知识和体验，提升学生的创新精神和创业能力。在高校深入推进创新创业教育体系建设方面，比较有代表性的是大连

东软信息学院。学校结合中国高等教育的实际以及本校在IT应用型人才培养方面的实践，以产学融合为途径，以创新实践能力培养为核心，创造性地构建了具有东软特色的“TOPCARES－CDIO”人才培养模式。

①高度重视创新创业能力培养，构建了一体化能力指标体系。学校高度重视创新创业教育，将创新创业能力作为学校人才培养目标体系的重要组成部分。在充分考虑学生、教师、产业和社会等利益相关者的需求基础上，结合中国高等教育的实际以及本校在IT应用型人才培养方面的实践，构建了具有东软特色的TOPCARES－CDIO能力指标体系。TOPCARES－CDIO能力指标体系包括技术知识与推理能力、开放式思维与创新、个人职业能力、沟通表达与团队工作、态度与习惯、责任感、价值观、应用创造社会价值等8个方面，在8个一级指标下又进一步细分为32个二级指标和110个三级指标，并在部分三级指标下面根据具体专业的不同要求细分出四级指标。在TOPCARES－CDIO能力指标体系基础上，各专业结合自身特点并深入企业等用人单位进行细致调研，提炼出各专业的人才培养能力指标，形成从TOPCARES－CDIO能力指标到各专业人才培养目标的映射表，进而最终确定各专业人才培养目标与培养规格。从学院愿景与使命，到各科类、专业培养目标，乃至课程教学目标，形成了从一般到特殊、从宏观到微观、层层递进的培养目标体系。在各层级目标体系中创新创业能力得到了高度重视和有效融入。

②将创新创业教育融入人才培养全过程，构建了一体化人才培养方案。学校充分考虑学科发展、社会需求和学生成长需要，并根据各门课程对专业培养目标的贡献，重新设计了教学计划的结构和次序，以及课程之间的对应关系，建立了一体化课程体系。在一体化课程体系设计中，每个专业必须有精心规划的构思、设计、实施、运行（CDIO）项目，作为教学计划的重要组成部分，构建了一体化五级项目体系。同时，结合中国教育特点，学院将专业培养目标映射到学生课外的各项素质教育活动中，使学生综合素质教育与专业教育、课上教学与课外活动密切结合在一起。在一体化人才培养设计和实施过程中，学校将创新创业教育纳入一体化课程体系、项目体系和课内外实践活动，开设了大学生创业基础公共选修课、开展SYB创业指导课、创业实训课程等；并与学科竞赛、社团活动、SOVO虚拟公司、校内外实习实训、实际项目孵化等相结合，大力培养大学生创新创业能力。

③倡导“做中学”、“学中做”，实施了强调创新实践的教学模式与培养方法。学校倡导“知识的运用比知识的拥有更重要”，以项目为载体，以“做中学”和“学中做”为重要教学组织实施形式，在关注学生的课程学习的同时，在教学中激发和训练学生的创新能力、实践能力。并通过实施“1321”学期设置增加实践教学环节，把一学年分成3个学期，2个学期基于案例进行理论教学，1个学期开展集中实践教学。在

理论学期教学过程中精讲多练。力求使学生学习学科（专业）知识的同时获得个人和人际交往能力，产品、过程和系统构建能力。在实践学期，学生在老师的指导下进行课程或专业综合项目训练，并形成概念实习、技能实习、项目实习逐级递进、逐次深化的实践内容。此外，通过“3+1”、“co-op”、“工作室”等人才培养，积极开展实习、实训，通过“压顶石”项目、创新实践活动等，全面强化学生的专业实践技能。学校还从2009级学生开始建立创新实验班，突出创新人才培养。强调实践的教学模式和培养方法有利于大学生创新创业能力的训练和成长。

④注重教师工程实践能力培养，建立了一支具有创新创业指导能力的教师队伍。学校通过“引聘训评”，建立了一支“双师、双薪、双岗”师资队伍。针对学院教师队伍情况及各学科发展的需要，学院采取“引聘训评”的方式提高教师的工程实践能力，50%以上教师具备了实践实训指导能力。以“双薪制”聘请具有企业实践经验和授课能力的企业高水平技术专家担任实践教师；通过企业技术专家来院培训、委派教师赴IT企业参与实际的工程项目等提升教师实践教学技能；改革教师评价体系，将实践能力作为教师的重要考核和评价指标。通过以上措施，建立一支“双师型”、“双薪制”、“双岗位”的师资队伍，保证创新创业人才培养模式的有效实施。注重创业指导教师的建设，培养和积累了一批创业导师。学校成立了SOVO指导委员会，颁布了大学生创业中心（SOVO）专业指导教师工作激励措施。选派资深双师型教师参加KAB创业师资培训班学习、SYB创业师资培训班学习、全球模拟体项目师资培训。并通过开展“产、学、研一体化”活动，让教师深入高新技术企业，体验创业过程，积攒创业案例，丰富创业教学经验。

（2）从社会层面上看。一是政府要建立联席制度，加强政府部门间在扶持创业问题上的沟通，探索发挥各自所长，根据毕业生创办企业的类型的不同，分别进行有针对性的扶持。二是吸引社会资本作为大学生创业启动和运行资金。例如设立扶持毕业生创业的“创业基金”。三是加强创业的指导，提供创业培训，帮助大学生走出创业初期的困境。

3. 建立有效监督机制

把创业工作纳入到政府目标考核体系中，建立有效的监督检查机制，加大力度，进一步做好政策落实和监督工作。例如，可以组织教育、人力资源和社会保障、财政、税务、工商等有关部门对各市的政策落实情况进行联合督查。

4. 加大创业政策的宣传力度，营造创业氛围

（1）在全社会加大对创业政策的宣传力度，营造一个良好的创业环境和创业氛围。如政府部门可大力宣传创业的各项优惠政策和法律法规，营造一个全民创业的社会，各地方媒体可借助其自身公信力，向社会普及推广创业的重要性以及创业的相关知识等。

（2）宣传大学生创业典型。把理论宣讲与案例教学相结合。坚持正确的舆论导向，充分利用各种媒介，加大对创业典型的宣传力度，引导当代大学生树立科学的创业观。

5. 依法促进创业

法律是行政机关据以活动和人们对该活动进行评价的标准。依法行政是对各级行政机关提出的要求，也是保障社会不断发展的必然要求。在建设社会主义和谐社会的进程中，保障制度建设的最有效方法是将行之有效的政策措施通过法律形式固定下来。十届全国人大常委会第二十九次会议于2007年8月30日通过，自2008年1月1日起施行的《中华人民共和国就业促进法》，是一部充分体现我们党执政为民的理念，体现广大劳动者意愿的民生之法。就业是民生之本，党的十七大报告首次将“积极做好高校毕业生就业工作”作为全党的任务，进一步强调了高校毕业生就业是就业工作的重中之重，同时也是反映高等教育质量的重要标志。依法促进高校毕业生就业是促进就业工作十分重要的任务。

（1）认真开展调研工作，了解大学生在自主创业过程中出现的相关法律问题。搜集与分析其中重点、难点问题，有必要上升到法律层面解决的，着重进行研究并研讨相应解决方法。

（2）逐步推进针对大学生就业创业的地方性法规建设。结合国家新形势与新政策，对各地落实《就业促进法》规定中关于大学生创业的相关条款进行改进，适当加大大学生创业的法律规范力度。

以辽宁为例：

2009年5月，《辽宁省促进普通高等学校毕业生就业规定》（以下简称《规定》）经省政府2009年第18次常务会议审议通过并以省政府第232号令发布，于同年7月1日起施行，标志着我省高校毕业生就业工作在全国率先进入法制化阶段，填补了国家立法空白。结合起草工作的实际经验，现对《规定》的主要内容和特点、重要意义、实施效果、存在的主要问题以及措施建议等方面进行阐述。

二、大学生创业孵化体系建设

（一）大学生创业孵化体系在经济社会发展中的地位和作用

1. 建设大学生创业孵化体系有利于建设创新型国家，提升民族创新力

从20世纪60年代开始，大学生创业成为美国经济的直接驱动力之一。比尔·盖茨创造了大学生创业神话，麻省理工学院的创业计划竞赛吸引了一大批风险投资，斯坦福大学的师生缔造了美国硅谷等，创业热潮推动了美国经济的发展，也催生了创业型经济的诞生。发展创业型经济是提高我国自主创新能力、建设创新型国家的必要前提，也是实现我国经济结构调整和产业优化升级的根本途径。而"以创业带动就业"则是着眼于建立创业型经济体系，其关键在于创新型人才的素质教育和精神培育。只有具备相当数量的高素质创新型人才，才能形成集聚优势，才能变成巨大的创新力量，如何发现、培养、使用创新型人才就成为了创业型经济实现的决定性因素。

自改革开放以来，中国的创新创业浪潮方兴未艾。党的十七大明确提出"提高自主创新能力，建设创新型国家"和"促进以创业带动就业"的发展战略，进一步要求大力开展创新创业活动，完善支持自主创新、自主创业政策，健全创新创业服务体系。《国家中长期科学和技术发展规划纲要（2006—2020年)》明确提出建设创新型国家的重大战略。胡锦涛同志曾指出，要把增强自主创新能力作为国家战略，贯穿到现代化建设各个方面，激发全民族创新精神，培养高水平创新人才。高等教育实践表明，高水平创新人才的培养，不仅需要高等学校大力推进创新创业教育，而且需要政府、高校和社会企业共同为大学生搭建创新创业平台。因此，大学生创业孵化基地可以充分利用政府政策、行业资源、高校背景，发挥潜在优势，聚集各学科的优秀人才，整合自己的各种技术成果和知识资源，为大学生创新创业创造一定的环境条件，提供必要的现代化设备及相应的灵活机制，从而加快大学生创新科研的成果转化、产品创新、工艺创新、组织创新和管理创新等，从而促进高新技术领域的发展，成为我国自主创新持续发展的技术源泉。

当今世界复杂多变，机遇与挑战、合作与竞争并存。在激烈的国际竞争中保持不

败的关键就是要增强国家的实力，无论是政治、经济、军事，还是教育、科技、文化，所有实力的增强就是要靠创新，而创新成果的应用正是通过创业过程来实现的。没有了创业实践，即使有了创新，其成果也不能转化成现实生产力，也不能成为强劲的力量。所以，创业是增强国家实力的必由之路，是提高国际竞争力的重要途径。

2. 建设大学生创业孵化体系有利于转变经济增长方式，促进产业结构升级和科技成果转化

21 世纪是知识经济的时代，科技进步已成为推动经济发展的决定因素。高科技将成为未来经济的主导，而高科技企业的孵化过程实际上就是知识经济时代社会发展和科技进步的过程，是市场经济规律的基本要求，是高科技企业自身不断发展的基本内涵之一。大学生创业孵化基地在技术、市场、资本和人才之间建立了紧密联系，为解决长期困扰我们的科技成果与经济脱节问题提供了有效的手段。它建立了以毕业生创业企业为主体、以市场为导向的技术创新机制和人才发展机制，并为之提供了全过程、全方位服务，培育了具有市场竞争力的新兴中小型企业，这种模式既适应我省大力发展非国有经济、实现经济增长方式转变以及发展多种所有制形式的要求，也为高校人才培养模式的转化创造了条件。

中国是创业型经济发展的主要新兴经济体，以北京中关村为代表的遍布全国的高新技术开发区的迅猛发展，标志着创业型经济已经成为我国经济可持续发展的主要增长点，我国每年新增专利的 65%、新产品开发的 60% 都是由创业型企业完成的，这样的时代背景为大学生实现创新创业提供了舞台。目前，创新、创业、创造已经成为世界经济发展的主流，尤其是在后金融危机时代，发展创业型经济已经是大势所趋。大学生由于具有更强的创新观念、创新冲动和创新精神，无疑是最具潜在优势的创业群体。

3. 建设大学生创业孵化体系有利于创业服务体系的构建，提升高等教育服务社会的能力

中国正在走一条“以信息化带动工业化，以工业化促进信息化”之路。“科技含量高、经济效益好、资源消耗低、环境污染少是新型工业化发展必由之路”。高等教育成为走在这条新型工业化道路上的领军力量。从世界范围来看，选取高校集中的地区建立高新技术工业园区，大力发展高科技生产，是许多国家经济腾飞的致胜法宝，如美国的斯坦福科学工业园（硅谷）、波斯顿工业园区、日本的筑波科学城、韩国的大

德科学城等。高等教育作为人才培养中心、科学研究中心、文化传播中心在开辟社会新产业中具有独特的优势。近些年来，高等学校的科研力量注重了科研与社会需要的结合，科学研究成果转化为生产技术的在逐年增加，不断为社会开辟新产业；新兴产业的发展，带动职业领域的新发展。高等教育就业体制进一步发展，学生就业从“就业型”向“创业型”转变，开拓了新的职业岗位，减少社会就业压力。高等学校通过技术咨询和服务、专利、专有技术转让等形式使科学技术间接转化为生产力；通过兴办高科技企业形式直接转化为生产力，以上这些都有力地促进了社会的进步。

建设高校毕业生创业孵化基地，不仅为毕业生提供了创业孵化平台和创业相关服务，还积极推动了毕业生创业实践基地的建设等方面的研究，通过探讨建立创业教育实践基地的必要性、作用、类型以及建设中的注意事项，提出通过建立创业见习基地、创业实习基地、创业社团实践基地、创业岗位基地以及创业园等举措，与学校的创新创业教育体系整合促进了国内高校创新创业教育体系的全面发展。尤其是在高校毕业生创业孵化基地中开展创业师资培训和毕业生创业带头人培训，不但为推动毕业生创业活动的健康发展打下了坚实的基础，也在毕业生中培养造就一大批具有创业精神与创业能力的带头人、高素质企业家，催生非国有经济的发展起到了推动作用。这不但是高校服务社会的体现，反过来也会促进高校创新创业教育与研究。

4. 建设高校毕业生创业孵化基地有利于培育创新人才，提高我国创业者队伍整体素质和创业水平

建设创新型国家，关键在科技的现代化，科技现代化的关键在自主创新，科技自主创新的关键在人才。我国经济社会发展的现实需求决定了必须坚持把创新型人才资源作为增强自主创新能力的核心因素和提升国家竞争力的重要战略资源。而毕业生是最具活力和潜质的社会发展生力军，他们肩负着提高全民创新意识、提升国家创新能力的重任。高校毕业生创业孵化基地在承担创新、创业人才培养任务方面具有自身优势。因为高校毕业生创业孵化基地的主要业务是孵化高新技术企业和促进科技成果转化，这些企业和成果绝大多数与大学的学科密切相关，毕业生在科技园从事创业活动，与所学专业能够很好地结合在一起，毕业生参与其中，能够有机会与企业家面对面交流，切身体会企业发展的全过程，这种培养方式对于塑造创业文化，营造创业氛围，促进毕业生成功创业，培养和造就一大批富于“冒险”和创新精神的企业家，提高企业家整体素质，推动民营经济健康发展，将发挥积极的作用。

5. 建设高校毕业生创业孵化基地有利于集中提供创业场所和设施，为大学生创业者解决实际问题

高校毕业生创业孵化基地有效地整合了各方优势资源，构建了符合中小企业发展的创业平台。它通过提供研发、生产、经营的场地，通讯、网络、办公等方面的共享设施，系统的培训、咨询以及政策、融资、法律和市场推广等方面的支持，不仅可以减少政府对毕业生创业所投入的国有资产流失，又规避了创业者在创建公司中的资本性投资风险；可以集中提供创业指导，既解决了创业导师专家资源稀缺问题，又规避了创业者盲目选择项目的决策风险，还使政府政策得到有效的落实和检验。在企业发展初期，给予专业的指导和有效的服务，在孵化基地良好的孵化环境和条件下，可降低企业的创业成本，减少其风险性，因而成为毕业生创业企业生长发展的摇篮。

（二）目前大学生创业孵化体系建设存在的问题

1. 全国专门针对大学生的创业孵化基地较少

近年来，党中央、国务院高度重视大学生创业工作。截至 2010 年，大学生创业和孵化基地达 2000 余个，总面积 330 万平方米。辽宁建立了辽宁省大学生创业教育实训基地，上海、徐州、昆山等地纷纷成立大学生创业孵化基地等孵化器组织，但是这其中的多数孵化器均不是完全提供大学生自主创业使用，一般都是依托科技园区合作使用。大学生创业初期一般都是小微企业，竞争力无法与社会企业相比，得到孵化器的青睐和关注明显不足，而全国范围内能够为大学生创业提供的专门孵化器少之又少。

2. 各地区大学生创业孵化基地建设发展不平衡

全国建设的大学生创业孵化基地大部分集中在经济相对发达的省区市，其他地区创业孵化基地的建设数量偏少、规模偏小，建设进度也相对缓慢，孵化能力弱，个别地方还没真正把创业孵化基地建设纳入重要工作日程和民营经济总体发展规划中来考虑。

3. 大学生创业孵化基地服务功能还有待完善

虽然部分创业孵化基地已投入使用，但创业孵化服务的功能明显滞后，服务手段不强，服务内容单一，服务水平不高，服务整体功能弱，能够提供全过程优质服务的孵化基地不多。一些基地得到的政府和行业的政策性扶持远远不够，能够扶持大学生创业企业的底气明显不足。

（三）建立大学生创业孵化基地的运行机制，组织模式和管理模式

1. 大学生创业孵化基地的运行机制

在我国，孵化基地最早是由政府直接投资建立。随着经济的快速发展，科技企业的迅猛增加，以及国家政策的鼓励，全国各地孵化基地的数量迅速增加，孵化基地的投资主体呈现多元化态势，孵化基地的体制和运行机制也是各具特色。

（1）事业单位体制，收支两条线，全额财政拨款。投资主体由政府出资修建孵化基地的基础设施，孵化基地采用事业单位体制，收支两条线，全额财政拨款。这种运作能够始终体现投资主体——政府的意志。

（2）公司制的孵化基地。随着孵化基地的发展，孵化基地的投资从政府的单一主体，向多元化的投资主体转变，越来越多的大公司、大企业以及院校科研机构等投资兴办各种类型的孵化基地，而且大多采用公司制的运作模式。

（3）产权明晰，事业单位体制，企业化运作。政府投资兴建孵化基地的基础设施建设后，明晰产权，事业单位体制、企业化运作。

综合对上述孵化基地运行机制的分析，结合我国国情，以及迅猛发展的科技企业的需求特征，现阶段适合我国国情的孵化基地运作机制，还是应该以上述第三种方式为主导。首先，因为投资主体是政府，事业单位体制，能够始终围绕促进科技成果转化，培育科技企业和企业家，这一宗旨来开展各项工作。其次，事业单位体制，能够不受市场趋利的影响，而企业化运作又能使资源和资产得到最大化的利用，能够对社会力量兴办孵化基地的市场失效部分起到很好的补充作用。再次，企业化运作能够使孵化基地内部建立规范的管理制度，激励和约束机制的建立，能够吸引到更多高素质的人才。同时使孵化基地不仅具备了较强的集聚要素资源的能力，更重要的是增强了对要素资源的整合，以及使资源服务于孵化企业的能力。最后，产权明晰，使孵化基

地能够盘活资产，吸引更多渠道的资金投入孵化基地建设，以及对企业的服务层次的深化，孵化基地能够减少对财政的过度依赖，自身进入可持续发展的良性轨道。

2. 大学生孵化基地的组织模式

组织模式的含义是一种将权力以职能和职位进行分工、分层，以部门划分，并以规则为管理主体的组织体系和管理方式。大学生创业孵化基地可根据工作需要设置“项目部”、“指导部”、“服务部”、“人力资源部”、“综合部”、“信息部”等职能部门。孵化基地要进一步提高被孵企业的生存与发展能力，满足被孵企业对基地孵化功能的多种需要；逐步建立与被孵企业相适应的服务体系，推动孵化基地的服务功能由单一型向综合型转变、由低层次向高层次延伸、由有形服务向有形服务与无形服务兼容的方式发展；逐步实现以基础服务功能为主，向以增值服务功能为主的方式转变。在基础服务功能建设方面，进一步推进服务功能向标准化、规范化和系统化方向发展，建立起集工商注册登记、企业年检、税务代理、财务会计代理、经济技术合同咨询、申请专利、商标注册、无形资产评估、商务谈判等咨询服务于一体的规范化综合服务系统。

3. 大学生创业孵化基地的管理模式

目前，我国大学生创业孵化基地的建设已经具备了一定的基础，但还没有成型的管理模式，都还在有中国特色社会主义理论与实践的建设中努力的探索。我国大学生创业孵化基地，按照创业孵化基地管理主体的不同，建设管理的模式主要可以分为四种类型：即大学管理型、政府管理型、政府—大学管理型、企业—大学管理型。

（四）大学生创业孵化基地的主要功能

大学生创业孵化基地主要是面向高校毕业生，用以解决大学生创业初期缺乏资金、场地、经验等困难，它是集企业孵化、研发创新、创业人才培养为一体的服务平台，有利于引导和鼓励大学生自主创业，不断提高大学生创业能力，促进大学生创业和就业。

1. 大学生创业孵化基地应具备从创新创业教育的功能

大学生创业孵化基地可以宣传国家、省（市）、高校有关毕业生创业的政策和各种信息；普及大学生创新创业教育，培养毕业生的创新精神和创业意识。能够为高等学校提供创新创业教育的有效载体，通过举办创业大讲堂、企业家见面会、创业大学生沙龙活动、大学生实地参观学习等方式，为学校开展创新创业教育提供支持。

2. 大学生创业孵化基地应具备教师和学生创业培训功能

大学生创业孵化基地可以配合高等学校，开展大学生创业指导教师培训，帮助高等学校完善师资队伍建设，建立一支专兼职相结合的创新创业指导教师队伍。大学生创业孵化基地还可以整合各方优势资源，不定期开展毕业生创业指导和培训。使已有创业兴趣、产生创业想法和选定创业项目的学生提供更深层次的系统化的理论和实践课程。帮助学生掌握发现商机、提供产品、市场营销、财务管理、人力资源管理、法律形式选择、风险控制、企业融资、存货管理等一系列必要的创业知识，不断提高学生的创业能力。并通过培训这个平台实现创业群体的深层次沟通和交流，形成创业互助、共进的合力。

3. 实训功能

针对有创业意愿的毕业生所组成的各类创业团队，以创业项目组织模拟运营，开展创业实训，提高毕业生创业实践能力，积累就业创业经验，为真正的创业活动奠定基础。

4. 孵化功能

为具备一定创业条件的毕业生创业项目提供创业孵化场地及基本运营设施，实现创业项目的公司化运作，并提供必要的咨询、指导和服务，使毕业生创业项目不断完善，创办的企业健康发展。

5. 辐射功能

通过广泛开展学习、交流活动，树立良好的社会形象，充分发挥大学生创业孵化基地的示范作用，积极吸收其他大学生创业项目，搭建创业教育共享平台，引领全省大学生创业活动的开展。

（五）构建大学生创业孵化体系的总体思路

1. 建设国家、省、市（县）、高校创业孵化体系，形成完善的孵化和联动机制

一是以国家大学科技园为主要依托，重点建设一批“国家级大学生创业孵化基地”，并制定出台相关认定办法，以国家级大学生创业孵化基地为基础，推动大学生创业孵化体系和机制建设。“国家级大学生创业孵化基地”将是高等学校开展创新创业教育、促进学生自主创业的重要实践平台，主要任务是整合各方优势资源，开展创业指导和培训，接纳大学生实习实训，提供创业项目孵化的软硬件支持，为大学生创业提供支撑和服务，促进大学生创业就业。

二是加快省级孵化基地建设，使之成为各省毕业生创业活动的理论策源地、项目集散地、师资和带头人培训基地、政策研究和试验基地、典型培育和创业企业孵化基地。充分发挥省级孵化基地的指导和示范作用，推动各省高校的创业教育和孵化机制建设。

三是市县两级政府和各级各类经济开发区、高新技术开发区、工业园区、创业基地应充分利用现有资源优势，发挥政府及有关部门的政策效能，利用各级各类科技创业园、海外学子创业园、中小企业服务中心等现有条件，为毕业生创业提供指导服务及有效的孵化。

四是加快推进高校大学生创业孵化基地建设。已有科技创业园区（中心或基地）的高校可以充分利用现有条件，发挥已有资源作用，使其成为毕业生创业孵化基地。没有建立相关设施的高校，可以与地区孵化器合作，建立项目输送培养渠道。选拔、推荐具有较强创业愿望和浓厚创业兴趣的毕业生进入基地。为他们提供创业政策解读、创业技能培训、创业项目研究、模拟和真实的创业实践等服务，使毕业生尽快掌握创业技能，做好创业准备，成为创业带头人。

这样形成国家、省、市、高校创业孵化体系，构建以国家级创业孵化基地为龙头，各级基地相互支持、密切协作、优势互补的良好格局，共同打造鼓励和支持毕业生创业的综合服务平台和科学有效的孵化体系，促进毕业生创业活动的健康蓬勃发展。通过各级孵化基地建设和有效的运行，逐步形成金字塔形的孵化模式和运行机制，促进大学生的成功创业。

2. 以辽宁省省级大学生创业孵化基地建设为例

辽宁拥有着肥沃的创业土壤和优质的创业环境，辽宁省委、省政府高度重视大学生创业工作，始终把大学生创业作为民生工程的重要内容，深入贯彻落实国家文件精神，在大学生创业孵化体系研究上做了许多有益的探索并运用到实践中去，2009 年，省政府投入 3000 余万元，建成 1.1 万平方米的大学生创业教育实训基地，先后搭建了大学生创业法律援助平台、创业财务服务平台、创业项目融资平台、创业信息服务平台、创业培训实训平台、创业导师指导平台以及创业宣传教育平台，集创业教育、政策实验、师资培训、学生实训、企业孵化、项目对接等功能于一体。目前，该基地已孵化大学生创业企业 160 多个，实现销售收入 1500 多万元，创造就业岗位 1100 多个。2010 年，教育部专门致函辽宁省人民政府，授予辽宁省大学生创业教育实训基地“全国大学生创业示范基地”称号。

●**提供条件**

创业基地可容纳 100 家中小创业企业入驻孵化，为每个创业企业提供 40 平方米的办公经营场地，并提供基本办公设备、宽带、电话入户、中央空调等。入驻企业可享受两年免费孵化期，孵化期内免交房租、物业费、水费、宽带费等。大大降低了企业初创期的经营成本。

基地还提供导师指导、经营培训、法律援助、管理咨询、风险投资、产品展示、对外交流、财务管理和人力资源等服务，与所在地的工商、地税、国税、银行等机构建立了“一站式”综合服务平台，切实帮助创业大学生简化办理手续、享受国家政策和规范经营管理。

●**运行模式**

一是在各高校创业培训和实习的基础上，每年 3 月向全省征集创业项目，各高校从毕业生中选拔推荐创业带头人，经过初评、免费培训、专家面试等环节，选拔优秀的创业项目和团队进入创业基地孵化和实训。

二是创业项目入驻基地后，基地通过一站式服务平台帮助他们办理工商注册、税务登记、银行开户、社会保险等一系列手续，并指导他们启动创业项目。

三是孵化期最长为二年，每年 6 月份要对孵化的企业进行评估，满二年的企业和创业带头人，要离开孵化基地进入市场，创业基地也与社会其他孵化器组织合作，为企业提供对接服务。

四是孵化企业在创业孵化基地发展期间，将享受省政府的各种创业优惠扶持政策，并为创业者提供工作、学习、生活（食、宿）条件。并通过组织创业者协会、沙龙活动等方式把创业大学生组织在一起，与社会企业开展学习、交流、合作等活动，促进创业企业迅速成长。

●**平台建设**

（1）建立大学生创业法律援助平台。开展常态化法律咨询服务，大学生创业法律培训，实行创业企业一对一指导，建立大学生创业法律专家团队，开展创业法律课题研究等。

（2）建立大学生创业财务服务平台。通过工商、税务部门建立绿色通道，协助大学生创业企业办理工商、税务执照，落实自主创业优惠政策，为创业企业提供财税方面的咨询和培训服务，引进财务公司为大学生创业企业做好企业代账、内部审计等财务服务工作，加强对大学生创业企业的考核和管理。

（3）建立大学生创业项目融资平台。发挥政府创业资金的作用，成立企业融资专家团队，建立政策保障机制，加大与各家银行的沟通，协助大学生创业企业办理银行贷款，适当给予企业贴息优惠政策，引进风险投资，积极探索与风险投资企业的合作模式。

（4）建立大学生创业信息服务平台。依托省高校毕业生就业信息网、大学生创业网等网络平台，官方微博等已有网络载体，逐步建立就业创业移动信息平台，使就业创业信息通过移动信息平台第一时间传递到学生、学校教师、企业相关人士的手机终端，实现信息的及时无缝对接。

（5）建立大学生创业培训实训平台。开展全省创业师资队伍培训，大学生创业带头人培训，开展模拟创业平台培训，开展大学生就业创业相关培训，建立大学生实习实训基地。

（6）建立大学生创业导师指导平台。建立全省大学生创业导师专家队伍，开展创业导师对基地在孵企业的一对一指导，引导创业导师利用手中资源，对基地创业者进行资金或项目帮扶。

（7）建立大学生创业宣传教育平台。包括新闻媒体推广，创业材料宣传，各级基地交流新兴媒体传播模块，培训沙龙宣讲，宣传队伍建设等。

●**整合各职能部门资源**

省教育厅与团省委、科技厅、中小企业厅、妇联等部门开展合作，发挥各自资源优势，为大学生创业提供指导、培训和服务。

一是省教育厅与省妇联联合下发通知，整合省教育厅、省妇联资源，联合建立辽宁省女大学生创业基地，建立适合女大学生的创业项目库，开展有针对性的项目对接活动，为女大学生提供创业项目、风险融资等服务。

二是省教育厅与科技厅联合下发通知，建立和完善大学生创新创业基地、开展专家资源共享、科技成果转化、场地资金扶持、配套指导服务等合作，促进大学生创新创业的工作。

三是省教育厅与省中小企业厅共同开展中小企业服务月、挖掘和宣传大学生创业典型，建立中小企业服务体系等工作。

四是省教育厅与团省委联合开展大学生、青年创业大赛等活动，通过青创赛、挑战杯、YBC 等合作项目，共同建立青年特别是大学生创新创业融资平台，提供专家指导、培训实训和配套服务。

3. 以辽宁省高校大学生创业孵化基地建设为例

“构建校园创业生态系统，助力学生创业就业梦想”是东软创新创业教育的愿景。“培养鼓励更多有创业意愿的青年学子创业，最大程度地提高学生创业、就业的可能性和成功率”是东软创新创业教育的使命。大连东软信息学院借鉴国内外创新创业教育的经验，围绕 TOPCARES - CDIO 教育教学改革，将素质教育和专业教育融合，依托本科专业人才培养方案，打造“专业团队培养 + 能力素质提升 + 虚拟公司运营 + 企业项目实践 + 创业成果孵化 + 资金政策扶持”的渐进式培养、螺旋式上升的大学生创新创业教育特色模式。大学生创业中心 SOVO（Student Office & Venture Office）创建于 2002 年，是全国高校中具有突破意义的 IT 人才培养实践教学基地和创业实践基地。2011 年被评为“辽宁省大学生创业孵化示范基地”。作为应用型人才培养的标志性产物，全国第一所创办 SOVO 的高校，大连东软信息学院已将“SOVO”标志成功地进行了注册。以学院 SOVO 为主要载体，建立专业化导师队伍，建立专项扶持基金，将东软在信息领域的产业经验贯穿创新创业教育、创新创业实践、创业孵化全过程。以项目为导向，与横向科研联动，教师和学生共同参与，以互联网、移动互联网、物联网、云平台为服务载体，搭建能够提供软件开发、嵌入式系统、APPS、数字内容、信息管理、外语等服务的国际标准化项目团队。培养教师和学生的工程实践能力、开拓创新精神、团队协作精神和职业道德规范。将大学生创业中心建设成为与市场需求充分结合的开放式的大学生创新创业和就业教育实践基地和创业企业孵化基地，形成贯穿全程、分类指导、累进支持的制度和服务保障，即构建在全国具有典型性、实践性和可复制性的大学生创新创业教育示范单位。

●建设基于专业培养方案的特色创业教育模式

（1）建设创业课程体系。

第一，结合 TOPCARES - CDIO 工程教育改革，建立具有 IT 行业特色的创业就业教育课程体系，拟开设创业教育通识、技能和实训类课程共 35 门，面向三地学院所有在校生实施。

第二，以内涵建设为主线，以专业建设为核心，逐步实现专业教育与创业教育的融合。

第三，联合学院实验中心，构建有特色的创新创业实践项目。

第四，开展多种形式的创业教育第二课堂活动，定期举办三地学院东软大学生创业大赛，组织东软三校创业周和创业交流。

第五，积极开展创业教育课题研究，探索具有东软特色的创业教育新模式。

（2）加强创业师资队伍建设。

第一，以创业意识培育为先导，优化创业环境，营造创业氛围，加强创业师资队伍建设，逐步实现专业教育与创业教育的融合。

第二，加强导师队伍建设，在发展和服务 YBC 导师志愿者的同时，重点发展高校导师队伍，每年定期开展 KAB 大学生创业教育师资培训。

第三，开发社会资源，邀请企业、工商、税务等各界拥有丰富创业经历的专家作为 SOVO 荣誉创业导师。

第四，根据东软院发《教师企业实践管理办法》，遴选具有工程实践能力的教师到 SOVO 专门从事本系部 SOVO 公司运营和管理，半年后返岗轮换其他教师。

第五，在 2013 年底之前建立一支不少于 200 人规模的具有较高素质的专兼结合的创业教育师资队伍。

（3）开展“创新创业实践团队”项目。

第一，在学院新生入学后，进行二次选拔，遴选出有创业意向和创业潜质的学生。“创新创业实践团队”学生实施动态调整，每个年度进行一次退出和补入调整。同时，“创新创业实践团队”也可面向其他年级的在校生和校外招收有志创业青年。

第二，对报名学生进行笔试和面试。录取标准有两个：一是具有强烈的创业愿望并初步具备创业的素质和能力，如承担风险创新的能力、沟通协调和领导的能力、吃苦耐劳干大事的能力；二是必须有明确的创业思路和职业规划。（已配套《创业素质评测表》）。

第三，挑选最优秀、最适宜的教师进修学习 KAB 创业教育理论并付诸教学实践。

第四，筹建与“创新创业实践团队”配套的创业导师队伍，与 YBC 合作制定教学计划，对“创新创业实践团队”学生进行系统的创业教育培养。

第五，实施学分替代，用创业学院的培训课程和创业实践替换学生所在专业的集中实践环节（3 个实践学期和毕业设计）学分。

第六，教学过程中实施团队式指导和学习，学院不仅提供专职的创业导师队伍（他们是学院经过培训的老师，或是东软有企业经营经历的管理者），同时聘请 YBC 导师、企业优秀人士、创业成功人士等分别担任相关课程的教学和团队指导工作。

第七，学院为“创新创业实践团队”配备具有 MBA 背景的专职班导师和有丰富企业创办及管理经验的兼职企业导师，“创新创业实践团队”学生在借阅图书资料等资源方面享受研究生同等待遇，并提供独立的日常学习和创业实践固定场地。

第八，学院为“创新创业实践团队”学生设立自己的虚拟公司，引导学生体验“寻找创业商机、组建创业团队、制定创业计划、进行创业融资和创业管理”的全过程，进行创业者的前期培育。

●建设开放式的创业训练基地

(1) 完善 SOVO 运营管理模式。

第一，明确 SOVO 公司主要经营领域：数字内容开发、中小企业网站建设、IT Service、移动应用 APPs、电子商务等。尤其系部虚拟公司须密切匹配我院相关专业设置。

第二，SOVO 公司分类指导和区分管理：

A. 系部虚拟公司：与系部专业密切结合，沿用系部虚拟公司管理考核机制，与各系绩效考核挂钩 。

B. 系部实体创业公司：各系部有偿使用校园场地，自负盈亏，与系部虚拟公司的人员配置须严格区分。

C. SOVO 虚拟公司：为“创新创业实践团队”学生和学院有志自主创业者设立的虚拟公司。

D. SOVO 实体创业公司：由 C 类公司孵化或学院学生自主设立，有偿使用校园场地，自负盈亏，纳入 SOVO 平台统一管理。

E. 基地实体创业公司：指兄弟院校大学生创业者或社会知名 IT 类企业办事处入驻 SOVO 创业实践基地的公司，有偿使用校园场地，自负盈亏，纳入 SOVO 平台统一管理。

第三，以上五类 SOVO 公司符合条件者都可以享受 YBC 和东软大学生创业扶持基金支持。

第四，以上虚拟公司都借助于“大连东软教育服务有限公司”名义与外界签订项目合同。

第五，对于 SOVO 虚拟公司，SOVO 将配备专职人员负责具体指导和管理。

第六，对于 B、D、E 类实体创业公司，SOVO 将配备专职人员负责具体指导和管理。

第七，根据 SOVO 的发展需要，设立 SOVO 实体创业公司管理部。负责对各类实体公司的管理、SOVO 的产学合作、成果孵化，拓宽 SOVO 公司的项目来源途径。同时负责 SOVO 公司的品牌宣传及外事接待工作，促进 SOVO 的品牌提升，促进 SOVO 对外业务开展工作的有序进行。

第八，SOVO公司成熟度控制：明确SOVO与以上五类公司的权利与义务，构建SOVO公司成熟度评价体系，致力于帮助大学生有效创业，根据实体公司成熟度进行楼层地理位置调整，同时对场地的使用费用进行分阶段的定额提高。

（2）建设创业项目管理平台。

平台主要功能：

创业项目的注册申报：用户注册、项目申报、协议签署、导师配置。

创业企业（团队）简介：创业企业（团队）展示、建议投诉的提交与查询。

SOVO创业实践基地管理：职能部门管理、信息发布、统计分析、资料下载。

创业项目管理：项目简介、项目过程监控、项目退出、报表统计。

专家项目评审：项目信息查看、项目评审、评审反馈、项目终审。

扶持基金管理：扶持项目简介、信息发布、偿还贷款统计、逾期提示。

基地在线服务：通用创业素质测评、创业视频资源、在线学习系统。

平台建设目标：

为三地学院SOVO创业实践基地提供项目征集、项目申报、项目评审、入驻协议、管理服务、项目基本信息、在线学习、导师配置、金融服务、经济数据、报表统计于一体的综合服务管理平台。通过平台管理系统，各级创业服务机构可随时对创业项目进行跟踪服务，完善落实宏观管理、指导与考核机制。同时，各项目团队也可以通过该系统实现与各级创业服务机构的全天候开放式互动沟通。

（3）建设创业信息服务平台。

平台主要功能：

创业综合门户网站：最新动态、企业及产品展示、创业相关行业发展动态等。

综合业务办理：工商注册、创业论坛、创业竞赛组织、融资申请、知识产权在线申请等。

创业团队管理：创业企业员工、业务内容、项目进度等综合信息管理。

创业项目源发布：建立校企合作平台，提供社会企业项目发布接口，为创业公司提供更多的项目来源。

创业教育在线培训：为大学生提供经营管理（企业战略管理、生产管理、财务管理、人力资源管理、市场营销）、专业技能与综合知识（政策、知识产权、法律法规）等在线学习资源。

科技创业服务：为大学生提供创业所需的技术服务，降低企业的研发成本和创业风险。

数据分析与统计：开放性的检索平台，为决策支持提供各类分析与统计数据。

平台建设出发点：

东软大学生创业信息服务平台是对东软大学生创业项目管理平台的有效扩充和完善，平台充分利用信息化管理的手段与技术，为大学生创业提供了大量项目来源，解决创业过程中存在的技术难题，增强大学生对创业知识的掌握，提高创业各环节的办事效率，为大学生创业服务方向的决策提供有效的依据。

（4）打造开放式创业平台。

第一，发挥 SOVO 辐射作用，让更多的校内外大学生和社会人才在 SOVO 得到充分的锻炼，为产业和社会的发展创造出更多价值。

第二，成立 YBC 东软青年创业俱乐部，打造诚信平台，交天下有志青年。

第三，面向社会青年（含在校生）搭建创业交流平台，传播创业文化，定期组织创业大讲堂、创业沙龙、就业力训练营、创业训练营、创业类竞赛等系列活动。

第四，开展“大学生创业企业百企千岗人才招聘会”，挖掘就业岗位，实现就业岗位与社会青年的有效对接。

第五，建设开放式的 IT 人才培养基地，在大连市的高校中选拔 100 名有创业意愿的 IT 专业大学生，进行系统的、免费的创业教育。

●建设创业实践孵化基地

（1）为创业学生提供资金和政策扶持。

第一，依托 YBC 和东软集团、亿达集团、东软创投等知名企业、社会组织和各级政府等多渠道募集设立创业扶持基金。

第二，学院为创业学生提供工作空间、配套设施、后勤服务、网络及实验室等多方面的资源。

第三，建立开放式人才培养环境，学院向大学生适度开放校内市场，鼓励挖掘潜在校园市场，经营具有文化品位和科技含量的消费市场，给予校园创业活动政策扶持。

第四，加强创业团队与学院各系部 SOVO 虚拟公司的合作交流，丰富创业学生的创业经验，虚拟公司提供技术及人力储备，创业学生提供项目、管理、资金和市场开拓。

第五，为符合条件的创业学生提供无息免担保贷款作为创业启动资金，同时通过“一对一”陪伴式创业导师传授创业知识和经商之道，引导进入工商网络。

第六，创业启动金资助金额一般不高于人民币 3 万元，免息免抵押担保，三年内分期偿还，获得创业资金贷款的创业者，将从发放资金后的第三个月开始每月偿还贷款。已配套创业基金管理制度包括：《创业项目评审管理暂行办法》、《创业者承诺书》、《东软大学生创业基金申请表》、《创业项目评审表》、《创业项目面谈考察表》、《创业项目评审标准及说明》、《东软大学生创业项目申报流程》等。

（2）多渠道整合社会资源。

第一，加强与知名企业、各级政府和社会组织的联系，从更多渠道募集资金，扩大创业扶持基金规模。

第二，加快基地建设和做好挂牌工作，YBC 协助学院推进 SOVO 创业基地的建设工作，并将依据学院创业基地的建设规模给予一定资金或设备支持。

第三，建设 SOVO 校友录，与毕业生创业者保持密切联系，邀请返校交流讲座。

第四，积极努力使更多的在校大学生参加政府的普惠制创业培训。

第五，加快与用人单位和创业园区对接工作，申请各级政府给予一定资金或设备支持。

第六，积极引进风险投资、银行贷款、产业化基金等，提升在孵企业融资能力。

第七，引入知名企业和创业专家（已制定《SOVO 荣誉导师聘任及管理办法》）。

（3）完善创业企业孵化基地建设。

第一，未来 SOVO 创业实践基地将提供更多的 SOVO 空间作为创业企业孵化基地，依托学校场地和规划资金，为青年提供廉租或免租办公、经营场所和扶持资金。

第二，联合学院科研管理部，转化高校科技成果，创建三地学院的校办企业。

第三，联合学生和社会的有潜力创业项目和技术专利，以入股方式扶持企业发展。

第四，进一步开放校园市场，让创业企业更多介入到我院社会化的后勤服务中去。

第五，采取高新技术项目开发引进、岗位聘用、项目聘用等方式引进海外高层次人才。

第六，为入驻企业提供工商、税务、金融、信息、咨询、市场推广、人才交流与培训、物业、投融资（包括孵化基金、种子基金、风险投资、融资担保等）等服务。

第七，SOVO 创业企业依托三地学院与社会企业合作成立技术研发中心，合作承担科技项目、共同获得各级各类科技奖励等，促进三地学院的学科与科研的发展。

近年来，为解决大学生就业难问题，我国各级政府已建立了诸多大学生创业基地和创业园。由于大学生创业孵化基地拥有良好的创新创业氛围、成熟的运营管理辅导体系、贴身的技术与市场服务机制，从而大大提高了创业企业存活率。依托大学生创业孵化基地无疑是扶植大学生科技创业和促进就业的科学方式之一。利用大学生创业孵化基地已形成的创业服务、孵化、保障体系，从创业培训、创业见习、创业模拟到实办企业四个阶段推动大学生创业就业，不仅可以激发大学生创业热情，更可以有效提高大学生创业成功率。通过形成国家、省、市、高校大学生创业孵化体系，构建以国家级创业孵化基地为龙头，各级省、市、高校基地相互支持、密切协作、优势互补的良好格局，将进一步促进大学生创业活动的健康蓬勃发展。通过各级孵化基地建设和有效的运行，逐步形成金字塔形的孵化模式和运行机制，促进大学生成功创业。

第三部分　结　论

本课题首先通过系统地分析了开展大学生创业政策研究具有的重要意义，以及国家及我省鼓励大学生创业的政策，指出了存在的问题，并提出了对策和建议；其次，分析了大学生创业孵化体系的建设问题，包括建设主体、投资渠道、主要特征、产业定位等。对大学生创业基地主要功能、创业基地管理和运营模式等方面提出了独到的看法。并以辽宁为例，自2003年起，辽宁省把大学生创业工作作为大学生就业工作的重点加以推进，形成了较完善的政策扶持体系，在全省高校普遍开展创新创业教育，建立了切实有效的指导服务机制，搭建了创业企业孵化体系，营造了较好的创新创业环境和舆论氛围。在全省各部门的统筹协调下，教育、发改、财政、人劳、工商、地税、银行等部门密切配合，在完善大学生创业政策体系和创业孵化基地建设方面作了积极探索，取得初步成果。本论文的创新点在于通过实证研究，实地调研了我国大学生创业政策和孵化体系的实际运行效果，但缺乏对国内外成果的比较研究，我国对大学生创业的研究相较欧美发达国家起步较晚，希望在未来的研究中能借鉴国外的研究成果，更加深入地指导我国的大学生创业政策和孵化体系研究。

课题组主要成员： 刘　铸、李海琼、陈　森、张世泽、邓　珊、王　宏、张庆祝、施　琪、蒋璐璐、王　涛、刘静萱、周　越、刘　畅

参考文献

[1] 夏人清、罗志敏、严军："中国大学生创业政策的回顾与展望"，《教师与学生》，2012.（1）。

[2] 魏娴："我国大学生创业政策研究"，2011.（5）。

[3] 张玉利、陈寒松：《创业管理》，机械工业出版社，2011年版。

[4] 叶文、卢强："我国企业孵化器建设与发展浅析"，《改革与战略》，2000（5）。

[5] 刘铸、陈森："辽宁省大学生三级创业孵化基地的功能与特点"，《中国大学生就业》，2008（4）。

课题编号：12jycy008

大学生创业指导服务研究

课题承接单位：浙江万里学院

摘　　要

构建科学有效的大学生创业指导服务体系，有利于助推大学生成功创业和促进大学生成长成才。本研究旨在通过对宁波市创业大学生、相关政府人员、金融机构人员、高校教师、相关企事业人员等进行较为全面调研的基础上，分析了当前宁波市大学生创业指导服务的现状及存在的问题，调研组试图从创业大学生的有效需求出发，探讨政府、高校和市场在大学生创业指导服务中的角色定位，提出构建政府驱动、学校推动和市场拉动的“三维联动”大学生创业指导服务体系。同时，根据政府、高校和市场在大学生创业指导服务中的不同功能，构建有效的“三维联动”平台，建立科学的“三维联动”机制，实现三者整合资源，相互联动，同向发力，协同创新，形成合力，从而更好地的指导和服务大学生成功创业。

第一部分　导　　论

一、研究维度及路径

本研究的研究内容是科学构建有效的大学生创业指导服务体系，为了有效执行研究任务，在研究前期准备和中期汇报期间专家组的指导下，在宁波市人社局（课题合作单位）的建议下，结合地方工作实际和研究周期的限定，课题组将研究范围和对象主要确定在宁波市高校在校创业大学生和毕业五年内在宁波市（含各区、县）创业的大学毕业生。因此，本课题报告所指的“创业大学生”均指“在校创业大学生和毕业五年内创业的大学毕业生”。

课题从政府、高校和市场等三个维度入手（如图1所示），全面系统分析大学生创业指导服务现状；由问题导入，深入调研，通过数据分析，提出构建政府、高校及市场三维联动的大学生创业指导服务体系设想；以相关理论为指导，以实证研究为重点，以有效服务指导大学生创业为切入点，以加强对政府、社会、高校调研为落脚点，深入开展大学生创业指导服务体系研究，从而实现政府、高校、市场三者之间相互联动、相互促进、相互整合，更好地指导服务大学生创业。（图2所示为研究路径）

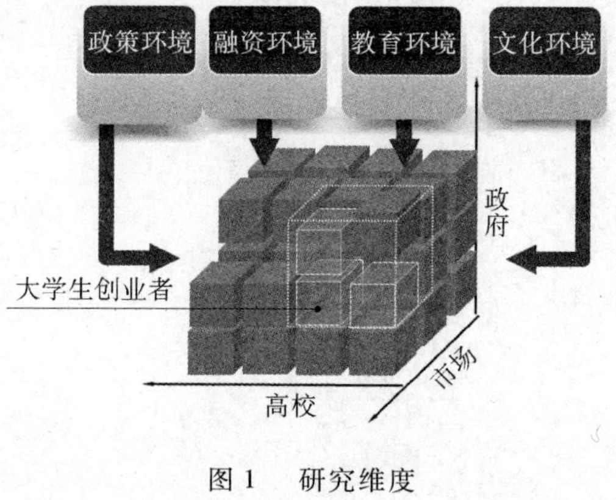

图1　研究维度

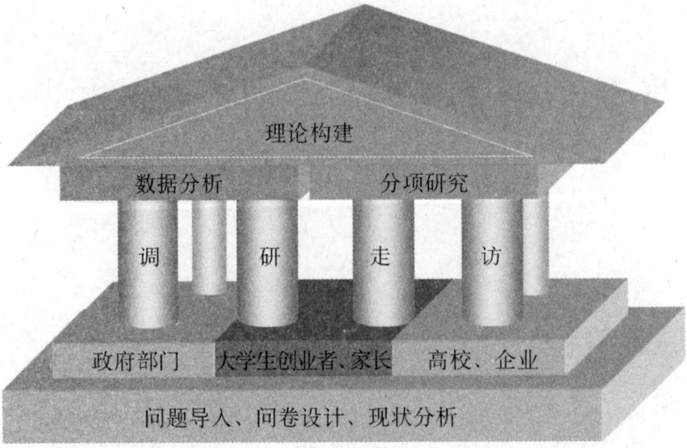

图 2　研究路径

二、研究对象及方法

课题组在研究前期，分别针对宁波市政府相关职能部门、大学生创业者、部分创业学生家长、大学生创业园区入驻企业和管理者、部分投资大学生创业的企业、金融机构等设计了调查问卷和访问提纲。课题组共计发放问卷 1500 份（分 2 次，第一次 1200 份，第二次 300 份），回收有效问卷 1340 份，其中政府相关职能部门 75 份、大学生创业者 741 份、创业学生家长 275 份、大学生创业园区入驻企业和管理者 191 份、部分投资大学生创业的企业 58 份（如图 3 所示）。

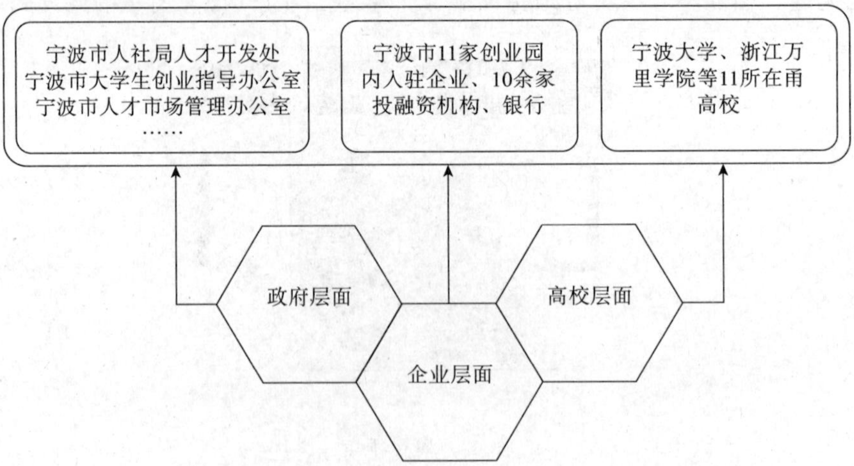

图 3　研究对象

同时，课题组分别以多种形式和政府管理人员、大学生创业园管理人员、创业大学生、金融机构管理人员进行座谈，并在此基础上，撰写了《宁波市优化大学生创业环境对策研究报告》，大量详实的调研数据为本研究的开展奠定了良好的基础。

经过对调研数据的分析，课题组发现创业教育、创业场地、创业资金问题是创业大学生在创业指导服务需求中最为关切的问题。为此，课题组进行了分项调研，并邀请相关专家参与，分别撰写了《“双螺旋”创业教育模式探索与实践》、《宁波大学生创业园建设实践研究——宁波大学生创业园区调研报告》、《宁波市大学生创业投融资路径研究》等研究报告，被宁波市相关职能部门采用并获奖。

三、研究创新与特色

1. 方法创新

本课题的研究方法综合采用了逻辑演绎与归纳总结相结合、规范分析和实证分析相结合、定性与定量分析相结合。在研究的过程中，运用逻辑演绎和归纳相结合方法对大学生创业指导服务理论进行阐释；结合规范分析和实证分析、定性和定量分析方法对大学生创业指导服务现状与问题进行分析；最后在此分析方法基础上构建政府、高校和社会“三维联动”的大学生创业指导服务体系。

2. 模式创新

明确提出了构建政府驱动、高校推动、市场拉动三维联动的大学生创业指导服务体系的全新模式，三者之间相互联系影响、相互联动，构建三维联动平台，实现资源有效整合。提出三维联动的创业指导体系，不仅是一种理论构想，更为重要的是，在实际研究过程中，已经初步勾画清晰，模式构建初步完成，部分已经得到应用。

3. 文化创新

本研究的开展，尤其是在实践过程中，不仅是在高校中积极营造了一种自主创业的文化氛围，更是会在全社会营造一种“创业光荣”的文化，而与此相应的艰苦奋斗、协作创新、敢为人先的企业家精神也得到了一定程度的彰显。

第二部分　课题研究内容

通过抽样调查、实地走访、座谈等多种方式，并与国内外进行比较，我们既发现了政府、高校、市场三方在大学生创业服务的大力扶持的一面，也看到了存在的一些不足（见图4）。

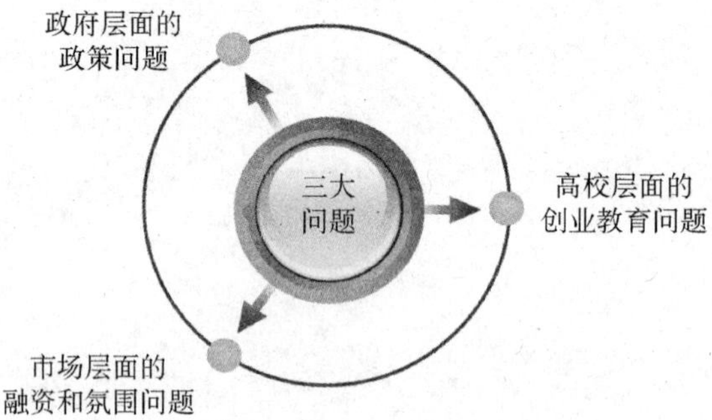

图4　三大问题

首先，政府服务体系中存在的问题包括：（1）存在多头管理，缺乏政策的系统性、针对性和有效性；（2）创业法律保障尚未健全；（3）创业孵化场地比较紧缺；（4）创业保障机制不够完善。

其次，高校服务体系中存在的问题包括：（1）大学生创业素质先天不足；（2）创业教育课程设置不够系统；（3）创业教育的师资匮乏；（4）创业教育投入不足；（5）创业教育指导体系有待完善。

最后，市场服务体系中存在的问题包括：（1）金融行业缺乏扶持大学生创业的意愿；（2）缺乏知识支持体系和诚信保护体系；（3）社会整体氛围不够浓厚；（4）文化环境尚待进一步优化；（5）创业融资渠道不够多元。

经过数据分析，我们提出构建如图5所示的服务体系。

一、健全“政府驱动”的大学生创业指导服务体系，充分发挥政府的引导功能

大学生创业指导服务体系构建是涉及政府、社会、高校和企业的一项系统工程，

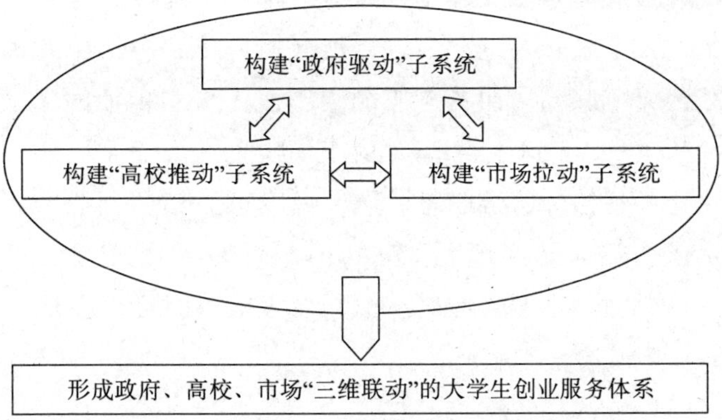

图5 “三维联动”大学生创业服务体系

必须充分发挥政府的引导功能优势、高校的教育职能优势、企业的市场前沿优势、社会的资源保障优势，不同机构协同联动，帮助大学生培养创业意识、锻炼创业品质、提升创业能力，从而为大学生创业提供可靠的保障和服务。如图6分为四大模块进行驱动：

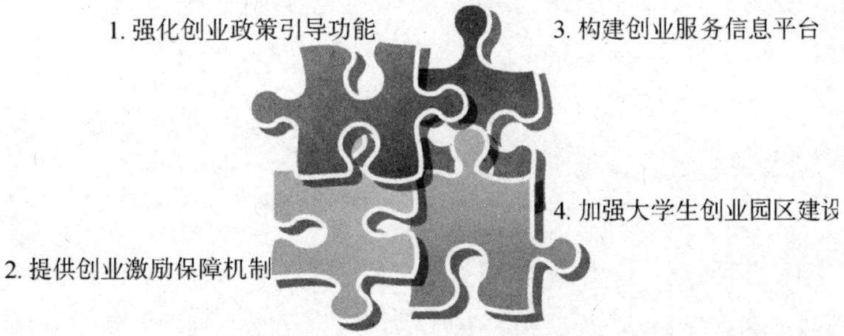

图6 “政府驱动”四大模块

（一）强化创业政策引导功能

强化创业政策引导功能是提高大学生创业成功率的有效措施。首先，创业配套政策应加强针对性。目前，宁波市各区都出台了相应的大学生创业政策。从已出台的政策和实地考察大学生创业园区看：虽然出台了加强创业技能培训、提供小额贷款担保或贴息补贴等政策，原来的受惠者是下岗工人，但现在可以延伸到大学生。但是，大学生是不同于下岗工人的一个特殊创业群体，他们的创业行为与下岗工人等创业群体的创业行为是有区别的。因此，在政策的制定上必须要考虑这种差异。

其次，各相关职能应加强政策的“落地性”。工商部门可以从大学生的创业需要出发，对创业者最关心的知识产权转化、商标培育、品牌推广等方面不断完善自身的指导职能，帮助创业大学生解决生产经营中的实际困难；各级人才和劳动保障服务机构要加强人事和社会保障服务，在各自职能范围内为自主创业的大学生提供人事代理服务，解除创业大学生的后顾之忧；同时由于初次创业大学生在实践中受到侵权的情况时有发生，难免会遇到债务纠纷或者诉讼，可以组织建立创业专家咨询团，为缺乏商业经验的大学生创业团队提供财务管理、市场营销、经营计划、技术指导、法律咨询等服务，指导和帮助大学生增强维权意识，加大维权力度，在增强大学生社会责任意识的同时，充分保障其合法权益。

（二）提供创业激励保障机制

为大学生创业企业提供创业激励保障机制是保护大学生创业积极性的有效措施。比如，实施积极的毕业生创业落户政策。大学生自主创办符合产业发展导向要求的企业，应给予办理落户手续；给外来创业大学生与本地居民同等的“市民待遇”，促进大学生创业型经济的发展；对于高新技术产业应给予创业激励基金等，促进知识资本向生产力转化。

（三）加强大学生创业园区建设

我国许多地区已经建立起大学生创业园区，对有志创业的学生提供了许多优惠政策。目前宁波市已建立大学生创业园、创业基地13家，园区内有大学生创办企业将近500家。但在高校校园里的学生对大学生创业园区的政策和扶植措施还并不了解，政府要推动大学生创业实现有效的投融资，需要让大学生的公司真正运转起来，而目前许多对大学生创业提供优惠政策的园区，对大学生来说，基本上是遥不可及。因此，要加强大学生创业园区与大学校园的对接工作，让大学生中有意愿、有技术、有商业模式的创业项目能够更多地进入大学生创业园区，为大学生创业吸引投融资建立基础。宁波市将继续实施“创业引领”计划，坚持合理布局，政府引导，市场化运作的思路，结合本地产业优势、产业布局，依托高等院校、科研院所、企业集团、各类开发区、高新区、产业园区等，加快大学生创业园建设，形成覆盖全市的具有“一园一特色”的大学生创业园集群，并逐渐打造大学生创业园的“宁波模式”。

（四）构建创业服务信息平台

根据调研发现，很多大学生创业者对同行业了解不够，对新产品的了解渠道不多，市场信息了解不多，渠道不畅通，创业信息的匮乏，使得创业者进入行业难，因此，政府要搭建良好的信息平台，为各类型的创业者提供相关信息服务。建议政府整合各级政府和相关职能部门门户网站，统一梳理、分类编辑各地各部门出台的有关规定或政策，提供“一站式”的创业信息发布、查询服务，方便有创业需求的大学生、企业和高校了解和掌握；定期组织交流会、研讨会，组织创业企业参加各种商贸会、洽谈会，帮助大学生发现、识别和获取创业机会。同时，对于有技术或有项目，但没有投资人支持的大学生，通过展示交流，吸引投资者的眼光。

二、完善“高校推动”的大学生创业指导服务体系，充分发挥高校的培育功能

高校应该以创新创业能力培养为核心；融合“两类元素”：专业教学体系中的教学元素与创业培训体系中的创业培训元素之间的有机融合、相互促进和螺旋提升；体现三项“特征”：体系的整体性、课程的开放性、活动的实战性（如图7所示）。

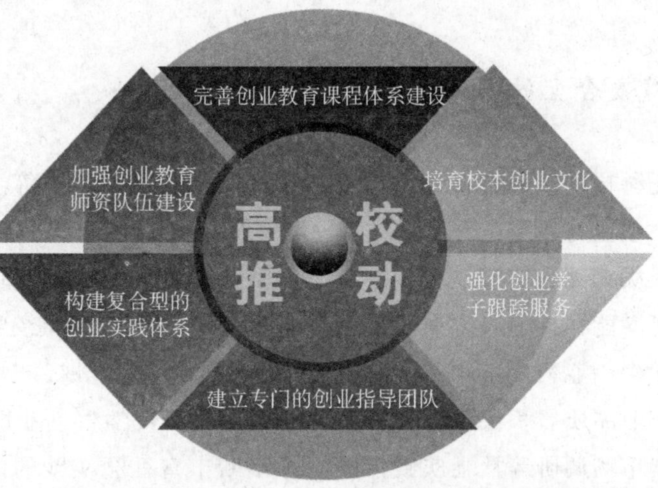

图7 “高校推动”的大学生创业指导服务体系

（一）完善创业教育课程体系建设

高校不再仅仅是产生理论家、思想家的摇篮，更要培养出具有现代经营理念的优秀创业型人才。完整的创业教育课程体系有利于开启大学生的思维，可以直接而快捷地帮助大学生了解基本的创业知识，掌握创业的基本技能，形成科学的创业结构，有效帮助大学生树立和培养创业理念。高校要通过开设创业教育课程完善创业教育机制，建立适合大学生的创业教育服务体系。

（二）加强创业教育师资队伍建设

良好的师资能够理性引导大学生的创业动机，有效培养大学生的创业意识，提高大学生的创业能力。一是组织具有创业辅导热情、又符合相应标准的教师参加系统的创业教育培训，让教师更新观念和知识，创新思路和方法，掌握创业教育的课程体系和教授技能。二是加强与就业部门和企事业单位的交流，深化职业规划指导，采用课堂教学与调查研究相结合的方式，在此基础上建立反馈和评估体系，促使大学生独立自主创业，培养其发散性、创新性思维，树立良好的创业品质。三是聘请成功企业家、校友、社会知名人士，开设系列讲座，与大学生互动交流，为创业教育注入鲜活的血液，在多方位指导和传授各种创业所必备的基本知识、基本理论和基本方法的同时，以身传教，将其创业经历和经验与教学内容相融合，有效激发大学生就业、创业的主动性和积极。

（三）构建复合型的创业实践体系

一是要依托科技创新平台积极开展科技竞赛、创业计划竞赛等活动，鼓励大学生发挥专业优势，创业与专业学习紧密结合，学以致用，有利于锻炼和提高大学生的观察力、辨别力、决策力和实践能力，有利于增强大学生对市场经济环境的认知，激发大学生挖掘自身潜能，为适应未来的社会竞争积累更多的知识和经验，提升大学生的创业精神。以学生创业社团为载体，以志愿者社会实践为纽带，丰富创业实践活动，提升大学生的创业品质。积极引导、帮助大学生社团如大学生创业协会、大学生 KAB 创业俱乐部开展市场调研等社会实践活动，并不断丰富社会实践的内涵，拓展社会实践的领域，使大学生能更广泛地参与到各种创业实践活动中来。通过各种创业活动，大学生由原来的被动接受学习转变为主动地参与学习与实践，大学生学习的主体性意识增强，同时，通过加强合作与沟通，使大学生在走向社会的历程中经受磨练，在实践中了解社会、认知社会，在实践中陶冶情操、提升素质，增强社会责任感和归属感，提高大学生的社会适应能力，树立面向基层就业、创业的理念，帮助大学生培育勤恳务实的创业品质。

二是要构建“大学生创业工作室”、“大学生创业服务基地”、“大学生创业园”三级联动的创业孵化平台。以专业为依托的“大学生创业工作室”是学生创新创业教育的基本形式和载体，由学生自愿组合、自发组建；学校以“大学生创业服务基地”为平台，为大学生创新创业工作室提供了最直接的服务和指导；大学生创业园由政府主导，与高校、企业、社会服务机构共同创建，为大学生创办企业提供办公场地、工商注册、财税、创业资金、市场开发、招商引资等全方位、多层次的服务，创新创业成效显著的工作室或项目可以申请入驻大学生创业园并进行孵化与提升。

（四）建立专门的创业指导团队

我国的创业教育在大多数高校还没有开展，大学生创业由于其对创业的认识不清，对未来创业中的困难认识不足。许多大学生创业企业还未正式运营，就倒闭在了萌芽之中。大学生要成功进行融资必须要让投资看到企业成功生存和成长的前景，拥有基本的创业知识是创业企业能够顺利成长的关键所在。另外，我国大学生在校期间基本上很难了解和接触到国家以及地方政府对于创业投融资的相关法律、法规和政策体系。大学生是否能够建立起一个长期正常运营的企业是大学生吸引投资者的基础条件。为了能够让大学生创业企业实现顺利运转，必须有专门针对大学生创业遇到的问题和困难解决的机制，建立专门的创业指导团队是解决这一问题的关键所在。要切实发挥创业导师的作用，可以将大学生创业导师的指导方式分四种：一是单个指导，根据大学生在创业中遇到的问题，由创业导师进行针对性指导；二是“会诊”指导，由专家对疑难问题进行集体会诊；三是授课指导，针对大学生创业者中比较集中、带有普遍性的问题，由专家定期给予授课指导；四是“陪伴”指导，根据大学生创业的不同特点，由创业导师跟踪其创业过程，进行全程指导。

（五）培育校本创业文化

高校应以校园科技文化活动为载体，以科技竞赛为依托，充分发挥“挑战杯”课外学术科技作品竞赛和“挑战杯”创业计划大赛、大学生职业生涯规划大赛以及各类学科竞赛的平台作用，以赛促教，以赛带练，调动学生参与科研活动的积极性，培育学生科技创新与创业能力。同时，注意发挥学生科技社团的作用，积极营造创新创业氛围。通过大学生社团开展丰富多彩的活动，开阔视野，激发兴趣，培养学生创新创业素质，形成创新创业的良好氛围。

（六）强化创业学子跟踪服务

高校不仅要对在校大学生进行深入、立体、广泛的创业教育和创业孵化，对于已经毕业的创业学子的跟踪服务也尤为重要。在调研中，我们发现，创业学子在社会创业同样需要母校给予跟踪服务，尤其是建立创业学子联盟和建立在校大学生与已毕业校友之间的交流平台，充分利用校友资源。联盟可以以地区为单位建立，高校不仅可以通过联盟对创业学子进行政策辅导、创业培训等服务，更可以通过联盟进行创业学子间的创业互助和对在校学生的创业指导，其模式可以借鉴目前比较流行的创业导师制，邀请企业家校友作为创业导师，为大学生提供创业指导和帮助。

以浙江万里学院的“高校推动”子系统为例，如图8：

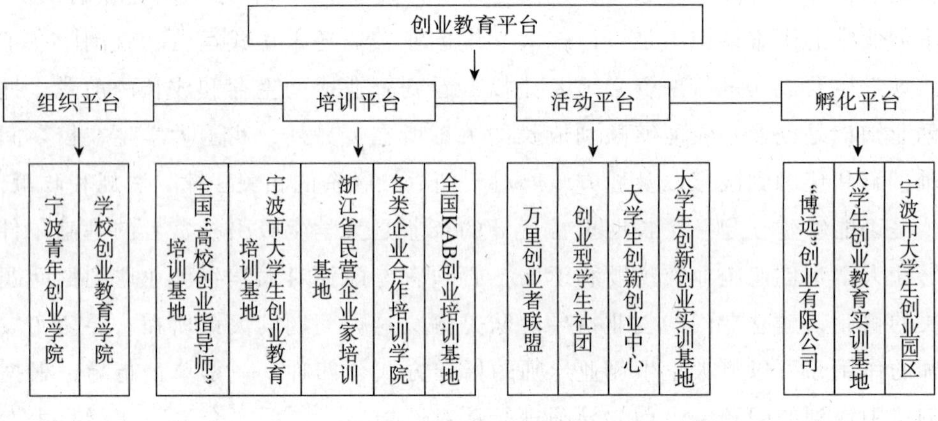

图8　以浙江万里学院为例的“高校推动”子系统

表1　　近四年浙江万里学院本科毕业生就业率和创业率

年份	毕业生总数	就业率	创业人数	创业率
2009	4648	92.88%	111	2.39%
2010	5032	95.81%	163	3.24%
2011	5031	96.98%	272	5.41%
2012	5161	92.04%	256	4.96%

毕业生成功创办实体超1000家，吸纳就业人员近8500人。

三、建立“市场拉动”的大学生创业指导服务子体系，充分发挥社会的支持功能

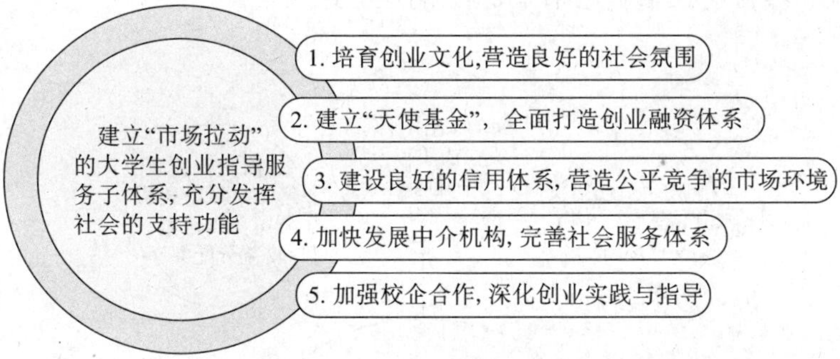

（一）培育创业文化，营造良好的社会氛围

社会文化环境对大学生创业影响也是不容忽视的，大学生创业意识的形成、创业行为的产生和创业活动的顺利进行等都离不开良好的社会文化环境的支持。相关政府部门在加强大学生创业硬环境建设的同时，应进一步强化创业软环境建设，充分认识到社会创业文化对大学生创业的重要影响。利用报纸、电视、广播、互联网等各种传媒工具，开辟专版、专栏、专题，宣传国家省市推进大学生创业、开展服务、发展民营经济的重要政策和重大举措；宣传国内外创业的先进理念、成功经验和显著成果，打造舆论声势，营造创业的浓烈氛围。同时，充分调动高校、政府相关职能部门、科研机构和媒体的作用，通过顶层设计，坚持经常地组织高水平的竞赛和评比活动，通过身边的典型事迹和经验，积极评价、全面报道宁波大学生创业成就，激励广大青年树立创业意识、提升创业水平，积极营造全社会鼓励创新、支持创业、宽容失败的良好氛围。

（二）建立“天使基金”，全面打造创业融资体系

社会要针对本地高校毕业的大学或回到本地创业的大学生建立起专门的引导基金，例如，最近宁波已经设立“宁波市天使投资引导基金”，5 年内总投资达 5 亿元。根据

天使引导基金投资对象主要是已经拥有一定核心技术或知识产权的产品和企业，对于刚刚起步创业的大学生来说，很难达到宁波天使基金的审核要求。大学生创业相对来说，资金需求量较少，相对已经拥有一定技术能力的创业者来说，同样数量的资金可以支持更多的大学生创业。天使基金相对其他来源的资金，无论是支持力度还是还款条件更能够满足大学生创业融资需求。因此，可以在宁波天使引导基金下，每年拿出1/10，即1000万元设立专门针对大学生的创业基金。由专业机构进行运作的评价，以项目投资收益和项目前景来确定未来是否继续投资。

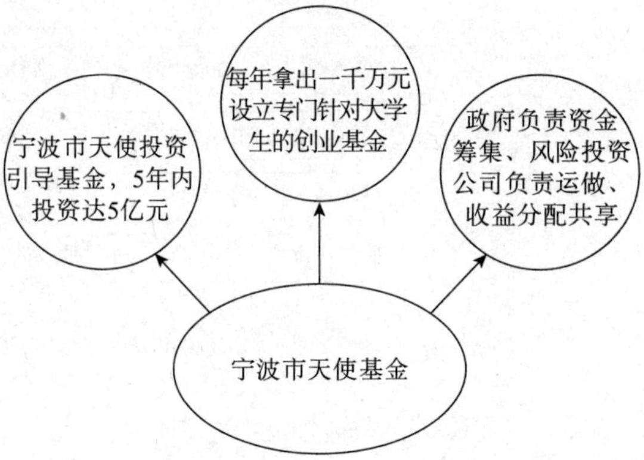

图9 “天使基金”为例的“市场拉动”系统

（三）建设良好的信用体系，营造公平竞争的市场环境

通过加强立法和制度建设以及宣传教育等多种途径，加快社会信用体系的建设步伐，加大对违法和失信行为的惩处力度，在全社会树立守信光荣、失信可耻的观念，并形成一处失信、处处受制约的机制氛围，增强全体公民的诚信意识，为大学生创业营造公平竞争、诚信经营的市场环境，促进大学生创业活动的健康开展。

（四）加快发展中介机构，完善社会服务体系

我国大学生创业的发展时间较短，尚处于起步阶段，相关中介服务体系很不健全，难以对大学生创业形成有效的支持。随着经济社会的发展，建立市场化的中介服务体系条件不断成熟，应借鉴国外的有益经验，通过政策引导、资金扶持等多种方式，积极推动中介机构的发展，并加强相关领域的立法工作和制度建设，建立规范、完善的中介机构市场运行机制，为大学生创业提供专业咨询、项目评估、信息查询、信用担

保、法律援助和创业技能培训等多方面的服务，以弥补大学生自身创业存在的资金、知识和技能等方面的不足，促进大学生自主创业的健康、快速发展。

（五）加强校企合作，深化创业实践与指导

大学生创业的成功，需要一大批勇于承担社会责任的企业、个人的支持和指导。企业应加深与学校的合作，建立校企联合的创业基地，为大学生参与创业实践。活动提供机会，帮助他们获得实践经验。企业还可以定期吸收合作学校的学生到企业观摩、学习，加深大学生对企业运营的印象，通过实习提升大学生的社会工作能力。

四、构建"三维联动"的大学生创业服务指导体系

基于以上分别对三大创业服务指导体系的分析，课题组认为，分别单一开展和完善各个系统虽然能对大学生创业有一定的促进和帮助，但是如果没有三大体系的联动，就无法形成集约创新、联动推进的效果。而且，在调研和研究中我们发现尤其是在创业教育、创业资金、创业场地等关键问题的解决上更加需要构建一种能资源整合、有效推进的体系。为此，课题组提出构建起政府引导、高校培育、市场支持的三维联动体系去整体推进大学生创业服务指导，并根据创业大学生所处阶段不同，政府、高校、社会所承担的角色、所起到的作用和所给予的资源分别不同。课题组分别就整个体系、创业教育、创业资金、创业场地等问题提出了体系框架。

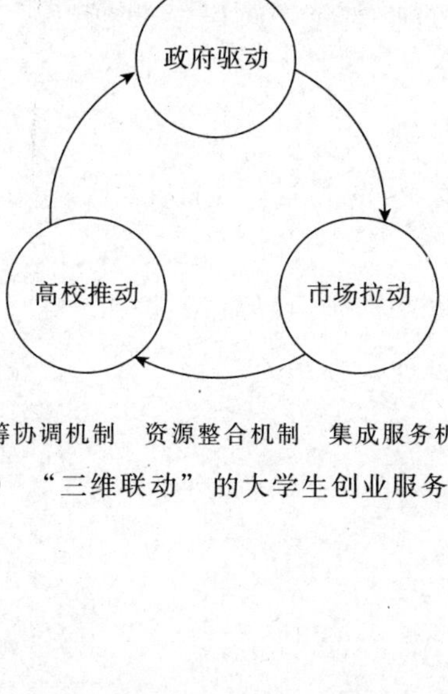

图 10　"三维联动"的大学生创业服务体系

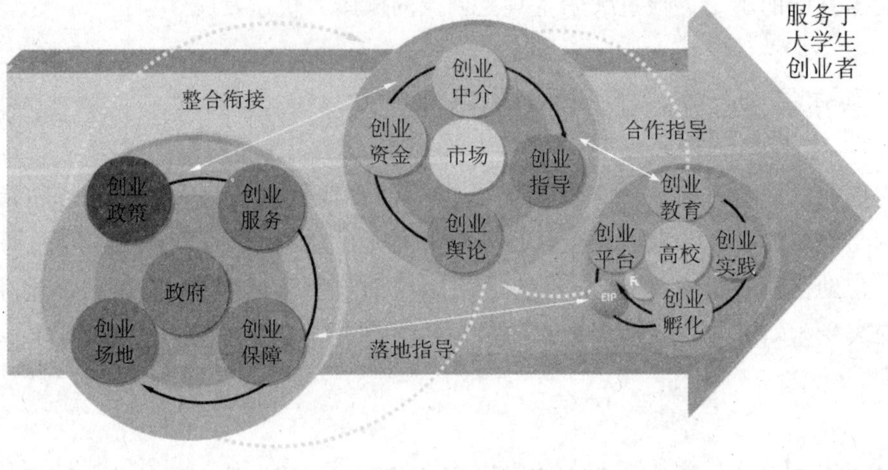

图 11 “三维联动”的大学生创业服务体系

（一）构建“三维联动”大学生创业指导服务体系框架

在整体上我们应该建立一种政府引导、高校培育、市场支持的三维联动体系，政府主要通过政策制定、服务引导、场地建设、保障机制等服务于大学生创业者；高校主要通过创业教育、创业实践、项目孵化、平台建设培育和指导大学生；社会主要通过企业指导、创业中介、舆论营造、资金提供上支持大学生创业。三者之间政府与高校之间要落地指导，政府与社会之间要整合衔接，高校与社会之间要合作指导。在整体的体系之中，根据大学生所处阶段不同，政府、高校、社会之间的关系也会产生变化：大学生在校期间，高校要起到主导作用，同时要得到政府帮扶和社会支持；大学毕业 5 年后创业期间，政府要起到引导作用，同时高校要帮扶，社会要支持。

（二）大学生创业教育体系构建

创业教育要以高校为主体，政府通过政策扶持、资金投入、平台共建、场地共建等方式进行帮扶，社会可以通过导师指导、资金投入、校企合作、实践指导、项目投放等方式进行支持。

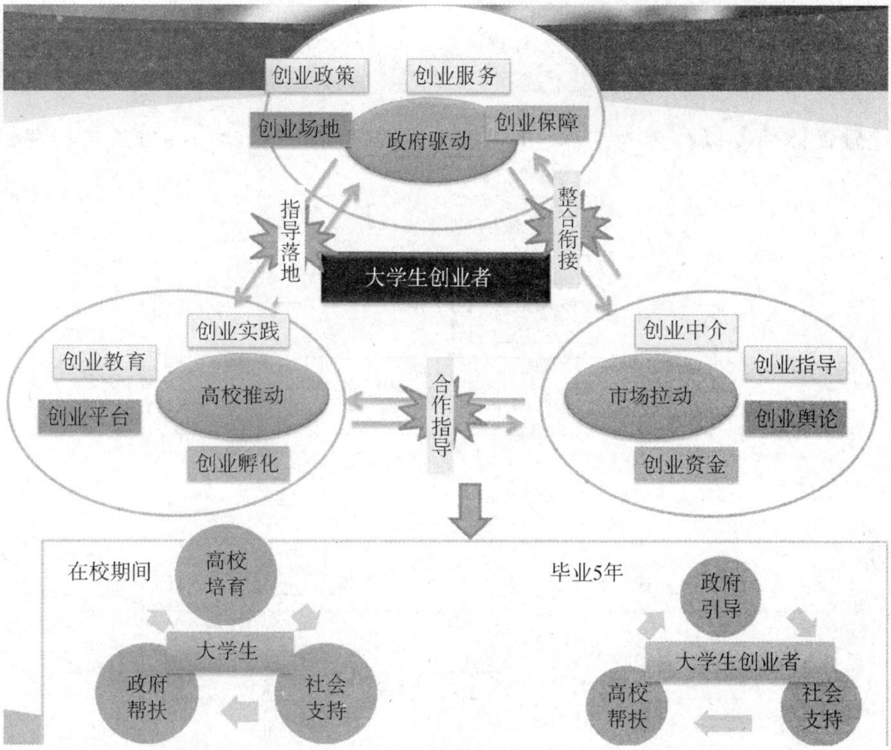

图 12 “三维联动”大学生创业指导服务体系框架

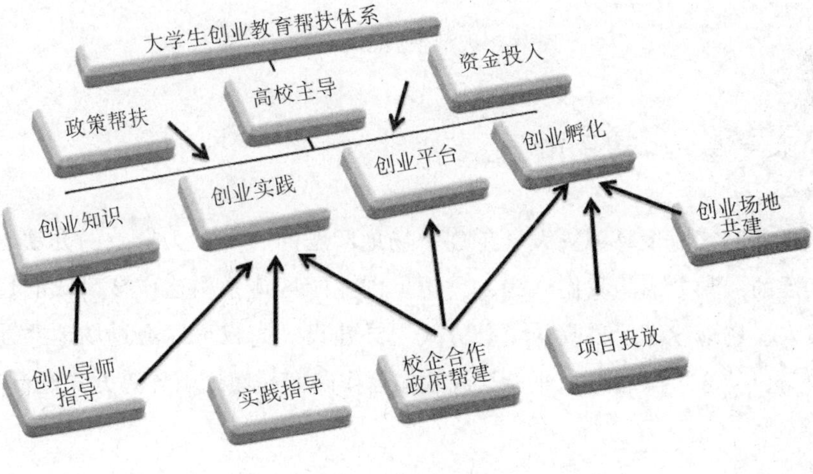

图 13 大学生创业教育体系

（三）大学生创业融资体系构建

创业融资体系要以社会为主体，政府做引导，高校积极参与的方式进行建设。

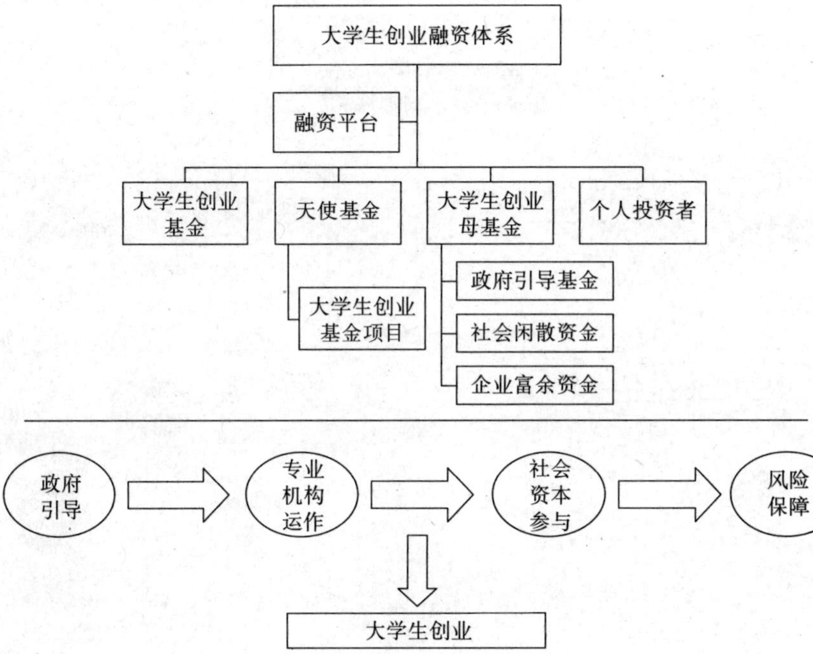

图 14　大学生创业融资体系

（四）大学生创业园区建设

大学生创业园区建设是解决大学生创业场地问题的一个极为有效的办法，也是现在各地广泛开展的一种方式。我们认为，大学生创业园区体系构建应该以政府通过政策支持、资金投入、场地建设、税收减免等方式主导建设。高校可以通过场地共建、项目推荐等方式参与，社会可以通过企业参与或主体运作园区、舆论引导等方式进行支持。

五、案例佐证——以浙江万里学院为例

浙江万里学院通过十余年一步一个脚印的努力，在较为完整的“三维联动”大学

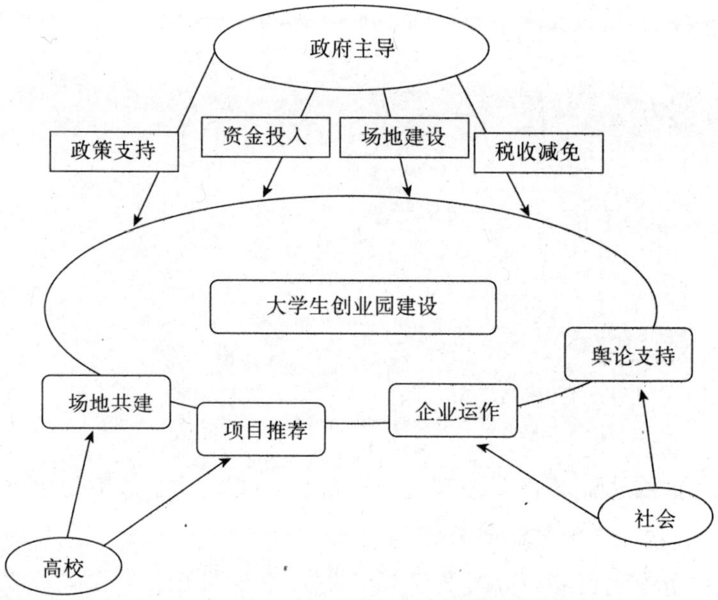

图 15　大学生创业园区建设

生创业指导服务体系的作用下，取得了较好的建设效果。

例如，2008 年 4 月，学校联袂宁波团市委，创建了面向社会人士的“宁波青年创业学院”。学院校通过与企业的战略合作，相继成立了“奥克斯学院”、“维科班”、“人保班”等，将企业的营销理念、创业实践项目引入校园。学校成立“大学生创业园”，并得到了宁波市政府的支持，于 2012 年成为市级大学生创业园区。2011 年，学校成为首批宁波市大学生创业培训基地，创业培训面向全宁波大学生开展。2011 年中国移动宁波分公司为学校捐款 10 万元，成立创业基金，扶持大学生创业。

一系列与政府、社会联动的举措为学校培育创业大学生起到了良好的效果。学校近四届毕业生成功创办企业近 900 家，吸纳就业人员近 8450 人；共有孙洁、王建、姚春梅、刘诗诗等四人被评为“宁波市创业新秀”；在 2009 年“挑战杯”全国大学生课外学术作品大赛中获得特等奖和2010 年“挑战杯”全国大学生创业计划竞赛中获得金奖；近三年来，各界媒体对我校创业教育的报道达 60 余篇，被《中国青年报》等媒体誉为“将当前现有的高校创业创新教育经验与学校办学模式和育人理念的一次完美结合”、“把创业教育纳入高等教育的范畴，打造成为青年创业者的‘黄埔军校’”。

第三部分　结　　论

一、主要研究成果

本研究在《“双螺旋”创业教育模式探索与实践》、《宁波市优化大学生创业环境对策研究报告》、《宁波大学生创业园建设实践研究——宁波大学生创业园区调研报告》、《大学生创业投融资路径分析及对策研究》等四个子报告和调研数据分析的基础上，全面构建起了政府驱动、高校推动、市场拉动的“三维联动”大学生创业指导服务体系，系统阐释了政府、高校和市场三个大学生创业指导服务子体系的基本框架。

其中，政府、高校、市场三方通过创业政策、创业资金、创业服务、创业文化、创业教育、创业场地等子系统的有效联动对大学生创业产生积极的影响，提高大学生的创业成功率。在“三维联动”前期，三者应各自构建大学生创业指导服务的子系统。首先，政府的创业指导服务子系统对高校指导服务系统进行政策上的引导，并且对社会指导服务体系产生影响，促进创业文化氛围的形成。政府主要通过制定有利政策、提供金融财税支持、提升创业服务质量三方面来驱动大学生创业。其次，高校的创业指导服务子系统则一方面要注重对大学生的创业教育指导，培养其创新创业意识，另一方面要加强与社会指导服务体系的合作，建立大学生创业平台，锻炼大学生的创业实践能力，推动大学生创业。最后，市场的创业指导服务子系统要不断加强对大学生创业的关注，通过媒体舆论建立起有利于大学生创业的文化氛围，鼓励企业家承担社会责任，共同参与到大学生创业的帮助和指导工作上来，通过市场有效需求拉动大学生创业。三方通过建立科学的联动机制，相互影响、同向发力，构成“三维联动”的大学生创业指导服务体系，实现资源有效整合，共同推进大学生创业。

本研究在进行过程中发现，高校创业指导服务体系的建立相对于政府、社会创业指导服务体系的建立基础较好、起步较早并逐步趋于完善，为此，课题组在今后的研究中将进一步注重研究政府、社会创业指导服务体系的建立与完善，加大与政府、企业、行业的合作，希望在课题研究过程中能有更多的政府、企业、行业中的领导、专家共同参与，不仅为课题的深入研究提供支持，更可以为研究成果的转化和实践提供强有力的支持。

本研究具有一定的理论与实践创新、社会应用广泛，基本达到了研究的预期目标。但由于研究时间较短，承担单位所处地域和宁波对大学生创业的支持和服务体系建立相对完善的因素考虑，研究对象仅限于宁波地区，未能进行与其他地区的横向比较研究，为此具有一定的局限性。课题组将在后续研究中拓展到浙江省及其他部分省外地区进行相关的调研和研究，以期能和宁波地区进行较为全面的横向比较，完善本研究的内容。

二、研究成果应用

在本研究进行过程中，课题组成员结合本课题要求，分项研究，协同作战，积极申报国家、省、市课题，成果丰硕。现已成功申报《以创业教育为新载体的大学生理想信念教育创新研究》、《高校“双螺旋”创业教育研究》、《开放式创业教育模式对学子创业的影响分析——基于对浙江万里学院创业学子的调研和创业成功案例的分析》等省、市级课题。

同时，课题组撰写的《“双螺旋”创业教育模式探索与实践》已经成功获得宁波市政府颁发的宁波市教学成果奖一等奖。课题组撰写的《宁波市优化大学生创业环境对策研究报告》、《宁波大学生创业园建设实践研究——宁波大学生创业园区调研报告》、《大学生创业投融资路径分析及对策研究》分别荣获宁波市人事劳动和社会保障局论文评比两个一等奖和一个二等奖，三个报告分别被宁波市有关部门采纳，并出台相关扶持大学生创业的政策。

本研究开展以来，浙江万里学院通过“宁波大学生创业培训基地”，一年内为212名宁波大学生提供创业培训。根据《宁波大学生创业园建设实践研究——宁波大学生创业园区调研报告》的建议，宁波市新认定“宁波市大学生创业园区”8个，在浙江万里学院内成立的“宁波市大学生创业园区”入驻大学生创业企业和创业团队31家，电子商务专区入驻团队15个，在园区入驻的90%是在校或者应届生，31家中有70%已经注册，这也充分体现了学校创业园区通过政府和社会的支持能更切实地服务于大学生创业的宗旨，而且在校大学生的创业也能有较好的发展。

课题组主要成员： 蒋建军、王伟忠、林德操、徐志强、钱　铮、许国君、陈　烨、徐承志、杜芳莉、陈清升

课题编号：12jycy009

高校就业困难学生帮扶长效机制研究

课题承接单位：吉林省高等学校毕业生就业指导中心

摘　　要

本课题依据吉林省高校就业困难学生帮扶工作的实际，提出了高校就业困难学生认定评价指标体系，指标体系包括：就业能力、家庭经济状况、性别、少数民族、其他，提高了认定的科学性。利用维纳的归因理论分析了就业困难学生形成的原因，提出了“以政府为主体，构建高校就业困难学生帮扶的保障机制；以高校为核心，构建高校就业困难学生帮扶的服务机制；以企业和社会组织为依托，构建高校就业困难学生帮扶的合作机制；以学生为中心，构建高校就业困难学生帮扶的动力机制；以家庭为纽带，构建高校就业困难学生帮扶的助力机制”五位一体的高校就业困难学生帮扶的长效机制。指出了构建高校就业困难学生长效机制的关键在于帮扶工作的系统化、制度化。确定了“唤醒意识、转变观念、挖掘潜能、熔炼团队、提高技能”的培训方针，形成了就业困难学生就业能力提升的课程体系。课题组调研了全国 11 个省市对于就业困难学生帮扶，并做了很好的借鉴，使得课题的研究成果更具有操作性。本课题的研究改变了现行帮扶主体单一、社会参与少、政策设计缺位、帮扶合力不强，学生自身综合素质不高、就业能力弱，帮扶手段单一、偏重经济资助、能力解困不足的现状，对于科学有效地帮扶就业困难学生进行了全面系统的阐述，具有很强的实践意义。

第一部分　导　论

课题研究背景及意义

2012 年 4 月，全国高等学校信息咨询与就业指导中心批准了吉林省高等学校毕业生就业指导中心申报的课题《高校就业困难学生帮扶长效机制研究》（课题编号 12JYCY009）。

高校毕业生就业工作是一项关系到国计民生和社会稳定的重要工作，高校毕业生能不能充分就业，是学校能否实现可持续发展和衡量学校办学水平的重要尺度，也是关系到高等学校生存与发展的大事；每一名学生的就业涉及到千家万户的切身利益，高校毕业生能不能充分就业关系到社会和谐稳定。做好高校毕业生就业工作，关键在于促进各类就业困难群体的毕业生充分就业，建立各类就业困难学生帮扶的长效机制。教育部袁贵仁部长在 2010 年就业工作视频会议上的讲话中指出："要进一步加大对家庭经济困难毕业生、残疾人毕业生、少数民族毕业生和就业困难的女大学生等特殊群体的就业帮扶力度；要摸清底数，建立'一对一'帮扶机制，努力帮助他们实现就业。"就业困难毕业生由于家庭背景、成长环境、个性差异等都有不同的就业困难成因，部分就业困难学生还可能身具多种就业困难状况。

当前，受经济形势和连年高升的毕业生人数等多种不利因素的影响，就业形势依然严峻。吉林省自 2009 年起开展了高校困难学生就业能力提升计划，项目已经成功运行四年，共培训来自全省 28 所高校 25000 多名家庭经济困难的大学生。通过培训的学员，自信心明显提升，就业观念发生转变，求职择业能力自主意识增强，学习主动性被唤醒。项目的实施得到了学校、学生、家长及社会的好评，在省内外引起不同程度的反响，并得到教育部领导同志的肯定，为此项研究的开展奠定了实践基础。课题组成员认真学习就业帮扶的相关资料，梳理就业困难学生帮扶的现状，分析就业困难学生形成的原因，构建了就业困难学生帮扶的长效机制，相关研究成果在全省 28 所高校推广使用，吉林省双困学生就业率达 92.6%。2012 年全国普通高校毕业生就业工作网络视频会议上，我省作了《高度重视 创新举措 扎实做好困难学生就业帮扶工作》典型发言。截至今年 3 月，共 8 省就业中心到我省调研，借鉴“双困生”帮扶工作。就业困难学生帮扶工作被列为我省 2013 年政府重点办好的 12 个民生实事之一。

第二部分 课题研究内容

一、高校就业困难学生认定评价

科学认定就业困难学生和就业帮扶对象，对于高校把握最佳就业帮扶时机，有效分配教育资源，进而促进毕业生充分就业具有重要意义，由于缺少失业事实，困难原因又因人而异，如何认定在校大学生是否就业困难遇到了难题。同时，就业困难学生和就业帮扶对象不是完全同一的，对其应分别认定，建议采取经验推论、分类归因和重点帮扶相结合的原则和方法。

（一）高校就业困难学生和就业帮扶对象的认定难题

想界定“就业困难”，首先需要理清何为“就业”，大学生就业和大学生就业率是两回事。目前高校统计的就业率里面，不仅包括与用人单位签订协议获得实际岗位的，还包括出国留学的，在国内继续深造读研的，自主创业的，入伍参军的和灵活就业的。本文所指的大学生就业是指有劳动能力的大学毕业生，通过从事合法劳动获得相应劳动报酬的社会活动，是以获得实际工作并取得工资为衡量标准的。

就业困难是一个结果概念，就是说认定一个大学生是否就业困难，是由无法顺利实现就业这个结果和事实来判定的。是指大学生在就业竞争中处于劣势，无法实现顺利就业的一种状态。但是，如果等到大学生毕业的临界点，由他无法找到工作这个结果再来认定就业困难，就会错过就业帮扶的最佳时机，对高校来说，不仅有一个“时间差”的问题，而且，把大量无法顺利实现就业的毕业生推向社会，对家庭、学生和社会来说，都是不负责任的表现。

就业困难是一个相对概念，难与不难，不是绝对的，对就业困难的评价是相对的和动态的。相对的，就是需要有一个参照物，从外部环境来看，对就业形势的评价是相对于不同年份、不同地区、不同高校而言；从校内环境来看，就业本身代表着竞争，就业难易也是人与人相比较的结果；从大学生来说，难与不难要看个人的择业目标与实际能力，同时，自身的择业观念和求职能力是动态和可持续发展的，困难与否还要看个人的进步状态，现在和以前比，未来和现在比。

所以，就业困难学生的认定，主要难在两点，第一，认定依据上缺少失业事实；第二，认定标准上，标准是相对的，是变动不居，因人而异的。就业困难学生的认定难题，导致了帮扶对象认定的难题。就业困难学生和就业帮扶对象不是同一的。有些学生，虽然就业困难，却并不需要帮扶，在确定帮扶对象的过程中还需要尊重学生本人的择业意愿。

（二）高校就业困难学生和就业帮扶对象认定研究的相关成果

1. 高校就业困难学生

对高校就业困难学生，国内学者主要从结果视角、原因视角和综合视角出发来界定。从就业困难的结果角度来看，高校就业困难学生就是在就业竞争中处于不利地位，不能顺利就业的学生。如范庆颖认为，就业困难群体主要指高校应届毕业生中在求职的过程中处于不利地位、不被用人单位认可或易于遭受就业挫折的群体。[1] 吴松强认为高校就业困难毕业生即指在求职过程中遭遇各种困难和挫折而不能顺利就业的高校毕业生。[2]

从就业困难的原因角度来看，高校就业困难学生是由于就业能力差、专业就业面窄等主客观原因而导致就业困难的群体，如庞荣申认为大学生就业困难群体，是指由于社会、学校、家庭、就业环境以及自身原因造成的有一定就业困难的学生。[3]

综合视角就是即结合本人就业意愿，又结合困难原因和结果来综合界定。比较有代表性的如卢玲认为，所谓就业困难群体，一般是指那些有就业愿望和劳动能力，在就业过程中处于弱势地位的人群，他们依靠自身的力量或能力无法实现就业或充分就业，需要国家和社会给予就业支持和帮助的社会群体。[4] 赵睿和郝海光认为“大学生就业困难群体”主要是指由于家庭政治、社会关系、经济背景、生活经历、身体条件、所学专业等客观原因，个人性格、心理、行为及思维模式等主观因素造成的，在某些方面认识不到位，或表现比较差，在就业过程中处于不利地位，不能被社会所认可，最终表现为不被用人单位接纳、认可，并且没有实现正常就业的大学生群体。[5]

2. 就业困难原因

众多学者从主观和客观、自身和环境等维度进行了深入的分析。黄巧玲从主观原因和客观原因两个方面对各种因素作了细分，主观原因包括职场能力欠缺，专业知识与实践能力脱节，职业生涯规划不清晰，择业观不合理，缺乏良好的自我认知能力和心理调适能力。客观原因包括家庭教育偏差的影响，传统高校教育体制与市场需求脱节，高校对大学生就业择业指导存在着一定的盲区。[6]吴雄强认为主观原因是缺乏良好的自我认知和心理调适能力、职场素养欠缺，择业观不合理，客观原因是高校传统教育体制与市场需求脱节，高校就业指导与帮扶机制有待完善，部分用人单位人才选择标准不够合理。[7]卢玲从就业观念、就业心理和个人能力三个方面对大学生的自身原因作了细分。胡清华认为造成部分毕业生就业困难的原因主要包括人才培养质量区别性发展的加剧，就业结构性矛盾缓解的机制缺失，就业指导与职业生涯教育的相对缺位，社会实践及教学平台体系的建设不完善，就业歧视与社会环境的影响。[8]

3. 就业困难学生帮扶对策

对就业困难学生的帮扶对策建议主要集中在对高校的建议，也有学者对政府、家长、学生本人提出了建议，既有宏观指导性的建议，又有具体实操层面的。

对政府的帮扶对策建议：姜东和沈毅认为应建立、完善毕业生基层就业的配套工程；建立完善的社会保障制度；完善用人机制，为困难家庭毕业生就业创造公平竞争的就业环境；建立家庭经济困难毕业生台账和大学生个人信用信息基础数据库；大力支持非政府组织、非营利组织等其他社会公益组织援助家庭经济困难毕业生建立家庭经济困难毕业生援助工作的有效整合体系。[9]吴松强建议建立政府主导就业市场机制，高校服务机制，家庭助力机制，自我激励机制，建立经济资助机制，建立心理辅导机制，能力提升机制和法律援助机制。[10]对高校的帮扶对策建议：庞荣申认为首先要从招生做起，要下大力气加强调查研究，在专业设置上要适应社会经济的发展要求；学校要把自我推销能力列入素质和能力培养计划，提高学生的语言表达能力、沟通能力、谈判能力、应对能力；改变目前的管理体制，变封闭型为开放型，实行完全“学分制”。[11]胡清华建议高校应构建全程化的人才培养质量监控和就业预警体系。姚远认为应广泛开展高校毕业生困难群体调研工作；有针对性地开展思想政治教育工作；引入管理咨询公司等服务机构开展相关工作；加强对就业指导教师的培训；改进职业生涯规划与就业指导课教育；开展个体就业咨询服务；针对就业困难群体开展就业实习、见习活动；开设就业困难群体信息服务平台；建立高校毕业生困难群体服务与指导信息反馈机制。[12]对就业困难学生个人的对策建议：赵睿和郝海光认为应学会包装，加强职业礼仪教育；认识自我，建立正确的职业观念；独立思考逐步树立责任意识；塑造性格，养成良性沟通的习惯；加强实践，深入了解社会和职场。[13]

综合上述研究，本研究认为卢玲对就业困难学生的概念界定比较全面具体，可以借鉴。但是就业困难学生的概念和对在校就业困难学生的认定不是完全对应的，因为在校就业困难学生缺少失业事实这个认定依据。在校就业困难学生和就业帮扶对象的认定依旧是个难题。对造成就业困难的原因，其中对大学生自身原因的分析较多，也有个别学者对社会、政府等环境因素作了分析。总体来说对现象描述者多，深层归纳总结者少。仅仅是简单的呈现事实，既没有科学的数据调查作为支撑，也没有对原因的具体作用程度进行考量，没有划分哪些是主要原因，哪些是次要原因。对就业困难学生帮扶对策的建议，相对零散，没有有效的整合，应把政府、高校、企业、家庭和学生这几个维度综合起来，建构起“五位一体”的长效帮扶机制。

（三）高校就业困难学生和就业帮扶对象认定的基本思路

认定就业困难学生的最基本依据是他的失业事实，对于在校大学生而言，在没有失业事实，却依然需要作出就业困难预判的情况下，可以采取经验推论、分类归因的方法。既然“就业困难”本身具有结果意义，那么确定认定依据的基本思路就是，从毕业即失业的结果入手，在历年离校未就业的就业困难学生身上找到共性问题和普遍特征，同时，根据维纳的归因理论进行分类归因。根据就业困难原因的不同分类和层级，再来筛选帮扶对象。

就业帮扶对象的认定，需要综合考虑三个方面的因素，即就业困难的核心原因、帮扶对象的意愿、帮扶手段的作用方式及周期。在就业困难的影响因素中，最核心的

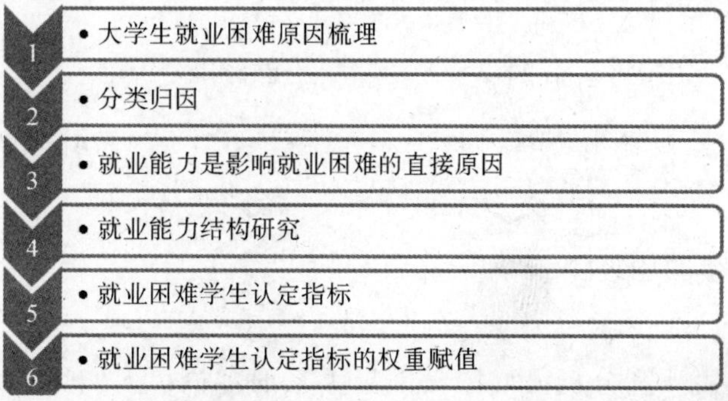

图 1　高校就业困难学生和就业帮扶对象认定的基本思路图

因素是就业能力，应主要围绕就业能力来认定帮扶对象，组织教育影响类的就业帮扶，并辅导以其他帮扶措施。

1. 就业困难学生的原因梳理

根据“影响大学生就业困难的社会——组织——个体交互作用模型”，就业困难的原因包括宏观因素：经济发展水平制约就业总量，人才在地区间公布结构失衡，就业政策不完善。中观因素：学校因素、家庭因素和企业因素。微观因素包括大学生综合素质和专业能力达不到用人单位岗位的要求，大学生对就业形势、就业市场的把握不准和大学生就业理念不够端正，个人期望值过高。

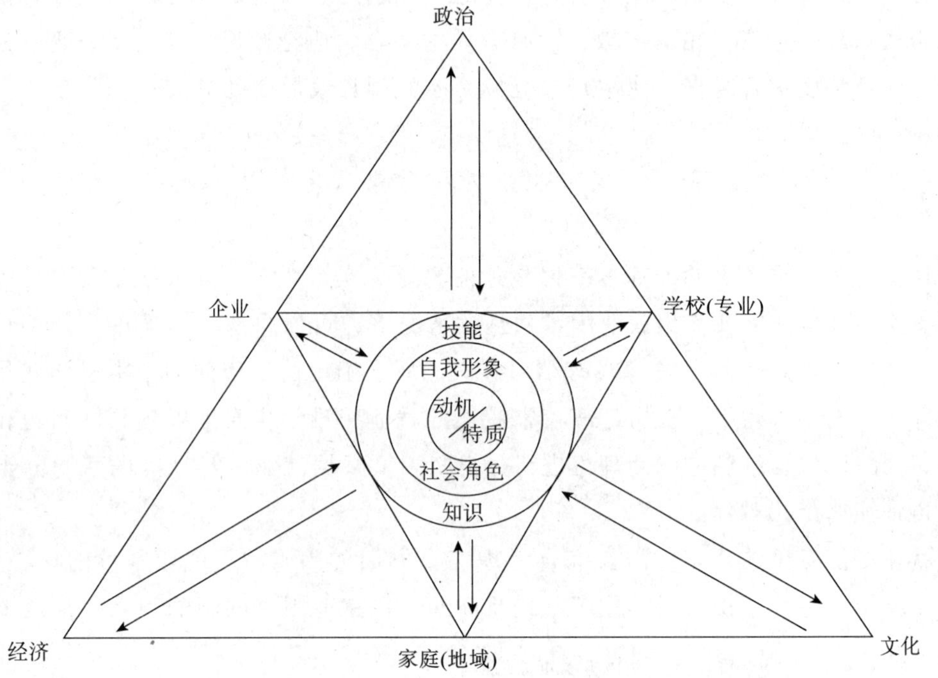

社会——组织——个体交互作用模型

图 2　大学生就业困难的社会——组织——个体交互作用模型

2. 维纳的分类归因理论

归因理论是指说明和分析人们活动因果关系的理论，人们用它来解释、控制和预测相关的环境，以及随这种环境而出现的行为。维纳及其同事在 1972 年发展了海德的归因理论。维纳认为内因—外因方面只是归因判断的一个方面，还应当增加另一个方面，即暂时—稳定方面。人们可以把行为归因于许多因素，但无论什么因素大都可以纳入内因—外因、暂时—稳定这两个方面的4大类中。

归因理论通常用于个体归因，本文在群体归因中借鉴归因理论，第一，因为内外因和是否稳定的四个象限可以包括就业困难的基本原因，有借用理论的可能性。第二，因为群体都是由个体组成的，个体的共性特征形成了群体特征，所以有借用归因理论的可行性。第三，归因不是目标，归因是为了更好地梳理帮扶对象，并确定帮扶对策。选择归因理论是制订帮扶对策的需要。

（四）就业困难原因的分类归因

结论：在就业困难诸原因中，第一类内因不稳定类，即是最核心、最根本的影响因素，又是中短期就业帮扶能够起到效果的。依据帮扶手段的作用方式和周期性、就业困难的核心原因、帮扶主体及主体的能力范围这三个认定原则，高校在认定就业困难帮扶对象时，应以就业能力为主要认定依据，同时兼顾家庭经济水平、民族、性别等因素。

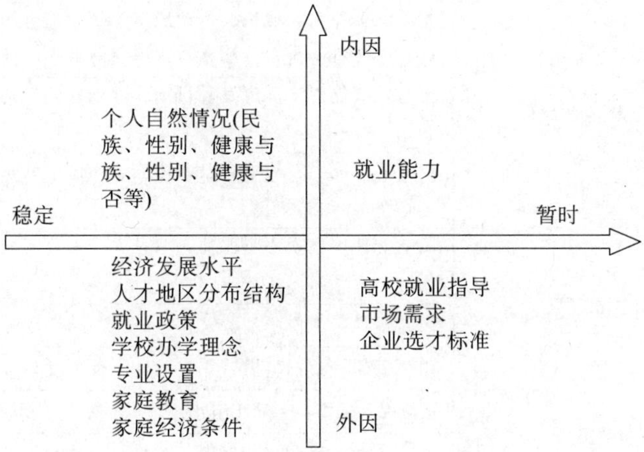

图3　就业困难原因的分类归因图（＊稳定与否是以大学培养年限为参考周期）

（五）高校就业困难学生认定指标体系的构建假设

目前来看，我国已有的高校就业困难学生认定研究缺乏完整而系统的原创性理论框架，对就业困难学生和就业帮扶对象的认定多采用直观经验总结的方法，缺乏适合高校综合运用的就业困难学生认定指标体系。本研究在这方面进行了尝试性的探索。

第一步，高校就业困难学生认定指标体系要素的初步提取。

主要运用文献分析的方法，对文献的经验事实进行综合考察，着眼于从经验事实中对就业困难学生认定指标要素进行划定与提取。相关研究文献是理论研究者和实践工作者从自己的理论分析和实践体悟出发，对高校学生就业困难原因的一种基本认识和综合判断。这种视角反映了理论研究者和实践工作者对大学生就业创业能力构成要素的基本认识，是我们深入研究大学生就业创业能力构成要素的重要参考。通过对文献中提及的就业困难原因要素进行归类，提取出提及频率高的要素。

表 1　　　　高校就业困难学生认定指标体系

<table>
<tr><th>序号</th><th>一级指标</th><th>二级指标</th><th>指标分解</th></tr>
<tr><td rowspan="14">1</td><td rowspan="14">就业能力</td><td rowspan="4">基本就业能力</td><td>实践能力：参加社会实践、担任学生干部、积累工作经验</td></tr>
<tr><td>学习能力：专业知识技能学习掌握、新知识技能学习、高效获取学习信息</td></tr>
<tr><td>问题解决能力：个体理解、分析、解决问题的能力</td></tr>
<tr><td>逻辑分析能力：个体发现问题本质、提出好见解、逻辑思维水平、作出正确决定</td></tr>
<tr><td rowspan="3">就业发展能力</td><td>主动就业能力：能积极主动地了解就业信息和形势、主动寻找就业机会、综合分析自身条件寻找合适的就业岗位</td></tr>
<tr><td>自我发展能力：确定发展目标、规划好要做的事、谋划自己的发展蓝图</td></tr>
<tr><td>自我展现能力：展示自己的才能、面试中展示自己的优势、发挥个人特长</td></tr>
<tr><td rowspan="3">就业人格</td><td>职业责任感：虚心听取他人意见、公平公正处理工作问题、勇于承认错误并及时改正</td></tr>
<tr><td>敬业精神：工作中精益求精、一丝不苟、尽善尽美等品质</td></tr>
<tr><td>积极乐观：精神抖擞、充满激情、善于发现事物的积极一面</td></tr>
<tr><td rowspan="3">社会应对能力</td><td>人际交往能力：和异性相处、第一印象、人际信任、保持良好人际关系</td></tr>
<tr><td>团队合作能力：与他人合作、协同攻关、关注团体发展</td></tr>
<tr><td>抗压能力：在艰苦环境下工作、能吃苦耐劳、善于调整情绪、能承受大的挫折</td></tr>
<tr style="display:none"><td></td></tr>
<tr><td rowspan="2">2</td><td rowspan="2">家庭经济情况</td><td rowspan="2">是否为学校认定的家庭经济困难学生</td><td>一般困难学生</td></tr>
<tr><td>特殊困难学生</td></tr>
<tr><td>3</td><td>性别</td><td>女生</td><td></td></tr>
<tr><td>4</td><td>民族</td><td></td><td>是少数民族聚居区生源</td></tr>
<tr><td>5</td><td>其他</td><td></td><td>残疾大学生</td></tr>
</table>

第二步，高校就业困难学生认定指标体系的建构。

在高校学生就业困难原因要素分析的基础上，运用归纳分析法对就业困难学生认定指标要素进行总结与分析，形成高校就业困难学生认定指标体系的构架。认定指标体系的构架主要是通过就业困难原因的逻辑分析得出的。

第三步，高校就业困难学生认定指标体系的权重赋值。

目前在科学评价研究领域，确定评价指标权重的方法大致可以分为主观赋值法和客观赋值法两大类：主观赋值法往往没有统一的客观标准，它是研究者根据其主观价值判断来指定各个指标权重的方法，如专家评判法、德尔菲法等；客观赋值法是相对主观赋值法而言的，一般是根据评价指标的原始信息，通过数据处理后获得权重的方法，常用的方法有主成分分析法、因子分析法、相关法和回归法等。对于高校就业困难学生认定指标体系而言，首先要分析引起评价指标间权重差异的原因，然后再根据原因选择合适的确定指标权重的方法。

一般而言，高校就业困难学生认定指标间的权重差异主要由于三个原因引起的：第一，评价团队对各评价指标的重视程度不同，反映了评价团队的主观差异；第二，各评价指标在评价过程中起的作用不同，反映了指标间的客观差异；第三，各评价指标的可靠程度不同，反映了评价指标所提供信息的可靠性差异。上述三个原因中既有主观因素又有客观因素，所以在确定指标权重的方法选择上，单纯的主观赋值法（如专家评判法）或单纯的客观赋值法（如因子分析法）都不太适用，我们在对高校就业困难学生认定指标体系权重赋值时选择了主观和客观相结合的层次分析法。

层次分析法是20世纪70年代初由美国运筹学萨蒂（T. L. Saaty）提出来的，它是把一个复杂问题分解成若干组成因素，并按照支配关系形成层次结构，然后两两比较的方法确定各因素的相对重要性并由此计算出权重，从而实现不同决策方案的排序。层次分析法既体现评价团队的主观经验，又有基于统计学的权重推导理论依据，所以可靠度高、误差小，缺点是同一层次的指标项不能超过9个。

层次分析法中的判断矩阵是指将评价指标体系中每一层上的评价指标两两对比，按规则判断他们的相对重要程度，并将判断结果量化而形成的矩阵。构造判断矩阵是层次分析法的重点，也是其特色之处。对每一层的 n 个评价指标都要建立一个 $n \times n$ 的判断矩阵 A，让第 i 行（$i = 1,2,\cdots n$）的指标和第 j 行（$j = 1,2,\cdots n$）指标进行相对重要性的对比，采用 1 ~ 9 的离散尺度进行度量，具体标准如表 3。

表 2　　高校就业困难学生认定指标体系编号表

序号	一级指标	二级指标	指标分解	编号
1	就业能力 U_1	基本就业能力 U_{11}	实践能力：参加社会实践、担任学生干部、积累工作经验	U_{111}
			学习能力：专业知识技能学习掌握、新知识技能学习、高效获取学习信息	U_{112}
			问题解决能力：个体理解、分析、解决问题的能力	U_{113}
			逻辑分析能力：个体发现问题本质、提出好见解、逻辑思维水平、作出正确决定	U_{114}
		就业发展能力 U_{12}	主动就业能力：能积极主动地了解就业信息和形势、主动寻找就业机会、综合分析自身条件寻找合适的就业岗位	U_{121}
			自我发展能力：确定发展目标、规划好要做的事、谋划自己的发展蓝图	U_{122}
			自我展现能力：展示自己的才能、面试中展示自己的优势、发挥个人特长	U_{123}
		就业人格 U_{13}	职业责任感：虚心听取他人意见、公平公正处理工作问题、勇于承认错误并及时改正	U_{131}
			敬业精神：工作中精益求精、一丝不苟、尽善尽美等品质	U_{132}
			积极乐观：精神抖擞、充满激情、善于发现事物的积极一面	U_{133}
		社会应对能力 U_{14}	人际交往能力：和异性相处、第一印象、人际信任、保持良好人际关系	U_{141}
			团队合作能力：与他人合作、协同攻关、关注团体发展	U_{142}
			抗压能力：在艰苦环境下工作、能吃苦耐劳、善于调整情绪、能承受大的挫折	U_{143}
2	家庭经济情况 U_2	是否为学校认定的家庭经济困难学生 U_{21}	一般困难学生	U_{211}
			特殊困难学生	U_{212}
3	性别 U_3	女生 U_{31}		U_{311}
4	少数民族 U_4	U_{41}	是少数民族聚居区生源	U_{411}
5	其他 U_5	U_{51}	残疾大学生	U_{511}

表 3　　游离尺度定义表

离散尺度 a_{ij}	定　义
1	指标 i 与指标 j 相同重要
3	指标 i 比指标 j 略重要
5	指标 i 比指标 j 较重要
7	指标 i 比指标 j 非常重要
9	指标 i 比指标 j 绝对重要
2，4，6，8	为以上两判断之间的中间状态对应的离散尺度值
倒数	指标 i 与指标 j 比较判断得 $a_{ij}=k$，反之指标 j 与指标 i 比较判断得 $a_{ji}=\frac{1}{k}$

在构造高校就业困难学生认定指标体系权重判断矩阵时，对于同一层次的评价指标，重要程度区别不宜过大，否则比较判断的定量化就没有意义，如果出现了较为悬殊的情形，则说明指标的选择不科学，可以将数量级较小的指标合并成一个指标或者将数量级大的指标分解成多个指标，从某种意义上说这也是对评价指标选择科学性的一种检验。我们组建了由课程组成员和相关领域专家构成的 20 人判别团队，逐层对高校就业困难学生认定指标体系进行判断，采用 1 ~9 标度法，求得判断矩阵如下：

$$\text{综合评价结果 } U_0=\begin{bmatrix} 1 & 4 & 7 & 7 & 7 \\ 1/4 & 1 & 3 & 3 & 3 \\ 1/7 & 1/3 & 1 & 1 & 1 \\ 1/7 & 1/3 & 1 & 1 & 1 \\ 1/7 & 1/3 & 1 & 1 & 1 \end{bmatrix}$$

……

对于判断矩阵 A 的最大特征值 λ_{max} 与其对应的特征向量 w 可用 MATLAB 软件求解，此时 w 对应的各分向量值就为该指标的权重。在特殊情况下，特别是同一层次评价指标较多时，对不同评价指标重要性的判断常常会出现不科学的误判，如专家团队认为评价指标 A 比评价指标 B 略微重要，评价指标 B 比评价指标 C 略微重要，而评价指标 C 比评价指标 A 略微重要，这显然在逻辑上出现了“不一致”，因此为了确保判断矩阵的科学性，计算权重以后，还要进行一致性检验，来确定结果是否良好。

取 CR 作为衡量判断矩阵一致性的指标，$CR=\frac{CI}{RI}$。其中 $CI=A$ 的一致性指数 $=\frac{\lambda_{max}-n}{n-1}$，$RI=A$ 的随机一致性，对 $n=1,2,\cdots,9$，RI 的值，如表 4 所示，当 $CR<0.1$ 时，认为判断矩阵的一致性是可以接受的，否则应对判断矩阵作适当修正。

表 4　　**RI 值表**

γ	1	2	3	4	5	6	7	8	9
RI	0	0	0.58	0.90	1.12	1.24	1.32	1.41	1.45

根据以上的计算方法，对专家团队得出的判断矩阵进行权重计算并逐层进行一致性检验，计算结果如下：

$$\omega_0 = \begin{bmatrix} 0.6842 \\ 0.1579 \\ 0.0526 \\ 0.0526 \\ 0.0526 \end{bmatrix}, \lambda_{max} = 5.2153, CI = 0.0718, CR = 0.0797$$

……

计算的数据各层 CR 值均小于 0.10，全部通过检验。

通过一致性检验后，“归一化”最大特征值对应的特征向量，即可得到 n 个指标的权重集，然后依次计算各层元素的组合权重。设第一层元素相对于总目标的排序权重向量为 $w^1 = (w_1^1, w_2^1, \cdots, w_m^1)^T$，第二层在第一层 j 元素下的排序向量是 $w_j^2 = (w_{1j}^2, w_{2j}^2, \cdots, w_{mj}^2)(j = 1, 2, \cdots, m)$。令 $w^2 = (w_1^2, w_w^2, \cdots, w_m^2)$，则第二层 n 个元素相对于总目标的组合权重向量为 $W = w^2 \cdot w^1$。按照此方法可以计算出各层指标相对于上一层指标的权重向量以及最底层指标相对于总目标的权重集。为了便于计算，特将满分设定为 190 分，各指标项满分为 190 分与权重的乘积的近似值，结果如表 5 所示。

表 5　　**高校就业困难学生认定指标体系**

序号	一级指标	二级指标	指标分解	满分值	得分
1	就业能力	基本就业能力	实践能力：参加社会实践、担任学生干部、积累工作经验	10	
			学习能力：专业知识技能学习掌握、新知识技能学习、高效获取学习信息	10	
			问题解决能力：个体理解、分析、解决问题的能力	10	
			逻辑分析能力：个体发现问题本质、提出好见解、逻辑思维水平、作出正确决定	10	

续表

<table>
<tr><th>序号</th><th>一级指标</th><th>二级指标</th><th>指标分解</th><th>满分值</th><th>得分</th></tr>
<tr><td rowspan="9">1</td><td rowspan="9">就业能力</td><td rowspan="3">就业发展能力</td><td>主动就业能力：能积极主动地了解就业信息和形势、主动寻找就业机会、综合分析自身条件寻找合适的就业岗位</td><td>10</td><td></td></tr>
<tr><td>自我发展能力：确定发展目标、规划好要做的事、谋划自己的发展蓝图</td><td>10</td><td></td></tr>
<tr><td>自我展现能力：展示自己的才能、面试中展示自己的优势、发挥个人特长</td><td>10</td><td></td></tr>
<tr><td rowspan="3">就业人格</td><td>职业责任感：虚心听取他人意见、公平公正处理工作问题、勇于承认错误并及时改正</td><td>10</td><td></td></tr>
<tr><td>敬业精神：工作中精益求精、一丝不苟、尽善尽美等品质</td><td>10</td><td></td></tr>
<tr><td>积极乐观：精神抖擞、充满激情、善于发现事物的积极一面</td><td>10</td><td></td></tr>
<tr><td rowspan="3">社会应对能力</td><td>人际交往能力：和异性相处、第一印象、人际信任、保持良好人际关系</td><td>10</td><td></td></tr>
<tr><td>团队合作能力：与他人合作、协同攻关、关注团体发展</td><td>10</td><td></td></tr>
<tr><td>抗压能力：在艰苦环境下工作、能吃苦耐劳、善于调整情绪、能承受大的挫折</td><td>10</td><td></td></tr>
<tr><td rowspan="2">2</td><td rowspan="2">家庭经济情况</td><td rowspan="2">是否为学校认定的家庭经济困难学生</td><td>一般困难学生</td><td>10</td><td></td></tr>
<tr><td>特殊困难学生</td><td>20</td><td></td></tr>
<tr><td>3</td><td>性别</td><td>女生</td><td></td><td>10</td><td></td></tr>
<tr><td>4</td><td>民族</td><td></td><td>是少数民族聚居区生源</td><td>10</td><td></td></tr>
<tr><td>5</td><td>其他</td><td></td><td>残疾大学生</td><td>10</td><td></td></tr>
</table>

注：专业就业面窄是一种相对情况，在确定帮扶对象的时候，可参考就业率，适当扩大帮扶比例。

最后，本研究仅是理论假设，理论假设要通过量化的方法加以验证。后续将运用量化方法，即通过自编的测评量表对指标体系的理论假设进行分析，并根据分析结果对指标体系进行修正。

二、构建高校就业困难学生帮扶长效机制的对策

高校就业困难学生帮扶长效机制是由一系列帮扶就业困难学生的政策、“以人为本”的教育引导措施，以不同管理、教育形式组成的一个能有效管理、有效跟踪服务、长效的运行机制。即是为帮助高校就业困难学生顺利的就业，而采取的一系列政府、社会、学校、家庭和学生本人，“五位一体”的帮扶模式及教育管理方式的总和。构建高校就业困难学生帮扶长效机制的关键在于帮扶工作的系统化、制度化。

（一）以政府为主体，构建高校就业困难学生帮扶的保障机制

高校就业困难学生帮扶长效机制的建立和完善离不开各级政府政策、信息、资金的保障和支持。各级政府，尤其是教育部门和人事部门要制定相应的政策和规范，确保帮扶工作的系统性和一贯性。针对就业困难学生的特点和现状，调动企业、社会组织等多元、多层次、多类型的社会力量在就业困难学生帮扶方面的资源和优势，破解就业困难学生帮扶问题。

1. 政策保障

首先，政府需设计、建立并不断完善高校就业困难学生帮扶运行机制和管理体制，统筹高校、教育主管部门、人社部门、企业，协调各方力量，形成帮扶工作合力，从组织机构和机制体制上确保就业困难学生帮扶工作全面推进。如吉林省委、省政府高度重视高校毕业生就业工作，出台了一系列政策措施，将其列入全省教育中长期发展规划纲要；并将高校就业困难学生帮扶工作列为教育民生实事。

其次，统筹建立就业困难学生信息库，积极开发公益岗位，建立惠及就业困难学生的相关政策体系。如重庆市要求各高校要分层次、分类别、分专业建立困难家庭毕业生信息台账。对困难家庭毕业生生源地、家庭经济状况、就业意向和就业状况等情况进行细致统计，建立就业帮扶档案。高校就业部门、省级教育主管部门、人社部门实现有效对接。加强对就业困难学生基本信息的统计工作，确保帮扶的持续性。各级人才服务部门认真做好就业困难学生的相关服务工作，实施专门登记、免费存档、一对一指导、提供信息或积极向所属企业推荐、定期回访等全方位的服务，做到对就业

困难学生重点关注、重点帮扶、重点跟踪。政府要大力开发公益岗位或过渡性岗位，积极开展就业培训援助、就业见习援助、就业援助。实施按比例安排就业困难学生的积极政策。如浙江省政府购买公益性岗位，对于符合条件和自身确实难以就业的学生进行兜底性安置，确保全员就业。辽宁省大连市政府每年设立不低于300万元的就业援助资金，专项用于为贫困生提供求职补贴、就业培训实习以及储备一定数量的过渡性就业岗位等，并要求各区市县及先导区结合各自实际，匹配相应的就业援助资金用于援助到本地区就业的贫困生。同时将贫困生就业培训纳入大连全市的普惠制培训体系当中，对于长期未能就业且迫切希望就业的贫困生，将实行兜底安置。市政府还针对贫困生的就业援助工作进行考核和督导检查，确保各项政策落实到位。政府要制定积极的鼓励政策，以减免税收等多种形式鼓励积极吸纳就业困难学生的企业和推荐就业困难学生成功就业的人才中介服务机构，提高参与解决就业困难学生的积极性。如浙江省温州市委市政府对于当年内接收10名以上已办理失业登记的本地生源高校毕业生，并签订2年以上劳动合同的各类非公有制企业给予相应的政策倾斜。如山东省对推荐特困家庭毕业生就业成功的人才中介服务机构，用人单位与特困家庭毕业生签订2年以上合同的，当地政府要在政策、资金方面给予人才中介机构和用人单位适当支持。

最后，以国家项目为引导，扩大基层就业项目，吸纳就业困难毕业生就业容量。西部地区、少数民族基层地区具有广阔的发展空间，同时也是人力资源相对不足的地区，鼓励和扶持就业困难毕业生赴基层就业，对促进就业困难学生就业和发展地方经济意义重大。因此，政府还需在现有实施的“大学生志愿服务西部计划”、“三支一扶计划”、“农村教师特设岗位计划”、“大学生应征入伍”等项目和做法的基础上，按比例选用就业困难大学生，进一步建立更多能够吸引学生下基层、并尽快融入基层、最终留在基层的长效机制。

2. 信息保障

信息资源是促进就业困难学生就业的重要社会资源。政府部门需要充分利用自身的政治权威，向学生和社会公布广泛、准确、充分的就业信息，帮助用人单位有效降低招聘成本，快速获得适用人才，也能帮助就业困难学生克服自身经济等困难，及时获取信息，抓住机遇，提早签约就业。[15]海南省组织开展专场招聘会、供求洽谈会和网络招聘等活动，提供政策发布、岗位信息、指导咨询等就业服务。浙江省组织开展优秀“寒门学子”就业推荐活动和“寒门学子”专场招聘会，按不超过应届毕业生人数一定比例人数，推荐尚未签订就业协议的、品学兼优的贫困毕业生就业。

首先，政府应牵头面向全国建立大学生就业监测体系和就业预警机制，及时、透明、准确地公布相关就业信息。教育部门和人事部门要做好毕业生的就业情况调研和总结报告。各省市要建立完善的就业监测体系，调查、收集和分析大学生就业信息，掌握就业及未就业大学生的基本状况，作为制订毕业生业政策和措施的重要参考依据[16]，也作为审批新专业和划拨招生名额的决策指标，有效避免因盲目扩招造成总量性矛盾而导致学生就业困难。

其次，在不断完善现有覆盖“省、市、区（县）”的多级就业信息网络平台的基础上，实施同商业就业信息平台、高校就业信息平台的横向联合。打破现行政府、社会组织、高校等不同部门间就业信息平台间“相互孤立，各自为战”的状态，实现平台互通。充分利用网络及时、高效、覆盖面广的优势，打破现有的就业信息相对闭塞的现状，推动信息的纵向与横向流动，尤其是基层信息向上流动和政府、社会信息向校园流动，促进信息资源的充分、有效交流与共享。推动信息流动，减少信息不对称，增加就业困难大学生与企业的匹配机会，提高求职成功率。[17]

3. 资金保障

充裕的资金支持是有效促进就业困难学生就业的重要保障。各级政府要根据就业困难学生帮扶运行机制的实际需求，安排专项资金用于促进就业困难学生就业。资金的来源可以多样化，本级财政预算安排的专项资金，上级财政补助的资金，利息收入和其他渠道筹集资金均可为其来源。其主要支出项目为：增加高校就业资金的总量，为高校划拨专项资金解决高校就业困难学生问题，用于对就业困难学生的临时补助、求职过程的补助等，实施就业能力培训补贴，高校、企业、社会组织等提供大学生见习训练补贴、创业扶持各项补贴、一次性带动就业奖励、职业介绍补贴、农村或社区公益性服务岗位补贴、企业社会保险补贴等。切实加强对就业困难学生群体的援助，发挥资金在就业困难学生就业上的引导促进作用，调动企业、社会组织在就业困难学生就业帮扶中的积极性。[18]如辽宁省设立“辽宁省困难家庭高校毕业生就业援助资金”3000万元，各市政府根据实际情况设立不低于300万元的就业援助资金。二是发放就业补贴，如浙江省结合就业见习、职业技能培训、专场招聘等活动，按规定落实社保补贴、岗位补贴、求职补贴、培训补贴、见习补贴和小额贷款创业补助等就业援助政策。三是社会捐助，如甘肃省委开展“百企助学促就业”行动，通过结对扶助的方式与甘肃省在校经济困难、品学兼优的大学生，尤其是特困生结成扶助对子，提供必要的资金支持，帮助贫困大学生克服困难，完成学业，实现就业创业的愿望。

(二)以高校为核心，构建高校就业困难学生帮扶的服务机制

学生离校前是做好帮扶工作的最佳时机，高校是帮扶就业困难学生的主体，在促进就业困难学生就业服务活动中发挥着核心作用。通过就业工作的规划、领导、组织和实施完成就业困难学生由“产品包装—营销实施—推向市场”的就业过程。构建系统化、制度化的高校服务机制是做好帮扶工作的关键。

1. 加强工作联动，确立领导体制及工作机制

首先，要建立和完善就业困难学生帮扶组织领导机制。能否做好就业困难学生的帮扶工作事关社会的和谐稳定、学校的健康发展、学生的成长成才，学校要高度重视帮扶工作，并将就业困难学生帮扶工作纳入日常学生工作和就业工作体系，形成校院两级的就业困难学生帮扶架构，形成就业困难学生帮扶工作顺利开展的可靠组织保证。如安徽省要求把做好困难毕业生思想教育工作纳入学校安全教育重要内容，及时了解、掌握每一位困难毕业生的思想和心理状态，切实体现关注、关心、关爱，帮助他们解决实际问题和困难。

其次，要建立和完善以主管校领导为组长的学校就业困难学生帮扶领导小组。协调全校就业困难学生帮扶工作，解决所涉部门力量分散、合力不够、协作配合差的问题。如长春师范大学为成立“双困学生”领导小组保障帮扶工作的顺利开展。

再次，要建立和完善以学院分管学生工作的党委副书记为组长的院级就业困难学生帮扶工作小组，成员由辅导员、班主任组成。全面负责并实施本学院就业困难学生帮扶工作。充分发挥基层学院基础作用，从学校到学院，从校领导到辅导员、班主任，全员参与扶助就业困难学生工作。形成学校统一领导、宏观指导、督促检查，部门提供业务带领、决策咨询、基础保障，学院组织落实、具体实施、全面推进的就业困难学生帮扶层进管理体制。

最后，加强校内各涉及部门工作联动。加强就业工作部门、教务部门、学生工作部门、资助中心、财务处、心理健康中心、校友工作等部门的联动、配合与协调，及时发现、快速解决就业困难学生求职过程中遇到的困难，形成上下联动、全员参与的工作格局。

2. 加强就业指导，强化就业困难生自身求职能力

科学认定就业困难学生是做好帮扶工作的前提，把握就业困难的成因是提高帮扶工作实效性的关键。实施有效的帮扶是做好工作的核心。“授之以鱼不如授之以渔”，强化就业困难学生自身求职能力，才是解决其顺利就业的根本。依托业已成型的高校就业指导师资队伍，使指导工作向更深层次推进。研究就业困难毕业生特点和就业市场特点，设计有针对性的课程，实施普遍性指导课程、就业特殊群体指导、一对一的指导与咨询等手段相互配合，提升其求职信心和求职能力。如华中科技大学在各类就业项目实施过程中对困难群体毕业生给予优先推荐。具体做法是首先建立困难毕业生档案。要求各院系对就业困难学生的进行摸底、调查，对困难毕业生建立档案，进行分类指导，建立信息统计报送制度；其次实施个性化就业指导。组织专场招聘、“一对一”帮扶、优先推荐岗位、重点组织培训、加强创业意识和能力培训等；再次提供个性化就业服务。通过短信、电话、电子邮件、QQ 群、飞信等多种方式，为困难毕业生提供就业信息。利用社会资源，通过专场招聘、优先推荐、个别推荐等措施，为困难毕业生提供就业机会；最后加强思想教育与心理辅导。关注困难毕业生的思想教育和心理辅导，采取心理咨询、心理辅导、就业辅导、电话约谈等形式，帮助困难毕业生分析就业困难的原因，建立摸底排查机制和动态信息预警机制。

3. 要完善工作实施的平台建设

一是进一步完善校园就业网站等校园信息发布平台建设。开展网上就业服务，收集、处理、发布和交流就业信息，加强与各类人才网站的合作，开拓网上就业市场，让就业困难学生在校园内就可以通过网络来完成求职择业的过程，降低求职成本。

二是建立和完善网络求职平台建设，实现远程招聘，远程应聘的功能。与有条件的用人单位开通网上求职系统，添置声频视频设备，免费让就业困难大学身在校园就能与用人单位“求职面对面，沟通零距离”。让学生不出校门，企业不出办公室就能实现面对面的交流，节约人才供求双方的时间，提高招聘效率。[21]

三是积极开发网上签约系统，促进毕业生签约工作的便捷高效开展。目前网上签约系统在国内高校积极探索之中，网上签约系统如能开发成功，就会准确、便捷的处理就业工作相关事务。比如毕业生网上填写毕业生推荐表，学院审核后可自行打印用于求职面试，减少工作程序；有利于动态统计和分析整体就业情况，签约系统与教学、实习的联动配合，进而实现各种数据资料的积累共享。

（三）以企业和社会组织为依托，构建高校就业困难学生帮扶的合作机制

就业困难学生帮扶的最终目标是学生的成功就业。构建高校就业困难学生帮扶的合作机制关键在于企业和社会组织的积极合作，形成帮扶工作的强大合力，促进帮扶工作的均衡协调发展。企业是吸纳毕业生就业的主体，也是解决高校就业困难学生的主体。企业应该主动承担起创造公平就业环境的社会责任，有利于改善大学生就业现状。而社会组织具有独特的渠道优势，能够作为政府和高校、企业在这项工作上的有力补充，为就业困难毕业生就业帮扶提供有效帮扶。[22]

一是依托各级各类企业。企业的发展需要人才，各级各类企业，尤其是中小型企业，是帮助就业困难大学生就业的重要渠道。要积极推进校企深入合作，鼓励企业积极承担社会责任，优先录用就业困难毕业生。高校可以通过与企业签订“委托培养合同”的定单式培养方式加强与企业的联系和合作，建立起产学研合作基地和毕业生见习实习基地，为就业困难大学提供更多的实习和就业机会。[23]

二是依托各级各类就业创业协会。就业协会可以整合就业资源，降低就业困难学生就业成本。就业协会可以通过多种途径为学生提供准确、全面、及时的就业信息，避免了因为信息不对称可能导致的资源浪费。如为就业困难学生提供就业政策、就业市场供需状况、用人单位总体情况介绍和岗位招聘标准等信息，为用人单位提供就业困难学生基本信息，各地区、各高校平均工资水平等信息。

三是依托各级各类扶贫助学基金会。基金会都具有较为雄厚的资金实力和丰富的社会资源，高校积极与各类基金会建立“对口援助”关系既可以保障部分就业困难学生顺利完成学业，又可以为企业培养后备人才，在一定程度上可以解决因家庭贫困导致就业困难学生的就业问题。

四是依托各级各类心理咨询协会。部分就业困难学生对就业竞争存在着恐惧和自卑等心理倾向，各级各类心理咨询协会对其加强心理咨询工作，通过心理咨询帮助他们正确认识自身存在的问题与就业困难原因，解除不必要的疑虑、恐惧和误区，鼓励他们树立克服困难的勇气和决心，增强安全感，提升自信心，进而明确努力的方向和目标，勇敢地求职就业。

五是依靠工会、民政部门、社区等社会机构。工会、民政部门、社区等社会机构掌握较丰富的社会资本，可以帮助就业困难学生拓宽就业信息渠道、降低就业成本、减少就业风险、提高就业成功率。可以通过法律援助，保障就业困难学生在竞争机会与规则上的公平；通过低保援助，扶助符合低保条件的就业困难学生及时纳入“低保”范围，帮助其度过因不能就业而没有收入的困难时期。通过后期跟踪服务，在对

就业困难学生实施援助后，定期回访，定期通报，制订和完善后期的帮扶目标和方案，增强就业困难学生走向社会可持续发展后劲。[24]

（四）以学生为中心，构建高校就业困难学生帮扶的动力机制

构建高校就业困难学生的引导机制的根本在于完善就业困难学生的职业生涯规划教育体系。构建高校就业困难学生帮扶工作的动力机制在于调动帮扶主体即就业困难学生的积极性、主动性，避免有业不就的情况。在毕业生就业向市场化的转化进程中，大学生在校期间尽早地进行职业生涯规划，已成为其获得更好的职业发展的共识。学生职业生涯规划是一项系统工程，涉及就业教育、就业指导、就业培训、就业实习等环节，涉及学校就业工作部门、学生和学生即将面对的职业世界。

一是完善针对就业困难学生的就业指导。当前，就业困难学生普遍存在的问题是不符合用人单位的要求无法签约。无法签约的原因在本研究中做过分析，核心问题是就业能力弱，也存在着就业期望偏高，对已有工作机会不满的问题。这就要求就业困难学生只有正确树立与当前经济社会环境、就业形势相适应的就业求职观念，准确认知自我，科学定位就业期望，才能成功择业，充分就业。

因此，建立和完善一套科学、合理、高效的就业指导制度，加强就业教育，改变就业观念尤为重要。大力加强大学生职业生涯规划课程建设，建议一套符合就业困难学生特点、能够满足他们自身需求的课程体系。要加强专业化师资队伍建设，建立一支专业化、专家化、科学化的职业生涯指导队伍，这是做好学生就业困难就业指导的重要保证。

二是建立学生生涯咨询室，积极开展有针对性生涯咨询服务。关注学生的个性发展和需求，解决学生个体的职业生涯困惑。职业生涯发展规划课程的主要作用是普及就业与求职的相关知识理论，指导学生进行正确的人生定位和职业道路的选择。通过建立生涯咨询室，聘请经过专业训练、具有丰富生涯规划知识的全球职业规划师、职业指导师等专业人员运用网络等多种手段采取一对一的形式等为就业困难学生提供专业的就业咨询服务。解决学生个体的职业生涯困惑，为实现学生顺利就业打下良好基础。

（五）以家庭为纽带，构建高校就业困难学生帮扶的助力机制

就业困难学生帮扶问题不仅仅是就业困难学生本身的问题，而是社会的问题、教育的问题和家庭的问题。在我国社会文化传统中，家庭对人的发展和成长起到重要的

作用，就业困难学生就业问题的解决更牵涉到众多家庭的幸福。就业观念问题是形成就业困难的重要原因之一，学生家庭在就业困难学生帮扶中能够发挥积极的促进作用。

一是建立学校、家庭、学生三者间的沟通和互动机制，使得家庭在就业困难学生帮扶过程中起到积极的推动作用。“中国传统社会是以“伦理本位”为特征的“乡土社会”，社会关系在资源配置中发挥着重要的作用；家庭是大学生社会资本的主要来源，对于大学生而言，在走出校园之际所拥有的关系网络和各种资源，很多程度上表现在父母拥有资源网络的规模、密度和异质性等方面；家庭对大学生就业的重要性已是大家普遍的认识。家庭的社会经济地位和社会网络资源对子女就读的院校、毕业去向、单位选择、就业收入等有着差异性影响”[25]。基于此，建立学校、家庭、学生三者间的沟通和互动机制尤为重要。

二是以家庭为另一教育实施方，在就业困难学生的教育和管理过程中，家庭成员的价值观念等因素影响学生的择业观。由于就业观念而导致的就业困难的原因当中，很多是因为家庭成员的价值观所致，如：回乡就业、不愿意到远离家乡的经济发达地区就业，追求公务员、事业单位、大型国企等“铁饭碗”就业等。所以，构建高校就业困难学生帮扶的助力机制就要求家庭成员应积极转变思想观念，不能把自身的观念强加在学生身上，正确认识就业，尊重学生自己的兴趣爱好，给予其自主选择的空间，积极帮助学生主动收集社会就业信息，全面认识和了解就业形势与政策，摆脱传统观念束缚，把学生专业的发展前景、职业性质与自己的主观愿望有机地统一起来，给学生以科学客观的指导，使其树立正确的择业观，准确合理定位，改变就业困难的现状，实现充分的就业，使家庭的支持成为就业帮扶的有效助力。

第三部分　结　　论

关于对就业困难大学生的研究时间较短，研究方向主要集中在就业困难大学生产生原因、类型、特征及其对策的思考；研究范围多局限于即将毕业的大学生就业困难群体，将视野拓展到大学生整个大学学习和生活过程的研究却很少；研究内容上定性的研究多，定量的实证研究少；从事研究的人群主要是高校从事思想政治教育工作者或教育管理人员，而且更多的是从事大学生就业工作的人员。关于就业困难大学生帮扶体系很少。整体看，帮扶工作政府占主导，高校为主体，社会参与少，帮扶主体单一；各涉及大学生就业的部门或组织于一种分散的状态，合力不够，协作配合差；就业困难大学生帮扶手段上偏重经济资助，在就业方面的促进措施跟不上学生的实际就业需要。本课题的研究为就业困难学生为研究对象，解决了就业困难学生科学认定问题，提高了帮扶的针对性。填补了就业困难学生帮扶环节的重要一环，这不能不是一个重大的创新。在帮扶的实践方面，通过梳理学术界的主要观点和部分省市的典型做法，构建了科学的全面的就业困难帮扶的长效机制。

课题组主要成员：郑志宏、朱　军、胡丽敏、张洪杰、王占仁、郭　欣、秦晓利、赵梓潼、方占仁、李岚冰、王怀忠

参考文献

[1] 范庆颖："试论对各类大学生就业困难群体的指导与帮助"，《教育教学论坛》2012 年第 3 期，第 14 页。

[2] 吴松强："完善高校就业困难毕业生的就业援助体系"，《思想理论教育》2012 年第 7 期，第 64 页。

[3] 庞荣申："大学生就业困难群体视角下的高校教育缺失及对策"，《教育与职业》2008 年第 3 期，第 151 页。

[4] 卢玲："针对大学生就业困难群体的思想政治教育研究"，《思想教育研究》2011 年第 1 期，第 99 页。

[5] 赵睿、郝海光："高校就业困难大学生群体状况分析及对策"，《当代教育论坛》2011 年第 11 期，第 49 页。

[6] 黄巧玲："新时期高校就业困难群体帮扶机制研究"，《现代营销》2012 年第 9 期，第 232—233 页。

[7] 吴雄强："高校就业困难群体的帮扶机制探析"，《湖北广播电视大学学报》2012 年第 6 期，第 59 页。

[8] 胡清华："高校毕业生就业帮扶工作的现象剖析与实践探索"，《中国大学生就业》2012 年第 22 期，第 22—23 页。

[9] 姜东、沈毅："高校家庭经济困难毕业生就业援助研究"，《现代教育管理》2010 年第 5 期，第 124—124 页。

[10] 吴松强："完善高校就业困难毕业生的就业援助体系"，《思想理论教育》2012 年第 7 期，第 65—66 页。

[11] 庞荣申："大学生就业困难群体视角下的高校教育缺失及对策"，《教育与职业》2008 年第 3 期，第 152—153 页。

[12] 姚远：“对高校毕业生困难群体的就业服务与指导的策略”，《教育探索》2011 年第 8 期，第 148 页。

[13] 赵睿、郝海光：“高校就业困难大学生群体状况分析及对策”，《当代教育论坛》2011 年第 11 期，第 50—51 页。

[14－24] 常韬：“多中心治理视角下高校就业困难群体帮扶体系研究——以兰州大学为例”，硕士研究生论文，2010 年 4 月，第 25—27 页。

[25] 张晓梅、梁骏、陈晓：“论家庭观念对大学生择业观的影响”，《职业教育》2012 年第 4 期，第 215 页。

课题编号：12jycy010

高校学科专业设置与就业状况关系研究

课题承接单位：湖南省大中专学校学生信息咨询与就业指导中心

摘　　要

本课题的研究紧紧围绕新形势下我国高校学科专业设置与就业状况关系这一主题，以湖南省高校为研究案例，以抽样的方式进行了大量的实地调查研究和实证分析。课题研究的结构采用渐进式结构，纵向深入展开。课题组通过对湖南省高校近年来学科专业设置及调整情况、湖南省高校毕业生就业情况进行年度对比实证统计分析，提出了建立“产业发展——用人需求——专业设置——人才培养——毕业生就业”的循环联动机制的核心论点，即通过分析各学科专业毕业生就业状况，了解社会对该学科专业的需求度，以用人需求反馈指导高校学科专业设置调整和人才培养，提高高校毕业生就业率。在上述研究的基础上，构建了基于就业状况参数的基本数学模型，可对我国高校毕业生就业状况进行及时有效的数据处理，并形成对高校专业设置与优化的反馈机制，对指导当前我国高校学科专业建设和促进毕业生就业有积极的导向作用。

第一部分　导　　论

一、课题的提出

（一）高等教育自身改革发展的需要

2012年9月，教育部印发了《普通高等学校本科专业目录（2012）》和《普通高等学校本科专业设置管理规定》等相关文件，上述文件的制订和出台，既具有前瞻性，主动适应经济、社会、文化和教育发展需求，增加新的学科门类和专业，又体现了延续性，尊重历史，保留了符合规律的、成熟的、社会需求较大的既有专业。2012年政府工作报告中指出："要千方百计扩大就业。各级政府务必坚持就业优先战略，继续实施更加积极的就业政策"，"高等教育要提高教育质量和创新能力"，"要引导高等院校的科研力量为企业研发中心服务，更好地实现产学研有机结合，提高科技成果转化和产业化水平"。国务院《关于进一步做好普通高等学校毕业生就业工作的通知》（国发〔2011〕16号）要求，"各高校要根据经济社会发展和产业结构调整的需要，认真做好相关专业人才需求预测，合理调整专业设置，推进人才培养模式改革，强化实践教学和实习实训，提高人才培养质量。"教育部《关于做好2012年全国普通高等学校毕业生就业工作的通知》（教学〔2011〕12号）明确提出要"进一步优化学科专业结构和人才培养结构。"这些为我们开展"高校学科专业设置与就业状况关系研究"提出了要求，夯实了基础，指明了方向。基于上述政策背景和专业结构的调整变化，从就业的视角切入，研究就业与新一轮专业调整的相关性，指导高校调整学科专业设置和改革人才培养模式，无疑是一个富有理论和实践价值的命题。

（二）从源头上抓好毕业生就业工作的需要

《国务院办公厅关于做好2003年普通高等学校毕业生就业工作的通知》（国办发〔2003〕49号）明确提出，"要加大对高等教育事业发展规模、专业设置和就业状况的统筹力度。对就业率低的高校长线专业，要暂停招生或减少招生；高校要根据社会需要允许学生调整专业，并适当延长学习期限，可采取毕业后到职业技术学院、技师学院和高级技工学校参加3到6个月的职业技能培训，并参加职业技能鉴定的办法，促进高校毕业生就业；毕业后长期找不到工作的，可根据本人意愿，报名参加社会急需专业的职业培训。"《教育部关于进一步深化教育改革，促进高校毕业生就业工作的若干意见》（教学〔2003〕6号）提出18条规定，细化了以毕业生就业状况优化调整高校学科专业设置的有关要求。这些政策指出了高校人才培养与市场需求之间的联动关系，即高校学科专业设置与就业状况之间的关系，通过多年的实施，对于高校专业设置和人才培养对接市场需求产生了一定积极作用，但目前高校学科专业设置仍滞后于市场需求变化，亟需建立快速有效的市场需求主导高校学科专业设置的联动反馈预警机制，即根据社会需求和经济发展需要，统筹引导高校合理设置学科专业，改革人才培养模式，调整教育教学内容，着力培养有实践经验、符合市场需求的各类专业人才，增强高等教育与经济社会发展需求的适应性，从源头上抓毕业生就业工作。

（三）社会发展的需要

社会分工与高校学科专业设置之间相互影响。社会分工理论认为，生产过程的精细化和专门化，能使生产者熟能生巧，从而提高劳动生产效率。工业革命引起的社会生产分工协作与专业生产，从客观上要求学科细分并实施专业化教育；而学科的越分越细和"一专多能"的专业化高级人才教育的普及，则推动着工业社会的专业化生产和分工协作的升华发展。高校学科专业设置又与社会就业状况关系密切，并通过市场人才需求直接体现。遵循劳动力市场学基本规律，准确把握各专业就业状况与人才市场需求，形成对专业设置与调整的反馈机制，推动人才培养与社会发展需求有效对接，是当前一项重要的研究课题。

二、研究目的

作为教育部全国高等学校学生信息咨询与就业指导中心专项研究课题，本课题研究目的非常明确，旨在通过对当前高校学科专业设置与就业状况关系的研究，提出解决问题的优化方案，实现学科专业与毕业生就业的市场化对接，以进一步推动高校学科专业建设与发展，提高人才培养质量，促进高校毕业生就业整体水平的提升。

三、研究思路与方法

考虑到本课题研究实证性较强，需以大量的微观数据进行统计分析，进而得出具有宏观指导意义的研究成果，经课题组成员多次研究讨论，最终确定了课题的研究思路，即从四个方面纵向展开。一是把高校区分为不同层次和类别，采取问卷调查、专家访谈、数据分析等办法，面向高校、用人单位、毕业生及其家长，对湖南省辖区内高校进行全面普查，全面了解高校毕业生就业领域、行业、流向以及就业需求缺口等，重点统计就业方向及就业趋势。二是对湖南省辖区内高校 2006—2012 届毕业生就业数据库进行统计分析，重点分析各专业学生的主要就业方向、行业归属等，通过对各专业学生就业信息的数据处理，从就业率高低、就业层次、就业稳定性、就业质量等方面对比分析学生就业与学科专业的相关性。三是从社会分工理论出发，辨析高校学科专业设置调整与毕业生就业之间的关系，寻求实证分析的理论支撑。四是通过上述数据分析和理论探讨，从有利于人才培养和促进学生就业的角度对当前高校学科专业设置优化和毕业生就业提出合理化建议。

我们采取的主要研究方法有：（1）数据分析法。重点统计湖南省内毕业生（含湖南籍生源毕业生）就业情况，包括就业领域、就业行业、就业流向、就业待遇等方面，分学科专业、学历层次、民族性别、家庭背景等情况进行统计，分析影响毕业生就业的主要因素，重点分析学科专业设置及能力培养与毕业生就业之间的关系。（2）问卷调查法。对用人单位进行用人需求调查，了解掌握各行业、各领域用人需求饱和度以及未来几年的需求趋势，包括对不同类型人才的需求趋势，重点了解湖南省产业发展方向与趋势，分析产业发展背景下对人才的需求趋势以及对高校学科专业设置和人才培养的要求。对在校学生进行就业选择调查，了解大学生就业意愿、兴趣、期望以及学生家长对子女的就业期望。对校友进行就业能力培养调查，选择部分高校不同时段的校友代表（以 5 年为段）进行调查，了解校友在校期间所学专业与自身求职、就业、创业及其生涯发展的影响与建议。（3）借鉴比较法。通过查阅文献、组团赴外地考察，了解国（境）外和部分省份在学科专业设置方面的做法，用人需求与人才培养实现有效对接的措施与方法，通过比较，总结借鉴外地先进经验。（4）个案法。选取具有代表性的学科专业和专业性强的高校开展就业状况调查研究，重点分析专业背景与未来就业（行业、职业）之间的相关度，以及在人才培养方面应采取的主要方法和措施。（5）访谈法。选取具有代表性的、不同领域的学者、管理者，就高校学科设置与就业状况之间的关系进行访谈，讨论就业主导下高校学科专业设置预测体系和专业设置、调整的联动机制，交流探讨以带动产业发展为主要导向的精英教育学科专业设置机制和以适应产业发展为主要导向的大众教育学科专业设置机制。（6）文献法。对国（境）内外学科专业设置方式途径进行查阅搜集，借鉴国（境）外在学科专业设置方面的做法，梳理省内外有关部门针对学科专业设置方面的文件以及已有的成果。

四、课题研究实施过程

第一步：准备阶段（2012 年 4—5 月）

自承担课题后，我们建立了课题领导机构，在明确课题研究目标、研究内容和研究方法的基础上，对课题组成员分工，确定课题研究人员和任务，确保人人负其责，个个有任务，事事有人干，从而为实验的有效推进提供坚强的组织保障。同时组织课题组成员认真学习了相关文件，提出相关要求。

第二步：实施研究（2012 年 6 月至 2013 年 2 月）

1. 搜集资料。搜集分析国内相关文献，了解当前高校学科专业设置的现状、依据、做法以及学科专业设置与就业之间的相互影响，查询有关数据、研究成果，整理课题研究资料。

2. 问卷调查。以湖南省为样本，全面调查高校学科专业设置、调整情况和毕业生就业情况。2007 年以来，湖南省普通本专科高等学校共增设新专业点 489 个，其中本科 431 个专业点，专科 58 个专业点；调整修业年限和学位授予门类的有 5 个专业点；因为办学和毕业生就业情况不佳而予以撤销的有 37 个专业点，其中本科专业 3 个，专科专业 34 个。面向录用省内高校 2012 届应届毕业生达 40 人以上的 230 家用人单位发放问卷调查表，了解用人单位录用毕业生情况、用人需求以及毕业生在工作岗位上的表现。在湖南省毕业生就业网设立“2012 年湖南省普通高校毕业生就业状况调查问卷”窗口，面向全省 32.2 万 2012 年应届毕业生开展网上调查，全面了解毕业生基本情况、就业状况及就业质量、就业意向及影响就业的因素、专业与就业的关系。组织培训 20 余名电话调查工作人员，对全省 6 万余名毕业生分专业调查其就业情况。

3. 就业统计。在对湖南省普通高校 2011 届、2012 届毕业生初次就业情况进行监测统计的基础上，分析各学历层次各专业就业情况，撰写并出版《湖南省普通高校 2011 届毕业生就业报告》和《湖南省普通高校 2012 届毕业生就业报告》。

4. 访谈。邀请有关专家就课题研究内容进行专题访谈，探讨不同层次学科专业设置以及人才培养与就业之间的联动关系。

5. 考察。课题组成员赴台湾8所高校考察，了解了台湾地区高校专业设置情况：从2002年起，台湾地区高校专业设置全面实行总量控制，教育行政部门把更大的办学自主权下放到学校，高校顺应社会需求及学校特色灵活设置与调整专业。

6. 分析建模。重点采集2008—2012届湖南省普通高校毕业生初次就业情况数据信息，通过分析比较，建立湖南省普通高校学科专业设置调整预警对象分析模型，在此基础上综合得出湖南省普通高校学科专业设置调整就业率预警对象分析汇总结果，并提出湖南省普通高校学科专业设置调整的建议。

7. 综合研究。对问卷调查、就业统计、访谈考察、分析建模等情况进行汇总，组织分析、研究，撰写课题研究报告和主要研究成果。

第三步：总结推广（2013年2月至2013年4月）

完成课题研究报告，收集完善有关课题论证资料，建立湖南省普通高校学科专业设置调整预警对象分析模型，提出“产业发展——用人需求——专业设置——人才培养——毕业生就业”的循环联动机制，促进研究成果转化为政策措施。同时做好课题结题鉴定的准备工作，2013年4月完成结题。

五、课题成果及特色创新

1. 文献综述

课题组通过对已有文献资料的收集整理，对国内外研究现状进行归类综述。在学科专业设置与结构调整的研究方面，我国高校专业设置上存在盲目性、随意性，专业布点集中，校际之间专业雷同度高，专业特色不鲜明，应重构政府、大学和市场三者的关系，重视市场对专业人才培养的导向功能，充分发挥市场在专业设置和调整中的主导作用，建立以市场需求为导向的专业结构优化机制。在学科专业与就业相关性的研究方面，应建立宏观有效的就业预警系统，根据就业数据对专业进行综合评价，反馈学科专业的优化与调整；应借鉴国外有益经验，进一步提高高校专业设置自主权，实现学科专业设置面向市场、面向学生、面向未来。

2. 理论辨析

在高等教育改革日益深入的今天，高校办学自主权进一步扩大，尤其是学科专业设置自主权进一步扩大。然而如何引导高校更加理性、科学地设置学科专业，特别是本着“以人为本”的原则从就业状况的角度设置学科专业，这是当前我国教育行政主管部门急需解决的问题。在广泛进行文献综述基础上，基于社会分工和劳动力市场学理论，充分考虑人力资源效益与人职科学匹配，深入分析经济社会产业发展、用人需求趋势与高校学科专业背景以及人才培养之间的关系，探索提出“产业发展——用人需求——专业设置——人才培养——毕业生就业”的循环联动机制，即：产业发展决定用人需求，用人需求主导专业设置，专业设置影响人才培养，培养质量关涉毕业生就业，构建就业主导下的学科专业设置预测体系和专业设置调整的联动机制，并尝试建立相应机构进行运作。这一联动机制的提出，对于优化高校办学资源，提高人才培养质量，服务经济社会发展都具有重要意义。这也是本课题研究的创新和特色的核心所在。从马克思教育哲学的视角来看，能力本位是其核心理念所在。以此为出发点，其指向直接表现为高校毕业生素质能力的培养，并直接影响到高校毕业生水平和质量的提升。基于此，开展本课题的研究，是符合马克思主义哲学的实践观的。

3. 调查统计

以湖南省为样本，全面调查了高校学科专业设置、调整情况和毕业生就业情况。2007 年以来，湖南省普通本专科高等学校共增设新专业点 489 个，其中本科 431 个专业点，专科 58 个专业点；调整修业年限和学位授予门类的有 5 个专业点；因为办学和毕业生就业情况不佳而予以撤销的有 37 个专业点，其中本科专业 3 个，专科专业 34 个。面向录用省内高校 2012 届应届毕业生达 40 人以上的 230 家用人单位发放问卷调查表，了解用人单位录用毕业生情况、用人需求以及毕业生在工作岗位上的表现。在湖南省毕业生就业网设立“2012 年湖南省普通高校毕业生就业状况调查问卷”窗口，面向全省 32.2 万 2012 年应届毕业生开展网上调查，全面了解毕业生基本情况、就业状况及就业质量、就业意向及影响就业的因素、专业与就业的关系。组织培训 20 余名电话调查工作人员，对全省 6 万余名毕业生分专业调查其就业情况。课题组成员赴台湾 8 所高校考察，了解台湾地区高校学科专业设置情况及毕业生就业状况，撰写调查报告。对全省 2011 届毕业生就业情况进行统计分析，从就业形式分布、就业地域分布、就业单位性质等多方面分析不同性别、不同学历、不同专业以及不同生源地毕业生的就业情况，编印并由新世界出版社出版《湖南省普通高校2011届毕业生就业报告》和《湖南省普通高校2012届毕业生就业报告》。

4. 分析建模

初步构建高校学科专业设置调整之就业状况参数模型。课题组采集2008—2012届湖南省普通高校毕业生初次就业情况数据信息，分学历层次过滤出2010—2012届连续有毕业生的772个专业，其中研究生295个专业、本科196个专业、高职专科281个专业，从三个维度综合分析高校毕业生分学科专业就业情况，即同一学历层次不同学科专业就业率排名之平均值、同一学历层次不同学科专业历年综合就业率、同一学历层次不同学科专业就业率与该学历层次平均就业率的偏差之平均值。这三个维度各有侧重，第一维度重在当年各学科专业就业率之间排名比较，从学科专业内部进行比较预警；第二维度重在从总量上来分析单一学科专业的总体就业情况，把多年的办学规模合并计算，扩大计算基数，增加计算的准确性，更加注重宏观把握；第三维度重在比较当年各学科专业就业率与平均就业率之间的反差，以及这种反差的历时变化情况，是前两个维度的综合。将三个维度综合排序，能从内部与外部、微观与宏观、横向与纵向等方面有机结合，系统分析和反映学科专业就业率情况。对第一维度的就业率排名平均值，按照从小到大进行排序得到值；对第二维度的历年综合就业率，按照从大到小进行排序得到值；对第三维度的就业率偏差平均值，按照从大到小进行排序得到；这样排序后得到的3个排序值均表示：数值越大，就业状况越差。再将这3个排序值相加，将和值从大到小排序，即和值越大，最后的综合预警排名值越靠前，就业情况越差。综合得出最后湖南省普通高校学科专业设置调整就业率预警对象分析汇总结果。我们利用这一参数模型，通过统计分析，列出《湖南省普通高校学科专业设置调整预警对象分析汇总表》，综合考虑市场需求、产业政策以及宏观经济环境，提出对学科专业调整及招生规模增减的意见和建议。对就业情况好的专业，根据市场和经济社会发展需求适当扩大专业布点和招生规模；对就业情况处于中等水平的专业适度控制专业布点和招生规模；对就业情况不佳的专业进行预警，适当缩减专业布点和招生规模；对就业情况较差、市场需求量极小的专业提出限制和撤销的建议。教育行政部门和高校设置调整学科专业时应充分考虑其就业状况，除非由于国家战略需要、教育资源优化需要，原则上不得增加靠前预警的学科专业布点和培养规模。

5. 实践应用

为更好地推动研究成果向政策层面的转化，提升研究成果的应用范围，课题组向有关职能部门提出一系列研究报告和对策建议，湖南省教育厅充分采纳课题研究建议，先后制订了一系列政策措施，包括《关于启动实施湖南省普通高校“十二五”专业综合改革试点项目的通知》（湘教通〔2012〕112 号）、《关于公布湖南省普通高校“十二五”专业综合改革试点项目的通知》（湘教通〔2012〕266 号）、《转发教育部办公厅关于做好普通高等学校现设本科专业整理和 2012 年度普通高等学校本科专业申报工作的通知》（湘教通〔2012〕586 号）、《关于深入推进普通高校“十二五”专业综合改革试点工作的通知》、《关于开展湖南省“十二五”重点学科年度检查工作的通知》（湘教通〔2012〕619 号）、《关于对职业院校重点建设专业大类进行适当调整的通知》（湘教通〔2012〕166 号）、《关于做好 2013 年度高职学院、成人高校新增专业条件审核和拟招生专业备案工作的通知》（湘教通〔2012〕620 号）等具体文件，在推动和部署高校学科专业建设过程中充分考虑了其就业情况。在工作文件拟定时明确提出就业和用人需求导向，在具体评审综合改革试点专业、检查重点学科建设、调整职业院校重点建设专业大类、审核新增专业等工作中，都参考使用了课题组研发的“高校学科专业设置调整之就业参数重点对象”。同时，湖南省于 2012 年下发《关于开展全省普通高等学校毕业生就业工作“一把手工程”督查的通知》，明确要求“坚持开展毕业生就业状况调查分析，以就业和用人需求为导向，调整学科专业结构，推动教育教学改革，不断提升人才培养质量”，并组织了具体实施，对督查评定结果进行了通报。

第二部分　课题研究内容

一、文献综述——高校学科专业设置与就业状况关系研究

在学科专业设置与结构调整的研究方面，我国高校专业设置上存在盲目性、随意性，专业布点集中，校际之间专业雷同度高，专业特色不鲜明，应重构政府、大学和

市场三者的关系，重视市场对专业人才培养的导向功能，充分发挥市场在专业设置和调整中的主导作用，建立以市场需求为导向的专业结构优化机制。在学科专业与就业相关性的研究方面，应建立宏观有效的就业预警系统，根据就业数据对专业进行综合评价，反馈学科专业的优化与调整；应借鉴国外有益经验，进一步提高高校专业设置自主权，实现学科专业设置面向市场、面向学生、面向未来。

为便于开展对本课题的研究，课题组研究人员开展了较为详尽的资料检索，通过对已有文献资料的收集整理，对国内外研究现状进行归类综述。从对已有文献资料的分析来看，目前对本课题的研究或相关性研究主要分类如下：

（一）关于学科专业设置与结构调整的研究

1. 对我国高等教育专业设置及结构调整的宏观研究

自20世纪90年代以来，国内宏观研究建国后高校专业设置及调整的文章、专著很多，研究者们认真总结出建国六十年来高校专业设置及其调整的规律性。浙江工业大学汪晓村、鲍健强、池仁勇、虞晓芬等学者指出，新中国成立以来我国大学本科专业设置和历史演变表明，在不同的经济体制和高等教育发展的不同阶段，大学专业设置和调整具有不同的特点。在新的历史时期，我国大学本科专业的设置与调整，应重构政府、大学和市场三者的关系，一方面要高度重视市场对专业人才培养的导向功能，另一方面要强化政府在专业设置中的宏观调控功能，大学则应依法充分发挥在专业设置和调整中的主导作用①。

中国人民大学校长纪宝成教授在2006年出版的《中国大学学科专业设置研究》专著，全面深入、系统地研究了我国高校专业设置及其结构调整的历史。本书全面描述了新中国成立后我国高等学校的专业设置，从建国初期的院系调整、“教育大革命”的全面调整、“文化大革命”十年动乱时期的专业设置与调整、改革开放以来的调整与发展等四个时期进行深入剖析，总结出我国大学学科专业设置调整、演进的特点，寻找影响我国大学学科专业设置演进的多种因素，并及时提出对现行学科专业目录调整的可行性建议，是近年来专门研究学科专业设置的不可多得的一本好书。

华中科技大学周光礼、吴越等学者基于历史制度主义的视角，回顾和反思了我国

---

① 汪晓村、鲍健强、池仁勇等：“我国大学本科专业设置与调整的历史演变和现实思考”，《高等教育研究》，2006（11）。

高校专业设置政策六十年来激进性制度变迁和试误性制度变迁两个阶段总体概况，指出我国现行高校专业设置制度存在的种种问题，归根到底是政府仍然沿用计划经济的模式进行管理，影响我国高校专业设置制度的深层结构包括经济体制、集权管理模式、社会本位的文化模式。从总体上看，我国高校专业设置制度呈现出强劲的路径依赖特征，制度被锁定在一种无效率的路径之中，只是偶尔也发生剧烈变化①。

黄宇、袁旭、唐春生、曾冬梅等学者在总结我国建国以后 4 次学科专业结构调整历史后，创造性地构建了学科、专业生成式非线性阶段模型，并提炼了 4 点特征：其一，机制转换，学科专业结构机制转换的每一次战略性调整，都对应着科学的巨大进步与社会经济和产业结构的巨大变化；其二，动态平衡，每一轮学科、专业结构战略性调整后会进入一个相对稳定期，学科、专业的供需相对均衡；其三，衰减，当学科及其结构不适应科学技术的发展，专业水平低于产业结优化水平时，学科、专业结构必然进入下降期；其四，周期链，上述三个阶段构成一个完整的学科、专业结构周期，每一次的调整周期相连构成周期链②。进而，他们对广西的 19 所本科院校专业结构及其调整进行了实证分析。

董新伟、杨为群等学者以高等职业教育的专业设置为例，从需求性因素（demand）、可能性因素（possibility）、供给性因素（supply）三个变量因素出发，尝试建立一个简单的数学模型，对辽宁省高等职业教育专业建设进行系统分析。他们把高校毕业生的就业情况作为参数反映人才市场的需求，把学校师资、办学经费、校舍建设、实习实训基地、仪器设备、图书资料等办学基础条件作为可能性因素来衡量，把其他高校人才培养作为社会供给因素来考察，提出专业设置不仅要论证人才需求情况，还要论证人才供给情况和学校办学可能性，需求性因素、可能性因素和供给性因素是决定高校专业设置的主要因素，只有处理好三者的关系才能增强人才培养的适应性。③

汤智学者从教育哲学这一宏观视角，在对高校专业设置的哲学思考和研究中，原创性地提出高校专业设置三个内在的依据，即社会本位、学科本位、以人为本位。在提出“三个本位”依据的基础上，就以上三种专业和课程设置的理论做了较为详尽的分析，令人耳目一新④。

蔡文伯、高芳等学者着眼于我国改革开放 30 年高等教育发展，从教育价值取向的

① 周光礼、吴越：“我国高校专业设置政策六十年回顾与反思——基于历史制度主义的分析”，《高等工程教育研究》，2009（5）。

② 黄宇、袁旭、唐春生等：《广西高等学校专业结构调整的理论与实践研究》，广西师范大学出版社，2008：10—11。

③ 董新伟、杨为群：《振兴辽宁老工业基地背景下高等职业院校专业设置与调整研究》，东北财经大学出版社，2009：12—18。

④ 汤智：“高校专业和课程设置依据的哲学思考”，《现代教育科学》，2003（6）。

角度探讨了我国高校专业设置变迁（以社会需求为主的价值取向——以社会需求为主、学科建设为辅的价值取向——以学科建设为主、社会需求为辅的价值取向）的特点，针对专业设置中存在突出的价值导向问题，提出构建专业设置的多元价值取向，以社会需求为导向，立足高校自身个性发展，坚持以人为本，完善人才培养机制[①]。

2. 对我国高校专业设置存在问题的研究

研究者纷纷指出，我国高校普遍存在专业设置上的盲目性、随意性，专业布点集中，高校之间专业雷同度高，专业特色不鲜明。何岸在《四川省高校专业设置雷同问题研究》一文中，以四川高校2003年69所高校招生信息采集、分析为依据，发现超过80%的学校设置了计算机和外语专业，近40%的学校设置了电子商务、旅游管理、工商管理、艺术设计、电子信息科学与技术、电子信息工程等新兴专业，并指出了四川高校专业设置雷同率很高，使得四川高校毕业生结构性就业矛盾较为突出。贾勇宏在《当前我国高校专业设置雷同的博弈分析》中，以湖北省高校招生的专业统计为分析依据，也得出专业雷同度高的结论。邓岳敏指出，20世纪90年代以来，我国高校专业设置趋同现象越来越严重，英语专业的布点数由1994年的138个增加到2005年的590个，增加了3.28倍；计算机科学与技术专业的布点数由1994年的292个增加到2005年的555个，形成了“校校办英语专业、校校设计算机专业”的局面。这是高校受利益驱动所致，缺乏对劳动力市场需求的调查和预测，盲目追求学科专业齐全，新专业准入门槛过底等原因所致[②]。张扬、李孟辉、尹红的《地方高校专业设置问题与对策》、徐建平的《广西普通高校专业设置概况及分析》和赵本全的《调整和改进高等学校本科的专业设置与专业结构》等文章均论证了全国和某一地区高校专业设置雷同的问题。

周亚夫认为，专业设置与经济社会发展需要相脱节是我国高校专业设置的最重要的问题之一，专业结构与经济结构、产业结构不相适应是最典型表现，主要原因在于高校专业设置自主权的不足使得高校愿意主动调整优化专业结构，也难以发挥自身的优势[③]。郭小宏的“对地方高校专业设置滞后现象的思考”、刘楚佳的“我国高校本科专业设置改革探讨”、梁慧锋的“地方高校学科专业设置与当地经济发展的关系”、赵复查、鲍时安的“地方院校专业设置的理论与实践”、蒋意春、邓卉的“地方区域性

① 蔡文伯、高芳：“改革开放30年我国高校专业设置的价值取向”，《大学（研究与评价）》，2009（2）。
② 邓岳敏：“我国高校专业设置趋同问题探析”，《广东工业大学学报（社会科学版）》，2009（2）。
③ 周亚夫：“普通高校本科专业设置问题探讨”，《西南民族大学学报（人文社科版）》，2005（11）。

高校专业设置变化研究”等大量文章。他（她）们从不同的视角分析地方高校的专业设置问题，其共同点都是对地方高校专业与地方产业结合不紧密、人才培养与地方经济社会发展相脱节现象表示担忧，强调地方高校应高度重视以市场需求为导向，强化应用型学科专业的设置，突出服务地方经济社会发展的高校办学宗旨，把地方经济发展规划作为高校专业设置的依据。由此可以看出，地方高校专业设置及结构调整突出“地方性、应用性”已成为广大地方高校普遍认可的原则，它们的办学定位从迷惘逐步走向清晰。

蔡袁强、戴海东、翁之秋的“地方本科院校办学面临的困境与对策——以温州大学为研究对象”，岳爱臣的“论新建本科院校专业设置的一般原则——以宁波工程学院为例”，麦茂生、吕力的“对新建地方本科院校发展的思考——以贺州学院为例”，叶国灿、郑余、陈晖的“新建地方本科院校与区域互动发展研究——以绍兴文理学院与绍兴地方互动发展为例”，姜又春、杨吉兴的“论新增地方本科院校专业结构调整的现状与原则——以怀化学院为例”，张立娟、刘柏林的“论服务地方产业发展的南通大学专业设置”等大量文章，都是从自己工作的地方性高校出发进行专业设置的个案研究，对个案院校所处的地方经济社会发展进行较为深入的调查研究，摸清地方的支柱产业、主导行业的分布情况，有针对性地分析个案学校专业设置与所在地方经济发展对接情况，找出存在的突出问题并寻求解决专业设置问题的措施。这些地方性本科院校在办学初期存在着学校定位不清、人才培养目标不明、专业设置贪大求全、不考虑地方经济社会发展需求等通病，后来在教育观念大讨论中逐渐明晰了学校的学科专业发展方向。这些文章虽然分析的都是个案学校的专业设置情况，但其他高校也存在类似的情况和问题，所以对其他地方高校有一定的借鉴和指导作用。

3. 对我国高校专业设置原则的研究

《高等学校本科专业设置规定》对高等学校专业设置和调整提出了总要求，即“适应国家经济建设、科技进步和社会发展的需要，遵循教育规律，正确处理需要与可能、数量与质量、近期与长远、局部与整体、特殊与一般的关系……应有利于提高教育质量和办学效益，形成合理的专业结构布局，避免不必要的重复建设”。《高等学校本科专业设置的规定》对高等院校专业设置和调整提出总体要求的同时，提出了专业设置的三个基本原则：前瞻性、可行性、系统化。除此之外，浙江海洋学院包镕围绕地方高校专业设置和结构调整问题，发表了《优化地方院校本科专业设置的原则、依据与对策建议》、《地方本科院校专业设置的现状及发展态势分析》、《地方高校专业设置的原则与措施》等一系列文章，强调地方高校专业设置必须坚持适应地方经济社会发展需要的适应性原则，突出特色、注重内涵建设的重点发展原则，与学科建设相协调的可持续发展原则，注重规模兼顾效益的和谐发展原则等四大原则。他在全面分析浙江省地方高校专业设置现状的基础上，对目录外专业进行了分析，并指出省内地方高校专业设置的发展态势，强调各校努力追求专业特色方向，从专业建设的外延扩张转到内涵提高上来。

徐秀萍提出高校专业设置必须坚持集群原则。专业集群式设置有利于正确处理专业稳定性与灵活性的关系，促进专业协调发展；有利于专业资源融通共享，促进专业和谐发展。她指出实现专业集群式设置是高校专业发展的战略重点①。姜又春、杨吉兴在分析怀化学院专业设置和专业结构的基础上，提出新建地方本科院校专业结构调整必须遵循以下四个原则：适应性原则；一般专业、优势专业和特色专业齐头并进原则；基础专业与应用型专业、传统专业与新兴专业兼顾原则；总量控制原则②。岳爱臣在分析宁波工程学院专业设置和专业结构的基础上，提出新建地方本科院校专业结构调整必须遵循以下六个原则：适应需要原则；扬己之长原则；突出主体原则；增强适应原则；兼顾效益原则；培育特色原则③。郎耀秀从应用型本科教育这一视角出发，认为社会需求、教育规律和办学积淀是地方本科院校专业设置及其结构优化的主要考虑因素，提出应用型本科专业设置必须坚持社会需求与高等教育规律相协调、社会需求与自身办学能力相协调、眼前利益与长期发展目标相协调等三大原则④。

4. 对我国高等教育专业设置及结构调整与经济发展的研究

在国内，对于高等教育与经济发展有关的研究渐近成熟，学者曲绍卫长期从事知识经济与教育的关系研究，从高等教育经济职能的视角出发，系统阐述了高等教育与经济社会协调发展的观点。提出产业结构与高等教育结构辩证统一、相互影响的看法，描述了我国高等教育结构调整的背景，确立了高等教育结构整体优化的原则，构建了一个比较完善的高等教育与经济发展的良性互动机制⑤。尽管他探讨的是宏观层面的高等教育结构，但这一结构毫无疑问地包含了高校的学科、专业结构。

浙江工业大学汪晓村等学者从高等教育本身发展规律和社会经济发展需要这两个

① 徐秀萍："基于集群理论的高校专业设置"，《浙江教育学院学报》，2008（6）。

② 姜又春、杨吉兴："论新增地方本科院校专业结构调整的现状与原则——以怀化学院为例"，《当代教育论坛》，2009（6）。

③ 岳爱臣："论新建本科院校专业设置的一般原则——以宁波工程学院为例"，《宁波工程学院学报》，2007（4）。

④ 郎耀秀："试论应用型本科教育的专业设置"，《高教论坛》，2010（5）。

⑤ 曲绍卫：《经济视野中的高等教育》，中国海洋大学出版社，2006：161—171。

角度来分析高校专业设置的理念与机制，阐明了学科、专业设置与社会经济发展的逻辑关系，分析了市场经济条件下高校学科专业设置的影响因素，探讨了产业结构的调整对学科、专业结构变动的因果关系，提出了当今社会经济发展对高等教育人才培养的新要求，强烈建议浙江高校（尤其是地方本科院校）应对区域产业结构调整及时做好学科和专业结构调整。在全面调研和分析浙江省高校学科、专业现状与变动的基础上，通过与国际高校学科专业发展现状对比分析，提出了浙江省内高校学科、专业主动适应社会经济发展的机制（包括均衡机制、自我调节机制、监管机制）①。该论著的出版在省内高校有很好的反响，对全国高校专业设置和专业结构优化具有指导作用。

浙江万里学院钱国英、徐立清、应雄等学者从高等教育转型的视角专门探讨了浙江经济发达地区人才需求、专业设置的现状、特点与发展趋势，提出了地方性普通本科院校专业发展路径的选择：应用性定位是地方本科院校专业发展类型的首要选择；专业复合与模块化设置是多样化培养应用型本科人才的有利途经；区域化是地方本科院校形成特色专业的有效策略；课程体系优化是地方本科院校专业内涵建设的基本前提②。

浙江树人大学陈新民教授则从民办高校这一特殊办学主体出发，宏观描述全国民办高校专业结构现状，剖析了民办高校专业设置存在的问题，提出了民办高校专业设置改革和专业建设的基本思路。结合民办高校自身特点，作者提出了民办专业设置应该根据人才市场的需求设置专业，更应该注意和考虑市场的因素，如果不能根据当地产业政策的要求和产业结构的变化开设专业，那就不能为社会输送适销对路的人才，也就意味着死亡。同时，学校还应根据未来的发展趋势设置前瞻性专业、根据学校的可行性设置专业。作者同时也指明了民办高校学科、专业结构改革的新动向③。其实，其他地方高校与民办高校专业设置有相似之处，民办高校的专业设置原则对我们有较强的指导作用。

湖州师范学院校长胡璋剑教授从地方高校应用型人才培养视角出发，总结了应用型人才培养专业的主要特征和发展态势，分析了影响应用型人才培养专业设置的各种因素，提出了应用型人才培养专业设置的原则和依据。作者指出，地方经济社会发展需求是地方本科院校专业设置的首要依据，要针对地方经济社会发展对人才的需求合理进行专业设置，根据地方经济社会发展需求的变化及时调整专业结构。他认为，地方院校应用型人才培养必须要优化专业布局，建立专业的优胜劣汰机制，正确分析和处理弱势专业与优势专业关系，高瞻远瞩地做好专业设置和结构优化工作④。

---

① 汪晓村等：《论高校学科专业设置的理念与机制》，科学出版社，2008：29—198。

② 钱国英、徐立清、应雄：《高等教育转型与应用型本科人才培养》，浙江大学出版社，2007：55—66。

③ 陈新民：《民办高校人才培养模式改革的理论与实践》，浙江大学出版社，2007：55—75.

④ 胡璋剑：《应用型人才培养新论》，中国社会科学出版社，2009：66—85.

5. 对我国高校专业结构优化对策的研究

近年来，我国高等教育理论和实践工作者针对高校专业设置存在的种种问题，纷纷探讨存在问题的原因，试图寻找解决问题的对策。李云霞认为下放高校专业设置自主权，增加高校办学自由度是我国优化高校专业结构的首要措施。她认为，在市场经济背景下，专业设置审批权过于集中，不利于发挥部门、地方和高校的主动性、积极性和灵活性，也难以做到科学合理。强调要下放专业设置权，是因为它与大学的自主权紧密联系在一起，专业设置权与大学相伴而生，是大学天生的基本权利。国家下放专业设置权更有利于专业科学合理地设置与调整，高校办学自主权一旦确立，它就有强烈的市场主体意识，许多计划经济体制时期的难题迎刃而解。高校办学自主权的确立，就有利于形成基础专业与应用专业、传统专业和新兴专业兼顾，一般专业、优势专业和特色专业齐头并进的大好局面①。

张微认为高校当务之急是建立以市场需求为导向的专业结构优化机制。以市场需求为导向优化专业结构，就是要面向地方、依据市场、贴近行业设置专业。区域经济发展和市场需求是高校学科专业设置的支撑点，高校应与区域经济紧密结合，以适应区域经济社会发展、满足区域经济产业结构调整和升级的需要，进行自我定位、自我规划，实现高校与地方经济和市场的链接。学校应加强与行业、企业的联系，设立有行业专家参加的专业指导委员会，确定专业的培养目标、教学内容与企业需求一致，形成学校与企业互惠互利、良性循环的办学机制②。吴雪萍认为，以市场需求为导向优化专业结构，就是要适度超前地设置新专业。因为大学人才培养周期较长，起码也要3—4年时间，人才培养相对于瞬息万变的市场始终具有“滞后性”。所以高校要有超前的眼光把握和预测市场信息，增加预见性，切不要永远被市场牵着鼻子被动地奔跑③。

包镕认为，优化高校专业结构关键是建立专业的优胜劣汰机制。通过教学资源的优化配置，突出重点，加强特色和品牌专业建设，对专业定位明确、培养模式有特色、培养方案切实可行、有较强适应性的专业积极扶持；对有一定传统优势的老专业，在保持其专业特色和优良传统的前提下，通过更新其人才培养计划和课程设置实现专业升级，从而使其重新焕发活力；对一些办学条件差、市场需求不好的专业淘汰出局④。

---

① 李云霞：“关于我国高校专业设置的思考与建议”，华东师范大学硕士论文，2005：43—45。

② 张微：“高校专业设置与适应区域经济发展问题研究”，《经济研究导刊》，2008（6）。

③ 吴雪萍：《基础与应用——高等职业教育政策研究》，杭州教育出版社，2007：48—95。

④ 包镕：“地方高校专业设置的原则与措施”，《中国高教研究》，2008（1）。

（二）关于学科专业与就业相关性的研究

1. 对学科专业与就业的关系的面上研究

刘海燕、董晓东在《高校专业结构调整与大学生就业的关系》一文中对当前大学生就业状况及就业难的成因进行了分析，并提出了高校为促进就业在专业设置方面应采取的具体措施，即调整专业结构，适应产业结构；高校面向市场办学，调整学科专业结构；突出专业培养特色，增强其不可替代性。任海华在《高校专业设置与社会就业预警系统》一文中分析了高校专业设置陈旧对就业市场的负面影响，并提出要建立宏观全局有效性的就业预警系统，并反馈于学科专业的优化与调整。相关的研究还有辛宁、冯建民的《基于用人标准的高校专业设置》、关瑾、周海玲、孙绍荣的《就业视角中高校专业设置的问题与对策》、陆志荣、邓云晓的《以就业和市场需求为导向拓展并调整高校学科专业》、马晓国、管军、翟铁华的《旨在促进就业的高校专业设置调整问题研究》等等。

2. 对专业与就业不对口问题的分析

邓光平在《高校毕业生就业结构性失衡与教育过度探析》一文中认为高等教育发展中的潜在危机：毕业生就业结构性失衡，包括学科专业结构性失衡、层次结构性失衡、地区结构性失衡三个方面，并运用高等教育过度的理论分析了其对个人、社会、教育自身的负面影响。同时提出要调整结构、突出特色、优化人力资源配置，以促进高等教育可持续发展。何春华、张梦丽、陈辉等在《大学生就业专业不对口的现状与分析》一文中，针对大学生就业专业不对口的真实现状，并根据就业专业不对口的大学生主要就业流向，分析了大学生就业专业不对口现象产生的原因，即学校的教育体制及课程体系不合理、企业奢侈用人、短期效应、社会尚未建立有效的机制规范学校教育模式指导大学生就业方向，同时也提出了改革学校教育体制及课程体系、调整企业用人策略、建立招生就业调控机制等解决问题的路径。辛渐在《大学生就业专业难亟待加强专业忠诚度教育》一文就如何提高专业忠诚度进行了论述，即一是大一、大二打通专业，重点学习基础知识，只分专业大类，不做细分，三年级以后，开始明晰专业方向，供学生选择；二是专业分流，即准许学生转专业，前提是稳定正常的教学秩序、符合学校教育资源的合理分配、学生基础知识扎实，在此基础上进行适度的专业分流；三是通过辅修、选修的形式，扩大知识面，即学生在学习本专业的同时，可以到其他感兴趣的专业辅修；四是加强专业忠诚度的教育；五是要分学年度开展系统的职业规划教育。郭丽虹在《关于大学生就业专业不对口问题的思考》一文中从我国中等以上学校教育结构不合理、高校专业设置与人才市场需求的结构不相适应、用人企业与毕业生之间信息不对接、部分毕业生的综合素质和专业水平达不到用人单位要求四个方面分析了产生这一问题的原因，并提出了解决该问题的途径，即调整高等教育结构、加强高校招生专业结构的统筹、政府有关部门提供更好的信息服务、促进同行业高等教育资源的整合、加快高等院校内部的整体改革等五项具体措施。此外相关研究还有马杰的《我国高等教育市场供求的非均衡性分析与策略选择》，等等。

3. 对国外有益经验的借鉴

贾万刚在《大学专业设置与大学生就业相协调的国际经验及启示》中分析了美国、英国和日本三个国家在专业设置和就业相协调方面的具体做法。从美国来看，体现为四点：一是高校拥有学科专业设置自主权；二是强化以知识为主导的专业设置模式，淡化以职业为主导的专业设置方式；三是适应市场需要设置专业，保证人才培养目标的有效性；四是打破专业之间的壁垒，课程选择自由化。从日本来看，体现为两点：一是政府从宏观上自觉调整专业设置；二是大学按社会和产业发展的需要，对专业结构比例进行调整。同时，论者也就我国高等教育发展提出了自己的观点和看法，即要下放学科专业设置的权力于高校、实现学科专业设置三个面向：面向市场、面向学生、面向未来。

4. 专业设置与就业的实证分析

刘小强《人才培养分化与大学生就业关系的实证分析》一文通过对 8 所不同层次类型高校的人才培养方案进行实证比较分析，得出了专业人才培养目标、课程设置框架、主干课程和学科业必修课等存在高度趋同的结论，并提出解决大学生就业难问题，不仅要从调整学科专业结构、加强职业指导教育等着手，而且更重要的是还要在深层次上改革专业制度，促进高校人才培养的分化和特色形成。具体的操作路径体现在以下三个方面：一是改革单一学科内的专业设置办法，大力设置交叉学科、跨学科专业；二是扩大高校专业、课程设置的自主权，实现专业的自主创新和课程的特色设置；三是打破学科专业的组织壁垒，实现人才的交叉特色培养。卢兆彤、张彦娥等的《论招生就业状况与本科专业调整的关系——以中国农业大学为例》一文通过对中国农业大学不同专业招生、就业情况的数据比较分析，提出了根据就业和招生数据对专业进行综合评价的指标，进而提出了专业设置与调整的建议，具有较强的参考价值。此外，类似的研究还有李彬的《高校学科专业结构与大学生就业问题研究——以江苏省为例》、王默忠的《海南大学本科生就业现状与专业设置的调查分析》，等等。

二、理论辨析——探索提出“产业发展—用人需求—专业设置—人才培养—毕业生就业”的循环联动机制

在高等教育改革日益深入的今天，高校办学自主权进一步扩大，尤其是学科专业设置自主权进一步扩大。如何利用教育自身资源，分析查找其内在规律，引导高校更加理性、科学的设置学科专业，特别是本着“以人为本”的原则从就业状况的角度设置学科专业，这是当前我国教育行政主管部门急需解决的问题。

（一）循环联动机制的基本内涵

在广泛进行文献综述基础上，基于社会分工和劳动力市场学理论，充分考虑人力资源效益与人职科学匹配，深入分析经济社会产业发展、用人需求趋势与高校学科专业背景以及人才培养之间的关系，探索提出“产业发展—用人需求—专业设置—人才培养—毕业生就业”的循环联动机制，即：产业发展决定用人需求，用人需求主导专业设置，专业设置影响人才培养，培养质量关涉毕业生就业、毕业生就业推动产业发展，构建用人需求主导下的学科专业设置预测体系和专业设置调整的联动机制。

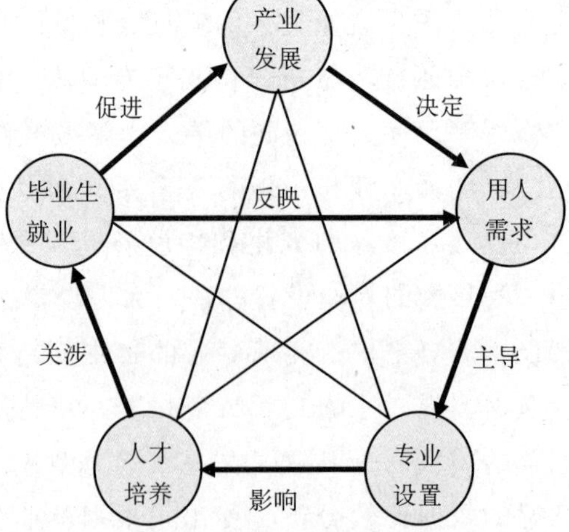

（二）循环联动机制的内在关系

循环联动机制共五个环节，五个环节按照“产业发展—用人需求—专业设置—人才培养—毕业生就业”的顺序动态循环，螺旋上升。与此同时，每一个环节与其他四个环节又交叉影响、相互辐射，形成双向影响和多元辐射关系。

联动循环关系。(1) 产业发展决定用人需求。产业是社会分工的产物，是生产力发展的必然结果。随着社会生产力水平不断提高，产业的内涵不断充实，外延不断扩展，对人才的需求日益呈多元化发展，即产业发展决定了社会对人才的需求，包括人才需求的数量、质量、结构。(2) 用人需求主导专业设置。高校是人才的产出部门、供给部门，社会是人才的接收体。就人才而言，高校与社会之间属供求关系，社会需要什么样的专业人才，高校就应该培养什么样的专业人才，社会用人需求主导着高校的专业设置，高校专业设置在一定程度上反映社会需求。与此同时，高校专业设置相对于瞬息万变的市场始终具有滞后性，同时有一些高校根据国家产业发展规划以及对市场的预测而超前设置专业，因而又具有前瞻性。(3) 专业设置影响人才培养。高校培养的是全面发展、具有创新精神与创造能力的高级专门人才，专业知识与专业技能是人才培养的一个重要环节。高校的专业设置决定了人才的培养方向，专业设置对接社会产业与社会分工。(4) 培养质量关涉毕业生就业。人才培养质量与毕业生就业成正相关关系，人才培养质量越高，毕业生越容易实现就业，反之，则就业相对困难。(5) 毕业生就业促进产业发展。通过高校的培养，大批知识型、专业型、技能型人才涌向各行各业，这种专业化的人才往往能够在各自岗位上创造出更多的社会价值，必然推动产业发展与升级。产业的不断发展与升级又对人才提出了新的要求，如此循环联动，螺旋上升。

双向影响关系。即产业发展间接影响专业设置，专业设置间接促进产业发展；用人需求主导人才培养，人才培养反映用人需求；专业设置影响毕业生就业，毕业生就业反馈调整专业设置；高校人才培养推动和服务产业发展，产业发展引导高校人才培养；毕业生就业反映用人需求，用人需求决定毕业生就业。

多元辐射关系。循环联动机制内，每一个环节与其他四个环节之间呈多元辐射关系：产业发展既直接决定用人需求、直接受毕业生就业影响，又关系高校专业设置与人才培养；用人需求既直接由产业发展决定、直接主导高校专业设置，又主导高校人才培养、关系毕业生就业；专业设置既反映用人需求、影响人才培养，又间接促进产业发展、影响毕业生就业；人才培养既直接受专业设置的限制、影响毕业生就业，又间接反映用人需求、推动和服务产业发展；毕业生就业既与人才培养直接相关、直接促进产业发展，又反映了用人需求、间接反馈调整专业设置。

（三）循环联动机制的启示与运用

从人才培养的角度看，高校不能在“象牙塔”中培养专门人才，人才培养不仅与内在的专业设置、毕业生就业直接相关，还处于产业发展、社会需求的外循环与交叉影响之中。大学要完成培养人才的功能使命，就应有更全面的宏观视域，以产业发展和社会需求为导向，以专业设置为手段和杠杆，以毕业生就业及其人生发展为归旨，更加注重实践教育，更加注重学生的能力培养、素质提升，实现高等教育全面、协调、可持续发展，这也是循环联动机制给我们的一个启示。

从专业设置的角度看，高校应遵循市场规律，以用人需求为导向来调整设置专业。根据循环联动机制各环节之间的双向影响和多元辐射关系，学科专业设置还应综合考虑产业发展、毕业生就业、人才培养等相关因素的制约，如根据国家或地区产业发展规划以及对产业发展走向的预测超前调整设置学科专业，根据学校人才培养的相关资源，包括师资队伍、教学设备等调整设置专业。

从毕业生就业的角度看，高校培养人才的最终目的是促进毕业生充分顺利就业，进而推动和服务产业发展。在循环联动机制内，毕业生就业不仅受人才培养质量的影响，同时又受社会用人需求和高校专业设置的影响，更受社会用人需求和高校专业设置对接程度的影响，对接程度越高，越容易实现就业。高校应围绕促进毕业生就业，以用人需求为主导合理调整设置专业，培养符合社会产业发展需求的适用人才。

这五个环节中，教育部门一般不能直接掌握产业发展和社会用人需求情况，但毕业生就业情况是可以直接掌握的资源。根据“毕业生就业反映用人需求，用人需求主导专业设置”的循环联动和交叉影响关系，可以通过建立某种数学模型，分析比较毕业生就业情况，反映社会用人需求，根据社会用人需求来调整高校学科专业设置，进而提高人才培养质量，促进毕业生更好地就业，以此更好地实现教育部门服务产业发展，推动生产力发展的功能与职责。这一联动机制的提出，对于发挥毕业生就业的导向功能，优化高校办学资源，提高人才培养质量，服务经济社会发展，具有重要意义。这也是本课题研究理念创新和理论特色的核心所在。

三、分析建模——初步构建湖南省高校学科专业设置调整之就业状况参数模型

课题组采集2008—2012届湖南省普通高校毕业生初次就业情况数据信息，分学历层次过滤出2010—2012届连续有毕业生的772个专业，其中研究生295个专业、本科196个专业、高职专科281个专业，从三个维度综合分析高校毕业生分学科专业就业情况，即同一学历层次不同学科专业就业率排名之平均值、同一学历层次不同学科专业历年综合就业率、同一学历层次不同学科专业就业率与该学历层次平均就业率的偏差之平均值。这三个维度各有侧重，第一维度重在当年各学科专业就业率之间排名比较，从学科专业内部进行比较预警；第二维度重在从总量上来分析单一学科专业的总体就业情况，把多年的办学规模合并计算，扩大计算基数，增加计算的准确性，更加注重宏观把握；第三维度重在比较当年各学科专业就业率与平均就业率之间的反差，以及这种反差的历时变化情况，是前两个维度的综合。将三个维度综合排序，能从内部与外部、微观与宏观、横向与纵向等方面有机结合，系统分析和反映学科专业就业率情况。对第一维度的就业率排名平均值，按照从小到大进行排序得到值；对第二维度的历年综合就业率，按照从大到小进行排序得到值；对第三维度的就业率偏差平均值，按照从大到小进行排序得到值；这样排序后得到的3个排序值均表示：数值越大，就业状况越差。再将这3个排序值相加，将和值从大到小排序，即和值越大，最后的综合预警排名值越靠前，就业情况越差。综合得出最后湖南省普通高校学科专业设置调整就业率预警对象分析汇总结果。我们利用这一参数模型，通过统计分析，列出《湖南省普通高校学科专业设置调整预警对象分析汇总表》，综合考虑市场需求、产业政策以及宏观经济环境，提出对学科专业调整及招生规模增减的意见和建议。对就业情况好的专业，根据市场和经济社会发展需求适当扩大专业布点和招生规模；对就业情况处于中等水平的专业适度控制专业布点和招生规模；对就业情况不佳的专业进行预警，适当缩减专业布点和招生规模；对就业情况较差、市场需求量极小的专业提出限制和撤销的建议。教育行政部门和高校设置调整学科专业时应充分考虑其就业状况，除非由于国家战略需要、教育资源优化需要，原则上不得增加靠前预警的学科专业布点和培养规模。

（一）数据取样

采集2008—2012届湖南省普通高校毕业生初次就业情况数据信息，分学历层次过滤出2010—2012届连续有毕业生的772个专业，其中研究生295个专业、本科196个专业、高职专科281个专业。

（二）分析维度

从三个维度综合分析高校毕业生分学科专业就业情况。

1. 同一学历层次不同学科专业就业率排名之平均值

$$\overline{PM} = \frac{(pm_{2008} + pm_{2009} + pm_{2010} + pm_{2011} + pm_{2012})}{N} \quad (1)$$

$\overline{PM}$—该学科专业在同一学历层次不同学科专业的就业率排名之平均值；

pm—该学科专业在当年全省同一学历层次各学科专业就业率中的排名；

N—有毕业生的届数。

$\overline{PM}$值越小，说明该学科专业就业情况越理想，反之证明就业情况越差。

2. 同一学历层次不同学科专业历年综合就业率，即用该学科专业五年来的就业总人数与毕业总人数的百分比

$$ZHJYL = 100 \times \frac{jyrs_{2008} + jyrs_{2009} + jyrs_{2010} + jyrs_{2011} + jyrs_{2012}}{zrs_{2008} + zrs_{2009} + zrs_{2010} + zrs_{2011} + zrs_{2012}} \quad (2)$$

$ZHJYL$—该学科专业的综合就业率（单位:%）；

$jyrs$—该学科专业当年的就业人数（单位：人）；

zrs—该学科专业当年的毕业生总人数（单位：人）。

$ZHJYL$值越大，说明该学科专业就业情况越理想，反之证明就业情况越差。

3. 同一学历层次不同学科专业就业率与该学历层次平均就业率的偏差之平均值

$$\overline{PC} = \frac{pc_{2008} + pc_{2009} + pc_{2010} + pc_{2011} + pc_{2012}}{N} \quad (3)$$

$\overline{PC}$—该学科专业与该学历层次平均就业率的偏差之平均值；

pc—该学科专业与该学历层次平均就业率的偏差值；

N—有毕业生的届数。

$\overline{PC}$值越大，说明该学科专业就业情况越理想，反之证明就业情况越差。

（三）综合模型

对第一维度的就业率排名平均值（$\overline{PM}$），按照从小到大进行排序得到值 $PM_{\overline{pm}}$；对第二维度的历年综合就业率（$ZHJYL$），按照从大到小进行排序得到值（PM_{zhjyl}）；对第三维度的就业率偏差平均值（$\overline{PC}$），按照从大到小进行排序得到值（$PM_{\overline{pc}}$）；这样排序后得到的3个排序值均表示：数值越大，就业状况越差。再将这3个排序值相加，将和值从大到小排序，即和值越大，最后的综合预警排名值（$ZHYJPM$）越靠前，就业情况越差。综合得出最后湖南省普通高校学科专业设置调整就业率预警对象分析汇结果。

$$ZHYJPM = (PM_{\overline{pm}} + PM_{zhjyl} + PM_{\overline{pc}}) \downarrow \tag{4}$$

$ZHYJPM$ —该学科专业的综合预警排名值（就业情况从差到好的顺序）；

$PM_{\overline{pm}}$ —该学科专业在同一学历层次不同学科专业就业率排名之平均值的排名值；

PM_{zhjyl} —该学科专业综合就业率的排名值；

$PM_{\overline{pc}}$ —该学科专业与该学历层次平均就业率的偏差之平均值的排名值。

综上数据运算后，可得出毕业研究生、本科毕业生及高职专科毕业生学科专业设置调整就业率预警对象分析汇总表。

（四）处理说明

1. 在三个维度的数据分析过程中，存在不同学科专业的维度值相等的情况，我们注意通过技术处理，使之得到的排名值也相同。

2. 上述三个维度各有侧重，第（1）维度重在当年各学科专业就业率之间排名比较，从学科专业内部进行比较预警；第（2）维度重在从总量上来分析单一学科专业的总体就业情况，把多年的办学规模合并计算，扩大计算基数，增加计算的准确性，更加注重宏观把握；第（3）维度重在比较当年各学科专业就业率与平均就业率之间的反差，以及这种反差的历时变化情况，是前两个维度的综合。三个维度综合排序，能从内部与外部、微观与宏观、横向与纵向等方面有机结合，系统分析和反映学科专业就业率情况。

3. 从就业率这一单一指标来看，本研究是比较客观和全面的，统计分析结果命名为“高校学科专业设置调整就业率预警对象”，也是比较准确的；但本研究没有从工薪收入、就业满意度、工作与学科专业相关度等其他方面来综合研究学科专业设置调整的预警问题，难免存在遗憾与缺陷。

第三部分　结　　论

一、研究成果

通过文献综述、理论辨析、调查统计、分析建模以及实践应用，综合同类理论研究和实际工作需要，深化了对高校学科专业设置调整与毕业生就业之间关系的认识，积累和统计分析了大量的相关数据资料，构建了初步的分析模型，出版了分析报告，提出系列政策建议并被教育行政部门采纳使用。从理论层面来看，研究者提出了构建“产业发展—用人需求—专业设置—人才培养—毕业生就业”的循环联动机制的核心理念；还结合当前市场调节人才需求日益增强的趋势，提出要全面了解社会经济变化和人才需求信息，并定期公布，引导高校根据社会经济的发展和人才紧缺情况，及时调整学科和专业设置，并进一步提出了建立反映社会对人才需求的预测体系的研究展望；提出了专业设置应采取注重特色的非均衡发展策略，认为在市场经济条件下，高等教育买方市场的形成，意味着受教育者将有更明确的需求和更多的选择机会，高校应结合自身办学条件，通过重点投资，有所为有所不为，有计划地重点建设一些能推动地区经济与社会发展的特色专业、优势专业，形成核心竞争力，使专业调整与改革朝着有利于科技发展、社会进步和市场应变能力的方向迈进。从实践层面来看，课题研究力求实现理论研究成果向现实政策操作层面的转化，以期实现理论研究成果的再深化与再丰富。湖南省教育厅在相关文件的制定和执行中参考使用本课题研究成果便是最好的例证。

为更好的推动研究成果向政策层面的转化，提升研究成果的应用范围，课题组向有关职能部门提出一系列研究报告和对策建议，包括《湖南省普通高校 2011 届毕业生就业报告》和《湖南省普通高校 2012 届毕业生就业报告》，湖南省教育厅充分采纳课题研究建议，先后制定了一系列政策措施，包括《关于启动实施湖南省普通高校“十二五”专业综合改革试点项目的通知》（湘教通〔2012〕112 号）、《关于公布湖南省普通高校“十二五”专业综合改革试点项目的通知》（湘教通〔2012〕266 号）、《转发教育部办公厅关于做好普通高等学校现设本科专业整理和 2012 年度普通高等学校本科专业申报工作的通知》（湘教通〔2012〕586号）、《关于开展湖南省“十二五”重点学科年度检查工作的通知》（湘教通〔2012〕619号）、《关于对职业院校重点建设专业大类进行适当调整的通知》（湘教通〔2012〕166号）、《关于做好2013年度高职学院、成人高校新增专业条件审核和拟招生专业备案工作的通知》（湘教通〔2012〕620号）等具体文件，在推动和部署高校学科专业建设过程中充分考虑了其就业情况。在工作文件拟定时明确提出就业和用人需求导向，在具体评审综合改革试点专业、检查重点学科建设、调整职业院校重点建设专业大类、审核新增专业等工作中，都参考使用了课题组研发的“高校学科专业设置调整之就业参数重点对象”。同时，湖南省于2012年下发《关于开展全省普通高等学校毕业生就业工作“一把手工程”督查的通知》，明确要求“坚持开展毕业生就业状况调查分析，以就业和社会需求为导向，调整学科专业结构，推动教育教学改革，不断提升人才培养质量”，并组织了具体实施，对督查评定结果进行了通报。

二、该领域尚待进一步研究的主要理论和实际问题

整体而言，本课题的研究倾注了课题组成员的大量心血，形成了具有一定理论和应用价值的研究成果，对高校学科专业设置与调整有一定的指导意义，但因为研究时限和相关技术问题，学科专业设置预测系统的建立和完善尚需假以时日，比如在分析建模过程中，从就业率这一单一指标来看，本研究是比较客观和全面的，统计分析结果命名为“高校学科专业设置调整就业率预警对象”，也是比较准确的；但本研究没有从工薪收入、就业满意度、工作与学科专业相关度等其他方面来综合研究学科专业设置调整的预警问题，难免存在遗憾与缺陷。这也是我们今后在理论研究和工作实践中需要大力加强的一个方面。我们也相信，随着学科专业设置、就业与市场联系度的日益增强，有关三者的动态关联性研究会愈来愈深入，定能为高等教育内涵发展提供新的理念与启示。

课题组主要成员：申纪云、郭建国、曹　敏、张　平、夏学军、钟秋明、李昌维、周　军、汤福球、陈绪清、郭尚武

参考文献

[1] 汪晓村、鲍健强、池仁勇等："我国大学本科专业设置与调整的历史演变和现实思考"，《高等教育研究》，2006（11）。

[2] 周光礼、吴越："我国高校专业设置政策六十年回顾与反思——基于历史制度主义的分析"，《高等工程教育研究》，2009（5）。

[3] 黄宇、袁旭、唐春生等：《广西高等学校专业结构调整的理论与实践研究》，广西师范大学出版社 2008 年版。

[4] 董新伟、杨为群：《振兴辽宁老工业基地背景下高等职业院校专业设置与调整研究》，东北财经大学出版社 2009 年版。

[5] 汤智："高校专业和课程设置依据的哲学思考"，《现代教育科学》，2003（6）。

[6] 蔡文伯、高芳："改革开放 30 年我国高校专业设置的价值取向"，《大学（研究与评价）》，2009（2）。

[7] 邓岳敏："我国高校专业设置趋同问题探析"，《广东工业大学学报（社会科学版）》，2009（2）。

[8] 周亚夫："普通高校本科专业设置问题探讨"，《西南民族大学学报（人文社科版）》，2005（11）。

[9] 徐秀萍："基于集群理论的高校专业设置"，《浙江教育学院学报》，2008（6）。

[10] 姜又春、杨吉兴："论新增地方本科院校专业结构调整的现状与原则——以怀化学院为例"，《当代教育论坛》，2009（6）。

[11] 岳爱臣："论新建本科院校专业设置的一般原则——以宁波工程学院为例"，《宁波工程学院学报》，2007（4）。

[12] 郎耀秀："试论应用型本科教育的专业设置"，《高教论坛》，2010（5）。

[13] 曲绍卫：《经济视野中的高等教育》，中国海洋大学出版社 2006 年版。

[14] 汪晓村等：《论高校学科专业设置的理念与机制》，科学出版社 2008 年版。

[15] 钱国英、徐立清、应雄：《高等教育转型与应用型本科人才培养》，浙江大学出版社 2007 年版。

[16] 陈新民：《民办高校人才培养模式改革的理论与实践》，浙江大学出版社 2007 年版。

[17] 胡璋剑：《应用型人才培养新论》，中国社会科学出版社 2009 年版。

[18] 李云霞：《关于我国高校专业设置的思考与建议》，华东师范大学硕士论

文，2005。

［19］张微："高校专业设置与适应区域经济发展问题研究"，《经济研究导刊》，2008（6）。

［20］吴雪萍：《基础与应用——高等职业教育政策研究》，杭州教育出版社 2007 年版。

［21］包镕："地方高校专业设置的原则与措施"，《中国高教研究》，2008（1）。

［22］申纪云："以素质教育为导向培养创新型人才"，《中国高等教育》，2011 年 Z3 期。

［23］申纪云："纠正偏差 协同互补 创新高校学科管理模式"，《中国高教研究》，2010 年第 10 期。

［24］申纪云："激活产学研结合的问题与对策研究"，《中国高等教育》，2010 年第 02 期。

［25］申纪云："高校科学研究应当处理好六个关系"，《中国高教研究》，2009 年第 20 期。

［26］申纪云："在 2009 年财经类高等学校本科人才培养工作研讨会暨高等财经院校第三届校长论坛上的讲话"，《湖南商学院学报》第 16 卷第 6 期。

［27］申纪云："优化专业结构 提升高教质量——湖南省大力推进专业结构调整的实践与思考"，《中国教育报》，2008 年 11 月 24 日。

［28］申纪云："关于全面准确把握高校学科建设的思考"，《中国高等教育》，2008 年 Z2 期。

［29］申纪云："育人为本理念中的高校学生管理"，《中国高等教育》，2007 年第 10 期。

［30］申纪云："大学是经济次发达地区自主创新主体"，《中国高教研究》，2007 年第 04 期。

［31］申纪云："明确定位规范管理促进现代远程教育健康发展"，《中国高教研究》，2004 年第 01 期。

［32］申纪云："加快高校科技发展 服务湖南'三化'建设"，《当代教育论坛》，2003 年 09 期。

［33］申纪云、彭小奇："关于浙江大学学科建设情况的调查报告"，《当代教育论坛》，2003 年第 06 期。

［34］申纪云：《大学生职业发展与就业指导》，新世界出版社 2008 年版。

［35］申纪云等：《提高高校贫困生能力优秀论文集》，湖南师范大学出版社 2007 年版。

课题编号：12jycy011

系统工程视角下的大学生就业引导工作模式研究

课题承接单位：上海交通大学

摘　　要

本研究紧扣“当前用人单位招聘难，大学生求职难”的现实境遇，以提升毕业生有效就业输送为目标，在总体上采用系统工程方法，解析基于国民经济和社会发展“十二五”规划的细分地域和相关产业领域的人才需求与毕业生供给关系，构建一套可以解析在宏观社会发展需求的大学生就业引导工作模式。高校大学生生涯发展支持的关键在于就业引导。以就业引导为核心的生涯发展支持体系不同于生涯发展的咨询个案问题关注，而是需要系统地推进，建立一个全程多维生涯成长支持的体系。我们需要构建新型的知识结构 ASK 能力模型，并建构基于 TAC 视域下的职业世界解析的 NFCD 方法，及时掌握经济和社会发展最新动态，对社会的需求作出快速调整，以促进人才输送与社会需求的匹配。

第一部分　导　　论

一、研究目的及意义

本课题从“当前用人单位招聘难，大学生求职难”的现实境遇出发，以提升毕业生有效就业输送为目标，在总体上采用系统论综合集成方法，解析基于国民经济和社会发展“十二五”规划的细分地域和相关产业领域的人才需求与毕业生供给关系，构建一套可以解析在宏观社会发展需求的大学生就业创业引导工作模式，以促进人才输送与社会需求的匹配。

二、研究基础及框架

在具体内容的开展中，本研究第一部分首先聚焦在高校现有的就业创业引导工作的现实状况上，通过研究美国、英国、日本等国外主流大学生就业创业指导模式，比照我国高校目前就业创业指导工作，解析现有的就业创业引导模式对学生专业选择与就业影响、创业选择领域及方向、课程教学及实践环节设计等具体环节梳理工作的目标性及有效性，总结现有模式中的成功经验和不足。第二部分，通过调研，发现在现有的工作体制下，高校就业创业指导方面的内容相对较为短视，容易集中在西方成熟生涯理论的套用和现实求职技巧的提升，而忽视对国家社会经济长期发展状况的解读，这常常导致大学生就业视野局限，不能长远地规划自己的职业生涯，出现“短视性”就业现象。

在本研究中发现，目前微观层面的生涯发展理论还是以西方的理论为主，对于西方理论系统的评述有助于在国家战略的框架内构建适合本土的理论体系，从而促进高校生涯教育体系的完善。但从目前中国宏观的经济现实来看，大学生就业不足表象为供大于求，但实质上是结构型人力资源配置失衡，因此，用人单位招聘合适的人难和大学生就业难的矛盾并非不可协调，准确的宏观经济学层面的理论分析和基于钱学森系统论思想对于下一步的生涯发展理论的完善和修正有着十分重要的意义，也为就业引导应该符合国家战略和经济转型规律奠定了基础。因此在本研究的第三部分，主要立足于宏观经济大背景和“十二五”规划在人才需求角度的解析，对相关细分地域和产业领域两个维度的人才发展新趋势和新导向进行政策解读，构建地域“十二五”规划和相关产业发展的人才需求趋势模型。

通过以上研究成果的积淀，在本研究的第四部分得出一些具体的研究结论。具体而言，高校高质量的学生就业在于学生经过发展后的人职匹配和社会发展人才需求得以充分满足，因此高校大学生生涯发展支持的关键在于就业引导。以就业引导为核心的生涯发展支持体系不同于生涯发展的咨询个案问题关注，而是需要系统地推进，建立一个全程多维的体系。这个全程多维的体系需要依靠不同的参与对象共同实施完成，从高校就业管理部门的角度，本研究依据系统工程的方式结合学生生涯发展的共性问题，利用现有的生涯发展支持手段，通过历时性和共时性进行环节设计，为学生搭建一个能够全程参与并从多方面体验生涯成长的支持体系。从学生成长的角度，本研究构建了新型的知识结构 ASK 能力模型，并建构基于 TAC 视域下的职业世界解析的 NF-CD 方法，及时掌握经济和社会发展最新动态，针对社会的需求作出快速调整。

就业引导的核心是价值观的影响和就业力的培养，这是基于强调正确的生涯视角建立、渐进的生涯思维逻辑和真实的正向体验，是不同于传统的生涯咨询辅导的，其着眼点并非在于解决学生的具体问题，而是有助于形成学生生涯发展的系统逻辑思维。本研究将大学生生涯发展融入整个国家层面的经济和社会发展中，旨在建立一种基于国民经济和社会发展的就业创业引导模式和全程多维的生涯辅导体系，促进大学生充分且高质量就业，进而促进宏观高素质的人力资源的优化配置。

第二部分　课题研究内容

一、国内外大学生生涯辅导的现状与特点

本部分研究首先聚焦在高校现有的就业创业引导工作的现实状况上，通过研究美

国、英国、日本等国外主流大学生就业创业指导模式，比照我国高校目前就业创业指导工作，解析现有的就业创业引导模式对学生专业选择与就业影响、创业选择领域及方向、课程教学及实践环节设计等具体环节梳理工作的目标性及有效性，总结现有模式中的成功经验和不足。

（一）国外大学生生涯辅导的现状和特点

美国、英国和日本，大学生的生涯辅导起步比较早，并形成了较为完备的生涯辅导体系。这些发达国家在大学生生涯辅导和就业指导方面，积累了丰富的经验，形成了鲜明的特点，这些都对我们国家大学生的生涯辅导工作具有较好的指导和借鉴意义。

1. 美国的大学生生涯辅导

在美国，大学毕业生就业是在市场调解下通过供需双方的双向选择实现的，但是每所高校都会努力为学生找到理想的工作，提高学生的就业率，以此来提高学校的声誉，吸引更多的生源。美国大学生生涯辅导和就业指导的特点可以概括为：

（1）健全的法律政策保障制度。美国就业法律制度的突出特点就是就业公平，严格约束就业歧视现象，严格要求就业管理制度。1973 年，美国政府综合《社会保障法》《人力开发培训法》等几个法案，颁布了《综合就业与培训法》，成为美国官方人力资源管理与开发的一个综合性法规。在行政管理体制上，美国设立了专门的“就业机会均等委员会”，负责少数民族的就业管理事务；同时，在劳工部专门设立了“妇女事务局”，负责改善劳动妇女的福利、工作条件和增加妇女就业机会。

美国联邦政府为了鼓励大学毕业生到特定的地区工作或从事特定的职业，采取许多激励措施，其中最为常见的做法是减免学生的贷款。除了联邦政府的贷款减免政策之外，各州还有不同的政策规定。美国还有一些就业政策支持学生的还贷计划，但不属于政府的贷款减免。

（2）科学的择业观教育。在美国，高校学生就业从某种程度上来说是属于学生自己要解决的问题。从事什么工作和职业是由自己的综合能力和人力资源市场的供需状况决定的。因此，他们已经树立了在高等教育大众化背景下的就业大众化的观念，主动地根据社会需要充实和完善自己是他们的唯一选择。高校考虑的是如何使自己的学生具有更强的竞争力，去满足人力资源市场对人才的需求。无论是学生还是高校都是以市场和竞争为前提来考虑就业问题。

另外，美国从小学到大学乃至研究生阶段，普遍开设创业教育课程。截至 2006

年，美国已有1600多所高等院校开设有关创业课程，并已经形成了一套比较科学、完整的创业教育教学和研究体系。[①]

（3）系统化的生涯指导。美国学校一般都设有生涯辅导机构，学校生涯指导的内容涉及了自我认知、行业分析、生涯发展、就业技巧等，指导的形式主要有讲座、报告、咨询、模拟和测评等。

美国高校对大学生的生涯辅导贯穿了整个大学生涯。大学一年级主要帮助学生了解市场需求，进行职业启蒙；大学二年级通过人才测评等手段来认识自我，从而选择更适合自己的专业；大学三年级，再进一步了解市场需求，积极参与社会实践，为未来就业做好准备；大学四年级进行专门的求职训练，组织各式各样的辅导学生就业的活动。

（4）全方位的就业服务。在美国的高校中，生涯指导工作的参与面非常广泛，包括政府有关部门、各行各业的协会组织、社会研究专家、就业指导专家以及校内的专业教师、行政人员、学生会组织、学生社团、专业学会，等等，高校一般都建有“就业咨询委员会”、“校友事业网络”等机构来为学校的生涯辅导和就业指导活动出谋划策，使指导活动的效果更加明显。

大学生的创业教育也是很多高校管理层重视的工作，高校联合政府和社会为大学生创业者提供了便利的条件，包括简便的新公司申请手续、健全的信用制度、充足的资金支持、广泛的社会援助等。同时，灵活的教育体制还为大学生创业提供了充裕的时间。[②]

（5）完善的网络信息支持系统。在美国，高度自由的市场经济决定学生的就业情况。美国在网上招聘方面非常成功，美国劳工部在全国各地采集数据，发布未来十年的就业环境和各行业的需求，分析各行各业的需求形势，每两年微调一次，并结集出版，成为美国大学生人手一册的就业“圣经”。[③] 由美国政府投资，劳工部面向公众建立了统一的网站，为用人单位和大学生提供交流的平台。

2. 英国的大学生生涯辅导

在英国，大学生就业问题受到社会的普遍关注，无论是政府还是学校和社会都高度重视大学生的就业指导服务工作。总的看来，英国大学生的生涯辅导工作现状和特

① 章勇刚：“美国创业教育的特点”，《上海教育》，2006.06。

② 房国忠、刘宏妍：“美国大学生创业教育模式及其启示”，《外国教育研究》，2006.12。

③ 罗乔欣：“国外大学生如何找工作”，《北京现代商报》，2003-06-24。

点主要表现在以下几个方面：

（1）专业化的生涯指导队伍。英国高校拥有完备的专业化的生涯辅导队伍，就业中心的工作人员主要包括职业顾问和信息职员。职业顾问往往具有心理学和教育学学科教育背景，同时具有在大型企业和相关部门从事人力资源管理的工作经历，系统的理论知识和丰富的实践经验结合在一起。信息职员则具有在图书馆工作的经历或者学科背景，能够承担起就业信息导航服务和资料编辑整理出版的工作。

以牛津大学为例，牛津大学的就业服务中心有1名主任、2名副主任、12名就业指导师、5名负责信息管理咨询的人员，此外，还有秘书、负责招聘会以及印刷等工作的人员，共计35人，是全英国最大的高校就业服务中心。就业服务中心一年的经费中，3/4由学校拨给，1/4来自为招聘单位服务的收费和赞助。①

（2）完备的政策支持。在提升大学生就业能力方面，英国积极借力于社区与企业资源，突显政策的亮点，集中体现在以下两项重大举措。一是充分利用志愿者行动为学生提供获得及积累实践经验的机会。二是为支持高等教育与企业之间在知识技能方面的交流与开发，提供高等教育创新基金。

（3）优质的就业服务。英国将生涯指导融入大学课程设计之中，并广泛运用信息与通信技术，使其职业服务独具匠心。以牛津大学为例，学校设立职业服务处，为该校学生提供平等、充分的信息，以帮助学生进行职业决策。此外，牛津大学还从需求角度为雇主提供服务：让雇主免费为学生发放职位空缺广告，请熟知行业情况的专职顾问为雇主招聘提供专业建议，邀请雇主参加职业服务处组织的招聘会及招聘者培训等活动。

值得一提的是，牛津大学职业服务处不仅为即将毕业的大学生提供服务，而且为低年级学生和毕业一年以内的本校学生提供就业指导和就业服务。

3. 日本的大学生生涯辅导

众所周知，日本是一个非常重视教育和学历的国家，拥有发达的高等教育体系。日本有1000多所大学和初级学院，除美国之外，日本在发达国家中拥有最大的高等教育体系和高等教育规模。② 二战后，日本的高等教育在相当短的时间内实现了“大众化”，并且进入了“普及化”阶段。③ 我国的高等教育发展历程和日本相似，又同处于

① 李国忠：“就业指导在牛津大学”，《中国青年报》，2002-08-07。

② 马萍：“日本大学生就业状况及启示”，《山西高等学校社会科学学报》，2006.04。

③ 陈宓、梁卫格：“日本促进大学生就业的措施及启示”，《日本问题研究》，2008.03。

儒家文化圈内，因此，日本在大学生生涯辅导和就业指导上的经验更值得我们借鉴。

（1）针对性的生涯指导。在提供职业指导方面，日本针对不同就业群体的不同需求，分层次分类别地采取不同措施，以促进就业匹配。一是对大学毕业生的就业支持。公共就业保障办公室根据毕业生的特定需求提供就业信息、就业咨询与配置服务。二是对就业不稳定毕业生的就业支持。1997 年以来，毕业后找不到全职就业、长期从事间断工作或者完全失业的青年大幅增加。因此，各地就业保障办公室开始在城市社区实施个性化就业服务政策。三是启蒙毕业生的工作意识。毕业生不稳定就业的加剧与其工作意识淡薄密切相关。为此，政府积极实施在校学生的就业指导与实习政策。四是加强公共职业培训。日本的公共人力资源开发机构对学校毕业生的培训期限通常为1—2 年。五是在就业机会上强调男女平等。确保公司了解《平等就业机会法》，纠正歧视性的招聘；为女大学生举办研讨会，发放招聘指导手册，帮助她们选择适合自己能力和资质的工作。

（2）积极的就业政策。在创造工作岗位方面，日本的政策措施颇具特色。1994年，日本劳动省启动“全面就业支持计划”，期望能创造大约100 万个工作岗位。1999年，日本政府启动《第九个基本就业计划》其政策的特点是改变以往向现有企业提供补贴以鼓励它们雇佣失业者的传统做法，而实施通过促进创立新企业而创造新工作岗位的新措施，其核心包括降低总体失业人数的补贴、改进特定地区就业形势的补贴以及取消因坏账引起的失业增加的紧急补贴。

（3）制度化的生涯指导。进入大学四年级的学生需接受长达一年之久的生涯指导。日本的大学，尤其是私立大学的学生生涯指导工作已经形成了一套制度化的程序，一般分为三个阶段。首先是自我分析阶段，这个阶段是学生对自己的个性特点等进行全面的了解，为今后选择职业奠定基础。其次是就业准备阶段，向学生介绍当前的经济形势、就业形势、行业发展状况等。最后是就业实战阶段，每个学生需要作出职业选择。参加企业的应聘面试。

（4）全程化的生涯教育理念。随着职业生涯发展理论的提出，日本的就业指导理念也发生了变化。由单一的择业指导延伸到生存方式的指导，将职前、职中、职后全部纳入，形成生涯辅导理念。[①] 1998 年，日本提出从小学开始实施就业和创业教育，将创业教育纳入国民教育体系之中。日本小学课前有个“早起会”，敦促孩子们很早就起来，利用早上课前的两三个小时给人送报纸，送餐饮。目的是培养学生从小养成创业心理意识和意志品质。[②]

---

① 刘炳赫：《日本高校学生就业指导理念与实践研究——兼谈对我国的启示》，东北师范大学，2007：10。

② 李新仓、杨晓非：“国外高校创业教育实践及对我国的启示”，《教育探索》，2008.9。

在高校，从大学一年级开始，就对学生进行职业生涯发展方面的教育、指导和服务。

（二）我国大学生生涯辅导的现状和问题

随着我国高校的扩招，毕业生的日益增加，大学生就业问题逐渐成为了社会普遍关注的话题。作为合理配置人力资源，促进学生就业的有效手段，大学生的生涯辅导和就业指导工作越来越受到重视，各高校在工作理念、职能定位、就业机构设置、人员配置等方面都形成了自己的特色。我们选取清华大学、复旦大学、上海师范大学和上海第二工业大学，介绍目前全国高校大学生生涯指导和创业教育工作的四种典型模式。

1. 创新创业教育模式

“十二五”规划指出：深入实施科教兴国战略和人才强国战略，加快建设创新型国家。战略性新兴产业的发展将为大学生就业提供广阔的空间。自 1983 年以来，清华大学举办了首届“挑战杯”学生课外学术科技作品竞赛暨展览交流会，30 年创新创业教育的发展使清华大学确立了“高素质、高层次、多样化、创造性”的创新人才培养模式，学校也积极发展了以“挑战杯”科技作品竞赛与展览为龙头的学生课外创新竞赛体系，激励大学生投入到创新创业挑战中，催生了一批代表性的创新成果和创业企业。

2. 职业发展教育模式

复旦大学在多年对大学生进行就业指导工作中，经过摸索不断积累经验，逐渐形成了独具特色的大学生就业指导模式。复旦大学的职业发展教育与就业指导工作实行三级组织架构体系，具体为“学生职业发展指导委员会”领导下的学生职业发展教育服务中心、院系学生职业发展办公室和辅导员。

复旦大学成立了“学生职业发展指导委员会”，建立起了校级学生就业工作领导机构。帮助学生了解职业发展的内涵和自我职业倾向，唤起学生进行全面素质提升的自觉性；帮助学生了解社会职业环境，养成职业理念，拓展能力素养。院系还建立了职业发展指导办公室，安排专职人员负责学生职业发展和就业指导工作。

复旦大学以“人生发展”为理念，通过多种形式为全校学生开展生涯教育和就业指导，进行了有效有益的尝试，复旦大学的职业发展教育模式也被越来越多的高校所接受。

3. 毕业生就业指导模式

上海师范大学作为一个以师范专业突出的高校，在多年的就业指导工作中也形成了独具一格的特色。上海师范大学成立了“毕业生就业工作委员会”。该委员会对全校学生的就业工作起着领导和协调作用。

学校的就业指导中心作为学生就业工作的职能部门帮助毕业生办理各种就业手续；开展毕业生就业咨询服务；为毕业生提供就业信息服务；开拓毕业生就业市场；开展有关学生就业的科学研究工作。各个学院成立“就业工作小组”，具体负责学院毕业生就业工作的实施。

目前，我国多数高校存在的就业指导模式与上海师范大学的类似。传统的就业指导工作往往针对大学生的毕业阶段，为他们分析就业形势，讲解就业政策，收集就业信息，传授求职技巧。这种粗放型的就业指导模式较少关注学生职业生涯的发展，难以顾及学生发展的个体性、独特性。

4. 招生就业相结合的模式

上海第二工业大学将原来分开的招生办和就业办合并，独立设置了招生与就业指导中心，全面统一负责全日制本科、高职的招生和毕业生就业指导工作。学校积极为社会培养各类应用型人才，在教学内容上导入行业标准、企业要求，推行就业准入机制，为学生个性发展和职业技能的提高提供了空间和时间。学校招生与就业指导中心在就业教育方面，以菜单式或自主点名授课等形式，为全校学生开展就业指导活动。

我国现有部分高校其招生部门和就业部门是结合在一起的。这种就业指导模式具有的最大优势在于能够使“进口出口”相互协调，并形成整体优势，由就业影响招生，招生带动就业。这种模式一个十分有效的功能在于就业市场的开拓和向社会推荐毕业生。但是由于其招生和就业结合为一体的工作体系及人员场地等资源配置方面的有限性，极大地制约着生涯教育和就业指导工作的深入开展，在生涯教育和就业研究方面无法满足当前新的形势和要求。

5. 我国大学生生涯辅导存在的问题

近年来虽然各方力量对大学生就业指导普遍重视，但作为直接实施指导活动的高校，对如何开展生涯辅导、创业指导、组建何种工作体系、如何使就业创业指导个性化、专业化等一系列问题把握不准。同时，在就业引导方面，过度以“就业率”为指标而忽视就业质量的指导理念依然非常普遍，没有将学生的生涯发展和国家战略、社会变迁和经济发展紧密结合在一起。指导中存在的这些共性问题直接影响着高校生涯辅导和就业指导工作的深入开展。

（1）生涯辅导的不连续性。生涯指导过程太短，指导的内容太窄，变成了一种“季节性快餐”。因此，生涯指导的对象不能仅限于大四毕业生，应该面向其他年级的学生，针对不同年级学生的特点，有计划、分层次地进行指导，贯穿整个大学生涯。

（2）生涯辅导的浅层化。许多高校并未开展经常性、连续性的生涯教育工作，生涯教育的深度和广度方面仍需大力加强。生涯教育内容缺乏系统性和科学性。面对就业新形势，要求我们对学生的职业价值观、职业技能、求职技巧进行全方位的指导和培训。

（3）对国家宏观政策解读不足。目前，我国大学生生涯教育内容方面比较忽视对国家发展规划的讲解。这往往导致大学生就业时视野局限，未能够长远规划自己的职业生涯，出现了“短视性”就业现象。高校等方面负责生涯指导工作的教师应该高度重视就业形势分析和对国家发展规划的解读，帮助学生及时深入地了解当前及将来我国的经济结构、产业布局、发展趋势等情况。

（4）指导形式的单一化。指导形式的单一乏味是当前我国高校生涯教育中存在的又一问题。生涯辅导理论方面需要综合运用心理学、社会学、市场学、管理学和教育学的相关知识，培养和提升学生各方面的综合素质和竞争能力。大学生从自身实际情况出发，结合自身实际，根据学校的类型、特点进行各自不同特色的生涯教育和就业指导工作。①

（5）生涯指导队伍的混杂化。目前，我国大多数高校都成立了大学生就业指导部门，但从业人员的专业化程度不高，难以根据学生具体情况提供专业化、差异化的生涯辅导和就业指导。生涯指导队伍职业素养不高以及专职人员的缺乏，决定了生涯教育质量的不尽如人意。

（6）辅导体系不够完备。生涯辅导体系完备，一方面是指生涯辅导主体多样化，

---

① 刘晨、宫海丽：“国外大学生就业指导工作对我国的启示”，《科技情报开发与经济》，2008.31。

大学、企业和社会都是大学生生涯辅导的主体，政府则主要进行宏观就业政策方面的管理；另一方面是指生涯辅导机构比较完备，高校就业指导中心、企业的人事部门以及一些社会机构相互补充、相互作用。①

(7) 个性化发展支持体系缺乏。目前我国的生涯指导和教育还是“撒胡椒面”式的“普惠制”生涯发展体系，对于大多数高校而言，生涯类的课程、辅导往往都是来者不拒，越多越好。在生涯指导的过程中，作为学校层面，必须设置相应的甄别和筛选体系。

(8) 就业引导机制尚待完善。当前大多数高校主要侧重于就业信息、技巧等方面的就业指导，较少涉及对大学生的人生观、世界观和价值观引导。在大学阶段，应构建从生涯意识建立到信息引导的模式。

二、大学生生涯辅导相关理论和现状综述

(一) 大学生生涯辅导的相关理论

在本研究中发现，目前微观层面的生涯发展理论还是以西方的理论为主，对于西方理论系统的评述有助于在国家战略的框架内构建适合本土的理论体系，从而促进高校生涯教育体系的完善。

当前存在的生涯辅导理论主要集中在三大层面：一是宏观层面的经济学中的相关理论；二是微观层面的生涯发展理论，主要包括个体生涯发展理论和生涯教育理论；三是钱学森系统论思想。

1. 宏观经济学有关理论

从中国目前的现实来看，大学生就业不足表现为供大于求，但实质上是由于结构型人力资源配置出现了失衡，准确的宏观层面的理论分析则对于下一步的生涯发展理论的完善和修正有着十分重要的意义，也为就业引导应该符合国家战略和经济转型规律奠定了基础。本课题结题报告中提到的相关理论主要有：职业搜寻理论、结构性失

① 靳海燕：“国外大学生就业指导工作对我国的启示”，《黑龙江高教研究》，2005.02。

业理论、二元劳动力市场理论、产业结构和就业结构互动理论、人力资本理论。

2. 个体生涯发展和教育理论

微观层面的生涯发展理论目前还是以西方的理论为主，代表性的理论包括了生涯类型论、特质—因素论、终身职业生涯发展理论、个人建构理论、生涯决定理论等。生涯教育理论主要涵盖了认知信息加工理论、社会学习理论、工作适应论、叙事取向生涯咨询理论。由于本论文篇幅所限，在此不一一展开。

3. 钱学森系统论

1954 年，钱学森在美国人维纳“控制论”的基础上撰写出版了《工程控制论》。工程控制论不但有力地推动了自动控制学科的发展，也有力地扩大了维纳《控制论》在世界范围的影响，是对系统科学发展的直接贡献①。20 世纪 80 年代，钱学森对系统科学进行了大量的理论研究和实证研究，1990 年他和合作者发表了《一个科学新领域——开放的复杂巨系统及其方法论》②。随后，他不断从理论和联系实际方面进行深化和拓广，首先联系四个典型的复杂巨系统：社会系统、人脑系统、思维系统、地理系统和人体系统进行深化研究，尤其是联系社会系统用力最多。他认为社会系统集中体现了人的因素，最复杂，特别是联系社会系统的成果，对我国社会主义现代化建设最具有现实的实践意义。

钱学森系统科学思想博大精深，既直接体现在系统科学的体系和内容中，也体现在对典型复杂系统的研究中，还体现在有关国家发展的重大问题的研究中。③钱学森指出，在开放的复杂巨系统中，实践经验和资料积累最丰富的是社会系统和人体系统。社会科学对社会问题的研究，已经有了很长的历史，取得了丰硕的成果，如把社会科学、系统科学、自然科学、数学科学等结合起来，采用综合集成方法进行研究就会取得新进展，开辟出新的前景。④

（1）系统工程方法论。系统工程方法论从哲学上讲属于辩证法，既然是辩证法，就是要求把辩证的分析和解决组织管理都可以看做是一个过程，具有相对的可分性。

---

①③ 许晓鸣、高岩、车宏安：“钱学森系统科学思想的形成和发展”，《上海理工大学学报》，2011（6），第 569—593 页。

② 钱学森：“再谈开放的复杂巨系统”，《模式识别与人工智能》，1991 年第 4 期，第 1—4 页。

④ 钱学森：《1993 年 8 月 31 日致钱学敏》，《涂元季．钱学森书信（7 卷）》，国防工业出版社，2006 年，第 344 页。

作为过程系统的系统工程，其必然具有共同的内容、步骤、程序、方法。霍尔通过对系统工程的一般阶段、步骤和常用知识范围的考察，以时间、逻辑、知识作为坐标，提出了著名的霍尔结构。① 在霍尔结构中，时间维表示系统工程从开始到结束的基本过程，由规划、拟定方案、研制、生产、安装、运行、更新七个阶段组成，各阶段顺序衔接，完成前一阶段才可进行后一阶段。霍尔结构的逻辑维指出这些阶段应采取的七个共同步骤：摆明问题、确定系统指标、系统综合、系统分析、系统选择、决策、实施计划。时间维是系统工程实施过程框架结构的划分，逻辑维是精细结构的划分，知识维则指示完成上述阶段和步骤所需要的知识和技术素养。把各个逻辑步骤和阶段综合起来，就可以形成所谓系统工程活动矩阵。

（2）开放的复杂巨系统理论。系统处于怎样的环境中，环境超系统是否复杂，系统开放的方式和程度，系统与环境相互作用的方式，都直接影响或规定着系统的复杂性。②系统科学在其创立之初就强调开放性，但钱学森重新强调开放性有特定含义。

从开放复杂巨系统理论的形成过程来看，三个形容词巨（型）的、复杂的、开放的是依次加上的：1978 年提出巨系统概念，1987 年提出复杂巨系统概念，1989 年提出开放复杂巨系统概念。三个限制词并非简单的叠加，它们代表钱学森关于系统概念的认识的三次飞跃：即巨系统→复杂巨系统→开放复杂巨系统。就目前人类的认知水平来看，复杂巨系统主要分为六种：宇宙系统，地理系统，生物圈系统，社会系统，人体系统，大脑系统。这些系统都可以从不同角度区别分系统。就大学生生涯辅导而言，整个过程就形成开放的复杂巨系统，大学生生涯辅导体系可以看作是社会系统，社会系统的这种特殊复杂性，表现在作为这种系统基本组分的人，其自身就是开放复杂巨系统。人的躯体是开放复杂巨系统，除了生命现象共同的复杂性，还有因人具有意识所产生的复杂性，需要人体科学来研究。③ 此外，社会成员有民族的、阶级的、阶层的、地域的、家族的不同，社会分系统有经济的、政治的、文化的、宗教的不同，历史的、现实状况的、未来可能走向的不同，此外，加之社会系统的非线性、互动性和不确定性，整个社会系统就异常复杂，大学生生涯辅导体系亦是如此。

（二）本研究的理论架构

从宏观经济学相关理论可以看出，大学生就业市场存在劳动力市场信息不对称、劳动力供需结构错位、组织内部就业不足等问题，从中国目前的现实来看，大学生就

①② 苗东升：《系统科学精要》，中国人民大学出版社，2010 年 3 月，第 244 页、第 372 页。

③ 苗东升：《系统科学精要》，中国人民大学出版社，2010 年 3 月，第 245 页。

业不足表象为供大于求，但实质上是结构型人力资源配置失衡，属于“结构性失业”或者“摩擦性失业”或者“自愿性失业”。因此，用人单位招聘合适的人难和大学生就业难的矛盾并非不可协调，准确的宏观经济学层面的理论分析对于下一步的生涯发展理论的完善和修正有着十分重要的意义，也为就业引导应该符合国家战略和经济转型规律奠定了基础。而对于西方的生涯发展理论而言，可以将其理解为在宏观经济学理论下大学生生涯发展的指导思想，属于方法论层面，这些理论主要可以分为类型学论、阶段论、认知论等，例如霍兰德的生涯类型论、特性—因素论就属于类型学论，舒伯和施恩的终身职业生涯发展理论则属于阶段论，社会学习理论等其他理论则可以归类为认知论，不同的理论有其不同的侧重点，对于我国本土大学生职业生涯发展体系有着重大的借鉴意义，但由于这些理论都是基于西方的实践，还应该和我国的具体实际相结合。就钱学森系统思想而言，其和大学生生涯支持相关的主要包括系统工程方法论和开放的复杂巨系统理论，属于构建基于本土理论的生涯构建的“技术和工具路线”。

本文在综合诸多相关理论的基础上，提出了本研究的理论框架。本研究将大学生生涯发展融入整个国家层面的经济和社会发展中，旨在通过生涯辅导模式的建立促进大学生充分就业、高质量就业，进而促进宏观高素质的人力资源的优化配置。西方的生涯发展理论经过百年的发展，无论是个体生涯发展理论还是生涯教育理论，无论是类型学说，还是阶段学说，还是认知学说，其本身都具有一定程度的合理性，本文通过国内外的理论和实践历史分析，在明确其演化路径的基础上，进而探索出适合我国本土的生涯发展理论趋势。对于高校的就业部门而言，其面对的学生个体数量众多，个性迥异，加之就业的因素多种多样，涉及学生的能力、态度、家庭背景等多种因素，因此对学生的生涯辅导模式的建立就显得特别复杂，那么对于这个开放的复杂巨系统，亦或是钱学森所称的社会系统，就必须使用系统工程的方法来构建生涯辅导模式。

具体而言，高校高质量的学生就业在于学生经过发展后的人职匹配和社会发展人才需求得以充分满足，因此高校大学生生涯发展支持关键在于就业引导。以就业引导为核心的生涯发展支持不同于生涯发展的咨询的个案问题关注，而是需要系统的推进，建立一个全程多维全覆盖的体系。全程多维可以依据系统工程的方式结合学生生涯发展的共性问题，结合现有的生涯发展支持手段，通过历时性和共时性进行环节设计。对于全覆盖针对到个体可以依靠信息科技手段发展建立学生的生涯云支持构建。全覆盖的关键是有效性问题，这是一个开放的复杂巨系统，因此可以通过从定性到定量的综合集成方法进行构建实现。

就业引导的核心是价值观的影响和就业力的培养，这需要强调正确的生涯视角建立、渐进的生涯思维逻辑和真实的正向体验，这是不同于传统的生涯发展咨询，并非解决学生的具体问题，而是形成学生的生涯发展的系统逻辑思维。

在每个大学生的生涯发展中，存在建立“生涯云”的工具理性，可以通过建立大数据，依靠对现有知识的梳理、重构和发展形成积累。同时，依靠与之关联的人是其生涯发展的专家支持系统，在中华文化下需要这样的人的支持实施，正确的传递价值理性思维，具体如图2所示。

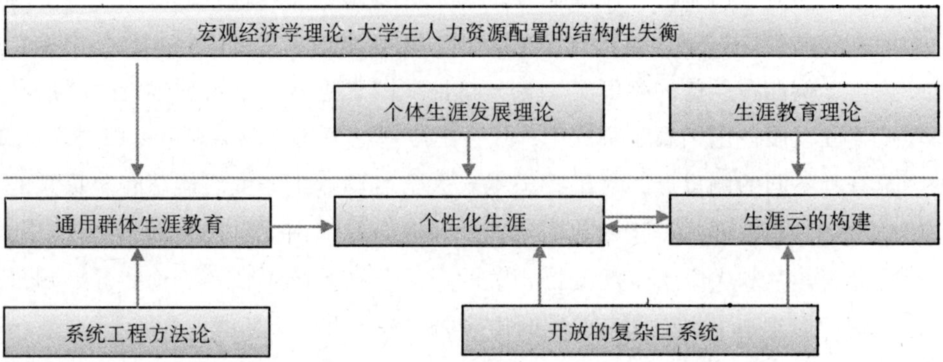

图2　本研究理论框架图

三、“十二五”规划与大学生就业概述

为了更加全面地了解“十二五”期间全国、各地以及各行各业对于大学生的人才需求状况以及未来的整体趋势，深入把握“十二五”期间大学生就业创业的整体特点和规律，课题组开展了大量的资料搜索工作，收集到了许多“十二五”规划有关的规范性文件、领导讲话、会议报告以及专家论述，在此基础上我们进行了分类整理，从国家规划、部委规划、区域规划、省市规划和产业规划等多角度进行分析。通过整理和分析，我们对“十二五”规划背景下的大学生就业问题有更新的认识和思考。

（一）“十二五”期间大学生就业面临着更新的机遇和更大的空间

1. 从国家层面看，确立了就业优先发展战略，高校毕业生就业将放在就业工作的首位

这些年来，党中央、国务院始终高度重视就业工作。特别是党的十六大以来，始

终坚持以人为本、全面协调可持续的科学发展观，坚持把促进就业作为保障和改善民生的头等大事，确立了就业优先发展战略，制定并实施了具有中国特色的积极就业政策，健全了促进就业的法律体系，构建了社会主义市场经济条件下促进就业的体制机制框架，建立了面向全体劳动者的职业培训体系，形成了覆盖城乡的公共就业和人才服务体系。这为“十二五”期间大学生就业奠定了良好的基础。“十二五”期间，国家将继续坚持促进经济发展与扩大就业相结合，使经济平稳较快发展的过程成为就业不断扩大的过程。坚持发挥市场机制作用与强化政府责任相结合，鼓励劳动者通过市场自主就业、自主创业。切实履行政府促进就业的责任，通过促进经济发展、调整产业结构，创造更多就业岗位；通过税费减免、小额担保贷款、社会保险补贴、岗位补贴等政策，鼓励自主创业、鼓励企业吸纳就业；通过职业介绍补贴、职业培训补贴政策，强化就业服务和职业培训。坚持大力发展职业教育。着力调整优化教育结构，把发展职业教育放在重要位置，不断扩大职业教育招生规模。

针对高校毕业生，国务院在2012年1月24日发布的《关于批转促进就业规划（2011—2015年）的通知》中强调要继续把高校毕业生就业放在就业工作的首位，要积极拓展高校毕业生就业领域，鼓励中小企业吸纳高校毕业生就业；鼓励引导高校毕业生面向城乡基层、中西部地区，以及民族地区、贫困地区和艰苦边远地区就业，落实各项扶持政策；要鼓励高校毕业生自主创业，支持高校毕业生参加就业见习和职业培训，鼓励科研项目单位吸纳高校毕业生就业。还制订了高校毕业生就业推进计划，包括岗位拓展计划、就业服务与援助计划、创业引领计划、基层就业项目等。

2. 从部委层面看，加强社会管理、拉动内需、发展低碳经济、富民等成为各部委“十二五”规划的主要指导思想，调查失业率将成为新的控制目标，和城镇登记失业率目标一起公布

“十二五”期间，各部委将根据国家的整体规划，开启经济与社会的双重转型，以转变发展方式和调整经济结构为主线，结合部门实际情况部署中国经济社会从外需向内需、从高碳向低碳，从强国向富民的三大转型。例如发改委的“十二五”规划，依据“统筹兼顾、创新驱动、绿色增长、共建共享”的原则。会议确定了扩大内需，发展绿色和低碳经济等八大重点内容。商务部将经济增长模式由“出口依赖型”转变为“发展内外需双轮驱动型”作为规划重要指导思想。交通部“十二五”规划研究内容主要涵盖基础设施建设与维护、运输服务、安全和应急、绿色交通、科技进步和行业管理等方面。国家统计局和人力资源和社会保障部将在“十二五”正式公布调查失业率，把调查失业率作为新的控制目标，和城镇登记失业率目标一起公布。

3. 从区域层面看，区域化产业发展格局进一步调整和重构，高素质人才需求潜力巨大

“十二五”期间，区域主体将按功能定位，综合考虑能源资源、环境容量、市场空间等因素，优化重点产业生产力布局。主要依托国内能源和矿产资源的重大项目，优先在中西部资源地布局；主要利用进口资源的重大项目，优先在沿海、沿边地区布局；有序推进城市钢铁、有色、化工企业环保搬迁；优化原油加工能力布局，促进上下游一体化发展。引导生产要素集聚，依托国家重点工程，打造一批具有国际竞争能力的先进制造业基地。以产业链条为纽带，以产业园区为载体，发展一批专业特色鲜明、品牌形象突出、服务平台完备的现代产业集群。具体包括：

（1）推进新一轮西部大开发，坚持把深入实施西部大开发战略放在区域发展总体战略优先位置，给予特殊政策支持。坚持以线串点、以点带面，推进重庆、成都、西安区域战略合作，推动呼包鄂榆、广西北部湾、成渝、黔中、滇中、藏中南、关中—天水、兰州—西宁、宁夏沿黄、天山北坡等经济区加快发展，培育新的经济增长极。

（2）全面振兴东北地区等老工业基地，发挥产业和科技基础较强的优势，完善现代产业体系，推动装备制造、原材料、汽车、农产品深加工等优势产业升级，大力发展金融、物流、旅游以及软件和服务外包等服务业。重点推进辽宁沿海经济带和沈阳经济区、长吉图经济区、哈大齐和牡绥地区等区域发展。

（3）大力促进中部地区崛起，发挥承东启西的区位优势，壮大优势产业，发展现代产业体系，巩固提升全国重要粮食生产基地、能源原材料基地、现代装备制造及高技术产业基地和综合交通运输枢纽地位。重点推进太原城市群、皖江城市带、鄱阳湖生态经济区、中原经济区、武汉城市圈、环长株潭城市群等区域发展。

（4）积极支持东部地区率先发展，发挥东部地区对全国经济发展的重要引领和支撑作用，在更高层次参与国际合作和竞争，在改革开放中先行先试，在转变经济发展方式、调整经济结构和自主创新中走在全国前列。推进京津冀、长江三角洲、珠江三角洲地区区域经济一体化发展，打造首都经济圈，重点推进河北沿海地区、江苏沿海地区、浙江舟山群岛新区、海峡西岸经济区、山东半岛蓝色经济区等区域发展，建设海南国际旅游岛。

（5）加大对革命老区、民族地区、边疆地区和贫困地区扶持力度，进一步加大扶持力度，加强基础设施建设，强化生态保护和修复，提高公共服务水平，切实改善老少边穷地区生产生活条件。在南疆地区、青藏高原东缘地区、武陵山区、乌蒙山区、滇西边境山区、秦巴山—六盘山区以及中西部其他集中连片特殊困难地区，实施扶贫

开发攻坚工程，加大以工代赈和易地扶贫搬迁力度。

区域化产业发展格局的调整，使传统的产业格局被打破，不少企业进行搬迁，也有不少企业对新员工的素质要求大幅提升，这些给大学生提供了大量的新的就业创业机会。

4. 从产业层面看，产业进一步调整和升级，懂管理、有技术、有现代理念、有创新思维、有专业知识和技能的大学生将大有作为

“十二五”期间，我国三个产业调整目标分别是：第一产业的主要发展目标是：加快发展现代农业、拓宽农民增收渠道、改善农村生产生活条件、完善农村发展体制机制。第二产业的主要发展目标是：转型升级提高产业核心竞争力。其中，主要是改造提升制造业、培育发展战略性新兴产业、推动能源生产和利用方式变革、构建综合交通运输体系、全面提升信息化水平、推进海洋经济发展。第三产业的主要发展目标是：加快发展生产性服务业、大力发展生活性服务业，营造环境推动服务业大发展。

（1）现代农业的发展，离不开科学和技术的支撑，离不开具有专业知识和技术的新一代农业科技工作者和新时代农业从业人员，离不开现代种业、种植业、机械化、信息化，离不开懂管理、有技术、有现代理念的大学生。

（2）工业产业的转型升级、战略性新兴产业的培育和发展、新能源、信息化，都需要大量具有专业背景、具有创新思维的大学生参与。

（3）第三产业是我国“十二五”期间重点发展的产业之一，根据国家“十二五”规划的要求，我国“十二五”期间，第三产业在三产中的比值要增加 4 个百分点（按 2011 年国民生产总值计算，4 个百分点为 18862.56 万亿元），其中的机会值得重点关注。例如，现代服务业。根据 2012 年 2 月 22 日国家科技部发布的第 70 号文件描述：现代服务业是指以现代科学技术，特别是信息网络技术为主要支撑，建立在新的商业模式、服务方式和管理方法基础上的服务产业。它既包括随着技术发展而产生的新兴服务业，也包括运用现代技术对传统服务业的改造和提升。这是我国“十二五”期间重点发展的知识密集型产业之一，也是大学生展示自我的最好舞台之一。特别是现阶段，我国的生产性服务业目前还处于相对较低的水平，与我国经济的发展地位不相吻合；城镇化、城市化、信息化、现代化等都大量需要有专业知识和技能的大学生，为大学生提供了很好的就业创业机会。

5. 从省自治区直辖市层面看，都把就业作为社会经济发展的优先目标予以考虑

各级政府在制订国民经济计划、对产业结构和产业布局进行重大调整时，都把就业作为社会经济发展的优先目标予以考虑。在培育战略性新兴产业中，都将不断开发就业新领域，增加智力密集型就业机会。在经济转型和结构调整中，加快实施有利于发挥劳动力比较优势的技术进步和产业升级战略。大力发展第三产业，广开服务业就业渠道，注重发展金融、物流等生产性服务业及餐饮等生活性服务业，加快高技术服务业和服务贸易发展，加大政策支持力度，着力提高服务业就业比重；稳步实现产业升级，发展资本密集、高技术制造业时，兼顾发展劳动密集型企业，特别是高附加值的劳动密集型企业，大力发展中小企业，重点扶持小型微型企业，使第二产业就业份额保持稳中有升；注重发展现代农业、精细农业，挖掘第一产业就业潜力，推进农业产业化经营，不断增加农村就业机会。此外，还将重点发展家政服务、养老服务、社区照料服务、病患陪护服务、残疾人居家托养服务等家庭服务业态，因地制宜发展其他家庭服务业态，满足家庭的基本需求。从财税、金融、土地、价格等方面加大政策扶持力度，在企业开办、融资、品牌建设等方面支持家庭服务企业发展。推进家庭服务业公益性信息服务平台建设，加强从业人员专项技能培训。广泛开展家庭服务业千户百强创建活动，树立一批知名家庭服务品牌。加快制定相应的劳动用工政策及劳动标准，规范对从事家庭服务人员的管理，维护家庭服务从业人员的合法权益。

例如，根据国家对上海的战略定位和要求，到2020年上海要基本建成与我国经济实力和国际地位相适应、具有全球资源配置能力的国际经济、金融、贸易、航运中心，基本建成经济繁荣、社会和谐、环境优美的社会主义现代化国际大都市，为建设具有较强国际竞争力的长三角世界级城市群作出贡献。综合未来五年发展环境和基础条件，“十二五”时期上海经济社会发展的奋斗目标是：“四个中心”和社会主义现代化国际大都市建设取得决定性进展，转变经济发展方式取得率先突破，人民生活水平和质量得到明显提高。“十二五”时期，上海不仅要大力发展服务业，而且要大力推进制造业服务化和服务业制造化，促进产业融合；要针对目前的制度环境有利于制造业，不利于服务业的状况，大力深化改革，逐步建立起有利于服务经济发展的制度环境。

（二）“十二五”期间大学生就业也面临着更加严峻的形势和更大的压力

“十二五”时期，我国劳动者技能与岗位需求不相适应、劳动力供给与企业用工需求不相匹配的结构性矛盾将更加突出。具体表现如下：

一是劳动力供大于求的总量压力持续加大，城镇需就业的劳动力年均2500万人，还有相当数量的农业富余劳动力需要转移就业。“十二五”时期，是我国高校毕业生人数达到巅峰的时期，每年的高校毕业生人数均超过600万，构成我国城镇劳动力大军中的一支重要部分。但同时，我国社会就业岗位的绝对不足，使我国高校毕业生就业形势非常严峻。

二是就业的结构性矛盾更加突出，随着技术进步加快和产业优化升级，技能人才短缺问题将更加凸显；部分地区、企业用工需求与劳动力供给存在结构性失衡，造成企业“招工难”与劳动者“就业难”并存；以高校毕业生为重点的青年就业、农业富余劳动力转移就业、失业人员再就业，以及就业困难群体实现就业难度依然很大。

三是经济社会环境变化对促进就业提出了新的挑战。转变经济发展方式，推进产业升级、科技进步和管理创新对提高劳动者素质提出了更高的要求，推进城镇化对农业富余劳动力转移就业工作提出了新的任务。同时，公共就业和人才服务以及职业培训不能满足需要，人力资源市场信息化建设滞后，影响劳动力流动就业的体制机制障碍依然存在；经济社会转型过程中劳动关系矛盾凸显，劳动者利益诉求发生新的变化，劳动关系调整体制机制不完善的问题仍然比较突出，劳动关系协调难度加大。

（三）“十二五”规划对不同的大学生就业的影响不尽相同

无论是国家各部委的“十二五”规划，还是各省自治区直辖市、各行业的“十二五”规划都是阶段性的规划，有关战略和举措都是渐进推出和实施的，既有一个从顶层设计到基层贯彻的过程，也有一个从宏观规划到微观实施的过程，在实施过程中还会根据实际的情况进行不断更显和完善。因此，对不同年级专业学生的影响也会有些差异。另外，根据最新修订的《普通高等学校本科专业目录（2012年）》，我国高校的学科门类有12个、专业类别有94个、专业有462个，“十二五”规划对不同学科不同专业不同学校大学生的影响是不尽相同的。例如，在“十二五”期间，国家将进一步优化产业布局，主要依托国内能源和矿产资源的重大项目，优先在中西部资源地布局；主要利用进口资源的重大项目，优先在沿海沿边地区布局。有序推进城市钢铁、有色、化工企业环保搬迁。相关专业学生在毕业选择就业地时，应关注中西部资源地给自己提供的机遇。打算到沿海去就业的相关专业同学，可以关注这些区域中有哪些属于利用进口资源的重大项目，把握好机遇。企业的搬迁给所涉及的专业和区域的学生带来新的机遇。再如，“十二五”期间，国家会大力发展新一代信息技术、节能环保、新能源、生物、高端装备制造、新材料等产业，对社会保障体制改革的要求是“实现新型农村社会养老保险制度全覆盖，完善实施城镇职工和居民养老保险制度，实现基础养老金全国统筹”，对医疗卫生体制改革的要求是“加强城乡医疗卫生服务体系建设，新增医疗卫生资源重点向农村和城市社区倾斜，加强医学人才特别是全科医生培养，完善鼓励全科医生长期在基层服务政策”。要实现上述目标，势必要增加对上述领域所涉及的专业人才的要求。

综上，“十二五”期间，大学生就业可谓是机遇与挑战并存，而作为高校就业工作者，我们有必要深刻认知“十二五”规划背景下我们所处的环境，把握“十二五”期间人才需求特点和就业趋势，认真分析，分类指导，扎实工作，不断创新，只有这样，才能更好地帮助大学生们树立就业创业的信心，引导大学生在“十二五”期间深刻了解自我、认知职业世界，找到自己的职业定位，确定好自己的职业目标，沉着面对现实，乐观寻找机会，加速实现自我，从而更好地利用自己所学的专业知识和技能为祖国建设服务。

四、基于系统工程视角的全程多维生涯发展 支持体系的构建

（一）“十二五”规划背景下目前我国高校就业工作现有框架解析

1.“十二五”规划下的宏观就业背景和趋势

在国民经济和社会发展的“十二五”规划中，坚持把增加就业作为经济社会发展的优先目标，努力为全体劳动者创造公平的就业机会，五年计划新增就业4500万人。

从这样的宏观视角下出发可以看出：中国正在处于最好的发展时期，也是人才需求最旺盛，人才发展最受保障，人才成长空间最为宽广的时代。诸如航空航天、大型基础设施建设等一系列国家项目的持续推进；巨大的需求且非常活跃的中国市场持续吸引着国际资本助推中国产业，这些都带动了人才的巨量需求；此外民间的活跃经济也形成对人才巨大的需求量。还有更积极的是，随着中国整体产业结构的转型导向，将会在很长一段时间内不断出现新领域的人才需求：一方面创新型国家建设的使命必将促进传统产业的技术升级；另一方面，新兴产业，如信息、新能源、新材料、生命产业也将持续不断提升；还有正在伴随着中国社会转型的现代服务业正在迅速崛起。这样的跨越式发展，提供了巨量的人才需求预期，因此中国已经成为世界上年轻人职

业机会最多和事业发展空间最广阔的国家之一。

2. 目前大学生就业难和用人单位招聘难的双重矛盾

虽然面对着巨量的人才需求空间，但“十二五”期间，我国面临的就业形势将更加复杂，就业总量压力将继续加大，劳动者技能与岗位需求不相适应、劳动力供给与企业用工需求不相匹配的结构性矛盾将更加突出，就业任务更加繁重。尤其是，每年以千万计的青年人将进入职场，显然他们的职业寻找与选择是非常艰难的事情。但大学生，作为青年人中的优秀群体，事实上，他们所面对的人才需求市场相对还是充裕的，而且选择面是巨大的。以上海交通大学为例，在过去的三年当中，每年都有500场左右的各类企业招聘会，约有4000家企业到校招聘，提供岗位数40000余个，基本上对于每个求职的学生有8个可能的选择。因此从宏观上讲，社会的人才需求是充裕的。

那么，对于招聘企业来说，现实情况又是如何？在本研究中，调查发现招聘企业普遍觉得人才招聘的竞争压力大。因此，用人单位的招聘时间普遍提前，甚至从前一年4月开始就以实习生名义开始实质性招聘。但现实情况却是，提前开始招聘的企业对毕业生的要求也较高，这就导致他们的目标群体相对一致且规模缩小。并且多数企业感觉应聘的学生专业素养能力较强，但职业素养尚不成熟，还不能完全满足他们的需求。

与此形成鲜明对比的是毕业生对求职的感受依旧是比较艰难。本研究调查还发现：在表象上，毕业生择业的目标企业趋于同质，应聘扎堆现象普遍存在；同时毕业生的就业期望值普遍高于实际，在应聘时学生对人才招聘选拔过程认识不足，整个准备过程仓促，因此实际上很多学生是在招聘实战中完成求职技能成长的。

此外，在求职之初，学生择业迷茫且对未来不确定的比例很大。很多学生对自己面临的可选择前景概念模糊，应聘领域发散，求职跟风现象严重；“海投”简历的做法反映了学生的迷茫，而且说明学生最终的职业选择过于随机。学生在应聘时对职业胜任力概念模糊，企业也为此抱怨，应聘毕业生的个人技能与岗位招聘需求不够匹配。

3. 高校人才培养的现实困境

一方面是宏观经济大背景下对人才尤其是高质量人才的巨大需求，另一方面是大学生就业难、用人单位招聘难的双重困境，机遇和挑战的背后是高校人才培养必须面对的现实困难。首先，学术教育依然是以教为主，实践环节总体不足，造成与产业结合度不够紧密；同时毕业生的职场实习实践处于自发状态，所以学生的职业体验积累明显不足。其次，在教育体系中，中小学教育很少涉及学生职业生涯教育；所以整体上学生的职业发展意识启蒙较晚，加上大学在培养方案中对职业专业能力以外的社会化能力缺乏明确的内容要求，这些都造成了中国大学生对生涯发展和职业选择的意识建立偏晚，且整体培养体系不够完善。针对这样的现状，中国的大学尚有未尽的使命和历史责任的空间去作为。

众所周知，大学的使命是人才培养、科学研究和服务社会。但这三者之间不是并列的关系，不是等量级的，而是有不同层级的，其根本的核心是人才培养。而人才培养的最终结果是人才向社会的有效输送。因此高质量的人才输送是大学不变的使命。当然，大学作为人类的智库，培养的不能仅仅是适应和满足当前社会发展需求的人才，还需要培养符合社会发展趋势甚至引领未来社会发展的人才。

基于这样的使命认知，高校在人才培养目标上可以进行这样的分解：一是积极响应国家和社会快速发展，适时适当的调整人才培养的专业结构，满足当前发展的直接人才需求。二是紧跟产业结构转型带来的新领域，前瞻性培养符合社会发展趋势或能够引领社会未来发展的人才。三是围绕两类人才培养，积极关注学生的职业发展意识，构筑匹配人才输送的职业发展支持体系，开展针对性的职业发展教育。

以上海交通大学的探索实践为例，主要是从以下几个方面理顺着力提升毕业生就业质量，加强就业服务的系统化建设。

第一，应对人才需求，关联招生与就业，不断调整招生人数和结构。上海交通大学在过去的五年当中，以提升教育质量为根本，适度调整了招生规模和各专业的招生数。首先，以质量提升为目标，总体削减招生规模，以保障对学生个体的资源投入。本科招生数从 2007 年 5400 人/年逐年削减至 2011 年的 4000 人/年；在具体操作中，削减的名额主要是就业需求相对弱势的专业。其次，动态调整各专业间招生规模，其主要依据是各专业毕业生的就业质量。尤其在招生人数减少的情况下，学校每年还不断新增社会急需的新兴专业和交叉专业招生。进而，经过五年的调整，在毕业生就业质量进一步提升的基础上，为满足社会需求，从 2013 年开始，学校将依据就业需求及质量，适度增加社会急需专业人才的招生数量，进行总体稳态控制，局部保持动态调整。

第二，在研究生培养方面，积极响应社会需求，在国内较早开展产业所需的专业学位人才培养。特别是在 2005 年，突破了专业学位培养传统，率先开设了双证的软件工程硕士、微电子工程硕士、法律硕士培养，以适应经济社会对人才的需求。2008 年开始，学校紧抓国家推动专业学位研究生培养试点的机遇，调整研究生培养规模结构，逐步减少学术硕士，增加注重技术实践应用为主的专业硕士。

第三，紧密与企业合作，加强深度校企培养。例如，学校与中广核开设定制人才培养合作；依据企业对人才的专业要求，修订培养计划，实施企业定制培养。大学前三年学生在校接受调整后的培养方案教育，第四年到企业接受集中授课并进入职前培训。又如，软件学院设置企业学期，将学生的完整学期放置在企业，由特聘的企业教师开设专业课程，作业即为企业的日常项目开发。由此形成对学生专业实践能力培养和职场适应。

第四，积极创新人才培养模式，借助国家“卓越人才培养计划”，贯通“本科 + 专业学位”的6年一贯制应用性人才培养。学校根据学生成长规律，开拓资源建立一批工程实践教育中心，最近就首批成立了7家国家级的学生实践教育基地；依靠这些基地，实施学生“低年级在校学习加假期企业实践，高年级在校学习和企业实习相交叉，毕业前完成企业项目研究”的应用导向培养。通过这一体系培养出来的学生能够非常贴切地符合现实需求，实现学生学术成长和职业胜任的共赢。

第五，培养符合社会发展趋势和能够引领社会需求的人才，率先开始专业设置改革。早在1999年，学校结合大科学大产业的发展趋势，尝试在本科招生上实施一级学科培养，建设优质的通识教育，拓宽学生的大专业领域共性知识，强化自我学习能力，最终提升学生的专业发展潜力和实现学生的就业适应性。时至今日，这一方式已被国内大部分高校采用。

第六，通过研究国外管理学科人才培养的模式和开展毕业生跟踪调查，发现以制造业为主的经济社会，需要有工科知识背景的管理人才，因此学校开始尝试开设工科 + 管理的6年一贯制人才培养模式。结合金融人才数学基础要求高的情况，实施了6年一贯制数学 + 金融的人才培养模式。最近，根据上海国际化都市及现代法律服务体系的建设，开发6年一贯制的英语 + 涉外法律人才培养模式；结合生物信息学发展的趋势，设计了生物 + 信息4年交叉培养的人才培养模式。这些特殊的复合型交叉专业人才培养得到了社会的欢迎和支持。

第七，除了专业交叉的小规模适应性培养，学校也尝试带有规模性的人才特区创新。比如，配合国家发展需求，先后开设了航空航天学院以满足民用大飞机的研制开发对人才需求，开设上海高级金融学院以应对上海金融中心建设未来的人才需求。还有，对接国家拔尖创新人才的需求，整合全校资源和世界范围专家学者力量开设致远学院。对接国际化趋势，加强国际办学，先后成立交大密西根联合学院和交大巴黎高科工程师学院，培养适应多元文化，熟悉国际合作的专业人才。

第八，学校在有确定的专业领域之外积极探索共性事业的人才培养。比如创业作为没有特定专业学科的教育，很难以学科专业的方式固化，因此学校创新办学形式，成立创业学院。一方面承担国家和上海市对这一领域人才培养的期待，另一方面也努力探索这一新的领域能够引领未来社会发展的人才。2010 年 6 月，学校成立创业学院。这是一个不占大楼，不占学校编制的学院，但学校对创业学院有明确的定位“实施学生的创新意识与创业能力的培养”。所以，虽然招收的学生不涉及学籍和院系调整，但学生有双重身份，学院的建制和学生的培养方案是完备的。学生在这个学院将接受与创业相关的全面教育，由此创业学院在严谨的创新探索中，形成以学院作为主体，实施“面上覆盖，点上突破”的一体两翼工作特点。面上覆盖，强调的是对学生的覆盖面。自学院成立以来，创业教育已经形成数万人的辐射面。点上突破则是创新积累。3 年来创业学院招收 154 名学员，覆盖到 25 个学院。借助特别制定的培养方案，对学员进行具体教育，积极关注，及时总结，通过慢慢的积淀形成教育的普遍规律认识。

综上，结合上海交通大学具体的学校就业管理框架，形成基本的问题解决思路，一、招就联动，调整规模结构。二、联合培养，形成定向输送。三、模式创新，加强实践对接。四、专业调整，应对将来发展。五、探索特区，引领未来趋势。六、调整学期设置，充分实习实践。

4. 生涯发展对于大学生职业发展教育的体系支撑

通过研究上海交通大学的具体就业管理实践可以发现，充分的教育教学改革实践和探索是解决人才输送结构性矛盾的重要途径。但真的仅仅依靠这样的探索就能很好地完成高校人才培养与输送对社会需求的满足吗？经过前述严谨的体系论证，虽然学生的输送与社会的需求在宏观上对接了，但现实中高校人才的输送并非那样如我们设计的那般匹配。总有一些学生会呈现这样的问题：学习没有动力；目标并不清晰，行动缺乏坚持，未来自己不确定。

当学生面临这些困惑的时候，他们往往把其归结为专业不喜欢，求职方向模糊，对未来充满迷茫，不是自己想要追求的生活，但对于自己真正想要追求的东西又感到遥不可及，不知该从何下手。所以，问题依旧存在。诺贝尔文学奖得主威廉·叶芝说过：“教育不是注满一桶水，而是点燃一把火”，所以人才培养不是仅仅专业设置调整和灌输，还需要点燃学生的激情，让他们自己去思考，去探索，去设计，去行动。

然而，这些和学生自己成长相关的工作，需要他们自己承担，因此这份承担就成为了生涯发展的一部分。所以，以生涯发展为视角的职业发展教育就是去支持学生，唤醒他们的自主，给予他们资源，匹配他们的需要，针对性地发现和帮助他们解决问题，并建立可靠的执行机构。具体来讲，职业发展教育首先需要唤醒学生的自主意识，而自主的原动力来自于内心的需求。

因此，在入学之初，可以通过生涯启迪，引发学生关注自己的未来“想怎样”，此时学生多半刚进入大学处于新鲜期，对未来的预期还未深入的思考和探索，需要给予其可能的借鉴和职业探索的理性工具。然后，可以告知学生与他们相似背景的学长毕业去向“可以怎样”，启发思考。还可以提醒其关注自我，帮助他们使用生涯理论的理性工具，关注自我特质，同时在其中融入价值理性的教育和就业引导，帮助他们建立自己的职业去向。同时，以未来入职要求为标准，激发学生去设计自己的大学生涯行动方案。在对其进行过程的自我评估中进行过程指导，促进学生的成长。

在这样的逻辑框架下，强调的是启发学生去思考，提供其思考所需具备的资料和技能，并帮助其自我过程评价，将他与既定的目标距离以现实的经历要求和技能要求呈现出来，内容清晰地促动学生不断地去学习和发展。

本研究认为，学术成长是人生事业发展不可替代的核心竞争力，职业发展教育是将这一核心竞争力转化为事业发展的传动系统。所以，高校职业发展教育需要融入学生的“学术成长”，联动教育教学改革破解人才输送结构性矛盾；在实施上需借助生涯理论的工具理性关注学生个性，强化社会发展的价值理性激励学生成才，建设覆盖全体的全程多维发展支持体系，并形成有效落实，最终促成学生的“事业发展”。

（二）基于系统工程视角下的大学生生涯发展体系分析

1. 历时性与共时性和生涯发展的关系

对于本课题所研究的系统工程视角下全程多维生涯发展体系构建而言，其涉及到的第一个内容就是组织管理技术中的共时性与历时性的问题，很显然，大学生职业生涯的发展可以解读为共时性与历时性两个维度的问题，即大学生在进校时不同的阶段，每个阶段都有着不同的内容和侧重点，就职业发展而言，大一可能更侧重于生涯规划的认知，到毕业则更加侧重于求职实务和技巧等等，这就是历时性的问题。但与此同时，每个阶段应该虽然各有侧重，但不可能每个阶段只做一件事情，生涯规划是一个复杂的系统，也必须在相同的时间段内各种准备工作有机结合。

2. 高校就业部门的历时性与共时性问题——以上海交通大学为例

（1）历时性的实践。就上海交通大学而言，学校构建了一个贯穿大学全过程的职业发展伴随体系，整个体系从三个角度根据学生的不同阶段渐进推动。

第一个角度是课程。上海交通大学开设了针对低年级学生的《职业生涯发展与规划》和中高年级的《职业发展素养与成功就业训练》两门衔接的通识课程。《职业生涯发展与规划》强调的是唤醒职业规划意识并学会职业规划的基本能力和实施职业发展的实践方向。《职业发展素养与成功就业训练》强调学生职场初期的职业素养学习和求职相关的知识和技能。此外，作为补充，还开设与职业相关的工作坊、职业素养课和成功就业训练，以满足没有选择通识课程的学生需要。

第二个角度是实践。上海交通大学在低年级学生的社会实践环节中设计了访谈毕业校友的环节，鼓励学生对校友进行生涯人物访谈，以激发学生对自我成长的思考。进入中段年级后，学校建立了20多个学生职业发展协会，支持学生以学生社团的活动方式去进行职业体验、模拟，到企业去参观，参加企业的实践活动等等，帮助学生认知职场环境。进入高年级之后，则是引入企业到校举行职业展介绍企业人才的成长路径，进行实习生招聘鼓励学生到企业去实习。

第三个角度是网络伴随。现在的学生是网络化生存的。上海交通大学开发了一个翼讯学生个性化推送系统。这个系统为每个学生针对他的专业、层次、兴趣和生源地域提供每天的信息推送。入学最初，学校为他推送校友的生涯成长故事，启发学生对自己人生发展方向的思考。随后生涯理论的理性工具帮助学生认知自我，同时为他展现职场发展地图，告诉他可以做什么，适合做什么，需要补充努力什么。当学生基本清晰方向之后便是依靠网络职前学堂进行网络的职业发展实训。待到学生求职期，学校将持续不断地每天为他推送满足他需求的相关企业信息。

（2）共时性的实践。此外，在大学生生涯发展的不同阶段，上海交通大学强调给予有效地匹配，给予学生充分的市场资源其实也是职业发展支持。在就业资源保障方面，学校从四个角度进行落实。一是市场资源，通过五大措施巩固核心市场，建立翼盟俱乐部巩固雇主伙伴，通过建立学生企业俱乐部帮助企业招聘，通过建立实训基地加强学生职业适应培训，通过企业生涯导师—求职教练维系校企互动认知，通过设立就业伯乐奖表彰优质合作企业伙伴。同时通过五个基础指标维持市场招聘的面上需求。二是与前述全程多维体系匹配的职业实践提供支持，比如建立职业发展协会，职业见习基地，开展职业展、实习生招聘，并对到海外实习的学生提供资助。三是对学生群体进行全覆盖帮助，包括对弱势学生就业群体给予更多的信息资源支持。四是行动方案积累，能够对学生期待进入的岗位，给予比较清晰的职业胜任力要求，解释清楚具体岗位的职场状态和职业成长路径。

以上这些资源是在学校层面构建的，它提供了充裕的支持资源。但如何有效地覆盖到学生整体是个难点，因此上海交通大学进一步系统梳理了不同学生群体的需求和职业发展支持方式，开展针对性工作。学校面对整体学生提供的职业素养教育；对特别优秀的学生重点在提供信息支持；对就业力中上的学生群体强调生涯意识唤醒；对就业力中等的学生群体开展伴随成长的激励和配套训练；对潜质欠优的学生群体主要是给予资源争取；同时工作的重点是给予弱势群体的积极关注和帮扶。此外，作为整个体系是否及时更新和有效应对群体变化，上海交通大学探索建立学生职业发展信息的全程采集方案：通过开展系列调研，形成数据把握。比如开展年度就业状况分析，完善在校生职场地图绘制；开展分阶段生涯成熟度测评，掌握我们生涯发展工作的短期效度反馈；开展毕业期望调查与满意度测评，为学校资源争取进行需求分析；实施毕业生短期全覆盖调查，反馈当前社会求职技能重点；推进毕业生长期深度跟踪调查，总结交大学生成才规律，指导学生成功成才。

3. 大学生生涯发展的 KSA 到 AKS 模型转变

实际上，上述所讲的历时性和共时性的问题更多的是侧重于高校就业服务部门，但对于高校就业部门的服务对象学生而言，其可以从人力资源管理的基本“工作分析”（job analysis）能力模型去定义。

（1）KSA 模型的构建。KSA 模型是本课题根据现实情况，对 KSAOs 模型进行修正的结果。KSAOs 模型是人力资源管理中常提到的模型，是由知识（Knowledge）、技能（Skill）、能力（Ability）和其他性格特点（Other Characteristics），四个词的头个字母组成。每个人有自己的价值观，在此基础上就会建构不同的 KSAOs 模型，但只有在真正思考过什么是自己真正的价值观，而不是由于外界的需要，才能更好的进行自己的职业生涯规划，并很努力地实现它。

本研究认为传统的 KSAOs 涉及的变量众多，可操作性不强，本文认为 KSAOs 模型的变量可以简化为 KSA 模型，即是由知识（Knowledge）、技能（Skill）、态度（Attitude）组成。本研究认为，该模型可以把大学生层面的生涯发展从以上这三个层面分析，生涯发展的知识，即对生涯规划、生涯认知等基本概念的了解，知识主要通过生涯课程、网络资源、书本等获得；生涯发展的技能，即要有分析行业、分析自身优势、生涯规划的基本技能，技能主要通过生涯人物访谈、实习实践和生涯辅导等方式获得；生涯发展的态度，即是要积极的规划自己的未来，为以后的职业发展在知识、技能、人脉等各个方面做好准备，这个层面的态度更多的是主观的因素。

（2）生涯辅导对象的类别。对于生涯辅导对象的类别而言，目前学术界和生涯咨询领域并没有对其形成统一的认知，对于分类的标准也是莫衷一是。目前，一般比较常见的有以下几类，如图 3 所示：一，生涯决定者（career decided），这是指当事人在生涯发展的过程中，已经完成了某一个阶段必须解决的生涯决定。[①] 二，生涯未定者（career undecided），生涯未定者是指还没有对未来的生涯选择有具体的承诺，生涯未定者和生涯犹豫者的表象具有一定的相似性，但应该注意区别，生涯未决定者已经有了选择的大致方向，但是没有最终确定，是一种“非不能也，不为也”的状态。[②] 三，生涯犹豫者（career indecisiveness），生涯犹豫者和生涯未定者在表现形态上差异不大，但其背后的原因要更加复杂，一般伴有一定程度的焦虑，一般而言，生涯犹豫者的状态是“非不为也，不能也”，而这种不能通常与三个情况有关，即人格、错误的后设认知和家庭互动系统。[③] 四，生涯适应不良者，生涯不良者是一个众多理论综合的结果，一般而言，一个人的生涯适应不良（包括工作表现不佳、升迁无望、与同事有摩擦等）通常与人格有关。

如图 3 所示给出了对于不同类型的辅导对象，应该采取的不同的生涯辅导的策略，需要注意的是，这种辅导方式和策略是在历时性和共时性两个维度上设计的，即多种辅导策略在同一时期可以同时使用，但不同的生涯成长期应该有不同的侧重点。

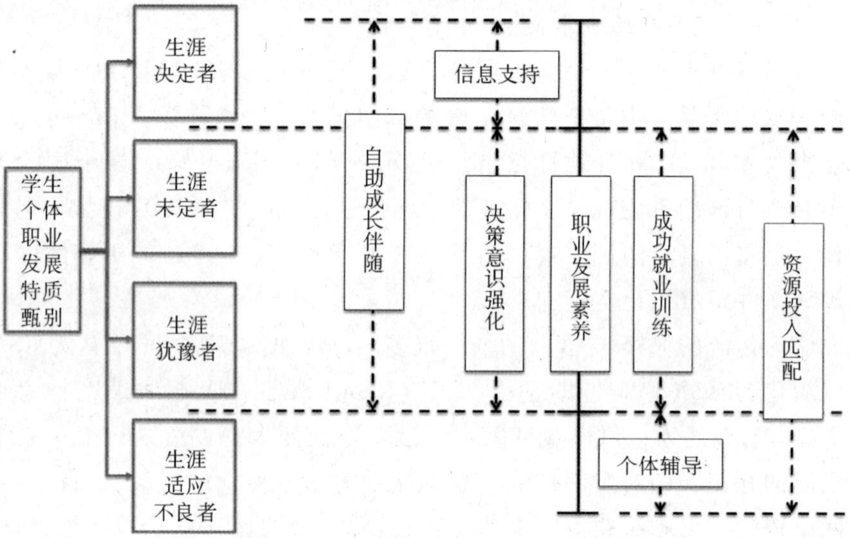

图 3　生涯辅导对象类别及差异化辅导

（3）基于现实的 KSA 到 ASK 模型转变。事实上，本研究所提出的 KSA 模型最适合的表述应该 ASK 模型，本研究认为大学生层面的职业生涯发展，尽管是由知识（Knowledge）、技能（Skill）、能力（Attitude）组成，缺一不可，但以上三个要素是有内在的逻辑关系的，其演化如图 4 所示。本研究认为，大学生生涯在发展过程中，最

①②③　金树人：《生涯咨询与辅导》，高等教育出版社，2010 年 5 月，第 19—22 页。

重要的是态度，即大学生本身对其职业生涯发展的态度，一般而言，如果大学生本身对其日后的职业生涯发展有着积极的态度，对于未来自己所从事的行业和岗位有基本的概念和想法，有多个想法和方向亦可，可以通过不断的试错和体验确定最终的职业方向。那么对于这种人而言，其就有内在的需求和动力去将自身条件和自己所期望的职业进行匹配，自己已有的能力不断的加强锻炼并加以升华，自己目前尚没有或者比较匮乏的能力则需要去获得和锻炼，这个时候，技能和掌握知识的积累就变得异常容易，高校就业服务部门只需要做好信息的推送、生涯的辅导、日常的课程以及生涯规划的基本技能的培训即可。因此，在大学生生涯辅导的过程中，首先应该从生涯意识的启蒙和其对于生涯的积极态度的建立着手。

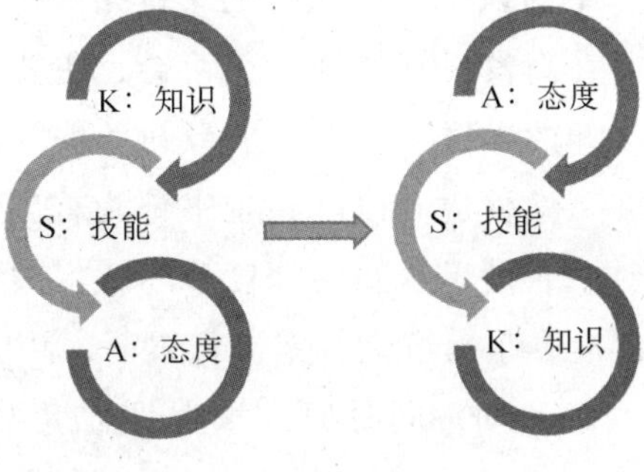

图 4　KSA 到 ASK 模型转变

4. 基于霍尔结构的总结与阐发

高校和大学生两个层面的生涯发展体系合二为一也可以用霍尔结构来进行阐述。霍尔结构对系统工程的一般阶段、步骤和常用的知识范围进行了考察，以时间、逻辑、知识作为坐标。[①] 在霍尔结构中，时间维表示系统工程从开始到结束的基本过程，由七个阶段组成，各阶段顺序衔接，完成前一阶段才可进行后一阶段，这七个阶段分别是：规划阶段、拟定方案阶段、研制阶段、生产阶段、安装阶段、运行阶段和更新阶段。逻辑思维指出这些阶段应采取的七个共同步骤，这七个步骤是：摆明问题、确定系统指标、系统综合、系统分析、系统选择、决策、实施计划。时间维是系统工程实施过程框架结构的划分，逻辑维是精细结构的划分，知识维则指示完成上述阶段和步骤所需要的知识和技术素养，把各个逻辑步骤和阶段综合起来，就可以形成所谓系统工程活动矩阵。

---

① 苗东升：《系统科学精要》，中国人民大学出版社，2010 年 3 月，第 372 页。

对于本研究而言，大学生生涯发展体系的时间维度对应于上文所讲的高校就业部门的历时性的问题，一般而言，是按照学生的生涯成长期来设计的，为了方便起见，一般按照其不同的年级，确定其相应的时间维度。同理，大学生生涯发展体系的逻辑维度对应于上文所讲的高校就业部门的共时性的问题，在大学生生涯成长的某一个阶段，设置不同的生涯辅导课程、项目和实训计划，用以支撑大学生生涯发展。对于知识维度而言，则是 ASK 模型，无论是时间维度，还是逻辑维度，要完善大学生生涯发展体系，都需要态度的转变、技能的优化和知识的不断积累和更新，这种知识就镶嵌在时间维度和逻辑维度的每一个空隙之中。

此外，从霍尔结构的角度来看就业体系的执行，本研究认为如何将这样的体系真正给予学生，关键是这个体系的执行，而执行的关键是人。以上海交通大学为例，学校成立了职业咨询师协会，在高校设立这样一个协会，主要是想整合全校对学生生涯发展有责任、有能力、有兴趣的人群资源一起来帮助学生的职业发展。交大职业咨询师协会的特点是教练组制度。学校建立以院系副书记为首席教练的方式组织团队，配套企业教练以提高教练组对职业世界认知的深度和职业实践资源，取得认证的咨询师将工作的核心构筑在活动制度，个案咨询和案例积累上，并依靠学生的职业发展协会，开展量大面广的学生职业实践活动；同时通过学生骨干组织常设话题开展朋辈互动；特别的对个体弱势给予直接的关注。

5. 建构 TAC 视域下的职业世界解析的 NFCD 方法

无论是从时间维的历时性问题，到逻辑维的共时性问题，还是到知识维的 ASK 模式，对于学生来讲，最重要最现实的一个问题，还是学业完成之时，面对现实的职业世界，如何才能在纷繁复杂的求职世界里找到一份称心如意的工作。当然，这份“称心如意”不仅仅是对于学生自身来讲，也是对于用人单位能否人职匹配，找到最合适的毕业学生的满意，更是对于社会国家来讲能否人尽其才，既能够满足国家对于重点地区重点行业的优秀人才输送，又能够让学生在对国家社会的建设工作中实现自己最高的人生价值。因此，学生需要学会解析职业世界，从了解职业世界，明确自己的目标到如何在海量的职业资讯里面有序地截取所需资源，最后，开始行动，所有的成功都是源于行动的结果。

但是面对当今快速变迁的中国职业世界，大学生需要学会跟上职场世界变化的脚步。在这个过程中，面对纷繁复杂的职场信息和求职攻略，对职场进行认知，需要的是方向和路径。本研究将引入一个坐标的概念，首先，以时间的发展作为坐标的横轴 T 轴（Time）；其次，以地域之间的差异作为纵坐标 A 轴（Area）；最后，因为职场中存在很多职业，每一个职业又对应着具体的信息，根据职业的差别，再建立一个竖坐标 C 轴（Career）。通过这三个坐标，就可以建构一个职场空间的坐标系，如图 5 所示。

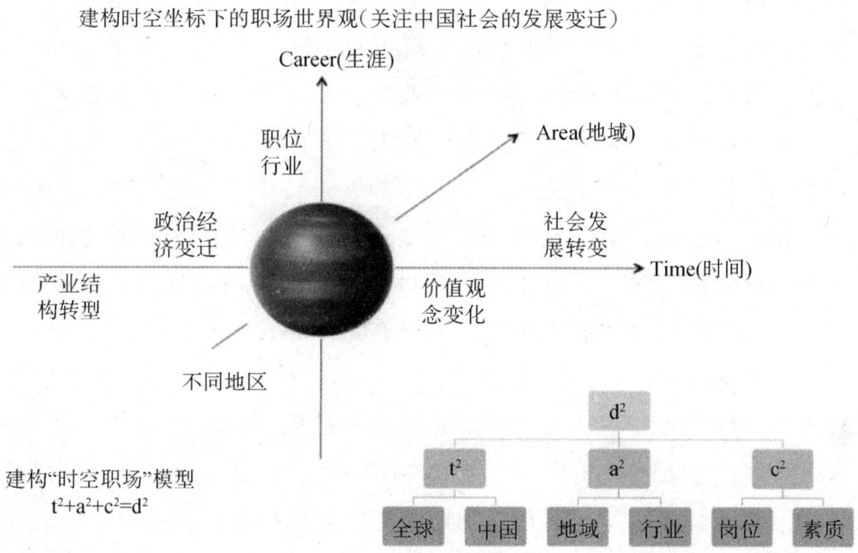

图 5　职场认知的 TAC 坐标

首先是时间轴，从现在到未来，中国会有一个长时间快速发展的阶段，尤其是中国现在的经济水平仅相当于五十年代的日本和七十年代的韩国，中国要达到成熟的发达社会仍然还有很长的一段路要走。因此，在这个时代的大学生，职业选择的可能性是多样的。随着时间的发展，国家社会会遇到很多问题，例如面临着产业转型、观念变迁和国家发展等问题。对于学生来说，未来面临的情况与现在会有很大不同。2010—2020 年人才规划里面就提到了未来中国需要的是科技创新型人才，经济发展领域重点紧缺人才。以经管专业为例，规划里面就特别提到了战略规划、资本运作、人力资源管理、财会和法律等方向的人才。这就意味着以后想要从事经管类工作，就必须做到专业化。尤其工科的学生在毕业以后有很多会转行从事经管类工作，这就需要相应的培训和积累来实现专业化的转变。

第二个坐标是地域空间。从地域优势上看，最吸引人眼球的就是六个特区、四个国家执行区、一个综合实验区和三个国家开放实验区。每个地方都有其自身的发展历程，而发展就必然有其需要的空间。以上海为例，在上海 2010—2020 年中长期人才规划发展纲要里，急需的四类人才均需要国际化，这就对未来的毕业生释放了一个明确的信号，与国际化接轨。如果以后想要去上海工作，那就需要国际化的工作能力，虽然并不一定需要国际化的背景，但是一定要学会在国际化环境中生存。

最后，第三个坐标，职业轴。每一种职业都包含有固定的信息，如分布在不同的行业，且行业中又有不同的岗位，即使在同一行业同一岗位，不同的组织或者单位也会有差异。分析可知，一个职业包括行业信息、组织信息、职位信息等，这些信息都会浓缩在一起，成为一个整体。对于学生而言，要了解一个静态的职业，就需要了解与其相关的地域、行业、产业、职业特征和组织文化等。

以上就是本研究设计的认知职场的路径与方向，通过这样的路径搜索，学生对职场信息的认知既可以小到很细的程度，也可以大到时间空间的维度。如此这样，就构建了一个职业三维空间坐标，通过这个空间坐标系告诉学生如何行动。在这个空间坐标中，还可以找到一个点，这个点就是最终要到达的点，学生未来希望的状态。在空间解析几何中，空间任意两点，直线距离最短，但是人生没有捷径，所有的成功都是积累而得到的。同样利用空间解析几何，可以在这个三维坐标系中求解到一条最适合的道路，以到达之前选定的点，既定的目标。这条求解的路径会包括很多信息和参数，例如时间长短、地域差异和职业变化等。通过这一过程，最终可得到一个空间三维勾股定理，如果按照二维方式解析发展方向和实施路径，就会发现需要涉及到时间跨度、全球发展，中国跨跃、地域差异、行业变迁、岗位变化和素质提升等。

整个过程探讨了在职业认知过程中需要解决的问题，包括方向和路径的确立，以及在这一目标下所有该做的事情。这就是用TAC方法构建的职场空间坐标，认知职场世界就是解析这个三维坐标以找到需要的方向和路径，实际上也是一个惯常的思维方式：理清目标——搜集资料——生涯访谈——模拟感受——实践体验，最后确定知道某一份职业是不是自己所想要的。这也是本研究中通过TAC坐标来解析职场世界的NFCD方法（Now to Future Career Development），立足现在，放眼未来，为了实现将来理想的职业发展，需要先确定好方向，规划好路径，然后从当下开始，安排好短期和长期的计划，一步一步地走下去。

（三）就业领域的部门系统工程构建

1. 工作体系

通过上文对于我国高校就业工作现有架构的梳理以及系统工程视角下对于大学生生涯发展体系的分析，在总结、凝练现有体系的基础上，本研究认为高校就业工作体系应该如图6所示。对于高校学生就业和服务发展中心而言，其工作体系本质上就是其职能架构，本研究认为理想的高校学生就业和服务发展中心应该涵盖就业管理平台、生涯发展平台和对外联络平台三大基本主体框架。对于就业管理平台而言，其主要职能应该划分为两个方面，一是综合服务，即毕业生就业管理的具体行政事务性工作和相关政策的落实，二是信息管理，即对毕业生生涯成长、就业单位、日后发展等基本信息进行统计，建立综合的学生生涯相关的数据库。对于生涯发展平台而言，其主要职能应该划分为两个方面，一是生涯教研，主要是生涯教育的研究和授课等方面的工作，二是生涯实践，主要包括各种求职俱乐部的指导、实践基地的建设等等。对于对外联络平台而言，其主要职能也能分解为两个层面，一是市场拓展，即主动拓展交大就业核心市场，将交大的就业和祖国的发展与经济的转型密切联系，积极引导国家重点单位赴交大招聘，二是招聘业务，主要是宣讲会、大型招聘会等的筹办和相关招聘的事务性工作。

以上所述三大平台并不是完全孤立的，而是有着密切的联系。就业管理平台下的信息管理小组应该和生涯发展平台下的生涯教研小组开展大量的就业研究，包括学生的成长路径、就业需求、就业满意度等等多个维度。生涯发展平台下的生涯实践组应该结合对外联络平台下的市场拓展组，利用市场拓展组的企业等相关资源，积极和协同市场拓展组，组织有针对性的、个性化的，能切切实实提升学生就业能力的实习实训项目，包括实践基地的建设、实习项目的拓展等等。

此外，由于综合服务和招聘业务量大面广，仅仅依靠校级层面的就业部门并不能完全解决所有学生和企业的事务性问题，因此，各个院系应该在校级就业部门的协调之下，建立起院系就业服务协作部门，以学生为主体，开展细致的人性化服务。整个就业中心的部门系统是一个开放的系统而且处在不断的发展和变化之中，因此，有必要且必须引入全球的专家咨询委员会，包括高校行政部门管理专家、企业人力资源专业、资深教授以及人才机构著名人士等，不断为高校就业部门的发展提供意见和建议。

2. 工作机制

在工作体系建立和完善的基础上，就是工作体系下的工作机制的构建，其实这种工作体系可以简单理解为在既定的组织架构下工作内容的确定。

就内容而言，本研究认为全程多维的生涯发展体系至少应该涵盖如图 7 所示的三个部分，第一，三大内容的构建，即生涯启迪（生涯意识的启蒙教育）、成长辅导（职业生涯教育）和就业指导（具体求职技能等训练）。第二，三大课堂的联动，首先，对第一课程的渗透，即在职业生涯教育课程中就纳入全程化多维度的理念，向学生传授生涯的发展比较多维度多角度系统考虑的方法论；在第二课堂的整合，即在生涯辅导、社团建设等实训活动中进一步整合生涯发展支持体系的资源，使得各种生涯

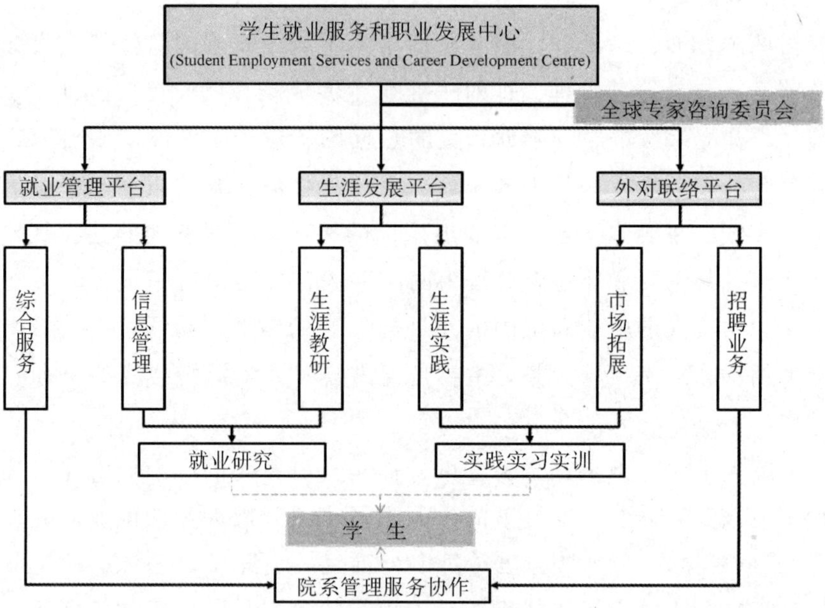

图6　就业工作体系构建

辅导项目设计、课程设计和实践活动有机整合，形成合力；在第三课堂延伸，即在大学生实习实践的过程中，进一步完善引导机制，将实习实践设计和生涯支持体系发展结合。第三，三个层面的提高，对于第三部门的内容，既可以看作是全程多维的生涯发展体系的一个组成部分，也可以看作是该生涯发展体系的目标，此外，这三个目标也是层层递进的关系，即知识的获得、能力的提升和人格养成。

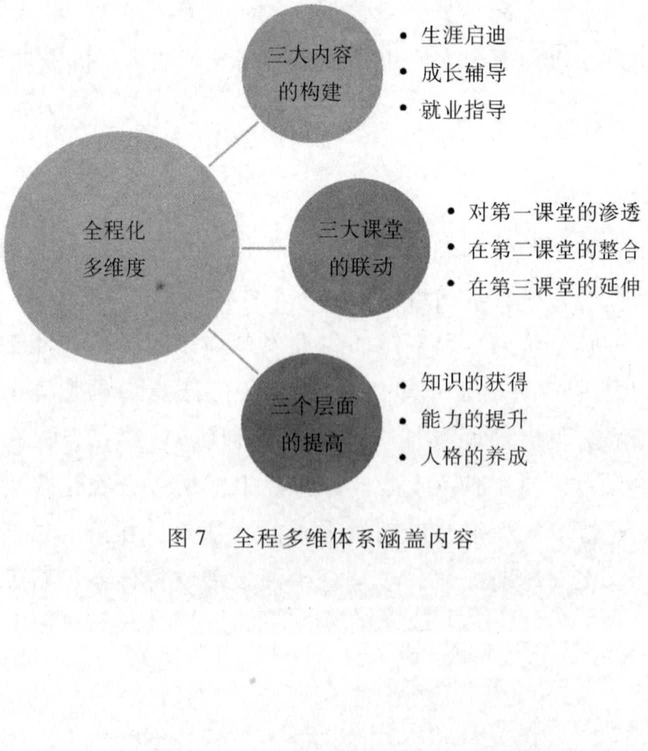

图7　全程多维体系涵盖内容

从霍尔结构的角度而言，图 7 只解决了知识维度的问题，那么在时间维度和逻辑维度的体系构架，则可以用图 8 表示。本研究认为合理的生涯发展支持体系在时间维度上应该与大学生学术生涯成长一致，这样既不会影响大学生日常学习，又和其主体成长路径一致，有利于理顺生涯教育与其他教育的关系，两者相辅相成。本研究认为时间维度可以从本科大一一直延伸到研究生三年级，对于博士生的职业生涯规划，由于其具有特殊性，本文目前尚不予考虑。在逻辑维度上，主要可以分为三大类内容，即以课程体系为主体的生涯实践和网络伴随。课程体系主要包含职业生涯与规划、职业素养与求职训练、工作坊、团体辅导、职场信息等，生涯实践则主要包括生涯人物访谈、生涯类社团的建设、行业领袖企业的职业展、实习等内容，网络伴随包括生涯故事的分享、测评工具的在线使用、职场地图的编制、网络实训和信息服务，此外，个性化的生涯信息推送系统也必不可少。对于逻辑维度的各种项目设计，其在不同的阶段是有不同的侧重点的，具体对应关系如图 8 所示，例如对于低年级的同学，则更多的涉及到生涯故事、生涯测评、职业生涯与规划课程学习、工作坊、生涯人物访谈等内容，高年级则更多的设计网络实训、信息服务、职业素养养成、求职训练、职场信息、实习等等内容，这些逻辑维度的内容设计都必须和大学生生涯成长的规律相符合。

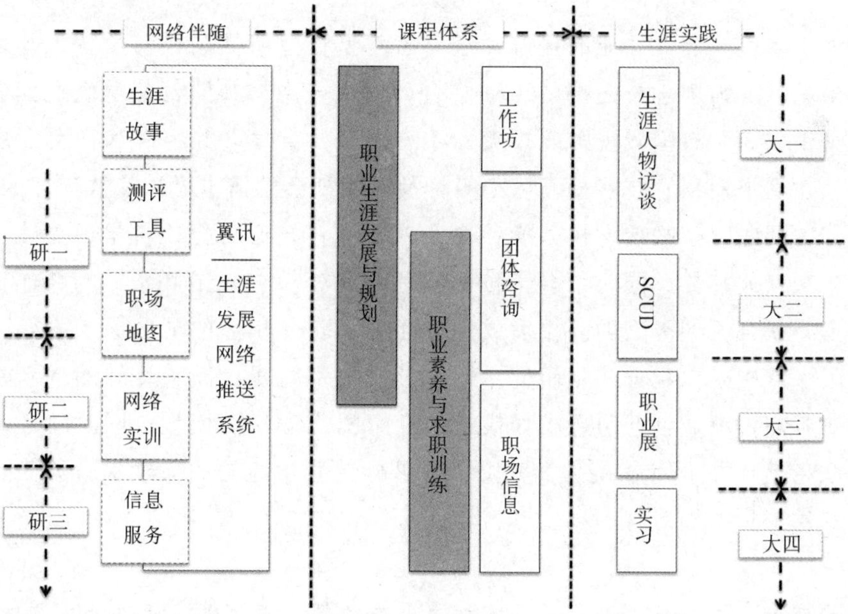

图 8　就业工作机制构建

当然，本研究所总结的就业领域的部门系统工程只是提供一个应然的基本范式，本研究所讲的高校就业行政部门的工作体系和工作机制并不是一成不变的，不同的高校有其不同的专业优势和人才培养理念，因此，其在就业领域的部门系统工程构建的过程中，可以在本研究总结的基础上进行一定程度的修正和完善。

第三部分　结　　论

本研究是基于国民经济和社会发展“十二五”规划的背景，对大学生的就业创业引导模式开展研究，这一研究角度本身跳出了常规就业工作指导的模式，从更宏观的国家社会的经济大背景，以动态的视角对大学生的职业生涯发展进行解析，是对传统的就业指导工作模式的重大补充和有益借鉴。

整个研究过程采用开放的复杂巨系统系统论方式展开，对社会发展这一开放的复杂巨系统，主体采用从定性到定量的综合集成方法探索“十二五”规划下大学生就业创业引导模式的方法论，这在研究思路和方法上也是一个重大的创新。

本课题的部分研究成果已应用于课题组高校，促进了高校人才培养和就业指导模式的改革。首先，加强了学校与企业的合作，通过人力资源、物质资源和科技成果的整合，进一步提高产学研的全面合作。其次，学校人才培养以经济和社会发展为导向，开始增加大学生可雇佣性技能的提升，建立了新型行业所需岗位与学校人才培养的有效对接。第三，加强了学校内部的力量整合，形成合力，共同营造学生全面成才的氛围，培养学生成为具有国际视野的拔尖人才。第四，及时掌握经济和社会发展最新动态，建立人才需求模型、技能提升模型等，及时对社会的需求做出最快速度的调整。

同时，本课题紧密联系学校办学使命和就业工作核心目标，科学地关注大学生就业工作的未来发展趋势；同时结合学校的实际，充分整合并拓展学校的合作资源和对外联络能力，联合不同类型的高校形成优势互补，联合相应的地区深入实际，整体研究有的放矢，特别是立足方法论研究，旨在形成模型范式，具备良好的创新性和适用性。这将对各高校就业创业引导工作模式的探索提供方法、模型；同时对各高校就业工作紧密联系学校办学使命和就业工作核心目标，科学地关注大学生就业工作的未来发展趋势提供工作指导。

课题组主要成员：钱静峰、吴　薇、宋丽贞、岳海洋、黄巧荣、王少浪、沈延兵、李春梅、刘继亮、林雪治、陈　雁、盖钧超、杨薛雯

附件

可雇佣能力视角下构建大学生立体化职业发展平台

吴 薇 夏 冰
（华东师范大学 学生就业咨询服务中心，上海 200062）

摘要： 职业发展教育是大学生人生教育的重要内容，也是思想政治教育的重要渠道。近年来随着我国高校就业工作的不断发展和深化，“可雇佣能力”这一概念逐渐引起人们的重视，它从全新的角度对大学生职业发展教育提出了更高的要求，为高校就业工作提供了新的思考方式。根据这一理论，从大学生职业发展教育的角度出发，构建大学生立体化职业发展平台，从纵向的阶梯式发展、横向模块化支撑和多维就业评价三大角度勾勒出未来大学生职业发展教育的新模式，为高校进一步做好大学生就业指导工作提供了重要的参考。

关键词： 可雇佣能力，职业发展教育，立体化职业发展平台

高校毕业生是否能够顺利就业，关系着国家的发展和社会的稳定，关系着高等教育的未来和人才战略的成败。在当前“大学生就业难”的大背景下，如何从高校就业指导的角度，打造出适应现代社会职业要求标准的优秀大学生，确保其成功就业，就成为了摆在政府和高校面前的一个现实而紧迫的课题。因此，从“可雇佣能力”视角出发，研究构建大学生立体化职业发展平台，不仅有利于帮助大学生实现成功就业，更能不断丰富大学生职业发展教育的内涵，为推进改革大学生就业指导工作提供了新的思路。

一、“可雇佣能力”视角下的大学生职业发展教育

近年来随着我国大学生职业发展教育的发展，“可雇佣能力”的概念逐渐被引入

到大学生就业指导的范畴中来，如何更加深入地理解大学生“可雇佣能力”概念的内涵，如何进一步推进大学生职业发展教育的改革和发展，为大学生的就业指导工作提供了新的思考。

（一）大学生“可雇佣能力”概念的界定

“可雇佣能力”（employability）是20世纪90年代英国、加拿大、美国等国的学者们开始提出的概念。这一概念描述的是个人在劳动力市场的潜力、技能和影响职业生涯的能力。区别于传统意义上的“就业能力”，“可雇佣能力”这一概念采用了全新的考察角度和衡量维度。首先，可雇佣能力强调的不仅仅是获得岗位的能力，而是始终适应岗位要求以及适应未来职业发展的能力；其次，可雇佣能力强调一种学习的过程，它是从复杂的学习中获取的；最后，可雇佣能力要求转变高校职业教育模式，以满足可雇佣人才的培养目标。

作为缺乏就业经验的高校毕业生，大学生在求职就业的过程中普遍表现出了“就业与大学学习脱节”、“就业能力和心态准备不足”、“人才培养与岗位需求存在结构性矛盾”等特点，即使短暂就业往往也会因为难以胜任而频繁更换工作，从而导致了当前“大学生就业难”的现状。因此，从大学生的角度出发看可雇佣能力，则可理解为：大学生基于有效就业所必须具备的社会适应性，所应掌握的专业技能以及这种技能与雇佣者需求之间的匹配程度。大学生的可雇佣能力主要体现在三个具体方面：一是这种可雇佣能力是一个学习过程，与教育教学过程密切相关；二是这种可雇佣能力是一种涉及多因素的综合准备状态；三是这种可雇佣能力必须符合雇主的需求。

（二）“可雇佣能力”对大学生职业发展教育的要求

根据当前大学生的实际特点和职业发展教育现状，“可雇佣能力”概念从四个方面对大学生职业发展教育提出了新的要求，极大地丰富了大学生职业发展教育的内涵。

1. 可雇佣能力要求从社会需要角度出发培养人才

要培养大学生的可雇佣能力，必须转换视角，从社会需求的角度出发培养人才，这是可雇佣能力概念在评价标准上与传统模式的重要区别。在当今经济社会深刻变革的大背景下，随着市场竞争加剧和个人整体素质的提高，雇主对大学生可雇佣性的理解和要求也在不断变化。面对大学毕业生的相对过剩，雇主必然会不断提高用人的门槛，这就要求离校学生不仅要具备相应的知识、技能和态度等基本的就业能力要素，还必须参照雇主的需求对大学生个人的知识与技能进行定向组合，以符合自己所向往的特定的雇佣需求；同时，择业过程中还必须以恰当的方式向雇主展示，自我特性只有得到了雇主的认可才能转变为就业现实。这些变化也都要求在大学生职业发展教育中必须尽早地转换思路，主动去迎合可雇佣能力的要求，主动去适应时代和社会的发展。

2. 可雇佣能力是一种综合能力

可雇佣能力概念的内涵是十分丰富的，它不是一个固定不变的概念，也不是特指某一专门的技能。因此，在理解和运用可雇佣能力概念时，必须认识到，可雇佣能力是一个复合概念，它包含了和就业相关的各种能力，是一种综合能力的体现。美国培训与开发协会曾对可雇佣能力做出过如下解释，即可雇佣能力包括六大领域16项技能，包括了基础技能：如何学习、阅读、写作和计算；沟通技能：如何诉说和推介自己、如何倾听；适应性技能：怎样解决问题、怎样去创造性思考；开发技能：个人工作动机、个体目标的科学设定、怎样规划个人的职业生涯；群体效果技能：人际关系技术、团队合作工作、工作过程中的协商与协作；影响技能：怎样理解组织文化、如何有效参与决策等。

3. 可雇佣能力是一种学习能力和学习过程

可雇佣能力的取得是一个不断深化学习的过程，同时学习能力本身也是可雇佣能力的一个重要组成部分。这种学习首先是一种角色的转换，经历着从单纯的基础知识的积累到专业技能的获取，个体知识与技能的定向组合，个体的选择性发展等环节；这种学习也是一个递进的过程；学习中既要依据个人的特点，又要兼顾社会的需要。为了实现这样一个学习的过程，要求在大学生的入学之初就必须制订好个人职业生涯发展规划，明确个人的发展方向和目标，明确发展的阶段和过程；而在整个学习过程中，需要注意将理论学习和实践学习相结合，在工作实践中认识自己，及时发现自己的长处和不足，循序渐进的形成个人的独特体系。

4. 可雇佣能力强调的是有效就业

在传统的就业评价体系中，衡量就业工作的成效主要依靠的是就业率的指标。但是就业率仅仅反映的是就业的数量，不能反映出就业的质量。在这个问题上，可雇佣能力概念所强调的是有效就业。所谓有效就业是既有效地获取岗位又成功就业，其中获取岗位是成功就业的前提，但仅仅获取岗位并不意味着成功就业，成功就业意指所获取的岗位既要满足个人需求，又符合和体现个人的水平。在现实中，常常会出现毕业生的实际就业岗位与其期望和能力不符，即他的就业并不一定成功。所以，可雇佣能力要求在重视就业的数量，更要求能够重视就业的质量，实现有效就业，对就业工作提出了更高标准的要求。

二、大学生立体化职业发展平台构想

以促进大学生的全面发展为目标，重点培养大学生尤其是毕业生的可雇佣能力，是“可雇佣能力”视角下大学生职业发展教育的核心目标。围绕这一目标，高校毕业生就业工作部门在开展职业发展教育时，应当首先以社会需求为指引，把职业发展教育贯穿在整个大学学习的全过程中，重点培养学生的综合能力，强调学习与实践并重，在岗位成才中帮助毕业生实现有效就业。

根据这一思路，结合学生学习和个人成长的特点，在可雇佣能力视角下的大学生职业发展教育可以从纵向的阶梯式职业发展、横向的模块化支撑出发，辅以多维的就业评价机制，通过这三块内容的有机结合和立体支撑，形成一套符合“可雇佣能力”要求的大学生立体化职业发展平台。

（一）纵向的阶梯式发展

通过构建跳跃式、阶梯式的“教育－实践－深化教育－深化实践”教育养成模式，大学生立体化职业发展平台为大学生设计出了纵向的阶梯式职业发展路线图，引导和帮助学生在大学学习的全过程中实现“可雇佣能力”的逐步提升，实现“就业育人”。

1. 低年级开展生涯理念教育

大学生入学之初是职业发展教育的关键时期，是学生完成从中学生过渡为大学生的重要转折，同时也是其未来职业发展的起点和基础。然而，这一阶段往往也是不少学生的“目标缺失期”，大学新生经历高考实现了进入大学学习的目标后，反而会失去继续学习和生活的目标和动力，很多学生为此感到迷茫和焦虑，出现了成绩不理想、沉迷网络等现象，甚至引发了一系列心理疾病。显然，如果能够在此时帮助大学生重新发现和树立起学习和发展的目标，设计出清晰合理的个人发展规划并积极实施，无论对于大学生还是教育者来说，意义都十分重大。因此，在低年级阶段，大学生立体化职业发展平台必须针对大学新生的特点，以生涯理念教育主，通过开设生涯规划相关课程，教会学生认识自我、认识大学、认识生涯，初步形成职业理想，设计大学学习和未来职业发展的路线和目标，出并根据这一规划合理安排大学生活，积极学习实践。这一阶段，大学生立体化职业发展平台的育人目标是帮助学生树立学习目标和职业理想，初步形成个人职业发展规划并为之努力。

2. 中低年级开展初级岗位实训

完成了初步的生涯理念教育后，进入中低年级的学生大多已经能够适应大学的节奏，有精力也有能力从事一些课堂和专业学习以外的实践活动了。此时的大学生也初步具备了独立的意识，渴望能够接触到一些学习以外的东西，但是在面对社会时又会显得较为稚嫩，既缺乏专业知识和经验的累积，也缺乏必要的社会生存技能。因此，在中低年级阶段，大学生立体化职业发展平台就必须根据学生的生涯规划，帮助和引导学生初步认识社会。一方面通过多元化的就业辅导，帮助学生确立基本就业概念，掌握一定的职业技能；另一方面通过提供大量校内实践岗位和勤工助学机会，引导学生大量参与简单的职业实践，既满足学生开展职业实践的需求，也可以将这种实践控制在一定的规模和范围内，循序渐进的养成职业素质，避免了揠苗助长的后果。这一阶段，大学生立体化职业发展平台的育人目标是帮助学生在认识职业的基础上，学习和培养一些简单的职业素质，并在可控的范围内开展初级的岗位实训，同时进一步明确生涯规划，强化职业理想。

3. 中高年级加强就业创业教育

通过前两个阶段的教育和实践，进入中高年级的学生已经具备了明确的职业发展方向，同时也通过初步的实践发现了个人的差距和不足；在专业学习上，学生此时将进入到主干专业课程学习阶段，课业负担相对加重，同时各不同专业的学生的区分度也显著增加。综合这几点因素，在中高年级阶段，大学生立体化职业发展平台将围绕专业课程，重点开展就业创业教育。一方面要开展形式丰富的就业指导活动，将原有的单一授课模式“化整为零”，在学校层面开展形式丰富的就业指导必修课、选修课和各种活动，在院系层面主推适合本专业特色的就业指导活动，从而面向每一名学生提供了满足不同需求的“自助课程套餐”，强化以专业知识为基础的综合素质，弥补之前在实践中发现的不足，进一步提升就业能力；另一方面，开展创新创业教育，从专业教育出发，重点培养学生的创新意识和创业能力，以求在帮助学生加深对专业知识掌握的同时，为部分有能力、有意愿创业的同学开展创业实践做好充分准备。这一阶段，大学生立体化职业发展平台的育人目标是全面提升学生的综合能力，培养学生的创新创业意识。

4. 高年级注重强化岗位实习

通过三年的准备，此时的毕业生已经具备了明确的就业方向、较强的综合素质和一定的实践积累，如何满足雇主的实际需求，成功获得就业的机会，就成为了这一时期的主要目标。因此，在高年级阶段，大学生立体化职业发展平台将重点关注毕业生的岗位成才，并及时发现和弥补各种可能存在的问题。首先要引导毕业生走进社会、深入职场开展岗位实习，为雇主量身打造“订单式人才”；其次，要关注在岗位实习和求职就业中暴露出的各种问题，通过及时的技能补训就业帮困，力争实现“全员就业”的目标；最后，面对当今大学生就业的“压力大”、“竞争激烈”等情况，特别关注毕业生在就业中可能爆发出的心理问题，及时予以疏导和解决。这一阶段，大学生立体化职业发展平台的育人目标是培养符合雇主需求的合格毕业生，帮助学生“顺利就业”和“满意就业”。

（二）横向的模块化支撑

为了顺利推进实施“阶梯式职业发展路线”，可雇佣能力视角下的大学生职业发展教育需要在生涯辅导、能力养成、岗位实训和就业帮困等方面着力打造四大模块，从而全面支撑起大学生立体化职业发展平台。

1. 生涯辅导模块，涵盖生涯发展规划辅导、就业指导、心理咨询和辅导等方面

通过必修课与选修课相结合，辅以网上职业测评、讲座和分享会、团队训练、一对一咨询、生涯规划大赛等多种形式的辅导，旨在帮助学生认识生涯规划方面的有关内容，能够自主的、合理的开展个人职业生涯规划，并在学习和实践中不断使之优化。

2. 能力养成模块，包括两大方面能力的培养

一方面涉及专业能力、求职技能、职场礼仪、人际沟通等，以专业知识的学习和掌握为核心，向职业素质方向扩展发散，关注学生获得就业的能力；另外一方面涉及职业认知、专业素质、职业道德和职业发展等，关注毕业生未来的职业发展。

3. 岗位实训模块，包括初级岗位建设和企业岗位建设两部分

针对“初级岗位实训”的要求，充分拓展校内实践岗位和勤工助学岗位，在可控有限的范围内面向全体中低年级学生提供较为简单的岗位实训，旨在帮助学生通过“体验式”的模拟职场试水，发现自身的不足，优化职业生涯发展规划；针对“强化岗位实训”的要求，建立一批企业实习基地，为毕业生提供“实战化”的岗位实习，直接根据雇主的要求培养毕业生，实现岗位成才。

4. 就业帮困模块，包括经济补困和技能补训两个方面

一方面要出台相关制度，对于经济困难毕业生予以一定的求职经济补贴和物资援助，为学生提供贴心温暖的服务，助其顺利实现就业；另一方面，对于其他就业困难的群体，要予以特别的关注和帮扶，通过开展就业诊断、个性约谈、就业心理辅导与调适、技能补训、重点推介等环节，促进其实现顺利就业。

（三）多维的就业评价机制

根据“可雇佣能力”概念中“有效就业”的要求，从学生自主评价、学校综合评价和社会客观评价三个维度，建立起多维的就业评价机制，全面评估毕业生就业总体情况，是对大学生立体化职业发展平台的重要补充和完善。通过多维评估，可以直接掌握学生在大学学习和求职就业过程中存在的问题，从而对进一步完善大学生立体化职业发展平台建设和改进高校毕业生就业工作提供参考依据。

1. 学生自主评价体系

一是定期针对全体学生开展分阶段、分年级的实名制调研活动，直接反映各个阶

段大学生立体化职业发展平台的培养效果，形成学生个人的职业发展数据库，为今后的就业诊断和帮困奠定基础；二是建立就业联络人制度，在每个专业和班级中设立就业联系人，及时掌握学生对各项课程、实训、举措的意见反馈；三是设立职业发展教育评议团，由专业教师、学工教师和学生代表担任就业工作评议员，自主评估大学生立体化职业发展平台的育人效果。

2. 学校综合评价体系

从思政工作、教学培养、素质训练、教学实践和就业率、就业质量等各个口径综合评价大学生立体化职业发展平台的育人效果，建立各项目责任人机制，做到专项工作专人负责，推进大学生立体化职业发展教育工作的不断完善。

3. 社会客观评价体系

邀请用人单位、政府事业单位、相关科研机构和非政府组织机构对毕业生的基本素质、综合能力、就业能力、职业素养、就业服务等项目开展追踪访问和客观评价，尤其关注毕业生工作若干年后的工作成绩，从社会需求和有效就业的角度考察大学生立体化职业发展平台的育人效果。

参考文献

[1] 谢晋宇、宋国学："论离校学生的可雇佣性和可雇佣性技能"，《南开学报》，2005（02）。

[2] 宋国学、谢晋宇："可雇佣性教育模式：理论述评与实践应用"，《比较教育研究》，2006（02）。

[3] 陈曲、谭亚莉："围绕新时期高校毕业生可雇佣能力的影响因素分析与应对策略研究"，《科教文汇》，2007（12）。

[4] 宋国学："可雇佣性开发状况的调查研究"，《现代教育科学》，2009（05）。

[5] 宋国学："基于可雇佣性视角的大学生职业能力结构及其维度研究"，《中国软科学》，2008（12）。

[6] 袁理峰："科学发展观视野下高校大学生职业发展教育的探索"，《华东理工大学学报》，2009（03）。

[7] 牟临彬："关于可雇佣性的大学生就业能力培养问题"，《徐州教育学院学报》，2008（03）。

[8] 邹蕾："英国大学生可雇佣性培养研究及其启示"，《浙江教育学院学报》，2011（01）。

课题编号：12jycyw012

大学生电子档案在就业中的作用
——以重庆市为例

课题承接单位：西南大学招生就业处
重庆市大中专毕业生就业指导服务中心

摘　要

电子档案是步入信息化社会以后，随着网络技术的发展而兴起的一种现代化的档案管理方式，面对传统纸质档案管理问题的逐渐凸显，电子档案管理方式更有取代纸质档案管理方式之势。在此背景下，本研究主要对电子档案的内涵、理论基础、意义等进行进一步的分析与阐述，并结合对重庆市部分档案管理相关利益人的调查研究对当前大学生的档案管理及对电子档案认识等方面进行抽样调查及现状分析，在此基础上构建大学生电子档案实施系统，并对大学生电子档案的设计与推进实施的对策与保障方面进行综合研究。该项研究作为一项跨学科研究，不仅可在理论上推进对大学生就业电子档案及其实施重要性的相关认识，更可在实践上促进大学生就业工作的进展，具有较强的理论价值与实践意义。

第一部分　导　论

随着现代信息社会的迅速发展及网络时代的到来，信息膨胀与传统的选择模式之间产生了冲突。这就必然促使我们思考更好地呈现信息、判断信息、选择信息的方式。相应的，信息社会的变革也对大学生就业信息的呈现、判断与选择造成冲击，在大学生就业信息提供、信息提供、信息整合、信息道德伦理等方面都提出新的要求。如何为大学生及用人单位提供良好的信息平台，提供可持续发展的信息支持成为当下大学生就业工作的重点所在。

一、研究背景

（一）时代发展的呼唤

进入信息化社会以后，随着电子技术的进步及网络的飞速发展，信息化成为社会发展的突出特征，整个社会都被信息覆盖，任何领域都与信息有着千丝万缕的联系，与信息无涉的将是落后的、跟不上时代步伐的。大学生档案管理作为高校一项重要的、纷繁复杂的工作，在传统的管理方式下，不仅机械、繁杂，且更新速度缓慢，不能跟上时代发展与学生自身发展的步伐，导致问题重重。因而，加快高校学生就业档案管理变革的步伐，实施大学生就业电子档案管理，适时构建电子档案管理平台，以现代化、信息化统领大学生就业档案管理工作，不仅是对旧有管理方式的改进与完善，更是响应了当今社会信息化发展的呼唤，是对信息化社会到来的有力回应。

（二）高校学生档案管理问题重重

1. 高校学生档案内容不全，不能为用人单位反映大学生在校全貌

随着教育体制的改革，高校出现了一些新的档案材料。如大学生心理测试成绩、

大学生英语四、六级证书、计算机等级证书、大学生能力、技能竞赛证书、社会实践活动材料，等等。然而不足的是高校学生档案的归档范围仍旧是长年不变的老面孔，如高校招生录取材料、大学生入学登记表、学籍成绩总表、奖惩文件、入党入团材料、报到证存根、体检表。这些材料既不能涵盖学生素质全貌，也不能满足用人单位对毕业生的要求，更将当代大学生最富有时代精神风貌的精华部分弃之一边，犹如买椟还珠。

2. 高校学生档案利用滞后，不能为大学生就业及时提供参考依据

高校学生档案是人事档案的组成部分，一贯遵循着“档随人走”的原则。然而近年来，高校毕业生就业已从计划经济体制下的统包统配过渡到毕业生“在一定范围内通过供需见面，双向选择落实就业去向或自主择业。在毕业生与用人单位双向选择的活动过程中，档案材料利用的滞后性已显示不出它的生命力，于是充当其媒介与介绍证明作用的毕业生档案替代浓缩本毕业生推荐表就成了用人单位“要”与“不要”毕业生的重要依据。由于受长期以来旧的归档范围的局限及推荐表篇幅的局限。这张推荐表囊括的项目仍不尽人意。于是我们在人才市场上看到，越来越多的毕业生们在激烈的人才市场竞争中，学会了“包装”自己，多种多样的“自荐信”、“自荐材料”层出不穷，只要能证明自己优势的都不遗余力的装帧成册，极力向用人单位展示自己全方位的形象。不能否认，毕业生自我“推销”的方略既是他们的智慧能力所在，也是对我们高校学生档案管理工作及运作方式的挑战。

3. 高校学生档案中的造假现象，严重干扰了大学生就业中的公平竞争机制

有的毕业生为在激烈的竞争中取胜，不惜采取涂改成绩，开具假证明等不正当手段以击败对手；也有个别高校为使自己的毕业生顺利就业，窃取“生源素质好，就业率高”的社会效应与名声，以普遍提高毕业生成绩分数，扩大学生干部覆盖面及获奖比例，降低考评标准，撤销学生处分材料，以次充好等手段，获得短期效应。这种造假现象不仅严重干扰了毕业生就业市场的公平竞争，也给在校学生带来了消极影响。在现实生活中，由于推荐表与档案事实不符，使毕业生在报到时被辞退的现象已不鲜见，那些即便造假成功，顺利就业的毕业生，因其素质低下，基本功不扎实，持续发展的后劲必然不足，加之侥幸心理难以自察，最终难免被“大浪淘沙”。这样的经验教训告诉我们高校的学生档案管理必须规范，以及建立电子档案的必然性与紧迫性。

4. 高校学生档案管理方式落后，阻碍和影响了大学生就业

近年来，由于不少高校仍沿袭旧的运作方式，学生进校后其档案不建档就束之高阁，在校期间产生的档案材料散放在各系科办公室乃至个人手中，等毕业生离校时再集中归档。这样杂乱无序的管理难免不出差错。待到用人单位上门查阅参考时，却到处难以寻觅，甚至时过境迁，回忆不出材料哪里去了。在关键时刻不能提供大学生档案材料，会影响毕业生的就业。再加上高校学生档案材料递增量大，存放时间短、流动快、就业趋向广、投寄单位多等特点，现有的管理方式和手段与现代化的高等教育快速发展相比，已经越来越不相适应，因此急需改进和提高高校学生档案工作的管理方式。提高了高校的档案管理模式，同时用人单位能更好更全面的了解学生的基本信息，在现目前的的情况下，能很好的促进就业工作的开展和让学生就好业。大学生电子档案将是在这样多种情况下必然产生的产物。

（三）网络的广泛使用，为大学生就业档案管理提供了新思路

传统的高校档案管理主要是通过纸质保存、存档，并随着大学生的毕业而发送到就业单位或是寄存到社会的相关就业中心，这不利于招聘单位对就业大学生的全面了解，也不利于保存，可能出现档案丢失等问题。网络的便捷则可为招聘单位和就业大学生提供了更多的信息支持，将大学生的档案资料实现网络化管理，将高校中的学生档案整合、链接到网络中，实现对招聘单位参考的适时化和全程化，为招聘单位提供足够的全面的大学生信息，将有利于招聘单位进行有效的选择和全面的了解，同时也为就业大学生提供了一个良好的展现自己、推销自己的平台，另外，实现大学生档案管理的网络化，采用电子档案的管理模式促进档案管理的深层次改革，也有利于优化就业环境，在全景式的模式下为相关利益人提供更为公平的就业竞争机制。

二、研究目的和意义

研究如何构建大学生电子档案的项目具有时代意义，有利于推动社会竞争的进一步公平化，实现更为优良的信息环境，避免恶性竞争和档案无效化得现象，更有助于大学生就业工作的开展和有效的推进，解决当前高校就业工作存在的一些难题。因而，

变革当前的学生档案管理制度，推进大学生就业电子档案平台的构建，具有重要的理论价值与现实意义。

（一）进一步明确高校学生档案的归档规范

教育部作为权威机构在高校学生档案管理这项工作上应有非常严格而明确的要求，应结合新时期对人才的需求，对档案材料的收集范围及教师应从哪些方面评价学生都作出统一、具体的规定。按照中央组织部、国家档案局关于印发《干部档案工作条例》的通知精神对高校学生档案进行规范化整理与管理，实现学生档案向干部档案顺利过渡。每个高校在新生入校后就应抓好这项工作，注意观察和了解学生在校各项活动中所表现出的能力并如实记载下来，努力做到即收即归、及时录入电脑，保持材料的齐全和连贯，这既可减少集中整理时的工作量，又能使学生档案反映出学生的新情况，使学生档案有较多、较新的信息含量，保持档案的完整和最新状态，使学生档案真正成为学校或用人单位培养人、使用人的可靠凭证。

（二）加强高校学生档案的全程化管理

首先，规范网上招生档案。招生全程电子档案管理保证考生档案内容的真实性与档案材料的完整性，以便高校及时对考生入学资格进行复查和今后用人单位对毕业生的全面了解。其次，及时收集、整理学生档案材料。要从大学生进校起就做好建档工作，并根据其专业、班组群体性，随时按照新的归档范围和要求，收集、整理有关材料。学生的各种材料一经形成，就必须及时录入学生电子档案，通过电子档案可以打印出纸质并尽快存入学生的档案中保证学生各个阶段的各种档案材料及时归档和档案的一致性，同时防止绝临时抱佛脚的突击行为，避免错装、漏装和档案转递不及时、不准确的人为错误。最后，建立毕业生信息反馈电子档案。建立毕业生信息反馈电子档案，可以为在校学生提供相关的就业信息。一是间接的就业信息。即毕业生信息反馈中反映了当前社会对大学生的思想道德、知识结构、专业技能、心理素质等的具体要求，在校生可以依据这些信息，主动地、有意识地设计自己，以适应社会。二是直接的就业信息。某些毕业生信息反馈中提出了明确的用人要求，高校可以直接提供给有关专业的在校生。更重要的是学校可以根据这些信息反映出的市场对人才的需求状况，在教学计划、教学内容、教学方法和手段等各个教学环节进行调整，主动适应人才市场，培养学生综合素质和基本技能。

（三）加强高校学生档案的信息化建设

实行电子计算机管理，采用高速扫描仪和存储技术以及强大的专业管理软件，对学生的学籍、考籍、电子档案等多项信息进行数字管理，并实现存储信息与实时查询。利用者可直接在网上查阅、利用，为用人单位提供了最捷径、最准确的毕业生档案信息。摆脱了以前那种要在大学生档案中翻阅查找的麻烦，使查阅变得轻松、快速，也使得毕业生档案的管理更规范化、更有序化。这既减轻了劳动强度，又大大提高了工作效率和工作质量。电子档案的建立，并不是摒弃学生的纸质档案，而是把它作为原始材料，作为对电子档案的补充和备份。若对电子档案的信息有异议，还可查阅纸质档案，并作为最后的依据。因此，高校必须建立纸质档案与电子档案相结合的学生综合档案管理模式。

（四）加强大学生档案的诚信建设

针对以往学生择业就业过程中出现的文凭、学历造假等情况，电子档案的构建将可有效规避这一情形。通过电子平台管理，学生进校后即将其个人情况输入教育部的电子档案，一律采用代码形势管理，学生历年在校的学习及其他表现情况等也都将输入电子档案，在学生毕业后自动形成电子文凭。据悉，2001 年研究生教育、普通本专科教育、成人本专科教育共注册学历证书 2164465 份，其中研究生 61680 份，普通本专科 1040718 份，成人本专科 945796 份，军队院校 116271 份。2002 年毕业生有 350 万份学历证书注册，其中研究生 12.9 万，普通本专科 198.3 万，成人本专科 150 万，如果加上自考和学历文凭考试、军队院校毕业生，注册量已超过 400 万，比 2001 年多出接近 1 倍。对实施学历教育的高等教育办学单位自 1991 年至 2000 年所颁发的毕（结）业证书进行重新登记，使登记的学历由教育部审核后进入全国高等教育学历证书电子档案数据可，把国家认可的文凭保护起来，把假文凭剔除出去。通过这套电子档案系统，用人单位只需将学生代码输入进去，就可快速在网上核实学生学历的真实性，谨防学生就业中的虚假现象。

因此，研究如何构建大学生电子档案的项目具有时代意义，有利于推动社会竞争的进一步公平化，有利于实现更为优良的信息环境，避免恶性竞争和档案无效化的现象，更有助于大学生就业工作的开展和有效的推进，解决当前高校就业工作存在的一些难题。因此，提出本研究项目，希望能引起相关部门和研究者的重视，能够在大学生档案管理模式方面作出相应的改革和发展。

三、研究基础及理论依据

课题研究是在以下假设基础上进行的：一是档案在大学生就业中具有重要作用；二是电子档案的有效使用对大学生就业具有促进作用。依据上述两项假设，该项研究主要依据以下理论：

（一）协作学习

协作学习（Collaborative Learning）是建构主义学习理论指导下的一种学习策略，它集中体现了建构主义所倡导的认知工具、社会建构和认知分享的观点。在协作学习的过程中，学习者通过小组或团队的形式来组织学习，提高学习效率。一方面学习者需要自己独立完成自己的工作，另一方面要与其他学习者进行交流，共同完成整体的学习任务。随着计算机和通讯技术的快速发展，信息技术在教育领域的推广和应用，协作学习方法也得到了计算机技术的很好支持。计算机支持的协作学习（Computer Supported Cooperative Learning，简称 CSCL），是指利用计算机技术（尤其是指多媒体和网络技术）所提供的交互渠道，以及海量工具库、资源库和知识库，来辅助和支持参与学习的成员之间的相互帮助、共同活动，实现群体之间的协作学习和工作，共享协作成果。从本质上讲，CSCL 是计算机支持协同工作（CSCW，Computer Supported Cooperative Working）在教育领域的具体应用。而网上协作学习（WebCL，Web Based CooperativeLearning）是 CSCW 的一个子集，从某种意义上说，它对协作学习中计算机和网络技术的运用提出了更高的要求。可以说，WebCL 是 CSCL 的进一步的发展，是协作学习发展史上的又一新的阶段。

（二）职业生涯发展理论

职业发展理论主要包括类型学理论、发展性理论、社会学习理论及认知信息加工理论等几种类型。类型学理论由霍兰德（John Holland）创建，是目前应用最广、最为简便的生涯发展理论之一，其核心认识是个体所选择的职业生涯，须符合这种个人导向，只有那些能满足个人需求的职业角色才对个体有吸引力。与类型学理论注重从个人人格和气质类型论述职业生涯不同，发展性理论是用动态的观点看待一个人进行生涯选择的历程，其基本假设是：生涯发展是一个终生的过程，生涯发展乃至生涯辅导方案应该依据个人在一生中各阶段的需求而设计。社会学习理论则认为职业经历中的学系是非常必要的，应该让学生接触各种职业角色，通过接触各种工作环境的培训项目来构建学习经历。同时，在他们看来，如果满足下列三个条件，人们就会选择某一职业：（1）他（她）们坚信能像某行业从业者一样成功地完成任务；（2）他（她）们观察到某行业者正面强化的价值体系；（3）重要的亲友强调某一行的优点，同时他（她）们也观察到了正面因素。认知信息加工理论以认知心理学的主要观点为基础阐明个人职业生涯发展中的有关问题，它强调学生的自我了解，不仅了解个人的职业需求，更重要的是个人的能力、兴趣、价值观及个人的实践执行技能，在高校的职业指导中有着较为现实的操作性和可行性。以上职业发展理论或者从个体自身的性格、气质等因素出发，或者从动态发展的角度，或者深受外环境的影响，或者从心理学角度出发设计职业生涯，描绘了职业选择与发展的全景蓝图，可帮助形成对大学生就业问题的全面而深入地认识，可以从更为长远、宽泛的视角看待自己的职业发展生涯。

（三）档案管理和管理信息理论

档案管理和管理信息理论也是该课题研究的重要理论基础和依据。档案管理是人类历史上信息管理的重要组成部分，在传统的档案管理中主要包括以下两个内容：一是档案的实体管理问题，即对档案的存在形式进行管理；二是信息管理，即对档案中存在的信息进行组织和集中。实体管理从档案的收集到档案的鉴定及保管都有明确的流程和步骤，以建立标准化的管理体系，同时信息管理则是为了对档案进行开发利用，通过对内容进行加工和保存达到信息化的目的。传统的档案管理模式非常复杂，种类繁多，标准各异。管理信息系统的概念，按照管理信息系统的奠基人戴维斯提出的观点，可以定义为：管理信息系统是依靠计算机技术，从硬件软件两个方面，完成分析、计划、决策和控制的数字模型，同时也是一个数据库系统的实现。信息管理系统能够提供用户所需的信息，并对信息进行处理，以实现最终的结论和决策。在我国则认为管理信息系统是由人、计算机等相互作用的系统，系统完成了对信息的收集、发布、存储、处理、维护和使用，通过管理信息系统，单位能对本身的财务状况、经营状况和物流状况等进行掌握，能实现数据信息的模拟和评估，能辅助管理者进行选择和决策，可以监控单位的目标和计划，能实现单位的人事管理和内部规划。依据管理信息系统理论开发和设计大学生就业的电子档案相较于传统的档案管理模式，不仅可以使高校大学生信息管理更为科学、合理、便捷、有效，且能够使招聘单位与就业大学生之间的信息沟通与交流更为顺畅、客观、高效。

四、研究成果将产生的作用和价值

进入信息化社会以来，随着网络的发展及技术的巨大进步，信息技术已逐渐进入社会生活的各个领域，尤其随着当前大学生就业档案管理问题的逐渐凸显，以信息化、网络化促进现存档案管理模式的变革不仅具有了必要性，也更具有了实施的可能性，在理论与实践两方面均可取得一定突破。本课题现经一年多的努力已取得较为丰硕的成果，这些成果有些是在理论思辨的基础上完成，有些则是在实地调查研究的基础上发挥集体智慧完成。目前已分别发表在国内核心刊物上的论文有五篇：（1）“农村教育价值取向：四种历史性转向与反思”载于《成人教育》2012 年第 5 期；（2）“对城乡教育一体化改革理论与实践复杂性的思考”载于《教育与教学研究》2012 年第 7 期；（3）“免费师范毕业生就业情况调查研究——以西南大学为例”载于国内权威学术刊物《中国大学生就业》2012 年第 16 期；（4）“三学期制：高校学期制改革的反思与前瞻”载于国内刊物《西南农业大学学报（社会科学版）》2012 年第 2 期；（5）“多媒体教学技术下学校课堂的教学迷失”载于《成人教育》2013 年 2 期。另外还有两篇正待发表：（1）“浅谈大学生就业电子档案平台构建的伦理意蕴”；（2）“大学生档案管理现状的调查研究 - 以重庆市为例”。该文在对重庆市高校档案管理问题进行调查研究的基础上完成。

上述研究成果将起到如下重要的作用和社会价值：

一是就理论层面而言，首先，通过建构大学生就业电子档案管理平台，加强传统档案管理与信息化、网络化的联结，转变档案管理模式，可以进一步丰富档案管理理论，深入档案管理研究；其次，该项研究还可为档案管理模式的向信息化的转变提供理论指导；最后，该研究对重庆市部分高校档案管理问题的实地考察，可以激发人们对该问题的关注，促使更多的相关利益人关注这一档案管理模式的变革，进而加强该方面的研究。

二是在实践应用方面，首先，规范网上招生档案。招生全程电子档案管理保证考生档案内容的真实性与档案材料的完整性，以便高校及时对考生入学资格进行复查和今后用人单位对毕业生的全面了解。其次，及时收集、整理学生档案材料。要从大学生进校起就做好建档工作，并根据其专业、班组群体性，随时按照新的归档范围和要求，收集、整理有关材料。学生的各种材料一经形成，就必须及时录入学生电子档案，通过电子档案可以打印出纸质并尽快存入学生的档案中保证学生各个阶段的各种档案材料及时归档和档案的一致性，同时防止绝临时抱佛脚的突击行为，避免错装、漏装和档案转递不及时、不准确的人为错误。最后，建立毕业生信息反馈电子档案。建立毕业生信息反馈电子档案，可以为在校学生提供相关的就业信息。

五、研究思路及过程

（一）研究思路

为考察重庆市大学生就业档案问题，本研究首先对电子档案及相关理论基础进行分析和阐述，主要对大学生电子档案的内涵、建立大学生电子档案的意义、建立原则、相关法律法规依据等进行了深入探索与分析，其次，在理论考察的基础上主要选取了重庆市部分高校作为研究对象进行全面考量，运用了问卷的方式对大学生、高校教育管理人员、用人单位、地方管理人员等群体针对当前大学生就业中档案管理的现状及对电子档案的认识进行了全面调查，继而对大学生就业电子档案构建问题作了深入的梳理与分析，并尝试提出促进和加强大学生就业电子档案实施与保障的对策和建议。

（二）研究过程

第一阶段：动员、组织学习阶段

1. 组成了一支由一批长期从事教师教育教学工作，具有深厚的理论功底和较强的科研能力的专家、博士研究生组成的课题组。主研人员、参研人员分工明确，责任落实，各司其职，分工合作。

2. 制订课题实施方案，进行课题开题，组织专家对课题实施方案可行性进行论证，反复修改形成实施方案。。

第二阶段：组织实施与实地调研阶段

1. 广泛收集整理国内外相关文献资料，主要包括关于电子就业档案的相关理论研究和国内外已有的相关实践情况，为项目的理论研究和实践构想奠定一定的理论和经验基础。

2. 通过对大学生、高校行政管理人员、就业主管部门、地方行政管理部门进行问卷调查及访谈，了解档案管理在就业工作中存在的实际问题。组织高校就业主管部门讨论电子档案建设的必要性，结合自身高校的实际，谈困惑。为形成当前高校就业档案管理方面存在问题和解决对策探索的报告收集数据。

3. 对构建高校在校大学生电子档案进行了理论研究，梳理平台构建中可能存在的问题和基本构想，形成理论研究论文。

4. 针对项目研究中所需要的关于档案管理中存在的问题，就业电子档案平台构建等方面的问题，对即将毕业的大学生、招聘单位、高校相关部门等相关大学生就业主体制定调研问卷。

第三阶段：系统设计及深入实践阶段

第一，项目组撰写电子档案系统需求设计说明书；第二，项目组撰写电子档案系统概要设计说明书；第三，项目组撰写电子档案系统数据库设计说明书；第四，项目组撰写电子档案系统详细设计说明书；第五，项目组成员编码实现电子档案管理系统集群，其中也包括高校用户的业务操作；第六，项目组成员编码通过 web service 实现全方位的数据库接口，提供第三方人才中介公司，调取学生档案信息方便用人单位掌控学生真实档案信息；第七，通过系统单体测试，集成测试、压力测试等多种测试手段对系统进行综合测试（各高校、各第三方人才中介公司同时都参加系统测试）。

第四阶段：全面实施阶段

首先，部署服务器，搭建电子档案系统硬件平台；其次，各高校对学生档案全面转入电子档案管理；第三，数据审核机制启动并在系统中进行应用；最后全面向第三方人才中介公司进行项目推广。

第五阶段：总结深化阶段

1. 在取得阶段性成果的基础上，高校就业部门及时总结在系统使用工程中存在的问题，进一步制定措施，深入开展研究，特别是对学生电子档案的细节问题加强研究。

2. 及时了解第三方人才中介公司提出的系统修改方案并对召开项目组会议进行讨论。

3. 完善高校和第三方人才中介公司提出的合理建议并对系统进行完善。

第六阶段：课题研究结题阶段

1. 组织课题研究组成员对课题结题召开内部项目组会议。

2. 收集整理研究过程中的相关资料，装订课题研究过程资料和成果资料组织项目组成员准备结题材料。

3. 进行成果分析，填写结题申报表，申请结题，接受课题组评审。

第二部分 课题研究内容

一、大学生电子档案建设基本理论研究

（一）什么是电子档案

随着现代信息社会的迅速发展，信息膨胀和网络时代的到来，现代信息和个体信息的呈现及档案管理的方式也出现了新的变化，电子档案应运而生，成为了现代档案发展与管理的新趋向。电子档案“目前还没有统一的定义”，可以认为是“建立在现代信息技术普遍运用的基础上，利用计算机网络技术，以综合档案信息资源为处理核心，对电子档案信息资源进行收集、管理，通过高速宽带通信网络设施相连接来提供利用，以实现档案信息资源共享最大化的目的的一种档案”。在学习领域又称为电子学档（e-learning portfolio）是“按照一定目的收集的、反映学生学习过程及最终成果的一整套电子材料，通过这套材料可对学生在学习过程中的表现和学习效果进行评价及反馈”。而高校就业电子档案是将学生的就业信息通过网络化形式呈现，从而使学生就业的相关信息在更广大的平台上开放展示，实现招聘单位和校方档案管理部门与学生自我就业渠道多元化沟通与交流的方式创新，有助于促进毕业生的就业，同时也将成为网络信息时代档案管理提供新的思路和发展方向。当然对基于时代连续性发展的社会伦理形式也有一定的冲击和融合。

（二）电子档案与传统纸质档案的差异

电子档案与传统纸质档案在载体形势、内容属性、保护特点等方面均展现出较大的差异：

1. 电子档案的使用相对于传统纸质档案更为便捷。计算机可以使档案管理实现规范化、一体化、自动化、网络化。利用网络技术，电子文件的传输速度也是相当快，

只要档案管理相关人员掌握电子档案的特性和先进的技术性设备，就能通过电脑轻而易举的查询所需资料，而无需大量的人力物力去查找繁琐的纸质档案资料；

2. 两类档案在管理差存在较大差异。纸质档案的管理很难摆脱封闭状态，工作方式基本上是接受移交的档案、编目立卷、存储入库、查阅调卷等几个步骤，档案之间只有分类的异同，没有更多的联系。电子档案可以把信息按一定的结构形式组织起来，使得信息的存储和访问更加容易，同时使得信息的完整性和一致性得到一定的保障；

3. 电子档案更有利于复制利用。电子档案的复制功能相对于纸质档案更为便利，只要技术得当，完全可以使复印件与原件没有任何区别，通过将其复制多套，也可确保档案信息的安全存储与保管。而对于纸质档案而言，为了档案的安全性而将所有学生的档案复制一遍是不可能的。另外，纸质档案在被多次复制或利用后。会对档案造成不同程度的损耗，但电子档案的重复利用却不会留下任何痕迹，也不会对其造成任何破坏；

4. 电子档案更有利于资源共享。纸质档案在同一时期、同一地点智能被单独使用，且纸质档案一般是不能离开档案保管室的，这给广大利用者造成极大地不便。而电子档案数字化的信息形态，可以使其不受时间和空间的限制，利用网络技术的任何终端设备都可以读取存储在网络某一个设备上的电子文件，一个终端上的电子文件也可同时发给若干个网络终端，因而，电子档案可不受孤本的限制，更大范围与限度的供多人使用，为相关利用者提供了便利，有利于资源共享。

以上主要从电子档案与纸质档案差异对比的角度对电子档案的优势进行了全面考量，然而电子档案本身也存在一些问题，比如，在档案材料原始性上不容易确认，纸质档案由于必须依存原件，其原件在材料的原始性及法律凭证方面可以得到保障，同时电子档案与纸质档案相比要依赖一定的硬件、软件及相应的技术等，从而使其使用过程更为繁琐，造成一定的局限性，另外，由于当前存在的网络安全问题，电子档案的存储与保管也具有一定的风险性，存在不安全隐患。因而，与纸质档案相比，电子档案虽然展现出无比的科学性与优越性，但由于目前电子档案的开发与使用仍处于初步探索阶段，在系统设计及科学存储及保管等方面仍存在颇多问题，短时期内电子档案将难以完全取代纸质档案的地位，而是呈现出两者并存的局面。但我们应用变化的眼光看待电子档案的发展，并不断优化电子档案的使用环境，相信电子档案将在大学生就业中发挥更大的作用。

（三）大学生电子档案建设的意义

1. 加强大学生电子档案信息化管理是高校档案事业适应社会发展的必然选择，是档案事业发展的客观要求国家档案局在《全国档案事业发展“十二五”规划》中明确提出“要贯彻落实国家有关电子文件管理、数字档案馆建设的文件精神，加强以计算机网络设备和数据库为主要内容的档案信息化基础建设，各级国家档案馆加快数字档案馆建设步伐，有条件的要完成数字档案馆建设，并提供网络信息服务。”同时，在2012年河北省档案工作会议上冯世斌局长明确提出今后档案工作的信息化建设的目标和任务。可见，改变原有管理模式适应社会发展趋势实现档案管理信息化建设是档案事业发展的必然选择。同时，也是落实国家档案局关于《全国档案信息化建设实施纲要》和《档案事业发展“十二五”规划》的迫切需要。

2. 大学生电子档案的信息化建设是教育事业发展、加强高校的内涵建设和深化高校教学改革的要求

高校日常工作过程中所形成的文字材料、数据、图表、照片和影片等档案信息资料真实地记录了学校的发展历程和学生的发展状况，是“今世赖之以知古，后世赖之以知今”的重要凭证，是衡量高校的人才培养质量、教学科研水平和发展方向的重要资料，是高校总结经验、开阔视野、改进工作、科学规划的重要依据，是高校编研修史的原始材料。

近年来高校档案资料和学生电子档案的价值已逐渐被人们所认识，在高校的内涵建设与发展、创建省级示范性高职高专院校、升本、人才培养评建和校庆等重要工作中都需要借助档案提供有力的信息和数据支撑材料。通过查阅这些材料有助于高校领导了解具体情况、进行科学决策；有助于专家组和校内、校外人士对高校作出一个全面、公正、客观、准确地评判；有助于深化教学改革，调整专业设置和明确专业发展规划和培养出社会急需、专业对口、就业率高的人才。

3. 利用计算机技术，提高档案工作效率，是档案工作自身发展的迫切需要

运用计算机对档案进行管理具有检索迅速、查找方便、存储量大、避免原始资料损坏等优点，而且可以通过一次录入来完成档案自动编目和自动检索、档案自动全文存储与检索、档案业务工作辅助管理、计算机辅助立卷、档案自动标引、文档一体化管理、档案馆办公自动化、档案库房保护技术现代化、档案数据库设计与建立等工作，实现多次重复利用、便于信息资料统计、解决因反复触摸引发的档案资料的毁损和丢失问题、缩短信息查询时间、减轻工作人员的劳动量、提高工作效率的效果，拓宽档案工作服务领域，进而全面提升档案管理的整体水平。故而，将计算机技术应用到档案管理工作上成为当前档案工作自身发展的一种迫切需要。

4. 利用现代信息技术，整合档案信息资源，是档案工作改革创新的必然需要

档案信息资源是档案信息化最核心的要素。档案信息化是利用现代科学技术手段使电子文件和数字档案等档案信息资源转为电子档案，以磁带、磁盘、光盘等介质存

储，为实现资源共享和数字化、网络化目标提供平台。电子档案是未来档案信息资源主体，将档案原件数字化对实现档案信息资源现代化管理、利用、资源共享具有十分重要的作用。电子档案能否长期、安全地提供有效阅读和利用的目的是通过对电子档案的真实性、完整性、有效性的检验来验证的。可见，运用现代技术手段，整合和丰富档案信息资源，实现档案信息的数字化、网络化、共享化，既是档案信息化建设的客观要求，也是档案工作改革创新的必然需要。

（四）大学生电子档案建设的原则

大学生就业电子档案平台是网络时代的信息平台建设的一种尝试和有效的探索，其构建应与时代背景、实体和虚拟管理模式及信息化网络平台文化等方面相切合。因此，大学生就业电子档案平台构建应当遵循一定的原则。

1. 敞开式原则

所谓的敞开式原则是指大学生就业电子档案平台在信息资源呈现和分享上，应实现全息全景的敞开。这不仅仅是要求在大学生个体作为参与主体上的信息呈现的开放和高校在实现大学生个体就业信息上为大学生提供应有的足够的开放性系统，还在于如何实现不同网络信息资源系统的整体与链接，将不同网络的信息链整合而作为整体信息共享模式，而不是不同的网络站点独立承担多元化的信息问题的呈现。如果仅仅是作为单一的大学生就业电子档案平台承担指向大学生就业目标的信息输入，那么无法真正实现网络时代的信息全息全景式的敞开，只能是网络化时代的信息重复，从而出现信息冗杂的局面，增加信息时代的获取、判断、选择与分享的伦理负担。

2. 全程化原则

大学生就业电子档案平台的构建从其本身指向来看，是偏向于服务面临就业的毕业生群体，涵盖了大学生个体、高校、招聘单位等多方主体，也就是呈现了一定的阶段效用性。这样的平台从信息呈现和共享的完整度来看，应实现其构建的全程化。首先，规范网上招生档案。招生全程电子档案管理保证考生档案内容的真实性与档案材料的完整性，以便高校及时对考生入学资格进行复查和今后用人单位对毕业生的全面了解。其次，及时收集、整理学生档案材料。要从大学生进校起就做好建档工作，并根据其专业、班组群体性，随时按照新的归档范围和要求，收集、整理有关材料。学生的各种材料一经形成，就必须及时录入学生电子档案。最后，建立毕业生信息反馈电子档案。建立毕业生信息反馈电子档案，可以为在校学生提供相关的就业信息。同时，全程化原则还应指向更为广泛意义上的信息资源交易上，实现与个体的全成长阶段服务的要求发展，实现作为信息平台本身的纵深信息链的构建理念。

3. 效用性原则

效用性原则是指高校大学生电子档案平台的构建应具备充分的社会实用性，不应是对于信息网络化的所谓现代化信息化管理的形式主义，不仅仅在系统网络平台的设计上要以社会效用效益性为原则，还应在具体的运用上实现真正服务于当前严峻的就业形势，乃至于实现为整体高校的学生信息网络化和管理信息化服务，实现不同网络信息资源和管理平台的整合，避免出现当前存在的众多网络化管理的形式主义和低效甚至无效。因此，大学生就业电子档案平台构建是直接指向并服务于现实需要的。

4. 信息化与传统纸质共存原则

高校必须建立纸质档案与电子档案相结合的学生综合档案管理模式，实现信息网络化平台管理的同时，与传统的纸质档案管理方式共存。实行电子计算机管理，采用高速扫描仪和存储技术以及强大的专业管理软件，对学生的学籍、考籍、电子档案等多项信息进行数字管理，并实现存储信息与实时查询。利用者可直接在网上查阅、利用，为用人单位提供了最捷径、最准确的毕业生档案信息。摆脱了以前那种要在大学生档案中翻阅查找的麻烦，使查阅变得轻松、快速，也使得毕业生档案的管理更规范化、更有序化。这既减轻了劳动强度，又大大提高了工作效率和工作质量。电子档案的建立，并不是摒弃学生的纸质档案，而是把它作为原始材料，作为对电子档案的补充和备份。若对电子档案的信息有异议，还可查阅纸质档案，并作为最后的依据。从这个层面上看，在发展信息化背景下的电子档案管理中，纸质档案管理有其存在的现实逻辑。

5. 伦理性原则

一个新的网络平台的诞生必有一种相适应的伦理性原则，伦理是人与人以及人与自然的关系和处理这些关系的规则。大学生就业电子档案网络平台的构建是旨在为面临严峻就业形势下，面对复杂的社会就业方式下，为大学生、高校就业工作和招聘单位形成一个信息资源共享的平台，从而有利的促进大学生就业，缓解就业问题。这样的一个网络平台的诞生，就必须遵守相应的伦理性原则。虚拟的网络平台，在如何保障诚实性原则、如何保障参与多方的隐私性原则、如何保障与社会实体需要相互融合的社会发展原则等方面，都对大学生就业电子档案平台构建提出了伦理性要求。

（五）与大学生就业电子档案构建相关的法律法规依据

当前已有相关法律法规支持电子档案的实施：（1）在法律上已颁布《中华人民共和国电子签名法》（2004）。该法明确了部分电子文件（数据电文、电子文书）的证据效力，具有十分积极的意义。但是，该法主要针对电子商务领域，并不涵盖电子政务领域。电子政务中电子文件的证据效力目前缺乏法律认可与保障。（2）在行政法规上国务院办公厅、国家档案局于2003年相继颁布了《电子公文传输管理办法》、《电子公文归档管理暂行办法》，其中一些相关规定目前有待进一步升级。在电子文件开发利用方面，2007年颁布了针对国家行政机关的《中华人民共和国政府信息公开条例》，但只属于国务院规章，尚未上升到国家法律的层次。相关具体条文（如：开放时间等）有待与正在修订的《中华人民共和国档案法》相协调。

二、大学生档案管理现状及问题研究

由于学生档案是学生在校期间形成的反映学生德、智、体及家庭客观状况的书面材料，它不仅是学校考察、录选、培养、教育人才过程中形成的第一手资料，同时也渗透着学校领导和教师辛勤耕耘的心血，反映学校实施素质教育的足迹，也折射出学校教书育人的业绩。为全面深入考察大学生就业档案管理问题，本研究以重庆市为例进行了“大学生档案管理现状的调查研究”。

该调查主要以重庆市部分高校的学生、高校行政人员、地方教育行政管理人员及部分就业单位为对象进行了调查，该调查向四种类型群体共发放问卷1050份，回收995份，回收率为94.7%。问卷内容主要涵盖了对当前纸质档案管理方式的看法、对电子档案的认识等方面内容。通过调查及数据统计分析发现当前大学生档案存在如下问题：

（一）学生档案原始资料不齐甚至无档

随着高校招生生源的不断扩大，学生逐步实行网上招生录取，为提送最原始、最基本、最重要的纸质档案材料带来一定的困难，使一些省市学生最原始、最基本、最生动的纸质档案材料无法完整地收集与积累。例如：高中毕业生登记表、高校招生报考志愿表、保送生登记表、中学生成绩表、高考成绩、政审表、入团申请、志愿表、中学期间奖惩、高校招生体检表等一系列档案材料残缺不齐，甚至连原始档案都没有，既给学生档案管理工作带来了困难，也给教育部门培养考察学生综合素质及学生本人成长带来不利。

（二）学生档案信息未及时归档甚至不归档

档案材料是个人填写、经过组织审查、有组织公章，具有一定的法律效力。学生成绩、行为规范、学校奖惩等，都是历史的真实记录，必须及时归档，使之真实、全面、准确地记录学生的成长过程。本应及时归档的学生材料未及时归档或不归档，会造成学生档案不齐全。如：成都大学 2003 年获得“国家奖学金”的学生，经过申请、推荐、层层审核、上报省教育厅获准，真可谓“过五关、斩六将”。但是，由于未及时归档，次年后，部分学生已毕业离校，无法进入学生本人档案，未能真实反映学生个人的情况，致使他们个人的档案里缺少这一人生重要经历的记录，其结果是对学生不负责的表现，也是一种违反规范的行为，且损害了学生个人档案的完整性。

（三）学生档案信息载体的不规范

军训表、优秀团员表等没有设计学号表格，使之填写不规范。由于学生数量的增多，不可避免地会有同名同姓。比如“张伟”在同一个系同一年级就有多个，在同一个班里，同名同姓同性别的就有两个，其中奖励或处分某一个学生，没有注名学号，就可能出现张冠李戴现象，也就会给归档工作带来困难。

（四）学籍档案管理的不规范

学籍档案记录了学生每学期考试、考查成绩，反映了学生在校期间的学习态度、思想状况、文化知识及技能掌握程度，这是将来用人单位对其进行学籍认定的重要依据。无论是毕业或未毕业的学生学籍档案，均有保存价值，对休学、复学、退学、转学的学生，不但保留其学籍档案，还有学籍处理文件的记载，是学校档案部门提供利用的重要凭证。由于学籍管理的脱节，出现了学籍管理不严谨、不规范。比如毕业班学生因重修未领到毕业证，然而档案却随毕业派遣通知寄出。一年以后，学生才领取毕业证而追查档案去向。类似情况在专升本学生档案上多有发生，造成学生档案管理混乱，同时造成不良影响。

（五）学生档案意识和档案法规意识薄弱

学生中大多缺乏档案意识和档案法规认识。在学生档案中，多有姓名与身份证姓名不符，有的是办理身份证时出错，有的是进校后自己随意更改。在同一人的档案中，就有不同姓名和不同出生日期，难以核查，也导致了毕业生持毕业证前来要求更改姓名的。特别是对于出国深造的学生，姓名或出生日期有误，还要通过公安机关出具证明才能更正。有许多学生不关心自己的档案，工作多年也不知自己的档案在哪里，直至单位需要时才将关注的视线转向母校档案部门。

（六）电子文件档案管理面临安全性问题

第一，电子文件档案的易被破坏性。在高校档案电子化建设的过程中，完全保证电子文件的原始性、真实性和完整性是技术上及工作强度上难度比较大的，这些主要由于在电子化及信息化过程中存在很大可能篡改或失误操作等人为因素。但是，档案的本质属性是原始记录性，不可更改。纸质文件内容的原始性很容易被确认，而电子文件具有可变性和信息载体的可分离性，源于其可以利用相关的计算机软件进行修饰和修改。计算机内存贮的电子档案无个人笔迹特征和辨认。而纸质的档案文件存在书写墨迹和新旧的区别，一旦被删改，复制或纂改内容都很容易识别。因此，在电子档案的安全及原始性方面需要大量配套建设跟上。

第二，电子文件档案信息安全问题日益突出。随着计算机使用普及，信息化和网络化时代的到来，使得任何人何时何地都可以介入互联网。如果高校的电子档案通过网上发布，很可能被某些不法之徒窃听、泄密、篡改和伪造。同时，电子档案在发送、接收、保管、归档时又面临病毒和黑客的入侵，可能被违法复制和倒卖等。接入互联网所遇到的非法访问难以计数，现有的防火墙等技术对黑客高手往往防不胜防，使电子文件档案信息的安全受到严重威胁。如最近网上流行的倒卖车主个人信息以及银行卡信息等就是这种情况最好的例证。

三、大学生电子档案的设计与实施研究

建立大学生职业发展电子档案是强调以学生的职业发展为本的教育新理念的体现，倡导立足于过程的发展性评价，突出评价的教育功能和激励作用。通过个人电子档案的建立，可以使大学生更好的进行自我探索和社会探索，为自己将来的职业发展打下坚实的基础。

大学生职业发展电子档案主要分为三大部分：

（一）个人简历、自我测试、专业学习指导，初步制订职业发展规划

在新生入学教育阶段，开展对大学生的专业教育，做一些职业倾向能力的测试，开设短学时的职业发展规划与设计课程，举办相关的讲座，要求学生建立自己初始的个人职业发展成长的电子档案。最初的电子档案包括：制作一份个人的电子简历，分析自己的优缺点，制订一份初始的职业发展规划，重点是在校期间的学习计划，为自己的职业生涯初步定位，有一个比较明确清晰的目标。个人简历包括以下几个方面：(1) 个人信息：包括个人的出生日期、出生地、住址、联系方式，家庭经济状况等；(2) 教育背景：初中以上的校名、地点、入学时间、参与的竞赛及获奖情况；(3) 接受过的培训：曾受过的培训、参与的课题、技能证书；(4) 实践活动：校内实践、校外实践项目。另外，学生通过接受专业学习指导、自评、性格或职业倾向测试，了解自我，初步规划自己的职业发展目标。

（二）参加社会实践、职业素质拓展活动，提高自身的职业能力

在大学中间学习阶段，开设企业文化等专题讲座，让学生对职业世界有所了解，同时要求学生参与社会实践。利用寒暑假参加社会实践作为大学生公共必修课程，计算学分。学生参加社会实践，由实践单位写评语。通过社会实践，认识职业世界，分析自我的兴趣爱好和职业倾向，不断认识自我。主要考核方式为学生须完成社会实践报告，制作自己的第二份个人简历，并与一年级时的简历相比较，分析自己取得的进步，存在的不足，修正自己的职业生涯规划设计，并将其写入个人职业发展电子档案。

（三）走访人才市场、职场人士和校友，调整心态，修订职业发展规划

每位大学生在校期间访问一些用人单位和校友，尤其要求应届毕业生在毕业前一年左右走访人才市场，投递简历，与招聘单位工作人员交流，完成职场调查报告或求职体会，并将其写入个人职业发展电子档案。毕业生通过人才市场的走访、对职场人士、校友的访谈，可以获取职业信息，了解就业形势与政策，同时最大的收获是求职心理状态的调整。

在大学的最后一个学年初，主要对学生进行获取和处理职业信息、求职中的书面沟通、就业政策与实务、深造与创业等辅导，完成个人简历和自荐信求职信的制作，学会在网上求职等择业技巧指导。同时尝试投递简历，校内组织模拟面试，职业礼仪指导以及校友座谈等形式，帮助学生更好地规划职业生涯发展，将各类型的体会报告和反馈表都存入个人职业发展电子档案数据库。通过职业发展档案的建立，可以让学生清楚地看到自己在大学期间这个职业发展与规划的全过程，看到自己的进步与不足，为将来的发展提供参考。

大学生职业发展电子档案包含：（1）职业目标：在今后的几年里，准备找个什么样的工作，在单位里做到什么位置；（2）所需要的能力、知识：为了达到你的目标，你认为应该拥有哪些新的技术、技巧、能力和经验等；（3）发展行动计划：为了获得这些能力、知识等，你准备采用哪些方法和实际行动，其中哪一种是最好、最有效的，谁对执行这些行动负责，什么时间能完成；（4）发展行动日志：此处填写发展行动计划的具体活动安排，所选用的培训方法。如听课、自学、所需时间、开始日期、取得的成果等。同时，你还要对照自己的行为和经验等，写上你从中学到了什么。

在大学生职业发展规划与设计这门课程中，建立个人职业发展成长的电子档案是一个特色，可以引导学生深入理解职业发展与规划，设计自己的职业生涯，同时强化了以学生为主体的主动学习，增加课程的吸引力，提高学生的综合素质，为成功走向社会打下良好的基础。

四、加强大学生电子档案运用的对策与保障研究

（一）提高对电子档案管理的认识

纸质档案与电子档案的管理从根本上就是不同的，因此这就要求管理人员要改变

自己的管理工作理念。电子档案管理是一项系统化的工程，并不只是靠几个人就能将管理完成，是需要校内的领导和各个业务部门共同的配合而完成的，因此要提升领导思想上的认识，为他们树立正确现代化的意识，要求他们在资金上、技术上、策略上给予支持和帮助。同时，要求管理档案的工作人员从理论和实践上学习和掌握专业的现代化信息管理知识，提升业务素质。

（二）建立并完善电子档案的管理制度

目前很多高校并未制定有关电子档案管理的规章制度，需尽快建立并完善这方面的制度，促使电子档案管理工作的有序、顺利的进行。学校可根据《电子文件归档与管理规范》制度，结合本校的实际情况制定《电子文件归档与电子档案管理规范》、《高校电子文件归档细则》、《电子文件归档与电子档案管理规范》、《高校电子文件与电子档案利用制度》等管理细则，从而加强对电子档案的全程化与系统化管理。高校中的电子档案来源比较广泛，从档案的形成、归档、利用，中间会经过很多的环节。档案主要包括文件文本、多媒体文件和学生考核的成绩、学籍管理数据库以及财务部门的管理文件等，若要将这些繁琐的、复杂的电子文件归档，就必须要有规范的制度进行约束，才能进行有效的管理。

（三）不断的完善技术手段，保证电子文件的原始凭证性，加强信息化建设

实行电子计算机管理，采用高速扫描仪和存储技术以及强大的专业管理软件，对学生的学籍、考籍、电子档案等多项信息进行数字管理，并实现存储信息与实时查询。利用者可直接在网上查阅、利用，为用人单位提供了最捷径、最准确的毕业生档案信息。摆脱了以前那种要在大学生档案中翻阅查找的麻烦，使查阅变得轻松、快速，也使得毕业生档案的管理更规范化、更有序化。这既减轻了劳动强度，又大大提高了工作效率和工作质量，电子档案的建立，并不是摒弃学生的纸质档案，而是把它作为原始材料，作为对电子档案的补充和备份。若对电子档案的信息有异议，还可查阅纸质档案，并作为最后的依据。因此，高校必须建立纸质档案与电子档案相结合的学生综合档案管理模式。然而，电子档案从形成到利用是需要经过很多环节的，为了保证文件的真实性和原始性，必须要设置相关的档案备份、密码技术、消息认证、身份验证以及签署技术等措施，这样才能保证电子档案从形成到利用过程中的真实性、原始性。

（四）注重对高校电子档案管理人员的业务素质培养

建立一支高素质的专兼职学生电子档案管理队伍，是保证学生电子档案材料及时收集、分类、整理、归档的关键。随着大众化教育的普及，高等学校的办学规模和水平都在不断提高，学生档案的数量和服务的内涵也在不断提升和完善。因而，高校必须加强大学生电子档案教师管理队伍的建设。首先，在思想上，档案从业人员要转变理念，主动适应档案管理信息化的新形势，树立终身学习的理念，不断更新自己的知识结构，认真学下现代化管理知识和技术；其次，在业务上，对高校电子档案管理的工作人员要加强技术上的培训，有效地利用校内的教学资源，针对性地开展相关的职业培训，提升业务技能，满足电子档案管理的需求。同时，还要不断扩大电子档案管理的队伍建设，充分做到新老员工的均衡交替，随时为档案管理注入新鲜血液，促使高校电子档案管理的稳步、快速发展。

（五）协调高校档案部门与电子文件形成部门之间的关系

电子文件在归档工作中所涉及的问题非常广泛，仅仅依靠档案管理部门是很难完成的，必须搞好与电子文件形成部门、承办部门的协调配合工作。高校电子文件的形成是贯穿于高校的党政、教学、科研等工作始终的，如职能部门产生的文件、规定、章程等，教学部门形成的教学计划、教学大纲、毕业设计等，科研工作中产生的项目申请、研究成果等。所以，只有充分协调高校档案部门与电子文件形成部门之间的关系，使各部门参与到电子文件管理活动的全过程管理中去，才能集成一个有机整体，从根本上杜绝电子文件形成与归档的脱节，共同形成符合质量要求的电子文档。此外，还应将电子文件的归档纳入学校办公自动化系统建设中，只有将学校办公自动化系统接入档案管理系统，形成有机整体，才能实现信息共享。

（六）加强网络安全防范意识，提高学生电子档案的安全性

大学生电子档案的构建旨在为学生管理及学生就业提供全方位服务，因而，维护和确保大学生电子档案原始材料的真实性与安全性是极为重要的，这也是当前建立大学生电子档案的重点与难点所在。综合而言，为提高大学生电子档案的安全指数，维护学生自身利益及安全，可主要从如下几方面作出努力：一是在系统的设计与开发上，除便利、快捷等方面的考虑外，应将保密与安全性能置于首位，确保电子档案的构建

不会给高校管理工作及学生自身造成不必要的麻烦，这也是确保电子档案安全的首要保障；二是加强大学生电子档案管理人员及学生自身的保密意识和安全意识，增强信息保护的意识和责任感。这主要是由于电子档案使用涉及的人员比较多，有数据系统的管理人员、档案载体的保管人员、学生自身及维护操作人员等，由于各自工作职责与范围不同，因而要对不同的使用者的权限进行分别限制，在使用过程中，由计算机系统自行判定当前使用者的身份及其合法性及使用限定的范围，严格限定未经授权的使用行为；三是要充分考虑电子档案可能具有的弊端，比如磁盘、电子光盘等也具有一定的使用寿命，且系统操作不当也极易造成不必要的损失，因而除了要加强管理人员及学生自身的系统操作技术外，也要考虑备份，做到有备无患。

总之，高校学生档案管理作为高校的一项重要工作，从目前情况看，尽管存在许多问题，但高校学生档案是学校或用人单位培养人、使用人的可靠凭证，起着难以替代的作用。为使学生档案管理跟上时代步伐，必须进一步改革学生档案管理制度，迅速建立电子档案管理新模式，使改革后的学生档案更有利于用人单位实时查询，促进大学生就业，更有利于大学生毕业后的个人发展，更好地发挥其服务社会、服务人才的作用。

第三部分　结　　论

一、研究成果概括

通过该项课题的研究，我们不仅致力于在理论上取得一定进展，更尝试可以在实践层面促进、加强大学生电子档案的构建与实施，以全面促进高校相关工作的进展。本研究在研究过程中的主要成果包括两种类型：一是学术论文，多数已在国家重要期刊上发表，有代表性的主要有《浅谈大学生就业电子档案平台构建的伦理意蕴》、《多媒体教学技术下学校课堂的教学迷失》、《免费师范毕业生就业情况调查研究——以西南大学为例》等；二是题为《大学生档案管理现状的调查研究——以重庆市为例》的调查报告。通过综合分析上述研究成果，我们发现可主要概括为如下几个方面：

1. 对电子档案相关理论问题的进一步思考。研究中不仅对电子档案的内涵、意义、建设原则、理论基础等方面进行了深入探索，并对大学生就业电子档案构建的伦理意蕴进行了考察，从而全面加深了关于大学生就业电子档案构建相关理论的研究。

2. 对当前大学生就业档案管理现状及问题进行了全面考察。研究中集中对大学生、高校教育管理人员、地方相关管理人员、用人单位等相关利益群体进行了抽样调查，通过调查得出了客观、真实的关于当前大学生就业档案管理现状及问题。研究发现，多数调查对象均认识到当前的纸质档案在维护及管理过程中有颇多问题，在大学生就业方面更是造成一些困扰和麻烦，有部分高校已开始小范围试行电子档案的管理方式，并对该中管理方式表现出强烈的认同，同时认为应该注意克服电子档案带来的部分问题，整体而言，倾向于认同纸质档案向电子档案的过渡。

3. 对大学生电子档案构建及实施对策方面进行了探讨。该研究主要偏向于应用方面，因而本模块内容也是该项研究的重点。在相关理论探讨及调查研究的基础上，着力从大学生就业电子档案的设计与实施对策进行研究，指出电子档案的设计方面应注重其内容的完整性，在实施保障与对策方面，可主要从提高对电子档案管理的认识、建立并完善电子档案的管理制度、注重对高校电子档案管理人员的业务素质培养、协调高校档案部门与电子文件形成部门之间的关系等方面实现。

二、研究的特色及创新之处

本研究主要围绕建立在校大学生电子档案（包括实现大学生纸质档案电子化及建立大学生电子诚信档案）的项目论证与可行性、在校大学生电子档案的具体实施与管理、大学生电子档案在求职、档案转递等就业工作中的实际应用及社会前景、大学生电子档案在学生毕业后未来职业发展的应用、建立灵活就业、未就业高校毕业生电子档案管理中心的可行性探讨等内容展开，以跨学科为理论基础，综合运用多种研究方法，针对大学生传统纸质档案存在的问题进行深刻的理论剖析与实践调查，具有重要的创新意义。主要体现在以下两个层面：

一是理论创新：本研究以职业发展理论、档案管理及管理信息理论做为主要理论基础，采用跨学科视角，综合运用档案学、档案管理学、电子信息工程、心理统计学、大学生职业生涯规划与发展等多学科。学科的理论与方法，特别是较多地是从档案学及档案管理方面进行，并运用心理统计方法对当前的档案管理现状进行了数据调查和分析，从而建立不同于传统纸质电子档案的能够有效促进大学生就业有效利用电子档案模型。大学生就业电子档案管理平台，加强了传统档案管理与信息化、网络化的联结，转变档案管理模式，可以进一步丰富档案管理理论，深入档案管理研究；此外，该项研究还可为档案管理模式的向信息化的转变提供理论指导。

二是应用创新：针对传统纸质档案存在的内容不全、利用滞后、信息造假等问题，电子档案提供了不同于纸质档案的全新的平台。电子档案以电子计算机管理为平台基础，采用高速扫描仪和存储技术以及强大的专业管理软件，对学生的学籍、考籍、电子档案等多项信息进行数字管理，可以实现存储信息与实时查询，确保大学生信息的全面性、真实性，又突破了传统纸质档案的存在的查阅与管理的高劳动强度、避免档案装订、转档等不及时等人为错误等弊端，提高学生档案的管理效率。此外，电子档案可以实现高效利用，传统纸质电子档案单纯以高校管理者、就业单位服务对象。而电子档案把大学生纳入到服务对象的群体中来，毕业生信息反馈电子档案的建立，能够有效地为在校学生提供相关的就业信息，基于毕业生信息反馈中反映了当前社会对大学生的思想道德、知识结构、专业技能、心理素质等的具体要求，在校生可以依据这些信息，主动地、有意识地设计自己，以适应社会。此外，毕业生信息反馈中提出了明确的用人要求，高校可以直接提供给有关专业的在校生。改变高校学生档案利用滞后，不能为大学生就业及时提供参考依据的旧格局，为在校学生提供相关的就业信息的新格局。同时，对于就业单位来说，内容真实与档案材料完整的全程电子档案管理保证可以增进用人单位对毕业生的全面了解。

三、研究成果在实践中的应用

大学生档案管理是当前高校学生管理中的一项重要工作，其实施的合理、有效与否直接决定着高校学生管理工作是否有效进行。因而优化大学生就业档案管理程序，建立大学生就业电子档案平台不仅关涉学生自身与就业单位的利益，也直接与高校学生工作的有效运转息息相关。因而可以说，该项课题研究与学生、就业单位及各高校的实际工作具有直接关联性。

课题研究成果在实践中的应用可遵循如下程序：即在相关理论研究的基础上，通过进一步搭建电子档案系统硬件平台，开发系列管理软件，建设大学生电子档案信息化系统，在重庆市各高校及第三方人才中介公司进行应用，重庆市各高校对学生档案全面转入电子档案管理。从而为在全国推广做好试点。

通过大学生电子档案信息化系统的建立，实现全市大学生电子档案可管、可查、可控。通过第三方人才中介公司对数据的调用，切断了毕业对自己的简历弄虚作假的源头，让用人单位对高校毕业生的档案信息得到全面的了解。增强应届毕业生的社会核心竞争力，从而大大提高应届毕业生的就业率。

四、存在的问题、研究展望及建议

总结本课题的研究发现还有如下问题有待进一步解决：

第一，大学生就业电子档案平台构建的研究涉及档案学、档案管理学、电子信息工程、心理统计学、大学生职业生涯规划与发展等多学科领域，需要跨学科进行综合研究。本次研究较多地是从档案学及档案管理方面进行，并运用心理统计方法对当前的档案管理现状进行了数据调查和分析，对电子信息工程方面的技术与理论吸收还不够，可能存在一些技术及操作上的漏洞或不足，在以后的研究中，应该尽可能地吸纳上述学科的人员参与，进一步完善研究队伍结构，力图使大学生就业电子档案构建及其运用研究尽善尽美，争取实现在理论上有所突破，并在实践上具有实际可操作的应用价值。

第二，大学生就业电子档案管理作为对传统档案管理方式的根本变革，其实施还需获得上级教育行政部门、就业单位及第三方中介公司的认可和支持。此次研究中，这方面做出的工作和努力较少，在将来的研究中还要进一步加强与上述人员的沟通，以确保电子档案的实施获得政策、舆论等的保障，促进大学生就业电子档案的实施。

第三，此次调查研究受研究经费等的限制，在调查研究方面仅以重庆市几个区县为调查研究对象，样本较少，未能进行更大面积与范围的调研，所以在研究结论上可能存在一定的局限性，希望在今后的研究中能够进一步扩大样本量，以弥补当前存在的不足，同时希望国内同行专家提出宝贵意见。

课题组主要成员： 张　斌、文厚润、严　怡、刘　肃、唐雪平、尹　亮、郭明生、赵广宇、田振敏、谭晓荣、向本科

参考文献

[1] Reardon Lenz 著，侯志瑾，伍新春译：《职业生涯发展与规划》，高等教育出

版社 2005 年版。

[2] 薛四新：《档案信息化应用系统建设》，机械工业出版社 2006 年版。

[3] 祝智庭：《现代教育技术——走进信息化教育》，高等教育出版社 2004 年版。

[4] 韩建光：《信息化教育环境的创新与应用发展》，教育科学出版社 2006 年版。

[5] 南国农：《信息化教育概论》，高等教育出版社 2005 年版。

[6] 朱玉媛：《现代人事档案管理》，中国档案出版社 2002 年版。

[7] 王能斌等：《数据库系统原理》，电子工业出版社 2000 年版。

[8] 吴志功、乔志宏："美国大学生生涯发展与就业指导理论述评"，《比较教育研究》，2004（6）。

[9] 严怡、张斌："免费师范生毕业生就业情况调查研究——以西南大学为例"，《中国大学生就业》，2012（16）。

[10] 郑本军、谢云："构建高效全程就业指导教育体系的探讨"，《黑龙江高教研究》，2005（2）。

[11] 郑琼梅："生涯辅导：高等教育的新功能"，《武汉科技大学学报（社会科学版）》，2002（9）。

[12] 周凤岗："充分挖掘大学生档案管理中的德育资源"，《教育与现代化》，2003（2）。

[13] 刘巧云："如何做好高校学生档案的管理与利用"，《中国教育科学探究》，2005（4）。

[14] 张家英："大学生档案与就业"，《档案时空》，2005（8）。

[15] 翟蓉："基于网络的协作学习模式的研究"，《北京邮电大学学报》，2005（2）。

[16] 徐向玲："增强创新意识做好高校学生档案管理"，《中国成人教育》，2007（3）。

[17] 李赛男："电子档案与大学生发展性学习评价研究"，《辽宁医学院学报（社会科学版）》，2011（5）。

[18] 赵严防："电子档案与数字档案管理初探"，《泰山乡镇企业职工大学学报》，2005（10）。

[19] 万艳梅："探索高校学生档案管理的新思路"，《兰台世界》，2010（12）。

[20] 何玲："宾夕法尼亚大学学生的电子档案袋"，《环球采风》，2006（4）。

[21] 孙焱："刍议高校电子档案管理信息化"，《长春师范学院学报（自然科学版）》，2009（4）。

[22] 曹广辉："大学生档案管理应当适应人才配置市场化"，《中国高教研究》，2004（4）。

[23] 江小华："电子档案在高校中的管理初探"，《档案天地》，2011（4）。

[24] 张鸿雁、王宏高、王顺："高校电子档案发展的现状与未来"，《榆林学院学报》，2011（3）。

[25] 黄静："高校电子档案管理的几点思考"，《云南档案》，2009（3）。

[26] 刁文涛、李玉珍："高校电子档案管理问题探讨"，《黑龙江档案》，2009（3）。

[27] 林慕婵、梁鸣："高校电子档案集成系统的设计与实现"，《中国教育信息化》，2010（7）。

[28] 周芳莉："高校学生档案管理的问题与对策"，《成都大学学报（社科版）》，2005（5）。

[29] 黄欢、陈敏、龙青云："构建大学生职业发展档案的实践与探索——以上海商学院为例"，《上海商学院学报》，2007（6）。

[30] 李婧："国家教育考试诚信电子档案初探"，《长治学院学报》，2008（12）。

[31] 陈代进："基于 LINUX + PHP + MYSQL 的大学生电子档案系统"，《电脑与电信》，2008（4）。

[32] 韩振英："论高校学生档案管理与大学生就业"，《中国成人教育》，2007（2）。

[33] 薛四新、孙宇华、杨艳、彭荣："论信息化时代的高校电子档案管理"，《云南档案》，2003（6）。

[34] 薛四新："新一代档案管理信息系统的设计思路与想法"，《档案与建设》，2004（1）。

[35] 黄欢："面向大学生职业发展电子档案的建设与应用——以上海商学院职业发展规划与设计课程为例"，华东师范大学硕士学位论文，2007。

[36] 蔡桂生："面向高校的电子档案管理系统的设计与实现"，电子科技大学硕士学位论文，2011（5）。

[37] 马勇亮："面向就业的高校学生信息系统的设计与实现"，电子科技大学硕士学位论文，2010。

[38] 范巧丽："浅议高校电子档案的管理与保护"，《浙江档案》，2007（7）。

[39] 郑本军、宣丰敏："试论高等教育大众化背景下高校学生档案的管理"，《中国大学生就业》，2007（6）。

[40] 蓝舵珠："网络环境下高校电子档案管理的思考"，《科技资讯导报》，2006（4）。

[41] 牛青芬、陈英玉："西部高校电子档案管理现状与对策"，《兰台世界》，2008（1）。

[42] 秦建华："信息时代高校电子档案与纸质档案关系探讨"，《中国科教创新导刊》，2009（3）。

[43] 刘晓兰："在高校档案管理中建立毕业生电子档案之浅见"，《现代情报》，

2004（4）。

［44］刘家真："高校电子校务环境下的档案管理"，《北京档案》，2006（3）。

［45］白润连："论高校大学生档案管理的若干问题"，《山西档案》，2003（12）。

［46］黎东："在高等教育管理中建立学生电子档案之浅见"，《湖北公安高等专科学校学报》，2001（12）。

［47］肖驰："基于ASP电子档案袋的设计与实现"，《电脑学习》，2006（10）。

［48］Durantil，Macneil H. The protection of the integrity of electronic records：an overview of the UBC－MAS research project［J］. Archivaria，1996（5）.

［49］Darrell Anthony luzzo. Career Counseling of College Student［J］. American Psychological Association，2002.

［50］Jeffrey L. Whitten，Lonnie D. Bentley，Kevin C. Dittman. System Analysis and Design Methods［R］. McGraw－Hill Companies，2001.

［51］Bernstein P，Dayal U，EwWitt DJ，Gawlick D，etc. Future directions in DBMS Research－The laguna beach Partici Pants［R］. SIGMOD Reeord，1989.

［52］Silberschatz A，Stone Braker M，Ullman JD. Database research：Achievements and Opportunities in to the 21 st century［R］. SIGMOD Record，1996.

［53］Bernstein P，Brodie ML，Geri S，DeWitt DJ，FrankLin MJ，etc. The sailboard report on databaseresearch［R］. SIGMOD Record，1998.

［54］Muriel Sehoenbrun Karli. Administrator's Guide to a Practical Career Education Program［R］. Parker Publishing Companay，Inc，1974.

附件一

大学生电子档案应用调查表

亲爱的同学：

你好！

随着信息化的普及，电子档案的应用日渐广泛。电子档案，是指通过计算机磁盘等设备进行存储，与纸质档案相对应，相互关联的通用电子图像文件集合。为了解社会对电子档案的需求及使用情况，促进电子档案更好地运作，本调研组特组织此次调查。十分感谢你的支持！

本问卷所有题目无对错之分，你仅需结合自身实际情况作答即可。选项“完全符合”为“1”分，选项“比较符合”为“2”分，选项“不清楚”为“3”分，选项“比较不符合”为“4”分，选项“完全不符合”为“5”分。再次感谢你在百忙之中仔细作答！

西南大学招生就业处

2013－3－14

	完全符合	比较符合	不清楚	比较不符合	完全不符合
1. 我曾因延误纸质档案的照片采集误事	1	2	3	4	5
2. 我曾因找不到纸质档案所需材料签章人员误事	1	2	3	4	5
3. 我曾找不到纸质档案所需手续办理地点误事	1	2	3	4	5
4. 我曾因延期上交档案误事	1	2	3	4	5
5. 我曾因丢失材料造成档案不完整	1	2	3	4	5
6. 我在提取档案时曾遭遇档案管理人员态度不好	1	2	3	4	5
7. 我的档案被管理人员遗失过	1	2	3	4	5
8. 我校为学生建立了电子档案	1	2	3	4	5
9. 我了解电子档案的建设流程	1	2	3	4	5
10. 我了解电子档案的归档	1	2	3	4	5
11. 我了解电子档案的维护	1	2	3	4	5
12. 我了解电子档案的保存	1	2	3	4	5

续表

	完全符合	比较符合	不清楚	比较不符合	完全不符合
13. 我认为电子档案使用更便捷	1	2	3	4	5
14. 我认为电子档案会取代纸质档案	1	2	3	4	5
15. 我希望电子档案会取代纸质档案	1	2	3	4	5
16. 我愿意使用电子档案	1	2	3	4	5
17. 我希望持有纸质档案的原始素材	1	2	3	4	5
18. 我希望纸质档案作为电子档案的补充	1	2	3	4	5
19. 我认为电子档案只是求职简历的扩充	1	2	3	4	5
20. 我希望在电子档案中增添大学生诚信档案	1	2	3	4	5
21. 我希望在电子档案中增添大学生心理档案	1	2	3	4	5
22. 我希望在电子档案中增添大学生技能档案	1	2	3	4	5
23. 我希望在电子档案中增添毕业生信息反馈档案	1	2	3	4	5
24. 我希望电子档案平台为学生提供有价值的招生信息	1	2	3	4	5
25. 我希望使用电子档案求学	1	2	3	4	5
26. 我希望电子档案平台为学生提供有效的就业讯息	1	2	3	4	5
27. 我希望使用电子档案求职	1	2	3	4	5
28. 我希望相关部门及时更新自己的电子档案	1	2	3	4	5
29. 我希望个人电子档案具有安全保障	1	2	3	4	5
30. 我希望学生电子档案有专门的机构管理	1	2	3	4	5
31. 我希望个人电子档案保存期限长	1	2	3	4	5
32. 我希望对电子档案有异议时可持原始档案赴档案管理部门更改	1	2	3	4	5
33. 我希望参加档案管理部门举办的电子档案建设讨论会	1	2	3	4	5
34. 我希望通过电子档案平台与其他同学交流信息	1	2	3	4	5
35. 我希望用人单位可以继续更新我的电子档案	1	2	3	4	5
36. 我认为从事电子档案管理思想素质要求一般即可	1	2	3	4	5
37. 我认为电子档案制度能改变档案管理部门的工作态度	1	2	3	4	5
38. 我认为电子档案的存在能帮助我更好地规划人生	1	2	3	4	5

结合你自身实际情况和遇到的问题，你对电子档案的应用还有什么期待？请一一列举。

____

____

谢谢！

附件二

高校管理部门电子档案应用调查表

尊敬的老师：

您好！

随着信息化的普及，电子档案管理逐渐成为当前高校档案管理的重要课题。为了解电子档案在高校的实际使用情况，促进电子档案更好地运作，本调研组特组织此次调查。十分感谢您的支持！

本问卷所有题目无对错之分，您仅需结合所在学校实际情况作答即可。选项“完全符合”为“1”分，选项“比较符合”为“2”分，选项“不清楚”为“3”分，选项“比较不符合”为“4”分，选项“完全不符合”为“5”分。再次感谢您在百忙之中仔细作答！

西南大学招生就业处

2013－3－14

第一部分：请结合您使用纸质档案的情况及对电子档案的了解作答。

	完全符合	比较符合	不清楚	比较不符合	完全不符合
1. 纸质档案采集便捷	1	2	3	4	5
2. 纸质档案的管理费时	1	2	3	4	5
3. 纸质档案提取便捷	1	2	3	4	5
4. 纸质档案占大量空间	1	2	3	4	5
5. 纸质档案易保存	1	2	3	4	5
6. 我校正在考虑使用电子档案	1	2	3	4	5
7. 我校正在使用电子档案	1	2	3	4	5
8. 电子档案安全性能高	1	2	3	4	5
9. 电子档案保存时间短	1	2	3	4	5
10. 电子档案易被修改	1	2	3	4	5
11. 电子档案保存性能稳定	1	2	3	4	5
12. 电子档案易受黑客侵袭	1	2	3	4	5
13. 电子档案维护费用高	1	2	3	4	5
14. 电子档案计算机技术要求高	1	2	3	4	5

续表

	完全 符合	比较 符合	不清楚	比较 不符合	完全 不符合
15. 电子档案管理人员责任要求高	1	2	3	4	5
16. 电子档案管理人员思想政治水平要求高	1	2	3	4	5
17. 电子档案建设需要学校领导大力支持	1	2	3	4	5
18. 我校电子档案建设计划专项经费拨款	1	2	3	4	5
19. 我校电子档案有统一的管理部门	1	2	3	4	5
20. 我校电子档案有统一的管理方式	1	2	3	4	5

第二部分：以下我们列举了一些电子档案建设的途径和方法，请按您的理解为其实际操作性打分。

	完全可行	可以考虑	不太可行	完全不行
1. 在电子档案中增添大学生诚信档案	1	2	3	4
2. 在电子档案中增添大学生心理档案	1	2	3	4
3. 在电子档案中增添大学生技能档案	1	2	3	4
4. 在电子档案中增添毕业生信息反馈档案	1	2	3	4
5. 教务处根据教学活动及时将学生纸质信息采集为电子档案	1	2	3	4
6. 学院根据校园活动及时将学生纸质信息采集为电子档案	1	2	3	4
7. 档案管理部门及时打印学生电子档案中更新的内容	1	2	3	4
8. 就业处适时搜集毕业生信息，更新其信息反馈档案	1	2	3	4
9. 学生对电子档案有异议时可持原始档案赴档案管理部门更改	1	2	3	4
10. 组织召开多种形式的电子档案信息化建设讨论会	1	2	3	4
11. 邀请学生代表、各学院管理人员、校领导等共同参与讨论	1	2	3	4
12. 邀请其他高校档案管理部门进行学习交流	1	2	3	4
13. 教务处根据学生电子档案总况向培养单位贡献教学意见	1	2	3	4
14. 档案管理部门根据学生电子档案总况提出学生管理意见	1	2	3	4
15. 档案管理部门支持学生电子档案查阅的身份准入制度	1	2	3	4
16. 网络技术部门支持电子档案平台为学生提供就业信息	1	2	3	4
17. 网络技术部门支持学生电子档案的隐私维护	1	2	3	4
18. 网络技术部门支持电子档案平台对用人单位全程可视化	1	2	3	4

第三部分：结合日常工作中遇到的问题，您对电子档案的应用还有什么期待？请一一列举。

____

____

____

谢谢！

附件三

地方管理部门电子档案应用调查表

尊敬的先生/女士：

您好！

随着数字化时代的到来，档案编研工作已出现多种形式。电子档案，是指通过计算机磁盘等设备进行存储，与纸质档案相对应，相互关联的通用电子图像文件集合。为了解社会对电子档案的需求、使用情况及档案管理中的问题，促进电子档案更好地运作，本调研组特组织此次调查。十分感谢您的支持！

本问卷所有题目无对错之分，您仅需结合所在单位实际情况作答即可。选项“完全符合”为“1”分，选项“比较符合”为“2”分，选项“不清楚”为“3”分，选项“比较不符合”为“4”分，选项“完全不符合”为“5”分。再次感谢您在百忙之中仔细作答！

西南大学招生就业处

2013 -3 -14

第一部分：请结合您使用纸质档案的情况及对电子档案的了解作答。

	完全符合	比较符合	不清楚	比较不符合	完全不符合
1. 纸质档案采集便捷	1	2	3	4	5
2. 纸质档案的管理费时	1	2	3	4	5
3. 纸质档案提取便捷	1	2	3	4	5
4. 纸质档案占大量空间	1	2	3	4	5
5. 纸质档案易保存	1	2	3	4	5
6. 我单位正在考虑使用电子档案	1	2	3	4	5
7. 我单位正在使用电子档案	1	2	3	4	5
8. 电子档案安全性能高	1	2	3	4	5
9. 电子档案保存时间短	1	2	3	4	5
10. 电子档案易被修改	1	2	3	4	5
11. 电子档案保存性能稳定	1	2	3	4	5
12. 电子档案易受黑客侵袭	1	2	3	4	5
13. 电子档案维护费用高	1	2	3	4	5

续表

	完全符合	比较符合	不清楚	比较不符合	完全不符合
14. 电子档案计算机技术要求高	1	2	3	4	5
15. 电子档案管理人员责任要求高	1	2	3	4	5
16. 电子档案建设需要高校大力支持	1	2	3	4	5
17. 电子档案建设需要财政大力支持	1	2	3	4	5
18. 我单位电子档案有统一的管理机构	1	2	3	4	5
19. 我单位电子档案有统一的管理制度	1	2	3	4	5
20. 我单位电子档案管理经费专用	1	2	3	4	5

第二部分：以下我们列举了一些电子档案建设的途径和方法，请按您的理解为其实际操作性打分。

	完全可行	可以考虑	不太可行	完全不行
1. 在电子档案中增添大学生诚信档案	1	2	3	4
2. 在电子档案中增添大学生心理档案	1	2	3	4
3. 在电子档案中增添大学生技能档案	1	2	3	4
4. 在电子档案中增添毕业生信息反馈档案	1	2	3	4
5. 定期从高校采集学生电子档案最新信息	1	2	3	4
6. 定期打印学生电子档案中更新的内容	1	2	3	4
7. 定期采集毕业生信息，更新其信息反馈档案	1	2	3	4
8. 定期更新各高校有变动的电子档案信息	1	2	3	4
9. 组织召开多种形式的电子档案信息化建设讨论会	1	2	3	4
10. 邀请各高校代表、用人单位代表等共同参与讨论	1	2	3	4
11. 定期派人到上级档案管理部门参加培训	1	2	3	4
12. 邀请同级档案管理部门交流电子档案建设经验	1	2	3	4
13. 根据学生电子档案总况向地方教育部门贡献管理意见	1	2	3	4
14. 根据毕业生信息反馈档案提出在校学生培养意见	1	2	3	4
15. 根据毕业生信息反馈档案组织毕业生继续教育活动	1	2	3	4
16. 网络技术部门支持学生电子档案的隐私维护	1	2	3	4
17. 网络技术部门支持电子档案平台对用人单位全程可视化	1	2	3	4
18. 规范学生电子档案查阅的身份准入制度	1	2	3	4
19. 规范学生、高校、用人单位三方的平台使用制度	1	2	3	4

第三部分：结合日常工作中遇到的问题，您对电子档案的应用还有什么期待？请一一列举。

谢谢！

附件四

用人单位电子档案应用调查表

尊敬的先生/女士：

您好！

随着数字化时代的到来，档案编研工作已出现多种形式。电子档案，是指通过计算机磁盘等设备进行存储，与纸质档案相对应，相互关联的通用电子图像文件集合。为了解社会对电子档案的需求、使用情况及档案管理中的问题，促进电子档案更好地运作，本调研组特组织此次调查。十分感谢您的支持！

本问卷所有题目无对错之分，您仅需结合所在单位实际情况作答即可。选项“完全符合”为“1”分，选项“比较符合”为“2”分，选项“不清楚”为“3”分，选项“比较不符合”为“4”分，选项“完全不符合”为“5”分。再次感谢您在百忙之中仔细作答！

西南大学招生就业处

2013－3－14

第一部分：请结合您使用纸质档案的情况及对电子档案的了解和期望作答。

	完全符合	比较符合	不清楚	比较不符合	完全不符合
1. 纸质档案材料冗余	1	2	3	4	5
2. 纸质档案方便标记阅读	1	2	3	4	5
3. 纸质档案方便对比择优	1	2	3	4	5
4. 纸质档案管理方便	1	2	3	4	5
5. 电子档案使用快捷	1	2	3	4	5
6. 应该在电子档案中增添大学生诚信档案	1	2	3	4	5
7. 应该在电子档案中增添大学生心理档案	1	2	3	4	5
8. 应该在电子档案中增添大学生技能档案	1	2	3	4	5
9. 应该在电子档案中增添毕业生信息反馈档案	1	2	3	4	5
10. 电子档案方便标记阅读	1	2	3	4	5
11. 电子档案方便筛选录用	1	2	3	4	5
12. 电子档案便于不同用人单位资源共享	1	2	3	4	5
13. 电子档案真实性难判断	1	2	3	4	5
14. 经常查阅电子档案辐射大	1	2	3	4	5

续表

	完全符合	比较符合	不清楚	比较不符合	完全不符合
15. 电子档案易遭黑客侵袭	1	2	3	4	5
16. 电子档案保存性能稳定	1	2	3	4	5
17. 电子档案维护费用高	1	2	3	4	5
18. 电子档案计算机技术要求高	1	2	3	4	5
19. 电子档案建设需要公司领导大力支持	1	2	3	4	5
20. 我单位电子档案建设计划专项经费拨款	1	2	3	4	5
21. 我单位电子档案有统一的管理方式	1	2	3	4	5
22. 我单位希望与高校建立合作关系，以便直接获取学生电子档案信息	1	2	3	4	5
23. 我单位希望学生电子档案建设平台全程可视	1	2	3	4	5
24. 我单位希望参与电子档案平台建设	1	2	3	4	5
25. 我单位希望通过电子档案平台招募实习生	1	2	3	4	5
26. 我单位希望在电子档案平台直接发布相关招聘信息	1	2	3	4	5
27. 我单位希望能持续更新员工电子档案	1	2	3	4	5
28. 我单位希望与其他用人单位交流电子档案在职场的用途	1	2	3	4	5

第二部分：以下我们列举了一些电子档案在企事业单位的应用前景，请按您的理解为其实际操作性打分。

	完全可行	可以考虑	不太可行	完全不行
1. 以毕业生电子档案作为合理安排新员工岗位的参考指标之一	1	2	3	4
2. 根据老员工电子档案对新员工进行有针对性的职前培训	1	2	3	4
3. 指导新员工结合个人电子档案制定个人发展计划	1	2	3	4
4. 根据员工每年电子档案的更新情况撰写公司年度人事总结	1	2	3	4
5. 根据员工电子档案更新趋势，开发本单位人员岗位流动制度等	1	2	3	4
6. 根据员工心理档案情况，邀请专家对员工进行心理健康维护	1	2	3	4
7. 根据员工社会技能档案总况，组织业内技能提升活动，如风采大赛等	1	2	3	4
8. 根据员工电子档案总况制定公司的员工培养方案	1	2	3	4
9. 根据员工职业发展情况向高校提供人才培养意见	1	2	3	4
10. 根据员工入职后电子档案的更新情况，举办如大学生职业生涯规划、捐书等的校园公益活动	1	2	3	4

第三部分：结合日常工作中遇到的问题，您对电子档案的应用还有什么意见？请一一列举。

____

____

谢谢！

附件五

浅谈大学生就业电子档案平台构建的伦理意蕴[①]

严　怡[②]　张　斌[③]

摘要： 随着时代的发展，信息化、网络化成为时代档案管理的一种新趋向。基于信息时代的挑战、传统档案管理的弊端、大学生就业的严峻形势和新的信息技术提供的基础等，电子档案平台的构建成为必然的选择。电子档案平台的构建应遵循敞开式、全程化、效用性及伦理性等原则，同时这样的平台的构建也在社会伦理意蕴中提出了要求和指向。

关键词： 大学生；电子档案；构建；伦理意蕴

随着现代信息社会的迅速发展，信息膨胀和网络时代的到来，世界对信息和个体信息及档案的方式也出现了新的变化，电子档案应运而生，成为了现代档案发展与管理的新趋向。电子档案“目前还没有统一的定义”[1]，可以认为是“建立在现代信息技术普遍运用的基础上，利用计算机网络技术，以综合档案信息资源为处理核心，对电子档案信息资源进行收集、管理，通过高速宽带通信网络设施相连接来提供利用，以实现档案信息资源共享最大化的目的的一种档案”[2]（赵严防，2005）。在学习领域又称为电子学档（e－learning portfolio）是“按照一定目的收集的、反映学生学习过程及最终成果的一整套电子材料，通过这套材料可对学生在学习过程中的表现和学习效果进行评价及反馈”[3]。而高校就业电子档案是将学生的就业信息通过网络化形式呈现，从而使学生就业的相关信息在更广大的平台上，实现招聘单位和校方档案管理与学生自我就业渠道多元化沟通与交流的方式创新，有助于促进毕业生的就业，同时也将成为网络信息时代档案管理提供新的思路和发展方向。当然对于信息化社会的伦理形式也有一定的冲击和融合。

---

① 刊载于《西南农业大学学报》2013年4期。

② 严怡（1977—　），女，湖北京山人，西南大学马克思主义学院党委副书记，讲师。

③ 张斌（1968—　），男，四川南充人，西南大学招生就业处处长，副研究员。

一、大学生就业电子档案平台构建的必要性

大学生就业电子档案平台构建是指向一种与信息化社会的选择，是对传统社会必然形态下的档案管理的反思促进，也是整合信息化时代信息网络的理念与伦理复杂性混合协同发展的必然选择。

（一）信息时代发展的必然选择

在知识经济时代，实质上占主导地位的信息的快速膨胀，信息的泛滥与传统的信息选择模式产生了冲突，这必然就使我们思考当前如何去良好的呈现信息、判断信息和选择信息。因此，基于当前快速发展的网络时代，对大学生的就业信息提供、大学生本身的信息提供、信息整合平台和信息道德伦理都提出了相应的要求。如何在为招聘单位和大学生提供良好的信息平台，提供可持续发展的信息支持成为当下大学生就业和高校或社会就业工作的重点思考所在。

（二）传统档案管理的弊端

当前的大学生档案管理存在一定的问题。表现为：第一，高校学生档案内容不全，不能为用人单位反映大学生在校期间全面客观真实的情况。高校在专业课程设置、教师配备、学生的素质教育、技能培养、心理素质训练等多方面都做了调整，因此也出现了一些新的档案材料。如大学生心理测试成绩、大学生英语四、六级证书、计算机等级证书、大学生能力、技能竞赛证书、社会实践活动材料等。然而不足的是高校学生档案的归档范围仍旧是长年不变的老面孔，如高校招生录取材料、大学生入学登记表、学籍成绩总表、奖惩文件、入党入团材料、报到证存根、体检表。这些材料既不能涵盖学生素质全貌，也不能满足用人单位对毕业生的要求，更将当代大学生最富有时代精神风貌的精华部分弃之一边，犹如买椟还珠；第二，高校学生档案利用滞后，不能为大学生就业及时提供参考依据高校学生档案是人事档案的组成部分，一贯遵循着“档随人走”的原则；第三，高校学生档案中的造假现象，严重干扰了大学生就业中的公平竞争机制当今的毕业生就业人才市场是一个强劲的买方市场；最后，高校学生档案管理方式落后，阻碍和影响了大学生就业近年来，不少用人单位陆续走进高校，举办供需见面双向选择活动以招募人才。这种方式通常以高校就业主管部门牵头，先介绍毕业生情况，而后由用人单位通过看档案材料，再确定面试人选。因此我们的高校是否能提供详实、全面的学生档案就显得至关重要。这些问题的存在都促使我们去思考如何构建优良的适合当前社会就业环境的大学生档案管理模式。

（三）现代网络为电子档案平台构建提供的可能性

网络的发展和网络在社会的广泛使用，为大学生就业和档案管理提供了新思路。网络的便捷和广度为招聘单位和就业大学生提供了更多的信息支持，如何将大学生的档案资料实现网络化，将高校中的档案管理方式整合、链接到网络中，实现对招聘单位的实时化和全程化，为招聘单位提供足够的全面的大学生信息，有利于招聘单位进行有效的选择和全面的了解。而同时也为就业大学生提供一个良好的平台推销自己，并在全景式的模式下实现更为公平的就业竞争。传统的高校档案管理主要是通过纸质保存、存档，并随着大学生的毕业而发送到就业单位或是寄存到社会的相关就业中心去，这不利于招聘单位对就业大学生的全面了解，也不利于保存，可能出现档案丢失等问题，同时，不利于长期保存。而实现大学生档案管理的网络化，采用电子档案的管理模式能够有效的解决这些问题，促进档案管理的深层次改革，有利于实现更为良好的就业环境，为相关利益人提供足够的信息环境。

（四）信息化时代深层次变革的理念与伦理内涵

信息化时代的变革不仅仅是技术变革和生活形式的变革，更还在于整体的思维理念和社会伦理结构的变革。传统的高校学生档案管理是国家人事干部管理的组成部分，是特殊时代的产物，主要以纸质和实物档案管理为主，在当前信息化社会中必然产生效益和理念上的冲突。在信息网络化管理不断成为现代管理的基础构成形式之一的基础上，如何实现学校管理的全程化模式管理，实现信息与资源整合，构成现代学校的信息网络化管理。传统封闭的档案管理模式指向的是信息的单向责任承担，而在信息化时代明显的特征是开放式的、共享式的、连锁式的多向共创整体意义的信息资源共享共创时代的指向个体更多发展可能性和效益伦理取向下的有效发展。

二、大学生就业电子档案平台构建的原则

大学生就业电子档案平台是网络时代的信息平台建设的一种尝试和有效的探索，其构建应与时代背景、与当下的实体和虚拟管理模式的冲突、与信息化网络平台文化相切合。因此，在构建大学生就业电子档案平台构建应当遵循一定的原则。

（一）敞开式原则

所谓的敞开式原则是指大学生就业电子档案平台在信息资源呈现和分享上，应该实现全息全景的敞开。这不仅仅是要求在大学生个体参与主体上的信息呈现的开放，高校在实现大学生个体就业信息上为大学生提供应有的足够的开放性系统，还在于如

何实现不同网络信息资源系统的整体与链接，将不同网络的信息链整体信息共享，而不是不同的网络站点独立承担多元化的信息问题的呈现。如果仅仅是作为单一的大学生就业电子档案平台承担指向大学生就业目标的信息输入，那么无法真正实现网络时代的信息全息全景式的敞开，只能是网络化时代的信息重复。

（二）全程化原则

大学生就业电子档案平台的构建从其本身指向来看，是偏向与服务于即将就业的大学生群体，涵盖了大学生个体、高校、招聘单位等多方主体，也就是呈现了一定的阶段效用性。然而这样的平台从信息呈现和共享的完整度来看，应实现其构建的全程化。首先，规范网上招生档案。招生全程电子档案管理保证考生档案内容的真实性与档案材料的完整性，以便高校及时对考生入学资格进行复查和今后用人单位对毕业生的全面了解。其次，及时收集、整理学生档案材料。要从大学生进校起就做好建档工作，并根据其专业、班组群体性，随时按照新的归档范围和要求，收集、整理有关材料。学生的各种材料一经形成，就必须及时录入学生电子档案。最后，建立毕业生信息反馈电子档案。建立毕业生信息反馈电子档案，可以为在校学生提供相关的就业信息。

（三）效用性原则

效用性原则是指高校大学生电子档案平台的构建应具备充分的社会实用性，不应是对于信息网络化的所谓现代化信息化管理的形式主义，不仅仅在系统网络平台的设计上要以社会效用效益性为原则，还应在具体的运用上实现真正服务于当前严峻的就业形势，乃至于实现为实现整体高校的学生信息网络化和管理信息化服务，实现不同网络信息资源和管理平台的整合，避免出现当前存在的众多网络化管理的形式主义和无效性。因此，大学生就业电子档案平台构建是直接指向并服务于现实需要的。

（四）信息化与传统纸质共存原则

高校必须建立纸质档案与电子档案相结合的学生综合档案管理模式，实现信息网络化平台管理的同时，与传统的纸质档案管理方式共存。实行电子计算机管理，采用高速扫描仪和存储技术以及强大的专业管理软件，对学生的学籍、考籍、电子档案等多项信息进行数字管理并实现存储信息与实时查询。利用者可直接在网上查阅、利用，为用人单位提供了最捷径、最准确的毕业生档案信息。摆脱了以前那种要在大学生档案中翻阅查找的麻烦，使查阅变得轻松、快速，也使得毕业生档案的管理更规范化、更有序化。这既减轻了劳动强度，又大大提高了工作效率和工作质量，电子档案的建立，并不是摒弃学生的纸质档案，而是把它作为原始材料，作为对电子档案的补充和备份。若对电子档案的信息有异议，还可查阅纸质档案，并作为最后的依据。

（五）伦理性原则

一个新的网络平台的诞生必有一种相适应的伦理性原则，伦理是是人与人以及人与自然的关系和处理这些关系的规则。大学生就业电子档案网络平台的构建是旨在为面临严峻就业形势下，面对复杂的社会就业方式下，为大学生、高校就业工作和招聘单位形成一个信息资源共享的平台，从而有利的促进大学生就业，缓解就业问题。这样的一个网络平台的诞生，就必须遵守相应的伦理性原则。虚拟的网络平台，在如何保障诚实性原则、如何保障参与多方的隐私性原则、如何保障与社会实体需要相互融合的社会发展原则等方面，都对大学生就业电子档案平台构建提出了伦理性要求。

三、大学生就业电子档案平台构建的伦理意蕴

大学生就业电子档案平台是全新的不同于传统档案管理方式的敞开式的档案开放式输入与输出平台，意味着个人的档案以现代网络系统平台的方式呈现出来，对当前的社会伦理产生了一定的冲击，也将对整体的社会关系提出了不同的伦理要求。

（一）作为网络开放时代的信息伦理意蕴

信息化网络时代的主要特征是其开放性。传统的信息传递的主要流向往往是单向的封闭式的时空限制性特征，而网络化时代呈现的是多元主体或共同参与主体的信息多元化共享特点，是不同参与主体在一个实在的数据链构建的虚拟平台上实现资源共享，从而实现实践性判断。作为这样的一种开放性的网络平台，其蕴涵了两个明确的伦理意蕴，其一是信息化伦理时代的到来，由传统的简单人与人、人与自然的存在的实在的法则，发展出一种信息构成为主导的社会存在方式。如果说在21世纪什么最为有价值和最为没有价值的，都将是信息。信息在人作为存在的重要性与泛滥的信息特别是网络信息量，昭示着一种时代性的信息化伦理，如何判断、选择信息，根据信息作出生活实在的实践是当前人作为社会人存在的主要意义表现。其二是开放式伦理时代的到来。伦理是一种规范、一种在社会或群体范围内的规则，电子档案平台的构建是实现作为个体社会性存在表征之一的档案的条件性开放或无遮蔽开放。

（二）伦理道德可以虚拟吗

面对当前网络化已经成为现代意义上的人的存在的方式之一，而网络实质上是相对于现实的实体的一种虚拟的存在。社会是由个体的人构成，伦理是必然的社会属性，

当网络侵入社会群体的存在中并逐渐成为一个标志时，我们不得不思考这样一个问题："伦理道德可以虚拟吗？"也即我们应该思考的是网络社会中是否有其必须遵守的伦理道德。网络化时代的社会构成是以虚拟存在的数据链构成的虚化的平台为媒介，多方主体分别通过这个虚拟存在的平台实现信息的输入——生成——导出，信息的分享、信息的交易和信息的选择与判断实践活动等，其实质也是人与人关系网络的媒介，人的相互活动或作用关系通过其得到进一步的实现。因此，我们可以说在这样的一个平台中，实质上已经蕴涵了人与人社会关系的实体性存在，其必然将人际关系存在的表象实现虚拟化的迁移，从而实现伦理道德的"虚拟化"存在，看似作为一个第三方存在的网络平台不具有伦理道德监管的价值判断的力量与权力，而实质上市作为社会技术存在的网络平台本身和第三方背后的技术监管人员已经实现了伦理道德的实体性价值判断和导向。所以，高校大学生就业电子平台的构建本身蕴涵了当前各有意识形态下的伦理道德理念，在平台构建中不仅要因有所关注，更应进行有效的伦理道德的理念化呈现。

（三）有效转型时代的伦理限度

当前的社会处于巨大的转型时期，社会的转型必然意味着整体社会形态及意识形态的转向。在一个开放式的、敞开式的、系统性的自组织系统里，无论进行任何的社会实践或技术革新必然需要设置人类群体意义上自我认知的伦理限度，这也是作为人类群体意义上的我们对自身存在的伦理思考。大学生就业电子档案平台的构建理应在必然的转型期的伦理限度上实现最大的效益。研究认为应该遵守开放的、发展的、和谐的社会人群关系理念，一个沟通与发展的平台的构建伦理理念。同时，在更大的层面上以推进人类整体的幸福的伦理关怀为伦理限度，具体的技术性呈现是应以实现多元参与主体的平衡利益为指向，以推进全息全景的社会公正公平公开下的具备多元参与主体自我自由选择的开放自组织系统的有效转型发展。

高校大学生就业电子档案平台的构建不仅是对传统档案管理模式的有效推进和创新性变革，也是应时代发展的必然要求。在这样的一个平台的构建中在技术实践和社会发展理念的践行上具有一定的原则性要求，而其创新性变革也对社会的伦理意蕴有一定的冲击和伦理要求。不断从社会理念和文化发展意蕴上的伦理上思考，对进一步促进现代的信息化管理模式具有一定的启发意义。

参考文献

[1] [2] 赵严防："电子档案与数字档案管理初探"，《泰山乡镇企业职工大学学报》，2005（10）。

[3] 李赛男："电子档案与大学生发展性学习评价研究"，《辽宁医学院学报（社会科学版）》，2011（2）：76—77。

课题编号：12jycy013

校企合作提升大学生就业能力的研究

课题承接单位：浙江大学

摘　要

大学生就业是目前社会普遍关心的热点问题。如何提升大学生的就业能力，使之适应社会与企业的需求是深化高等教育人才培养模式改革的主要趋势。从理论上看，高校与企业在人才培养方面进行校企合作能够有效地整合双方的资源与需求，从而有利于更好地提升大学生的就业能力。基于上述假设，本研究针对当前校企合作人才培养现状及大学生就业创业指导机制的现状展开调研与研究，以便总结其中的经验与问题，构筑有效提升大学生就业能力的产学合作模式与平台提供对策建议。具体而言，即是采用访谈与问卷调查结合的方法。首先围绕校企合作人才培养的现状及问题对华东地区有代表性的18所各类层次高校进行深度访谈，同时对与其有合作关系的相关企业进行问卷调研，了解企业对校企合作人才培养的需求与期望，通过比较探讨改进校企合作人才培养机制的对策与路径。通过调研与研究，认为当前主要的校企合作模式有长时间实习、订单式培养及预就业等。这些模式对大学生就业能力的提升有着非常积极的促进作用，但是也存在一些问题：首先是校企合作不能完全满足大学生就业能力提升的要求；其次是校企合作缺乏稳定的长效机制；第三是合作模式单一，无法体现高校的定位特色。造成这些问题的原因是多方面的。在宏观政策层面，政府推进校企合作的政策法规与管理机制有待健全；从院校层面看，高校专业发展适应行业企业需求的能力有待加强；从社会环境角度看，企业参与校企合作的发展动力不足也是一大问题。改进校企合作的策略主要可从政府及高校两方面入手。作为政府应加大校企合作的推进力度，用政策及资源扶持等措施引导鼓励校企双方围绕大学生就业能力提升加强合作。从高校角度而言，改革自身体制机制是推进校企合作深入发展的关键。

第一部分　导　　论

高等教育大众化的快速发展使得高校毕业生人数持续增加，据调查 2008 年至 2011 年我国高校毕业生数量分别是 559 万、611 万、630 万、680 万人，高校毕业生人数的急剧增加使得大学生的就业与择业成为影响国家政治稳定及经济社会发展的重要指标。2009 年 1 月 19 日，国务院办公厅颁发了《关于加强普通高等学校毕业生就业工作的通知》，教育部等有关部委也出台了针对大学生就业的各项具体办法。各项调查也发现高校毕业生的综合素质与就业能力与企业、市场的实际需求之间存在较大差距。这种人才供需的结构性矛盾加剧了高校毕业生的就业问题。根据麦可思（MyCOS）公司发布的《2012 年中国大学生就业蓝皮书》中的《2012 年中国大学生就业报告》显示，2011 届大学毕业生毕业半年后就业率约 82. 1%，比 2009 届下降 4. 5 个百分点。大学生的就业能力，不仅表现在专业性的技能上，更集中表现在沟通能力、学习能力、分析问题与解决问题的能力、合作能力等。教育部在《关于进一步深化大学教学改革全面提高教学质量的若干意见》中提出：“研究建立人才需求的监测预报制度，定期发布高等教育人才培养与经济社会需求状况……深化人才培养模式、课程体系、教学内容和教学方法等方面的改革，实现从注重知识传授向更加重视能力和素质培养的转变”。上述方针表明构建适应市场需求的大学生就业能力提升机制已成为深化高校体制改革的重要方面。

国内外高等教育发展的经验表明，校企合作是提高学生职业素养常用的一种有效途径。它是高等院校与企业双方以生存和发展的共同愿望为基础，以人才、技术、效益为结合点，利用高等院校和企业不同的环境与资源，以培养适合生产、建设、服务、管理一线实用型人才为主要目标的办学活动。

长期以来，实践教学一直是高校人才培养的重要环节。为了提高实践教学的有效性，高校也与企业及社会开展了各种层次与类型的合作。那么这种合作究竟对大学生的实践应用能力、就业能力的提升有何帮助，存在何种不足，需要何种模式及相关的配套机制以最大限度发挥其效用？本研究的目的是通过实证调研把握校企合作提升大学生就业能力的现状、特点与问题，探讨产学合作提升大学生就业能力的培养模式及机制有效性的途径与方法。

第二部分　课题研究内容

一、校企合作提升大学生就业能力的理论基础

针对大学生就业能力的提升，其就业能力的结构及在培养过程中相关校企合作模式一直是学术界及高教管理部门的关注焦点。这些研究大致可分以下几方面：

（一）大学生就业能力结构与分类

就业能力结构，是一个较为复杂的综合概念，国内外学者对于就业能力结构甚至就业能力的定位都没有统一的标准。在以往研究中，学者们大多把就业能力分为几个类别，每个类别中又包含着核心能力。例如瑞士联邦大学高等教育中心主任，M. L. 戈德斯密德教授曾就大学毕业生获得职业成功的问题做过大规模的调查研究，最后得出成功的5个要素：（1）就业动机及良好的个人素质；（2）人际关系技巧；（3）掌握丰富的科学知识；（4）有效的工作方法；（5）敏锐的、广阔的视野。

国内研究中针对本土学生特点，通过自编就业能力测评问卷，确定就业能力结构模型。例如辽宁师范大学教育学院的张丽华等人分析出大学生就业能力包括5个主要因素：（1）思维能力，包括创新能力、纳新能力、信息处理能力、分析判断力、社会洞察力、解决问题能力和应变能力；（2）社会适应能力，包括忍耐力、心理调试能力、抗挫力、抗压力和修饰力；（3）自主能力，包括勤奋、计划能力、奉献精神和自学能力；（4）社会实践能力，包括社交能力、沟通能力、合作能力和组织能力；（5）应聘能力，包括竞争意识、推销能力、自信和表达能力。

大学生职业选择与职业发展。大学生应该根据自己的兴趣，制订职业生涯规划，并通过实践等方式体验职业。通过实践，明确个人的发展类型，并致力于一个行业作为自己的终身职业。萨帕和金兹伯格的职业发展理论认为，职业发展在个人生活中是一个连续的长期的发展过程，15—24岁开始探索阶段，这一阶段的个体开始尝试职业角色，认识不同的职业，并不断改变对职业的期望。特别在22—24岁为尝试期，个体选择一种自己认为适合的职业，并把它作为终身职业。霍兰德认为，大多数人可以被归纳为六种类型，现实型（Realistic Type，简称R）、研究型（Investigative Type，简称I）、艺术型（Artistic Type，简称A）、社会型（Social Type，简称S）、企业型（Enterprising Type，简称E）和传统型（Conventional Type，简称C）。职业指导和选择将是一个长期、系统的工作，应该贯穿于长期的教育工作中。20世纪80年代起，Hackett和Betz开始运用班杜拉的自我效能理论来研究职业领域中的问题。他们在《社会变革中的自我效能》① 和《自我效能、适应、调节：理论、研究和应用》两书中以单章内容对职业自我效能理论加以系统总结，个体对其行为能力的认知评估基础上，并影响个体目标的确立、行为的选择和坚持性。

（二）高校培养环境下大学生就业能力的现状

大学生就业期望与社会需求错位。主要表现为高等教育大众化背景下，大学毕业生与社会需求之间的供求关系已经无绝对的买方市场和卖方市场，用人单位更多的关注学生的综合发展实力和潜力。而毕业生“希望到大城市或沿海发达城市工作；期望条件好、待遇高的地方工作，不愿意到国家需要的基层、艰苦地区、行业就业。另一部分原因是独生子女由于成长环境人际关系单一，对家庭有较高的期望，学习心理压力过重等诸多因素，导致他们的心理相对孤僻和敏感，盲从依赖，缺乏独立性。

大学生就业能力发展不平衡。大学生在应试教育体制下成长，过于注重专业知识的传授，大学生实践能力不足，企业角度认为大学生适应能力较差、适应期长，需要加强实践能力的培养。此外，大学生在自我管理能力和通用技能方面比较欠缺，尤其缺乏自我督促和自我管理能力。在通用技能方面，刘敏榕认为，大学生基本技能薄弱，例如职场必备的英语听说能力和动手操作能力；大学生个人素养欠缺，第一是缺乏奉献精神，第二是缺乏敬业精神。

大学生职业规划意识薄弱。大部分学生不太关注自己求学生涯和中长期职业发展规划与设计，几乎没有规划的意识，而是过分依赖自己已有的经验，缺乏与就业指导

① Bandura, *A Self－efficacy in changing Societies*. Cambridge University Press. . 1995.

机构的沟通交流，对就业政策、就业环境、就业形势等缺乏及时而全面的了解。周静认为大学生更多的是按照培养方案与导师指导完成相应的学习任务，以为只要获得文凭就意味着完成了就业准备，就能顺利就业，结果往往是措手不及，被市场牵着鼻子走，被动就业。

（三）高校培养模式下大学生就业能力的提升

国外高校提高大学生就业力的策略。关于就业力研究的著名学者李哈维的《从高等教育向工作的转变》和布雷德立特《关于就业力的国际视角》考察了就业力与高等教育之间的关系。共同进行了根本性的分析，从独特的视角总结了关于就业力的一些关键性的观点。李哈维认为应将就业能力培养视为一种过程，它是从大学毕业生从学校到工作岗位的一种转变过程中发展提升的。

高校社团对大学生就业能力的提升。高秋萍认为，大学生就业难得原因并非大学生总量过剩，而是结构性先对过剩所致。因此高校社团应该增强社会沟通功能、就业服务功能、就业观导向功能、凝聚激励功能、校企文化对接功能。在类似的研究中，也大多从从社团的政策层面和管理层面进行研究，并没有提出具体就业能力提升的方案。

构建以培养学生就业能力为出发点的课程体系。例如郑秀英等认为用英国学者的USEM4 即理解力、专业技能及通用技能、自我效能感、元认知四种能力的培养贯穿于大学 4 年的整个教学过程和课程体系中，更新教学内容，改革传统的教学方式。其次建立以培养学生就业能力为导向的专业教育知识体系，在此以产学研互动模式对人才进行培养。

（四）校企合作模式的研究

1990 年代以来，国内高校积极推进人才培养模式机制改革，强化实践教学环节，摸索与企业合作的渠道与形式，总结出一些校企合作的有效模式。

1. 产学研培养模式

这种模式最主要的特点是企业的新产品、新工艺的研发与高校的科研成相结合，是高校科技成果转化为生产力最直接的方式，主要通过建立一些横课题，有利于高校与企业协同发展。同时，还可以扩大学校资金来源，达到产养学的目的。产研结合模式的合作基点是“企业的技术需求”，即企业的新品、新工艺的开发等与院校的科研成果结合。

2. 订单培养模式

订单培养模式的合作基点是“企业的人才需求”。订单培养模式是指用人单位与培养单位签订用人协议，双方共同制订人才培养计划，充分利用双方的有利资源，共同参与人才培养过程，实现预定的人才培养目标，最后由用人单位按照协议约定安排学生就业的合作办学模式。订单培养以实现技术应用型人才的零距离对接为特征，与最紧密的社会需求直接挂钩，与企业的个性人才标准相适应，是学校人才培养的开放与企业人力资源培养前移的紧密结合。

3. 实习基地共建模式

实习基地共建模式是指院校与企业共同建立实验实训或培训基地，双方充分发挥各自的优势，促进高素质技能型人才的培养，并在此过程中实现互利双赢的一种校企合作模式。院校在办学中，普遍存在着资源瓶颈。“实训场所不足、实训环境不真、实训效果不好”是许多院校的硬伤。由于实训设备昂贵，并且通常是纯消耗，所以依靠学校自身力量大规模建设校内实训基地也不太现实。通过企业平台，把课程实训搬到企业车间，把专业实习、毕业实习放到企业进行，在具体的企业经营环境中，学生在干中学，在干中练，理论联系实际，从而达到锤炼职业技能的教学身的。

4. 合办专业模式

合办专业模式是指在人才培养中实行校企联合，合办专业，共同培养人才。其合作基点是“学校对企业支持的专业特色需求”。院校为了增强办学的竞争力，有必要在优势专业上进一步锤炼特色，通过与一些强势企业在专业的更紧密合作，打造和形成学校示范专业的核心竞争力，实现“人无我有，人有我优，人优我特”的竞争格局。

5. 股份合作模式

股份合作模式是指企业以设备、场地、技术、师资、资金等多种形式向校注入股份，进行合作办学。这种合作方式的基点是“企业对涉入教育产业需求”。校企双方成为一个办学实体，共同承担决策、计划、组织、协调等管职能，企业以主人的身份直接参与办学过程，分享办学效益，企业通过参与学来参与学校人才培养。

这些模式在提升大学生就业能力，培养具有实践应用能力的高质量人才方面卓有成效。总体而言，上述研究为本研究的开展提供了坚实的理论基础。

二、产学合作提升大学生就业能力的现状分析

（一）研究方法与研究样本说明

本研究采用访谈与问卷调查结合的方法。首先围绕校企合作人才培养的现状及问题对华东地区有代表性的18所各类层次高校进行深度访谈，同时对与其有合作关系的相关企业进行问卷调研，了解企业对校企合作人才培养的需求与期望，通过比较探讨改进校企合作人才培养机制的对策与路径。

本次调研的18所高校集中于华东地区，从学校层次看985院校4所，211院校6所，一般本科院校5所，高职院校3所；就学校规模而言，3万人以上的5所，2万—3万人的5所，1万—2万人的5所，0.5万—1万人的2所，0.5万人以下的1所，无论从学校层次还是学校规模来看，基本涵盖了各层次各种规模的高校。

另一方面，本次研究问卷调研的企业均为近年与上述高校有人才招聘及校企合作关系的企业。企业调研问卷共发放500份，回收204份，回收率40.8%。从回收问卷看，在企业性质方面，本次调研对象包含国企、民企、外企及合资企业；从产业属性看以制造业为主，并有部分服务咨询企业及研发企业；从企业规模看5000人以上的大企业有14家，1000—5000人规模的企业为47家，200人以下的小企业为55家，其余为200—1000人的中小企业；从产值效益看，有14家企业在同行业中居于前列，4家企业为同行中中等以下，其余企业的产值在同行中属较高或中等水平。从企业属性、规模、产业种类及产值看，本次企业调研也基本覆盖了各种类型及规模层次的企业。

表 1　　企业所属行业统计

公司所属行业	数量（家）	百分比
农、林、牧、渔业	4	1.96%
制造业	54	26.47%
能源及资源开采	13	6.37%
建筑及房地产	20	9.80%
运输与物流	0	0%
软件及信息咨询	31	15.20%
商贸	26	12.75%
旅游餐饮	2	0.98%
金融业	5	2.45%
教育	4	1.96%
文化娱乐	0	0%
其他	41	20.10%
无作答	10	4.90%
合计	204	100%

表 2　　企业性质统计

企业属性	数量（家）	百分比
国　　企	49	24.02%
民　　企	102	50.00%
外　　企	18	8.82%
合资企业	16	7.84%
其　　他	8	3.92%
无 作 答	11	5.40%
合　　计	204	100.00%

（二）校企合作的总体状况

1. 企业视角的校企合作现状

从企业反馈结果看，204 家企业中与高校开展过校企合作的有 101 家，总体比例不到 50%。其中国企中开展校企合作的比例为 40%（23 家）、民企为 44%（54 家）、外企 50%（9 家）、合资企业为 31%（5 家），国企与民企开展校企合作的状况不如外企。值得注意的是在设有博士后流动站的 27 家企业中有 18 家开展了校企合作，比例远远超过未设置博士后流动站的企业。从合作数量看，大部分企业开展校企合作的伙伴范围有限，其中合作伙伴为 1 所高校的企业有 35 家，合作的高校为 2 所的企业为 41 家，合作高校在 5 所以上的企业仅 12 家，比例仅占 5%。从校企合作模式看，按顺序依次是以项目为依托联合设立人才培养与科学研究基地（55 家）、共建实验实训基地（54 家）、工程实习直接参与企业生产活动（48 家）、订单培养（21 家）、校企合办专业（8 家）。在开展校企合作模式方面，大部分企业多只有一种模式（53 家）或两种模式（39 家），5 种以上模式的绝无仅有，校企合作的形式较为单一。在校企合作的联系渠道方面，主动联系高校的有 85 家，远高于等待高校前来联系及通过政府部门或中介机构介绍的，企业对校企合作的意愿较高。

表 3　　企业参与的校企合作模式统计（多选）

模式类型	数量（家）	占比
以项目为依托、联合设立人才培养和科学研究基地	55	54.45%
企业委托学校定制培养	21	20.79%
开展合作教育，共建实验、实训基地	54	53.36%
校企联合开办专业	8	7.92%
学生通过工程实习，参与企业的生产经营活动	48	47.52%
其他	6	5.94%
回答企业总数	101	

表 4　　企业开展校企合作的途径（多选）

途径类型	数量（家）	占比
自己主动联系	87	86.13%
对方主动联系	43	42.57%
政府引导	23	22.77%
中介机构推介	9	8.91%
其他	4	3.96%
回答企业总数	101	

选择校企合作伙伴时企业比较看重哪些因素呢？根据问卷反馈结果，企业最看重的是对方高校学生的专业素质，其次为学校的科研实力；另外学校的品牌形象、有过良好的合作历史以及地理位置也是重要的参考因素。从企业的视角看，校企合作的效果总体令人满意，认为效果很理想（18 家）和比较理想的（68 家）占了绝大多数，只有 19 家企业认为效果一般或很难说。

表 5　　企业选择校企合作伙伴的考量因素（多选）

考量因素	数量（家）	占比
学校的科研实力	72	35.29%
学生的专业素质	107	52.45%
地理位置	13	6.37%
有过良好的合作历史	31	15.20%
学校的品牌形象	47	23.04%
其他	1	0.49%
回答企业合计	204	

从企业的视角看，目前校企合作的问题依次是：缺乏稳定的长效机制、培养目标定位不明确、缺乏有效的交流渠道、缺少固定的联合培养基地及缺乏与学科的密切联系。

表 6　　企业认为的校企合作问题（多选）

问题内容	数量（家）	占比
培养目标定位不准确	56	27.45%
缺乏稳定的长效机制	91	44.61%
缺少固定的联合培养基地	40	19.61%
缺乏与学科的密切联系	40	19.61%
缺乏有效的交流途径	47	23.04%
其他	8	3.92%
无作答	40	19.61%
回答企业合计	204	

在未开展校企合作的企业中，主要原因依次是公司所在地附近没有合适高校（30家）、没有与公司业务相近的高校（25家）、以及没有高校前来联系（25家）等，也有10家企业认为公司有足够的上岗训练机会，没必要开展此项活动。

表 7　　未开展校企合作企业的原因（多选）

原因类型	数量（家）	占比
公司所在地附近没有合适的高校	31	30.09%
没有与公司业务相近的高校	27	26.21%
公司觉得没有必要	10	9.71%
没有高校来联系	25	24.27%
其他	32	31.06%
回答企业合计	103	

在有关企业期望的理想的校企合作模式方面，企业期望的主要合作模式依次是实习基地共建模式、基于企业研发基础上的产学研合作人才培养和订单式培养等。此外对接职业资格进行教学改革及合办专业也是企业认为较为理想的校企合作模式。

表8　企业期望的理想的校企合作模式（多选）

模式内容	数量（家）	占比
基于企业技术需求的合作研发基础上的产学研结合培养	73	35.78%
基于企业人才需求的订单式培养	66	32.35%
实习基地共建模式	78	38.24%
合办专业模式	23	11.27%
教学内容与职业资格对接模式	32	15.69%
其他	3	1.47%
无作答	28	13.73%
回答企业合计	204	

在有关改进校企合作对策方面，依次是人才培养效果的及时评估、高校加大重视力度、政府加大支持力度、企业加大资源投入力度、合作应与行业前沿技术紧密结合。显示企业对校企合作的具体操作的改进较为关注。

表9　企业关注的校企合作改进对策（多选）

对策内容	数量（家）	占比
政府应加大支持力度	79	38.73%
高校应加大重视力度	101	49.51%
企业应加大资源投入力度	78	38.24%
人才培养效果的及时评估	102	50.00%
与行业前沿技术紧密结合	72	35.29%
其他	5	2.45%
无作答	32	15.69%
回答企业合计	204	

2. 高校视角的校企合作现状

另一方面，本次访谈的院校均已开展各种类型的校企合作。从学科看合作开展较好的主要是工科（55.56%）和农科（16.67%），相对而言，人文社会学科领域的校企合作由于专业结构原因无论从规模范围还是实施效果看普遍不理想。从校企合作的模式看，目前高校普遍采用的是合作教育，共建实验实训基地，其余订单培养、以项目为依托联合设立人才培养基地也有一定比例。

表 10　　高校目前参与的校企合作模式类型

模式类型	高校数（所）	百分比
以项目为依托、联合设立人才培养基地	2	11.11%
受企业委托定制培养	2	11.11%
开展合作教育，共建实验、实训基地	8	44.44%
校企联合开办专业	0	0%
学生通过工程实践，参与企业的生产经营活动	2	11.11%
其他	4	22.23%
合计	18	100%

从实习时间看，所有学校基本在 1 个月以上 1 年以下，其中 1—3 个月的 4 所，3—6 个月的 6 所，6 个月至 1 年的 6 所，另有 2 所学校对实习时间没有具体要求。对学生的校企合作的定位，各校都比较重视，有 11 所学校是将其作为正式课程计入学分，10 所学校将其定为毕业论文、毕业设计的一环，但也有 2 所学校对学生实习采取的是鼓励但不强制参加。从合作的途径看，学校和企业基于各自的需求进行合作的占了 70%—80%，其中校友的牵线作用非常明显（12 所高校），但在合作意愿方面，学校的意愿略高于企业的意愿（16∶13）。

表 11　　对学生在校期间参加校企合作实习的总的时间要求

时间要求	高校数（所）	百分比
1 个月以下	0	0%
1—3 个月	4	22.22%
3—6 个月	6	33.33%
6 个月—1 年	6	33.33%
一年以上	0	0%
没有要求	2	11.12%
合计	18	100%

表 12　　对学生的校企合作实习的定位安排（多选）

定位	高校数	占比
作为正式课程计入学分	11	61.11%
作为毕业论文、毕业设计的一环	10	55.56%
不计入学分，但在校期间必须参加	1	5.56%
鼓励但不强制参加	2	11.11%
其他	2	11.11%
调研高校合计	18	

表 13　　高校开展校企合作的途径？（多选）

途径	高校数（所）	占比
自己主动联系	16	88.89%
对方主动联系	13	72.22%
政府引导	4	22.22%
中介机构推介	0	0%
校友关系	12	66.67%
其他	1	5.56%
调研高校合计	18	

从学校选择校企合作的合作伙伴的考量要素看，其重要性依次是企业需求与学校人才培养方向接近、企业的诚信度与品牌形象、企业的硬件设备及技术实力和过去的良好合作历史，但也有少部分学校将地理位置和企业承担费用的状况作为选择合作伙伴的考量要素之一。有关校企合作的费用，根据高校的反馈结果，大部分合作企业会负担学生实习期间的劳务费用（72.22%）和生活开支（50%），部分企业也愿意负担学校派遣的指导教师的指导费用（27.78%），愿意进一步投资双方合作的实习基地的建设费用（33.33%），但也有少部分企业对学生实习不负担任何费用（11.11%），甚至不仅不负担还需学校向企业支付学生实习的管理费（11.11%）。从校企合作的效果看，大部分学校认为结果是满意（38.89%）和比较满意（55.56%），只有1所高校认为效果很难说，说明绝大多数高校认为校企合作对学生就业能力提升有较明显的刺激作用。

表 14　　高校选择校企合作伙伴的考量因素（多选）

考量因素	高校数	占比
企业的诚信度及品牌形象	14	77.78%
企业的硬件设备及技术实力	13	72.22%
地理位置较近	2	11.11%
有过良好的合作历史	8	44.44%
企业人才需求与学校人才培养方向接近	17	94.44%
企业愿意承担全相关费用	1	5.56%
其他	0	0%
调研高校合计	18	

从高校视角看，目前校企合作的主要问题依次是：缺乏稳定的长效机制、培养目标定位不准确、缺乏有效的交流沟通渠道、缺少固定的联合培养基地以及缺乏与学科的密切联系。排序与企业调研结果完全一致。

表 15　　高校视角的校企合作问题（多选）

问题类型	高校数	占比
培养目标定位不准确	5	27.78%
缺乏稳定的长效机制	15	83.33%
缺少固定的联合培养基地	4	22.22%
缺乏与学科的密切联系	3	16.67%
缺乏有效的交流途径	4	22.22%
其他	2	11.11%
调研高校合计	18	

高校对理想的校企合作模式的期望，依次是基于企业研发基础上的产学研合作人才培养、实习基地共建模式、订单式培养，对接职业资格进行教学改革及合办专业。与企业期望的模式较为分散不同，高校对校企合作的期待除了人才培养外，还希望借此机会促进科研实力的提升。

表 16　　高校期望的理想的校企合作模式

模式类型	高校数	百分比
基于企业技术需求的合作研发基础上的产学研结合培养	9	50%
基于企业人才需求的订单式培养	1	5.56%
实习基地共建模式	4	22.22%
合办专业模式	1	5.56%
教学内容与职业资格对接模式	1	5.56%
其他	2	11.10%
合计	18	100%

在有关改进校企合作对策方面，依次是政府加大支持力度、企业加大资源投入力度、人才培养效果的及时评估、合作应与行业前沿技术紧密结合和高校加大重视力度。与企业期望高校加大重视力度不同，高校最看重的是政府的支持力度。

表 17　　高校视角的校企合作改进对策（多选）

对策内容	高校数	占比
政府应加大支持力度	14	77.78%
高校应加大重视力度	8	44.44%
企业应加大资源投入力度	12	66.67%
人才培养效果的及时评估	11	61.11%
与行业前沿技术紧密结合	11	61.11%
其他	0	0%
调研高校合计	18	

3. 高校与企业视角的校企合作状况比较

从上述对企业及高校的调研可知，高校与企业视角的校企合作既有一定的相似性，但在部分问题上也有较为明显的差异。

首先在合作途径方面，主动联系对方均为双方的首选，比例均接近 90%，显示双方在开展校企合作模式时均有强烈的主观意愿与需求。

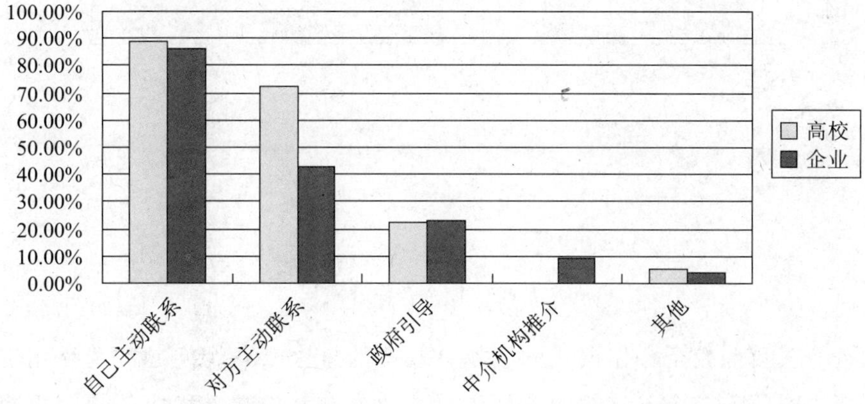

图 1　高校与企业视角的合作途径比较

其次，在现有的校企合作模式方面，高校主要侧重合作教育、联合开展实习实训等，其他选项均较低。而在企业方面，以项目为依托开展人才培养合作、实习实训以及工程实习等均占较高比例。企业在开展校企合作方面机制更为灵活。

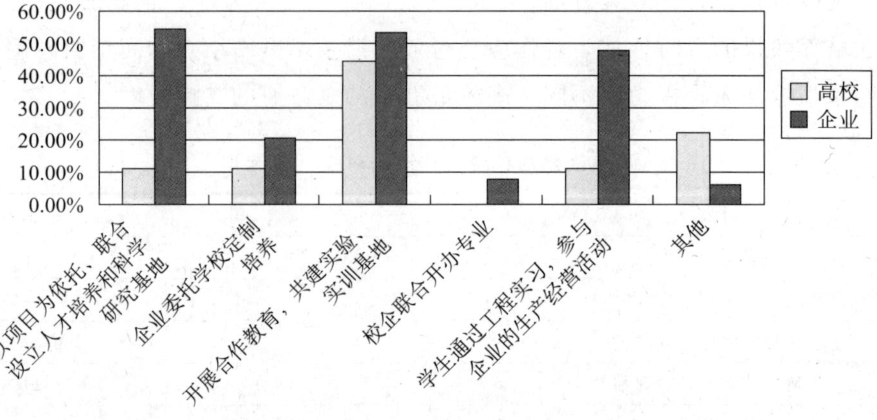

图 2　现有校企合作的模式比较

第三，在所期望的理想的校企合作模式方面，与第 2 点类似，高校主要集中于人才培养合作与技术研发合作结合方面，而企业所期望的模式较为多元，包括实习基地共建、订单培养及科研与人才培养结合等多种类型，显示企业在结合自身特色定位与实力开展校企合作方面比高校更为积极，如何让高校在选择校企合作模式时能将自身的特色定位、资源实力及需求有效结合是改进高校校企合作工作的一大关键。

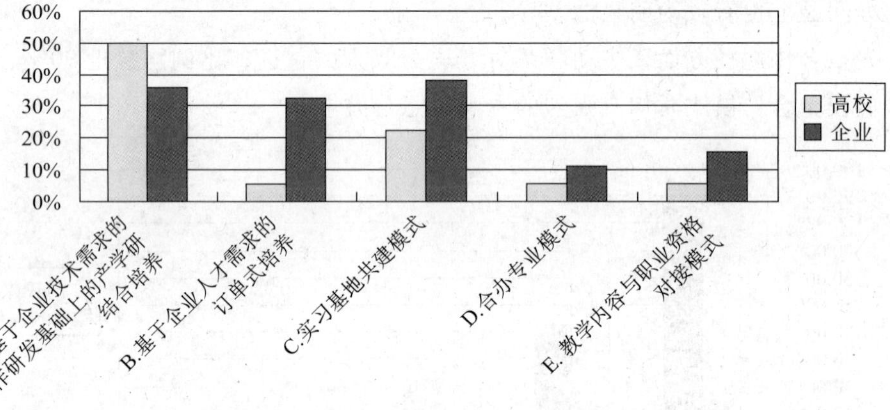

图 3　理想的校企合作模式比较

第四，有关目前校企合作模式的问题，双方的排序及各个问题的选择比例基本一致。说明双方对目前校企合作的问题认识是一致的。其中缺乏稳定的长效机制是双方公认的头号问题，如何构建稳定的校企合作机制与平台是今后改进校企合作工作的又一个重点问题。

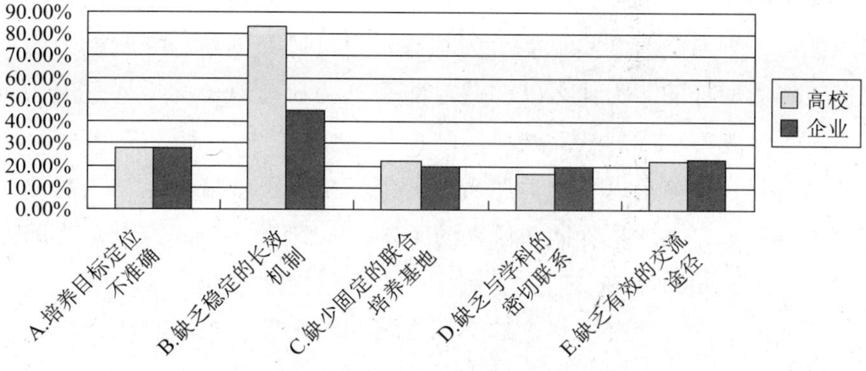

图 4　有关校企合作问题的比较

第五，有关改进校企合作的对策，双方呈现明显的差异。高校更多的侧重政策（政府支持）与社会环境（企业）的改善，与此相比，企业更多的关注的是人才培养效果的及时评估等技术操作层面的因素。这说明在目前的校企合作机制中高校明显居于弱势，如何改变这一局面是强化校企合作人才培养效果的关键。

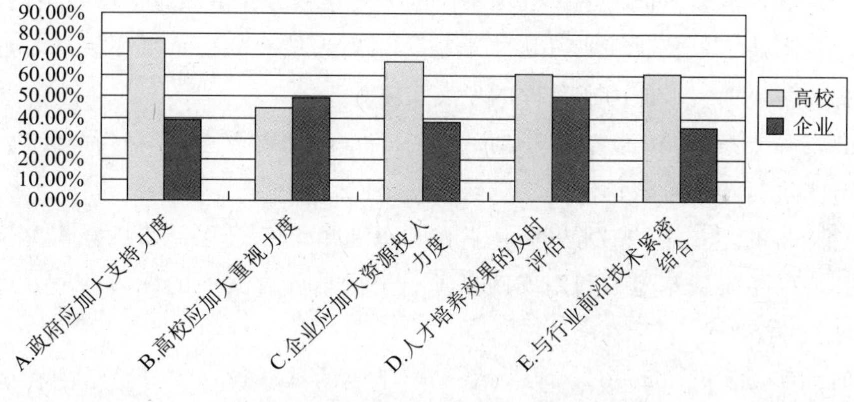

图 5　改进校企合作的对策比较

（三）校企合作模式的案例分析

通过访谈可以发现，华东地区高校的产学合作目前有三种模式较为普遍：

1. 实习实训模式

这种模式是最为常见，也是最容易操作的模式。但是定位及实施过程中的细节掌控对其效果有截然不同的影响。其中值得总结的是浙江大学的长时间实习制。

（1）浙大模式提出的背景。浙大模式是基于浙江大学研究型大学的性质，以提高学生的研究能力、创新能力、实践能力为核心，通过研究创新、实践能力的提升最终达到提高就业能力的目的。为什么以“就业能力”为研究对象呢？这是因为目前的教学改革，有不少是脱离实际的纸上谈兵。事实上，教改的核心应该围绕着学生的需求、社会的需要来进行，应该是以“培养跟着就业走，招生跟着培养走”为思路。就业的研究是整个教学改革、人才培养体系研究的关键。找到了社会的需求，改革方案才是合适的、能够解决实际问题的。

浙大模式的形成并非朝夕之间，这一理念最初由来茂德校长提出，来校长一直都很关注本科教学，2010年初在重新分管本科教学时，再一次强调了本科教学质量的提高的问题，他提出了制约教学质量提高的三个“瓶颈”：①教师投入不足；②部分学生“功利性”学习；③学生实践能力不足。这三个制约因素涉及内外方面的很多问题，前两个因素属于机制体制问题，在短时间内很难动摇。但第三个方面却可以努力改进，争取短时间内取得明显效果。

（2）浙大模式的具体内容。解决实践缺失的问题，浙大从实际出发，围绕浙大研究型大学的理念，从多方面入手，推动系统的人才培养方案的改革。就目前情况来看，浙江大学已经形成了以长时间实习和“卓越”系列为核心的校企合作模式。近几年浙江大学就提高学生的实践能力所采取的发展策略如下：

①强化培养方案中课内实践的学时，每一个专业都要设立课内实践环节，通过设立实践学分来进行量化考核；

②推进众多的“校企”、“校事”（学校与事业单位）合作，依托合作单位进行实践，广泛建立学生实践基地，利用实践基地，完成培养方案中的课内任务。这一点仅仅是指专业教学实践。

③长时间实习实践（3—6个月）。立足于学生的本科设计，鼓励学生在确定了课题之后，围绕研究目标，开展毕业设计和毕业论文。需要说明是，此项实践非支持学生去生产一线去简单实践操作，而是通过自主学习，创新学习，提高自身的设计能力、研究能力，并将这种能力体现在实习单位的需求方向上，通过自身的探求，通过毕业设计，切切实实去做，以解决实习单位中存在的突出问题。

④“卓越”系列。依托本科教学质量工程项目（即“卓越”项目），通过实践环节的强化，开展人才培养模式的探索。例如在工科教学中，以“卓越工程师计划”为龙头，浙大本科已有九个专业，十个专业点开启了“卓工”计划。“卓越工程师计划”有以下四个显著特征：

a. 校企合作，开办实践实习教育中心；

b. 实行校企“双导师”制度；

c. 要保证学生有大于25%的、整时间的实习环节；

d. 实践中、教学中要充分体现工程能力的培养等等。

“卓越”系列中，除了“卓工”，浙大在社科方面有“卓越法律人才”，还有“卓越医师”等的培养。学校最终的发展方向是要求“理工农医法文教”都要朝着“卓越”的目标发展。

（3）合作单位的选择。作为国内的一流大学，浙江大学在人才培养的定位上有着较高的起点，其人才培养理念，是与实现学校的办学目标相结合的，浙大培养的学生应该是为国家服务的，应该是有担当，有国家意识的，浙大毕业生应该在社会生活中通过自身作用的发挥，以实现浙大对国家的贡献，而非简单地让自己舒服地活着。因此，选择的合作单位应该是高端的单位，学生要接触的是高端的问题，这不仅是由研究型大学的性质决定的，同时也是提升学生对国家的服务意识的需要。

在单位的选择上需要非常慎重，如果是与企业合作，那么该企业必须是行业翘楚；如果是研究院所，那么应该是国家级的院所。这是浙大最初的定位，所选单位要与浙大的人才定位相符合才行。

至于合作单位的具体选拔方面，大部分是由教务处与就业中心合作开辟的，还有一些是学院自己联系的。

（4）长时间实习与“卓越”系列结合的现状。在具体的实践过程中，浙大的长学期制（长时间实习）是与“卓工”计划紧密结合的，即将长学期制运用到“卓越”系列之中。

从2010年9月起，教务处开始与就业处密切合作，进行“卓越”系列的筹备工作；2010年底“卓越”系列正式推出；2011年第一批实习生（约100人左右）奔赴合作企业；截止2012年，参与长时间实习的人数已达到300人左右，占本科生总人数的2013年将要组织第三批。学校规定的长时间实习的指标为200—300人/年，已于2012年达到目标，以后会以200人为基数，保持一个增长的趋势。

“卓越”系列学生的选拔机制：这是一个双向选择的过程，主要有以下两种途径：①学生主动报名，学院予以确认；②导师向合作企业推荐。

“卓越”系列的费用问题：在校企（校事）合作的费用支出方面，校方只负责学生的往返路费、保险费；通常企业会提供部分费用或是津贴，这是企业应尽的义务，也是企业社会责任意识的体现。

参与实习的学生的去向：实习结束后留在企业的比例不高，绝大部分同学还要继续深造。比如：出国、读研等。这与浙大研究型大学的定位是匹配的。

对“卓越”系列的评价：“卓越”系列结合了几种需求：①学校的需求，从质量角度来讲，学校需要其高学生的质量，提升教学质量的要求，“卓越”系列的开展，是对学校专业训练的补充，以此提高学生的能力，提高教学质量；②对于企业而言，吸引了985高校的优秀人才，学生在实习的过程中，可以承担企业部分科研工作，同时，学生背后的老师对企业的发展也是一种有力的支撑。校企双方签订协议、建立基地，强强联合，以使得双方的任务能够完成。

“卓越”系列存在的问题及发展方向：依据目前情况来看，“卓越”系列培养的是普遍的高端人才。但目前参与试点培养的学生仅为全校学生的1/30左右，规模还太小；此外，参与实习的学生与未参与的学生之间可能会有比较，以至于双方心理不平衡；合作企业方面，可能会有知识产权、技术保密等方面的顾虑：如知识产权、保密方面等。这就要求校方要大力推进“卓越”系列的发展，保证所有学生都能参与到“卓越”项目中来，同时做好学生的思想工作；校方也应与合作单位签订协议，就产权等大家都关心的问题达成共识。

（5）浙大模式校企合作的特点及前景展望。从浙大的校企合作实践看有两点值得关注：一是充分发挥学校就业部门的优势，在制定培养方案时积极吸收就业部门参与，发挥其在企业资源及沟通渠道方面的优势。二是校企合作与学校培养理念及定位紧密结合，充分发挥研究型大学的科研与教学质量优势，将校企合作与特色办学紧密结合。

“十二五”规划突出强调了要提高教学质量，教育部则明确提出首先要增加教育教学经费，其增量要主要体现在实习实践方面。以浙江大学为例，从2013年开始，本科生院增加的经费要向实践方面倾斜，大幅提高强调动手能力的专业，如艺术设计、建筑等的经费。目标是：通过实践实习经费的大幅增长，要尽可能多地组织学生到达实践实习现场，合作企业方面也应该体现出自己的社会责任感，给予实习学生津贴补贴，在有充足的经费，构造完善的条件的前提下，让“卓越”计划成为针对专业百分之百学生的培养计划，让长时间实习制度得到更加广泛的应用，使其发展成为提高实习实践能力，促进就业能力提升的众多模式中的一种典型模式。

2. 山东大学订单+联合培养模式

（1）订单式联合培养的概况。订单培养，是一种学校与企业进行紧密的人才培养合作模式。在合作过程中企业向学校提供其所需求的人才规格标准，学校根据企业的用人计划为其培养对口的人才。这种模式在高职院校比较多见，而在高层次的研究型大学如何开展，山东大学与中广核的合作提供了很好的借鉴。

就本科生来说，一般企业招聘都集中在大四，而中广核与高校的订单式联合培养主要是与未毕业的大三学生签约，经过企业与高校的联合策划，由高校进行针对性地培养。在未正式进入企业工作之前，学生提前掌握核电整体基础知识，提升了专业素质，缩短了培训周期。同时在合作培养期间，中广核也将向学校提供学科建设费用于支持核电紧密专业发展，并设立了“核电育才奖”用于奖励优秀教师和有关人员，同时还设立了“核电奖助金”用于激励和支持综合素质优良、家庭经济有困难的学生。

与中广核“订单＋联合”培养核电人才是山东大学校企合作进行人才培养的新模式，这种模式能够缩短学生将来到企业工作的上岗时间，对山东大学探索与企业联合培养人才、开展产学研结合的新机制、促进山东大学与大型企业之间的产学研合作将产生积极作用。

2011年在山大教务处和相关院系的共同努力下，山东大学与中广核以学校名义与中广核签订的准员工培训合约。从2011年开始，电机、物理、热核等专业的大三本科生可在大三下学期申请中广核的准员工资格。通过中广核选拔的40名学生，将接受由山大和中广核有关人员共同提供的准员工培训一年，包括相关课程学习、社会活动、素质训练、职业规划等。中广核对入选学生提供准员工待遇，为其购买保险及按月提供生活费，入选学生除了修完山大培养方案所规定的正常学分，每周末及假期须攻读中广核指定的专业课程。根据教学计划，联合培养班的课程分为三个阶段：第一阶段为大三下学年年暑期学校，共五周，须集中学习145学时；第二阶段为第七学期，共200学时；第三阶段为第八学期，共130学时。

（2）订单式培养模式的内容。订单式培养的管理流程如下：

在组织管理方面，学校教务处负责教学安排并协调相关教学资源，专业学院具体负责班级学生的虚拟学籍管理、成绩管理及学生管理等日常教学及学生事务管理。

在学籍管理方面，教务处为中广核订单培养班在综合教务系统中设立虚拟班级虚拟学籍，学生学籍仍然放在原学院原专业进行管理。

在成绩管理方面　学生前三年成绩按照学校本科生成绩管理规定进行管理，大学四年级成绩根据教学管理要求企业参与考核，企业会在四年级第一学期末对学生进行独立考核，考核成绩作为确定淘汰学生的依据之一。学生在协议规定的期间内综合考评成绩位于班级后1—2名的，企业有权对学生进行淘汰。四年级课程成绩由任课教师录入综合教务系统，由教务处统一管理。

在毕业要求方面，教务处负责对其进行毕业资格审核。订单培养班学生必须完成原所在专业前三年的的教学安排并达到毕业要求，同时学生需修满四年级项目规定的学分，达到学生个人与企业签订的“订单＋联合”培养协议规定的要求，方可与企业签订劳动合同，并获得山东大学毕业证和学位证。

在学生事务管理方面，单独成立订单培养班，能动学院派专人具体负责学生思想政治教育、综合测评、奖学金评定、违纪处理等工作，同时对学生进行学习管理、生活管理和安全管理。

（3）订单式联合培养模式的特点与条件 。订单式联合培养的实质是在不影响、打乱学校原有的教学体系的前提下，引进企业合作参与学生培养，根据企业需求提早对学生进行培训，有针对性地指导学生就业。这种模式能够积极加强与用人单位的联系，与之形成长久、稳定、密切的合作关系。

上述模式的发展基础在于我国核能正处于快速发展期，国家及企业对技术人才需求量大，这使得中广核能够在山大以外，还选择了哈工大、厦大、重大、华北电力等多所高校开展订单式联合培养，以缩短大学生就业上岗的培训时间。对高校来说，与中广核的合作，是高校适应市场需求、创新校企合作培养人才、扩展学生就业空间的一种尝试，能进一步推动高校学科布局和专业领域的拓展、师资队伍的建设、“一实两创”人才培养模式的落实。但这种模式较易受到经济环境及企业发展战略的影响，在研究型大学，其实施范围不应过大。

3. 上海大学集教学、实习、就业于一体的的华瑞模式

上海大学的校企合作以其与华瑞等公司的合作模式最为典型。该模式的核心内容是3 +1 +1，即学生在校进行3 年基础学习，随后进入企业实习1 年，实习期满在职回校完成企业指定的技术课题。具体运作方式为：学生在二年级的短学期进入与学校与合作关系的企业开展认识实习；在三年级短学期选课前由企业提供实习岗位，学生报名，企业择优录取；1 年实习结束后，学生与企业双向选择，确定就业意向或签订就业协议；已与实习单位建立就业意向的学生在学校和企业共同指导下，回校按照企业的发展要求选修相应的课程；企业选派有经验的专家指导学生，给学生和教师提供最新的信息资源；学生在企业完成毕业设计项目；企业向学生提供助学金，获得助学金的毕业生可以与企业签订就业意向或协议，提前确定就业单位等。

从企业的角度而言，这不失为一种具有吸引力的选拔优秀毕业生的好办法。同时也用较低的成本解决了部分临时、突发或辅助性的工作任务。

但开展这种合作还是需要一些条件：首先学校要拥有一定数量的属于行业翘楚的合作企业。其次为保证合作企业能积极提供高质量的校企合作机会，需充分调动企业的积极性，尽量满足企业对人才培养规格与质量的要求。如上海大学将参与校企合作的企业分为 ABC 三类，其中 A 类多为 500 强企业，大约保持在 30 家左右，是参与华瑞计划的主体。对于这些企业，学校在制定人才培养方案时，会吸收其参与，充分听取其意见。第三，为了保证校企合作的质量，对项目的后期的跟踪与分析也是必不可少的。

三、当前校企合作过程中的问题与成因

（一）校企合作过程中的问题

根据对企业及高校的调研，目前校企合作也存在一些问题，其成效有待进一步提高。

1. 校企合作不能完全满足大学生就业能力提升的要求

从企业问卷反馈及高校访谈的结果看，虽然目前的校企合作对大学生专业应用实践及就业能力的提升有一定的促进作用，但总体而言无论数量还是质量都还不能完全满足企业需要及学生自身的要求。调研中发现，高校目前在教学改革中都非常重视实践教学环节，积极开展各种层次与各种类型的校企合作，但从实践效果还有进一步完善的空间，具体表现在：

（1）在企业进行实习的时间较短，时间安排不够合理。从访谈结果看，大部分高校整个大学四年的实习时间安排多在6个月以内，与国外大学理工科专业整整一年的实习时间安排相比有很大的差距。另一方面实习时间安排也缺乏系统的规划。学校组织的实习多安排在第四年专业学习完成以后，实习与专业课程的学习无法有效衔接。相比而言，德国工科大学第一个实习学期安排在第三学期，即在一定的专业理论学习之后，这样就使学生在理论学习的基础上得以拓宽技能和能力，同时对产业、行业及职业工作有一定了解，获得了一定的专业感性尝试从而得以进一步加深后期的专业学习；第二个实习学期安排则在第七或八学期进行，要求学生到企业从事本专业工程技术人员的工作，并进行毕业设计，将专业学习结果与实际的职业工作能力结合起来。

（2）实习内容的专业性与前沿性也有待进一步加强。从高校的访谈结果看，实习内容多以参观及辅助性工作为主，学生很少能得到动手操作的机会。虽然学校非常重视生产实习，学生也非常希望获得实际工作的经验，但是很多企业担心影响企业正常的生产秩序，不愿意提供专门的技术人员和生产设备来安排实习生进行生产性操作。由于国内的合作企业并无国外“教育企业”的身份，它们对学生实践能力的培养并不承担义务，影响到学生实习的质量。

（3）实习难以有组织、成规模地开展。大规模的校企合作需要由充足的企业资源与信息。但目前包括专业实习在内的专业培养方案基本由教务部门及专业学院主导，学校就业部门基本被排除在外。而教务部门由于本身的工作定位与属性缺乏足够的企业资源与信息沟通渠道，专业学院虽然有企业有一定的合作关系，但这种合作范围有限且偏于自身的科研兴趣，这使学生实习难以有组织成规模的开展。调查中发现，不少高校开展校企合作成绩显著，形成了一些有特色的模式。但这些模式往往无法大规模推广，只能局限于极少数严格选拔的学生，没有充足的企业资源是造成这一现象的主要原因。

2. 校企合作缺乏稳定的长效机制

无论是企业调研还是高校访谈，校企合作的首要问题都是缺乏稳定的长效机制。18 家高校中的 15 所学校和 101 家企业中的 90 家企业将上述问题列为目前校企合作的主要问题。缺乏稳定的长效机制主要表现在：

（1）高校内部开展校企合作的部门众多，除了教务部门和专业学院以外，就业中心、学生处、团委等因其工作职责也拥有一定的企业资源与沟通渠道。从积极意义而言，这些渠道对高校拓宽校企合作范围有推进作用，但由于缺乏统一的归口管理机构，不同部门之间的校企合作资源得不到有效的整合，无法发挥最大的效果。另一方面，上述企业资源与这些部门负责人的个人关系有很大的关系。由于缺乏制度保障与规划，一旦部门负责人更换，这些资源随之丧失。

（2）由于国家对企业开展校企合作没有相关的法律义务规定及税收优惠政策，企业开展校企合作往往基于其自身的发展需求，受企业环境影响较大，缺乏持续的稳定性。如某工科 211 院校与航空公司合作的订单式培养即是因金融危机而仅持续两年即告结束。另外企业负责人的更换也会对校企合作协议的承诺与实施有一定的影响。

3. 合作模式单一，无法体现高校的定位特色

从调研结果看，不同的企业对校企合作合作的期望是不一样的。根据反馈分析结果，大企业期望的订单式培养和合办企业，中型企业则主要偏向共建实习基地。企业定位特色对其所开展的产学合作形式有一定的影响。

相对而言，无论是 985、211 还是普通地方高校，在目前开展的校企合作模式方面，主要是开展合作教育、共建实验、实训基地（44.44%），超过其他模式一倍以上；而在期望的本校的理想模式时 50% 认为是合作研发基础上的产学研技术人才合作

培养，学校自身的定位特色对其模式选择的影响并不明显。由此使得校企合作模式过于单一，学校自身的定位特色优势在校企合作中无法充分体现。

（二）校企合作问题的成因分析

造成上述校企合作问题的原因是多方面的。

1. 在宏观政策层面，政府推进校企合作的政策法规与管理机制有待健全

宏观政策层面有关校企合作的政策法规缺失与滞后，以及运行机制不健全是造成校企合作不深人、不稳定的主要原因。目前，政府出面统筹协调校企合作、联合办学、制定人才规划的作用缺位，没有出台校企合作、工学结合、顶岗实习的政策法规，致使未能真正建立起校企合作的运行机制、体制和模式。各级政府在制定区域人才发展规划等方面也没有发挥应有的作用，不能及时、定期发布行业企业所需技能人才信息，所以校企合作培养人才没有针对性，造成高校设置专业与制定人才培养方案是“瞎子摸象”。

2. 从院校层面看，高校专业发展适应行业企业需求的能力有待加强

从高校访谈的结果可以看出，高校人才培养方案主要由教务部门规划并负责监督实施，就业部门的咨询与参谋作用基本无法体现。由于缺乏与企业沟通渠道与足够的信息，高校在专业设置、培养方式、课程结构、教学过程安排等方面与企业需求严重脱节。特别是教学模式过于追求理论的系统性和完整性，缺乏针对性、实践性和职业特色，没有形与企业岗位职业能力相对应的独立实践教学体系，学生在校所学知识和技能与现代企业要求相差甚远。

3. 企业参与校企合作的发展动力不足

企业作为市场经济的主体，以盈利为主要经营目标，其参与校企合作的动力源自其经营发展目标。有相当部分的企业将参与校企合作培养人才视为直接或间接的利益损失，是否参与合作，对于企业的投入和收益均不能产生影响，所以，企业在没有相应激励政策和法规约束的机制下，企业并不一定通过直接参与校企合作来获得人力资源。企业合作意识淡薄，没有把培养人才纳入企业价值链中，把校企合作当成是选择

人才的途径，而对职业人才培养过程不予关注。企业不愿意与高校合作的主要原因：一是认为给企业增加管理成本。企业要安排专人管理，要安排学生吃住，需要费用，学生生产效率低，而且在操作中易出废品，增加原材料费用。二是给企业增加风险。学生在生产的实际操作中一旦发生事故，企业要承担医疗费或抚恤金等费用。三是很难保证产品的质量，影响企业声誉。

第三部分　结　　论

总结本研究的调研及案例分析可以看出，本研究调研的案例院校均属定位高层次研究型人才培养的985、211院校，而其目前主要开展的校企合作模式如实习实训、订单式培养等更多的是在以应用型人才培养为导向的高职或应用型本科院校实施。虽然如此，上述这些校企合作模式在案例院校的实施依然取得较为明显的人才培养效果，说明，校企合作模式与相应层次院校的匹配并非关键，只要在校企合作实施过程中认真把握细节，将模式的特点优势与学校自身的需求及定位有机结合，就能极大地帮助大学生提升其就业能力。

另外研究还发现，企业和高校都有加强校企合作、努力提升大学生的就业能力的意愿。但要将这种加强合作的意愿付诸现实，需要政府及校企双方在体制机制方面进行相应的改革。

首先，政府要加大校企合作的推进力度，用政策及资源扶持等措施引导鼓励校企双方围绕大学生就业能力提升加强合作。具体而言：

一是提高政府推动校企合作的战略意识。校企合作只有在政府统筹和支持下，部门、企业和学校才能在校企合作上建立有效的合作模式与机制，校企合作才能够真正实现，达到双赢的目的。政府应该从经济社会发展的高度，规划高校和企业的发展，统筹校企合作，将校企合作任务作为推动区域经济发展的重要手段，建立政府主导、院校和企业为主体、行业协会为中介的校企合作发展新机制，提升教育服务区域经济发展和改善民生的能力。

二是政策创新，建立校企合作机制。以立法的形式制定有关校企合作法规和条例，明确政府、行业、企业、学校在发展职业教育中的职责和权利，明确企业和高校双方在校企合作中的责任、权利和义务，健全法律法规的刚性措施，保障校企联合培养人才深度合作，保障企业接收学生实习实训和教师实践，实现教育与经济社会发展的良性互动。

三是政府统筹搭建校企合作平台。政府应结合区域经济发展和产业结构调整，统筹区域内相关企业和院校建立校企合作平台。由地方政府领导牵头，国有资产监督委员会、经济委员会、中小企业管理局和教育行政部门参加，成立校企合作工作委员会，真正建立校企合作的对话工作平台，形成统筹校企资源、服务区域经济的校企合作长效机制，围绕产业发展和人才培养的实际需求，学校和企业行业共同开发职业岗位能力体系标准和考核标准；政府职能部门必须建立定期发布技能型人才需求信息和校企人才洽谈会制度，促进人才需求信息交流，拓展校企联合培养人才渠道，构建学校人才培养与行业企业人才需求的长效机制。

其次，从高校角度而言，改革自身体制机制是推进校企合作深入发展的关键。

学校和企业的合作除了需要政府加强统筹，出台相关政策法规保障校企合作建立长效机制，创新校企合作模式，还必须在内涵上加强高校与企业的对接工作，这样才能保证校企合作落到实处，真正实现校企联合培养、提升大学生就业能力。具体而言：

一是在培养方案中加强社会能力的培养与企业文化对接。坚持以人为本，把社会能力培养放在首位。校企合作应重点从培养学生社会能力入手，统一学生社会能力的培养标准，将企业物质文化、企业行为文化、企业制度文化和企业精神文化融入学生社会能力体系标准和考核标准当中，通过校企合作突出培养学生从事职业岗位所需要的社会适应性和积极的人生态度，并将这种校企对接后的社会能力贯穿于学校培养人才的全过程，使学生的社会能力培养与企业文化对接，培养学生具备“职业人”、“社会人”的良好形象和行为规范。

二是改革专业设置，强化与行业岗位群的对接。衡量专业设置是否真正符合社会发展需要，一方面体现在专业设置匹配社会需求和产业转型升级的程度，另一方面最终要看学生本专业的就业率。专业设置就像一个企业的产品，首先要有市场需求，否则产品质量再高也不会有市场。要深入研究本专业所辐射行业企业的岗位群，尤其要重视各个专业所对应的技术岗位群和职业技术资格的内容，动态掌握企业用人状况和职业岗位变动情况，既要考虑到专业设置的稳定性，又要考虑行业企业职业岗位群变动的灵活性。因此，高校必须依据区域经济社会发展需要和企业岗位群需求调控和优化专业结构，改造提升传统专业，调整市场过剩专业，企业全程参与制定职业院校专业设置标准，实现校企合作在专业设置与行业岗位群上有效对接，提高高校为地方经济发展的贡献率和服务能力。

三是改革课程体系，加强与职业资格标准的匹配。校企合作最终要体现在课程体系如何与职业标准对接上，这是实现学生专业就业能力与企业需求零距离对接的关键环节。校企合作的核心是：共同开发专业职业能力体系标准。即专业职业能力理论知识标准和专业职业能力职业标准、专业职业能力理论知识相关课程体系和专业职业能力实践课程体系、理论知识考核标准和职业技能考核标准、理论知识教学体系和实践教学体系。这种把企业需要的职业标准内容提前置换到学校人才培养的课程体系中，把学校实践教学内容置换到企业生产、经营和管理环节中，按照企业人才需求规格和岗位所需要的职业能力标准进行校企“课程置换”，实现课程体系与职业标准对接，校企合作才能最终变成现实，形成校企共建、资源共享、优势互补、利益双赢的人才培养新模式。从国际高教发展趋势看，以 ABET 为基准的华盛顿协议在欧美日等多国理工农专业得到推广与普及，实质上也反映出应用性专业的课程设置强化与职业资格准入匹配已成为高校人才培养的趋势。

课题组主要成员：来茂德、汪　辉、陈谷纲、朱　慧、林　芝、王素文、李铁林、洪何露、王爱国

附件一

大学生就业能力与校企合作模式的调查问卷（企业）

尊敬的领导：

您好！

为了校企合作模式机制的研究提供现实依据和政策建议，请您结合贵单位的实际情况，填写这份问卷，您的回答对于我们的研究非常重要，非常感谢您的大力支持与配合！

1. 贵公司属于________行业

A. 农、林、牧、渔业　　B. 制造业

C. 能源及资源开采　　D. 建筑及房地产

E. 运输与物流　　F. 软件及信息咨询

G. 商贸　　H. 旅游餐饮业

I. 金融业　　J. 教育

K. 文化娱乐　　L. 其他（　　　　）

2. 贵公司的企业性质属于

A. 国企　　B. 民企

C. 外企　　D. 合资企业

3. 贵公司的人员规模在

A. 5000 人以上　　B. 1000—5000 人

C. 200—1000 人　　D. 200 人以下

4. 在同行中贵公司的年产值属于

A. 最高　　B. 较高

C. 中等　　D. 中等以下

5. 贵公司是否设有博士后流动站

A. 有　　B. 没有

6. 贵公司近 5 年从高校招聘的大约有多少人

A. 10 人以下　　B. 10—50 人

C. 50—100 人　　D. 100 人以上

7. 贵公司今后 3 年可能需要招聘多少大学生

A. 10 人以下　　B. 10—50 人

C. 50—100 人　　D. 100 人以上

8. 贵公司招聘高校毕业生主要考虑的因素是（可多选）

A. 专业知识技能　　B. 人际沟通协调能力

C. 组织管理能力　　D. 自主学习能力

E. 忠诚度与责任心　　F. 其他（　　　　　　）

9. 贵公司招聘高校毕业生主要通过哪些途径（可多选）

A. 参加高校的招聘会　　B. 刊登招聘广告

C. 到各地的人才市场招聘　　D. 从有产学合作关系的人中选拔

E. 其他（　　　　　　）

10. 贵公司对近 5 年录用的大学毕业生满意的是（可多选）

A. 专业知识技能　　B. 人际沟通协调能力

C. 组织管理能力　　D. 责任心与忠诚度

E. 自我学习能力　　F. 其他（　　　　　　）

11. 贵公司对近 5 年录用的大学毕业生不满意的是（可多选）

A. 专业知识技能　　B. 人际沟通交往能力

C. 组织管理能力　　D. 责任心与忠诚度

E. 自主学习能力　　F. 其他（　　　　　　）

12. 贵公司是否与相关院校进行过校企合作的人才培养（选择 A 请继续，选择 B 请直接进入第 18 题）

A. 是　　B. 否

13. 贵公司与多少所高校合作进行过大学生的专业能力培养

A. 1 所　　B. 2 所

C. 3 所　　D. 4 所

E. 5 所以上

14. 贵公司参与的校企合作人才培养模式是（可多选）

A. 以项目为依托、联合设立人才培养和科学研究基地

B. 企业委托学校定制培养

C. 开展合作教育，共建实验、实训基地

D. 校企联合开办专业

E. 学生通过工程实习，参与企业的生产经营活动

F. 其他（　　　　　　）

15. 贵公司是通过什么途径和相关院校开展产学合作人才培养的

A. 自己主动联系　　B. 对方主动联系

C. 政府引导　　D. 中介机构推介

E. 其他（　　　　）

16. 哪些因素是贵公司选择合作伙伴时看重的（可多选）

A. 学校的科研实力　　B. 学生的专业素质

C. 地理位置　　D. 有过良好的合作历史

E. 学校的品牌形象　　F. 其他（　　　　）

17. 您认为贵公司参与的校企合作培养的结果是

A. 很满意，学生就业能力有较为明显的提升

B. 较满意，学生就业能力有一定程度的提升

C. 一般，很难说

D. 不太满意，学生就业能力提升较为缓慢

E. 不满意，学生就业能力几乎没有提升

18. 贵公司未与学校进行产学合作的人才培养的原因是

A. 公司所在地附近没有合适的高校　　B. 没有与公司业务相近的高校

C. 公司觉得没有必要　　D. 没有高校来联系

E. 其他（　　　　）

19. 根据贵公司的实际情况，您认为适合贵公司的校企合作人才培养模式是（可多选）

A. 基于企业技术需求的合作研发基础上的产学研结合培养

B. 基于企业人才需求的订单式培养

C. 实习基地共建模式

D. 合办专业模式

E. 教学内容与职业资格对接模式

F. 其他（　　　　）

20. 根据您了解的情况，您认为贵公司或其他公司目前产学合作培养存在的主要问题是（可多选）

A. 培养目标定位不准确　　B. 缺乏稳定的长效机制

C. 缺少固定的联合培养基地　　D. 缺乏与学科的密切联系

E. 缺乏有效的交流途径　　F. 其他（　　　　）

21. 您认为目前高校产学合作培养存在的问题主要是（可多选）

A. 高校体制的问题　　B. 企业的态度不够积极

C. 政府、社会引导支持力度不够　　　　D. 产学沟通渠道的问题

E. 其他（　　　　　　　　　　　）

22. 您认为做好产学研人才培养合作，需要加强哪方面工作（可多选）

A. 政府应加大支持力度　　　　　　　B. 高校应加大重视力度

C. 企业应加大资源投入力度　　　　　D. 人才培养效果的及时评估

E. 与行业前沿技术紧密结合　　　　　F. 其他（　　　　　　　　　　）

再次非常感谢您的大力支持与配合，祝您工作顺利，生活愉快！

浙江大学就业指导与服务中心

2012 年 10 月 17 日

附件二

大学生就业能力与校企合作模式的高校访谈提纲

尊敬的老师：

您好！

为了校企合作模式机制的研究提供现实依据和政策建议，请您结合贵校的实际情况，回答如下问题，您的回答对于我们的研究非常重要，非常感谢您的大力支持与配合！

1. 贵校是

A. 985 院校　　B. 211 院校

C. 一般本科院校　　D. 高职院校

2. 贵校是

A. 综合性院校　　B. 理工为主的院校

C. 人文社会科学为主的院校　　D. 其他（　　）

3. 贵校学生的总规模是

A. 5000 人以下　　B. 5001—1 万人

C. 1 万人—2 万人　　D. 2 万人—3 万人

E. 3 万人以上

4. 贵校是否与企业进行过产学合作的本科应用型人才培养（选择 A 请继续，选择 B 请直接进入第 15 题）

A. 是　　B. 否

5. 贵校采用的校企合作人才培养模式是（可多选）

A. 以项目为依托、联合设立人才培养和科学研究基地

B. 受企业委托定制培养

C. 开展合作教育，共建实验、实训基地

D. 校企联合开办专业

E. 学生通过工程实践，参与企业的生产经营活动

F. 其他（　　）

6. 贵校每年参与校企合作培养的学生人数是（　　）人，占全校学生的比率是

(　　)%

7. 贵校对学生在校期间参加校企合作实习的总的时间要求是：

A. 1 个月以下　　B. 1—3 个月

C. 3—6 个月　　D. 6 个月—1 年

E. 一年以上

8. 贵校对学生的校企合作实习的定位安排是：

A. 作为正式课程计入学分　　B. 作为毕业论文、毕业设计的一环

C. 不计入学分，但在校期间必须参加　　D. 鼓励但不强制参加

E. 其他（　　）

9. 根据您的了解，贵校学生在参与校企合作培养的毕业设计时，其选题来源：

A. 学校的导师根据学校科研需要确定　　B. 实习企业根据产品研发需要确定

C. 学校与企业共同协商确定　　D. 其他

10. 根据您的了解，企业在与贵校的产学合作中，其资金负担表现在：（可多选）

A. 负担贵校派遣的指导教师的指导费

B. 负担学生在企业实习期间的生活开支

C. 负担学生在企业实习期间的劳务费

D. 投资学校相关实验室及课题研究

E. 投资双方合作的实习基地的建设

F. 不负担学校在合作期间产生的费用

G. 不仅不负担，还需学校向企业支付学生实习的管理费用

H. 其他（　　　）

11. 贵校在校企合作中主要的对口管理部门是

A. 教务处　　B. 就业指导中心

C. 专业学院　　D. 团委、学生会

E. 其他（　　　）

12. 贵校是通过什么途径和企业开展产学合作人才培养的

A. 自己主动联系　　B. 对方主动联系

C. 政府引导　　D. 中介机构推介

E. 其他（　　　　　　　）

13. 哪些因素是贵校选择合作伙伴时看重的（可多选）

A. 企业的诚信度及品牌形象　　B. 企业的硬件设备及技术实力

C. 地理位置较近　　D. 有过良好的合作历史

E. 企业人才需求与学校人才培养方向接近

F. 企业愿意承担全相关费用　　　　　　G. 其他（　　　　　　）

14. 根据您了解的情况，您认为贵校目前校企合作培养的结果是

A. 很满意，学生就业能力有较为明显的提升

B. 较满意，学生就业能力有一定程度的提升

C. 一般，很难说

D. 不太满意，学生就业能力提升较为缓慢

E. 不满意，学生就业能力几乎没有提升

15. 根据贵校的实际，您认为最适合贵校的校企合作人才培养模式是

A. 基于企业技术需求的合作研发基础上的产学研结合培养

B. 基于企业人才需求的订单式培养

C. 实习基地共建模式

D. 合办专业模式

E. 教学内容与职业资格对接模式

F. 其他（　　　　　　）

16. 根据您了解的情况，您认为贵校或其他高校目前产学合作培养存在的主要问题是（可多选）

A. 培养目标定位不准确　　　　　　B. 缺乏稳定的长效机制

C. 缺少固定的联合培养基地　　　　D. 缺乏与学科的密切联系

E. 缺乏有效的交流途径　　　　　　F. 其他（　　　　　　）

17. 您认为目前高校产学合作培养存在的问题主要是（可多选）

A. 高校体制的问题　　　　　　　　B. 企业的态度不够积极

C. 政府、社会引导支持力度不够　　D. 产学沟通渠道的问题

F. 其他（　　　　　　）

18. 您认为做好产学研人才培养合作，需要加强哪方面工作（可多选）

A. 政府应加大支持力度　　　　　　B. 高校应加大重视力度

C. 企业应加大资源投入力度　　　　D. 人才培养效果的及时评估

E. 与行业前沿技术紧密结合　　　　F. 其他（　　　　　　）

再次非常感谢您的大力支持与配合，祝您工作顺利，生活愉快！

浙江大学就业指导与服务中心

2012 年 11 月 5 日

参考文献

[1] 朱若霞、马小洁："略谈增强大学生就业能力"，《高等工程教育研究》，2004（1）。

[2] 张丽华等："大学生就业能力结构及发展特点的实验研究"，《航海教育研究》，2005（1）。

[3] 王保星："美国职业指导理论"，《中原职业技术教育》，1995（4）。

[4] 王雷、张延平："浅谈大学生就业观教育"，《中国大学生就业》，2006（15）。

[5] 刘敏榕："基于人力资本视角的大学生就业能力分析"，《佳木斯教育学院学报》，2011（1）。

[6] 周静："大学生就业能力现状分析与对策"，《黑龙江教育（高校研究与评估）》，2010（3）。

[7] 郑秀英、任新钢、付志锋、姜广峰："全面提高人才培养质量着力提升大学生就业能力"，《北京教育》，2009（4）。

[8] 高秋萍："高校社团功能与大学生就业能力研究"，《教育与职业》，2010（26）。

[9] 朱启臻：《职业指导理论与方法》，首都师范大学出版社，1998年第1版。

[10] 曾湘泉：《变革中的中国就业环境与中国大学生就业》，中国人民大学出版社2004年版。

[11] 刘立国："面向就业的校企合作模式研究与实践"，《出国与就业》，2010（9）。

[12] 周蕊："校企合作模式实证分析——以兰州大学—金川公司合作平台为例"，兰州大学，2010。

[13] 苏竣、何晋秋等著：《大学与产业合作关系——中国大学知识创新及科技产业研究》，北京：中国人民大学出版社2009年版。

[14] 王勇、杜学元："斯坦福大学产学研一体化模式的启示"，《教育与现代化》，2005（1）。

[15] 郎静、张慧如、王敬良："校企合作模式的研究与实践"，《当代教育科》，2011（23）。

[16] Hackett G H Betz, N. E. A self - efficacy approach to the career development of women [J] Journal of Vocational Behavior. (1981) 18.

[17] Bandura, A. Self - efficacy in changing Societies [M]: Cambridge University

Press. 1995.

[18] Maddux, J. E. Self - efficacy, Adaptation, and Adjustment: Theory, Research, and Application [M] Plenum press, New York. (1995) .

[19] Lee Harvey. Transitions from higher education to work [R], February 2003.

[20] Brenda Little. International perspectives on employability, Enhancing Student Employability Co - ordination [R] Team&LTSN Generic Centre, 2003.

全国高等学校学生信息咨询与就业指导中心

教毕指〔2012〕7号

关于开展高校毕业生就业创业课题研究申报的通知

各省、自治区、直辖市高校毕业生就业主管部门、部属各高等学校：

为深入贯彻胡锦涛总书记清华大学百年校庆重要讲话精神，落实《教育规划纲要》和国务院〔2011〕16号文件的部署，进一步加强就业创业理论研究，提升高校就业创业教育和就业指导服务的科学化水平，在高校学生司支持下，全国高等学校学生信息咨询与就业指导中心（以下简称“中心”）联合中国下一代教育基金会，共同开展高校毕业生就业创业课题研究。现就课题申报事项通知如下：

1、2012年研究课题共13个（具体见附件1），研究周期为一年，最终形成课题研究成果和相关调研报告，需以书面形式报送中心。

2、每个课题将获得由中国下一代教育基金会提供的3万元课题经费。一个课题原则上由一个单位牵头负责。牵头单位可根据需要吸收其他部门或单位参与。

3、各单位可根据自身特点，选择合适的课题填写申报表（见附件2）进行申报，并严格按照规定时间完成课题研究。

4、课题申请截止时间为2012年3月20日。高校学生司和中心将组织有关专家对课题申报材料进行评审，确定课题承担单位。

附件1：高校毕业生就业创业课题研究2012年课题及要求

附件2：高校毕业生就业创业课题研究申报表

全国高等学校学生信息咨询与就业指导中心

二〇一二年二月十六日

附件 1:

高校毕业生就业创业课题研究项目
2012 年课题指南

1、高校毕业生就业率统计及监测预警研究

就业率统计与监测预警项目论证与可行性分析；研究科学的就业统计指标体系和统计办法；监测预警的主要范围、内容、形式、工作机制；就业率统计与监测预警的典型调查分析；就业率统计及监测预警的系统开发与推广应用框架等。

2、离校时未就业毕业生就业信息和服务衔接的研究

调查离校时未就业毕业生的就业愿望（如求职、升学、暂不就业），毕业生离校后寻求就业服务的渠道，毕业生希望公共服务机构提供的就业服务形式、内容等。调查研究国际上在做好毕业生离校时就业信息和服务衔接方面的经验和做法。探讨做好我国未就业毕业生在离校前后就业信息和服务衔接的对策建议。

3、高校毕业生就业质量研究

毕业生就业质量研究的时代背景与现实意义；就业质量的内涵外延，就业质量评价指标的普适性与相对性，就业质量评价指标的量化计算方法；就业质量的实证调查分析；就业质量与就业状况评估；就业质量与高校招生、人才培养的关联互动；就业质量监测等。

4、高校毕业生就业市场与信息化建设研究

毕业生就业市场与信息化建设的形势与任务、发展现状、主要成绩及存在问题；高校毕业生就业市场的规范化建设和科学管理；就业信息化建设的指导思想、基本方略及中长期发展规划；

全国统一的就业信息化系统的推广应用。

5、中国特色大学生职业发展教育体系与高等教育改革研究

国内外大学生职业发展教育体系的历史沿革、主要理论、实践成果；中国特色大学生职业发展教育体系的基本原则、构成要素、主要内容；大学生职业发展教育与高等教育改革的内在关系；中国高等教育改革与中国特色大学生职业发展教育体系的构建。

6、高校就业指导课程建设研究

高校就业指导课程建设的重大意义、机遇与挑战、主要任务；就业指导课程的历史沿革、发展现状、内容形式、教学成果；高校就业指导师资队伍建设与就业指导课程建设；全面加强我国高校就业指导课程建设的建议与对策。

7、大学生创业政策研究

大学生创业政策国际比较；我国大学生创业政策系统梳理；大学生创业政策在各地各高校落实情况；建立健全大学生创业政策的建议与对策。

8、大学生创业指导服务研究

大学生创业指导服务的内涵与外延；大学生创业指导服务的理论与实践、内容与形式、现实问题与发展趋势；就业指导服务部门提供优质创业指导服务的体制与机制；大学生创业指导服务的社会资源整合及实现过程。

9、高校就业困难学生帮扶长效机制研究

高校就业困难学生的范围界定、产生原因、个性特点、就业需要；现行帮扶就业困难学生的理论研究与工作实践；构建就业困难学生帮扶长效机制的政策体系、责任主体、内容形式、实施过程。

10、高校学科专业设置与就业状况关系的研究

根据最新公布的高校学科专业设置，结合各专业现有就业情况信息，分析各专业就业基本情况，如主要就业方向等，重点分析专业背景与未来就业（行业、职业）的相关度，以及应该具备的相应的知识体系、基本素质与就业能力。

11、国民经济和社会发展“十二五”规划与大学生就业创业引导工作研究

分析预测“十二五”规划对国民经济和社会发展的影响，特别是对重点产业经济和区域经济的影响；通过分析重点产业经济和区域经济的调整变化对就业市场的影响，可能出现的行业、职业以及就业岗位的变化，可能出现的创业空间和环境的变化，做好学生就业创业相关引导工作，使大学生的职业发展、创业规划更加符合国民经济和社会发展实际，更好更快地服务促进大学生成长成才。

12、大学生电子档案与大学生就业研究

建立在校大学生电子档案的项目论证与可行性分析；大学生电子档案的具体实施与管理；大学生电子档案在就业工作中的实际应用及社会前景；大学生电子档案在学生未来职业发展的关联；建立全国高校毕业生电子档案中心的可行性探讨。

13、校企合作，提升大学生就业能力研究

校企合作提升大学生就业能力研究的项目论证与可行性分析；现有校企合作就业项目的总结与梳理；校企合作提升大学生就业能力的实证调查分析；校企合作提升大学生就业能力的创新与突破。